Das Buch

Der Kinderpsychologe Bruno [illegible] uch das Modell, das er in der berü[illegible] ago verwirklicht hat – dem Ort, v[illegible] »u[illegible]bar kranke«, emotional gestörte Kinder und Jugendliche in die Welt zurückgekehrt sind zu einem normalen und gesunden Leben. In dieser Schule realisierte Bettelheim seine Vorstellungen von der »totalen Milieutherapie«, hier gelang es ihm und seinen Mitarbeitern, die klassischen, starren Kontrollmechanismen zu durchbrechen, die auf der unbewußten Angst vor dem Kranksein und auf dem Bedürfnis der Helfer beruhen, sich gegen den Patienten zu schützen. Der Leser erlebt das tägliche Leben in dieser Schule, in der es keine Gitter vor den Fenstern und keine verschlossenen Türen gibt; in der jedes Kind selbst entscheidet, ob es die Schule besuchen will oder nicht; in der die Therapeuten den Patienten Tag und Nacht zur Verfügung stehen; in der sich die Betreuer zu täglichen Gesprächen zusammensetzen, um eigene Einstellungen, die eventuell die Beziehungen zu den Kindern gefährden könnten, zu überprüfen. Bruno Bettelheim hat hier nicht nur die theoretischen Grundlagen einer solchen Gemeinschaft beschrieben. Er zeigt auch, wie sie funktioniert und warum sie Erfolg hat auf einem Gebiet, auf dem Versagen die Regel ist.

Der Autor

Bruno Bettelheim, 1903 in Wien geboren, emigrierte 1939 in die USA, nachdem er ein Jahr in den Konzentrationslagern von Dachau und Buchenwald gewesen war. Bettelheim ist Professor für Erziehungswissenschaft, Psychologie und Psychiatrie an der Universität Chicago und einer der international bekanntesten Kinderpsychologen. Er hat zahlreiche Werke über Probleme der Kindererziehung veröffentlicht, u.a.: ›So können sie nicht leben‹ (deutsch 1973), ›Kinder brauchen Märchen‹ (deutsch 1977), ›Liebe allein genügt nicht‹ (deutsch 1979), ›Kinder brauchen Bücher‹ (deutsch 1982), ›Ein Leben für Kinder‹ (deutsch 1987).

Inhalt

Vorwort

Dieses Buch ist unendlich langsam, in über fünfundzwanzig Jahren, entstanden. Es ist mir ganz unmöglich, mir alle Einflüsse wieder zu vergegenwärtigen, die in meine Lebensarbeit eingegangen sind, mich an all die vielen Menschen zu erinnern, die persönlich oder durch ihre Schriften meine Gedanken mitgeformt haben. Es scheint unfair, einige zu erwähnen, andere nicht; nur ein paar wenigen zu danken, während so viele meine Überzeugungen und Handlungen mit geprägt haben.

Wollte ich alle Veröffentlichungen anführen, aus denen ich Denkanstöße für dieses Buch empfangen habe, ergäbe das eine Bibliographie, in der einige tausend Bücher aufgeführt wären. Ich habe nicht versucht, die Werke aufzuführen, die mein Denken am stärksten beeinflußt haben, sondern die Bibliographie am Ende dieses Buches auf die im Text zitierten Veröffentlichungen beschränkt, eine im Vergleich zu den vielen anderen, die ungenannt bleiben, verschwindend geringe Anzahl.

Aber auch eine vollständige Bibliographie würde den zahllosen Einflüssen, die bei der Schaffung der hier beschriebenen psychiatrischen Institution, der Orthogenic School der Universität von Chicago, mitwirkten, nicht gerecht werden. Praktisch sämtliche Mitarbeiter und Patienten in Vergangenheit und Gegenwart haben in irgendeiner Weise einen Beitrag geleistet; entweder zeigten sie mir unmittelbar, wie eine psychiatrische Anstalt beschaffen sein sollte, oder zwangen mich durch ihre Handlungen, Klarheit in mein Denken zu bringen.

Obwohl ich also nicht in der Lage bin, allen denen persönlich zu danken, die halfen, das, worum es in diesem Buche geht, mit aufzubauen, möchte ich zumindest diejenigen nennen, die mir bei der Niederschrift unmittelbar zur Seite standen. Ein Jahr als Fellow am Center for Advanced Study in the Behavioral Sciences an der Stanford-Universität in Kalifornien ermöglichte den ersten Entwurf dieses Buches. Ich bin dem Center für diese Gelegenheit wie auch für die hervorragende Hilfe, die es mir bot, zu großem Dank verpflichtet. Miriam Gallahers geduldiges und feinfühliges Verständnis für meine Schwierigkeiten, mich auszudrücken, und ihr Beistand bei der Vorbereitung des ersten Entwurfs gingen weit über die normalen Aufgaben eines Redakteurs hinaus. Ihre Kritik wie ihre Anregungen förderten die Klärung der Gedanken, Notwendiges wurde angefügt und Überflüssiges gestrichen. Ohne sie wäre es mir kaum möglich gewesen, in verhältnismäßig kurzer Zeit so viel zu schaffen; ebensowenig hätte ich das Buch ohne Doris Norgards großzügige Hilfe fertigstellen können.

Unterhaltungen mit anderen Fellows im Center waren anregend

und bereichernd. Von ihnen sollten zumindest Alan Derschowitz und Robert LeVine erwähnt werden, denen ich so manche Verbesserungen des Manuskriptes verdanke.

Die endgültige Gestalt des Buches verdankt viel der sorgfältigen Überprüfung durch einige Freunde. Auch sie gaben viele wichtige Anregungen. So bin ich Marjorie und Al Flarsheim, Jack Getzels, Robert Koff, Paul Kramer, Kathy und Marc Lubin, Jacqui Sanders, Benjamin Wright und Karen Zelan für ihre hervorragenden Beiträge tief verpflichtet. Vieles von dem, was gut ist in diesem Buch, geht auf sie zurück.

Es war ein ausgesprochenes Vergnügen, die letzte Fassung zusammen mit Joyce Jack zu redigieren, durch deren verständnisvolle Sorgfalt das Buch wesentlich lesbarer wurde. Ebenso danke ich Robert Gottlieb für seine einfühlsame Redaktion, durch die das Manuskript sehr gewonnen hat.

Vor allem jedoch gebührt der Dank der Universität von Chicago, die der Orthogenic School ihr Haus gegeben und sie zu jeder Zeit großzügig und mit großem Verständnis für ihre schwierige Aufgabe unterstützt hat.

Meinen herzlichen Dank jedem einzelnen und allen zusammen sowie denen, die unerwähnt geblieben sind.

B. B.

Einleitung

Einen wirklichen Grund oder eine Entschuldigung für die entsetzlichen Orte, an denen man geisteskranke[1] Patienten unterbringt, hat es niemals gegeben; weder für die Vernachlässigung noch für die ausgesprochene Mißhandlung dieser Patienten, die sich als Therapie tarnt. Unsere Anstalten für Geisteskranke sind beschämende, eitrige Wunden der Gesellschaft, die ab und zu schockartig in das Bewußtsein der Öffentlichkeit einbrechen und schnell wieder vergessen werden, bevor sie unser Gewissen ernsthaft beunruhigen. Vor nicht allzu langer Zeit brachte das Bild der Schlangengrube viele Menschen zu der erschütternden Erkenntnis, wie inhuman wir mit psychisch Kranken umgehen (128)[2]. Aber die Behandlung dieser unglückseligen Menschen ist auch heute nicht besser, obwohl alle ein bis zwei Jahre einmal öffentliche Entrüstung laut wird, wenn in irgendeiner Anstalt die furchtbare Erniedrigung von psychisch kranken Patienten ans Licht kommt – als wären derartige Verhältnisse nicht typisch für psychiatrische Krankenhäuser in der ganzen Welt.

Das alles kann nur mit der Zwiespältigkeit unserer Einstellung zu Geistesgestörten erklärt werden, deren Wurzel in unserer eigenen Angst vor der Geisteskrankheit liegt. Wir wollen, daß der geistig oder seelisch gestörte Mensch human behandelt wird, aber wir wollen auch, daß der Friede unserer Seele nicht durch Gedanken an psychische Krankheiten gestört wird. Die Art, in der solche Menschen zu existieren gezwungen sind, erschüttert uns. Wir können nicht so gut schlafen, wenn wir an ihr Schicksal denken, denn unsere Träume sind ihren Handlungen zu ähnlich. Wir möchten glauben, daß der geistig oder seelisch Kranke gefährlich sei, aber das unheimliche Gefühl, das wir bei der Konfrontation mit ihm haben, beweist nur allzu deutlich, daß wir uns nicht so sehr durch den Kranken gefährdet fühlen als durch die Vorstellung, wir könnten wie er sein oder so werden. Unsere ängstliche Haltung ist ein modernes Gegenstück zu dem alten, paradoxen Glauben, Geisteskranke seien besessen von den Göttern und zugleich ihnen geweiht, jedoch müßten sie im Interesse des Wohlergehens der Gesellschaft ausgestoßen werden.

Solange wir unsere Einstellung zu den psychisch Kranken von der Angst um *unsere* seelisch-geistige Gesundheit bestimmen lassen, wird

[1] Es ist zu berücksichtigen, daß die Begriffe Psychose, Geisteskrankheit und Schizophrenie gegenüber dem Begriff der Neurose in Amerika eine andere Abgrenzung haben als in der deutschen Psychiatrie.

[2] Die in Klammern angegebenen Zahlen beziehen sich auf die Numerierung der in der Bibliographie am Ende des Buches angegebenen Titel.

sich nie etwas ändern, und wir werden die gestörten Menschen weiterhin dem Inferno der typischen »Anstalt für Geisteskranke« überantworten und gelegentlich einen Entrüstungsschrei von uns geben, weil er dort in völligem Elend vegetiert. Wir werden nur dann Institutionen schaffen, die echte Hoffnung für eine Gesundung zu vollem Menschsein bieten, wenn wir den Mut aufbringen, uns auf das Problem der psychischen Krankheiten und auf die Behandlung des Kranken zu konzentrieren.

Leicht zugängliches Wissen würde es uns ermöglichen, die meisten psychisch und geistig kranken Patienten zu heilen und die übrigen ausgezeichnet zu versorgen. Aber solange wir nicht wirklich daran glauben, daß das durchführbar ist, wird uns die Angst um uns selbst dazu verleiten, das ganze Problem wieder zu verdrängen. Wären wir sicher, daß der psychisch kranke Mensch gut versorgt und zu seelisch-geistiger Gesundheit zurückgeführt werden könnte, dann brauchten wir das Wissen, daß er uns sehr ähnlich ist, nicht zu unterdrücken. Wir könnten unsere ganze Kraft daran wenden, Institutionen zu schaffen, die das für ihn leisten können, und, falls einmal notwendig, auch für uns. Nur dann könnten die heimliche Angst und die öffentliche Gleichgültigkeit in bezug auf psychische Krankheiten einer Forderung nach Institutionen Platz machen, die Ausdruck unserer Menschlichkeit wären. Dann wäre uns auch eine der größten Ängste genommen, die wir von unseren Ahnen geerbt haben: daß wir den Verstand verlieren könnten. Dieses Buch ist da, um zu zeigen, daß derartige Einrichtungen möglich sind, wenn wir unseren ganzen Willen und unsere geistigen Fähigkeiten daran setzen, und es soll zeigen, wie wir diese Einrichtungen schaffen können.

Es sind, unabhängig vom äußeren Rahmen, die großen Ereignisse und die kleinen Vorfälle, die unsere Tage »retten«, oder die uns im negativen Falle zur Strecke bringen. Laufen die Dinge im wesentlichen alle in positiver Richtung, werden sie uns mit Sicherheit bei den unvermeidlichen Kämpfen des Lebens stützen. Gegenströmungen und Widersprüche verwirren uns, und wenn sie ernsthafter Natur sind, können sie uns auch dazu bringen, daß wir aus Verzweiflung aufgeben (4). Wenn die Ereignisse im Leben, zumal während der Kindheit, die sich uns am nachdrücklichsten einprägt, durchgehend negativ sind, wirken sie sich mit großer Wahrscheinlichkeit schädlich auf unsere Psyche aus. Wäre es also möglich, das Leben der am schwersten gestörten Menschen so zu arrangieren, daß es durchgehend positive Bedeutungen vermittelt, dann müßte das prägende positive Wirkungen haben. In einer Anstalt zu leben, die sie gegen die Unbill des Lebens schützt und in der sich die für sie wichtigen Menschen, anders als bei ihren früheren Erfahrungen, durch ein tiefes Engagement für ihr physisches und emotionales Wohlergehen auszeichnen und auf diese Weise ihren psychologischen Bedürfnissen entsprechen – das sollte in allmählichen Fortschritten die kranke Seele gestörter Menschen heilen.

Die These eines umfassenden therapeutischen Milieus klingt überzeugend, die Frage ist nur, ob ein solches Milieu herzustellen ist. Ich habe drei Bücher über die Arbeit der Orthogenic School der Universität Chicago geschrieben. Das erste hieß: ›Love Is Not Enough‹ (deutsch: ›Liebe allein genügt nicht‹, 7). Der Titel besagt, daß eine zusammenhängende therapeutische Philosophie, Überlegung, Planung und entsprechendes Handeln jene liebevolle Pflege untermauern müssen, die notwendig sind, um einem psychotischen Menschen zu neuer seelisch-geistiger Gesundheit und einer Neustrukturierung seiner Persönlichkeit zu verhelfen. Das Buch soll dieses Prinzip anschaulich machen und beschreibt große und kleine Vorfälle, wie sie an jedem Tag im Leben derer geschehen, für die unsere Anstalt da ist.

Das nächste Buch, ›Truants From Life‹ (deutsch: ›So können sie nicht leben‹, 8), enthielt nur einen kurzen Bericht über den Gesamterfolg der Behandlung zu jener Zeit, das Gewicht lag auf vier langen Fall-Geschichten. Diese sollten zeigen, wie und warum die Persönlichkeiten dieser Kinder sich während der Jahre an unserer Schule entfalteten. Aus ihren völlig verschiedenen Lebensgeschichten und ihren verschiedenen Krankheiten (ernsthafte Delinquenz, Magersucht, Hospitalismus, schwere Form von Kindheitspsychose) konnte der Leser erkennen, wie eine einheitliche Philosophie und eine auf ihr gründende Anstalt den Patienten helfen kann, auch wenn die Störungen äußerst schwer, und Ursachen und auftretende Symptome ganz verschieden sind. Viele Jahre später sollte ›The Empty Fortress‹ (deutsch: ›Die Geburt des Selbst‹, 13) eine ausführlichere Diskussion der therapeutischen Ergebnisse der Orthogenic School bei der schwersten Form von Kindheitspsychose, dem infantilen Autismus, anregen. Diese Bücher beschrieben, wie der Tag für die von uns betreuten Kinder verläuft, und wie sie sich im Laufe einer Zeit entwickelten, in der sie unter den Verhältnissen lebten, die wir für sie schufen. Die wichtigste Aufgabe jedoch blieb: diese besondere Form umfassender Therapie durch die Erläuterung ihrer einzelnen Elemente anderen nutzbar zu machen und die Geschichte der Mitarbeiter zu erzählen, denn sie sind es vor allem, von denen der Erfolg abhängt.

Durch die vorangegangenen Veröffentlichungen wurde die Orthogenic School hauptsächlich durch ihre Arbeit mit Kindern bekannt. Da dieses Buch davon ausgeht, daß unsere Methoden auf die Behandlung aller psychiatrischen Patienten, die eine spezielle Anstaltspflege brauchen, anwendbar sein können und sind, möchte ich darauf hinweisen, daß wir in den letzten zwei Jahrzehnten die Altersgrenze heraufgesetzt haben; zunächst haben wir Jugendliche und dann, in den letzten fünfzehn Jahren, auch junge Erwachsene behandelt. Die »Schule« erweiterte sich, neue Gebäude kamen hinzu, mehr Mitarbeiter wurden herangezogen, so daß sich die Zahl der Patienten in den letzten zehn Jahren von ungefähr dreißig auf ungefähr fünfzig erhöht hat, im Alter von sechs bis sechsundzwanzig Jahren – ein Durchschnittsalter von fünfzehneinhalb.

Die »Schule« wird von der Universität von Chicago unterhalten, da sie Forschungen anstellt und praktische Möglichkeiten aufzeigt, Störungen, die allgemein als »hoffnungslos« gelten, also auf andere therapeutische Methoden nicht ansprechen, zu heilen. Angesichts der Schwere der Krankheiten dauert es sehr lange, bis für den einzelnen Patienten die Behandlung abgeschlossen ist, fünf Jahre und mehr. So lange durchgehaltene Bemühungen haben das gewünschte Ergebnis: mehr als fünfundachtzig Prozent aller, mit denen wir gearbeitet haben, sind dem normalen Leben zurückgegeben. Die meisten unserer früheren Patienten sind inzwischen verheiratet und haben Kinder, die keine Schwierigkeiten aufweisen. Nicht alle, die bei uns ausgeschieden sind, leisten Hervorragendes; da sie keine Notwendigkeit sehen, sich in anstrengendem Wettstreit zu bestätigen, sind sie mit einem bequemen Leben zufrieden. Unter den mehr als zweihundert ehemaligen Patienten gibt es Piloten der zivilen Luftfahrt, Sozialarbeiter, Journalisten, Schwestern und Ausbilder von Pflegepersonal, Geschäftsleute und Bankiers, ferner auch einige Meisterfriseure, Vorarbeiter im Baugewerbe und Sekretärinnen. Ein ungewöhnlich hoher Prozentsatz, männlicher wie weiblicher Patienten, hat sich dem Erziehungswesen zugewandt. Eines der Kinder kam zu uns, weil es unfähig war, etwas in der Schule zu lernen, so daß es als schwachsinnig eingestuft wurde. Heute ist er Professor und Dekan eines der Colleges einer großen Universität. Zehn sind Lehrer, elf weitere lehren an einem College Fächer wie Pädagogik, Englisch, Französisch und Psychologie.

Kein Mensch ist eine Insel, in sich geschlossen, auch dann nicht, wenn er zur emotionalen Reife gelangt ist, und dies gilt noch mehr für die Zeit, in der sich seine Persönlichkeit entwickelt. Das Leben eines Kindes kann nicht unabhängig von dem seiner Eltern oder von den Personen, die für es sorgen, verstanden werden. Jemand, der gefühlsmäßig extrem unsicher ist, wie der psychotische Mensch, hängt wie das Kind von seinen Eltern psychologisch von denen ab, die ihn betreuen (und in deren Gewalt er sich befindet).

Bei einer Therapie, die auf der Wirkung von menschlichen Beziehungen aufbaut, müssen alle an ihr Beteiligten einer sehr sorgfältigen Prüfung unterzogen werden. Auch in der klassischen Psychoanalyse ist die gewaltige Bedeutung der sogenannten Gegenübertragung für Erfolg oder Fehlschlag der Behandlung inzwischen erkannt, das heißt die Wirkung der Persönlichkeit des Therapeuten, seiner Einstellung zu dem Patienten. Dies gilt schon für die psychoanalytische Situation, in der die Interaktion ziemlich begrenzt ist, und es gilt daher wesentlich mehr dort, wo Therapeut und Patient allen Situationen des Lebens zusammen begegnen. Wenn die Erfahrungen von Therapeut und Patient für beide von wirklicher Bedeutung sein sollen – und ohne das ist kein gutes Ergebnis möglich –, müssen die Partner eine echte menschliche Beziehung zueinander haben. Wobei natürlich der jeweilige Beitrag gänzlich verschieden ist. Der Therapeut muß die Beziehung geduldig und verständnisvoll eine ganze Weile lang erst aufbauen und nähren, bevor der Patient, zunächst meist zögernd und mit vielen Vorbehalten, die Möglichkeit des Vertrauens zu einer solchen Beziehung überhaupt in Betracht zieht. Jedoch, selbst wenn wir Therapeuten an diese Beziehung mit einer klaren Zielvorstellung, planend und mit bestimmten Absichten herangehen, muß sie doch wie alle anderen echten menschlichen Beziehungen eine Bedeutung, einen Sinn für beide Partner haben, für jeden auf seine Weise. Die Partner müssen sich durch sie gegenseitig sehr wichtig werden. Diese Beziehungen und ein Milieu, das sie fördert, bilden den Gegenstand dieses Buches.

Der psychisch kranke Patient lebt wie in einem tiefen, dunklen Loch ohne Ausgang, gefangen durch seine Ängste und die Gefühllosigkeiten der anderen, die er als feindselige Absichten empfindet. Wir müssen für ihn einen Weg hinaus bauen – sagen wir eine Leiter. Wir müssen bei diesem Weg von unserer eigenen Vergangenheit, unserem Wissen, unserer Persönlichkeit und unserem Verständnis für den Patienten ausgehen, aber vor allem mit unserer Einfühlung arbeiten, die uns sagt, welche spezifische und einzigartige menschliche Leiter für diesen besonderen Patienten geeignet ist. Der Patient muß – gegen seine Überzeugung, es gäbe keinen Ausweg – zuerst zu dem Glauben gebracht werden, daß dies wirklich ein Weg ist, der ihn aus seinem Gefängnis führt, und er muß schließlich auch versuchen, ihn zu benutzen. Er muß uns lange beobachten können bei der harten Arbeit, ihm die Leiter zu bauen, die sich von allen früheren eindeutig unterscheiden muß. Er wird versuchen, die Leiter zu zerstören, da er seit langem sicher ist, wir bauen sie nicht, damit er in die Freiheit gelangt, sondern nur, damit er in ein noch schlimmeres Gefängnis kommt (das uns aus unerfindlichen Gründen mehr Vorteile bringt als ihm und ihn nur noch größeren Gefahren aussetzt). Sein altes Gefängnis kennt der Patient schließlich, so schrecklich es ist, und er hat es irgendwie gelernt, sich durch seine Symptome gegen das Schlimmste zu schützen. Diese Symptome – seine Schutzmaßnahmen – soll er aufgeben, das weiß er. Wie kann er uns trauen, wenn wir so böse Absichten haben? Er wird auch versuchen, die Leiter zu zerstören, in ähnlicher Weise wie ein Kind das Spielzeug kaputtmacht, dessen Mechanismus es verstehen will.

Wir müssen auf dieser Leiter einfühlsamen Verständnisses in das

Loch hinuntersteigen, in dem der Patient vegetiert, während er gleichzeitig, wenn auch aus dem einzigen Grunde, unsere Entschlossenheit auf die Probe zu stellen, die Leiter zu zerstören versucht.

Wenn der Patient beschließt, daß er den ihm angebotenen Fluchtweg nicht benutzen will, müssen wir solch eine Entscheidung akzeptieren und achten – ohne unsere Bemühungen um ihn in seinem nicht länger ausweglosen, sondern selbstgewählten Abgrund aufzugeben, damit er zumindest in seinem Unglück nicht allein ist. Jede noch so schwache Andeutung, unsere Art zu leben sei der seinigen überlegen, ist nur eine weitere Arroganz unsererseits, eine weitere Ablehnung des Patienten, ein weiterer Beweis, daß wir ihn nicht verstehen. Sein Lebensstil, welcher Art er auch sei, ist vom Standpunkt des Patienten aus dem unseren in Wirklichkeit überlegen, da er ihm den notwendigen Schutz gewährt, den er in unserer Welt nicht gefunden hat.

Unsere Hoffnung besteht darin, daß wir ihn, wenn wir so gut wie möglich für ihn sorgen, – für welche Verhaltensweise er sich auch entscheiden mag – eines Tages doch von unseren guten Absichten überzeugen können. Das kann ihn dann dazu bringen, seinen Entschluß zu ändern, für immer in seinem dunklen Loch zu bleiben. Jegliche Ungeduld unsererseits, jegliches Bestehen darauf, die elenden Verhältnisse seines Lebens zu ändern (außer daß wir sie nach Möglichkeit für ihn bessern, ohne seine Autonomie anzutasten), ist nichts anderes, als jemanden herumzustoßen, der es längst aufgegeben hat, die Realität meistern zu wollen, da er in der Vergangenheit so überfordert wurde. Wir haben es immer wieder erlebt, daß der Patient es erst, wenn er unseren Willen als echt erkannt hat, mit ihm dort zusammenzusein, wo er gefühlsmäßig lebt, umgekehrt in Erwägung zieht, uns dorthin zu folgen, wo wir leben, wenn auch lange Zeit noch sehr vorsichtig und nur vorübergehend. Er tut das, weil er aufgrund von allem, was wir für ihn tun, anfängt, sich für uns zu interessieren, und mehr über uns wissen will, auch, warum wir das Leben, das wir führen, für uns selbst vorziehen.

Das geschieht aber nur dann, wenn wir ihm von Mensch zu Mensch begegnen. Niemals darf die Beziehung zwischen »ihm« – dem Patienten – und »uns« – den Therapeuten – durch einen Rangunterschied, ein Gefühl der Überlegenheit auf unserer Seite, gestört werden.

Dieses Buch wird den Leser nicht erreichen, der von »Patienten« als der einen Klasse und von »Therapeuten« als der anderen Klasse Mensch denkt. Beide Begriffe beziehen sich auf ganz individuelle Menschen mit eigenen Lebensgeschichten und Persönlichkeiten, die jedoch in vieler Hinsicht uns, dem Autor und dem Leser, sehr verwandt sind. Das gleiche gilt für Begriffe wie »Betreuer« oder »Mitarbeiter«. Eine Einheit wie ein Mitarbeiter-»Stab« existiert nicht, lediglich eine sich wandelnde Anzahl von Personen, die zwar eine ähnliche

Ausbildung haben oder zusammen auf ein gemeinsames Ziel hinarbeiten, das aber nur im Einklang mit ihrer eigenen besonderen und zuweilen auch merkwürdigen Persönlichkeit tun. Ich hoffe, der Leser wird, wann immer einer dieser Begriffe im Buch benutzt wird, daran denken, daß dahinter eine Person steht.

Für den Patienten, den wir überzeugen konnten, den Versuch zu wagen, unsere Leiter, die aus dem dunklen Loch herausführt, zu besteigen, ist es ein mühsamer Aufstieg, Sprosse um Sprosse, zur Selbstentdeckung und zur Neuentdeckung der Welt, vor allem jedoch muß er herausfinden und sich damit auseinandersetzen, welche bedeutungsvollen, guten und dauerhaften menschlichen Beziehungen ihm möglich und erreichbar sind. Aber welches Können muß der Therapeut haben, um diese symbolische Leiter zu konstruieren? Wo findet er das Material, das er braucht, und wie entwickelt er die Fähigkeiten, die Leiter zu bauen? Die Antwort kann sich ergeben, wenn wir zuschauen, wie sie gebaut wird, Schritt für Schritt, Stück für Stück.

Wenn wir für diesen besonderen Patienten, der sie benutzen soll, seine Leiter bauen wollen, müssen wir in der Lage sein, all jene verhüllten Botschaften zu lesen, die es uns allein ermöglichen, schwer gestörten Menschen zu helfen. Wir müssen dazu auf die kleinsten Einzelheiten in seinem Verhalten achten. Auch unsere Absichten werden aus den kleinsten Einzelheiten unseres Verhaltens und der äußeren Welt, mit der wir den Patienten umgeben, abgelesen. Die Vorstellungen, nach denen wir uns richten, wenn wir unsere Absichten vermitteln wollen, sind aus dem psychoanalytischen Denken bezogen, das sich auf alle Aspekte des Lebens erstreckt. Wie der Psychoanalytiker die kleinste Abweichung im Ausdruck als bedeutsamen Hinweis zum Verständnis dessen wertet, was im Patienten vorgeht, wird der Patient jede Einzelheit im Verhalten des Therapeuten für äußerst wichtig halten, weil seine Angst vor dem, was sein Therapeut mit ihm vorhaben mag, so groß ist. Wegen der Intensität seiner Ängste wird er natürlich dazu neigen, das, was er beobachtet, als unheilvoll zu interpretieren. Aus dem gleichen Grund lösen beim emotional gestörten Menschen, der in der Anstalt lebt, die unscheinbarsten Einzelheiten der äußeren Umgebung, in die ihn die für ihn Verantwortlichen gebracht haben, tiefe Reaktionen aus. Deshalb ist kein Aspekt der physischen Einrichtung einer psychiatrischen Institution bedeutungslos, und deshalb werde ich auf einige von ihnen ausführlicher eingehen: sie mögen als Beispiel dafür dienen, welches Denken und Planen den unterschwelligen Botschaften unterliegen sollte, die der Patient von seiner Umgebung empfangen muß, wenn er gesunden soll.

Wichtiger noch als die berufliche Ausbildung zum Therapeuten ist die Fähigkeit, nicht nur von den persönlichen Begabungen und Eigenheiten therapeutisch Gebrauch zu machen, sondern auch von den eigenen Lebenserfahrungen. Der Therapeut muß dabei unterscheiden können zwischen dem, was sinnvoll und aufbauend, und dem, was tatsächlich oder nur potentiell zerstörerisch gewesen ist, damit er ersteres voll einsetzen und es vermeiden kann, letzteres in die therapeutische Beziehung einfließen zu lassen. Er ist dem anderen Menschen eine größere Hilfe, wenn die eigenen emotionalen Eigenschaften – und zuweilen selbst die eigenen emotionalen Probleme – den dringendsten therapeutischen Bedürfnissen eines bestimmten Patienten entgegenkommen. Im Laufe der Jahre kamen wir zu dem Ergebnis, daß jeder Mitarbeiter, der wirklich erfolgreich schwerstgestörten Patienten helfen konnte, Erfahrungen hinter sich hatte, die aus irgendeinem Grunde diese Art Arbeit für ihn so anziehend machte, daß er die damit verbundenen extremen Härten akzeptieren konnte. Wo andere vielleicht versagt hätten, konnte er helfen. Wenn dies so ist, stellt sich die Frage, welche Art vergangener Erfahrungen uns den Antrieb für die Arbeit mit ernsthaft gestörten Patienten in einer Anstalt gab? Aber wie könnte ich von meinen Mitarbeitern sprechen, ohne zuvor zu berichten, wie die unaufgearbeiteten Probleme meiner eigenen Vergangenheit als Motivation für meine Arbeit wirksam waren?

›The Informed Heart‹ (deutsch: ›Aufstand gegen die Massen‹, 11) erörterte unter anderem, was es bedeutete, in einem Konzentrationslager eingesperrt zu sein. Mir wurde oft klar, wenn ich meine Reaktionen auf bestimmte Vorfälle mit denen meiner Mitarbeiter verglich, wie sehr sie durch die Erfahrung beeinflußt waren, daß ich anderen auf Gnade oder Ungnade ausgeliefert gewesen bin, andere darüber befanden, wie ich leben sollte – beziehungsweise, daß ich nicht leben sollte. Meine Partner hatten diese Erfahrung nicht und konnten daher bei unserer gemeinsamen Aufgabe viel weniger unmittelbare Einfühlung in die Reaktionen eines Menschen haben, der von anderen gezwungen wird, seinen Lebensstil gegen seinen Willen zu ändern.

Um ihr Bewußtsein dafür zu erhöhen, wie schwer es ist, eine solche Situation hinzunehmen, riet ich den Mitarbeitern, sich zu überlegen, wie sie sich fühlen würden, wenn sie von jemand anderem abhängig wären, der entscheiden würde, wie sie ihr Leben einzurichten hätten. Gleichzeitig waren meine Bemühungen, *jegliches* Hierarchiedenken abzuschaffen – ob auf Ausbildung, Erfahrung oder sonst etwas gegründet – und die Bereiche einzuschränken, in denen die Mitarbeiter über die Patienten, die sie betreuten, zu bestimmen hatten, mit therapeutischen Grundsätzen verbunden, die sehr von der Erfahrung beeinflußt waren, daß ich selbst unter der Herrschaft anderer hatte leben müssen.

Diese sehr persönlichen Grundsätze, die ihren Ursprung in meiner eigenen Vergangenheit hatten und es mir unmöglich machten, zu akzeptieren, daß irgend jemand eingesperrt wurde, führten auch zu meinem ersten direkten Zusammenstoß mit den Mitarbeitern, die bereits an der Orthogenic School gearbeitet hatten, bevor ich im Jahre 1944 die Leitung übernahm. Ich bestand darauf, daß die riesige Anzahl von Schlüsseln und die vielen verschlossenen Türen abgeschafft würden; die Mitarbeiter fanden, beides sei im Interesse der Sicherheit notwendig.

Die Erfahrungen des Lagers hatten meine Ansicht vom Leben und den Verlauf meines eigenen Lebens radikaler verändert als meine mehrjährige und tiefgehende Lehranalyse vorher. Die willkürliche Vernichtung des Lebens so vieler, von denen leicht eines das eigene Leben hätte sein können, kann zu der leidenschaftlichen Überzeugung führen, daß kein einziges Leben künftig mehr – soweit man es verhindern kann – sinnlos vergeudet werden darf (14, 86).

Welchen Weg man wählt, um den Erinnerungen, die einen verfolgen, entgegenzuwirken, hängt vom Zufall, von der Begabung und den Interessen ab. In meinem Fall führte die Selbstprüfung zu der Erkenntnis, daß der Zorn, den die Vorstellung in mir erregte, daß Menschenleben – beispielsweise die von psychotischen Patienten – abgeschrieben wurden, wenn es möglich war, sie zu retten, ein emotionaler Rest aus meinen Erfahrungen im Lager war. Ich war entschlossen, diesen psychotischen Menschen eine Chance zu geben, ein gutes Leben zu führen. So wurden starke Emotionen, die aus einer Vergangenheit stammten, die ich wegen unentrinnbarer Erinnerungen nicht loswerden konnte, eingesetzt zu – wie es sich herausstellte – konstruktivem Tun.

Bei allen Unternehmungen, in die man sich mit Leidenschaft begibt, besteht die Gefahr, daß man sich von Gefühlen hinreißen läßt und andere benützt, die eigenen unbewußten Bedürfnisse zu befriedigen, anstatt ihren Bedürfnissen gerecht zu werden. Meine psychoanalytische Schulung bewahrte mich davor, daß ich meine Arbeit benutzte, um einem infantilen oder größenwahnsinnigen Rettungswahn zu frönen, den psychisch kranke Patienten und zumal Kinder, auch wenn sie keine psychiatrischen Patienten sind, so leicht und wunderbar befriedigen können. Die Lagererfahrung verhalf mir dazu, derartige Phantasien zu erkennen und den Mitarbeitern zu helfen, sie einzudämmen und zu überwinden. Das gleiche Erlebnis war auch zum Teil der Grund für den Titel meines Buches ›Love Is Not Enough‹ (deutsch: ›Liebe allein genügt nicht‹, 7), womit ich betonen wollte, daß Gefühle, auch so positive wie die Liebe, nicht ausreichen; man darf es sich nie erlauben, sorgfältige rationale Planung und rationales Tun zu vernachlässigen.

Aus all dem wird vielleicht deutlich, wie die Erfahrung des Konzentrationslagers meinen Bemühungen tiefere und höchst persönliche Bedeutung verlieh und sie mit starken Gefühlen unterstützte, aber stets zusätzlich zu dem, was die Aufgabe real verlangte. Die Arbeit wurde somit von Energiequellen aus dem Unterbewußtsein genährt, die sonst nicht zur Verfügung gestanden hätten.

Der Erfolg unserer gemeinsamen Aufgabe an der Orthogenic School hing von der Zusammenarbeit vieler Menschen ab, des gesamten Mitarbeiterteams. Mein Hauptbeitrag dazu war, wie ich bald entdeckte, nicht das, was ich zufällig wußte – beispielsweise über psychische Störungen –, noch nicht einmal, wie gut ich es anderen für ihre tägliche Arbeit beibringen konnte. Das war nur der Ansatzpunkt, der andere für mein leidenschaftliches Engagement für die gemeinsame Aufgabe empfänglich machte, das ansteckend wirkte. Die Mitarbeiter spürten, wie mein Engagement für die Arbeit, aus dem zwar völlig rationale Taten folgten, seinen Ursprung in einem unbewußten Bedürfnis hatte, nicht zu versagen, denn in diesem Fall wäre ein Versagen ein viel tieferer, persönlich begründeter Mißerfolg gewesen als ein einfaches Nichtgenügen in einer besonderen Art Arbeit. Mein Engagement bot ihnen ein Beispiel dafür, daß gewisse »irrationale« Antriebe nicht als infantil, ungesund oder schädlich unterdrückt zu werden brauchen, sondern im Gegenteil den konstruktivsten Bestrebungen dienlich gemacht werden können.

Die Aktivierung und Nutzung derartiger Energiequellen aus dem Unbewußten, die bei jedem Mitarbeiter anders lagen, brachte uns alle zu der unbeirrbaren Entschlossenheit, daß die Arbeit nicht zusammenbrechen dürfe. Manche von uns wurden dabei gestützt durch die Suche nach Antworten auf Fragen wie: »Warum ist meine Mutter geisteskrank geworden?« oder: »Warum habe ich einen psychotischen Bruder, wenn ich es nicht bin?«, oder Fragen, die man im Grunde leicht beantworten konnte und die auch längst beantwortet waren, aber auf eine Weise, die aus unbewußten Gründen nicht ausgereicht hatte, wie: »Warum ist meine Schwester gestorben?«

Meine eigene Einführung in das Problem psychiatrischer Störungen und deren Behandlung war so unmittelbar wie nur möglich. Bevor unsere eigenen Kinder geboren waren, und weil unser Interesse an Kinderpsychoanalyse damals gerade begonnen hatte, nahmen meine Frau und ich ein Kind bei uns auf, das an infantilem Autismus litt (ein »hoffnungsloser Fall«), um herauszufinden, ob diese neue Disziplin ihm helfen könnte. Irgend etwas in dem kleinen Mädchen und in mir selbst stellte eine tiefe Bindung her. Zu verstehen, was in ihr vorging, war eine faszinierende und lohnende Herausforderung und ebenso das Rätsel, wie man ihr helfen könnte. Aus der Erfahrung des Zusammenlebens wurde mir schließlich klar, daß eine normale Familie niemals alle Bedürfnisse einer solchen Patientin befriedigen kann.

Sosehr sich der Zustand des Mädchens im Laufe der Jahre, in denen sie mit uns lebte, besserte, und obwohl sie zu einem reizenden und begabten jungen Mädchen heranwuchs, war ihr dennoch nicht genügend geholfen worden, daß sie die Reste der schweren Störung gänzlich bewältigen konnte. Das hing hauptsächlich zusammen mit Hitlers plötzlichem Einmarsch in Österreich: Die Therapie, die mindestens noch ein paar Jahre hätte weitergeführt werden müssen, war ohne jede Vorbereitung damit beendet. Was hatten wir erreicht, und wo hatten wir versagt? Unsere Arbeit mit dem Mädchen war ein Erfolg wie ein Versagen gewesen. Zurück blieb die quälende Frage, wie man kindlichen Autismus begreifen und ihn therapeutisch angehen könne. Ging das, wie die Fachliteratur behauptete, über die Möglichkeiten der Therapie hinaus? Oder waren wir als Therapeuten einfach nicht gut genug gewesen?

Mit dieser Frage kam das zweite unbewältigte Problem meiner Vergangenheit ins Spiel. Der kindliche Autismus hatte mich zu dem geführt, was dann später in meinem Leben mein Beruf geworden ist. Bis dahin hatten mich, zumindest bewußt, andere Interessen beschäftigt. Warum und wie hatte mich das Konzentrationslager-Erlebnis, das ich Mitte Dreißig hatte, der Wendepunkt meines Lebens, zur Arbeit mit »psychotischen« Kindern geführt? Warum hatte ich dieses besondere Betätigungsfeld gewählt, um die Frage zu beschwichtigen: Warum bin ich gerettet worden?

Die Lagererfahrung ermöglichte es mir schließlich, das Phänomen psychotischen Reagierens zu begreifen. Ich hatte es nicht fertiggebracht, beide Erfahrungen einzeln zu verarbeiten; erst als ich ihre Verbindung sah, konnte ich beide Erfahrungen besser verstehen (9).

Die Arbeit an der Orthogenic School war für jeden, der mit ihr zu tun hatte, sinnvoll, das heißt, sie hatte einen Sinn, der über die Befriedigung hinausging, die wir aus dem zogen, was wir für die Kinder taten. Es war eine große und ständige Herausforderung für uns, die unserer Ansicht nach beste Methode, eine psychiatrische Anstalt zu führen, in die tägliche Praxis umzusetzen. In unseren überheblicheren Zeiten hofften wir, unsere Arbeit könnte anderen als ein Lehrbeispiel dienen, an dem sie selbst weiterarbeiten würden. Damit das geschehen könnte, müßte dieser Bericht mehr werden als nur ein Buch über die Mitarbeiter, als das es ursprünglich geplant war.

Eine Anstalt besteht wie ein Mensch aus Körper und Seele, und ebenso wie den Menschen wird man sie an ihren Taten erkennen. Wenn zwischen Körper und Seele keine Harmonie besteht, wenn eins dem anderen schlechte Dienste leistet, gibt es Konflikte und Enttäuschungen.

Die Seele einer psychiatrischen Anstalt ist nicht ihre Philosophie. Ich habe wunderbare Grundsatzerklärungen zu den philosophischen Richtlinien psychiatrischer Institutionen gesehen, aber die Wirklichkeit sah abscheulich aus. Die Seele einer Anstalt ist ihre Philosophie, wie sie von den Mitarbeitern praktiziert wird. Die Taten, nach denen die Orthogenic School erkannt werden wird – das heißt, wie ihre Seele und ihr Körper funktionieren –, sind in früheren Büchern beschrieben worden. Was bleibt, ist, detaillierter zu zeigen, wie es gemacht wird, so daß andere das gleiche tun können.

Dieses Buch besteht aus vier ungleichen, aber eng zusammenhängenden Teilen. Der erste erörtert die physische Umgebung, in der das Leben in der Anstalt vor sich geht. Der zweite berichtet über die umfassende Therapie in diesem äußeren Rahmen, wie sie sich im Laufe von zwanzig Jahren entwickelte. Der dritte und vierte Teil gehen ausführlich auf die Arbeit und weitere Schulung der Mitarbeiter ein.

Das Material zu dem Buch hat sich über viele Jahre angesammelt, aber das meiste wurde niedergeschrieben, nachdem meine Verbindung mit der »Schule« offiziell beendet war. Ich hoffe, der Bericht ist so objektiv, wie ihn jemand schreiben kann, der tief mit der Sache verbunden war. Unserer Auffassung zufolge befindet sich die Orthogenic School in einem ständigen Prozeß des Werdens. In diesem Sinne schildert das Buch, wie die »Schule« zu einem bestimmten Zeitpunkt ihrer Geschichte war, ungefähr zu der Zeit, als ich mich 1973 als Leiter der Anstalt zurückzog. Zu diesem Zeitpunkt wurde Jacqui Sanders, meine engste Mitarbeiterin, Leiterin der Anstalt. Sie hatte an die zehn Jahre beratend bei uns gearbeitet und mir drei weitere Jahre bei der Leitung der Schule zur Seite gestanden. Nach sieben Jahren als Lehrerin in einem College kehrte sie zu unserem Unternehmen zurück, das ihr immer am Herzen gelegen hatte. In meinem letzten Jahr an der »Schule« leitete sie diese mit mir zusammen.

Die vierzehn Jahre gemeinsamer enger Zusammenarbeit versprechen, daß die Veränderungen, die sie mit der Zeit einführen wird, das in diesem Buch Beschriebene nur verbessern können.

Wie alle übrigen Schriften, die sich mit der Arbeit der Orthogenic School befassen, verdankt auch dieses Buch seine Existenz denen, die dort arbeiten. Obwohl ich tief in ihrer Schuld bin für all die Unterstützungen, die sie mir gewährten, darf jedoch ehrlicherweise nicht verschwiegen werden, daß uns auch viele Irrtümer unterliefen; aber wir gaben uns Mühe, unseren Fehlern auf den Grund zu gehen und aus ihnen zu lernen. Die Mitarbeiter halfen mir, aus meinen Fehlern zu lernen und ihre Ursachen zu begreifen, welche Mängel an Gefühl oder Denken ihnen zugrunde lagen, oder wie und warum das, was ich tat, nicht die erwünschten Resultate brachte, oder was eigentlich am dringendsten notwendig gewesen wäre. Ich weiß, die Mitarbeiter lernten sehr viel über sich selbst, über die Arbeit und sogar eine ganze Menge über die Welt aus dem Bemühen, sowohl ihre Erfolge wie ihre Fehler zu begreifen. Der Versuch, den Mitarbeitern zu helfen, aus ihren Erfolgen und Mißerfolgen zu lernen, war die Qual und die

Freude meines Arbeitslebens. Die Qual ist längst vergessen, und für die Freude möchte ich ihnen danken.

Im übrigen hoffe ich, daß alle, die dieses Buch lesen, ebenso aus unseren Errungenschaften wie aus unseren Irrtümern lernen. Ich habe immer geglaubt, daß unsere relativ guten Erfolge daher kamen, daß wir versuchten, aus den guten wie aus den nicht so guten Folgen unserer Bemühungen einen Sinn herauszuarbeiten. Und ich hoffe, auch der Leser wird nach diesem Sinn suchen und sich nicht einfach damit zufriedengeben, alles hinzunehmen, was er dabei an Gutem über unsere Arbeit erfährt, sondern sich fragen, weshalb er das hinnehmen soll. Ich hoffe, er wird versuchen zu entdecken, wo ich mich vielleicht geirrt habe, und sich auch dann nicht einfach damit zufriedengeben, etwas Negatives zu registrieren, sondern versuchen zu begreifen, warum und wie man das hätte besser machen können. Tut er das, wird es für den Autor das größte Kompliment sein.

I
Die Idee des psychiatrischen Krankenhauses

1
Die Gebäude und ihre Bewohner

Was immer der Mensch auch tut, der Erfolg seines Tuns wird durch einen bestimmten Rahmen erleichtert, besonders dann, wenn es sich um komplexe und heikle Probleme handelt. Die Struktur des Familienlebens und die menschlichen Beziehungen innerhalb der Familie haben in einer kleinen Hütte einen ganz anderen Charakter als in einem weiträumigen Palast, obwohl beides nicht ideal ist, wenn es um die seelisch-geistige Gesundheit eines Menschen geht.

Unsere größten Fortschritte in der Behandlung emotionaler Störungen verdanken wir den Einsichten der Psychoanalyse. Andere Arten therapeutischer Bemühungen, wie die Gruppentherapie, wurden nur durch diese Fortschritte möglich. Damit Psychoanalyse aber erfolgreich sein kann, muß eine ganz bestimmte Situation hergestellt werden. Freud fand dies heraus, indem er darüber nachdachte, was die therapeutische Erfahrung eigentlich von der physischen wie von der psychologischen Umgebung verlangt. Er berücksichtigte dabei nicht nur die Bedürfnisse des Patienten, sondern auch die Bedingungen, die der Therapeut braucht, um gut arbeiten zu können. Freud hatte sehr genaue Vorstellungen, als er diese besondere Situation forderte. Er fand, daß nur in ihr sich der Patient und Therapeut auf ein so schwieriges Unternehmen einlassen konnten, bei dem beide zwar ungleiche, aber gleichgewichtige Partner sind.

Es trifft jedoch keineswegs nur auf die psychoanalytische Situation zu, daß Menschen zwar ungleiche, aber gleichgewichtige Partner sind. Das gilt vor allem immer dann, wenn das Ziel die Entwicklung der Persönlichkeit oder der intellektuellen Fähigkeiten ist, beispielsweise für alle Erziehungs- und Bildungsvorhaben. In der Psychotherapie aber muß durch den äußeren Rahmen dafür gesorgt werden, daß der Therapeut keine ungebührliche Herrschaft über den Patienten ausübt und der Patient nicht in die Falle geht, eine derartige Beherrschung zu akzeptieren. Der Patient ist dieser Versuchung wegen seiner Schwäche, Unsicherheit und Angst besonders ausgesetzt; gibt er der Versuchung aber nach, so wird das Ergebnis nur ein weiterer Abbau und nicht eine gesunde Entwicklung der Persönlichkeit sein.

Ein psychiatrisches Krankenhaus braucht demnach einen Rahmen, der ebenso einmalig ausgerichtet ist auf seine besondere Aufgabe wie die psychoanalytische Situation auf ihre Methoden und Ziele. Zu diesem Zweck müssen die Planer solcher Einrichtungen versuchen, die besondere Umgebung zu schaffen, die den Bedürfnissen der Patienten und den Anforderungen ihrer Psychotherapie am besten entspricht.

Diese Therapie – sie unterscheidet sich von jeder nur medizinisch geregelten Lebensweise – entwickelt sich aus dem Verständnis, den Überzeugungen, Gefühlen und Handlungen derer, die sich den ganzen Tag über mit den Patienten beschäftigen.

Die therapeutische Umgebung muß deshalb so angelegt sein, daß die mit der Aufgabe Betrauten – Ärzte, Schwestern, Heilpädagogen – nicht durch das Verhalten der Patienten abgelenkt, aus der Fassung gebracht oder zu unangemessenen Maßnahmen verleitet werden. Die äußeren Umstände müssen die Mitarbeiter davor bewahren, auf der Basis ihrer eigenen, unkontrollierten, unbewußten Neigungen zu handeln, die leicht durchbrechen, wenn sie es mit Patienten zu tun haben, die unterwürfig oder aufsässig, schweigsam und zurückhaltend oder gewalttätig sind, sich einschmeicheln oder grob werden, in infantiles Benehmen zurückfallen oder größenwahnsinnig auf ihrer Überlegenheit bestehen. Der Rahmen muß einem Eingehen auf die bewußten Wünsche und unbewußten Bedürfnisse der Patienten förderlich sein und den entsprechenden Entscheidungen den Weg ebnen.

Freud hat die Behandlungssituation sorgfältig aufgebaut. Er sah darin die einzige Möglichkeit, zu verhindern, daß eigene, unbewußte Bedürfnisse an dem Patienten ausgelebt werden, und auch der Verlokkung zu entgehen, den Patienten zu beherrschen – einer der gefährlichsten Versuchungen für den Psychotherapeuten überhaupt. Solches Denken jedoch berührt psychiatrische Krankenhäuser kaum, wenn auch in den fortschrittlichsten unter ihnen das Personal davor gewarnt wird, die Beziehungen zu den Patienten durch die eigenen, unbewußten Bedürfnisse oder Wünsche zu stören. In der klassischen psychoanalytischen Situation sind viele Sicherungen gegen solche Gefahren eingebaut; für das Pflegepersonal in den durchschnittlichen psychiatrischen Kliniken jedoch gibt es keine solchen Sicherungen, die beide, das Personal und den Patienten, gegen derartiges Ausagieren schützen. Es ist daher eher die Regel als die Ausnahme, daß der Patient »zu seinem eigenen Besten« vom Klinikpersonal beherrscht wird. Wie kann es auch anders sein, solange wir voraussetzen, daß verhältnismäßig schlecht ausgebildete Menschen ohne jede Hilfe seitens der Klinik Gutes leisten sollen, wenn ohne solche Hilfe dies nicht einmal der Psychoanalytiker vermag? Fest steht leider jedenfalls: Die meisten psychiatrischen Krankenhäuser bieten einen Rahmen, der es nicht nur schwierig, sondern so gut wie unmöglich macht, den Bedürfnissen der Patienten gerecht zu werden.

In diesem Buch geht es mir vor allem um viele besondere Einrichtungen oder Lebensbedingungen, die für psychiatrische Krankenhäuser bezeichnend und weder für die Patienten noch für das Personal gut sind. Diese Einrichtungen machen nicht nur den Patienten das Leben zur Qual und die Arbeit für das Personal schwierig und unangenehm, sie schaden *allen*, auch der Gesellschaft im allgemeinen, da sie den Aufenthalt des Patienten in der Anstalt verlängern und seine Heilungschancen mindern. Dennoch bleiben solche Einrichtungen bestehen, weil sie anscheinend niemand in Frage stellt. Meiner Ansicht nach dürfte eigentlich niemand in Institutionen wie unseren heutigen psychiatrischen Krankenhäusern untergebracht werden. Wir werden sie jedoch weiterbenutzen müssen, solange nichts Besseres vorhanden ist. Für Menschen mit schweren psychischen Störungen wäre es von großem Vorteil, wenn sie unter Bedingungen leben könnten, die speziell für sie geschaffen sind. Ich bin nicht dafür, die psychiatrischen Krankenhäuser überhaupt abzuschaffen, sondern meine, daß ihnen solche speziellen Häuser unbedingt zur Verfügung stehen sollten. Leider gibt es gegenwärtig kaum welche.

Mangel an Selbstachtung ist ein Zentralproblem aller funktionellen Störungen. Die wichtigste Aufgabe der Therapie ist nicht, dem Patienten zur Einsicht in sein Unbewußtes zu verhelfen, sondern ihm wieder ein hohes Maß an gerechtfertigter Selbstachtung zu geben. Das Unbewußte zu verstehen, kann ein höchst wichtiger Schritt auf diesem Wege sein, weil dann die »verrückten« Ideen einen Sinn bekommen. Es ist aber nur *ein* Schritt von der gänzlichen Unfähigkeit, etwas zu erfassen, bis zum völligen Begreifen; von dem Gefühl, wir hätten unseren Verstand verloren, zu der Sicherheit, daß wir Kontrolle über ihn erlangt haben.

Das dürfte kein neuer Gedanke sein. Vor eineinhalb Jahrhunderten leitete S. Tuke in York die Anstalt The Retreat für die Society of Friends. Dort schaffte er die übertriebenen zwangsmäßigen Einschränkungen für die Geisteskranken ab, die man damals für unabdingbar hielt. Er war überzeugt davon, daß »das Bedürfnis nach Achtung« der brauchbarste Ansatzpunkt für die Besserung des Zustands geistig oder seelisch gestörter Patienten ist, weil es ein »Prinzip im menschlichen Geist (ist), das, wenn auch oft unbemerkt, zweifellos unser allgemeines Verhalten in hohem Maße beeinflußt und mit eigentümlicher Kraft wirksam ist«. Um den Patienten das Gefühl zu geben, daß man sie achtet, genügt es jedoch nicht, sie ab und zu höflich zum Tee einzuladen, wobei der Direktor und die Mitarbeiter die Patienten auffordern, »sich ihre besten Kleider anzuziehen und sich gegenseitig mit Höflichkeit und Anstand zu begegnen. Das Essen ist vorzüglich, und die Eingeladenen (die Patienten) werden mit der Aufmerksamkeit behandelt, die man Fremden entgegenbringt« (124). Daß man mit ihnen wie mit seinesgleichen verkehrt, mit dem größten Respekt für die Würde des Patienten, sollte aber nicht ein in Ausnahmefällen angewandtes therapeutisches Mittel sein, sondern eine den ganzen Tag über geübte Selbstverständlichkeit – mit dem Zusatz, daß Rücksicht auf die Würde des anderen von den Mitarbeitern und nicht von den

Patienten verlangt werden muß. Die bestmögliche Verpflegung sollte etwas sein, auf das der Patient ein Anrecht hat, und nicht ein Sonderprivileg. Seit ich an der Orthogenic School arbeite, bin ich davon überzeugt, daß die Wiederherstellung einer echten – im Gegensatz zu einer megalomanisch verzerrten – Selbstachtung das Hauptziel jeder Therapie sein muß.

Andere, die intensiv mit Schizophrenen gearbeitet haben, sind zu dem gleichen Schluß gekommen; Schizophrenie ist beschrieben worden als »ein Versagen, irgend etwas zu sein, das man als lebenswert erachten könnte« (117). Wenn dies so ist – und meine Erfahrung überzeugt mich von der Richtigkeit –, dann ist alles heilsam, was das Gefühl fördert, ein guter, wertvoller Mensch zu sein. Alles, was dieses Gefühl mindert, verschlimmert die Störung und macht sie einer Therapie weniger zugänglich.

Ein besonders anschauliches Beispiel dafür, daß mit unseren psychiatrischen Krankenhäusern vieles nicht stimmt, sind die Gebäude, in denen sie untergebracht sind. Fast jeder ist der Ansicht, daß sie schlecht sind, ohne daß dies dazu geführt hätte, sie wesentlich zu verbessern. Selbst eine ziemlich neue, von der Weltgesundheitsorganisation in Auftrag gegebene Forschungsarbeit über psychiatrische Krankenhäuser schlägt im Grunde nur unwesentliche, kleinere Verbesserungen an dem alten Prinzip vor (2). Man hat es einfach unterlassen, eine wirklich eingehende Analyse darüber zu erstellen, was an den bestehenden Anstalten nicht richtig ist und warum, eine Analyse, die über die Feststellung so offensichtlicher Mängel wie Überbelegung einer Station oder häßliche Wandfarben hinausgeht. Solange wir nicht wissen, *warum* ein bestimmtes Phänomen eine bestimmte Wirkung hervorbringt, sind unsere Möglichkeiten, es durch ein besseres zu ersetzen, denkbar gering.

Nur durch ihre Geschichte kann erklärt werden, warum unsere psychiatrischen Krankenhäuser nun einmal so gebaut sind. Seit dem Mittelalter gelten die Geisteskranken als vom bösen Geist besessen. Aus diesem Glauben, verbunden mit der potentiellen Gefährlichkeit und der gelegentlich offenen Gewalttätigkeit der Kranken, erwuchs der Gedanke, daß man sie einsperren müßte, um die Gesellschaft zu schützen. Aber abgesehen von der rationalen Besorgnis darüber, was die Geisteskranken alles anrichten könnten, führte die irrationale Beunruhigung darüber, daß jemand frei umherlief, der vom bösen Geist besessen war, zu einer strafenden Einstellung. Mit der schlechten Behandlung oder gar Mißhandlung der Kranken wollte man also die bösen Geister aus ihren Körpern austreiben und, während man das tat, diese Körper so sicher wie möglich in Gewahrsam halten. So wurden sie in Deutschland jahrhundertelang in gefängnisartige Bauten eingesperrt, häufig im Turm über einem Stadttor, der als »Narrenturm« bekannt war. Heute steckt man sie noch immer in gefängnisartige Gebäude, und nicht, wie es heißt, um ihrer, sondern um unserer Sicherheit willen. Aber auch heute könnte uns allein die rationale Furcht vor dem Schaden, den sie vielleicht anrichten würden, niemals dazu bringen, sie so brutal zu behandeln. Die Gesellschaft läßt diese Unmenschlichkeit nur aus der unbewußten Angst heraus zu, das Beispiel ihres regressiven, ungehemmten, triebbestimmten Verhaltens, ihres Regredierens auf urtümliche Denkformen könnte unsere eigene gesellschaftliche Integration durch Ansteckung gleichsam gefährden. Die Notwendigkeit, unsere eigenen inneren chaotischen Antriebe unter strenger Kontrolle zu halten, bringt uns dazu, eine ähnliche Kontrolle über den seelisch oder geistig gestörten Patienten auszuüben, obwohl seine Gesundheit nur durch eine gänzlich andere Behandlung wiederhergestellt werden könnte.

Trotz dieser jahrhundertealten europäischen Tradition, Geisteskranke einzukerkern, hätte es angesichts der rationalen Gegeneinflüsse, die mit der Aufklärung begannen, nicht so weitergehen können, wenn sie nicht durch eine angloamerikanische Tradition verstärkt worden wäre. Bevor sich in Amerika der Gedanke öffentlicher Einrichtungen allgemein durchsetzte, wurden die Armen und Kranken in der eigenen Familie versorgt und die Waisen in anderen Familien untergebracht. In den Gefängnissen wurden Verbrecher nur so lange festgehalten, bis sie vor Gericht gestellt und verurteilt wurden. All das änderte sich, als in den ersten Jahrzehnten des neunzehnten Jahrhunderts die Kranken und Armen »bekehrt« werden sollten, was nur möglich war, indem man rigoros bis in die letzte Einzelheit über ihr Leben bestimmte – selbstverständlich, wie man sagte, zu ihrem eigenen Besten und dem Nutzen der Gesellschaft. Infolgedessen wurden die Anstalten für seelisch und geistig Gestörte in den Vereinigten Staaten nunmehr auf den Zwang zu einem streng geordneten Leben hin angelegt. Von da an bezeichnete man diese Art von Behandlung als »moralisch sittliche Beeinflussung« der Geisteskrankheit (102).

In Europa verlief die Geschichte anders, da die Geisteskranken hier seit dem Mittelalter an Orten wie Bedlam in London eingesperrt wurden, wo sie als öffentliches Spektakel dienten, gegen ein Eintrittsgeld zu besichtigen waren etwa wie Tiere in einem Zoo. Die physisch Kranken dagegen wurden, wenn nicht direkt in Klöstern, so doch von Nonnen und Mönchen gepflegt. Während der Aufklärung, besonders in der Zeit der Reformen, die der französische Arzt Philippe Pinel in den Revolutionsjahren einleitete, erkannte man, daß Geisteskranke weder lasterhaft pervertiert noch vom Teufel besessen sind, sondern unglückliche Menschen, die Heilung brauchen. Später ging auf dem europäischen Kontinent die fortschrittliche Tendenz dahin, Geisteskranke in Krankenhäusern nach dem Beispiel der von den religiösen

Orden geführten Häuser zu pflegen. Bevor sich diese Tendenz jedoch durchsetzte, wurden die amerikanischen Anstalten, die »moralische Beeinflussung« praktizierten, für die europäische Einstellung zu dieser Frage bestimmend und verstärkten den Zug zu einer streng reglementierten, gefängnisartigen Behandlung der Kranken, ganz im Gegensatz zu der von einer aufgeklärten Minorität von Gebildeten vertretenen krankenhausähnlichen Therapie.

Auch heute benutzen wir noch viele solcher festungsartigen Gebäude. Dieses Modell ist noch so tief im Bewußtsein verankert, daß bei den Planungen von Einrichtungen für seelisch und geistig Gestörte bis heute nur sehr wenige neue Ideen formuliert, geschweige denn ausgeführt worden sind. Die Krankenhäuser für physisch Kranke dienen noch immer als Vorbilder für psychiatrische Einrichtungen. Folglich werden »Prinzipien, die allgemein-medizinischen und chirurgischen Krankenhäusern angemessen sind, gedankenlos übertragen und angewendet – was sehr kostspielig ist –, nicht aus einer besonderen Notwendigkeit heraus, sondern weil die Analogie zur Medizin in der Phantasie von Architekten und Planern des Gebäudes vorherrschend ist« (103). Und die irrationale Furcht fast jedes Menschen vor dem, was der geistesgestörte Mensch alles anrichten könnte, erklärt, warum dieses Gefängnisartige hinzugefügt wird, das die Gebäude total unbrauchbar für gerade die Zwecke macht, für die sie eigentlich geschaffen werden. Gerade das, was in einem gewöhnlichen Krankenhaus auf physisch Kranke beruhigend wirkt, hat für seelisch oder geistig kranke Menschen eine unheilvolle Bedeutung; die zusätzlichen gefängnisartigen Aspekte der Anstalten lösen bei den Insassen Angst, Zorn und Niedergeschlagenheit aus und tragen kaum etwas dazu bei, ihnen ein Gefühl der Geborgenheit zu geben.

Der physisch kranke Mensch verbringt den überwiegenden Teil des Tages im Zimmer, im Bett, was der seelisch oder geistig kranke Patient nie tun sollte. Die Krankenzimmer für physisch Kranke sollen den Patienten nur vorübergehend beherbergen, der seelisch oder geistig gestörte Patient hingegen verbringt vielleicht viele Jahre in seinen Räumen. Bei der Planung der Krankenzimmer in einem Durchschnittskrankenhaus geht man davon aus, daß die Patienten im eigenen Interesse nur wenig umhergehen; für den seelisch gestörten Menschen ist das äußerst schädlich, denn es führt, wenn nicht zu Klaustrophobie, so doch zu einem Gefühl des Eingekerkertseins.

Wie beengend – sowohl äußerlich als auch seelisch – eine solche Krankenhausexistenz für den seelisch oder geistig kranken Menschen ist, wird deutlich, wenn man den Raum, der ihm zugemessen wird, vergleicht mit dem Raum, den man unserer Meinung nach braucht, um sich einigermaßen wohl zu fühlen. Selbst in den besten Privatkliniken müssen Dauerpatienten mit einem wesentlich kleineren Wohnbereich auskommen als ein Mitglied einer durchschnittlichen Familie des Mittelstandes (114): Der Patient hat unter den günstigsten Umständen ungefähr die Hälfte an Raum, manchmal nur ein Viertel. In den gewöhnlichen psychiatrischen Krankenhäusern ist das Verhältnis noch schlechter.

Diese Tatsachen sagen indessen noch lange nicht genügend aus. Um wirklich beurteilen zu können, wie zusammengepfercht die Patienten selbst in unseren »besseren« Krankenhäusern leben, muß man sich klarmachen, wie viele Stunden wir nicht zu Hause sind, weil wir arbeiten, Freunde besuchen, einkaufen oder anderen Dingen außerhalb des Hauses nachgehen. Wir verbringen also außer der Schlafenszeit jeden Tag nur wenige Stunden zu Hause. Der psychiatrische Patient hingegen verbringt fast den ganzen Tag in einem Raum, der noch viel kleiner ist als das erforderliche Minimum und viel kleiner als die Wohnfläche, an die er vor seinem Eintritt in die Anstalt gewöhnt war.

Nachts ist es noch schlimmer, weil man vom Patienten erwartet, daß er mehr Stunden im Bett verbringt als andere Menschen seines Alters, die zu Hause leben. Wenn er um 22 Uhr oder noch früher zu Bett gehen muß und erst um 7.30 Uhr aufstehen darf, liegt der Patient einige Zeit ruhelos in seinem Bett, entweder bevor er einschläft oder bevor er aufsteht, je nach dem individuellen Schlafrhythmus. Die Schlafzeiten des Patienten richten sich also nicht nach *seinen* Bedürfnissen, sondern danach, wann der Schichtwechsel von Schwestern oder Betreuern stattfindet. Je länger der Patient im Bett bleibt, um so leichter hat es das Personal. Die Patienten wehren sich gegen solche Zwänge deshalb nicht kräftiger, weil es eindeutig keine Alternative für sie gibt und Rebellieren daher sinnlos erscheint. Aber sie wissen genau, daß ihre Bettzeit nicht nach ihren, sondern nach den Bedürfnissen des Personals geregelt ist, und sie nehmen das verständlicherweise übel.

Außerdem gibt es in solchen Anstalten kaum Möglichkeiten, die schlaflosen Stunden irgendwo anders als im Bett zu verbringen. Patienten, die sich nicht anders zu helfen wissen, gehen dann entweder dem Personal mit Bitten um Schlafmittel auf die Nerven, oder sie wandern ziellos in den Fluren umher, gehen auf die Toilette – alles, um die Zeit totzuschlagen, was degradierend für den Patienten und lästig für das Personal ist. Solche Verhältnisse sind die unmittelbare Folge unzureichender räumlicher Bedingungen, das heißt unzulänglicher baulicher Planung. Man könnte bei besserer Planung ohne weiteres Räume vorsehen, die Schlaflosigkeitsperioden zumindest weniger leer und damit erträglicher machen würden.

Aus neueren Forschungsarbeiten geht hervor, welche Schädigungen räumliche Enge für das Verhalten von Tieren mit sich bringt (23, 28).

Der Zwang, räumlich beengt zu leben, schadet aber auch der psychischen und physischen Gesundheit des Menschen, wenn man solchen Schädigungen nicht von innen oder von außen entgegenwirkt. Ein solcher Ausgleich kann von innen kommen – vom Ich und vom Über-Ich – oder von außen. Menschen, die seelisch oder geistig gestört sind, leiden jedoch gerade entweder an einem Mangel oder einem Übermaß an inneren Kontrollen. Im ersten Fall sind Ich und Über-Ich völlig unzulänglich ausgebildet, um das Leben zu meistern; die Patienten können unmöglich zusätzliche Belastungen ertragen, da sie die inneren Kontrollen nicht aktiv gegen den zerstörerischen Druck der Beengung einzusetzen vermögen. Im zweiten Fall ist die Persönlichkeit wegen übermäßiger Über-Ich-Kontrolle zusammengebrochen, und solche Menschen Verhältnissen auszuliefern, die noch mehr Selbstkontrolle von ihnen verlangen, ist ungefähr das Schlimmste, was man ihnen antun kann. In jedem Fall aber müssen wegen Mangels an Raum oder wegen dessen ungeschickter Nutzung dem Patienten äußere Kontrollen auferlegt werden, welche die Möglichkeiten des psychiatrischen Krankenhauses, den Patienten zu helfen, ernsthaft einschränken.

Dies gilt gleichermaßen für die riesigen öffentlichen psychiatrischen Krankenhäuser wie für die kleineren Privatkliniken. In der täglichen Praxis gibt es da selbstverständlich große Unterschiede, zumal die großen Anstalten oft sehr unter Personalmangel leiden, besonders unter Mangel an Fachkräften. Ursprünglich nahmen viele psychiatrischen Anstalten in Amerika nur »behandlungsfähige« Patienten auf, die man innerhalb einer halbwegs kurzen Zeit wieder nach Hause schicken konnte. Das ist aber schon seit langem anders. Inzwischen sind die öffentlichen psychiatrischen Anstalten völlig überfüllt und weitgehend mit chronisch Kranken – Schwachsinnige eingeschlossen – belegt.

Seit einer Entscheidung des Obersten Bundesgerichts aus dem Jahre 1966, derzufolge jeder Patient in einem psychiatrischen Krankenhaus ein Recht auf Therapie hat, ist in vielen dieser Krankenhäuser vorgesehen, daß es für alle ihre Insassen irgendeine Art von Behandlung gibt: vom Verabreichen von Medikamenten bis zu Beschäftigungs- oder Gruppentherapie. Leider werden derartige gutgemeinte Absichten nur unzureichend in die Praxis umgesetzt und versagen, weil sie nicht mit der täglichen Routine des Krankenhauses zu vereinbaren sind. Die Patienten größerer psychiatrischer Krankenhäuser erhalten nur selten eine individuelle, relativ gute Behandlung. Andererseits nehmen private psychiatrische Kliniken und Universitätskliniken allmählich nur noch »behandlungsfähige« Patienten auf. Ihre Patienten erhalten meist eine individuelle psychiatrische Behandlung sowohl durch frei praktizierende als auch durch festangestellte Psychiater und ein gut ausgebildetes Pflegepersonal.

In diesen kleinen privaten psychiatrischen Kliniken sind die Bedingungen für die Patienten gewöhnlich besser und das Zahlenverhältnis zwischen einem gut ausgebildeten Mitarbeiterstab und den Patienten ist wesentlich günstiger. Aber die innere Einstellung, mit der die Patienten behandelt werden, ist so anders nicht. Und das ist verständlich, da die Psychiater, die in psychiatrischen Krankenhäusern arbeiten, auf den verhältnismäßig kleinen psychiatrischen Stationen der Universitätskliniken ihre Ausbildung erhalten und dort ihre wichtigsten Erfahrungen gesammelt haben. So finden sich alle Mängel der kleinen psychiatrischen Kliniken auch in den größeren Krankenhäusern; allerdings haben letztere noch viele andere Mängel. Beide, sowohl die kleineren privaten als auch die großen psychiatrischen Kliniken, nehmen die gleichen Patienten auf (mit Ausnahme von Debilen). Geschlossene Stationen befinden sich in den kleineren Privatkliniken wie in den größeren Krankenhäusern, und der gleiche Patiententyp wird hier wie dort mit ganz ähnlichen Methoden behandelt. Es gibt natürlich immer Unterschiede in der Qualität; es gibt gute und schlechte private Kliniken und sehr wenige, die wirklich ausgezeichnete Leistungen bieten. Und es gibt öffentliche psychiatrische Krankenhäuser, in denen die Patienten besser behandelt werden als in einer guten privaten Klinik.

Ob es sich nun um ein privates oder ein öffentliches Krankenhaus handelt, es ist häufig schwer zu bestimmen, für wen die bestehenden Einrichtungen nun eigentlich geplant sind. Wenn nicht immer wieder gewissenhaft die Frage gestellt wird, wer wirklich von den Einrichtungen profitiert, dann bildet sich oft die bequeme Ansicht heraus, daß alles, was dem Personal die Arbeit erleichtert, auch für die Patienten vorteilhaft ist. Auf diese Weise werden Methoden gerechtfertigt, die niemals akzeptiert würden, wenn klar wäre, daß sie den nach diesen Methoden Behandelten auf keinen Fall helfen.

Während der letzten Jahrzehnte haben Beruhigungsmedikamente den Umgang mit geistig oder psychisch kranken Patienten wesentlich einfacher gemacht. Sie erlauben weitgehend den Verzicht auf körperlichen Zwang, doch gehört die Zwangsjacke keineswegs der Vergangenheit an, wenn sie auch in einigen der besten Anstalten durch kalte Packungen ersetzt wird (53) oder durch den Einsatz so schwerer Medikamente, daß auch sie jede Bewegungs- und Handlungsfreiheit verhindern. Dadurch konnten immerhin einige der schlimmsten Abteilungen in den psychiatrischen Krankenhäusern geschlossen werden, Abteilungen, in denen so furchtbare Dinge vorgehen, daß sie verborgen werden müssen – nicht nur vor den Besuchern, sondern auch vor dem Pflegepersonal. Sie werden deshalb gewöhnlich die »hinteren« Stationen genannt, offiziell jedoch heißen sie die »Unruhigen«-Stationen. Angeblich sind die Patienten dort zu gestört, um in den regulären »geschlossenen« Stationen leben zu können. Ist es aber wirklich so, daß die Patienten zu gestört sind, um in einer etwas weniger trostlosen Umgebung leben zu können, oder ist ihr Verhalten – teilweise als Folge der Verhältnisse, unter denen sie leben – derart beunruhigend und erschreckend für das Personal, daß man sie physisch »wegschließen« muß, wie wir alle sie aus unseren Gedanken verdrängen? Wie die Realität eines typischen psychiatrischen Krankenhauses heute aussieht, zeigt sich an einem kommunalen Mental Health Center, das erst vor kurzem mit Regierungsgeldern erbaut wurde und weitgehend auch mit diesen Mitteln betrieben wird, um die modernsten Behandlungsmethoden zu garantieren. Dazu gehört eine psychiatrische Klinik mit hundert Betten, einschließlich zehn Isolierzellen, in denen die Patienten mit Lederriemen an ihre Betten gebunden werden. Diese Räume sind sehr oft in Gebrauch. Fast zehn Prozent aller Patienten in diesem modernen, als vorbildlich geltenden Krankenhaus sind für dauernd ihrer Bewegungsfreiheit beraubt; neunzig Prozent erhalten Elektroschock-Behandlung (29). Wenn wir uns dieser Realität nicht verschließen würden, könnten wir uns derartige Verhältnisse nicht länger mitansehen.

Patienten in psychiatrischen Krankenhäusern werden in »offene«, »geschlossene« und in »Unruhigen«-Stationen gelegt, wohl kaum zum Wohle des Patienten, sondern unter dem Gesichtspunkt, was für das Krankenhaus am einfachsten ist. Ich bin überzeugt, daß geschlossene Stationen, in denen Patienten angeblich zu ihrem Besten eingesperrt werden, nicht notwendig sind. In Wirklichkeit schadet ihnen das Eingeschlossensein. Geschlossene Stationen – von den »Unruhigen«-Stationen ganz zu schweigen, in denen die Verhältnisse oft schlimmer als in Gefängnissen sind – werden nur notwendig, wenn man die Patienten nicht richtig, nicht ihren psychologischen Bedürfnissen gemäß behandelt (was ja der eigentliche Zweck der psychiatrischen Krankenhäuser wäre).

So unzulänglich die alten Anstalten also sind, wir benutzen sie weiter, obwohl wir wissen, daß sie schlecht sind, und wir bauen sogar neue nach ihrem Vorbild. Dies legt den Verdacht nahe, daß die fortdauernde Benutzung der nach allen modernen Maßstäben veralteten Bauten keinen anderen Grund hat als die übliche Rechtfertigung, sie seien nun einmal vorhanden und es wäre zu teuer, sie durch neue zu ersetzen. Die Kosten für den Krankenhausaufenthalt der Patienten sind allerdings horrend; im Vergleich dazu wären die Kosten für neue Gebäude gering. Wenn modern geplante Gebäude den Zustand der psychiatrischen Patienten so bessern könnten, daß auch nur ein kleiner Teil von ihnen wieder für sich selbst sorgen oder zumindest auf irgendeine Weise außerhalb der Anstalt leben könnte, würden diese Einsparungen bei weitem die Kosten übersteigen, die durch den Abriß der alten und den Bau neuer Gebäude entstünden. Würde der durchschnittliche Aufenthalt eines Patienten in der Klinik auch nur um einen geringen Prozentsatz verkürzt, dann würden diese Einsparungen alle notwendigen Auslagen für Neubauten in wenigen Jahren aufwiegen.

Man könnte nun meinen, es wäre unvertretbar teuer, Bauten zu erstellen und einzurichten, die wirklich den Bedürfnissen psychisch oder geistig Kranker voll entsprechen, und die Patienten so human wie möglich und damit so therapeutisch wie möglich zu behandeln. Ich möchte deshalb betonen, daß die in diesem Buch beschriebene Klinik, solange sie besteht, nicht nur weniger kostspielig als andere gute Krankenhäuser war, sondern sogar billiger als die meisten öffentlichen psychiatrischen Krankenhäuser.

Im Jahre 1970 beispielsweise kostete der Unterhalt für einen Patienten in unserer Orthogenic School 8000 Dollar, während sich zur gleichen Zeit die Kosten für einen Patienten in einer privaten psychiatrischen Klinik mit ähnlichen Leistungen auf 25000 Dollar und mehr beliefen. Öffentliche Krankenhäuser, in denen die Leistungen wesentlich geringer waren, wendeten zwischen 10000 und 14000 Dollar pro Jahr für einen Patienten der gleichen Altersgruppe auf. In unserer »Schule« wurden keine Volontäre eingesetzt; wir fanden ihren Einsatz unbefriedigend, denn sie blieben gewöhnlich nicht die beiden Jahre oder mehr, die man braucht, um die Arbeit wirklich zu erlernen und um jene dauerhaften Beziehungen auszubilden, welche die Patienten für ihre psychische Stabilität brauchen. Das technische Personal wurde genauso gut bezahlt wie anderswo – Sekretärinnen, Küchen- und Hauspersonal usw. erhielten Tariflöhne, die überall im Bereich der Universität galten, auch in den Universitätskliniken. Das war allerdings weitgehend nur möglich, weil die Fachkräfte mit Gehältern zufrieden waren, die wesentlich unter dem lagen, was sie in anderen Krankenhäusern fordern konnten, einfach weil sie es interessant und lohnend fanden, in der Orthogenic School mitzuarbeiten. Nicht nur diejenigen, die in der Orthogenic School mitausgebildet wurden, sondern auch viele andere mit jahrelanger Erfahrung arbeiteten bei uns für einen Bruchteil von dem, was sie woanders bekommen konnten. Sie wollten lieber ihren therapeutischen Überzeugungen entsprechend arbeiten als weiterhin in Verhältnissen leben, unter denen die Patienten ihrem Gefühl nach nicht so menschlich behandelt wurden. Vor allem wollten sie das Bewußtsein haben, daß das, was sie taten, eine schöpferische Arbeit und keine Routine war.

Wenn man von den Kosten spricht, die der Gesellschaft aus der Sorge für seelisch oder geistig gestörte Patienten erwachsen, sollte nicht vergessen werden, daß die überwiegende Mehrheit von ihnen nach Verlassen der Anstalt viel für die Gesellschaft leistet. Die meisten unserer Patienten gaben später der Gesellschaft allein an Steuern mehr zurück, als staatliche oder private Sozialeinrichtungen für sie investiert hatten, auch wenn sie mehrere Jahre, solange sie bei uns waren, unterstützt werden mußten. Die überwiegende Zahl der Patienten, die an ähnlich schweren Störungen litten und in anderen, zum Beispiel in öffentlichen Krankenhäusern, behandelt wurden, sind finanziell nie wirklich selbständig geworden.

Derartige wirtschaftliche Argumente sind natürlich der Sache nicht würdig, denn man kann für menschliches Glück schließlich keinen festen Preis ansetzen, noch menschliches Unglück einfach auf sich beruhen lassen. Das Elend der psychiatrischen Patienten ist abgrundtief. Sie einem Leben zurückzugeben, das sie befriedigend finden könnten, würde sehr viel größere Kosten rechtfertigen als die für jenes Nicht-Leben aufgewandten, zu dem die meisten psychiatrischen Krankenhäuser viele ihrer Patienten verurteilen.

Das Argument, die Baukosten seien zu hoch, hält gewiß nicht stand; es gibt Beispiele in Hülle und Fülle dafür, daß wir, sobald wir meinen, ein Gebäude stehe einem erfolgreichen Vorgehen im Wege, keinerlei Kosten scheuen, um es durch ein anderes zu ersetzen. Im Geschäftsleben kommt dies täglich vor. Wir können daher annehmen, daß die alten Anstalten nur deshalb noch benutzt werden, weil sie in mancher Hinsicht noch immer unseren Vorstellungen vom Umgang mit geistig oder seelisch gestörten Patienten entsprechen. Wir finden uns ab mit Gebäuden, die dem Patienten eine öde und reglementierte Existenz aufzwingen, weil wir insgeheim überzeugt sind, daß er entweder kein besseres Dasein verdient, oder daß diese Existenzform für seine Rehabilitation notwendig ist, oder weil wir sie als Abschreckung vor einem längeren Aufenthalt für nötig halten oder als Warnung für andere, die sonst versucht sein könnten, sich ins Krankenhaus zu begeben. Wahrscheinlich kommen alle diese Gründe zusammen, wenn man auch den zuerst genannten nicht mehr zugibt und die anderen hinter allen möglichen, überzeugend klingenden Scheinargumenten, einschließlich psychiatrischen, verbirgt.

Das Gefängnis und das Armenhaus, aus denen sich die psychiatrischen Anstalten entwickelten (und aus denen der geistig oder seelisch gestörte Patient schließlich herausgelöst wurde), waren auf die Vorstellung gegründet, daß die meisten dieser Leute einfach nichts Besseres tun oder gar nicht anders leben wollten. Deshalb mußte man sie zur Einsicht zwingen. Inzwischen ist das Wort »zwingen« durch »veranlassen« oder »motivieren« ersetzt worden. Die dahinterstehende Auffassung ist, daß sich schließlich jedermann am liebsten von der Öffentlichkeit versorgen lassen würde, wenn man das Leben in diesen Häusern angenehmer gestaltete. Es ist die gleiche Grundeinstellung, die leider immer noch unsere Art, mit der Armut umzugehen, bestimmt. Das Armenhaus haben wir zwar abgeschafft, aber der Geist, der es schuf, ist noch sehr lebendig in uns: »Wenn die Gemeinde schon die Kosten aufbringen muß, um diese armen Teufel zu unterhalten, dann soll's wenigstens so billig wie möglich sein.« Und diese Einstellung dauert an, obwohl man heutzutage genau weiß, daß man die Armen, wenn man sie so behandelt, auf unabsehbare Zeit abhängig hält und dadurch die Gesellschaft zwingt, sie weiterhin zu versorgen.

Die Ansicht, das Gefängnis habe als Abschreckungsmittel zu wirken, ist weit verbreitet und wird offen vertreten. Daß auch psychiatrische Einrichtungen der Abschreckung dienen sollen, wird allerdings heute in der Öffentlichkeit geleugnet. Da aber so viele Ähnlichkeiten zwischen beiden bestehen, ist dieser gemeinsame Zweck nicht zu übersehen. Optisch sind beide Einrichtungen einander sehr ähnlich. Sie sehen nicht nur gleichermaßen abschreckend aus, in beiden sind die Insassen eingeschlossen – zwar nicht zu ihrem eigenen Nutzen, aber zum Besten der Gesellschaft, der sie nun keinen Schaden mehr zufügen können. Die oft benutzte Drohung: »Wenn du dich nicht besserst, wenn du dich nicht vorsiehst, wirst du eines Tages dort landen«, wird ohne großen Unterschied sowohl auf das Gefängnis als auch auf die »Klapsmühle« angewendet. Die beiden Einrichtungen haben also bei vielen Leuten zumindest im Unterbewußtsein vieles gemeinsam. Und welche Abschreckung würden sie bieten, wenn die Verhältnisse in ihnen angenehm wären?

Möglicherweise wirken beide Einrichtungen tatsächlich abschrekkend, aber die riesige Zahl ihrer Insassen (die vielen eingeschlossen, die nach ihrer Entlassung wieder zurückkommen) beweist, daß sie vielleicht uns abschrecken, offenbar jedoch nicht ihre Insassen selbst und diejenigen, die es werden können. Ich bin nicht sicher, wie man Gefangenen gegenüber eingestellt ist, aber ich bin überzeugt, daß niemand die Behauptung wagen würde, geistig oder seelisch gestörte Patienten würden nur deshalb mit so wenig Rücksicht darauf, was gut für sie ist, behandelt, um uns davor zu warnen, den Verstand zu verlieren. Nein, statt dessen heißt es, die Reglementierung, der die gestörten Patienten unterworfen werden, sei »gut für sie«. Es heißt, wir dürften dem Patienten das Leben nicht zu angenehm machen, weil er sonst nicht von seinem Irresein loskommen würde.

Man sollte also sorgfältig die Frage prüfen, ob wir den seelisch oder geistig gestörten Patienten heute mit wesentlich weniger physischer Grausamkeit behandeln als zu der Zeit, zu der wir glaubten, er sei vom Teufel besessen – ob eine wirklich grundsätzliche Wende im Denken stattgefunden hat oder nicht. Unser Handeln hat sich zum Besseren gewandelt, unser Denken und unsere unbewußten Motivationen jedoch sind womöglich gleichgeblieben. Deshalb müssen wir uns jetzt mit dem psychologischen Mißbrauch von Menschen beschäftigen, der immer noch weit verbreitet ist. Die Methode ist zwar weniger roh als physische Mißhandlung, der daraus folgende seelische Schaden kann jedoch verheerend sein. Deshalb müssen wir die unbewußten Ursachen der seelischen Grausamkeit voll und ganz verstehen und die Fassade aufdecken, hinter der sie sich verbirgt.

2
»Privilegien« als Therapie

Unsere psychiatrischen Krankenhäuser sind schlecht und sollten abgeschafft werden. Um dies festzustellen, braucht es wenig Scharfsinn, und man kann es leicht als Lösung akzeptieren, solange man sich nicht darum kümmert, was mit all denen geschieht, die Hilfe brauchen und denen diese Einrichtungen dann fehlen. In Tagträumen kann man sich in der Tat ausmalen, was besser wäre als die vorhandenen Krankenhäuser, denn Tagträume müssen sich nicht bewähren, und es ist einfacher zu träumen, als Überlegungen und Geld aufzuwenden für die Schaffung von Anstalten, die denen, für die sie bestimmt sind, bessere Dienste leisten.

Einige Kritiker, entsetzt über die Verhältnisse in den psychiatrischen Krankenhäusern, vertraten die Meinung, die Patienten in Heimen innerhalb ihrer eigenen Gemeinde unterzubringen. Man hat das versucht und versucht es noch – mit vernichtenden Resultaten. Die Lebensbedingungen in solchen Heimen der Gemeinden faßt ein Urteil aus Expertenberichten zusammen: »Das ist keine unangemessene Pflege. Es ist *gar keine Pflege*« (29, Hervorhebung im Originalbericht). Dr. Murray C. Brown, Bevollmächtigter für das Gesundheitswesen der Stadt Chicago, teilte zum Beispiel einem Senatskomitee, das dieses Problem untersuchte, mit: Weit mehr als fünfzig Prozent der im Jahre 1970 aus den staatlichen Krankenhäusern von Illinois entlassenen siebentausend Patienten wurden ohne angemessene Vorkehrungen, die eine ordnungsgemäße Pflege garantieren, in Pflege- und Tagheime in Chicago geschickt. Diese Patienten wurden nicht nur in Heime geschickt, die vom Staat autorisiert waren, sondern auch in Unterkünfte, von denen einige vom Gesundheitsamt der Stadt Chicago überhaupt nicht ausfindig gemacht werden konnten. In Washington, D.C., wurden viele dieser sogenannten Pflegestellen stinkend und verwahrlost vorgefunden. In einigen von ihnen hatte man gänzlich desorientierte Patienten sich selbst überlassen, ohne jemanden, der sich um sie kümmerte. Es gab Patienten, die nichts als ihre Namen behalten konnten, trotzdem hatte man ihnen giftige, potentiell tödliche Medikamente anvertraut. Ein Senatskomitee stellte fest, daß in vielen Staaten die angeblichen Pflegestellen unter Familien- oder Gemeindeaufsicht mehr oder weniger »kleine Schlangengruben« waren (125).

Nichts deutet darauf hin, daß wir für psychiatrische Patienten, die eine ständige Betreuung benötigen, irgendeine wesentliche Verbesserung der Pflegestellen erwarten können. Da ich aus der persönlichen

Erfahrung von sieben Jahren die unglaublichen Anforderungen kenne, die eine gute Betreuung an alle stellt, die mit einem solchen Patienten in einem privaten Familienhaushalt leben – wobei die Hausarbeit von einer im Hause lebenden Hausgehilfin erledigt wurde –, weiß ich, daß Personen, die Anstaltspflege brauchen, besser in einer durchschnittlichen Pflegeanstalt aufgehoben sind als in einer Familie, die bereit ist, sie aufzunehmen.

Vielen psychisch Kranken kann auch ohne Anstaltspflege geholfen werden, aber das gilt nicht für andere, die ernsthaft gestört sind. Um diesen anderen wirklich zu helfen, brauchen wir gute Anstalten. Interessanterweise gehören einige der »schlechten« Eigenschaften der vorhandenen Institutionen, die als Beweis dafür angeführt werden, daß die Insassen besser in den Gemeinden selbst untergebracht werden sollten, genau zu den Eigenschaften, die eigentlich darauf hinweisen, wie eine gute Anstalt sein sollte.

Trotz aller Mängel, die die psychiatrischen Krankenhäuser haben, gelingt es doch einigen Patienten, kleine, für sie selbst aber wichtige Vorteile aus dem Leben dort zu ziehen. Dieses Phänomen nennt man den »Nebenvorteil«, den die Patienten von ihrer Krankheit haben; es kann leicht sowohl bei physischen Krankheiten als auch bei allen Arten emotionaler Störungen beobachtet werden. Da sich der Patient diese Vorteile, seien sie real oder eingebildet, erhalten will, zeigt er oft wenig Neigung, zum Erfolg der Behandlung von sich aus beizutragen; seine Angst, diese Vorteile zu verlieren, macht ihn gleichgültig gegenüber dem Gesundwerden. Es wurde behauptet, die einzige Möglichkeit, den Patienten dazu zu bringen, daß er sich behandeln lasse, läge darin, ihn zu zwingen, diese Nebenvorteile aufzugeben – ein psychologisches Argument, das zur Rechtfertigung bestehender Anstaltsverhältnisse dient.

In unserem aufgeklärten und humanitären Jahrhundert brauchen wir allen erdenklichen wissenschaftlichen Rückhalt, um an unseren Vorurteilen festzuhalten und nach ihnen zu handeln. Die Vorstellung, daß der psychiatrische Patient ebensowenig wie jener andere soziale Außenseiter, der Verbrecher, anständig behandelt werden sollte, hält so durch das respektable Eingangstor wissenschaftlicher Begründung erneut seinen Einzug. Das psychiatrische Krankenhaus sollte also dem Patienten das Leben nicht zu angenehm machen; nicht weil er es nicht besser verdiente, sondern weil das den therapeutischen Fortschritt behindern würde. Um dieses Argument zu illustrieren, erzählt man sich die Anekdote von einem Anstaltsinsassen, der entrüstet auf den Entzug seiner besonderen Vorrechte entgegnete: »Zu was bin ich denn dann verrückt?« (37).

Es gibt viele Patienten, die gesund werden wollen, um das Krankenhaus verlassen zu können, aber es gibt auch viele sogenannte chronische Fälle (»stabilisierte Schizophrene«), die sich auf die Dauer mit ihrer Krankheit und einem Leben in der Anstalt eingerichtet haben, weil ihnen ihre Erfahrungen in diesen Institutionen nicht den Glauben wiedergeben konnten, daß sie draußen in der Gesellschaft zurechtkommen würden. Daraus schließen dann manche Forscher, daß die Hospitalisierung keinem guten Zweck diene – was in gewisser Weise stimmt, aber nur der Bedingungen in den Anstalten wegen. Diese gleichen Wissenschaftler stellen auch fest, daß der Lebensstil dieser Patienten den Eindruck erwecke, sie befänden sich »im Wochenende«. Die Gefühle, die solchen »objektiven« Beobachtungen unterliegen, kann man einem Zitat wie dem folgenden entnehmen: »Die Beziehung zwischen Patient und Anstalt« muß gesehen werden als »eine Funktion hedonistischer Berechnung, bei der die Anstalt die Rolle einer potentiellen Vergnügungsstätte hat und der Patient die eines Architekten seines eigenen persönlichen Lustparks« (21).

Vergnügungsstätte und Lustpark! Was sich hier ausdrückt, ist das Gefühl, daß es diesen Patienten einfach zu gut geht, es wird unterstellt, daß diese ernsthaft Kranken nicht wirklich krank sind, sondern einfach einen anderen Lebensstil haben, den wir akzeptieren sollen.

Soziologische Studien kommen zu ähnlichen Schlüssen. Vor kurzem haben uns einige Soziologen eine Menge über die »Kultur der Armut« erzählt. Es sei keineswegs so, daß die Armen gerne wie die Mittelklasse leben würden, sie hätten ihre eigene Kultur, die wir respektieren müßten. Die Unterstellung suggeriert, daß die, welche über eine Kultur verfügen, zwangsweise an ihr festhalten wollen, daß es ein Nachteil für sie wäre, sie aufzugeben. Ergebnis solcher Überlegungen ist: arm zu sein hat viele Vorteile, deshalb wollen die Armen arm sein, und deshalb sind sie arm.

Der wahre Kern solcher Beobachtungen ist, daß der Arme, ebenso wie der gestörte Patient, alles tut, um seine Situation erträglich zu machen. Zu diesem Zweck entwickelt er gewisse Einstellungen, Gruppengewohnheiten und Methoden im Umgang mit der Umwelt. All das ist weder eine spezifische Kultur der Armut noch eine Kultur des »Lebens in einer Heilanstalt«; es ist einfach die beste Anpassung an eine miserable Situation, die einem Menschen möglich ist. Solange er an einem besseren Leben verzweifelt, wird er sich natürlich an die Methoden klammern, die ihm ein Überleben in irgendeiner Form möglich machen.

In der Praxis sind die »Vorteile« in den Anstalten lächerliche Dinge: Patienten stehlen sich in den Friseur-Raum, »weil man, wenn der Frisierstuhl frei ist, ein paar Minuten in einem bequemen Stuhl ausruhen kann«, während andere auf »Turnstunden drängen, weil sie manchmal die verhältnismäßig weichen Matten für ein kurzes Schläfchen am Tage, eine der großen Leidenschaften im Anstaltsleben, benutzen können«. Patienten erschleichen sich eine zweite Portion bei den Mahlzeiten oder eine besondere Diät, zu der sie nicht berechtigt sind, schmuggeln ein zusätzliches Würstchen, ein Stück Käse und Brot aus dem Speisesaal, um es später zu essen. Sie erschwindeln sich sogar Insulinschock-Behandlungen, weil sie »dann den ganzen Vormittag auf der Insulinstation im Bett liegen dürfen, ein Vergnügen, das in den anderen Abteilungen unmöglich ist, und weil sie von den dortigen Schwestern wie richtige Patienten behandelt werden«. Diese Beispiele stammen aus einer der besten und berühmtesten unter den von der amerikanischen Regierung geförderten Pflegeanstalten (49), aber fast in jeder anderen Anstalt könnte man Ähnliches finden.

Würden wir nicht nach Entschuldigungen suchen, um psychisch kranke Patienten weiterhin zu der Art Leben, das die Anstalten bieten, verurteilen zu können, wären die Schlußfolgerungen aus den Beobachtungen zum »Nebenvorteil« ganz andere. Stellen wir der Anekdote über den Patienten, der fragte: »Warum bin ich denn dann verrückt?«, als ihm seine Privilegien verweigert wurden, eine andere gegenüber: Ein Mann hatte eine Reifenpanne, als er an einer Pflegeanstalt vorbeifuhr, und mußte den Reifen wechseln. Während er dabei war, machte er eine ungeschickte Bewegung und stieß alle Schrauben, die er sorgfältig auf die Seite gelegt hatte, in eine tiefe Schlucht, aus der er sie nicht wieder herausholen konnte. So fragte er einen Patienten, der das durch den Zaun beobachtet hatte, wie weit es zur nächsten Tankstelle sei; es stellte sich heraus, daß es ein paar Meilen waren. Als er sich aufmachte, dorthin zu gehen, fragte ihn der Patient, warum er denn zu Fuß gehen wollte. »Was kann ich anderes machen? Ich muß ein paar Schrauben holen, um den Ersatzreifen anzubringen«, sagte der Fahrer. »Nein, das brauchen Sie nicht«, sagte der Patient. Der Fahrer, überzeugt, daß er es mit einem Verrückten zu tun hatte, war durch diese Bemerkung irritiert, aber höflich genug zu fragen: »Und warum nicht?« Der Patient erklärte ihm dann, daß jeder Reifen mit fünf oder sechs Schrauben befestigt sei, daß aber drei oder vier genug wären für eine kurze Fahrt. Das Einfachste wäre also, von den anderen Rädern ein paar abzuschrauben und damit den Ersatzreifen zu befestigen und zur Tankstelle zu fahren, um die fehlenden Schrauben zu kaufen. Der Mann tat das sofort, konnte aber nicht umhin zu fragen: »Sagen Sie – mit dieser Intelligenz –, warum sind Sie denn hinter diesem Zaun?« Worauf er die Antwort erhielt: »Ich bin vielleicht verrückt, aber dumm bin ich nicht.«

Da der Patient nicht dumm ist, wird er seine Intelligenz benutzen, sein Leben so bequem zu gestalten, wie es innerhalb der Anstaltsroutine irgend möglich ist. Da es zudem für ihn nichts zu tun gibt, das er der Mühe wert hält – wenn auch das Personal denken mag, solche Möglichkeiten würden ihm angeboten –, wird er versuchen, seine

Tage, soweit er kann, ohne Arbeit (als »Wochenende«) zu planen. Das heißt aber nicht, daß er nicht einen gänzlich anderen Lebensstil vorziehen würde, *wenn* er glauben könnte, er wäre dazu imstande oder es bestünde für ihn irgendeine echte Möglichkeit dazu. Ebenso wird der Patient, der nicht daran glauben kann, daß er je gesund wird, seine Intelligenz darauf verwenden, Gelegenheiten zu finden, einige Vorteile aus seinem unvermeidlichen Leben als Kranker zu ziehen. Um dieser Einstellung zu begegnen, muß man dem Patienten vor allem das Gefühl vermitteln, daß seine Situation – im Gegensatz zu seinen Befürchtungen und Überzeugungen – keineswegs hoffnungslos ist.

Unser Problem liegt darin, daß wir nicht bedenken, wie der Patient die Welt sieht. Der Therapeut weiß – oder glaubt es zu wissen –, daß Therapie dem Patienten helfen wird. Er geht von der Grundlage dieses Wissens aus und erwartet vom Patienten das gleiche. Der Patient aber geht von *seiner* Überzeugung aus, daß es keine Hoffnung für ihn gibt. Sie befinden sich so beide in einer Sackgasse, die nur aufgebrochen werden kann, wenn einer der beiden – und es muß der Therapeut sein – anfängt, die Situation von der Grundlage des anderen zu sehen, ohne diese andere Grundlage zu seiner eigenen zu machen.

Geschieht das nicht, wird ein Circulus vitiosus von Verstärkungen geschaffen. Der Patient hält an seinen sogenannten Nebenvorteilen fest und zieht kleine Vorteile aus seiner Anstaltsexistenz, weil er überzeugt ist, daß nichts Besseres für ihn möglich ist. Der Beobachter findet vielleicht, der Patient wolle gar nicht gesund werden, und schließt daraus, daß man ihm die Nebenvorteile nehmen muß. Dadurch wird aber dem Patienten die Hoffnung nicht gegeben, daß er gesund werden könnte, es wird ihn nur noch mißtrauischer machen all denen gegenüber, die versuchen, ihm die wenigen Bequemlichkeiten zu nehmen, um die er so hart gekämpft hat. Wie kann er jemandem trauen, der offensichtlich darauf aus ist, ihm das Leben noch unerträglicher zu machen? Damit setzt eine neue Kette gegenseitiger schwerer Mißverständnisse ein, die den Patienten der Wirklichkeit noch mehr entfremden.

Was also soll man mit diesen Nebenvorteilen tun, die angeblich der Therapie im Wege stehen? Zunächst sollten wir, indem wir die Fähigkeit des Patienten respektieren, überhaupt Wege zu finden, sich derartige Nebenvorteile zu sichern, seine Selbstachtung stärken, was eines der wichtigsten therapeutischen Ziele sein sollte. Versuchen wir, ihm diese kleinen Privilegien zu nehmen oder ihn zu bewegen, sie aufzugeben, verweigern wir ihm die Anerkennung, die er verdient, weil er von sich aus versucht hat, etwas zu tun, um sein Leben zu verbessern. Wenn wir derartig greifbare Leistungen nicht achten können oder wollen, weiß er, daß es uns nur darum geht, uns durchzusetzen, daß auch seine Selbstachtung auf Wegen erworben werden soll, wie wir sie uns vorstellen, nicht, wie er sie gehen würde. Eine kritische Einstellung den Nebenvorteilen gegenüber – von ihrer Abschaffung ganz zu schweigen – schadet jeder vernünftigen Therapie.

Die Suche nach Nebenvorteilen ist nur eine von vielen symptomatischen Verhaltensweisen des Patienten. Sie alle stehen für seine Bemühungen, in seiner Situation, *wie er sie sieht*, etwas für sich zu tun – ganz gleich, wie unvernünftig uns seine Sicht der Dinge auch scheinen mag. Sein Therapeut sollte daher gewissenhaft den Stellenwert prüfen, den ein bestimmtes symptomatisches Verhalten für den Patienten hat. Noch wichtiger: Therapeut und therapeutische Anstalt müssen die Symptome des Patienten wirklich respektieren, ebenso auch die Gründe, aus denen heraus er sie entwickelt hat. Weit entfernt davon also, Nebenvorteile als etwas zu betrachten, was der Therapie im Wege steht, sollten wir sie als etwas sehen, das uns die wichtigsten Aufschlüsse darüber gibt, was Therapie eigentlich sein sollte oder was sie zumindest einschließen sollte, wenn wir wollen, daß der Patient gesund wird. Die wichtigsten Vorteile, die der Patient für sich durch seine Bemühungen um »Nebenvorteile« erreichen will, sind gemeinhin als »Demonstration der eigenen Hilflosigkeit« beschrieben worden, »um sich äußere Hilfe zu sichern, ähnlich derjenigen, die in der Kindheit vorhanden war«, und als »die Absicht, besondere Aufmerksamkeit zu bekommen, indem man krank wird« (37). Das ist eine ausgezeichnete Charakterisierung dessen, was der Patient braucht, um gesund zu werden. Der psychiatrische Patient braucht in der Tat besondere Aufmerksamkeit und die Art Hilfe, die er mit der Kindheit verlor (oder von der er so wenig bekam, daß der Drang und der Wunsch danach in ein Alter hinübergetragen wurden, in dem die meisten Menschen nicht mehr in dem gleichen Maße nach ihr verlangen). Könnten wir ihm all die Aufmerksamkeit geben, nach der er sich sehnt – oder zumindest Aufmerksamkeit für die entscheidenden Mängelbereiche seines Lebens –, bestünde keine Notwendigkeit, daß er versuchte, sich diese Aufmerksamkeit durch das zu sichern, was dem Nichteingeweihten wie raffinierte Tricks vorkommt. Diese Aufmerksamkeit würde zu einem *Haupt*gewinn der Therapie werden, und als solcher schließlich das Bedürfnis befriedigen, das der heimlich errungene Nebenvorteil niemals wirklich befriedigen kann. Da Nebenvorteile dem Therapeuten oder der Anstalt abgeschwindelt sind, bleiben sie, einmal errungen, unbefriedigend, sogar erniedrigend, weil man sich für etwas gewunden hat, das nur dann einen positiven Wert hat, wenn es frei und gern geschenkt wird. Etwas stehlen zu müssen, was wir dringend brauchen, ändert, selbst wenn wir ungeschoren davonkommen, nichts daran, daß wir die Welt als erniedrigend erfahren; es ändert auch nicht unser Bild von uns selbst, daß wir es offenbar nicht wert sind, etwas geschenkt zu bekommen, zu dem Bild eines Menschen, der es wert ist, daß man ihm etwas schenkt. Diesen Wandel zu bewirken, sollte das eigentliche Ziel jeder Therapie sein.

Es ist nicht einmal nötig, dem Patienten die Nebenvorteile wirklich zu nehmen, damit er sich degradiert fühlt oder sicher ist, wir wollten ihn nicht selbständig werden lassen. Der schizophrene Mensch verfügt über eine unheimliche Fähigkeit, auf das, was wir wirklich denken, zu reagieren, auch wenn wir nicht danach handeln – immer unter der Voraussetzung, es entspricht dem, womit er sich sowieso vorrangig beschäftigt. Viele, die eng mit Schizophrenen zusammenarbeiten und für ihre Reaktionen empfindlich sind, meinen im Laufe der Zeit, daß Schizophrene unsere Gedanken lesen könnten. Wenn wir beispielsweise erwägen, einen neuen Patienten einer Gruppe zuzuteilen, kann einer der Patienten sagen, er erwarte einen Neuankömmling; während wir überlegen, ob ein Patient Besuch von zu Hause haben sollte, spricht dieser plötzlich selbst davon; ganz zu schweigen von heftigsten Reaktionen, wenn ein Mitarbeiter, der einem Patienten wichtig ist, mit dem Gedanken umgeht, die Anstalt zu verlassen; diese setzen häufig ein, lange bevor sich der betreffende Mitarbeiter endgültig dazu entschlossen oder mit jemandem darüber gesprochen hat.

Vielen Forschern ist aufgefallen, wie intensiv psychisch kranke Patienten auf Unstimmigkeiten unter Mitarbeitern reagieren, die sich auf sie selbst beziehen (114). Entgangen ist ihnen dabei die Tatsache, daß Schizophrene gleichermaßen heftig auf Unstimmigkeiten reagieren, die überhaupt nichts mit ihnen selbst zu tun haben, sondern nur mit persönlichen Beziehungen unter Mitarbeitern, die dem Patienten wichtig sind. Reagieren sie darauf, wird das ihrem »Gestörtsein« und nicht ihrer hohen Sensibilität allem gegenüber, was um sie herum vorgeht, zugeschrieben. Ebenfalls übersehen wird, daß die Fähigkeiten eines schizophrenen Menschen, »unsere Gedanken zu lesen«, im Grunde sehr begrenzt sind. Er kann das nur, wenn diese Gedanken etwas mit seinen eigenen wichtigsten Sorgen, Ängsten und Einbildungen zu tun haben. Sehr wichtige Dinge können uns beschäftigen, auf die Schizophrene überhaupt nicht reagieren, denen gegenüber sie ausgesprochen empfindungslos bleiben oder die sie gänzlich verkehrt deuten, weil sie ja ganz allgemein nur imstande sind, von ihren eigenen Bedürfnissen her auf das Leben zu reagieren und nicht von der Realität her.

Bemerken sie irgend etwas Ungewöhnliches an unserem Ausdruck, Tonfall oder an unseren Bewegungen, deuten sie es vielleicht ganz falsch, das heißt, falsch in Hinsicht auf die Realität, aber in Einklang mit dem, was ihre Gedanken beschäftigt. Wenn sie deshalb unsere Erscheinung prüfen und etwas vom Normalen Abweichendes beobachten – zum Beispiel, wenn wir uns Sorgen über die Krankheit eines Familienmitgliedes machen –, werden sie ihre Beobachtungen entsprechend ihrer eigenen vorherrschenden Angst interpretieren. Handelt es sich dabei zufällig um die Angst, verlassen zu werden, bringen sie diese Angst zum Ausdruck, auch wenn wir keinerlei Absicht haben, sie zu verlassen.

Ihre Fähigkeit, unsere »Gedanken zu lesen«, also richtige (aber ebenso häufig falsche) Schlüsse aus winzigen Anhaltspunkten zu ziehen, ist daher nicht ganz so überraschend, wie es auf den ersten Blick scheinen mag. Es ist etwas, das viele Menschen lernen, die sich in der Situation befinden, höchste Aufmerksamkeit auf Anhaltspunkte richten zu müssen, die wir übrigen nicht weiter beachten, weil wir über bessere Informationsquellen verfügen. So lernen Blinde ihren Weg durch lange Korridore zu finden, erkennen eine Ecke an dem Echo ihrer Schritte. Sie reagieren auf den Widerhall von den Wänden eines Korridors und halten so beim Gehen einen gleichmäßigen Abstand zwischen ihnen ein. Wenn jeder Blinde das lernen kann, ist es ganz natürlich, daß der Patient in einer psychiatrischen Anstalt, dessen Lebensverhältnisse ihn um viele der Informationen berauben, die wir aus unmittelbarer Kenntnis unserer Umgebung beziehen, die Geschicklichkeit entwickelt, aus bestimmten Anhaltspunkten Schlüsse zu ziehen, für die wir anderen nicht empfindlich sind, weil wir keinen zwingenden Grund dazu haben.

Was die sogenannten Nebenvorteile betrifft, so ist die Sache in dem Augenblick schiefgelaufen, wenn der Patient auch nur unbestimmt spürt, daß wir seinen Bemühungen, ein paar Vorteile aus seinem Anstaltsleben herauszuholen, ablehnend gegenüberstehen. Er kennt uns nicht nach dem, was wir sagen, sondern nach dem, was wir tun und nach dem, was wir insgeheim über die Dinge denken, mit denen für ihn Angst oder Schuldgefühle verbunden sind. Sind wir dagegen, daß er Wege findet, sein Leben kurzfristig zu verbessern, schließt er daraus, wir seien überhaupt dagegen, daß er ein besseres Leben bekommt, ganz gleich, was wir sagen, und er gibt es auf, sich zu bemühen.

Die Ansicht, es gäbe so etwas wie Geisteskrankheit gar nicht und der chronisch Schizophrene sei nur ein Mensch, der sich zu einem Leben entschlossen habe, das ihm am angemessensten oder bequemsten sei, wird von so wenigen geteilt, daß sie kaum eine ernsthafte Auseinandersetzung verlangt. Aber sie gibt Gelegenheit zu einer Feststellung: zunächst einmal weichen alle, die behaupten, der seelisch oder geistig gestörte Patient sei einfach jemand mit einem anderen Lebensstil, gerade der Frage aus, die sie vorgeben zu ergründen, weil sie weder danach fragen, was denn seelische Gesundheit eigentlich sei, noch eine Antwort darauf haben.

Freud meinte, wir hätten alle die gleichen Ängste und Triebe geerbt, unser Unbewußtes und die Wurzeln, aus denen sich unsere Persönlichkeit entwickelt, seien uns allen gemeinsam. Plato prägte den

Aphorismus: Der Unterschied zwischen dem tugendhaften und dem bösen Menschen ist, daß der erste nur träume, was der andere tue. Der Psychoanalyse zufolge sind sich viele Gedanken und Gefühle von Gesunden und psychisch Kranken ähnlich, und letztere haben keine Gedanken oder Gefühle, die wir nicht auch in uns selbst finden könnten. Wenn das so ist, wenn wir also grundsätzlich gleich sind, wie können wir dann den Unterschied im Tun erklären? Eine Antwort lautet, daß wir alle im wesentlichen asozial, ungehemmt, kriminell, sogar geisteskrank wären, wäre es uns nicht mit Hilfe anderer und der Gesellschaft gelungen, innere Kontrollen zu errichten, die einige unserer Triebe daran hindern, in Handlungen auszuarten. Darin liegt ganz eindeutig eine gewisse Wahrheit, denn wir wissen, daß wir uns manchmal bremsen müssen, daß wir verhindern und kontrollieren müssen, das zu tun, zu dem wir uns getrieben fühlen. Erfahrung mit psychotischen Menschen lehrt jedoch, daß Kontrollen zwar ein wichtiges Element sind, jedoch kaum das wichtigste, was geistig-seelische Gesundheit von Geisteskrankheit scheidet. Es gibt Geisteskranke, die unter zu viel Kontrolle leiden.

Freud nannte als Kriterien für psychisches Wohlbefinden die Fähigkeit, zu lieben und zu arbeiten. Was seiner Meinung nach seelische Gesundheit ausmachte, kann normalerweise beschrieben werden als der Wunsch und die Fähigkeit, menschliche Beziehungen einzugehen, die gegenseitig befriedigen und dauerhaft sind, und als die Fähigkeit, einen sinnvollen Platz in der Gesellschaft zu finden und zu halten. Das erste Kriterium schließt selbstverständlich auch die sexuelle Liebe ein; das zweite Arbeit, der man sich hingibt und die man daher befriedigend findet. Von diesem Gesichtspunkt aus fehlen dem gestörten Patienten augenfällig beide Kriterien in höchstem Maße und dem chronisch Schizophrenen noch mehr.

Um seelisch-geistige Gesundheit wie seelische Krankheit zu begreifen, müssen wir wissen, was psychisch Kranke daran hindert, wie Gesunde zu leben. Für alle an Therapie Interessierten ist eine Frage wichtig: Wie können wir beurteilen, ob sich ein Mensch in die eine oder andere Richtung bewegt? Müssen wir wirklich abwarten, bis er tiefe Freude an dauerhaften menschlichen Beziehungen findet und Sinn wie Befriedigung in seiner Arbeit, bevor wir wissen, daß es ihm besser geht? Mit einiger Einschränkung meine ich, daß nichts bezeichnender für seelisches Wohlbefinden ist als eine gesunde Selbstachtung, Sinn für den eigenen Körper und seine Funktionen und eine einigermaßen optimistische Einstellung zum Leben. Selbstachtung und die gesamte Einstellung zum Leben müssen dabei von Depressionen wie von deren Leugnung, dem Größenwahn, gleichermaßen entfernt sein. Die Bezeichnung »gesunde« Selbstachtung will besagen, daß Hand in Hand damit eine vernünftige Fähigkeit zur Selbstkritik geht, die diese

Selbstachtung realistischen und klugen Prüfungen unterwirft, der Art, daß es zu kurzen Perioden der Unzufriedenheit kommen kann, die Verbesserungen bewirken, die aber niemals dazu führen, daß es zur Verzweiflung kommt. Es muß eine Selbstachtung sein, die nicht dadurch abgestützt werden muß, daß man gering über andere denkt oder sie in den Schmutz zieht, und die dem Menschen gestattet, sich seiner selbst so sicher zu sein, daß er es sich gut leisten kann, die Überlegenheit anderer, sofern sie existiert, anzuerkennen, ohne sich selbst minderwertig zu fühlen (oder jedenfalls nur in irgendeiner ganz bestimmten Hinsicht, die seine Selbstachtung nicht gefährdet). Ebenso kann eine vernünftig optimistische Einstellung zum Leben, besonders zum eigenen, durchaus Zweifel an der Zukunft – die schließlich immer ungewiß ist – einschließen, aber sie verhindert, daß einen derartige Zweifel »unterkriegen«. Und die Einstellung zum eigenen Körper muß gleich weit entfernt sein von Abscheu oder der Vernachlässigung wie von der zwanghaften Sorge um ihn und seine Funktionen.

Betrachtet man seelische Gesundheit und Krankheit aus dieser Sicht, dann wird der grundsätzliche Irrtum derer offenbar, die meinen, der chronisch Schizophrene sei ein Mensch, der lediglich einen anderen Lebensstil habe. Wenn Selbstachtung und vernünftiger Optimismus Teil der Kriterien für seelisch-geistige Gesundheit sind, dann ist die Fähigkeit, das Leben als eine Existenz zu akzeptieren, die leer und ohne befriedigende menschliche Bindungen ist, die sexueller Befriedigung entbehrt, in der die Arbeit keinen anderen Sinn hat, als die Zeit totzuschlagen, und in der man jede Hoffnung für die eigene Zukunft im Rahmen der Gesellschaft aufgegeben hat – dann ist dies alles nicht nur symptomatisch für eine ernsthafte seelische Störung, es ist die Krankheit selbst.

Nicht die Wahnvorstellungen, nicht Gewalttätigkeit, fehlende Logik oder Unfähigkeit, sich einer Situation anzupassen, lassen seelische Krankheiten entstehen, sondern die gefühlsmäßige Einstellung, die man zu sich selbst hat in bezug auf den eigenen Körper, die Persönlichkeit und auf den eigenen Platz in der Welt. Wahnvorstellungen, Gewalttätigkeit, Unlogik und anderes mehr sind Symptome eines verzweifelten Mangels an positiver Einstellung zu sich selbst und zur eigenen Stellung in der Welt. In der Therapie muß daher angelegt sein, daß sie dem Patienten hilft, seine Ansichten und Einstellungen zum eigenen Körper, zu sich selbst und seine Beziehungen zu anderen und der Umgebung zu überprüfen. Als Ergebnis einer erfolgreichen Therapie sollte der Patient Selbstachtung erlangt oder wiedererlangt haben und eine optimistische Einstellung zu der Welt, in der er lebt. Hat er das, wird er fähig sein, die menschlichen Bindungen herzustellen, die Freud meinte, als er von Liebe sprach, und er wird außerdem imstande sein, in der Gesellschaft sinnvolle Aufgaben zu finden, die er gut erfüllen kann. Für viele Menschen in unserer modernen technologischen Massengesellschaft kann diese sinnvolle Arbeit vielleicht nicht in der Arbeit gefunden werden, mit der sie ihr Leben bestreiten, sondern nur in ihren Freizeitbeschäftigungen.

Aus soziologischen Studien geht hervor, daß sich Menschen, die ganz am Boden sind und überhaupt nicht mehr daran glauben, ihre Verhältnisse bessern zu können, mit ihren elenden Verhältnissen abfinden und unfähig werden, für eine Verbesserung zu kämpfen (83). Sind sie andererseits irgendwie fähig, innere Kräfte zu sammeln, weigern sie sich bald, in Abhängigkeit zu leben, und streben nach größerer Selbstbestimmung. Meistens weigern sie sich jedoch erst, in ihrer verzweifelten Lage zu bleiben, wenn sie nicht mehr ganz so arm sind, wenn sie wieder einige Hoffnung für sich selbst haben, und sie fangen erst dann wieder an, für etwas Besseres zu kämpfen (32, 48). Ich beziehe mich hier auf die Hypothese von Tocqueville, derzufolge die Verbesserung der Verhältnisse den Wunsch nach einem größeren Wandel zum Besseren verstärkt. Und die Menschen werden fähig dazu, diesen Wunsch in Handeln umzusetzen, sobald sie sich stärker und tauglicher fühlen.

Man könnte einwenden, das gelte nur für normale Menschen und nicht für psychiatrische Patienten. Die Erfahrungen in der Orthogenic School beweisen hingegen, daß in dieser wie in vieler Hinsicht kein Unterschied besteht zwischen gestörten Patienten und uns »Normalen«. Erst nachdem unsere Patienten einige Zeit lang ein Leben geführt hatten, das so angenehm und befriedigend war, wie wir es ihnen ermöglichen konnten, und als sie sich nicht mehr so entsetzlich ausgeschlossen, bedürftig und unglücklich fühlten, fingen sie an, »steigende Erwartungen« zu empfinden – und mit uns zusammenzuarbeiten in dem Kampf, etwas Besseres für sie zu erreichen. Diesem Kampf waren sie vorher ausgewichen, wahrscheinlich, weil sie nicht genügend Kraft dafür hatten und überdies nicht daran glaubten, daß er irgendwelche Resultate haben könnte.

Ganz im Einklang mit unseren Erwartungen, die uns veranlaßt hatten, den Patienten möglichst vorteilhafte Lebensbedingungen zu bieten, wollte nicht ein einziger von ihnen weiter in einer Heilanstalt bleiben, nachdem er einmal jenes Minimum an Persönlichkeitsintegration erreicht hatte, das notwendig ist, um selbständig in unserer Gesellschaft zu bestehen. Verständlicherweise hatten eine ganze Reihe von ihnen Befürchtungen, ob und wie sie es schaffen würden, selbständig zu leben, und hatten daher auch manchmal Hemmungen, uns zu verlassen. Aber keiner wollte länger als notwendig bleiben, nur weil das Leben hier angenehm war – was es in der Tat war. Viele verließen uns sogar aus eigenem Entschluß, bevor wir glaubten, sie seien wirklich dafür gerüstet. Ihr Grund: trotz höchst angenehmer

Umgebung und einer großen Zahl von anderen Befriedigungen lebten sie in einer Pflegeanstalt als psychiatrische Patienten.

Viele sagten so ungefähr folgendes: »Ich weiß, ich werde es nie wieder so gut und leicht haben, aber ich will selbständig sein. Ich weiß, das Leben wird viel schwerer für mich sein, als es hier ist, aber ich hoffe, jetzt kann ich den Versuch wagen.« Alle waren eher bereit – und die meisten taten es –, schlechtere Lebensbedingungen und größere emotionale Schwierigkeiten in Kauf zu nehmen, als länger in einer Anstalt zu leben, die von ihnen selbst durchaus als die beste aller Anstalten anerkannt wurde. Nachdem sie uns verlassen hatten, sehnten sich manche nach dem zurück, was sie verlassen hatten, erwogen aber niemals, wieder als Patienten zurückzukehren, so gern sie uns von Zeit zu Zeit auch besuchten.

Man könnte einwenden, daß das zwar für Menschen gilt, die einen gewissen Grad an psychischer Gesundheit erreicht haben, daß es indessen nichts besagt für jene, bei denen das nicht so ist. Diese würden niemals eine Anstalt verlassen wollen, in der sie ein so gutes Leben haben. Das stimmt, aber sie könnten sie ohnehin nicht verlassen, weil sie zu gestört und behindert dafür sind. Die Lehre aus unserer Erfahrung ist die, daß, im Gegensatz zu der weitverbreiteten Meinung, Bequemlichkeit und angenehmes Leben die Therapie unterstützen und niemals den Patienten zu dem Wunsch veranlassen, ständig weiterhin als Patient zu existieren.

Jeder, der das Minimum an Fähigkeiten besitzt, das man braucht, um mit der Welt fertigzuwerden, zieht es vor, soweit als möglich Herr seines eigenen Schicksals zu sein; er ist gewillt, das Risiko dafür auf sich zu nehmen, auch die Konsequenzen eigener Fehler zu ertragen, wie all die übrigen Unberechenbarkeiten einer unabhängigen Existenz. Wenn er die Härten, die ihm das Leben bescheren mag, auch nicht schätzt, so zieht er sie doch einem Leben in ständiger Abhängigkeit vor, auch wenn es das bequemste aller Leben sein sollte. Jedem Menschen ist ein eigenes Leben, so problematisch es sein mag, lieber als ein Leben, das für ihn zurechtgemacht wird, sofern er sich zutraut, daß er letztlich seine Schwierigkeiten meistern wird.

3
Seelisch-geistige Gesundheit: Autonomie und Bedürfnisbefriedigung

Da es keine endgültigen Vorbilder für die Planung der äußeren und inneren Struktur einer Pflegeanstalt gibt, die Erfolge garantieren könnten, ist es im Augenblick wohl am besten, man versucht, die Theorien anzuwenden, die versprechen, ein Verständnis der gestörten Psyche zu vermitteln: Verständnis all dessen, was, psychologisch gesehen, mit geistig-seelischer Krankheit und ihrer Heilung zu tun hat. Die Psychoanalyse selbst ist nicht die Behandlungsmethode, auf die Patienten, die eine Pflege in psychiatrischen Anstalten brauchen, am besten ansprechen; wäre das so, brauchten diese Patienten nicht in einer Anstalt untergebracht zu werden. Da es jedoch bislang keinen besseren Bestand an Theorien zur Klärung dessen gibt, was im Leben und in der Psyche psychiatrischer Patienten schiefgegangen ist, und was daher benötigt wird, um ihre seelisch-geistige Gesundheit wiederherzustellen, muß das psychoanalytische Verständnis des menschlichen Verhaltens uns als Ausgangspunkt für unsere Überlegungen zur Planung von Anstalten dienen.

Nicht ohne Grund hat man die Bezeichnung »Schizophrenie« (d.h. eine Spaltung in der Persönlichkeit) dem Syndrom der Störungen gegeben, an welchen ein großer Teil der Insassen unserer Anstalten für psychisch Kranke leidet. Der Zerfall seniler Patienten, der zwar andere Ursachen hat, zeigt eine Gemeinsamkeit mit der Schizophrenie: die Unfähigkeit, mit dem Leben fertigzuwerden, was auch auf jene zutrifft, die an organischen Störungen leiden. Alle in dieser Weise kranken Menschen haben einen Zusammenbruch ihrer Ich-Funktionen hinter sich. Das schematisierte Leben, das die Pflegeanstalten ihnen auferlegen, basiert auf dieser Tatsache. Ein Leben in festen Geleisen gestattet einfache Vorhersagen; je einfacher die Gewohnheiten, um so weniger Fähigkeiten braucht es, sich zu bewähren. Dies ist der pragmatische Grund, der immer vorgebracht wird, um das Vorgehen in psychiatrischen Einrichtungen zu rechtfertigen: Der Patient, der nach einer Routine lebt, ist weniger verängstigt und verwirrt, als er es ohne diese Routine wäre.

Viele Kritiker von psychiatrischen Anstalten übersehen den großen Vorteil, den eine solche Routine für den Patienten hat; er hat einen gewissen Gewinn davon, in einer Situation zu sein, die er noch bewältigen kann. Deshalb fühlt sich auch das Krankenhauspersonal berechtigt, nur wenig auf solche Kritiker zu hören, die mit der Verurteilung jeder Art von Routine lediglich demonstrieren, daß sie nicht begreifen, wie sehr der Patient sie braucht. Eine solche Verteidigung der Routine ist zur Zeit nicht Mode und wird daher selten ausgesprochen. Aber ohne diese Art der Kontroverse ist keine vernünftige Auseinandersetzung darüber möglich, welche Art von Routine heilsam, welche schädlich ist und warum. Resultat ist, daß Routine entweder unkritisch weiter beibehalten oder ebenso unkritisch jede Art von Routine abgeschafft wird – beides zum Schaden des Patienten.

Die psychiatrischen Krankenhäuser sind in einer mißlichen Lage: Ihre Methoden gestatten dem Patienten innerhalb des Krankenhausbereiches einen gewissen Grad an Selbständigkeit trotz reduzierter Fähigkeiten, aber sie geben ihm nicht die Fähigkeit zurück, komplexere Situationen zu bewältigen. Die Kritik an den Pflegeanstalten sollte den Wert des ersten Punktes anerkennen und sich nur auf den zweiten konzentrieren. Offensichtlich kann man eine größere Fähigkeit zur Wirklichkeitsbewältigung nur durch Anforderungen erreichen, die so abgestuft sind, daß jede neue Stufe mit einer nur geringfügig größeren Anstrengung gemeistert werden kann. Ist die Anforderung zu groß – wie sie die Welt außerhalb einer Anstalt stellen würde –, überwältigt sie den Patienten, der dadurch noch weniger als vorher in der Lage ist, mit den Dingen fertigzuwerden. Deshalb muß man ihm behutsam Schritt um Schritt helfen.

Weitgehend liegt der Unfähigkeit, sich in der Welt zurechtzufinden, ein innerer Zerfall der Persönlichkeit zugrunde, von dem die Spaltung (Schizophrenie) nur eine der möglichen Formen ist. Der psychisch kranke Patient ist »ohne Kontakt«, »kann sich nicht selbst in den Griff bekommen« und das Leben auch nicht. Er kann all die Empfindungen und Eindrücke, die auf ihn einstürmen, nicht ordnen und in ein zusammenhängendes Ganzes integrieren. Die Psychoanalyse spricht von dem »Bedürfnis, zu internalisieren und zu integrieren«, das schließlich den Patienten befähigt, Ordnung in das zu bringen, was sonst ein inneres Chaos wäre. Wir müssen unser Es, Ich und Über-Ich davon zurückhalten, sich in uns zu bekämpfen und uns zu zerreißen. Das können wir tun, wenn wir Werte und Wege des Verhaltens so verinnerlichen, daß sie uns nicht mehr von außen aufgezwungen sind. Solche Verinnerlichungen gehören zu den wichtigsten emotionalen Erfahrungen unseres Lebens.

Verlangt man von uns, daß wir uns benehmen, wie andere es wollen, sind wir die Marionetten, und die anderen ziehen an den Fäden. Machen wir uns aber die Motive der anderen zu eigen, was unsere Persönlichkeit und unser Leben bereichern könnte, und passen wir sie dabei unserer eigenen Lebenserfahrung und Entwicklungsfähigkeit an, gliedern sie unserem Ich ein, dann werden wir nicht mehr durch andere gelenkt und sind autonom. Damit das möglich ist, dürfen die Anforderungen durch die Umgebung nicht so widersprüchlich oder ich-fremd sein, daß sie nicht ohne Spaltung der Persönlichkeit oder andere zerstörerische Folgen verinnerlicht werden könnten. Sie sollten auch ausreichend einheitlich sein, damit wir nicht versuchen müssen, Gegensätzliches zu verinnerlichen. Im Familienrahmen gehört die Internalisierung von Mutter und Vater zu den wichtigsten Gefühlserlebnissen des Kindes. Befinden sich die Eltern im Gegensatz zueinander, können wir vielleicht überhaupt nicht beide gegensätzliche Elemente integrieren, können nicht die Wirkung von beiden verinnerlichen.

Damit etwas internalisiert werden kann, muß es nicht nur nicht widersprüchlich oder nicht ich-fremd sein, es muß verständlich sein; denn was unverständlich ist, kann nicht verinnerlicht werden, jedenfalls nicht ohne Schaden. Ist etwas nicht einsichtig, kann es nur durch äußeren oder inneren Druck internalisiert werden. Meistens zwingen die Eltern das Kind, sich in einer bestimmten Weise zu verhalten, üben also äußeren Druck aus, daß es diese Verhaltensformen annehme. Da Eltern alle Macht haben, die Bedürfnisse des Kindes zu befriedigen oder zu enttäuschen, ist die Tragweite ihres gefühlsmäßigen Einflusses auf das Kind ungeheuer, daher also das innere Bedürfnis, ihnen gefallen zu wollen, um sich durch Verinnerlichung ihrer Werte ihren guten Willen zu sichern. Sind diese Werte im Einklang miteinander, werden sie viel leichter verstanden, als wenn sie widersprüchlich sind. Sind die Werte moralisch und logisch, kann das Kind begreifen, warum sie wünschenswert sind, oder kann es zumindest das Gefühl haben, sie seien es, trägt dies entscheidend bei zur Entwicklung des moralischen Gefühls im Kinde und zu einem befriedigenden Gefühl, ein guter Mensch zu sein. Sind die Werte widersprüchlich oder dem Kind unverständlich und ist gleichzeitig äußerer und innerer Druck einigermaßen stark wirksam, dann werden die Werte zwar trotzdem internalisiert, haben jedoch früher oder später persönliche Schwierigkeiten zur Folge.

Da wird beispielsweise der Wert des Wettbewerbs *gegen* den gegenseitiger Hilfe gesetzt. Lange Zeit mußte der Mensch um das Überleben kämpfen, daher war der Wettbewerb offensichtlich der Wert, der das Leben bestimmen mußte, und die gegenseitige Hilfe ein fernes Ideal. Heute scheint in vielen Familien der Mittelklasse das Überleben gesichert, und trotzdem erwartet man vom Kind, daß es beim Wettbewerb in der Schule – wenn nicht auch noch beim Sport – seine Kameraden besiegt; gleichzeitig schärft man ihm ein, gegenseitige Hilfe sollte einer der richtungweisenden Werte in seinem Leben sein. Derartige Widersprüche machen Wertvorstellungen unverständlich; wegen des elterlichen Drucks werden sie aber trotzdem integriert. Das Resultat ist ein Mensch, der sich durch diese verinnerlichten Wertvorstellungen gezwungen sieht zu gewinnen, aber nicht zu konkurrieren, denn dazu müßte er jemanden schlagen, den er, wenn nicht lieben, so doch unterstützen sollte. Als Ergebnis ist er so zerrissen, daß er nicht mehr länger so handeln kann, daß er dabei ein gutes Gefühl hat. Das kann so weit gehen, daß einige Kinder überhaupt unfähig zu jedem Handeln werden und sich von einer Welt zurückziehen, die sie nicht mehr begreifen. Hätte sich das Kind nur einen der beiden gegensätzlichen Werte zu eigen gemacht, könnte es ohne innere Konflikte gut zurechtkommen, weil jeder der Werte für sich allein verständlich ist, nur in der Kombination sind sie es nicht.

Aus diesen Gründen muß die Pflegeanstalt statt einer zufallsbedingten Zusammenstellung einzelner Teile ein integriertes Ganzes bilden. Nur eine integrierte Umgebung kann die Anschauung dafür bieten, daß der Patient eine Persönlichkeitsintegration wünscht und das Bedürfnis danach internalisiert.

Deshalb versagen auch einige der bedeutenden Verbesserungen in den psychiatrischen Institutionen als Mittel erfolgreicher Behandlung, obwohl sie den Leerlauf im Leben der Patienten wohltuend unterbrochen haben. Wenn die Psychotherapie im wesentlichen ein Fremdkörper im Leben des Patienten bleibt, weil sie sich von seinem übrigen Dasein völlig unterscheidet, verliert sie viel von ihrer Fähigkeit, innere Integration herbeizuführen. (Ganz anders liegen die Dinge, wenn ein Patient, der sein eigenes Leben in der Gesellschaft lebt, einen Analytiker zu täglichen Zusammenkünften aufsucht; diese Erfahrung ist dann von vornherein völlig von seinem normalen Leben getrennt und nicht, wie für den Patienten, Teil einer Anstaltsexistenz.) Im Rahmen einer Pflegeanstalt kann der Therapeut nicht umhin, in den Augen des Patienten zum Bestandteil dieser Anstalt zu werden. Der Patient kommt sich dann vor, als verbrächte er seine ganzen Tage »kaltgestellt« in Erwartung dieser therapeutischen Sitzungen, die nur ein ganz kurzer konstruktiv verbrachter Zeitraum sind. In allen guten psychiatrischen Anstalten wird zusätzlich mit Erfolg Beschäftigungstherapie betrieben, um die Monotonie zu beleben. Diese Therapie bietet dem Patienten sogar die notwendige Herausforderung, besser mit den Dingen fertigzuwerden. Jedoch bleiben auch diese Beschäftigungen isolierte Aspekte im Leben des Patienten. Da diese Therapien nicht integrierter Teil des Anstaltslebens sind, sondern davon unabhängige Erlebnisse zu sein scheinen, zeigen sie die Tendenz, sich sogar gegen eine Integration auszuwirken. Ein integratives Milieu muß über ein inneres, logisch zusammenhängendes Netz von Prinzipien verfügen, das alle Erfahrungen des Patienten in der Anstalt durchdringt. Um ein organisches Ganzes zu sein, müssen sämtliche Beschäftigungen (vor allem die Therapien) mit der inneren Struktur der Anstalt untrennbar verbunden sein. Das allerdings habe ich, so einfallsreich und genußvoll auch die Beschäftigungstherapien sein mögen, leider nur sehr selten erlebt.

Verschiedene Inhalte von Wahnvorstellungen sind charakteristisch für die am meisten verbreiteten Typen der Psychose: Paranoia und Depression. Bei Paranoia sind die Kräfte, die den Menschen von innen her kontrollieren, nach außen projiziert worden, weil sie dem Ich so fremd und überwältigend sind, daß sie nicht mehr im Innern gehalten und mit den anderen Aspekten der Persönlichkeit verschmolzen werden können. Diese Kräfte oder Forderungen versklaven den Menschen derart, daß er nur verhindern kann, von ihnen zerrissen zu werden, wenn er sie nach außen projiziert. Verfolgung von außen, so unglaublich schmerzhaft sie sein mag, scheint vorerst für den so gestörten Menschen weniger zerstörerisch zu sein, als innerlich zerrissen zu werden, was einen völligen Zusammenbruch aller Aspekte der Persönlichkeit bedeutet.

Deshalb können Menschen, die an Paranoia leiden, bestimmte Lebensbereiche bewältigen, die isoliert von den übrigen Aspekten ihrer Persönlichkeit bleiben. Ohne die Projektion der inneren Verfolgung nach außen könnten sie sich vielleicht nicht einmal diese Mindestfähigkeit erhalten. Die Schwierigkeit ist die, daß, da die Projizierung der Versuch war, einen Rest inneren Zusammenhalts der Persönlichkeit zu sichern, die bedrohenden Kräfte, nach außen verlegt, jetzt allen Bemühungen um ihre Integration unzugänglich sind. Der Patient verliert jede Macht, sie zu beeinflussen, und in hartnäckigen Fällen können sie sogar völlige Kontrolle über ihn ausüben. Diese Figuren oder Kräfte, »beeinflussende Maschinen«, beherrschen alles, was der Patient tut, denkt oder fühlt. In der Depression kommt das Gefühl äußerster Macht- und Wertlosigkeit aus der Unfähigkeit, im Einklang mit den eigenen übertriebenen Wertvorstellungen zu leben, aus der Unfähigkeit, auch nur die dringendsten Wünsche zu befriedigen, und dazu gehört auch das Bedürfnis, von anderen geliebt zu werden oder fähig zu sein, andere zu lieben.

Diese kurze Aufzählung soll keineswegs ein Katalog aller Gedanken und Gefühle sein, die für schwere psychische Störungen bezeichnend sind. Zumindest müssen noch zwei weitere Aspekte erwähnt werden. Die Unfähigkeit, das Leben zu meistern, Denkstörungen und die Bemühungen, dies zu verbergen, sind von Angst begleitet, und ein völliger Zusammenbruch kann drohen – gegen den man sich entweder nicht schützen kann, oder den man ständig durch höchst komplizierte Verteidigungsmaßnahmen abzuwehren versuchen muß (50, 51). Sodann wird die Unfähigkeit, etwas zu bewältigen, vor allem auf den eigenen Körper projiziert, der dann als Wurzel der eigenen Wertlosigkeit und aller übrigen Schwierigkeiten betrachtet wird. Es folgt die Überzeugung, daß alles mögliche mit dem eigenen Körper nicht stimmt: daß er abscheulich ist; daß er zerfällt oder schon zerfallen ist; daß irgendein Organ am Verfaulen ist; daß extreme medizinische Maßnahmen unbedingt notwendig sind (obwohl man an deren Wirksamkeit nicht glaubt); daß irgendein Körperteil nicht mehr da ist, aufgehört hat zu funktionieren, oder daß ein böser Geist aus ihm ausgetrieben werden muß (13).

Zu den häufigsten Gründen für gesetzliche Einweisung in eine Pflegeanstalt gehört, daß der Patient zu einer Gefahr für sich selbst oder andere geworden ist. Neigt er dazu, sich oder andere zu verletzen, ist das auf eins der eben beschriebenen Phänomene zurückzuführen. Bei seinen körperlichen Angriffen auf andere geht er davon aus, daß sie es sind, die ihn vernichten wollen, oder von der Vorstellung, sie hätten völlige Macht über sein Leben. Sie zu zerstören, wird das einzige Mittel, das einem solchen Menschen einfällt, um sich zu schützen oder ihren Würgegriff zu lockern. Greift er sich selbst an, will er sich nicht verletzen. Im Gegenteil, es ist der gleiche Wunsch, der ihn zu Gewalthandlungen anderen gegenüber veranlaßt: er will seine Lebensbedingungen verbessern, indem er beispielsweise den Teil seiner selbst loswerden will, in dem er die Wurzel allen Übels sieht. Versucht er sich selbst umzubringen, so will er nur das zerstören, was in seinem Innern sitzt und das Leben so unerträglich macht.

Man darf die Dienste nicht unterschätzen, die Pflegeanstalten einem Insassen leisten, indem sie ihn davor bewahren, sich und andere zu verletzen, und ihn auch sonst auf manche andere Weise schützen. Auch leugne ich keinesfalls den Wert, den ein Vereinfachen und der Zwang durch feste Gewohnheiten für den Patienten hat: Es gibt ihm das Gefühl, einiges könne er doch noch leisten. Jedoch nehmen die meisten Anstalten viel zuviel Rücksicht auf die Wünsche der Öffentlichkeit oder der Verwandten der Patienten sowie auf die Befürchtungen des Personals, und die Arbeit wird deshalb nicht so gut gemacht, wie es zu wünschen wäre. Sie schützen den Patienten nicht mit genügend Freundlichkeit, Rücksicht auf seine Empfindungen, vor allem auf seine Selbstachtung, gegen die möglichen Folgen seiner gewalttätigen Neigungen; noch schützen sie ihn genügend gegen den ständigen Ansturm von Gefühlen, dem er seitens seiner Familienmitglieder ausgesetzt ist.

Angesichts derartiger Persönlichkeitsstörungen sollte man erwarten, daß eine psychiatrische Anstalt so geplant und geführt wird, daß sie den Patienten von allem befreit, was seiner seelischen Gesundheit im Wege steht. In Wirklichkeit braucht es jedoch wieder viel Mühe, einige der schlimmen Folgen der Einkerkerung zu bekämpfen. Das auffälligste Beispiel: sogenannte Vorrichtungen, die höchste Sicherheit garantieren, verhindern es, daß der Patient sich selbst oder andere gefährden kann. Indem man ihn aber in die Isolierzelle sperrt, ihm einen großen Teil seiner Kleidung nimmt und ihn fesselt, was seine Bewegungsfähigkeit hemmt, demonstriert man ihm deutlich, daß er sich in der Tat in der Gewalt von anderen befindet, die mit ihm machen können, was sie wollen. Es sind Maßnahmen, die, während sie schützen, auch zerstören. Sie schützen den Körper, zerstören aber die begrenzte Autonomie noch weiter, über die der betreffende Mensch verfügte, bevor er zum Patienten wurde.

Wenn man ein Gebäude, beispielsweise eine Fabrik, plant, muß man beim Entwurf mindestens drei Zwecke berücksichtigen: die rationellste Fabrikation des Produktes, das Ausschließen von Gefahren, die im Produktionsprozeß selbst liegen könnten, und die Herstellung von Bedingungen, welche die Produktion erleichtern, sei es durch Maschinen oder durch Menschen. Es hat wenig Sinn, Produktionsweisen zu planen, die das Risiko einer Explosion enthalten, denn diese würde die Fabrik zerstören. Auch darf es sich der Architekt nicht leisten, Bedingungen zu übersehen, die zur Erschöpfung jener, die an der Produktion arbeiten, führen könnten und somit deren Leistungsfähigkeit einschränken würden.

In sehr vereinfachter Analogie könnte man weiter sagen, der größte Teil der Planung psychiatrischer Einrichtungen zielt auf die Verhinderung von Katastrophen: man sorgt dafür, daß der Patient weder sich noch andere verletzt, man erhält ihn am Leben, indem man ihn ernährt und beherbergt, und hindert ihn daran, sich und der Gesellschaft Scherereien zu machen; und etwas berücksichtigt man bei der Planung noch: die Arbeitsbedingungen des Personals, auf daß sie erträglich seien. Sehr wenig Überlegung scheint hinter der Planung der verschiedenen Produktionsschritte zu stehen, in deren Verlauf das entsteht, weswegen die Fabrik überhaupt existiert: ein nützliches Endprodukt – das heißt die seelisch-geistige Gesundheit des Patienten. Dazu ist eine Analyse all dessen notwendig, was mit diesem Prozeß verbunden ist, und ein Verständnis dafür, welche Erfahrungen es erleichtern, einen der Schritte zu machen, ohne den nächsten zu erschweren. Schließlich müßte geklärt werden – genau wie in einer Fabrik, in der viele Einzelteile zum fertigen Produkt zusammengefügt werden müssen –, wie diese Einzelschritte aufeinander abgestimmt werden können.

Ich habe diese Analogie benutzt, weil es im Vergleich zu den gründlichen Analysen und den vielfachen Versuchen, die auf den Entwurf von Fabriken und deren Einrichtung verwendet werden, wirklich erstaunlich ist, wie relativ wenig Mühe man sich mit der Planung von Pflegeanstalten für psychisch Kranke macht. Der Grund für diesen Mangelzustand liegt auf der Hand: es ist soviel einfacher, einen Produktionsprozeß in seine einzelnen Vorgänge zu zerlegen – zu begreifen, wie die einzelnen Schritte aufeinander folgen müssen, sich aufeinander aufbauen oder sich hindern – als zu verstehen, was alles mit einem Gesundungsprozeß zu tun hat. Solange wir all unsere Überlegungen nur auf den Zusammenbruch der Gesundheit und auf die notwendigen Maßnahmen zur Wiederherstellung richten anstatt auf die Bedingungen, die seelisch-geistige Gesundheit überhaupt schaffen, werden Fortschritte gering bleiben und nur langsam wirksam werden. Um zum Vergleich mit der Fabrik zurückzukehren: wir gehen vor, als könnte der Produktionsprozeß aus dem Verständnis der Reparaturarbeiten entwickelt werden, die notwendig werden, wenn das Produkt selbst einmal kaputt ist: bei unseren Überlegungen zu seelischer Gesundheit gehen wir meist von Erfahrungen mit Patienten aus, die sie bereits verloren haben. Die Schwierigkeit liegt offenbar darin, daß Planung und Analyse geistig-seelischer Gesundheit ein unglaublich komplexes Problem ist. Zur Zeit beispielsweise wissen wir nicht, welche Art äußeren Rahmens im Elternhaus oder in der Schule für die Entwicklung seelischer Gesundheit wirklich am besten wäre; es scheint nur erwiesen, daß die vorhandenen Einrichtungen unangemessen sind. Wahrscheinlich stellen Schule und Elternhaus zu komplexe Anforderungen, so daß das Problem, diesbezügliche Gebäude zu entwerfen, erst gelöst werden kann, wenn wir psychiatrische Institutionen entwerfen können, die ihrer Aufgabe gerecht werden. (Vielleicht ist hier ebenso anwendbar, was in der Psychoanalyse passierte: Die Studien mit Neurotikern und Hysterikern ermöglichten es Freud, zu Schlüssen über eine normale Entwicklung zu kommen, Prinzipien zu entdecken, die man sich nicht vorstellen konnte, bevor er erkannt hatte, was psychisch Kranke brauchten, um wieder normal zu werden.) Möglicherweise kann es uns beim Entwurf für wirklich geeignete Schulgebäude und Wohnungen helfen, wenn wir begreifen, wie eine Pflegeanstalt geplant werden muß, um ihren besonderen Zweck, Gesundheit wiederherzustellen, zu erfüllen.

Entfaltung der Autonomie, Aufgeben von Wahnvorstellungen

Wenn, wie beim Paranoiker, das äußere und innere Leben als von Kräften beherrscht erfahren wird, die jenseits der eigenen Person liegen, so müssen sich alle Anstrengungen seitens der psychiatrischen Krankenhäuser darauf richten, den Patienten davon zu überzeugen, daß dies nicht der Fall ist. Entscheidende Bedeutung könnten Situationen haben, die es dem Patienten aufgrund ihrer einzelnen Elemente und ihres Rahmens unmöglich machen, seinen Glauben aufrechtzuerhalten, daß äußere böse Kräfte über ihn Gewalt hätten. Erst dann wird er sich klarwerden können, daß er diese ihn verfolgenden Kräfte selbst erfunden hat, und daß er allein es war, der ihnen die Gewalt über sich gab. Zu diesem Zweck muß alles um ihn herum für ihn einsichtig sein. Wenn Entscheidungen über sein Leben irgendwo in einem Büro oder bei Mitarbeiterkonferenzen getroffen werden, ohne daß er weiß, warum und welche, dann wird es schwer sein, ihn zu überzeugen, daß er keine machtlose Schachfigur ist, die benutzt und vielleicht geopfert wird in dem subtilen Spiel, das ein anderer spielt. Beobachtet man ihn durch Einwegscheiben oder wird er auf das hin untersucht, was in seinem Kopf vor sich geht, nährt das die Paranoia. Um diesen krankhaften Zustand zu beenden, dürfen keine Vorfälle in der Wirklichkeit mehr auftreten, die als Manipulierung durch andere gedeutet werden könnten; die Umgebung darf keine neue Nahrung liefern.

Eine Zeitlang wird der Patient solche Bemühungen unter Umständen als eine ganz besonders raffinierte Methode interpretieren, ihn glauben zu machen, er bewege sich aus eigenem Willen, während jemand anderes an den nur geschickter verborgenen Schnüren zieht. Wenn sich aber sein gesamtes Leben in einer Anstalt abspielt, in der das Personal weiß, was passiert, welcher Vorfall welchen anderen herbeiführte, wird es eventuell möglich, selbst dem paranoidesten Patienten zu zeigen, daß die Geschehnisse, die er undurchschaubaren Mächten zuschreibt, in Wirklichkeit seine eigenen Schöpfungen sind. Eine ausreichende Anzahl solcher Erfahrungen wird heilsam sein, indem sie erstens demonstrieren, daß diese drohenden Mächte keineswegs so allgegenwärtig sind, wie er dachte, und zweitens, daß vieles, was er ihnen zugeschrieben hatte, auf sein eigenes Konto ging.

Der Patient, der wegen des Gefühls äußerster Wertlosigkeit in Depressionen verfällt, sollte in der Anstalt nur mit Menschen umgehen, die tief davon überzeugt sind, daß es sich um ihn lohnt. Allerdings, ihren *Worten* wird er nicht trauen; der depressive Patient wird Aussagen, er sei ein guter Mensch, nur als weiteren Beweis dafür werten, daß sich die Leute einfach nicht mit ihm und seinen Leiden abgeben wollen, weil sie wissen, daß es sich nicht lohnt. Sie erzählen ihm, er sei ein wertvoller Mensch, weil sie nicht genügend an ihm interessiert sind, um *seine* Ansicht von sich ernst zu nehmen. Andererseits wird es sich schließlich doch auswirken, wenn er kontinuierlich erlebt, daß die Mitarbeiter viel Mühe und emotionale Kraft auf ihn verwenden. Er braucht eine positive Einstellung zu den Schwierigkeiten, die er selber schafft; das wird ihn schließlich überzeugen, denn selbst ein seelisch gestörter Patient weiß, daß nur Menschen, die ihn für wichtig halten, soviel für ihn tun können. Und er hat recht. Nur ein Mitarbeiterteam, das ihn, so wie er ist, für wichtig hält, kann die sehr harte Arbeit und die emotionalen »blauen Flecke«, die seine Betreuung mit sich bringen, auf sich nehmen. Ihre Anstrengungen sind indessen in dem Ausmaß in Gefahr, indem der Patient gegensätzlichen Erfahrungen ausgesetzt ist, also Kontakt zu Leuten hat, die von ihm erwarten, daß er sich nicht »in seinem Unglück suhlt«, sondern sich zusammenreißt. Draußen in der Gesellschaft mag das eine vernünftige Einstellung sein, wird aber den Bemühungen der Mitarbeiter nur schaden. Der Patient muß also vor solchen Härten bewahrt werden, bis seine Selbstachtung weit genug entwickelt ist, um ihnen standzuhalten.

Aus dieser aufs äußerste komprimierten Darstellung ist ersichtlich, daß Paranoia und Depression langsam nur dann abgebaut werden können, wenn der Patient in der richtigen Art von psychiatrischer Anstalt lebt. Nur in einer solchen können die Erfahrungen gemacht werden, die dies ermöglichen, während Erfahrungen, welche die Wahnvorstellungen des Patienten oder seine geringe Selbstachtung stützen, soweit menschenmöglich ausgeschlossen werden müssen.

Die vereinfachte und leicht zu begreifende Realität der Anstalt sollte dem Patienten den Mut zurückgeben, daß selbst er in der Welt, in der er jetzt lebt, zurechtkommen kann. Sein Körper wird ihm angenehm, da er ständig die Erfahrung macht, daß er geachtet und pfleglich behandelt wird, so daß der Patient schließlich soweit kommt, ihn einer bejahenden Einstellung für wert zu empfinden. Da völlige Selbständigkeit das eigentliche Ziel der Anstalt sein sollte, müssen alle diesem Ziel zuwiderlaufenden Erfahrungen eingeschränkt werden. Die Kunst der Behandlung in einer Anstalt besteht darin, Autonomie nur für Erfahrungen zu verweigern, die sich eindeutig zerstörend für den Patienten auswirken, und sie in jeder anderen Hinsicht zu gewährleisten, zu ihr zu ermutigen.

Einen unmittelbaren Zugang zur Autonomie gibt es nicht. Selbstachtung und ein Gefühl, das Leben sei wert, gelebt zu werden, können dazu führen. Das sind die wesentlichen Bestandteile seelisch-geistiger Gesundheit; echte Autonomie ist die Folge, und sie ist die größte Leistung des Menschen. So sollten von dem Augenblick an, in dem ein Patient ein psychiatrisches Krankenhaus betritt, alle Bemühungen darauf konzentriert werden, ihm zu zeigen, daß diese Anstalt zu dem Zweck entworfen ist, ihm zur Selbständigkeit zu verhelfen. Darunter fallen auch Möglichkeit und Fähigkeit, seine Bedürfnisse im Kontakt mit Menschen zu befriedigen, die ihn als einmaliges Individuum achten. Zu hoffen ist, daß er auf der Grundlage längerer diesbezüglicher Erfahrungen erkennen wird, daß er tatsächlich ein Mensch ist, um den es sich lohnt, der einen wichtigen Platz im Leben einnimmt und für andere von Bedeutung ist. Wenn er darauf einmal stolz sein kann, wird er auch in der Lage sein, andere als eigenständige Individuen zu respektieren, und frei, als selbständiges Wesen, mit ihnen zu verkehren, das heißt, ohne erzwungene gegenseitige Anpassung, die der Selbstachtung eines der Partner zuwiderliefe.

Darin liegt die Hoffnung für die Gesundung des Patienten, aber sie kann nicht als Anforderung gestellt werden. Das ist der entscheidende Irrtum der bestehenden psychiatrischen Einrichtungen und vereitelt ihren Zweck. Diese Anstalten versagen zur Zeit, weil sie die Patienten in ein festes Muster pressen – selbstverständlich zu ihrem Besten –, oder weil sie Anforderungen an sie stellen, die ihrer Persönlichkeit nicht gemäß sind. Beides schadet der Autonomie: niemand wird eine selbständige Persönlichkeit dadurch, daß jemand anderes es so will. Der Wunsch und die Fähigkeit, ein geordnetes Leben zu führen, werden nur dann Teil der eigenen Persönlichkeit, wenn sie in einer geordneten Lebenssituation verinnerlicht werden, die viel anziehender als alle gegenteiligen Tendenzen ist. Jedoch genügen sämtliche Vorteile einer geordneten Existenz allein nicht für deren Verinnerlichung. Sie muß vermittelt werden durch eine persönliche Beziehung zu jemandem, den man liebt und bewundert. Der Wunsch, so zu werden wie diese geliebte Person und sich ihre Liebe noch sicherer zu erobern, indem man ihren Werten entsprechend lebt, unterliegt dem Prozeß der Identifikation und damit der Internalisierung von Verhalten und Werten. Etwas, das einem von jemandem, den man nicht liebt oder nicht tief achtet, aufgedrängt wird, wird einfach nicht verinnerlicht, oder, falls trotzdem, dann gegen ein so großes Widerstreben, daß die negative Reaktion überhandnimmt, sobald der Druck nachläßt. Sind inneres wie äußeres Leben des gestörten Patienten chaotisch, kann eine Unterwerfung unter eine äußere Ordnung, unter feste Gewohnheiten, Erleichterung bringen. Solange Ordnung etwas von anderen Auferlegtes bleibt, wird sie nicht internalisiert werden.

Die Entwicklung eines Lebensstils, der sich auf befriedigende Wechselbeziehungen mit anderen konzentriert – auf angemessene innere Haltungen und Überzeugungen – und auf die Autonomie des einzelnen gegründet ist, sollte durch die bauliche und menschliche Struktur der Pflegeanstalt erleichtert werden. Eine gewisse Reglementierung ist als Zwischenstufe zur inneren und äußeren Freiheit wahrscheinlich unvermeidlich (wofür das Einschließen des Springseils, das im folgenden Kapitel beschrieben wird, ein Beispiel gibt), aber eine psychiatrische Anstalt kann unmöglich Erfolge erzielen, wenn sie sich allein auf Zwangsmaßnahmen verläßt. Die üblichen Anstalten haben das zwar erkannt, sie sind jedoch festgefahren mit den Zwangsmethoden und bringen es nicht ganz fertig, jene Schritte zur Freiheit vollends zu tun. Weder Freiheit noch Autonomie, weder Selbstachtung noch eine bejahende Haltung zum Leben oder zu sich selbst, noch Freundschaft oder gar Liebe können einem Menschen aufgezwungen werden. Die Fähigkeit aber, all das zu entwickeln, kann in ähnlicher Weise gefördert und erleichtert werden, wie es gute Eltern bei ihrem kleinen Kind tun, wenn dieses zu einem seelisch-geistig gesunden, persönlich und sozial erfolgreichen Menschen werden soll.

Um einer derartigen Aufgabe gerecht zu werden, wird es nie genügen, wenn man einfach ein Mitarbeiterteam einstellt und von ihm erwartet, daß es eben seine Pflicht tut. Die menschlichen Bedingungen, die die Mitarbeiter für die Patienten herstellen sollten, müssen in gewisser Weise jenen ähneln, die zu einem guten Verhältnis von Eltern zu ihren Kindern gehören. Die Mutter soll dem gebieterischen Schrei des Kindes nach Nahrung gehorchen und ihn bejahen; wenn sie das tut, kommt bald die Zeit, in der die Gewißheit, daß Nahrung immer angenehm und reichlich vorhanden ist, so feststeht, daß der Schrei nach Nahrung ersetzt wird durch den Wunsch, daß das, was sich um das Essen herum abspielt, angenehm sei. Der eine, der füttert, und der andere, der gefüttert wird, lassen sich auf eine Begegnung ein, an der beide sehr ungleich beteiligt sind, die aber beiden gleichermaßen wichtig ist. Vielfältige und verläßliche Befriedigung hat den Wunsch, den anderen zu beherrschen, in den Wunsch nach persönlichen Beziehungen verwandelt.

Die Furcht des Kindes, daß seine Bedürfnisse nicht befriedigt werden könnten, und die gewaltigen Anstrengungen, die es unternimmt, um sich die Befriedigung zu sichern, können sich nachteilig auf die Entwicklung seiner Persönlichkeit auswirken und es dazu bringen, sich und die Welt zu hassen. So hat jede psychiatrische Anstalt die Funktion, die Bedürfnisse der Patienten, soweit dies überhaupt möglich ist, zu befriedigen. Die vorhandenen Anstalten lassen den Patienten in dieser Hinsicht im Stich, weil selbst diejenigen, die die Bedürfnisse des Patienten zu befriedigen versuchen, es auf der Basis der Definitionen tun, welche die Verwaltung für diese Bedürfnisse vorschreibt. Wenn beispielsweise der Wunsch der Patienten auf Süßigkeiten oder Fleisch gerichtet ist, wird gute, gesunde Ernährung anderer Art den Körper selbstverständlich ebenso ernähren, kann aber nicht die gefühlsmäßigen Bedürfnisse des Patienten befriedigen, die danach verlangen, daß der Körper das bekommt, was er wünscht. Wenn alle Bedürfnisse, die überhaupt befriedigt werden können, der Vorstellung des Patienten gemäß erfüllt werden, wird seine Angst, es würde ihm etwas vorenthalten, nachlassen, und seine zuweilen psychotischen Abwehrmaßnahmen werden gegenstandslos werden. Noch einmal: Wünsche des Patienten, die eindeutig eine Gefahr für ihn bedeuten, können nicht befriedigt werden. (Man kann ihm nicht erlauben, auf ein Dach zu klettern, es ist aber nicht notwendig, die Fenster zu vergittern, um dies zu verhindern.) Sorge um das physische Wohlergehen eines Patienten tritt nur allzuoft an die Stelle von Einfühlung in seine seelischen Bedürfnisse und überdeckt entweder einen gewissen Geiz oder die Tatsache, daß die eigenen Ängste oder Komplexe der Mitarbeiter dem Patienten gegenüber zum Durchbruch kommen.

So habe ich oft erlebt, wie aus der Begründung, gewisse Nahrungsmittel würden zu gefährlicher Gewichtszunahme führen, resultierte, daß diese Nahrungsmittel nur begrenzt verfügbar waren, obwohl der Patient noch keinerlei Übergewicht hatte, oder lange, bevor ein solches Übergewicht gefährliche Ausmaße erreicht hätte. Wenn ein Patient an Herzkrankheiten oder Diabetes leidet, muß darauf Rücksicht genommen werden – aber selbst psychotische Patienten können derartige Ausnahmen sehr wohl als solche erkennen. Sie können außerdem unterscheiden zwischen Einschränkungen, die ihnen nur zu ihrem Wohlbefinden auferlegt werden, und solchen, die auf den vorgefaßten Meinungen der Mitarbeiter fußen. Ebenso wie ein Kleinkind, das das Gefühl hat, daß es reichlich Nahrung bekommt – weil das Füttern denen, die es versorgen, Vergnügen macht –, bald aufhören wird zu essen, wird der gestörte Patient, der wegen seiner Angst, zu kurz zu kommen, dazu neigt, zuviel zu essen, auch einmal damit aufhören. Allerdings kann das einige Zeit dauern, denn diese Maßnahmen müssen zuerst das Gefühl der Unsicherheit, das dem Überessen zugrunde liegt, aufheben.

Ein Kleinkind, das sicher ist, daß man sich um all seine Bedürfnisse kümmert, kann sich zum Schluß einbilden, es sorge selbst für sich – sein Geschrei hat schließlich das Gefüttertwerden bewirkt –, ein Gefühl, das kein Kind haben kann, dessen Eltern ihm vermitteln wollen, daß alles von ihnen kommt. Großzügige Befriedigung der Wünsche eines Patienten bringt ihn zwar nicht zu dem kindlichen Glauben, er versorge sich selbst, aber zu dem gesunden Vertrauen, er sei dazu in der Lage, wenn er es wolle. Als Ergebnis hört er auf, sich in dieser Richtung übertriebene Sorgen zu machen, denn wenn man sicher ist, daß alles, was man zu seiner Befriedigung braucht, in Fülle vorhanden ist, kümmert man sich nicht mehr so sehr um das Woher.

Die Bedeutung des Essens als Quelle für das Gefühl der Ursicherheit und als Möglichkeit, persönliche Beziehungen herauszubilden, ist allgemein erkannt worden; und ich zögere, hier, wenn auch in Kürze, darauf einzugehen. Aber unsere psychiatrischen Anstalten sind in dieser Hinsicht so mangelhaft, und dieser Mangel ist so offensichtlich. Die erniedrigenden Schliche, die Patienten anwenden müssen, um ein paar Brocken dessen zu ergattern, was ihnen sicher sein sollte, sind derart an der Tagesordnung, daß man immer wieder auf dieses unerschöpfliche Thema zurückkehren muß. Überfluß an Essen ist nur eine erste Voraussetzung, um Sicherheit zu gewinnen, und ganz eindeutig kann Essen, das nicht als Genuß empfunden wird, diese Sicherheit nicht bieten. Selbstbeherrschung, der Eckstein der Autonomie, kann nur eine Folge davon sein, daß die Befriedigung von Bedürfnissen wie Essen überhaupt möglich ist. Autonomie verlangt indessen viel mehr – nämlich die Fähigkeit, selbst zu entscheiden, nicht nur wieviel, sondern vor allem, was man möchte und was nicht, sowie über die Bedingungen, unter denen man es erhalten möchte.

Zu den größten Diensten, die eine Anstalt dem Patienten erweisen kann, gehört, daß sie ihm hilft, sein Leben zu bewältigen, indem sie es einer gewissen Routine unterwirft. Das wird immer eine rückversichernde und potentiell stärkende Erfahrung bleiben, zumal wenn man für leicht zu meisternde Herausforderung sorgt und dem Patienten dabei Hilfestellung leistet. Routine sollte aber nicht starr sein, sondern flexibel. Die psychiatrischen Krankenhäuser sind sich dessen bewußt und versuchen, dem Problem dadurch beizukommen, daß sie einen Patienten aus einer geschlossenen in eine offene Station verlegen. Das bedeutet aber nur, daß der Patient einem neuen System von Regeln eingeordnet wird und gleichzeitig jene menschlichen Beziehungen (außer zu seinem Therapeuten) verliert, die ihm vielleicht hätten helfen können, eine höhere Fähigkeit zu erreichen, mit seinem Leben fertigzuwerden. Im wesentlichen geht es bei dem Problem, das diese Maßnahmen aufwerfen, soweit Selbständigkeit betroffen ist, um etwas anderes: eine größere Fähigkeit, das Leben zu meistern, führt zwar zu mehr »Vorrechten«, ändert aber nichts an den Machtverhältnissen. Wenn wachsende Selbständigkeit ein Schritt zu Autonomie sein soll, dann sollte es nicht so sein, daß dem Patienten »erlaubt« wird, mehr zu tun als bisher, sondern er sollte wirklich mehr Macht über sein eigenes Leben haben. Wenn sich die Fähigkeit des Patienten vergrößert, an einer größeren Vielfalt von Aktivitäten teilzunehmen, heißt das meist, daß er häufiger um Erlaubnis bitten muß, um etwas zu tun, zum Beispiel die Station zu verlassen oder die Anstalt. Dann muß er sich wieder sorgen, daß ihm seine häufigeren Bitten abgeschlagen werden. So wird das, was ein Schritt zu größerer Autonomie sein sollte, als eine noch größere Abhängigkeit von dem guten Willen anderer erfahren.

Das schwierigste Verhalten, mit dem das Personal fertigwerden muß, ist das Unvermögen der Patienten, Stuhl zurückzuhalten, und die Neigung zu körperlichen Attacken. Da die Patienten das Gefühl haben, daß ihr Körper wertlos ist, kann es sehr schädlich werden, wenn das Personal Abscheu zeigt, sobald sich ein Patient beschmutzt. Selbst wenn man offene Anzeichen von Abscheu ablehnt, spüren die Patienten die innere Reaktion des Personals nur zu gut. Dabei genügt es nicht, wenn man die Ablehnung des Patienten, die Toilette zu benutzen, akzeptiert. Bedenkt man, welch niedrige Meinung der Patient selbst von seinem Körper und von dessen Funktionen hat, und daß er überzeugt ist, daß sich dieser Körper in äußerster Gefahr befindet, weiter Schaden zu nehmen, muß die Anlage einer psychiatrischen Anstalt Einrichtungen vorsehen, die dem Patienten überzeugend zeigen, wie wichtig und akzeptabel sein Körper ist in all seinen Funktionen. Es nützt wenig, den Besitz des Patienten zu respektieren, wenn sein wichtigster Besitz, sein Körper, nicht noch größeren Respekt erfährt. Dies erreicht man am leichtesten durch die Einrichtung der Badezimmer. Einrichtung und Dekor der Badezimmer sind von größter Wichtigkeit, wichtiger als die Einrichtung vieler anderer Räumlichkeiten, wie Behandlungszimmer, Aufenthaltsräume der einzelnen Stationen oder Werkstätten, denn sie zeigen dem Patienten, daß die Anstalt seinen Körper und eine von dessen wichtigsten Funktionen achtet. Unter diesem Eindruck wird der Patient vielleicht das Gefühl aufbauen können, daß sein Körper der Mühe wert ist, und auf der Basis solcher gefühlsmäßigen Einstellungen wird er Selbstachtung entwickeln. Es sind Bände darüber geschrieben worden, daß es wichtig ist, wie Kinder zur Sauberkeit erzogen werden, wie ernst und dauerhaft die Wirkung schlimmer Erfahrungen ist, wie viele Vorstellungen von Verfolgung sich um die Toilettenbenutzung drehen, wie sehr das, was in dieser Zeit in diesem Bereich passiert, die späteren Gefühle der Menschen ihrem Körper und sich selbst gegenüber bestimmen. Das sollte Grund genug sein, um der Einrichtung von Bädern und Toiletten und ihrem therapeutischen Nutzen in den Krankenhäusern Aufmerksamkeit zu widmen. Aber diese Fragen werden sowohl in der Praxis als auch in der Literatur über psychiatrische Krankenhäuser völlig vernachlässigt. So stellt zwar eine maßgebliche Veröffentlichung, die in den meisten anderen Punkten durchaus den richtigen Weg zur Verbesserung der Anlage von Anstalten weist, ausdrücklich fest, daß »Gebäude, die den psychosozialen Bedürfnissen unserer Patienten entsprechen sollen, etwas leisten müssen, um die Möglichkeit einer Erniedrigung zu vermeiden, um Entwöhnung von der Kultur zu mindern und Resozialisierung zu fördern«. Wenn es aber um den Ort geht, an dem so vieles schief ging in bezug auf eine der grundlegenden sozialisierenden Erfahrungen des Menschen, auf die Reinlichkeitserziehung, dann stellt sich heraus, daß diese Einrichtungen weniger als ein Dutzend Zeilen aus ungefähr hundertdreißig engbedruckten Seiten erhalten. Die einzige diesbezügliche Empfehlung lautet: »*Bäder und Toiletten:* Der Raum für diese Einrichtungen sollte ebenso groß sein wie in Schulen, militärischen Einrichtungen usw.« (52). Man vergleiche das mit den durchschnittlichen Verhältnissen in privaten Wohnungen oder Häusern. Dieser Leitfaden für Pflegeanstalten – eine offizielle Veröffentlichung der American Psychiatric Association – enthält vierunddreißig Zeichnungen und fünfundachtzig Fotografien zur Illustration einer großen Vielfalt von Entwurfsmöglichkeiten, und nicht eine einzige Abbildung bezieht sich auf Badezimmer und Toiletten; diese treten nur als unwichtige Einzelheiten in den Grundrißzeichnungen für die einzelnen Abteilungen auf.

Der gewalttätige Patient ist für die Mitarbeiter ein besonderes Problem. Er hat den überwältigenden Drang, zum eigenen Schutz Menschen niederzuschlagen oder Dinge zu zerstören. Dem unterliegt sein echtes Bedürfnis nach Sicherheit. Er glaubt, daß seine physische oder sittliche Existenz in tödlicher Gefahr sei – man denke dabei an die vielen Gewalttaten, die von »normalen« Menschen zur Verteidigung ihrer Ehre begangen werden. Spürt jemand, daß seine Ehre respektiert wird und nicht bedroht ist, empfindet er auch keine Notwendigkeit, sie gewalttätig zu verteidigen. Deshalb braucht der gewalttätige Patient nicht etwa die Möglichkeit, sich aggressiv zu betätigen. Es wäre ein schwerer Fehler, das zu glauben. Wenn der Therapeut so mitfühlend ist, daß er dem Patienten sagt, seine Gewalttätigkeit sei berechtigt, überzeugt das den Patienten nur davon, daß nicht einmal sein Therapeut einen anderen Weg für ihn sieht, mit dem explosionsartigen Drang fertigzuwerden, der ihn zum Angriff treibt. Es ist wesentlich heilsamer, dem Patienten den Glauben zu vermitteln, daß da *im Augenblick* kein Grund mehr besteht, sich oder andere zu verletzen, jeder um ihn herum der Meinung ist, daß er als anständiger Mensch es auch nicht tun wird. Wenn das in der Umgebung des Patienten durch nichts widerlegt wird, ist es eine überzeugende Botschaft für ihn.

Leider sind geistesgestörte Patienten von Verhältnissen umgeben und Botschaften ausgesetzt, die ihnen nahelegen, ihre Umgebung erwarte – und fürchte –, daß sie sich gewalttätig verhalten. Ohne solche Verhältnisse brauchten wir nicht so besorgt zu sein um die Sicherheit des Patienten – und unsere eigene. Schizophrene sind äußerst empfindlich in bezug auf unsere Gefühle ihnen gegenüber. Fürchten wir beispielsweise, sie könnten einen Baseballschläger dazu benutzen, jemandem den Kopf einzuschlagen, wird sie das dermaßen in Wut versetzen, daß sie versuchen können, genau das auch zu tun. Das wiederum wird als Beweis dafür aufgefaßt, wie gefährlich sie sind, und daß man ihnen niemals einen Baseballschläger anvertrauen dürfe. Es ist vielleicht nicht unbedingt das klügste, einem Patienten ein solches Gerät in die Hand zu geben, wenn er nicht gerade an einem gut beaufsichtigten Spiel teilnimmt, aber man beschwört die Gefahr wirklich herauf, wenn man ihm einen Schläger gibt und gleichzeitig Angst hat, er könnte ihn als Waffe benutzen.

Kinder und gestörte Patienten, die sich in dieser Hinsicht ähnlich sind, benehmen sich entsprechend unseren inneren Erwartungen. Erwarten wir von einem Kind, daß es uns belügt, daß es stiehlt, tut es das dann auch meistens. Sind wir hingegen überzeugt, es sagt die Wahrheit und ist ehrlich, kann es vielleicht immer noch gelegentlich lügen oder etwas fortnehmen, aber es wird das mit einem so schlechten Gewissen tun, daß es nur in bescheidenem Maße vorkommt, oder es wird sich verraten oder anderweitig bald versuchen, die Sache zu korrigieren. Gleiches geht beim gestörten Patienten vor. Wie das Kind ist er sich seiner selbst so unsicher hinsichtlich dessen, was er tun könnte, daß er auf das reagiert, was von ihm erwartet wird.

Ähnliche Beobachtungen kann man bei Tieren anstellen. Man weiß, wie schnell ein Hund einen Menschen angreift, der Angst vor ihm hat, während der gleiche Hund spielerisch an einen ebenso unbekannten Menschen herangehen kann, der ihn für ein nettes, friedliches Tier hält. Je mehr also ein fühlendes Wesen dazu neigt, instinktiv zu reagieren, um so mehr reagiert es offenbar auf unsere Erwartungen, mit denen wir ihm rein gefühlsmäßig begegnen. Und weil ihre instinktiven Reaktionen so viel weniger durch andere Arten von Reaktionen überlagert sind, reagieren Kinder und gestörte Patienten sehr viel intensiver auf unsere Gefühle, auf das, was in unserem Unbewußten vor sich geht, als gesunde, reife Erwachsene. Sieht uns ein Patient daher ängstlich vor ihm zurückschrecken oder fühlt er sich gekränkt durch unseren Abscheu vor seinem Benehmen, kann ein physischer Angriff erfolgen, ganz gleich, wie positiv unsere bewußten Äußerungen sein mögen.

Es ist nicht die therapeutische Aufgabe einer Anstalt, so organisiert zu sein, als gehe man von der Annahme aus, Gewalttätigkeit würde nicht stattfinden. Das wäre ebenso unklug wie die Überzeugung von Eltern, ihr Kind würde niemals lügen. Statt dessen besteht die therapeutische Aufgabe darin, dem Patienten eine so hohe Achtung entgegenzubringen, daß daraus die Erwartung folgt, er werde sich stets wie ein anständiger Mensch verhalten. Das Wissen, daß Rückfälle möglich sind, darf diese grundlegende Voraussetzung nicht beeinträchtigen, diese muß sich vielmehr aus der inneren Einstellung ergeben und nicht aus der Einsicht, dadurch würden die Angriffe vermindert. Nur wenige Hunde und kein gestörter Patient läßt sich durch nur vorgetäuschte Unbefangenheit beeindrucken, wenn man im Grunde Angst vor dem hat, was er tun könnte.

Wenn Gewalttätigkeit wirklich eintritt, ist es nicht die Aufgabe des Therapeuten, sich darauf zu konzentrieren, den Schaden zu verhindern, den der Patient anrichten mag, nicht einmal auf das, was dem destruktiven Handeln zugrunde lag. (Letzteres ist zwar für die Therapie wichtig, aber erst später, wenn der Patient sich nicht mehr in dem angstvollen Erregungszustand befindet und seine Aggressivität verflogen ist.) Die unmittelbare Bemühung muß auf die Verzweiflung eines Menschen über sich selbst und auf nichts anderes gerichtet sein. Will man einen Menschen in einer derartigen Notsituation erreichen, muß man ihm zeigen, daß das tiefe, einfühlende Verständnis, das zwischen ihm und denen besteht, die sich um ihn sorgen, nicht zerstört, sondern nach dem Vorfall noch ebenso wirksam ist. Das kann nur durch einen Appell vermittelt werden, der sich gleichermaßen an sein Unbewußtes wie an sein Ich richtet. Der gewalttätige Vorfall wird dadurch hervorgebracht, daß diese beiden Ebenen im Patienten den Kontakt miteinander verloren hatten. Erreicht man beide Ebenen gleichzeitig mit dem gleichen Appell, stellt man den Kontakt wieder her, und der Patient wird nicht mehr hilflos überwältigt von den Mächten seines Unbewußten. Das funktioniert sofort. Wenn ein Kontakt wiederhergestellt ist, fühlt sich der Mensch, der sich erneut in positiver Kommunikation mit der Welt befindet, nicht mehr ohne Hoffnung und hat dann auch nicht mehr den Wunsch zu zerstören.

Ein Junge hielt sich für eine Maschine, er dachte, er würde von Motoren betrieben. Monatelang mußte er, um sich überhaupt bewegen zu können, irgendeinen Motor mit sich herumschleppen, sonst, meinte er, würde sein Leben, nicht von diesem Motor angetrieben, sofort aufhören. Allmählich faßte er genügend Vertrauen zu jemand, um ihn den Motor tragen zu lassen, was ihm selbst größere Bewegungsfreiheit verschaffte. In dieser Zeit griff er eines Tages einige Leute, die in der Nähe waren, an. Im Interesse der Angegriffenen mußte man ihm Einhalt gebieten. Seine Wut machte sich daraufhin seiner Betreuerin gegenüber Luft. Sie akzeptierte sein heftiges Treten und Beißen positiv, da sie sich bewußt war, wie verzweifelt der Junge war. Trotzdem jagten ihm seine Tätlichkeiten ihr gegenüber soviel Angst ein, daß er seine Gewalttätigkeit gegen sich selbst richtete und sich in einer belebten Straße zwischen die fahrenden Autos stürzte. Hinter ihm herzurennen oder ihm zuzurufen, er solle stehenbleiben, schien hoffnungslos, ja sogar gefährlich, denn wenn er sich verfolgt gefühlt hätte, wäre er um so sicherer in ein Auto hineingelaufen. Geradezu automatisch hob die Betreuerin den Motor hoch und rief: »Hier ist dein Motor!« Das wirkte, und der Junge kehrte sofort beruhigt zu ihr zurück (13).

Das gleiche Prinzip gilt für Gewalttätigkeiten gegen andere. Eine Patientin, die sich in die Ecke getrieben fühlte und jeden Kontakt verloren hatte, wurde gewalttätig und biß einem Mitarbeiter tief in den Arm. Dieser rief: »Paß auf, du wirst dir die Zähne brechen!« – woraufhin das Mädchen nicht nur sofort losließ, sondern sich auch wieder in Kontakt befand. Der Mitarbeiter hatte intuitiv verstanden, daß die Patientin nicht nur von oraler Aggressivität, sondern vor allem von der dahinterliegenden Angst getrieben war. Als sie merkte, daß Aggressivität wie Angst am Werke waren, bekam sie sich wieder unter Kontrolle. Natürlich war in dem Aufschrei des Mitarbeiters auch Schmerz enthalten, aber der innere Kontakt mit der Patientin war tief genug, daß im kritischen Moment das Bewußtsein der unglücklichen Verfassung der Patientin sofort über den eigenen Schmerz siegte. So etwas kann nicht vorausgeplant werden, es ist die natürliche Folge einer Hingabe an das Wohl des Patienten, einer Hingabe, die sich in Augenblicken der Not steigert.

Der Betreuer, der einen gewalttätigen Patienten bändigt, ist auch besorgt, daß sich der Patient nicht selbst verletzt; diese Sorge ist indessen eine äußerliche, sozusagen »fremd« und bewirkt damit, daß die gewalttätigen Gefühle noch verschlimmert werden. Jede physische Bändigung, ob durch Zwangsjacke oder Injektion von Medikamenten, wird vom Patienten als Besorgnis um andere und nicht um ihn selbst verstanden. Obwohl er später begreifen mag, daß das für seinen eigenen Schutz getan wurde, bleibt er im Grunde überzeugt, es sei nicht *für*, sondern *gegen* ihn getan. Und das ist das Destruktive an der Erfahrung: selbst im Augenblick seiner größten Qual gilt die Besorgnis nicht ihm. Gälte sie wirklich ihm, wäre die äußere Bändigung nicht notwendig.

Betreuer machen sich etwas vor, wenn sie glauben, daß sie bei der Bändigung eines Patienten nur dessen Wohl im Auge haben. Es kann sehr gut sein, daß ihre Bemühungen tatsächlich das Beste für den Patienten bewirken, aber die eigentlichen Gefühle dabei sind Furcht vor dem, was der Patient anderen oder sich selbst antun könnte, und außerdem Ärger darüber, daß dieser Vorgang der Bändigung überhaupt notwendig ist. Der Patient jedoch spürt lediglich den Ärger und den Groll derjenigen, die ihn festhalten.

Besorgnis für den Patienten kann, wenn ein Patient gewalttätig wird, nur dann wirken, wenn sie schon vorher einige Zeit bestanden hat. In den Fällen, in denen diese Besorgnis eindeutig ist, wirkt sie sich so heilsam aus, daß man Szenen von Gewalttätigkeiten meistens vorher entgegenwirken kann. Selbstmörderische oder feindselige Neigungen schwinden, sobald der Patient einem Menschen nahe ist, dem sein Wohl wirklich am Herzen liegt, dessen Einstellung – daß der Patient im Grunde gut ist und nur aus Verzweiflung gewalttätig wird – ihn davor bewahrt, Angst vor dem zu haben, was der Patient tun könnte. Der Betreuer kann sich dann auf die Möglichkeiten konzentrieren, dem Patienten aus seiner Verzweiflung herauszuhelfen, und nicht auf das Verhindern aggressiver Taten. Bei einer solchen Einstellung ist es, wie wir feststellten, kaum jemals notwendig, physische Zwangsmaßnahmen anzuwenden.

In Institutionen wie der Orthogenic School erstrecken sich Aufmerksamkeit und Hingabe der Mitarbeiter dem Patienten und seinen Bedürfnissen gegenüber sowohl auf seine Aktivitäten am Tage als auch auf die Nacht. In den meisten psychiatrischen Krankenhäusern stehen dem Patienten Betreuer, die so ernstlich bemüht sind, ihm in seiner Verzweiflung zu helfen, nur zeitlich begrenzt zur Verfügung. Wenn Aggressivität ihn überwältigt, ist normalerweise niemand da, der durch Einfühlung und Sorge die Gewalttätigkeit des Patienten besänftigen könnte – so greift man zu physischen Zwangsmaßnahmen oder zu Drogen.

Erfahrungen aus anderen Kulturen bestätigen, daß Zwangsmaßnahmen nicht notwendig sind, wenn sich jemand unablässig und echt engagiert mit dem Patienten befaßt. In Privatsanatorien in Japan ist eine Betreuerin, genannt *tsukisoi*, immer bei dem Patienten; am Tage kümmert sie sich um seine physischen und emotionalen Bedürfnisse, und nachts schläft sie neben ihm. Meinung eines Beobachters: »Die ständige Gegenwart der *tsukisoi* und des anderen Personals in der Nähe des Patienten ist der japanische Ersatz für das unerschütterliche Vertrauen auf Sicherheitsmaßnahmen wie Metallgitter, verschlossene Türen und dergleichen« (25). Diese Betreuerinnen verlassen sich also auf ähnliche Mittel und Methoden, wie sie in unserer Orthogenic School angewendet werden, obwohl sie einer völlig andersartigen Kultur angehören. Da die Motive, aus denen heraus der schizophrene Mensch handelt, und seine Bedürfnisse in Japan wie anderswo die gleichen sind, ist das kaum überraschend. Caudill beschreibt, wie eine *tsukisoi* einem Patienten aus einer selbstmörderischen Phase heraushalf. Der Patient hatte ein Messer verlangt, um sich damit zu töten – worauf sie sagte: »Ich fürchte, Sie werden sich vor dem Blut erschrekken, wenn es aus einer Wunde kommt, die Sie selbst Ihrem Körper zugefügt haben; Sie werden sofort Angst haben, sich zu töten.« Der Patient antwortete: »Glauben Sie?« und hatte nicht mehr den Wunsch, sich umzubringen (25). Da sie die Angst, die dahintersteckte, begriff, bezog sich die *tsukisoi* auf diese und nicht auf den offen ausgedrückten Wunsch, sich umzubringen. Ihre Sorge, wie schmerzhaft das Vorhaben für den Patienten sein würde, genügte, seinen Glauben, daß es noch einige gute Dinge in dieser Welt gab, wiederherzustellen.

Die wahnhaften Erwartungen eines Patienten einfach zu erfüllen, wird ihm nicht helfen, sondern kann ihm, im Gegenteil, nur schaden. So glaubte ein Patient, Ludwig XIV. zu sein. Da seine Familie sehr reich war, kaufte sie ihm einen Landsitz, schmückte das Herrenhaus wie ein Schloß aus und stellte Leute ein, die ihn behandelten wie einen König. Das half ihm jedoch nicht, seine Gesundheit wiederzuerlangen. Seine tiefste Sehnsucht war ja nicht, ein allmächtiger König zu sein, sondern vor den Gefahren, die er fürchtete, sicher zu sein, auf daß er die königliche Gewalt nicht nötig hätte. Der Wahn, König zu sein, kam aus einem Mangel an Achtung vor sich selbst als menschliches Wesen. Daß seinem Wahn geschmeichelt wurde, erhöhte seine Selbstachtung nicht, sondern schädigte sie nur noch weiter. Vielleicht hätte es ihm geholfen, wenn man auf den Resten seiner Vernunft aufgebaut hätte.

In einem seiner Stücke, ›Enrico IV.‹, schilderte Luigi Pirandello, der ein sehr feines Verständnis für die verschiedensten geistigen Verfassungen, Schizophrenie eingeschlossen, hatte, wie zerstörerisch es für einen Menschen ist, wenn sein Leben gemäß seinen Wahnvorstellungen eingerichtet wird. Er verliert dadurch den letzten Zipfel von Realität, der ihm noch geblieben wäre. Irgendwie scheint es besser zu sein, man weiß, daß man verrückt ist, und wird in der Wirklichkeit entsprechend behandelt, als man weiß es nicht. Wenn andere so handeln, als seien die Wahnvorstellungen Wirklichkeit, wird der Wahnsinn zu anziehend, um aufgegeben zu werden. Eine Flucht aus der Wahnwelt wird damit verhindert.

Lange vor Beginn der Handlung des Stücks fällt ein Mann, der als Kaiser Heinrich IV. kostümiert ist, von einem Pferd, das durch heimlich unter dem Sattel versteckte Dornen zur Raserei getrieben worden ist. Der Mann bekommt eine Gehirnerschütterung und ist vorübergehend geistesgestört, was sich ausdrückt in dem Wahn, dieser Kaiser zu sein. Es ist klar, daß diejenigen, die für den Unfall verantwortlich sind, ihn aus persönlichen Gründen ausschalten wollen, und so fördern sie später seinen Wahn, indem sie ein Milieu herstellen, in dem er das Leben des Kaisers neu vollziehen soll. Zu den unbewußten Motiven des Wahns gehört es (so läßt das Stück durchblicken), daß der Held seine Begegnung mit der Wirklichkeit zu schwierig fand und sich deshalb in eine schützende Situation begab.

Zu Beginn des Stückes sind die Wahnideen schon seit Jahren verflogen. Der Held würde gern wieder in die normale Welt zurückkehren, aber der Dekor seiner Wahnwelt ist so verführerisch, daß er sich in der Falle fühlt. Für diejenigen, die diese Wahnwelt einst schufen, ist ihre Aufrechterhaltung allmählich ermüdend geworden. Sie beschließen, den Helden aus ihr hinauszustoßen. Und das tun sie auf solche Weise, daß der Held weiß, seine angeblichen Freunde halten ihn in einem Netz von Wahnideen aus selbstsüchtigen Gründen gefangen und nicht, wie er angenommen hatte, zu seinem Besten. Er erkennt jetzt, daß man ihn dazu verführt hat, in einer Welt der Einbildung zu leben. Man hat ihn um ein Leben in der Wirklichkeit betrogen, um das Geburtsrecht jedes Menschen, und so ist seine Wut natürlicherweise groß. Am Ende des Stückes tötet er dann denjenigen, der, wie er meint, am meisten davon profitiert hat, ihn in seiner Wahnwelt festzuhalten.

Nachdem er jedoch den Mord begangen hat, bleibt ihm keine Möglichkeit mehr, in die Welt zurückzukehren – er kann nur noch zu seinem Wahn zurück und in ihm verbleiben (91).

Sehr richtig beobachtet Pirandello, daß sein Held, ähnlich wie alle geistesgestörten Menschen, nur zum Teil an seine Wahnvorstellungen glaubt und nur zeitweise. Sosehr die Umwelt, die dem Wahn eines Menschen schmeichelt, vielleicht wünschen mag, sie tue es aus Besorgnis um ihn, läßt sie sich doch bewußt oder unbewußt auf eine derartige Täuschung nur deshalb ein, weil sie zutiefst gar nicht will, daß er gesund wird.

Das Leben ist oft ebenso seltsam wie die Literatur. Ich habe viele Fälle erlebt, in denen nahe Verwandte eine Wahnexistenz für jemanden herstellen, angeblich, um es ihm leichter zu machen. Unbewußt jedoch wollen sie, daß er ein Gefangener seiner Ideen bleibe, und soviel und so laut sie sich auch über die damit verbundenen Mühen beklagen, sie wollen, daß er von ihnen abhängig bleibt. Wenn ein solcher Mensch sich klar darüber wird – was er auf irgendeiner Stufe in irgendeinem Grade nicht umhin kann zu tun –, daß das, was angeblich für ihn getan worden ist, in Wirklichkeit gegen ihn getan wurde, wird es für ihn um so schwerer, seine Wahnvorstellungen abzustreifen. Wie Pirandellos Held spürt er, daß er seine Gesundheit nicht wiedererlangen kann, solange Menschen um ihn vorhanden sind, die seinen Zustand verewigen wollen. Selten nur wird er indessen versuchen, *sie* umzubringen, wesentlich häufiger enden solche *folies à deux, à trois* oder mehr damit, daß der Leidtragende einen Selbstmordversuch unternimmt. Ich habe den Begriff *folie à deux* (*à trois*, usw.) hier etwas erweitert. Er bezieht sich normalerweise auf den Wahn, der von zwei, drei oder mehreren Personen *geteilt* wird. Aber er paßt gleichermaßen als Beschreibung der Situation, auf die ich mich hier beziehe: auf das Einverständnis zwischen einer wahnhaften und einer (zumindest bewußt) nicht wahnhaften Person mit der Absicht, die Krankheit der ersteren aufrechtzuerhalten; ich habe den Begriff an mehreren Stellen im Text in diesem Sinne verwendet.

Der schizophrene Mensch braucht es nicht, daß man seine Wahnvorstellungen ernst nimmt. Wir müssen aber zu begreifen suchen, was uns seine Vorstellungen über ihn und über sein Verhältnis zur Wirklichkeit verraten, und auch, wo, wie und warum seine Realitätskontrolle schwand, sein Ich ihn im Stich ließ und seine Denkfähigkeit von seinem Es, den irrationalen Ängsten und der Phantasie überrollt wurde.

In Pirandellos Stück wollten diejenigen, welche die Phantasiewelt für den Helden schufen, nicht verstehen, was ihn zu der Flucht vor der Wirklichkeit in den Wahn veranlaßt hatte. Sie schmeichelten seiner Krankheit und verlängerten sie damit, anstatt sich selbst, ihn und die Gründe zu prüfen, die ihn zu dem Rückzug in die eigene Welt gebracht hatten. Ganz anders ist die Situation, wenn man den Ursachen eines solchen Rückzugs nachgeht: Im Laufe der Zeit kann Verständnis dem Patienten helfen, rational einzusehen, was ihn dazu brachte, daß er seinen Verstand verlor – als einzige Möglichkeit, mit dem fertigzuwerden, was ihm als gänzlich ausweglose Situation erschien.

Deshalb verschlimmert der naive Therapeut, der dem Patienten erzählt, er habe allen Grund, andere angreifen zu wollen und sich für das ihm Angetane zu rächen, nur die Situation. Er hält den Menschen, der in seiner Gestörtheit gefangen ist, ebenso wie es die Verwandten des Wahnkönigs Heinrich IV. taten, weiterhin im Wahn. Es würde auch nichts nützen, ihm zu sagen, er brauche keine Phantasiewelt oder kein aggressives Verhalten mehr, um seine emotionalen Triebe zu entlasten oder um Selbstachtung zu gewinnen. Um den Patienten wirklich von seinen Wahnvorstellungen oder seinem aggressiven Verhalten zu befreien, muß man ihm Zugang zu einer Existenz verschaffen, die radikal derjenigen entgegengesetzt ist, die sein Bedürfnis zur Flucht in eine Wahnwelt motiviert hatte. Im Gegensatz zu seiner Angst soll er entdecken, daß er das Leben jetzt mit eigenen Kräften und mit der Hilfe, die ihm die Anstalt gibt, ganz gut meistern kann. Wir sollten uns daran erinnern, daß kein Tier angreift, außer um ein Bedürfnis wie das nach Nahrung zu befriedigen oder sein Terrain zu verteidigen oder weil es sich in die Ecke getrieben fühlt. Das gleiche gilt für den Menschen, obwohl dessen Bedürfnisse nicht nur auf den Instinkt gegründet sind, und er sich deshalb nicht nur durch physische Feinde, sondern auch durch symbolische, psychologische und sittliche Gefahren bedroht fühlen kann. Deshalb muß eine Anstalt so gestaltet sein, daß der Patient sozusagen sofort, lange bevor er die Notwendigkeit zu aggressivem Verhalten verspürt, erfährt, daß seinen Bedürfnissen entsprochen wird. Alles muß darauf gerichtet sein, daß er sich nie in die Enge getrieben fühlt.

Zur Rehabilitation psychisch kranker Patienten werden halbe Maßnahmen niemals ausreichen. Das ist durch die Geschichte unserer psychiatrischen Krankenhäuser bewiesen worden.

4
Das Ambiente: die Struktur des Lebens

Die innere und äußere Organisation der Anstalt bestimmt den Lebensstil, der in ihr möglich ist. Dabei bleibt der Standard der Einrichtung normalerweise auch in den besten Anstalten noch hinter dem des verfügbaren Raumes zurück, vergleicht man ihn mit dem Niveau, das eine normale Familie der Mittelklasse als annehmbar empfinden würde. Die euphemistischste Beschreibung, die ich darüber in der Fachliteratur finden konnte, lautet »spartanisch« (114). Seit der Zeit, in der alles, was der Patient sein eigen nennen konnte, ein Bett, ein Nachttisch und ein Stuhl waren, hat sich offenbar nicht so sehr viel geändert.

Gewöhnlich steht einer Gruppe von Patienten – oft mehr als ein Dutzend – eine Art Aufenthaltsraum zur Verfügung. Dieser ist dann meist mit einigen Sesseln eingerichtet, die an den Wänden stehen, es gibt Spieltische, manchmal auch Tischtennis-Tische (die allerdings mehr vom Personal als von den Patienten benutzt werden) und den allgegenwärtigen Fernsehapparat. Letzterer ist eine zweifelhafte Wohltat und führt zu mehr Spannungen als Unterhaltung – der Kämpfe wegen, die sich um die Programmwahl entfachen; die Entscheidung fällt dann meist die Aufsichtsperson nach ihrem Geschmack. Enttäuschungen, ja, lange Feindschaften können entstehen, wenn ein Lieblingsprogramm dem Geschmack von jemand anderem weichen muß, und jeder ist den Geräuschen des Fernsehens ausgeliefert, selbst wenn er es nicht anschauen will. Der Aufenthaltsraum ist als Wohnraum gedacht, aber selbst in einer Familie wird, wenn man einen Raum miteinander teilt, von jedem Mitglied ein gewisses Maß an Rücksicht aufeinander verlangt. Dabei haben Familienmitglieder, ob sie es wissen oder nicht, sehr viel gemeinsam an Hintergrund, Ansichten und Vorstellungen, wodurch ein Zusammenleben in einem Raum immerhin möglich ist. Und wenn die Dinge unangenehm werden, kann sich jeder in sein eigenes Zimmer zurückziehen, weggehen oder sich anderswo beschäftigen.

Die Patienten können nichts dergleichen tun, es sei denn, sie kehren in ihre Schlafräume zurück, aus denen sie sich in den Aufenthaltsraum geflüchtet hatten. Sie müssen diesen mit Menschen teilen, mit denen sie nichts verbindet, außer daß die Verwaltung beschlossen hat, sie müßten in der gleichen Abteilung leben. Persönliche Lebensformen sind bei jedem Patienten anders, und keine entspricht dem Stil des Aufenthaltsraumes. Diese Räume verbreiten die Atmosphäre eines schlecht und gleichgültig ausgestatteten Wartezimmers mit anonymen

Sesseln, stillosen Tischen und Bildern, die ausgewählt sind, um dem Allerweltsgeschmack zu entsprechen (den niemand teilt), und alten abgegriffenen Zeitschriften. Der Raum hat eine Atmosphäre leeren Wartens. Sie wird dadurch verschlimmert, daß die Menschen, die ihn benutzen, wissen, daß ein Ende der Wartezeit nicht in Sicht ist.

Daß Patienten sehr empfindsam auf eine solche Umgebung reagieren, zeigt sich an den Bemerkungen einer siebenunddreißigjährigen Patientin, die zum Zeitpunkt der Befragung neunzehn Monate in einer staatlichen Pflegeanstalt zugebracht hatte. Auf die Frage: »Was tun die meisten Patienten in diesen Räumen?« antwortete sie: »Zeit totschlagen, davon haben wir am meisten. Alles ist nur Zeitverschwendung.« Auf eindringlichere Fragen nach dem, was die Patienten nun wirklich tun, sagte sie: »Fernsehen oder nur so dasitzen. Manche sitzen einfach da, und man fragt sich, wie sie fünf, sechs, sieben Stunden am Tag einfach dasitzen können, ins Leere schauen und gar nichts tun« (21).

Ein weiteres anschauliches Beispiel dafür, wie gewisse Eigenschaften der meisten Anstalten das Leben von Patienten und Personal bestimmen: wenn alle Insassen einer größeren Anstalt – es brauchen nicht einmal hundert Patienten zu sein – zur gleichen Zeit in einem riesigen Speisesaal, nahe einer zentral gelegenen Küche essen sollen, dann müssen Wege gefunden werden, sie alle pünktlich dorthin zu bekommen, ohne daß dabei ein Chaos entsteht. Die einfachste Methode ist natürlich, sie gewissermaßen in Reih und Glied dorthin marschieren zu lassen, und selbst wenn das nicht ausdrücklich verlangt wird, ergibt es sich zwangsläufig für Personal und Patienten durch die Festlegung von Zeit und Ort der Mahlzeiten. »Wenn zur Essenszeit ein Helfer an die Tür kommt und ›Essen‹ ruft und sechzig Mann aufstehen und schweigend zum Speisesaal schlurfen«, wie es für psychiatrische Krankenhäuser typisch ist, könnte dies ebensogut direkt zur Hausordnung gehören (30).

Soll der Lärm im Speisesaal nicht verheerende Ausmaße annehmen – was für Patienten wie Personal tatsächlich schlecht wäre – müssen die Stimmen gedämpft gehalten werden, was wiederum durch die Situation vorgeschrieben ist, ganz gleich, ob es ausdrücklich angeordnet wird oder nicht. Aber für die meisten Patienten ist es gar nicht einfach, ihre Stimme zu dämpfen, und es gibt manche unter ihnen, denen es schwerfällt, überhaupt zu sprechen unter derart hemmenden Verhältnissen wie einer Menge Menschen in dem Riesenraum. Eine Menge Menschen in einen großen Raum zusammenzudrängen, schafft eine explosive Situation. Das weiß jeder Lehrer, denn die meisten Unruhen in den Schulen brechen in den Erfrischungsräumen aus. Man kommt nicht umhin, das Verhalten in großen Speiseräumen bis zu einem gewissen Grad zu reglementieren, das gilt auch für Speiseräume in psychiatrischen Krankenhäusern.

Selbst wenn das Essen gut zubereitet wird, fordert eine Massenabfütterung ihren Preis. Meist schmecken die Gerichte fad, was besonders für Patienten schlimm ist, die aufgrund ihrer Depression an Appetitlosigkeit leiden. Und diejenigen, die aus Angst, zu kurz zu kommen, oder aus anderen psychologischen Gründen zuviel essen, essen nur noch mehr, wenn das Milieu nicht anziehend genug ist, um ihre Aufmerksamkeit vom Essen auf ihre Tischgenossen zu lenken. Massenspeisung läßt keine individuelle Wahl zu, ist also wieder reglementiert, auch wenn der Speisesaal aussieht wie eine Cafeteria. Reglementierung dessen, *was* man essen kann, verstärkt somit die Reglementierung bezüglich des *Wo* und *Wann* des Essens.

Es scheint fast unmöglich, einem riesigen Speisesaal eine gemütliche Atmosphäre zu geben. Das erklärt auch, warum die, die wählen können – das Personal –, lieber in relativer Abgeschiedenheit essen, in einem getrennten Speiseraum oder in einem abgesonderten Bezirk des Saals für sich. Selbst in den sehr seltenen Fällen, in Anstalten, in denen das Personal zur gleichen Zeit und im gleichen Raum das gleiche Essen wie die Patienten ißt, sitzt typischerweise die Hierarchiespitze an einem Extratisch. Einige niedrigere Chargen, wie Schwestern und Pfleger, nehmen vielleicht ihre Mahlzeit zusammen mit den Patienten ein, aber damit wird der deprimierende Eindruck, daß die Patienten arme Wesen sind, denen man aus dem Wege geht, nicht verwischt. Allein das Vorhandensein getrennter Essensarrangements für das Personal ist somit ein weiteres Element des äußeren Rahmens, das den Stil des Lebens in der Anstalt bestimmt.

Wie der Tisch gedeckt wird, wie bequem der Stuhl ist, auf dem man sitzt, wie das Geschirr aussieht, alles ist Symbol für den Geist, in dem man bei Tisch empfangen wird, zeigt, ob man willkommen ist, ob man als jemand Wichtiges gilt, und ob es ein Ereignis ist, das man genießt. Daß der Patient seine Mahlzeit nicht genießen kann, ist kaum erstaunlich, wenn der Rahmen so unpersönlich »anstaltsmäßig« ist.

Im übrigen ist es auch ein großer Unterschied, ob man von einem Tablett ißt, auf dem man sich alle Gänge auf einmal von der Theke geholt hat, oder ob man bei Tisch einen Gang nach dem anderen serviert bekommt. Die erste Methode lädt nicht gerade dazu ein, genießerisch über dem Essen zu verweilen, die zweite tut es. Angenehm bedient zu werden vermittelt ein Gefühl, daß man wichtig genommen und gut versorgt wird. Der Cafeteria-Stil hingegen gibt den Eindruck, auch wenn das Essen im einzelnen gut ist, daß niemandem sehr viel an den Mahlzeiten liegt. Selbst wenn die Verwaltung ganz allgemein dafür sorgt, daß die Patienten gut ernährt werden – wem könnte es Vergnügen bereiten, Empfänger einer allgemeinen Bemühung zu sein, wenn es sich um etwas so Persönliches wie das Essen handelt? Wir alle haben es erlebt, daß Speisen, an denen uns gar nicht besonders lag, plötzlich sehr akzeptabel wurden, weil jemandem, den wir persönlich kannten, sehr viel daran lag, daß sie uns schmeckten; und wir wissen, daß objektiv ganz ausgezeichnetes Essen seinen Reiz verliert, wenn es nicht durch persönliche Aufmerksamkeit gewürzt ist. Große Krankenhaus-Speisesäle gestatten kaum eine andere Art von Mahlzeiten als die im Cafeteria-Stil (und es ist ziemlich das gleiche, wenn das Tablett von einem gleichgültigen Helfer dem Patienten in die Abteilung oder auf sein Zimmer gebracht wird). An den Theken anzustehen, sich das Besteck selbst zu holen (statt es hübsch gedeckt an seinem Platz vorzufinden), all dies gibt dem Patienten das Gefühl, eine anonyme Nummer innerhalb einer Reihe anderer Leute zu sein. Dem Personal mag es nicht gleichgültig sein, ob er gut ißt und sein Essen mag, aber das sind nur Worte, die nicht von den Taten der Anstalt begleitet sind. Der Therapeut mag ernsthaft versuchen, aus dem Patienten einen Menschen mit Selbstachtung und Selbstkontrolle zu machen, aber dem arbeiten Praktiken wie diese Essenseinrichtungen fast den ganzen Tag lang entgegen.

Und diese Situation ist da, obwohl wir genau wissen, daß sich unsere Grundhaltung der Welt gegenüber ursprünglich nach unseren frühesten Erfahrungen gebildet hat, und daß die Erfahrungen der Ernährung, des Gefüttertwerdens, zu den wichtigsten gehören. Ein altes Sprichwort heißt: »Liebe geht durch den Magen.« Wenn wir einen Menschen ehren wollen, laden wir ihn zum Essen ein, »brechen das Brot« mit ihm, um eine Freundschaft zu besiegeln. Wie und was wir ihm servieren, zeigt ihm, wieviel oder wie wenig uns an ihm liegt. Als Kleinkinder waren unsere ersten Beziehungen zu einem anderen menschlichen Wesen die zur Mutter, die uns stillte. Und Mahlzeiten, die wir angenehm in Gesellschaft einnehmen, bleiben das große sozialisierende Element in unserem Leben. Sollten wir, dies wissend, nicht erwarten, daß gemeinsames Essen mit anderen ein höchst wichtiges Ereignis ist, wenn es darum geht, die schädlichen Folgen einer Vergangenheit rückgängig zu machen und den gestörten Patienten zu resozialisieren?

Der psychoanalytischen Theorie zufolge stellt die Psychose eine Fixierung oder den Rückfall auf unsere früheste Phase, auf die orale Phase dar (oder ist auf diese zurückzuführen). Der gleiche Rückfall ist auch bezeichnend für senile Patienten, die einen großen Prozentsatz der Insassen von Pflegeanstalten bilden; was ein Grund mehr sein sollte, dem dadurch entgegenzuwirken, daß man ihnen emotional befriedigende, also konstruktive orale Erfahrungen bietet. Essen – besonders bei den Hauptmahlzeiten – und in Gesellschaft von anderen essen oder von anderen gefüttert werden, sind deshalb Erfahrungen, denen eine therapeutische Einrichtung und der Therapeut die größte Aufmerksamkeit widmen sollte. Denn das Essen von Mahlzeiten ist eine Situation, in der alten Traumata durch korrigierende Gefühlserlebnisse in der gleichen Situation, in der die Traumata ursprünglich entstanden, entgegengewirkt werden kann. Da Oralität die Entwicklungsphase ist, zu der der Patient (vom emotionalen Gesichtspunkt aus) zurückgekehrt ist, sollte die Persönlichkeit des Patienten von hier aus neu aufgebaut werden.

Essen, Schlafen, Körperpflege und menschliche Kontakte stellen die wesentlichen Aspekte des Lebens dar. Dazu kommen persönliche Beziehungen, Arbeit und Denken, kinästhetische und ästhetische Erfahrungen. Von der Gedankenleere, die durch den öden Tagesraum und durch Anstaltsgewohnheiten gezüchtet wird, sprachen wir bereits. Die Baulichkeiten und Einrichtungen sind ästhetisch deprimierend. In bezug auf kinästhetische Erfahrungen ist vielen der schlurfende, schleppende Gang aufgefallen, in dem sich gestörte Patienten bewegen und der sichtbar einen Mangel an körperlichem Antrieb verrät. Die normalen Pflegeanstalten verhindern nicht unbedingt Bewegungserfahrungen, aber sie fördern sie auch nicht. Obwohl die meisten von ihnen in nicht-städtischer Umgebung gelegen sind, sind die Möglichkeiten zu Wanderungen ins Land, zum Schwimmen in Seen oder Schwimmbecken kläglich gering. Eventuell vorhandene Tennisplätze oder Sportplätze werden stets, wie die Tischtennistische, mehr vom Personal als von den Patienten benutzt. Es ist zwar häufig nicht ganz einfach, die Patienten dazu zu bringen, sich körperlich zu betätigen, aber es ist durchaus möglich, vorausgesetzt, das Personal ist wirklich gewillt, sich die notwendige Mühe zu geben, diese Art Abwechslung so zu gestalten, daß sie für die Patienten zum Vergnügen wird.

Die Möglichkeiten sinnvoller Arbeit fehlen fast gänzlich, außer in den durchorganisierten und festgelegten Zeiten, in denen Beschäftigungstherapie geboten wird. Alles übrige an Arbeitsmöglichkeiten ist erdrückende Routine. Geistige Anregung ist nicht vorhanden – abgesehen von den seltenen introspektiven Stunden während der Einzelbehandlung –, und der Geist liegt brach; als Ergebnis bewegen sich die vorhandenen Gedanken hauptsächlich in depressiven, wahnhaften, zornigen, ängstlichen oder zwanghaften Bahnen.

Essen ist also die Erfahrung, aus der unser Weltbild und eine Vorstellung von unserer eigenen Bedeutung in der Welt erwachsen. Früheste Erfahrung in bezug auf die Körperpflege sind die Quelle unserer Beziehungen zu unserem Körper – ob er etwas Gutes ist, an dem man Freude hat, oder etwas Schlechtes, das man vernachlässigt; ob wir von ihm Vergnügen beziehen oder mit ihm Freude bereiten, ob er uns Angst und anderen Abscheu einflößt. Die Art und Weise, in der man uns als Kleinkind gehalten, gesäubert und gebadet hat, ist entscheidend für unsere spätere Einstellung zum Körper und damit für die Einstellung zu uns selbst. Und sie bestimmt unsere späteren kinästhetischen Erfahrungen.

In unserem Kulturkreis ist es gewöhnlich das Badezimmer, das den Ort für die Pflege des Körpers von früh an abgibt. Seine Einrichtung und Ausstattung verraten sofort, was die für diesen Ort Verantwortlichen in dieser Beziehung von uns halten. Wieviel Zeit wir im Badezimmer verbringen und auf welche Weise, ist für unsere Haltung zum Körper, zu unserem und dem der anderen bezeichnend. In dem Wissen um die Wichtigkeit guter physischer Pflege des Patienten und um Freuds Gedanken hinsichtlich der Wichtigkeit des sogenannten »ozeanischen« Gefühls, wie auch um die Bedeutung der Tatsache, daß wir alle vor unserer Geburt vom flüssigen Element umgeben waren, hat eins unserer besten psychiatrischen Krankenhäuser das tägliche Bad für alle Patienten eingeführt. Als therapeutischer Gedanke war das vollkommen richtig. Nur reichte natürlich die Zahl der Badezimmer, die auch für andere Zwecke benutzt werden mußten, bei weitem nicht aus, so daß die Patienten zur Eile angetrieben werden mußten. Aus der beabsichtigten emotionalen Befriedigung, die das Wohlbefinden der Patienten erhöht hätte, wurde das tägliche Bad für Patienten wie Personal zu einer Quelle schwerwiegender Schwierigkeiten (114). Und das ist nur ein Bericht über die physischen Aspekte des täglichen Bades; von einer Analyse der menschlichen Aspekte – der einzig therapeutischen – ganz zu schweigen.

Eine Mutter, die meint, das tägliche Bad ihres Kindes diene seinem Besten, sich aber nicht die Zeit dazu nimmt, weil sie an all die »wichtigeren« Dinge denkt, die sie tun muß; die das Baden des Kindes als Pflicht empfindet und eigentlich keine Lust dazu hat, wird dem Kind schaden. Gleiches gilt in noch höherem Maße für den psychiatrischen Patienten. Um wirklich Nutzen aus seinem täglichen Bad zu ziehen, sollte es dem Patienten möglich sein, sich wahrhaft zu entspannen und Genuß daran zu finden; er sollte sich über nichts Sorgen machen und sich daran freuen, wie gut sein Betreuer, der ihm bei diesem Bad Gesellschaft leistet, sich um ihn kümmert.

Wird dieses Baden in aller Eile durch jemand Ungeduldigen besorgt, dann wird es, statt eine emotionale Wohltat zu sein, zu einer physischen und psychologischen Kränkung.

Leider ist das Badezimmer häufig auch der Ort für die sogenannte Hydrotherapie, zu der nasse Wickel gehören, also ein Ort, gekennzeichnet von Erfahrungen, die einengend und als Bestrafung empfunden werden. Das überträgt sich notgedrungen auf alle anderen Erfahrungen in diesem Raum. Und wenn der Zweck des Badezimmers die »Säuberung« des Patienten ist, heißt das folgerichtig auch, er hat einen »schmutzigen« Körper. Womit das genaue Gegenteil erreicht ist, denn Körperpflege sollte uns den Körper zum Vergnügen machen und uns das Gefühl geben, daß er etwas ist, auf das wir stolz sein können.

Wichtig von frühester Jugend an sind für uns Kleider; was unserem Körper am nächsten ist, zeigt unsere Einstellung zu ihm. Was wir also auf dem Körper tragen, ist unserem Gefühl, daß uns unser Körper etwas wert ist, ab- oder zuträglich. Glücklicherweise hat man endlich in den meisten psychiatrischen Krankenhäusern die schreckliche Anstaltskleidung von früher abgeschafft. Aber noch immer müssen sich die Patienten an andere Personen wenden, um Zugang zu einer persönlichen Kleidung, die an sich schon weniger erniedrigend ist, zu gewinnen. Unsere persönlichen Besitztümer werden als Erweiterung unseres Körpers empfunden, und in den Pflegeanstalten werden sie durch andere verwaltet. Denn nicht nur werden die Patienten auf viel zu engem Raum zusammengepfercht, auch ihre Habseligkeiten werden es. Wir halten viele Bereiche zusätzlich zu unserem eigentlichen Wohnbereich für selbstverständlich, und dazu gehören auch Schränke. Ein psychiatrischer Patient hat im allgemeinen nur ein Viertel des Raumes zum Verstauen seiner Dinge zur Verfügung, den ein normaler Mensch für notwendig hält. Schlimmer noch, er kann nicht einmal an seine Dinge heran, er muß das Personal bitten, ihm den Schrank auch noch aufzuschließen – was wieder eine Quelle von Verärgerung für Patienten wie Personal ist.

Ein psychologischer Begriff von zweifelhafter wissenschaftlicher Gültigkeit, der aber eine brauchbare Assoziation hervorruft, besagt, es sei typisch für den psychotischen Menschen, daß er auf viel frühere Stadien seiner Entwicklung »zurückgefallen« sei, und in vieler Hinsicht verhält er sich ja auch wie ein Kind. Nicht nur Mangel an Ordnungssinn, sondern außerdem Unsicherheit bewegt ein Kind dazu, sich mit möglichst vielen seiner Besitztümer zu umgeben. Dadurch wird sein Lebensbereich persönlicher, er stützt darüber hinaus seine noch schwache Persönlichkeit und gibt ihm ein Gefühl des Wohlbefindens und der Sicherheit. Das Kind hat den starken Wunsch, sich mit seinen Dingen zu umgeben, es will sie jederzeit sehen und berühren können. Was es nicht sehen kann, ist nicht mehr wirklich für es da, und was es nicht berühren kann, gehört ihm nicht wirklich. Das gilt ebenso für viele gestörte Patienten. Ihr Bedürfnis nach dieser Art Beruhigung ist nur noch größer durch den Umstand, daß man sie zwingt, fern ihres Zuhauses in einem nicht vertrauten Milieu zu leben. Und unter solchen Bedingungen haben wir alle ein stärkeres Bedürfnis, in enger Berührung mit etwas Vertrautem zu leben, um trotz physischer Entfernung den »Kontakt zu halten«.

Jeder psychisch kranke Patient hat sein eigenes Maß an Paranoia, in dem er sich Sorgen macht um seine Habe und um das, was andere mit ihr tun. Wie der Urmensch befindet er sich in dem Glauben, daß diejenigen, die etwas besitzen, das uns gehört, auch Macht über uns haben, und daß sie diese Macht benutzen können, um uns Schaden zuzufügen. Der Patient hat also vermutlich ein noch größeres Bedürfnis als das Kind, seine Besitztümer in Reichweite zu haben. Sie bilden einen Festungswall an Sicherheit um ihn, meint er, eine Grenze gegen eine feindliche Welt.

Nun werden in unseren psychiatrischen Krankenhäusern die Dinge darüber hinaus noch dadurch kompliziert, daß man auf Sauberkeit und Ordnung besteht, was mit der Tradition der Krankenhäuser zusammenhängt, die immer Orte für physisch Kranke waren. Kleidung und andere Besitztümer werden schmutzig, wenn sie auf dem Boden herumliegen oder in einen Schrank gestopft werden. Die Konsequenzen sind manchmal stille, manchmal aber auch sehr lautstarke und wütende Kämpfe zwischen dem Personal, das nicht will, daß der Patient zu viele Habseligkeiten in dem geringen Bereich unterbringt, der ihm zur Verfügung steht, und damit Unordnung schafft, und dem Patienten, der findet, es ginge ihm besser, wenn er mehr von seinen Sachen um sich hätte. Sobald jemand an seine Sachen rührt, fürchtet der psychiatrische Patient wie das Kind, daß den Sachen und damit ihm selbst Schaden zugefügt wird. Wenn andere seine Besitztümer forträumen oder nach ihrem Geschmack anordnen, wächst seine Angst. Werden seine Sachen weggeschlossen, was gewöhnlich getan wird, entsteht sofort Mißtrauen. Und wenn ein Patient vorher noch nicht paranoid gewesen ist, kann seine Unterbringung in einer psychiatrischen Klinik und besonders die Verfügung über seine Besitztümer durchaus Paranoia hervorrufen und nähren.

Ernste Verstimmungen und Mißtrauen entstehen, sobald jemand meint, wir hätten unrecht, und wir überzeugt sind, wir haben recht. Sind wir dann auch noch abhängig von Menschen, denen wir nicht trauen, schadet das unserer Selbstachtung, und die Selbstachtung des gestörten Patienten ist ja bereits schwer geschädigt. Die Umstände, die durch die äußere Struktur des Krankenhauses bestimmt sind, laufen den ausdrücklichen Zwecken der Einrichtung zuwider und vergiften das Verhältnis zwischen Personal und Patienten.

Auch wenn das Personal glaubt, diese Schloß- und-Riegel-Ordnung sei richtig, kann es sich nicht mit ihr anfreunden. Denn ein Betreuer, der für eine Reihe von Patienten verantwortlich ist, kann beim besten Willen nicht ständig alles stehen und liegen lassen, sobald ein Patient etwas haben will. Aber unbewußt weiß er, daß der Patient ein Recht darauf hat, seine Sachen zu bekommen, die weggeschlossen sind. Dadurch entsteht ein Konflikt: Der Mitarbeiter weiß, er sollte dem Wunsch des Patienten nachkommen, er weiß aber auch, daß ihn die

Situation dazu zwingt, den Wunsch abzuschlagen. Von dem durchschnittlichen Betreuer oder der Schwester verlangt es schon eine ganze Menge, sich nicht über denjenigen zu ärgern, der die Ursache dieses Konfliktes ist. Der Mitarbeiter kann auch nicht alles auf die Verwaltung der Anstalten schieben, was eine Lösung des Konfliktes mit dem Patienten wäre. Er weiß nur zu genau, was passieren würde, wenn in einer Abteilung mit vielen Patienten jeder zur gleichen Zeit an seine Dinge heranwollte, wie viele Streitereien er dann schlichten müßte, wieviel Diplomatie anwenden. Wieder einmal vergiftet also die bauliche Anlage mit ihrer unzulänglichen Raumeinteilung und Organisation die Beziehung zwischen Personal und Patienten, und dabei sollte diese bauliche Anlage zur Heilung der Patienten beitragen.

Als Beispiel hierzu die Kommentare eines früheren Patienten über die Demütigung, die entsteht, wenn man um notwendige Dinge bitten und auf sie warten muß: irgendein Kleidungsstück, saubere Bettwäsche, Toilettenartikel, Feuer für die Zigarette. – Zu den bittersten Klagen gehört, daß die Schwestern ihn ständig abschoben mit einem »Ich hole es sofort«, dann verschwanden und ihn ohne das zurückließen, was er brauchte, während er zusehen mußte, wie sie draußen mit ihren Freunden schwatzten (71). Was der Patient nicht erkennen kann und wofür man sein Verständnis auch nicht erwarten darf, ist, daß die Schwester auf Gefühle reagiert, die der Wunsch des Patienten in ihr hervorruft. Was wie eine kaltschnäuzige Einstellung zu den Wünschen des Patienten aussieht, ist in Wirklichkeit ein unbewußtes Bemühen der Schwester, ihre gefährdete Selbstachtung zu schützen. Ihrer Ausbildung entsprechend ist sie bereit, die Bedürfnisse zu erfüllen, die sich aus physischen Krankheiten ergeben. Das ist ihre berufliche Pflicht und dafür ist sie zuständig, das gibt ihr in den eigenen Augen und in denen der Umwelt ein gewisses Prestige. Aber den ganzen Tag lang herumrennen zu müssen, um alle möglichen Sachen zu holen, wenn die Patienten danach verlangen, gibt ihr das Gefühl, sie sei zu einem simplen Dienstboten degradiert. Dienstbote zu sein, ist in den Augen der Gesellschaft kein angesehener Beruf mehr, und das schadet der Selbstachtung eines Menschen ganz besonders. Um sich nun selbst zu beweisen, daß sie allem Anschein zum Trotz nicht zu einem so niedrigen Status degradiert ist, läßt diese Schwester den Patienten so warten, wie es kein Dienstbote wagen würde. So führt die Tatsache, daß der Besitz der Patienten diesen nicht zugänglich ist – was allein schon der Selbstachtung der Patienten schadet –, auch noch dazu, daß sich das Personal durch ein Verhalten schützt, das den Patienten weiter erniedrigt.

Selbstverständlich gibt es immer besondere Situationen, in denen es geboten ist, einem Patienten gewisse Gegenstände nicht zugänglich zu machen, weil ihn das ernsthaft in Gefahr bringen könnte, und in denen es durchaus therapeutisch wirken kann, sie in kluger und respektvoller Weise zurückzuhalten. Es sind dies Gegenstände, die den Patienten aus irgendeiner Wahnvorstellung heraus oder aufgrund vergangener Erfahrungen bedrohlich erscheinen. Was das genau für Gegenstände sein können, ist praktisch unmöglich vorauszusagen, und nur durch sorgfältigste Beobachtung des Verhaltens des Patienten kann man die nötigen Schlüsse ziehen. Im wesentlichen sind es Dinge, die jemanden dazu verführen, sich selbst oder anderen Schaden zuzufügen – beispielsweise ein Gegenstand, von dem der Patient meint, er sei absichtlich in Reichweite zurückgelassen worden, weil irgend jemand – ein Mitarbeiter, ein Familienmitglied, ein Feind – will, daß er damit sich oder andere verletzt. Praktisch kann jeder Gegenstand, selbst der harmloseste, mit dem zerstörerischsten Potential und Sinn belegt werden aus Gründen, die im Unbewußten des jeweiligen Menschen angesiedelt sind. Bei dem einen Patienten sind ein Messer oder scharfe Scheren absolut ungefährlich, aber ein Paar Bücherstützen können zum Teil eines Geheimplanes werden, sie zum Angriff auf einen anderen Patienten zu benutzen. Als das gewünschte Toilettenwasser einem Patienten in einer Glasflasche gebracht wurde, war er überzeugt, das geschehe nur, damit er diese zerbrechen und sich die Pulsadern damit aufschneiden sollte. Eine Patientin war überzeugt, daß jeder Gegenstand, der in scharfe oder spitze Splitter zerbrochen werden konnte, im Besitz eines anderen Patienten bleiben durfte und ihnen beiden zugänglich blieb, weil das Personal wollte, daß sie diese Dinge hinunterwerfen und sich die Augen mit den Scherben auskratzen sollte; manchmal meinte sie, das sei Teil einer Strafe für etwas, was sie gesehen hätte und sehen wollte, und dann wieder glaubte sie, das Personal wollte nicht, daß sie imstande sei, ihm bei seinen unheilvollen Taten zuzuschauen.

Die destruktiven Bedeutungen, mit denen psychotische Patienten Gegenstände ausstatten können, sind zahllos. In ihren paranoiden Angstvorstellungen sind sie überzeugt, die Welt wolle, daß sie sich umbringen (oder daß sie nichts Besseres verdienen), und damit wird praktisch alles, was geschluckt werden kann, zu einem Instrument der Selbstvernichtung. Bieten wir Süßigkeiten an, ist es, weil sie vergiftet sind. Reißzwecken und Nägel zum Aufhängen von Bildern werden nur in die Wand geschlagen in der Hoffnung, der Patient werde sie herausziehen, sie verschlucken und an einem zerlöcherten Magen oder sonstigen zerschnittenen Eingeweiden sterben. Alle Pillen, auch die, um die sie selbst bitten oder die ihnen zur Heilung eines physischen Leidens verschrieben sind und die sie, wie sie wissen, brauchen, werden ihnen gegeben, um sie umzubringen oder um ihren Geist zu beherrschen. Ein Topf mit Farbe wurde einem Patienten angeblich nur deshalb so offen zum Malen überlassen, weil das Personal in Wirklichkeit wollte, daß er die Farbe essen und daran sterben solle.

Solche wahnhaften Bedeutungen, die jedem Gegenstand verliehen werden können, und die mögliche destruktive Verwendung seitens der Patienten dienen als Rechtfertigung dafür, daß man den Patienten ihre Dinge fortnimmt und wegschließt. Die Behauptung, das Fortschließen der Besitztümer der Patienten geschehe zu ihrem Besten, trifft also zum Teil zu; und bedenkt man, wie viel an ständiger naher Beobachtung und ewig wechselnden Entscheidungen der Sicherheit zuliebe notwendig wäre, ist es ganz offenkundig einfacher, alles wegzuschließen.

Wichtig für den Patienten ist, daß er weiß, seine Sachen werden ihm nicht fortgenommen, sondern unangetastet aufgehoben, und daß im Interesse seiner Sicherheit und unserer Sorge um sie gewisse Gegenstände ihm nur dann zugänglich sind, wenn jede Gefahr ausgeschlossen ist. In unserer »Schule« lösten wir das Problem, indem wir bestimmte Gegenstände zeitweilig unter Verschluß taten, aber nur an einem Ort, an dem der Patient seine Sachen zu jeder Zeit betrachten und nachprüfen konnte, ob sie auch wirklich noch da waren. Diese abgeschlossenen Schränke waren in die Räume eingebaut, so daß die Patienten immer beobachten konnten, ob etwas herausgenommen wurde. Das kann aber in der beabsichtigten Weise nur funktionieren, wenn das Personal bereit ist, diese Schränke jederzeit zu öffnen, wenn ein Patient nach seinen Dingen sehen möchte, und wenn der Schrank an einer Stelle eingebaut ist, die das ohne große Mühe zuläßt.

Überraschend ist, wie oft sich paranoide Patienten, ohne ihre Wahnvorstellungen aufzugeben, mit Gegenständen, die ihnen zuvor zerstörerisch vorkamen, wohl fühlen können, wenn sie einmal sowohl die Achtung, mit der ihre Besitztümer behandelt werden, wie die Entschlossenheit des Personals erfahren haben, jede destruktive Verwendung dieser Gegenstände zu verhindern. Ein Mädchen, davon überzeugt, wir wollten, daß es sich mit seinem Springseil erhänge, bat mehrere Tage hindurch mehrmals täglich nachzusehen, ob das Seil in dem verschlossenen Schrank noch da war und niemand sonst es benutzte. Während dieser Zeit bat die Patientin ebenfalls mehrere Male am Tage, damit springen zu dürfen. Jedesmal gab man ihr das Seil und schloß es sofort wieder weg, nachdem sie es benutzt hatte. Immer, wenn sie das Seil zum Springen benutzte, versuchte sie zwischendurch einen Augenblick lang, es sich um den Hals zu winden. Nach ein paar Tagen war sie dann sicher, daß wir nicht böse mit ihr waren, weil sie es sich um den Hals legte, oder wegen ihrer ständigen Versuche, unsere Sorge um ihre Sicherheit auszuprobieren, und daß – vor allem – uns ihre Not am Herzen lag. Als sie beobachtete, daß wir immer zur Stelle waren, ihr ohne Tadel das Seil sofort wegzunehmen, wann immer sie uns prüfte, sagte sie: »Jetzt weiß ich, daß ihr nicht wollt, ich soll mich erhängen, und daß es nur ein Seil zum Springen ist.« Von da an war die junge Patientin sicher, daß das Seil weder zu unserer Beruhigung noch als Strafe für die mögliche Verwendung des Seils fortgeschlossen wurde, sondern nur im Interesse ihrer Sicherheit. Das Seil, zuvor äußerst gefährlich, wurde nun zu einem gefahrlosen Spielzeug, mit dem man sich erfreuen konnte. Eine Zeitlang erinnerte sie uns und sich selbst noch daran, wenn sie das Seil benutzte: »Es ist nur ein Seil zum Springen«, bis alle Angst verflogen und durch das Vergnügen an einer neuen Bewältigung ersetzt war. Im Verlauf dieser Entwicklung wurden die Menschen, die ihr als Feinde vorgekommen waren – die also gewollt hatten, daß sie sich erhänge –, zu Menschen, denen man, zumindest gelegentlich, vertrauen konnte und die ihr halfen, die sie verfolgenden Ängste zu besiegen.

Noch in späteren Zeiten gab uns das Mädchen manchmal das Seil und meinte: »Schließen Sie es lieber für eine Weile ein«, und kurz darauf: »Ich glaube, ich kann mein Springseil wieder behalten.« Das Wegschließen des Seils erwies sich unter diesen Umständen als therapeutischer als jeder andere Weg. Die Patientin mußte die Gewißheit bekommen, daß sie jederzeit das Seil wiederhaben konnte, wenn sie es gefahrlos benutzen wollte, und daß es, sobald es sie in Versuchung führte, sich etwas anzutun, sofort wieder in Sicherheit gebracht wurde. Dazu kommt, daß durch das häufige Fortschließen und Wieder-Holen von Dingen der Betreuer unter solchen Verhältnissen zu einer Person wird, die eine wichtige therapeutische Aufgabe erfüllt – was seiner Selbstachtung schmeichelt und mit der Vorstellung aufräumt, man müsse den Patienten warten lassen, um nicht zu einem Dienstboten zu werden. Dies als kleines Beispiel dafür, wie entscheidend ein kleines architektonisches Detail dazu beitragen kann, einer Anstalt zu mehr Heilungsmöglichkeiten zu verhelfen. Und das nicht nur durch neue Gelegenheiten für positive emotionale Erfahrungen für die Patienten, sondern auch, indem dem Personal Gelegenheit geboten wird, sich dort therapeutisch zu verhalten, wo es ihnen sonst nicht möglich gewesen wäre.

In dem geschilderten Fall spielte die Achtung, mit der das Seil behandelt wurde – denn ein Gegenstand, mit dem man sich vielleicht töten kann, ist nichts Belangloses –, eine ebenso große Rolle wie die Achtung, mit der man sich der Unsicherheit des Mädchens zuwandte. Manchmal ist es jedoch entschieden heilsamer, den gefährlichen Gegenstand zu vernichten, ihn gewissermaßen für das zu bestrafen, was der Patient für mörderische Absichten hält. Das darf indessen nie so nebenher geschehen, denn dann würde der Patient nicht überzeugt sein, wir nähmen ihn und seine Not ernst genug. In solchen Fällen darf ein Gegenstand nur nach langen Erörterungen vernichtet werden – ob es getan werden sollte und wie, und ob der Patient zusehen oder sich an der Vernichtung beteiligen sollte. Wenn man einen solchen Gegenstand einfach fortwirft, wäre das ebenso wirksam, als würfe man den sprichwörtlichen Sündenbock auf den Müllhaufen. Der Sündenbock konnte seine Funktion der Reinigung des jüdischen Volkes nur deshalb erfüllen, weil ihm seiner Würde gemäß der böse Geist ausgetrieben und er feierlich, mit großem Respekt, behandelt wurde. Der Glaube, der Bock trüge all das Böse, machte aus ihm ein höchst wichtiges Tier. Schizophrene Menschen haben stets tiefe Bedeutung in alle möglichen Gegenstände gelegt, auch bedrohliche Bedeutungen. Weil der Gegenstand durch den Patienten mit vitaler – oder vielmehr: tödlicher – Bedeutung ausgestattet ist, müssen wir ihn mit großer Achtung behandeln, so daß der Patient weiß, wir respektieren ihn und alles, was ihm wichtig ist.

Das Wegschließen seines Eigentums schadet also der Selbstachtung des Patienten, aber die Kämpfe, die sich daraus ergeben, wirken sich noch viel schädlicher aus. Allgemein stehen dem Patienten zwei Möglichkeiten zur Verfügung: er kann für sein Recht kämpfen, oder er kann aufgeben und sich den Anstaltsregeln passiv fügen, ein gehorsamer Patient werden. Wählt er den Kampf, was vielleicht gesünder ist, wird er wiederholt besiegt, indem er nicht durchkommt, wenn er das starke Gefühl hat, er ist im Recht. Und ständige Niederlagen wirken sich verheerend auf das Selbstwertgefühl aus. Viele Patienten geben einfach nach, um ihre Kraft nicht in einem hoffnungslosen Kampf zu vergeuden und um jene Vorteile zu haben, die dem sogenannten »guten« Patienten zufallen. Sie bitten um das, was ihr Recht ist, und akzeptieren widerstrebend die Verweigerung ihrer Bitte. Indem sie das aber tun, akzeptieren sie, daß der Wille des Personals Vorrang hat. Sie geben bereitwillig auf, was sie wünschen, und schließlich geben sie auch die Wünsche auf.

Nichts zu wünschen, bedeutet, nicht wünschen, gesund zu werden. Der Patient akzeptiert die Macht anderer nicht nur über seinen Besitz, sondern auch über seine Wünsche. Diese Niederlage hat ihren Ursprung nicht in der tatsächlichen Weigerung des Personals, einen Wunsch zu erfüllen, sondern in ihrer Macht zur Verweigerung. Ordnet man sich der Herrschaft anderer unter, schadet das der Selbstachtung viel mehr, als wenn man nicht an die eigenen Dinge heran kann. Die Anstalt schafft also den Dauerpatienten, indem sie den Patienten dadurch, daß sie ihn der Herrschaft anderer unterstellt und sich unterwerfen läßt, dazu bringt, das Wünschen aufzugeben.

Ich will damit nicht sagen, daß verschlossene Schränke oder ungenügender Raum zum Verstauen der Dinge an allem schuld seien. Es ist nur ein deutliches Beispiel dafür, wie die räumlichen Verhältnisse eines Gebäudes seinem vermeintlichen Zweck direkt entgegenarbeiten. Die wichtigsten und grundlegenden Aspekte des Lebens – die entscheidend sind für unsere Haltung uns selbst und der Welt gegenüber – werden unpersönlich und unerfreulich allein durch die Bauweise der normalen Pflegeanstalten, da alles hoffnungslos durchorganisiert sein muß. Auch in der Welt draußen muß selbstverständlich manches, im besonderen die Arbeit, organisiert sein, nach festen Regeln verlaufen. Für uns ist das jedoch tragbar, weil uns unsere sonstigen Lebensäußerungen – Essen, Schlafen, menschliche Kontakte, Bewegung und Anregungen – die Freiheit geben, uns das Leben nach unserem Geschmack einzurichten, was alles nicht für den Patienten in psychiatrischen Krankenhäusern gilt. Da ihm nichts außer dem Personal und den anderen Patienten erreichbar ist, kann er sich weder seine persönlichen Beziehungen noch die Umgebung aussuchen, in der er sie gern pflegen würde.

Ein radikaler Wandel des Denkens ist also unerläßlich, neue Überlegungen über die Art und Weise, in der Anstalten für seelisch und geistig Kranke gebaut, eingerichtet und geführt werden müssen, welche Art Personal sie haben sollten, damit das Leben der Insassen nicht mehr derart streng reglementiert werden muß und andererseits so viel dem Zufall überlassen bleibt.

Entwicklung und Wandel

In den folgenden Kapiteln werde ich von dem ausgehen, was wir durch die Orthogenic School gelernt haben. Da diese Einrichtung kein Zukunftstraum ist, sondern seit mehr als einem Vierteljahrhundert sehr real existiert, kann sie als Beispiel dafür dienen, wie eine solche Einrichtung eigentlich sein sollte. Was berichtet wird, sind die Ergebnisse jahrelanger Erfahrungen, in denen wir erforscht haben, wie Wandlungen bestimmter Einzelaspekte sich auf Patienten und Personal ausgewirkt haben, und in denen wir alles mögliche versucht haben, um herauszufinden, was der Aufgabe, die sich diese besondere psychiatrische Anstalt vorgenommen hat, am besten dient. Diese Ergebnisse sind indessen nicht etwa als Vorlagen gedacht, die man buchstabengetreu kopieren soll, sondern lediglich als Anschauungsmaterial, das weiterentwickelt werden muß. Nichts ist für Mitarbeiter und Patienten frustrierender als statische, unveränderbare Regeln. Alles, was folgt, bezieht sich infolgedessen einzig und allein auf die Orthogenic School in einem bestimmten Zeitpunkt ihrer Geschichte: auf den Entwicklungsstand, in dem sie sich befand, als ich sie verließ.

Wenn die Pflegeanstalt Symbol für einen Ort sein soll, an dem Patienten wie Personal sich zu anderen Menschen entwickeln, an dem sie sich von den Schrecken ihrer Vergangenheit befreien, dann muß das in einem Prozeß geschehen, der nicht punktuell, sondern stetig und ständig abläuft. Ob es sich um die Benutzung von Räumen oder Einrichtungsgegenständen handelt, um die Organisation des täglichen Lebens oder das Feiern besonderer Ereignisse – man sollte nur das, was den Wertmaßstäben noch standhält, mitnehmen, und auch dies wird vermutlich dem ewigen Wandel angepaßt werden müssen. Die Einrichtungen der Räumlichkeiten müssen beispielsweise immer dem jeweiligen Zweck und den jeweiligen Benutzern angepaßt werden. Wenn die Patienten einen Raum nicht unter irgendeinem neuen Gesichtspunkt, der ihren wechselnden Interessen und Bedürfnissen entspricht, neu einrichten dürfen, können sie kaum daran glauben, daß es der Anstalt wirklich ernst ist mit ihrem Prinzip, Dinge sollten sich ständig wandeln dürfen. Wird aber bewiesen, daß Objekte neuen und sinnvolleren Zwecken nutzbar gemacht werden können, dann kann der Patient auch hoffen, daß ein Wandel zum Besseren ebenso für die Menschen an diesem Ort möglich sei.

Freud hat verschiedentlich darauf hingewiesen, daß große Künstler und Dichter stets gewußt haben, was die Psychoanalyse erst auf dem Wege mühevoller Arbeit versucht hat, ans Tageslicht zu bringen: daß nämlich nichts über den menschlichen Geist und wie er arbeitet, gesagt werden kann, was nicht schon längst als Wesen der menschlichen Natur erkannt worden wäre. In bezug auf die wünschenswerten Prinzipien für die Leitung einer psychiatrischen Einrichtung kommen einem Worte Goethes in den Sinn. Zunächst aus der letzten Szene im ›Faust‹, I. Teil. Der alte Faust, nicht mehr fähig, die Vorgänge zu erfassen, gibt sich der Täuschung hin, ein beinahe vollkommener Zustand sei erreicht. Da er glaubt, daß die Dinge so gut seien, wie sie scheinen, wünscht er, daß alles nun unverändert bleibe (»Werd' ich zum Augenblicke sagen: Verweile doch! du bist so schön!«). Das kann er nur deshalb glauben, weil er blind ist und das Werk der Vernichtung nicht sieht, das um ihn herum vor sich geht. In dem Augenblick, in dem er meint, keine Veränderung sei mehr notwendig, stirbt er: der Wunsch nach unwandelbarer Dauer ist der Tod allen Lebens.

Was es bedeutet, wahrhaft lebendig zu sein, sagt Goethe an anderer Stelle (im ›West-östlichen Divan‹):

> Und so lang du das nicht hast
> Dieses: Stirb und Werde!
> Bist du nur ein trüber Gast
> Auf der dunklen Erde.

Jeder, der sich am Leben fühlt und leben will, muß fähig sein, Altes aufzugeben und sich selbst zu erneuern. Es hat mich immer beeindruckt, wie Goethe das Bild tiefer Depression als Schicksal jener malte, die statisch bleiben und das Leben nicht als ewigen Prozeß des

Werdens sehen. Unsere Patienten, die an anderen Arten seelischer Störungen als an Depressionen leiden, brauchen ebenfalls diesen ständigen Prozeß des Werdens. Die Anstalt und das Personal sollten ihnen dadurch, daß sie sich selbst in einem Prozeß kontinuierlicher Erneuerung befinden, ein Anschauungsbeispiel bieten, dem die Patienten folgen können, und ihnen dadurch den Mut geben, an die Möglichkeit einer Erneuerung auch für sich selbst zu glauben.

Das Bild vom Absterben des Alten und dem Werden des Neuen darf nicht als reines gedankenloses Abstreifen des Alten mißverstanden werden. Goethe warnte, daß nichts, was aus der Vergangenheit auf uns kommt, uns nützt und wirklich gehört, wenn wir es uns nicht durch eigene Anstrengung zu eigen machen. (»Was du ererbt von deinen Vätern hast, erwirb es, um es zu besitzen!«) Ob es sich um Einrichtungsgegenstände für den Patienten handelt oder um die Lebensgewohnheiten, die man von ihm in der Anstalt erwartet, oder um die Art, in der man den Geburtstag eines Patienten feiert – nichts von alledem wird die Störung des Kranken wesentlich bessern, wenn er diese Erfahrungen nicht in ganz persönlicher Weise zu seinen eigenen macht. In gewissem Grade wandelt er sie dabei natürlich ab, verwandelt sie sich selbst an. Und gleicherweise wandelt sich auch die Anstalt selbst, mit jedem Patienten, der gesünder und mit jedem Mitarbeiter, der mehr zu einem Therapeuten wird – das heißt, wenn sich beide mehr und mehr zu einer wirklichen Persönlichkeit entwickeln. Die Pflegeanstalt ist dadurch unentwegt, zu jeder Zeit, häufig kaum wahrnehmbar, manchmal jedoch auch durchaus sichtbar, in einem ständigen Wandel begriffen.

II
An der Orthogenic School

5
Gesucht: ein Vorbild für Integration

Vorbilder, in denen Wege gezeigt werden, wie Anstalten für seelisch und geistig Kranke gebaut werden sollten, um den modernen Vorstellungen einer Behandlung im Krankenhaus zu entsprechen, gibt es nicht. Es gibt Modelle, die eine Rückkehr in eine Familienumgebung oder eine familienähnliche Situation anregen, da im Augenblick die psychiatrischen Krankenhäuser eine Verwirklichung dieser Vorstellungen verhindern. Das ist genau der Typ Umgebung, den man früher zur Bekämpfung von sozialen Mißständen und auch von psychischen Krankheiten einsetzte, der jedoch als für das gewünschte Ziel der Rehabilitation ungeeignet aufgegeben wurde.

Seit kurzem werden nun ähnliche Pläne zur Unterbringung von psychisch Kranken oder ehemalig psychisch kranken Patienten in kleinen Gruppenhäusern ausprobiert – ein Kompromiß zwischen einer Familie und einer Anstalt. Eine ganze Reihe von Alternativen liegt vor, vom Typ der kleinen Einzelhäuser ohne direkten Mittelpunkt, bis zum Typ der Orthogenic School, die sehr stark auf einen Mittelpunkt hin orientiert ist, sowie Modelle für Gruppenhäuser und für erweiterte Familien. Sehen wir uns zuerst das System der kleinen Einzelhäuser an, das dem Auge des Betrachters im Vergleich zu den riesigen, gefängnisartigen Bauten der altmodischen Anstalten so anziehend erscheint.

Mit diesen über ein weites Gelände verstreuten Häuschen, häufig für Kinder gedacht, versucht man den Charakter einer Familienumgebung zu schaffen. Sogenannte »Eltern« betreuen in einer Hauseinheit eine begrenzte, überschaubare Zahl von Kindern. Mehrere solcher Einheiten von drei bis zwanzig, je nach der Gesamtzahl der Patienten, bilden eine Anstalt, zu der noch ein oder mehrere Hauptgebäude für die Verwaltung, die Büros und die Schule gehören. Die besseren dieser Art Pflegeanstalten verfügen über weiträumige Grundstücke, damit das einzelne Haus von den anderen durch Rasenflächen und Gärten getrennt ist. Im Idealfall sollten in einem solchen Haus nicht mehr Kinder leben als in einer großen Familie, also sechs bis acht; aber die meisten beherbergen beträchtlich mehr Kinder. Dabei geht man hoffnungsvoll davon aus, daß es für Kinder am besten sei, wenn das Familienleben soweit wie möglich nachgeahmt wird (45). Es besteht auch kaum ein Zweifel, daß es in den besten solcher Anstalten den Kindern wesentlich besser geht als im altmodischen Waisenhaus oder in den Kinderstationen der psychiatrischen Krankenhäuser.

Man hat eben immer mehr erkannt, daß es eine Kränkung für ein

Kind bedeutet, nicht in seiner Familie leben zu dürfen, unabhängig von der Ursache. Man glaubt aus guten Gründen, daß ein Kind ohne Eltern ebenso dringend therapeutische Hilfe braucht – wenn auch seine Störung gewöhnlich weniger ernst und leichter rückgängig zu machen ist – wie das Kind, das wegen der Schwere seiner Gemütsstörung nicht in der Familie leben kann. Als man sich indessen vom alten Waisenhaus-Typ dem neuen System kleiner Einzelhäuser zuwandte, richtete man die Aufmerksamkeit zu sehr auf das Nachahmen der Äußerlichkeiten im Familienleben und bedachte nicht genügend die wesentlichen Zusammenhänge innerhalb der Familie. Zunächst ist das Alter der Kinder in einer Familie, wenn es schon acht sind, meistens über eine Spanne von zwölf bis fünfzehn Jahren verteilt, und in den meisten dieser Anstaltsfamilien beträgt diese Spanne höchstens drei oder vier Jahre. Wäre die Spanne so weit wie in der Familie, könnte diese Pseudofamilie nicht als Einheit funktionieren, weil die Interessen und Lebensformen ihrer Mitglieder zu verschieden wären. In einer Familie ist die Weite der Spanne deshalb möglich, weil alle Kinder miteinander blutsverwandt sind, die gleichen Eltern haben und von Geburt an nach den von diesen Eltern gesetzten Normen gelebt haben. In den Anstaltsfamilien jedoch werden Kinder zusammengewürfelt, die gar nichts gemeinsam haben.

Die Bewohner eines solchen Einzelhauses sollen eine Art kleinen Schwindels erleben. Sie sollen gefühlsmäßige Kind-Eltern-Bindungen für die Anstalts-Eltern entwickeln, die in bezug auf natürliche Autorität und Geldverdienen nicht mit normalen Eltern verglichen werden können – so daß das Kind doppeldeutige Eindrücke von dem hat, was diese Ersatz-Eltern eigentlich vorstellen. Selbst wenn die Ersatz-Eltern mit im Haus wohnen, was an sich ungewöhnlich ist, sind sie Angestellte und keine Eltern und behalten sich natürlich ihren privaten Raum innerhalb des Hauses vor. Aber Eltern, die man nicht während ihrer freien Stunden stören darf, sind eine Vorspiegelung falscher Tatsachen und gefühlsmäßig weniger annehmbar als ein Betreuer, der gar nicht erst vorgibt, Elternstelle einzunehmen. Die Kinder sind sich wohl bewußt, daß die Menschen, die die wirkliche Macht über sie haben, die verhältnismäßig fernen und häufig scheinbar undurchdringlichen Personen im Hauptgebäude sind, das so etwas wie den Charakter eines kafkaesken Schlosses bekommt.

Das größte Verdienst einer Kernfamilie ist, daß sie so wenige Mitglieder umfaßt, die alle eng beisammen wohnen, und daß jedes Mitglied die anderen beeinflußt. Da der Patient in einem Anstalts-System, das so dezentralisiert ist, kaum Zutritt zu den Leuten an der Macht hat, bekommt er ein Gefühl von Machtlosigkeit, und der Mangel an Einfluß auf die mächtigen »Drahtzieher« wirkt sich schwächend aus und stört seine Fähigkeit, zu einem selbständigen Menschen zu werden. Die physische Entfernung von den Patienten macht es den Leuten, die die letzte Verantwortung tragen, auch schwerer, sich wirklich jederzeit über das, was in den Einzelhäusern vor sich geht, Rechenschaft zu geben, und ihren Entscheidungen fehlt daher notgedrungen dieses Wissen.

Stationen in Krankenhäusern oder Einzelhäuser?

Obwohl Pflegeanstalten nach dem System einzelner Stationen organisiert sind, verteilen sich die Aktivitäten der Patienten über viele Örtlichkeiten und Flure, wodurch das Krankenhaus-System dem Einzelhaus-System in gewisser Weise ähnlich wird. Letzteres hat den Vorteil kleinerer und menschlicherer Dimensionen, und wegen der verhältnismäßigen Abgeschiedenheit der einzelnen Häuschen fördert es ein mehr autonomes Leben. Die Entfernungen zwischen den Gebäuden sind zwar größer, aber die Gänge dorthin doch sehr viel vergnüglicher, weil sie durch die frische Luft und durch Gartenflächen führen. Zu den vielen Unterschieden zwischen den beiden Systemen gehört, daß das Einzelhaus-System häufig für jüngere Patienten benutzt wird und das Stationen-System für die meisten Erwachsenen. Auf den Stationen sind eher Schwestern und Pfleger mit den Alltäglichkeiten des Daseins der Patienten befaßt, während es im Einzelhaus die »Eltern« sind. Aber im Endergebnis wird das Leben auch der erwachsenen psychiatrischen Patienten in einem Maße kontrolliert und reguliert, wie es normalerweise nur für Kinder geeignet wäre. Sie haben keinen Zugang zu ihren Sachen, ihre Entscheidungen, ob sie weggehen, wann sie weggehen und wohin, und was sie sonst tun dürfen, hängen von den anderen ab; ihre Bettzeiten, Mahlzeiten und alle Einzelheiten werden von den anderen bestimmt. In Anbetracht der Ähnlichkeiten in den wesentlichen Dingen spielt es keine große Rolle, ob diese anderen nun »Eltern«, Betreuer oder Schwestern genannt werden.

Die menschlichen Dimensionen der Grundeinheit im Einzelhaus zusammen mit der Erkenntnis, daß die meisten Krankenhausstationen für Erwachsene überbelegt sind, haben dazu geführt, die Größe psychiatrischer Stationen zu reduzieren. Moderne Überlegungen gehen auch dahin, jeder Station ein gewisses Maß von Unabhängigkeit und etwas Verantwortung für die Organisation ihres Daseins zu geben, was bereits weitgehend im Einzelhaus-System der Fall ist. Da der Trend allgemein in diese Richtung geht, wie man aus offiziellen Verlautbarungen, wie der von der Weltgesundheitsorganisation (27), ersieht, können wir aus den Mängeln des Einzelhaus-Systems, das für Kinder-Anstalten benutzt wird, lernen und nicht die Fehler wiederholen, wenn Pflegeanstalten für Erwachsene in kleinere Einheiten aufgeteilt werden.

Physische Entfernung verhindert Kommunikation; psychologisch wird sie als Ferne empfunden. Aber selbstverständliche Kommunikation sollte die erste Regel einer therapeutischen Anstalt sein. In vielen Fällen kennen die in den dezentralisierten Anstalten letztlich für das Wohl der Patienten Verantwortlichen diese kaum vom Sehen, sie erhalten nicht einmal sofortige Berichte über ungewöhnliche Vorkommnisse und können daher ihren Mitarbeitern nicht helfen, mit den Problemen fertigzuwerden – zumindest nicht sofort. Nach ein paar Stunden oder meistens erst nach Tagen, wenn die Dinge in einer Mitarbeiterkonferenz besprochen werden und alles Emotionale des Erlebnisses verflogen ist, wird das, was als echtes Gefühlsproblem empfunden wurde, zu einem intellektuellen Problem reduziert. Aus einer Schwierigkeit in einem Leben wird ein Problem therapeutischer Organisation gemacht, ein Problem psychiatrischer Durchdringung. Gewiß ist es notwendig, psychiatrische Patienten zu verstehen, aber was sie wesentlich mehr brauchen, ist ein Therapeut, mit dem sie während einer Situation des Lebens in Beziehung stehen. Das Verstehen sollte eher aus der Unmittelbarkeit der Erfahrung als aus nachträglicher Überlegung kommen. Im ganzen ist daher eine baulich in sich geschlossene Anstalt doch besser als die hübschen weiträumigen Rasenflächen, die die Einzelhäuser von den Hauptgebäuden trennen, weil der unmittelbare Kontakt zwischen Mitarbeitern, Patienten und denen, die die Entscheidungen treffen, so wichtig ist, und weil der Patient das Gefühl haben sollte, daß er weiß, wie das System, in dem er lebt, funktioniert.

Bezeichnend für den psychiatrischen Patienten ist, daß er meint, er könne das, was in ihm und um ihn vorgeht, weder begreifen noch beeinflussen; die Vorgänge in der Anstalt müssen also verständlich sein, dann fühlt er sich besser versorgt und nicht eingesperrt. Wiederholter direkter Zugang zu den Leitenden, welche »die Macht« haben, ist die beste Methode, dem Gefühl der Machtlosigkeit dem eigenen Schicksal gegenüber entgegenzuwirken.

Indessen ist es nicht nur der Patient, der glaubt, er sei unfähig zu verstehen, warum gewisse Entscheidungen getroffen werden oder wie er die Mächte, die sein Leben regieren, selbst beeinflussen könnte. Die meisten Mitarbeiter, die unmittelbar mit dem Patienten zu tun haben, befinden sich in derselben Situation. Fast jeder, der sich mit psychiatrischen Krankenhäusern beschäftigt hat, hat auf die Unzufriedenheit mit der Organisation hingewiesen. Befragt man Schwestern und Pfleger, hört man von einstimmig tiefer Unzufriedenheit mit der organisatorischen Struktur des Krankenhauses (64). Typischerweise ist es ein System, für das eine »mehrfache Subordination« kennzeichnend ist, was zu verwirrenden Überschneidungen und einer Menge von widersprüchlichen Anordnungen führt (57). Ein derart organisiertes Krankenhaus kann unmöglich jene therapeutische Klarheit vermitteln, die für die Mitarbeiter notwendig ist, um den Patienten zu helfen, und die der Patient braucht, um sich zu reintegrieren. Einer Studie von Jules Henry zufolge reproduziert »solch ein *äußerliches* System, indem es das Personal unterteilt und so die Entwicklung aller emotionaler Probleme fördert, die einer geteilten Welt eigen sind, das *innere* System des Schizophrenen, und außerdem in nicht geringerem Maße das innere System vieler anderer, die an psychischen Störungen leiden« (64).

Bei dem Vergleich dieses komplizierten Systems mit der einfachen Struktur der Orthogenic School vermerkte Henry die Vorteile, die unsere Anstalt den Patienten in dieser Hinsicht bot. Obwohl er schon manche anderen psychiatrischen Einrichtungen studiert hatte, wurde ihm erst wirklich klar, was an dem System der meisten Anstalten so verkehrt ist (siehe Kap. 17), nachdem er die unkomplizierte und leicht durchschaubare Organisation bei uns kennengelernt hatte. Er verglich unsere Schule mit einer »kleinen Republik oder einer großen Familie«. Es ist das einzige System, das nicht äußerlich die innere Spaltung reproduziert, die der psychiatrische Patient empfindet. Gleichzeitig ist es so einfach und gut integriert, daß es leicht verstanden werden und als Vorbild für eine Persönlichkeitsintegration dienen kann.

Eine harmonische Familie ist der beste Nährboden für die Entwicklung einer seelisch gesunden Persönlichkeit. Daraus erklärt sich vielleicht, warum gerade eine Anstalt für Kinder eine geeignete Illustration für das sein kann, was an der Organisation der meisten psychiatrischen Institutionen, ob nun für Erwachsene oder Jugendliche, nicht stimmt. Mit Ausnahme einzelner besonderer, situationsbedingter Gegebenheiten wie im israelischen Kibbuz-System hat die Menschheit bisher noch keinen anderen Rahmen zur Gewährleistung des Wachstums der Persönlichkeit gefunden als den der Familie. Der entscheidende Faktor dabei ist nicht die biologische Verwandtschaft, was auch die Kibbuzim und ähnliche Unternehmen deutlich gemacht haben (15, 110, 111), sondern die klare und einfache Organisation. Deshalb sollte eine Institution, der es um die besser integrierte Persönlichkeit geht, sehr genau analysieren, welche Züge des Familienlebens der Entwicklung einer integrierten Persönlichkeit am besten dienen.

Ebenso wie Eltern dem Kind jederzeit ohne weiteres erreichbar sein müssen, sollten auch die Hauptverantwortlichen einer Pflegeanstalt dem Patienten immer erreichbar sein. Und ebenso wie dem Kind das, was in der Familie vorgeht, verständlich sein sollte, so sollten die Patienten begreifen können, was in der Anstalt, in den verschiedenen Gebäuden und ihren eigenen Räumen vorgeht. Vor allem jedoch sollte der Patient wissen und begreifen, was der Direktor tut. Ist der Direktor ein ferner Schemen, funktioniert nichts.

Da unsere Anstalt aus einer Reihe kleiner, untereinander verbundener Gebäude besteht und nicht viel Platz einnimmt, ist es mir immer möglich gewesen, jeden Patienten – manchmal in größeren, öfter in kleineren Gruppen oder allein – durchschnittlich vier- oder fünfmal täglich zu Gesicht zu bekommen. Jeder Patient hatte somit die gleiche Anzahl von Möglichkeiten, mir unmittelbar und ohne Zwischenperson zu sagen, was ihn beschäftigte, was verkehrt gelaufen war, was er gerne von mir oder jemand anderem wollte. Ich habe die Patienten jeden Tag besucht, auch an Wochenenden und Feiertagen (außer während des einen Monats Ferien im Jahr und der unvermeidlichen kurzen Abwesenheiten, wenn ich wissenschaftliche Konferenzen besuchte), und darüber hinaus kamen sie häufig zu mir ins Büro, um mit mir zu sprechen. Infolgedessen habe ich jeden der vierzig – später waren es fünfzig – Kinder und Jugendlichen als Individuum kennengelernt, und sie lernten mich kennen, wußten, wie ich war, an was ich glaubte und warum ich etwas tat.

Es ging nicht nur darum, daß ich die Patienten verstehen lernte, sie lernten auch ganz gut, mich zu verstehen. Es war häufig amüsant zu beobachten, wie sie glaubten, mir oder anderen Mitarbeitern auf die Schliche gekommen zu sein, indem sie unsere Reaktionen voraussagten. Erst wenn sie das konnten, konnten sie Vertrauen in ihre Fähigkeiten zu korrekten Vorhersagen entwickeln, was Ich-Stärke und Selbstachtung fördert. Je mehr man in der Lage ist, etwas vorherzusagen, desto mehr ist man Herr des eigenen Schicksals – solange es sich nicht um destruktive Ereignisse handelt. Jeder Vorfall, mit dem wir nicht halbwegs hätten rechnen können, bedroht unser Vertrauen in uns selbst. Jeder Vorfall, der unseren Erwartungen annähernd entspricht, stärkt den Glauben an unsere Fähigkeiten, richtige Zukunftspläne zu machen. Eine richtige Vorhersage beweist dem psychiatrischen Patienten, daß es trotz des inneren Chaos noch eine Welt draußen gibt, in der sich die Dinge in zuverlässiger und somit vorhersehbarer Form entwickeln. Wenn nicht jeder in der Lage ist, Einfluß auf die zu nehmen, die dem System vorstehen, und wenn das System der Organisation nicht leicht zu durchschauen ist, wird es von Mitarbeitern und Patienten immer als Bedrückung empfunden. Ein System ist für die eigene Selbstachtung nur dann annehmbar, wenn es zuverlässig, vorhersehbar und verläßlich auf die eigenen Interessen ausgerichtet ist.

Es genügt nicht, wenn der Patient dem Direktor direkt Klagen vorbringen und sich auf diese Weise Abhilfe schaffen oder um Erklärungen zum Verständnis der Organisation bitten kann. Die Leitenden der Anstalt müssen die Initiative im Erklären der Dinge ergreifen und Kritik wie Anregungen herausfordern, um die Dinge zu verbessern, und das nicht einmal im Jahr, sondern als kontinuierlichen Prozeß zur Beteilung des Betriebs. Es genügt auch nicht, daß der Direktor häufig die Patienten fragt, ob etwas nicht in Ordnung sei oder was besser sein könnte. Auch damit übt er noch seine administrativen Funktionen aus, und obwohl dann der Patient einen gewissen Einfluß auf den betrieblichen Ablauf der Anstalt nehmen kann, beherrscht sie ihn noch, auch wenn er das Gefühl hat, sie ist da, um ihm zu dienen. Es gibt eine Zeit zur Arbeit und eine Zeit zum Spielen, und es gehört zu den wichtigsten Erlebnissen der Patienten, wenn sich der Direktor mit ihnen zum Spielen niederläßt, was ihm ebensoviel Spaß macht wie ihnen, nicht als Teil einer »Therapie« in der Abgeschiedenheit seiner Büros, sondern dort, wo sich ihr Leben abspielt. Schach oder Karten, Monopoly oder Tennis – da der Direktor ebensooft verliert wie gewinnt (ohne es absichtlich zu tun), trägt seine Beteiligung an solchen Spielen dazu bei, daß seine Entscheidungen leichter, ohne das Gefühl des Unterdrücktwerdens akzeptiert werden können. Manchen Patienten ist es sehr wichtig, daß sie den Direktor bei einem Spiel in aller gebotenen Fairneß schlagen, und sie strengen sich sehr an, um die dafür notwendige Geschicklichkeit zu erlangen; das ist dann eine Anstrengung, die ihnen die generelle Beachtung von Spielregeln näherbringt und damit die Anforderungen der Wirklichkeit. Bei allem Zeitmangel genügt ein einziges Spiel in jeder Woche, um den gewünschten Eindruck hervorzurufen, daß es dem Direktor nicht nur Freude macht, mit den Patienten zu spielen, sondern daß man sogar ab und zu gegen ihn gewinnen kann.

Es ist auch viel einfacher, eine Klage vorzubringen, während man mit dem Direktor ein Spiel spielt oder ihm nur zusieht, wenn er mit jemand anderem spielt – einfacher, als ihn direkt zu fragen oder auf seinen täglichen Rundgängen anzuhalten. Gerade durch die Ungezwungenheit der Situation während solcher Spiele kommen übrigens auch viele positive Dinge zur Sprache, über Mitarbeiter, über irgendein erfreuliches Ereignis – Kommentare, die sonst wahrscheinlich unterblieben wären. Dem »Boß« zu erzählen, was einem an der Anstalt gefällt, ist vor allem dann das Tüpfelchen auf dem i, wenn man das tun kann, während er gerade in einem Spiel geschlagen wird; dann kann man das nämlich tun, ohne die Selbstachtung zu verlieren.

Patienten nach einem Ausflug zu fragen, wie es ihnen gefallen habe, ist viel selbstverständlicher, wenn ihr Weg sie ohnehin am Büro des Direktors vorbeiführt und die Begegnung eher zufällig wirkt. Muß man hingegen extra in die Station der Patienten gehen, um solche Fragen zu stellen, bekommt das mehr den Charakter eines Verhörs als den einer freundlichen Unterhaltung. All das ist nur möglich, wenn die Anstalt als Bau geschlossen ist und keine äußere Entfernung die oberste Hierarchie von den Patienten oder übrigen Mitarbeitern trennt.

Indem man die Patienten mehrmals am Tag bei ihren verschiedenen Aktivitäten trifft, erlebt man gleichzeitig auch die Mitarbeiter bei ihren Bemühungen um die Patienten. Man lernt sie nicht nur als Personen kennen, sondern auch in ihren Beziehungen zu den Patienten, die man in vielen Aspekten im Laufe des Tages beobachten kann. Man beobachtet, wie und was die Patienten essen, was sie lernen, ob und was sie lesen, wie sie sich den Raum einrichten, in dem sie leben; was und wie sie spielen und wie sie ausruhen; wie sie das Badezimmer benutzen, wie sie zu Bett gehen und wie sie schlafen. Der letzte meiner täglichen Besuche fand stets nachts statt, wenn die Patienten entweder dabei waren einzuschlafen, nicht einschlafen wollten oder bereits schliefen. Und besucht sie der Direktor oft in ihren Räumen, fällt es ihnen leichter, auch ihn in seinem Raum zu besuchen, sobald ihnen danach ist. Dazu braucht man nur eine Treppe hinunterzusteigen und vielleicht dreißig Meter auf einem Flur entlangzugehen – die Patienten haben die Gewißheit, daß sie jederzeit in Kontakt mit denen sind, die Einfluß auf ihr Leben haben können.

Unser »Haupt«-Gebäude steht nicht getrennt für sich, alle Aktivitäten finden in dem gleichen Gebäudekomplex statt, in dem die Patienten leben, das Ganze ist also einfacher zu überschauen und erleichtert alle Beziehungen zwischen Mitarbeitern und Patienten. Da ich die tägliche Erfahrung hatte, daß irgendein Mitarbeiter in mein Büro stürmte oder mich abfing, wenn ich vorüberging und ich sie erschöpft, verzweifelt oder überglücklich über irgend etwas erleben konnte, das gerade zwischen ihm und dem Patienten vorgefallen war, wußte ich, welchen Gewinn jeder von derartig spontanen Informationsmöglichkeiten hatte. Hätte der Mitarbeiter aber erst ein paar hundert Meter durch Hitze oder Regen laufen müssen, wäre er gar nicht zu mir gekommen, und wenn, dann wäre von der emotionalen Unmittelbarkeit bereits viel verlorengegangen (und außerdem hätte er den Patienten so lange allein lassen müssen). Der Wert unmittelbarer Kommunikation und die Gelegenheit zu Ad-hoc-Entscheidungen über den Sinn eines Vorfalls und seiner Folgen wiegen viel mehr als jegliche Nachteile, die eine Anstalt, bei der alles unter einem Dach versammelt ist, natürlich auch hat.

Dies alles bezieht sich zwar auf eine psychiatrische Institution für Kinder und Jugendliche, aber ich glaube, die gleichen Prinzipien gelten für alle psychiatrischen Einrichtungen, wobei Altersunterschiede und die Natur der Symptome selbstverständlich gewisse Anpassungen erforderlich machen. Viele unserer Patienten leiden unter den schwersten aller funktionellen psychiatrischen Störungen, und zuweilen sind sie, wie alle sehr verwirrten, verängstigten oder zornigen Menschen, äußerst schwer zu betreuen. Deshalb glaube ich, daß unsere Erfahrungen auf alle Institutionen für psychisch Kranke übertragbar sind.

Wichtig ist, daß dieses System nur dann funktionieren kann, wenn die Angst hinsichtlich der Anzahl der Patienten wie der Mitarbeiter klein ist. Die Gegenwart jeder zusätzlichen Person, eines Beobachters oder auch Wissenschaftlers, macht die Kommunikation, besonders die der Gefühle, ein kleines bißchen riskanter, und das Wissen, daß man beobachtet wird, stört die Spontaneität. Wenn auch, oberflächlich betrachtet, noch mehr Mitarbeiter mit besonderem Spezialwissen wünschenswert für eine Anstalt sein mögen, kann doch schon durch eine Person zuviel das System komplizierter und schwerfälliger werden, weniger durchschaubar für die Patienten. Im Idealfall sollten die Beziehungen zwischen den Mitarbeitern ebenso eindeutig sein, ebenso logisch und endgültig wie die zwischen den Eltern. Nicht nur die Kinder, auch die Mitglieder des Teams können sich in einem Irrgarten von Machtbeziehungen verloren fühlen und sich in einem komplizierten Kommunikationssystem festhaken, weil jede Komplikation, die von einer Person ausgeht, sich mit einer gewissen Spätzündung weiterverbreitet. Je kleiner der Betrieb, um so weniger Unstimmigkeiten und Dissonanzen.

Ländliche oder städtische Umgebung?

Heute, da wir alle unter den Auswirkungen der Luftverschmutzung leiden, gibt es keine Diskussion mehr darüber, daß Landluft gesünder als die Luft in unseren Großstädten ist. Ich glaube indessen nicht, daß aus diesem Grunde die meisten psychiatrischen Anstalten immer noch irgendwo auf dem Lande angesiedelt sind. Der symbolische Sinn von »weit vom Schuß« ist dem Patienten bewußt. »Aus den Augen, aus dem Sinn.« Wenn auch bei vielen dieser Institutionen die Farm, in der manche Patienten arbeiten, der am besten organisierte und ausgestattete Teil der ganzen Anstalt ist, bin ich entschieden gegen die Ansicht, daß Kühe und Schweine irgendeinen therapeutischen Wert hätten. Solche Orte berücksichtigen in keiner Weise den Vorteil des Zugangs zu dringend notwendigen, hochspezialisierten Fachkenntnissen, die sogar in großen städtischen Gebieten nur dünn gesät sind. Ebenso vernachlässigt ist die Notwendigkeit, geschulte Mitarbeiter in Reichweite zu haben, und ihr berechtigter Anspruch darauf, nicht außerhalb der Anstalt irgendwo isoliert von allen gesellschaftlichen Kontakten zu leben, fern von allen Möglichkeiten der Bildung und Kultur und vielen anderen Dingen, die sie zur Entspannung nach der anstrengenden Arbeit mit psychisch kranken Patienten brauchen. Die aufgezehrte Gefühlskraft muß wieder genährt werden, wenn die Mitarbeiter erfolgreich weiterwirken und den Herausforderungen ihrer Arbeit gewachsen sein sollen.

Auch wenn die Anstalt ganz wunderschön gelegen ist – herrliche weite Flächen und Hügel sind langweilig, wenn der Patient nicht frei in der Landschaft herumlaufen kann. Hübsch angelegte Grünflächen beeindrucken den Besucher und erleichtern das Gewissen derer, die den Patienten dorthin schicken, aber sie täuschen den psychotischen Menschen nicht. Er weiß genau, was daran als »Schau« inszeniert und was für seinen Gebrauch bestimmt ist. Er erkennt die Täuschung nur zu gut, wenn der gut gepflegte Rasen nicht für ihn da ist, wenn er darauf nicht spielen oder schlafen, wenn er die Blumen nicht pflücken darf (und täte er es, gäbe es dafür keine Vase in seinem Schlafraum). Gepflegte Anlagen demonstrieren ihm lediglich, daß diejenigen, die hier frei ein- und ausgehen, wichtiger genommen werden als der, der bleiben muß.

Zum Glück besteht seit kurzem die Tendenz, psychiatrische Betreuung dort zu stationieren, wo die Patienten leben. Die psychiatrischen Betreuungszentren bemühen sich, solche Einrichtungen unmittelbar in den Gemeinden anzusiedeln, wo sie gebraucht werden. Jedoch hat sich dieses System selten auch auf die Dienste erstreckt, die psychisch kranke Patienten brauchen, die einen längeren Krankenhausaufenthalt benötigen. Der seelischen Gesundheit eines Patienten tut es gar nicht gut, wenn er sich desorientiert fühlt, wie es uns allen geht, wenn wir plötzlich in eine völlig fremde Umgebung versetzt werden. Für sein Bedürfnis nach Orientierung ist es wichtig, daß er sich mindestens in seiner physischen Umgebung auskennt. Und da die weitaus größte Anzahl der Menschen heute in städtischer Umgebung lebt, ist das die Umgebung, an die der Patient gewöhnt ist und – was noch wichtiger ist – in die er zurückkehren wird. Das ist ein weiterer Grund dafür, weshalb eine städtische Umgebung oder eine Vorstadt vorzuziehen ist. Diese Art Umgebung zieht nicht nur höher qualifizierte Mitarbeiter an und regt sie an, sondern verhindert auch, daß sich der Patient von dem einzigen Leben, das er kennt und begreift, ausgeschlossen fühlt. Bei entsprechenden Vorsichtsmaßnahmen gibt es keinen Grund, selbst die am meisten gestörten Patienten die gesamte Zeit über in der Anstalt festzuhalten; im Gegenteil, ein strenges

Ausgehverbot vergrößert häufig noch die Störung. Außer den kurzen Perioden, während der die Angst des Patienten vor der Außenwelt so groß ist, daß ihm nur die Mauern der Anstalt Sicherheit zu geben vermögen, ist auch ein nicht realitätsorientierter Patient zu irgendeinem täglichen Ausflug in die weite Welt fähig, solange ihm die Gesellschaft eines Betreuers das Gefühl gibt, vor den Gefahren, die ihn »um den Verstand brachten«, geschützt zu sein. Die Patienten spüren dann einen gewissen Kontakt mit einer Welt draußen, einer »wirklichen« Welt, sie bekommen etwas Übung, sich darin zu bewegen und sich auf ein völlig autonomes Leben vorzubereiten. Eine städtische Umgebung bietet bessere Gelegenheiten für die Weiterbildung und auch für eine passende Anstellung des Patienten, wenn er einmal dafür bereit und in der Lage ist.

Die Nutzung von Bildungseinrichtungen hängt von der Bevölkerung ab, der diese Einrichtungen dienen. Die Patienten unserer Orthogenic School, die zur Universität von Chicago gehört, haben das gute Gefühl, einem Bildungsinstitut anzugehören, und sowohl sie wie die Mitarbeiter haben jede Möglichkeit, an vielen kulturellen und Bildungsveranstaltungen teilzunehmen. Je mehr es die geographische Lage einer Anstalt Mitarbeitern und Patienten gestattet, in einer Gemeinschaft zu leben, die ihre Bedürfnisse gut befriedigen und ihre persönliche und berufliche Entwicklung anregen und fördern kann, um so vorteilhafter ist es. Erholungs-, Bildungs- und kulturelle Einrichtungen in der Nähe können das Tagesprogramm und das Leben eines Patienten sehr bereichern. Vor allem wirken tägliche Spaziergänge in bevölkerten Straßen mit Besuchen in Läden und Bibliotheken dem Gefühl entgegen, sie seien geächtet und »weggepackt« worden, oder sie müßten sich verbergen, vor den anderen verstecken.

Für sehr viele Menschen ist die Kleidung zu einem beliebten Mittel geworden, die eigene Individualität zum Ausdruck zu bringen; Patienten sollten also ebenfalls in der Lage sein, die Kleidung, die sie kaufen und tragen wollen, selbst auszusuchen, solange sie sie nicht dazu benutzen wollen, sich selbst aus Trotz zu degradieren, was einige Patienten tun. In einer Gesellschaft, in der die Fähigkeit, Dinge selbst zu kaufen, als Indiz für Selbständigkeit gilt, als etwas, was die Selbstachtung erhöht, ist es sehr wichtig, daß auch die Patienten das nach Gutdünken tun dürfen. Es sollte immer genug Geld für den Patienten zur Verfügung stehen, damit er sich ganz neu einkleiden kann, wenn ihm nach einer solchen Kundgebung von Selbständigkeit zumute ist. Nicht selten setzt sich ein Patient in den Kopf, irgend etwas ganz Ausgefallenes an Kleidung zu kaufen. Wenn man ihm dann zustimmt, daß er das selbstverständlich tun kann, ihm das Geld gibt und ihm dann bei der Auswahl hilft, indem man mehrere Läden besucht, genügt das oft, ihn dahingehend umzustimmen, daß er es doch nicht so gern hat, soviel Aufsehen zu erregen, wenn er in der Stadt herumläuft. Anprobieren im Laden und der Beweis, daß die Anstalt sich nicht einmischt, ist meistens genug. Wir haben jedoch auch festgestellt, daß es manche Patienten einfach brauchen, etwas Auffälliges zu kaufen, um sich selbst davon zu überzeugen, daß tatsächlich sie selber über alles bestimmen, was mit ihrem Körper zusammenhängt. War der Kauf einmal getätigt, dann hing das betreffende Kleidungsstück oft lange unbenutzt im Schrank, bis sie es eines Tages verschwinden ließen. Das ist keineswegs Geldverschwendung, im Gegenteil: wenn derartige Erfahrungen den Aufenthalt eines Patienten nur um einige Tage in der Anstalt verkürzen, sind sie spottbillig im Vergleich zu den Tagessätzen.

Wir sind, ob es uns gefällt oder nicht, nun einmal eine konsumorientierte Gesellschaft. Und gerade weil psychisch kranke Patienten während ihres Anstaltslebens meist aus dem Produktionsprozeß ausgeschlossen sind, ist es so wichtig, daß sie wenigstens mit dem Konsumentenaspekt des Lebens Kontakt halten oder erneut Kontakt bekommen. Im Prinzip geht es darum, daß die Hauptzüge einer Gesellschaft, wie sie auch beschaffen sein mögen, Teil des Lebens des Patienten bleiben müssen, so daß er imstande ist, weitere Züge dem Repertoire dessen, was er bewältigen kann, hinzuzufügen. Je mehr er sich selbst von diesen Zügen der Gesellschaft ausschließt oder je mehr seine Störung ihn davon fernhält, desto wichtiger ist es, daß er sich die Gebiete erhält, die er in gewissem Grade noch meistern kann.

Das eben Gesagte ist nur ein Beispiel für einen der ganz wesentlichen Fehler, die in der Behandlung von gestörten Patienten gemacht werden – ein Fehler, der für viele andere in der Anstalts-Therapie steht. Die Anstalt denkt und handelt wahrhaft therapeutisch nur auf wenigen begrenzten Gebieten, in der Einzel-Psychotherapie unter anderem. In vielen anderen Bereichen konzentriert sie sich im Grunde darauf, die Arbeit des Personals und die Routine der Verwaltung durch Methoden zu erleichtern, die zum Teil der Therapie dienen – physisches Wohlergehen des Patienten, sein Schutz vor Gefahren – und sie teilweise unterminieren, indem sie dem täglichen Dasein des Patienten zuviel Routine aufzwingen, was seiner Selbstachtung schadet. Letztlich überschatten dabei die negativen Aspekte die positiven. Schlimmer noch, im allgemeinen versäumen die Anstalten, in ihrem generellen Konzept genau das zu berücksichtigen, was die Selbstachtung und Persönlichkeit eines Patienten aufbauen könnte. Sie gehen an den Patienten auf der Basis von Werten heran, die zwar in der Gesellschaft durchaus legitim sind, aber dem Prozeß der Wiederherstellung eines Menschen, der in eben dieser Gesellschaft bestehen soll, zuwiderlaufen. Die Pflegeanstalten müssen sich von einigen der maßgebenden Werte der Gesellschaft, wie Wirtschaftlichkeit oder »höfliche«

Leugnung der wahren Gefühle, freimachen – Werte, die ohnehin fraglich sind. Viele therapeutische Fehlschläge sind nur die Konsequenzen einer Übertragung der gesamten Wertskala unserer Gesellschaft auf das Leben des Patienten (außer in wenigen Bereichen), das in festen Gleisen, beschützt und in halber Autonomie verläuft, ohne daß man berücksichtigt, wie der Patient selbst diese Werte in seiner verzerrten Sehweise erlebt.

In einer städtischen Umgebung kann eine kluge Auswahl von Grundelementen der Gesellschaft in das Leben des Patienten aufgenommen werden, damit er sich mit einzelnen, für ihn zu bewältigenden Erfahrungen auseinandersetzt, während er noch vor denen beschützt wird, denen er nicht gewachsen ist und die ihn weiter schwächen würden.

Auch in diesem Zusammenhang muß wiederholt werden, daß eine Anstalt nicht zu groß sein darf, weil sie sonst ihre Umgebung beherrscht und nicht Teil von ihr wäre. Die Weltgesundheitsorganisation ist zu dem Schluß gekommen, daß eine Kapazität von ungefähr zweiunddreißig Patienten die optimale Lösung für eine psychiatrische Anstalt wäre (2), was ungefähr der Anzahl von Mitgliedern einer Großfamilie entspricht. Meiner Ansicht nach ist das einzige Problem bei dieser Empfehlung, daß sie nicht angibt, auf wieviel Mitarbeiter sich die Anstalt begrenzen soll, um dieser Anzahl von Patienten zu entsprechen.

Was nützt eine große Pflegeanstalt, die angeblich vielen dient und wirtschaftlich arbeitet, wenn sie diesen vielen nicht helfen kann? Hätten wir den richtigen Typ von Therapien und Krankenhäusern, brauchten nicht so viele Patienten hospitalisiert zu werden. Außerdem haben kleine Institutionen, die gut geführt sind, sehr wenige laufende Unkosten im Vergleich zu großen, auch nicht pro Kopf gerechnet. Und schließlich sind der Zusammenbruch der Kommunikation und die Erstarrung der riesigen, komplexen Hierarchie, die so typisch für große Anstalten ist, eine der Hauptursachen für die Unzulänglichkeiten, die keinem Beobachter entgehen.

6
Gebäude und Schauplatz aus der Sicht des Betrachters

Die Fragen, die ein künftiger Patient während der ersten Besuche vor der Aufnahme stellt – was ihn beunruhigt, was ihn nicht interessiert –, geben sehr viel Aufschluß über ihn und seine Störung, und anhand dieser Informationen können wir ihm die ersten beruhigenden Erfahrungen bieten, die am meisten zählen. Die Patienten haben gelernt, dem, was man zu ihnen sagt, zu mißtrauen. Was wir sagen, kann also nur überzeugend sein, wenn es dem entspricht, was der Patient selbst *sieht* und offensichtlich nicht nur hergerichtet werden konnte, um ihn in falscher Sicherheit zu wiegen. Die Räume, die er besucht, könnten zu eben diesem Zweck hergerichtet worden sein; aber selbst ein geistig oder seelisch gestörter Mensch weiß im allgemeinen genau, daß das Gebäude selbst, Mauern, Treppenhaus und Spazierwege, feststehende Bestandteile des Ganzen sind, die nicht nur für den Augenblick hübsch gemacht werden können, um einen guten Eindruck zu vermitteln.

Weil das Äußere eines solchen Hauses ohne Worte schon derart viel aussagt, ist es so wichtig. Ich bin durchaus nicht sicher, ob unser Aufnahmeverfahren funktionieren würde, wenn sich der Patient beim Anblick des Gebäudes und eines Teils der Räumlichkeiten nicht bereits ein Bild von uns gemacht hätte. Solche Eindrücke erreichen selten das Bewußtsein des Patienten, sie bleiben auf einer bedeutsameren unbewußten Ebene.

»Steinerne Mauern machen noch kein Gefängnis und Eisenstangen keinen Käfig«, heißt es, aber sie sind doch ein beredtes Zeugnis für die Absichten derer, die solche Gebäude errichten und andere Menschen hineinstecken. Seltenen, außergewöhnlichen Persönlichkeiten mag es gelingen, sich unter großer Anstrengung über die Verhältnisse, unter denen sie leben, zu erheben, aber das Leben der meisten wird von den Verhältnissen, in denen sie sich befinden, bestimmt. Das gilt ganz besonders für den psychiatrischen Patienten. Hinter verschlossenen Türen und vergitterten Fenstern kann sich eine Seele kaum von ihren Fesseln befreien. Die meisten unserer psychiatrischen Einrichtungen sind eher Burgverliese, in denen die Seele gefangengehalten wird, als Orte der Geborgenheit, an denen ein elend in sich zerrissener Geist so liebevoll umsorgt wird, daß er es lernen kann, mit seinem Körper und mit sich selbst in Eintracht zu leben. Körperliches Wohlbehagen kann eine Menge dazu beitragen, daß die Seele zur Ruhe kommt.

Gerade psychisch kranke Patienten lassen sich eher von ihrem ersten gefühlsmäßigen Eindruck beim Anblick einer Anstalt leiten als von rationalem Urteil, und das Äußere der meisten Einrichtungen dieser Art gibt wenig Anlaß zu der Hoffnung, daß der Patient hier den Weg zurück aus dem Dschungel seines Geistes finden wird. Und innen: Die Art, in der sein Zimmer eingerichtet beziehungsweise kaum eingerichtet ist, die Möglichkeiten, die er zu seiner Bewegung und zur Benutzung anderer Räume hat, das Aussehen der Korridore, durch die er geht – alles zeigt dem Patienten, daß er jetzt seine Bedürfnisse denen der Anstalt unterzuordnen hat, daß er von nun an kein Mitspracherecht mehr hat bei Entscheidungen, die sein Leben oder den Ort, an dem er leben soll, betreffen. Dabei sollte es genau umgekehrt sein, wenn er das Gefühl erhalten soll, mitreden zu können, etwas wert zu sein.

Eine frühe Erfahrung zeigte mir, wie sehr eine Anstalt widerspiegelt, für wen sie gebaut ist und auf wen es darin ankommt. Bei meinem ersten Besuch in einem alten staatlichen Krankenhaus, das berühmt war für seine bahnbrechende Arbeit im Blick auf eine moralische Beeinflussung der Patienten, betrat ich durch ein furchteinflößendes Tor einen bedrückenden Gebäudekomplex mit schweren Steinmauern. Er wirkte wie eine europäische Festung aus dem achtzehnten Jahrhundert. Nachdem ich eine Reihe von öden, überbelegten Stationen besichtigt hatte, in denen der einzelne Patient nichts als ein Bett und einen Stuhl (den er auch nur zu bestimmten Stunden benutzen durfte) sein eigen nennen konnte, wurde ich in den palastartigen Gemächern des Direktors zum Essen eingeladen; Größe und Einrichtung von Speisezimmer und Wohnraum erinnerten mich an europäische Schlösser. Dieses und andere Erlebnisse zeigten mir, wie treffend die baulichen Eigenarten und die Einrichtung einer psychiatrischen Anstalt ausdrücken, auf wen es dort ankommt und wer am Ruder sitzt.

Aber auch ohne dieses Erlebnis hätten mich die Patienten diese Lektion während meiner ersten Wochen in der Orthogenic School gelehrt. Es brauchte eine gewisse Zeit, um einige typische Besonderheiten und Gewohnheiten der Anstalt zu ändern. Eine meiner ersten Maßnahmen war, sämtliche Türen aufzuschließen, außer den Türen zu den Büros, weil dort die Krankengeschichten der Patienten aufbewahrt wurden. Die Patienten hatten zunächst Schwierigkeiten, sich diesen Änderungen anzupassen, da sie lange Zeit durch strenge Kontrollen des Personals eingeengt worden waren. Natürlich war ihre Reaktion dann übertrieben. Die vielen in so kurzer Zeit durchgeführten Veränderungen verursachten verschiedene vorübergehende Störungen, die ich aber als gerechten Preis für die rasche Verbesserung der ethischen Einstellung der Anstalt empfand.

Zwar gefiel mir das riesige, sehr beeindruckende Büro des Direktors mit dem gewaltigen, imposanten Schreibtisch überhaupt nicht, aber ich fand, die Verlegung des Büros könnte noch warten. Da irrte ich mich. Ich erfuhr in sehr harter Form, daß sich für die Patienten der Geist der Anstalt darin symbolisierte. Zum Büro des Direktors gehörte ein Schrank, in dem Kekse und alle möglichen Süßigkeiten aufbewahrt werden. Mein Vorgänger hatte den Schrank immer sorgfältig verschlossen gehalten, obwohl er sich hinter seinem großen Lehnsessel befand und nur ihm selbst zugänglich war. Von hier aus pflegte er die guten Dinge nach Gutdünken zu verteilen. Ich ließ den Schrank offen, aber wegen seines ungünstigen Standortes waren die Süßigkeiten nicht jedem und zu jeder Zeit zugänglich. Eines Morgens, als ich in mein Büro kam, fand ich ein riesiges Fleischmesser auf meinem Schreibtisch. Ein Zettel hing daran: »Dieses Mal ist es auf Ihrem Schreibtisch, das nächste Mal ist es in Ihrem Kopf.«

Einer der Mitarbeiter hatte inmitten der hektischen und ambivalenten Aufregung über all die Veränderungen eine Gruppe von größeren Jungen, die sich selbst eine besondere, ausgefallene Mahlzeit zurechtmachen wollten, spät abends mit in die Küche genommen; er war gewillt, sich den neuen Prinzipien anzupassen, an die er aber noch nicht recht glaubte und die er deshalb nicht richtig anwenden konnte. Ich hatte ihm trotz seiner Einwände, dies könne nie funktionieren, ohne daß irgend etwas schiefgehen würde, zu dem Unternehmen geraten. Ich hatte beweisen wollen, daß man gestörten Patienten trauen kann, wenn man versucht, ihnen das Leben etwas angenehmer zu machen. Ich hatte jedoch nicht abgewartet, bis dieser Mitarbeiter gefühlsmäßig und nicht nur mit dem Intellekt erfaßt hatte, was dieser neue Geist bedeutete. Ich hatte ihn zu Dingen getrieben, auf die er noch nicht wirklich vorbereitet war.

Hätte ich schon damals gewußt, was ich inzwischen aus diesem und aus anderen Vorfällen gelernt habe, dann wäre ich zunächst mit dem Mitarbeiter zusammen der Frage auf den Grund gegangen, warum er glaubte, daß etwas – was und in welcher Form – schiefgehen könnte. Aber ich wollte die Verhältnisse für die Patienten möglichst schnell verbessern und auch ihren guten Willen wecken, ohne den Verbesserungen keine Wirkung haben. Ich hatte noch nicht begriffen, daß selbst wesentliche Verbesserungen im Programm einer solchen Institution nur wenig Erfolg haben, wenn sich bei den Mitarbeitern nicht gewisse grundlegende Einstellungen geändert haben. Anstatt also mit diesem Mitarbeiter an seiner inneren Haltung zu arbeiten, versuchte ich das Verfahren abzukürzen und ihn durch Erfahrung klug werden zu lassen. Als er dagegen Einspruch erhob, sagte ich nur: »Warum probieren Sie es nicht einfach selbst aus?« Und ich mußte leider erleben, daß ihn diese Frage dazu veranlaßte, Methoden anzuwenden, die ihm recht und mir unrecht geben würden. Wenn später ähnliche Dinge passierten, verwies ich die Mitarbeiter auf die Geschichte vom braven Soldaten Schwejk: Der tschechische Soldat führt sämtliche

Befehle seiner österreichischen Offiziere buchstabengetreu aus, aber so, daß alles verkehrt wird und die Offiziere blamiert sind (61). Der Roman schildert sehr anschaulich, wie leicht es ist, Absichten anderer, gegen die man sich heftig stemmt, so zu verdrehen, daß die gegenteilige Wirkung herauskommt.

Während die Patienten und dieser Mitarbeiter kochten und aßen, ging alles gut, und alle freuten sich, wie erwartet. Als es aber spät wurde und die Jungen sich beim Aufräumen Zeit ließen und Unsinn machten, trat die ambivalente Haltung des Mitarbeiters stärker hervor. Plötzlich änderte er den Ton, befahl den Jungen barsch, sich zu beeilen, alles in Ordnung zu bringen und die Küche in fünf Minuten zu verlassen. Er verwandelte sich urplötzlich vom Teilnehmer zum Gefängniswärter, sah auf die Uhr, anstatt sich am Aufräumen zu beteiligen und aufzupassen, was um ihn herum vorging. Einer der Jungen reagierte auf diesen totalen Umschwung durch einen sofortigen Rückfall in seine frühere Verschlagenheit und Feindseligkeit: Er versteckte ein Fleischmesser unter seiner Jacke und nahm es mit in den Schlafraum. Der Mitarbeiter, der das »Experiment« schnell beenden wollte, bemerkte nichts Ungewöhnliches.

Die Jungen benutzten das Messer nicht zum Aufbrechen meiner verschlossenen Bürotür, sondern sie öffneten damit ein Oberfenster, durch das sie in das Büro gelangten. Sie hoben die Tür zu dem Schrank mit den Süßigkeiten sorgfältig aus den Angeln und legten sie auf den Fußboden. Der Sinn war klar: »Sie reformieren diese Anstalt ganz falsch, an gefährliche Werkzeuge wie das Messer sollten wir nicht herankommen – aber an Kekse und Süßigkeiten.« Als ich das sah, wurden die Süßigkeiten sofort aus dem Schrank genommen und an einen Ort gebracht, der jederzeit allen zugänglich war. Dann besprachen wir mit den Mitarbeitern, wie man sich Patienten gegenüber verhält, wenn potentiell gefährliche Objekte in der Nähe sind.

Ein paar Tage nach dem Vorfall mit dem Schrank machte die gleiche Gruppe von Jungen einen Ausbruchsversuch aus ihrem Schlafraum im zweiten Stock, wo die Eisenstangen gerade von den Fenstern entfernt worden waren. Sie beschlossen, lieber aus dem Fenster zu klettern, als einfach durch die jetzt unverschlossenen Türen hinauszugehen. Hinausgehen wäre kein Ausbruch aus einem Gefängnis gewesen, erklärten sie später. Sie machten absichtlich so viel Lärm, daß wir sie »in flagranti« ertappen mußten. Was wir auch taten. Ich bat sie, einen Augenblick zu warten, bis wir ein paar Matratzen geholt und auf die Erde gelegt hätten, damit sie sich nicht verletzten, falls sie beim Herunterklettern abstürzten. Sie beobachteten das amüsiert und interessiert, bis wir die dritte Matratze gestapelt hatten – dann besannen sie sich anders und kamen herunter, um uns beim Zurücktragen der Matratzen behilflich zu sein. Unsere sichtbare Sorge um ihre Sicherheit hatte das

»Gefängnis« augenblicklich in ein relativ akzeptables »Zuhause« verwandelt.

Beide Vorfälle hingen eng zusammen. Der gleiche Mitarbeiter und ein paar der Jungen waren in beide Unternehmen verwickelt. Das erste Mal hatten die Jungen gehandelt, als weder er noch ich dabei waren. Dieses Mal handelten sie wieder ziemlich spät nachts, und das, solange der Mitarbeiter noch bei ihnen war und sie wußten, daß ich mich im Hause befand. Sie wollten herauskriegen, ob er sie wieder etwas Destruktives tun lassen würde, indem sie die Tatsache, daß er ihnen größere Freiheit gab, mißbrauchten; zugleich hatten sie sich versichert, daß auch ich da war: Irgend jemand mußte sie gegen sich selbst schützen können, falls der Mitarbeiter ihnen noch einmal die Gelegenheit gab, sich selbst oder anderen weh zu tun.

In beiden Fällen ging es um Sicherheit. Unabhängig davon, wieviel Angst sie selbst vor dem eigenen Verhalten hatten, ging der Mitarbeiter jetzt mit doppeltem Eifer daran, für ihre Sicherheit zu sorgen – er hatte vom letzten Mal gelernt. Am Tage nach dem Vorfall mit dem Fleischmesser, als ihm klargeworden war, daß er das Geschehene provoziert hatte, hatte er sich bei den Jungen für seine Nachlässigkeit entschuldigt. Das hatte ihm vorübergehend wieder ihr Wohlwollen eingetragen, da er einer der wenigen Überbleibsel des alten Regimes war, der ehrlich versuchte, sich den neuen Regeln anzupassen. Aber die Patienten wußten auch, daß Worte leichter sind als Taten, und so probierten sie aus, ob die Entschuldigung auch wirklich einer neuen Einstellung entsprach. Der zweite Vorfall zeigte ihnen, daß wir uns an die neuen Grundsätze hielten, daß wir sie nicht herumkommandierten, wenn es nicht unbedingt nötig war, daß wir aber für ihre Sicherheit sorgen würden, wenn sie sich mit ihrem Handeln in Gefahr brachten. Sie durften nur dann tun, was sie wollten, wenn keine Gefahr dabei im Spiel war.

Aus den Vorfällen ergaben sich verschiedene, aber gleichermaßen wichtige Lektionen. Es genügte nicht, die Süßigkeiten großzügig und gerecht zu verteilen. Wenn wir ihnen helfen wollten, ihre Selbstachtung wiederzugewinnen, mußten die Patienten freien Zugang zu den Süßigkeiten haben. Das Gefängnis wurde noch lange nicht zu einem Zuhause, weil wir die Eisenstangen von den Fenstern entfernt hatten, oder ihren Wunsch, wegzugehen, akzeptierten. Aber in dem Augenblick, als sie sich uns widersetzten, wurde durch unsere Sorge um ihre Sicherheit das Haus zu einem Ort der Geborgenheit.

Da seelisch oder geistig gestörte Patienten sich selbst als völlig wertlos empfinden, können wir ihnen zur Wiedererlangung ihrer seelischen Gesundheit nur verhelfen, wenn sie von Anfang an spüren, daß das Krankenhaus ganz und gar für sie allein da ist, daß allein sie wichtig sind und hier selbst das Beste nicht zu gut für sie ist. Nur so ist es möglich, die mächtige Stimme in ihnen zum Schweigen zu bringen, die ihnen sagt, sie seien überhaupt nichts wert.

Beim Bau und bei der Ausstattung eines psychiatrischen Krankenhauses muß in erster Linie der Gedanke maßgeblich sein, daß es wirklich nur dazu da ist, den Bedürfnissen der *Patienten* zu dienen, und nicht, um der irrationalen Angst zu genügen, Mitarbeiter und Außenwelt müßten vor den Patienten geschützt werden. Der Wunsch, so wenig Geld wie möglich für diese Patienten auszugeben, ist so irrational wie schädlich. Unsere Erfahrung hat bewiesen, daß Taten bewußter oder fahrlässiger Zerstörung in dem gleichen Maße zurückgehen, in dem wir die Umgebung der Patienten hübsch und anziehend gestalten. Im Gegenteil, die Patienten halten es sich bald zugute, ganz von sich aus behutsam mit den Dingen umzugehen (was man ihnen nicht nahelegen sollte, denn das würde ihren spontanen Wunsch zunichte machen, das, was ihnen gefällt, in Ordnung zu halten).

Erste Eindrücke

Wie andere Städte im deutschen Sprachraum hatte Wien einst seinen »Narrenturm«, jenes abschreckende, gefängnisartige Gebäude, in dem die Geisteskranken eingeschlossen waren. Die besonders Widerspenstigen unter ihnen wurden an die Mauern gekettet und boten den braven Bürgern am Sonntagnachmittag ein ergötzliches Schauspiel. Unter dem humaneren Einfluß der Aufklärung wurde Wiens Narrenturm um 1800 außer Dienst gestellt und durch eine Irrenanstalt ersetzt, die den im letzten Jahrhundert in den Vereinigten Staaten gebauten Irrenanstalten nicht unähnlich war (viele davon sind heute noch in Gebrauch). Eine Anstalt also, die aus der Überzeugung gegründet worden war, nur ein streng reglementiertes Leben vermöge die »moralische Beeinflussung« zu gewährleisten, durch welche Geisteskrankheit geheilt werden könnte.

Um 1900 war Wiens medizinische Fakultät, die damals auf eine ununterbrochene Tradition der Forschung und Erneuerung seit 1700 zurückblickte, die berühmteste der ganzen Welt. Im Jahre 1902, genau zu der Zeit, als die Psychoanalyse in Wien ihren Anfang nahm (was von der Öffentlichkeit allerdings kaum zur Kenntnis genommen wurde), befand die Regierung von Niederösterreich (Wien war die Hauptstadt von Niederösterreich wie auch des gesamten österreichisch-ungarischen Kaiserreichs), daß diese Irrenanstalt kein geeigneter Ort für geisteskranke Patienten sei und durch eine andere Einrichtung ersetzt werden sollte, die den Patienten mehr nützen würde. Das war nicht nur eine ungewöhnliche Entscheidung, man beauftragte obendrein den weltberühmten österreichischen Architekten Otto Wagner, einen Entwurf für die neue Anstalt zu machen. Wagner (127) war damals als Österreichs größter Architekt und (zusammen mit seinem amerikanischen Zeitgenossen Sullivan) einer der Väter des neuen Stils in der Kunst sowie der modernen Architektur im allgemeinen. Es war der Wunsch Wagners und auch der Regierung, daß diese Anstalt nicht irgendwo versteckt stehen, sondern an einer beherrschenden Stelle in der Stadt errichtet werden und von weitem sichtbar sein sollte. Um jeden schädlichen Beiklang, wie »Narrenturm«, zu vermeiden, beschloß man, daß dieses Krankenhaus für Geistesgestörte einfach Heil- und Pflegeanstalt genannt werden sollte, mit Hinzufügung des Ortsnamens. Der offizielle Name lautete also: Niederösterreichische Landesheil- und Pflegeanstalt am Steinhof. Seit ihrer Eröffnung war sie ein Zentrum psychiatrischer Forschung und Lehre.

Der Gesamtplan der ganzen Anlage stammte von Wagner. Leider war er nur für Entwurf und Bau des Zentralgebäudes verantwortlich, das die Anlage beherrscht und mit Recht ihre »Krönung« genannt werden kann. Es handelte sich um eine Kirche, die man von weitem sehen konnte, besonders die auffallende goldene Kuppel, die das Sonnenlicht reflektierte und die sofort zu einem der Wahrzeichen Wiens wurde. Das Innere der Kirche und viele Details der Außenansicht waren von den ersten Wiener Avantgarde-Künstlern entworfen und ausgeführt worden, die sich gerade zu einer eigenen Bewegung, der Wiener Sezession, zusammengeschlossen hatten. Die Glasfenster waren beispielsweise das Werk des Malers Kolo Moser. Diese Kirche stellte zweifellos die größte Leistung der neuen Kunst in Mitteleuropa dar. (Heute, rund siebzig Jahre später, gibt es meines Wissens keine andere psychiatrische Anstalt, die vom berühmtesten Architekten seiner Zeit entworfen worden wäre.)

Die Patienten wußten, daß dieses Gebäude, eines der schönsten und eindrucksvollsten der Stadt, nur für sie da war. Das Gebäude für die Verwaltung war offenkundig weniger beeindruckend und nicht so wichtig. Denn es entgeht dem Patienten unserer psychiatrischen Krankenhäuser nicht, daß fast nie das eindrucksvollste Gebäude für sie ist, sondern für die Verwaltung, den Direktor und das gehobene Krankenhauspersonal. In einem so tiefreligiösen Land wie dem damaligen Österreich bedeutete es sehr viel, daß die Patienten eine viel schönere, erhabenere Kirche für sich hatten als die meisten anderen Bürger des Landes. Es bedeutete deshalb so viel, weil sie in dieser Kirche, dem größten Gebäude der Anstalt, alle gleich waren, denn nach katholischer Überlieferung zählte der einfachste Patient ebensoviel wie der Direktor.

Die in der Steinhof-Anstalt angewendeten psychiatrischen Methoden und die neuen, von Freud entwickelten Behandlungsmethoden waren in jenen Tagen durch Welten getrennt. Vielleicht war es aber derselbe neue Geist aufgeklärter Menschlichkeit gegenüber seelisch oder geistig gestörten Patienten, dem die psychiatrische Anstalt in Wien eine Kuppel aus Gold verdankte und der zur gleichen Zeit und am gleichen Ort Freud dazu anregte, sich der Behandlung von »Neurotikern« und »Geisteskranken« zu widmen. Dieses intensive Interesse führte ihn zu der Erkenntnis, daß zwischen diesen Kranken und den sogenannten normalen Menschen mehr Gemeinsamkeiten bestehen als Unterschiede, daß der seelisch gestörte Patient und der »Normalmensch« sich ähnlicher sind, als man je zuvor gedacht hatte. Man kann den Einfluß des Gebäudes selbst auf die Atmosphäre in ihm gar nicht hoch genug einschätzen. Wenn Patienten auf eine Art in ein psychiatrisches Krankenhaus eingeführt werden sollen, die ihrer Genesung möglichst förderlich ist, muß man darauf achten, daß sie vor dem Betreten des Gebäudes reichlich Gelegenheit haben, es sich sorgfältig anzusehen. Auch wenn der Patient seiner Ängste wegen dazu nicht in der Lage ist, bereitet ihn das ehrliche Angebot dazu doch schon auf das Folgende vor: auf den Versuch, seine seelische Gesundheit aufgrund seiner eigenen Einschätzung der Lage und nicht aufgrund der Beurteilung anderer wiederherzustellen. Ein solches Angebot darf nicht zu einem »Standardverfahren« werden ohne Gefühl dafür, was das für jeden einzelnen Patienten bedeutet.

In einer kleinen Anstalt weiß jeder, wann ungefähr ein neuer Patient ankommen wird, und die Mitarbeiter sind darauf eingestellt. Die wichtigsten Aufschlüsse über den Umgang mit einem Patienten erhielt ich oft, wenn ich ihn durch mein Bürofenster, das nahe beim Eingang lag, bei der Ankunft beobachtete: was er scharf beobachtet, wie er auf das Gesehene reagiert, wie er vorgibt, entweder gar nichts anzusehen oder in alle Richtungen, bloß nicht auf das Krankenhaus, zu blicken; die Interaktionen zwischen ihm und seinen Begleitpersonen, ob sie ihm die Möglichkeit geben, sich alles anzusehen, und das auch selbst tun, wie er die paar Stufen zum Eingangstor hinaufgeht oder sich dagegen sperrt; wie er in das Gebäude hineinstürmt oder hineinbefördert werden muß. Das alles waren Hinweise auf die Möglichkeiten, die Angst des Patienten zu mildern oder sogar sein Vertrauen zu gewinnen. Diese ersten Beobachtungen sind oft viel wertvoller als das Studium der oft recht umfangreichen Krankengeschichten, wenn es darauf ankommt, ein »Gefühl« für den Patienten zu bekommen, denn die Krankengeschichten bieten zwar wichtiges Material, geben jedoch keinen Aufschluß über die augenblicklichen besonderen Ängste und Interaktionen.

Für Psychotiker aller Altersstufen ist jede Erfahrung ein Symbol der Absicht und Einstellung, was ihnen viel wichtiger ist als die rationale Bedeutung der Erfahrung. Für uns ist die eine Farbe angenehmer, fröhlicher oder bedrückender als eine andere, für den Psychotiker bedeutet die eine Farbe (oder Form) Wohlwollen, die andere Böses. Da die Wände in den meisten Anstalten weiß oder grau gehalten sind, also in einer Nicht-Farbe, sieht der Patient daraus, daß es leblose Orte sein werden. Diese Farblosigkeit ist noch immer üblich, obwohl es kein bißchen mehr kostet, die Wände mit freundlichen Farben anzustreichen.

Wie sollte der Patient das Krankenhaus empfinden? Es sollte nicht zu klein sein, damit es nicht beengend wirkt, und es sollte nicht so groß sein, daß es zu mächtig wirkt. Es sollte sich unauffällig und harmonisch in die Umgebung einfügen, ohne seinen eigenen Charakter dadurch einzubüßen. Es sollte seinen eigenen Charakter haben, jedoch nicht so sehr, daß der Patient sich als etwas Besonderes vorkommt, wenn er hineingeht oder herauskommt. Es sollte solide und kompakt und dadurch beschützend, aber nicht einengend wirken: ein bequemes Haus, in dem man sich so wohl fühlt wie in bequemen, alten Schuhen. Wenn möglich, sollten die Baulichkeiten Anmut haben, Unsicherheitsgefühle beruhigen, ohne beherrschend zu sein, und unseren Schönheitssinn befriedigen. Es sollte eine gewisse Einheitlichkeit ausstrahlen, aber erkennbare individuelle Züge aufweisen. Es sollte offen wirken und uns den sicheren Eindruck vermitteln, daß drinnen der individuell geprägte Mensch das Maß aller Dinge ist. Von dem Haus muß eine Atmosphäre der Würde und Selbstachtung ausgehen, gerade das braucht der gestörte Patient am dringendsten. Es ist nur gut, wenn diese Würde etwas Altbewährtes hat, aber auch ein neues Gebäude kann diese Atmosphäre haben. Kurz, das Gebäude muß einladend wirken. Das alles mag zu anspruchsvoll erscheinen, aber die sehr schwierige Aufgabe, seelisch und geistig gestörte Patienten zu heilen, erfordert soviel.

Bei der Planung eines psychiatrischen Krankenhauses muß einem bewußt sein, daß psychisch kranke Patienten das eine Objekt als sicher, ein anderes als personifizierte Verfolgung oder Verzweiflung empfinden. Alles wird ihnen zum Symbol (106, 107). Den größten Teil ihrer seelischen Energie verbrauchen die Patienten beim Nachsinnen über die verborgene Bedeutung einer jeden Farbe, eines jeden Gegenstandes und seiner Plazierung oder darüber, was sie über die Absichten des Krankenhauses und ihre eigene Zukunft aussagen. Alles hat eine persönliche Bedeutung für sie und vermittelt ihnen geheime Botschaften, die sie zu entziffern versuchen. Wenn wir an den psychotischen Menschen herankommen wollen, müssen wir uns deshalb zuallererst mit den Symbolen beschäftigen, bevor wir ihn sehr viel später durch rationales Denken erreichen können. Das gilt in noch höherem Grade für emotionell gestörte Kinder. Selbst das normale Kind wird unsere Absichten nicht so sehr daran messen, was wir sagen, nicht einmal an einem mitgebrachten Geschenk, sondern daran, wie wir spontan mit seinem Teddybären umgehen. Es wird unsere Gefühle auch daran ablesen, wie wir sein Zimmer dekorieren, und – was am wichtigsten ist – daran, ob sein Zimmer so eingerichtet wird, wie es selbst möchte, ob man die Wände in einer Farbe anstreicht, die es auswählen darf, oder ob es sie selbst anmalen und daran aufhängen darf, was es will!

Je gestörter ein Mensch ist, um so weniger glaubt er, was wir sagen, um so mißtrauischer ist er gegen das, was wir tun. Aufgrund eigener früherer Erfahrungen mit doppeldeutigen Botschaften kann er uns nicht trauen. Da der Patient weiß, er selbst lügt, um seine wahren Gefühle zu verbergen, ist er um so mehr davon überzeugt, daß er dem, was jemand anderes sagt, nicht wirklich trauen darf. Eher traut er unseren Handlungen und unserer Art, mit ihm umzugehen. Am ehesten aber glaubt er dem, was er selbst mit eigenen Augen, durch Berührung und vor allem durch eigenes Tun erlebt.

In der Erkenntnis dieser Tatsachen sollten psychiatrische Krankenhäuser dem Patienten ihre Ziele und Absichten nicht nur rational vermitteln. Sie sollten nicht vergessen, daß jedes Detail am Gebäude, jede Nuance des Handelns und der Einstellungen für den Patienten symbolische Bedeutung hat. Wenn also jeder Raum gleich ausgestattet ist, weiß der Patient sofort, daß wir seine Individualität nicht achten, sondern ihn in eine gemeinsame Form pressen wollen. Deshalb muß der Stil, in dem ein psychiatrisches Krankenhaus gebaut und eingerichtet ist – bis hin zur Lampenausstattung und zum Geschirr –, den Patienten überzeugen, daß dies ein Ort ist, an dem er wirklich willkommen ist. Er muß den Eindruck bekommen, daß für einen geachteten Gast alle Vorbereitungen getroffen worden sind, in der Hoffnung, er geruhe lange zu bleiben. Wenn er merkt, daß er als ein einzigartiges Individuum respektiert wird, kann er es sich leisten, seine Verteidigungshaltung aufzugeben.

Märchen, wie auch jedes bewußt literarische Werk, spiegeln die menschlichen Ur-Ängste und Hoffnungen. Ein häufiges Thema ist das Ausgestoßenwerden aus einem unfreundlichen, wenn nicht ausgesprochen gefährlichen Zuhause, wie zum Beispiel bei Hänsel und Gretel. Die Furcht, das Zuhause zu verlieren, verlassen zu werden – das, was die psychiatrische Literatur »Trennungsangst« nennt –, ist die eine grundlegende »existentielle« Angst; die Furcht vor Beschädigung des Körpers, eingeschlossen der Tod, die andere. Märchen enden oft mit der Versicherung, daß beide überwunden seien: Nach allen Gefahren, die man bei der Begegnung mit der großen Welt bestehen mußte – symbolisiert durch Drachen, Hexen und ähnliche Schrekkensfiguren –, ist die Belohnung ein sicheres, behagliches Zuhause und ein langes glückliches Leben. Hier wird deutlich, wie körperliche

Sicherheit, ein glückliches Leben und ein gutes Zuhause im Unbewußten der Menschheit zusammengehören, wie eines ohne das andere kaum vorstellbar ist. Ein gutes Zuhause ist in unserem Unbewußten das Symbol für ein gutes Leben, und ein gutes Leben kann man sich nicht vorstellen ohne ein gutes Zuhause.

Der Körper ist die Wohnung unserer Seele; da diese Wohnung die Seele nicht genügend beschützt hat, hat der Körper den gestörten Patienten im Stich gelassen. Unser Zuhause ist das, was uns im Leben Sicherheit und Halt gibt. Konkret beherbergt es unseren Körper, in einem symbolischen Sinn unsere Seele. Wenn der Geist eines Menschen zerrissen ist, hat die »Wohnung« ihre beiden Schutzfunktionen nicht erfüllt – sie hat weder emotionales Wohlbehagen noch symbolische Sicherheit geboten. Der Patient sollte deshalb schon aus diesem Grunde, wegen der unglaublich hohen symbolischen Bedeutung, das Krankenhaus als ein gutes Zuhause erleben, das seiner Seele und seinem Körper Schutz bietet.

Man könnte natürlich sagen, daß das Krankenhaus überhaupt nicht wie ein richtiges Zuhause wirken oder sich den Anschein geben sollte, es zu sein, da ja gerade das konkrete, wirkliche Zuhause bei manchem Patienten versagt hat. Das Krankenhaus muß in der Tat ganz anders sein als das Zuhause, das der Patient um seiner seelischen oder geistigen Gesundheit und vielleicht auch um seiner körperlichen Sicherheit willen verlassen mußte. Aber in allen Menschen, die ein unglückliches Zuhause gehabt haben, ist die Hoffnung lebendig, daß auch sie eines Tages ein gutes Zuhause finden werden. Das Krankenhaus sollte die Möglichkeit bieten, für den Patienten ein neues besseres Zuhause zu werden.

In einem Gebäude, das wie eine Anstalt aussieht, wird der Patient, der sich nirgends und bei niemandem »zu Hause« fühlt, nicht einmal in seinem eigenen Körper, nicht das bekommen, was er am dringendsten braucht: das Gefühl, endlich ein Zuhause gefunden zu haben. Aber er kann dann eine Chance dafür sehen, wenn ihm die neue Zufluchtsstätte rein äußerlich gefällt. Ein ganz neues Gebäude kann dieses Gefühl schlecht vermitteln, es macht den Eindruck, als hätte es noch nicht lange genug gelebt, um all die Schwierigkeiten, die das Leben mit sich bringt, verstehen zu können. Ein älteres Gebäude, das einen bewohnten Eindruck macht, vermittelt das Gefühl, daß es viel durchgemacht und überstanden hat, und entspricht deshalb besser den Zielen eines psychiatrischen Krankenhauses. Wenn kein geeignetes älteres Gebäude zur Verfügung steht, sollte man sich alle erdenkliche Mühe geben, dem neuen Gebäude einen bewohnten Charakter zu verleihen. Der Ort, an dem der Patient lebt, sollte ihm das Gefühl vermitteln, daß dort nicht nur er unterkommen wird, sondern auch alles, was ihn quält, seine Sorgen und seine Ängste. Es wäre therapeutisch unklug, einem Menschen zu sagen, das, wovor er Angst hat, könne ihn im Krankenhaus nicht mehr bedrohen. Tatsache ist, daß die Ängste eines Menschen innerlich ihm gehören. Obwohl die seelischen Schwierigkeiten, die ihn erdrücken, die Ursache seines Elends sind, bilden sie einen ganz wesentlichen Teil seiner Existenz. Wenn wir ihm versprechen, daß er bald frei sein wird von ihnen, heißt das, daß wir nicht wirklich ernst nehmen, was ihn bedrückt, und daher auch nicht ihn selbst. Außerdem fürchtet er dann, ihm werde irgend etwas weggenommen, und er weiß nicht, was beziehungsweise ob überhaupt etwas übrigbleiben wird. Sobald er das Schlechte aufgibt, bleibt, so fürchtet er, vielleicht überhaupt nichts mehr von ihm, so unvernünftig das von einem rationalen Standpunkt aus klingen mag.

Unser Unbewußtes ist jedoch alles andere als rational. Im Unbewußten kann man das Schlechte erst loslassen, wenn das Gute seinen Raum aufgefüllt hat, nur dann entsteht keine Leere. Die Therapie sollte sich also darauf konzentrieren, den seelisch oder geistig kranken Patienten gute Erfahrungen machen zu lassen. Sie werden schließlich einmal den Resten der traumatischen Vergangenheit entgegenwirken und so den Einfluß der schlechten Erfahrungen auf sein gegenwärtiges Leben vermindern.

Grenzen

Der schizophrene Mensch kennt die Grenzen seines Körpers nicht. Er weiß nicht genau, was zu seinem Selbst gehört. Der früheste Vorläufer des Ich ist das sogenannte Körper-Ich. Erst wenn der Geist heranreift und begreift, was in uns und was außer uns vorgeht, werden die beiden in unserer Erfahrung getrennt: in unseren Körper und uns selbst. Aber das Selbst und der Körper bleiben im Unbewußten so eng verbunden, daß niemand, der seines Körpers wirklich sicher ist, »den Verstand verlieren« kann. Was er (der Körper) tun kann, wird erfahren als das, was *ich* tun kann. Wenn ich das Gefühl habe, daß ich nichts in meinem Leben tun kann, habe ich auch das Gefühl, daß mein Körper ganz und gar unzulänglich ist. Obwohl viele schizophrene Menschen körperlich völlig gesund sind, sind sie überzeugt, daß ihr Körper zerfallen ist, weil ihr Selbst sich aufgelöst hat.

Typisch für diesen Zustand sind Halluzinationen, Stimmen, die der Kranke hört, als ob sie von außen kämen, obwohl es seine eigenen Gedanken sind. Vieles, was in seinem eigenen Innern, seelisch und geistig oder körperlich vorgeht, erlebt der Schizophrene als von außen kommend. Andererseits hat er auch das Gefühl, daß er Dinge verursachen kann, die ganz unabhängig von ihm sind, nur weil er sie wünscht.

Irgend jemand stolpert und fällt, und der Patient ist überzeugt, daß er den Betreffenden zu Boden gestoßen hat, obwohl er weit weg war. Er will, daß etwas Bestimmtes geschieht, und ist deshalb überzeugt, daß es bereits geschehen ist oder demnächst geschehen wird. Sein Körper dehnt sich in einem Augenblick so aus, daß er Dinge und Geschehnisse umfaßt, die außer ihm sind, und im nächsten Augenblick schrumpft er fast zu einem Nichts. Da sein Körper keine endgültige, festlegbare und dauerhafte Form hat, wandeln sich auch die Objekte in Größe und Erscheinung, je nachdem, wie er sie im Augenblick erlebt.

Weil sein Körper (also sein Selbst) keine definitiven Grenzen hat, können die Dinge außerhalb furchtbar wichtig werden (106). Die Beobachtung von Menschen, die in der Entwicklung ihrer Persönlichkeit gefährlich zurückgeblieben sind, wie autistische Menschen, hat zum Beispiel klar gezeigt: Da sie das Gefühl haben, daß ihr Selbst keine Kontinuität hat, müssen wenigstens die Gegenstände unverändert bleiben, damit sie nicht völlig in einem bodenlosen Sumpf untergehen. Die Gegenstände in ihrer Umgebung müssen immer am selben Ort und in der gleichen Lage bleiben (73); sie müssen eine gewisse Ordnung gewährleisten, da der Patient in sich selbst keine Ordnung findet. Versucht der Patient dann, mit therapeutischer Hilfe sich ein bestimmteres, fest umrissenes Selbst aufzubauen, wird er zunächst feste Grenzen nach außen schaffen. So bekommt das Selbst eine klar bestimmbare Grenze, so daß es nicht unaufhaltsam überfließt oder der andringenden Außenwelt hilflos ausgeliefert ist. Begrenzungen von außen müssen das Selbst zusammenhalten, bis es eine endgültige und dauerhafte Form annimmt und kein Zweifel mehr darüber besteht, was innerlich und was äußerlich vor sich geht (13). Wenn das Gebäude also vorläufig als Begrenzung für ein Selbst, das seine eigenen Grenzen noch nicht ausgebildet hat, dienen soll, muß es auch den Eindruck erwecken, daß es diese Funktion übernehmen kann.

Auch bei Menschen in Krisensituationen sind diese enge Verbindung zwischen dem Körpergefühl und dem Gefühl für das eigene Selbst sowie der Einfluß des einen auf das andere zu beobachten. In der Pubertät beginnt plötzlich der Körper, der so zuverlässig und dauerhaft schien, »aus allen Nähten zu platzen«. Er unterliegt raschen Veränderungen und entwickelt neue Funktionen, auf die der Mensch nicht vorbereitet ist. Diese körperliche Unsicherheit wird begleitet von einer tiefen Unsicherheit in bezug auf das Selbst. Der Heranwachsende in der Krise zeigt heute wie in vergangenen Zeiten überdeutlich, daß er von zwei entgegengesetzten Gefühlen zerrissen ist: er fühlt sich unfähig, sich selbst zu kontrollieren, und zugleich beherrscht und herumgestoßen von anderen, auch hat er das Gefühl, daß er das Leben viel besser meistern könne als sonst jemand. Im einen Augenblick ist er überzeugt, er könne praktisch alles leisten (das Selbst fließt über), im nächsten Augenblick fühlt er sich hilflos und zu fast nichts imstande (das Selbst ist zur Unbedeutendheit geschrumpft). Da er sich in seinem Körper nicht mehr wirklich zu Hause fühlt, kann er sich auch in der Welt nicht zu Hause fühlen. Rasche Veränderungen in den Gefühlen dem Körper und dem Selbst gegenüber sind so unentwirrbar verwoben, daß es schwierig wäre festzustellen, wo Ursache und Wirkung liegen, wenn der Krise im Selbst des Heranwachsenden nicht so deutlich die körperlichen Veränderungen vorausgegangen wären.

Schizophrene und auch andere, weniger schwer gestörte Menschen verspüren das Bedürfnis nach sicheren Grenzen, ohne sich dessen bewußt zu sein. Sie brauchen einen festen Halt und zugleich Sicherheit, damit ihre innere Unordnung vermindert wird und ihr Selbst eine Form erhält. Das psychiatrische Krankenhaus wird also von dem zukünftigen Patienten zuerst im Hinblick auf dieses Bedürfnis abgeschätzt: Birgt es Gefahren, oder kommt es dem Wunsch nach Begrenzung entgegen? »Das Überfließen des Ichs in Gegenstände ist ein hochgradig schizophrener Mechanismus, der dem Ich stets große Schmerzen verursacht, das sich so seiner Identität beraubt fühlt und mit Angst auf diesen Zustand äußerster Verarmung reagiert.« (33) Das Gebäude (und später die ganze Einrichtung, der Tagesablauf, das Personal, kurz seine gesamte Existenz im Krankenhaus muß doppelt vertrauenswürdig wirken, damit der Patient sein Ich darin eingehen lassen kann. Das wird dann nicht destruktiv sein, sondern eher sein Ich stützen, wenn er wichtige Aspekte seines neuen Zuhause verinnerlichen, sich mit ihnen identifizieren und auf diese Weise seine persönliche Identität aufbauen kann. Das ist unbedingt notwendig, denn die Tragödie des schizophrenen Menschen liegt darin, daß seine Lebensumstände ihn gezwungen haben, seine Ich-Energien in eine Welt überfließen zu lassen, die ihn vernichtet hat, während seine Anstrengungen, wichtige Bezugspersonen zu verinnerlichen, für ihn gänzlich destruktiv waren. Er will also nicht nur erkennen, was jeder Aspekt des psychiatrischen Krankenhauses für ihn bedeutet, sondern er will auch wissen, in welche Beziehung er dazu treten kann und in welcher Beziehung sie untereinander stehen. Er fragt sich: Wird dieser Ort größere Sicherheit bieten, oder wird er mich weiter auflösen? Wird er helfen, in meine Verwirrung Ordnung zu bringen, oder wird er mich noch mehr durcheinanderbringen? Wird er mich fest zusammenhalten, wenn ich drauf und dran bin auseinanderzubrechen, oder wird er mich in eine bestimmte Form pressen? Ist dieses Gebäude einladend und beruhigend genug, um mich wie eine Muschelschale zu schützen, wenn ich die Grenzen meines Selbst entdecke, und wird diese Hülle mich schützen, ohne mich zu erdrücken? Ganz tief im Innern weiß der Patient, daß dieser Ort für ihn soviel bedeutet wie die Puppe für den Schmetterling, wenn er nach einer Zeit schlafähnlicher Ruhe und innerer Entwicklung als ganzer Mensch daraus hervorgehen soll.

7
Die stumme Botschaft: das Einhorn und der Phönix

Seit mehr als vierzig Jahren ist unsere Orthogenic School in einem Gebäude untergebracht, das wie ein geräumiges Wohnhaus aus der Zeit des englischen Königs Georg V. aussieht. Früher hatte ein Pfarrer mit seiner Familie darin gewohnt, und auch ein kleines kirchliches Ausbildungsseminar war dort untergebracht, es war also gewissermaßen schon immer das Haus einer großen Familie gewesen. Als die Orthogenic School um 1930 dort einzog, änderte sich der Geist des Hauses nicht, es blieb weiterhin das Haus einer großen Familie (wenn auch einer weit zahlreicheren) und ein Ort, der humanitären Zielen gewidmet war.

Als wir 1944 die Arbeit in der Schule begannen, hatten wir nicht die Möglichkeit, ein gänzlich neues Gebäude zu errichten, aber wir gestalteten das Haus nach unseren Auffassungen um. Wir entdeckten dabei, daß im Vergleich mit einem völligen Neubau Patienten und Mitarbeiter bei einem solchen Umbau eine sehr wichtige Erfahrung machten: daß man niemals ganz von vorn anfängt, wenn man die seelische Gesundheit wiedererlangen und das heißt, die Persönlichkeit eines Menschen neu bilden will. Man muß erneuern, umstrukturieren und die Bruchstücke der Persönlichkeit, die sich herausgebildet haben, neuen und besseren Zwecken zuführen, sie in eine Einheit bringen und integrieren. Das gilt für Bauten wie für die individuelle Persönlichkeit.

Als die Kirche 1930 ausgezogen war, hatte die Universität von Chicago drei Gebäude erworben, die unmittelbar miteinander verbunden waren: die eigentliche Kirche mit der Sonntagsschule und Freizeiteinrichtungen, ferner das große Pfarrhaus, in dem auch zehn Studenten des Seminars untergebracht waren, und ein drittes Gebäude, in dem sich die Seminarbibliothek und die Klassenzimmer befanden. Damals hatte die Universität das Pfarrhaus und zwei Klassenräume des früheren Seminars der Orthogenic School zugewiesen. 1944 bekamen wir dann das Bibliotheksgebäude, einen großen Keller unter der Kirche und die zur Kirche gehörige Turnhalle dazu. 1950 begann der Umbau des gesamten Komplexes, und ein Flügel mit Schlafräumen, der größer war als die ehemaligen Schlafräume, wurde angebaut. In den sechziger Jahren wurde ein Neubau für Jugendliche errichtet, und auch die Kirche selbst mit sieben weiteren Räumen wurde der Orthogenic School angegliedert. Die ganze Schule wurde dann noch einmal umgebaut.

Als wir 1950 zum erstenmal in der Lage waren, ein neues Gebäude anzubauen, gingen wir dabei von dem bereits Vorhandenen aus, was ja genau unserer Arbeit mit den Patienten entspricht: Wir wägen sorgfältig ab, was bereits vorhanden ist und behalten werden sollte, was nur kleinerer Änderungen bedarf, was radikal verändert werden muß, und was angefügt werden kann, ohne das ursprünglich Vorhandene zu beeinträchtigen. Von diesem Prinzip allmählichen organischen Wachstums ließen wir uns auch bei allen späteren Erweiterungen leiten, die wir jedes Mal behutsam in das Alte einzufügen versuchten, so daß Altes und Neues einander ergänzten.

Da das ursprüngliche Wohnhaus den Ort symbolisierte, an dem Gefühle geformt werden, ist es bis heute der wichtigste Teil des Gesamtgebäudes. Die Kirche, die viel später hinzukam, dient noch immer als Versammlungsort, aber nicht mehr zum Beten. Sie wurde zu einem Veranstaltungssaal umgebaut und wird für alle möglichen gesellschaftlichen Aktivitäten, für Tanzveranstaltungen, Filmvorführungen und besondere Festlichkeiten benutzt. Planer und Architekten schlugen zuerst vor, die Kirche abzureißen, weil es billiger war, ein neues Gebäude zu erstellen, als sie umzubauen. Wir hielten es für richtiger, den Charakter der Kirche beizubehalten, da auf diese Weise sinnfällig wurde, wie aus alten Aufgaben neue erwachsen. Zwischen diesen beiden älteren Gebäuden, von denen das eine wie ein Wohnhaus und das andere wie eine Kirche aussieht, errichteten wir den Bau für die Jugendlichen, der trotz seiner Modernität romanische, klosterähnliche Züge hat. Sie sollen Geborgenheit und Schutz vor den Belastungen des Lebens und auch Versenkung, Bildung und inneres Wachstum versinnbildlichen. Die Fassade dieses Gebäudes schmückte Jordie Bonet mit einem Wandgemälde, das dem Betrachter einen Eindruck davon vermittelt, wie die Schule ihre Aufgaben auffaßt. Alle drei Gebäude, die sich klar voneinander abheben, sind miteinander verbunden, wie alle Aspekte des Lebens miteinander verbunden sein sollten.

In der Tatsache, daß wir die alte Kirche erhalten und für neue Ziele nutzbar machen wollten, spiegelt sich, was wir für unsere vorrangige Verpflichtung halten. Die Aufgabe, Seelen zu retten, die früher der Kirche zukam, ist in weitem Maße auf die psychiatrischen und psychotherapeutischen Einrichtungen übergegangen, und diese Tendenz wird sich in der Zukunft noch verstärken. Aber anders als in der Kirche muß unser Patient es lernen, sein Schicksal selbst in die Hand zu nehmen. Seine Rettung wird im Jetzt und Hier gesucht werden müssen, nicht in einem Leben nach dem Tode. Er muß lernen, auf sich und andere zu achten und nicht an übernatürliche Mächte zu glauben oder sich auf Kraftquellen außerhalb seiner selbst zu verlassen, die seinem Leben Richtung und Sinn geben sollen. Und er muß ein gutes

Leben führen, weil er selbst es will, und nicht, weil ein Gott es von ihm verlangt.

Es werden also nur ein paar wenige Erinnerungen an die Kirche in das psychiatrische Krankenhaus eingehen: Kontemplation, die Suche nach dem Selbst und die Bemühung, mit anderen leben zu lernen. Das psychiatrische Krankenhaus muß vorübergehenden Schutz vor dem Lärm und der Gewalttätigkeit der Welt bieten und dem Patienten die Sicherheit geben, daß er nicht nur gut versorgt, sondern auch geachtet und geschätzt wird. Dann wird er allmählich anfangen, daran zu glauben, daß er nicht nur sein eigenes Schicksal bewältigen, sondern auch seines Bruders Hüter sein kann.

Es war unsere Absicht, das Bild des Klosterlebens wiederzubeleben, das allen, die sich auf die gleiche Suche begeben, Ruhe bietet, um nachzudenken und um sich selbst zu finden. In Anbetracht der erzieherischen Tendenz unserer Arbeit können wir nicht darüber hinweggehen, daß Bildung und Klosterleben jahrhundertelang identisch waren. In der Psychotherapie dürfen die eigenen Anfänge und die eigene archaische Vergangenheit niemals vergessen werden, wir müssen beides akzeptieren und durcharbeiten, bis ihre Kraft uns die Stärke gibt, die Gegenwart und die Zukunft zu bewältigen. Das Alte muß zu neuem Leben erweckt werden und einen neuen Sinn erhalten. Deshalb leugnen wir die symbolische Bedeutung eines architektonischen Erbes aus der Vergangenheit nicht, vor allem, wenn es Sicherheit vor dem Lärm der Welt und geistige Konzentration symbolisiert – es wird zum Träger einer neuen Bedeutung.

Psychotherapie ist immer eine Übergangszeit, und der Aufenthalt in einem psychiatrischen Krankenhaus sollte eine Übergangszeit sein, in der man aus einem Zustand der Auflösung und Zerrüttung zu einer höheren Stufe der Entwicklung gelangt. Damit erhalten sämtliche Formen des Übergangs besondere Bedeutung und allen Übergängen sowie Durchgängen, Korridoren und Treppen sollte besondere Aufmerksamkeit gewidmet werden. Leider werden gerade diese Gebäudeteile, was Anlage und Ausstattung betrifft, noch mehr vernachlässigt als die übrigen Räumlichkeiten.

Die Tatsache, daß der Zustand der Versenkung gefördert wird durch geschütztes Wandeln in Muße, war im alten Griechenland wohlbekannt, wo die Philosophen in der Stoa, einer mit Bildern ausgeschmückten Säulenhalle, zu wandeln pflegten. Wir haben unsere Flure und Gänge im Gedanken an diese Stoa entworfen und versucht, aus ihnen Orte sowohl der Bewegung als auch der Ruhe zu machen. Ein überdachter Gang mit zwölf romanischen Bögen zwischen zwei Gebäuden dient diesem Zweck. Dem Klima Chicagos entsprechend haben wir die Bögen durch Glasfenster geschlossen, die zwar durchsichtig, aber so solide sind, daß im Laufe der Jahre nur eines einen

Sprung bekam und keines zerbrach, obwohl wir nichts unternommen hatten, sie abzusichern. Schönheit, die zum persönlichen Nutzen da ist, ist sich selbst Schutz genug, selbst bei potentiell gewalttätigen Patienten. Diese Fenster verleihen dem Korridor eine weiche, beruhigende Stimmung, ein vielfarbiges und friedvolles Licht. Die Atmosphäre lädt zum Träumen und Sich-Sammeln ein, während der kräftig hervorgehobene Charakter des Ganges, ein Symbol des Vorwärtsgehens, auf neue Ausblicke hinführt. Dieser Gang vermittelt den meisten Besuchern wie auch den Patienten und Mitarbeitern unbewußt das beabsichtigte Gefühl: daß die Schule ein Ort der Ruhe und Geborgenheit ist in Zeiten des emotionalen Wachstums, zugleich Einladung, weiterzugehen oder hinauszugehen, wenn die Zeit gekommen ist.

Drei zusätzliche Bögen führen von der Mitte auf einen halbkreisförmigen, überdachten Spielplatz und einen weiteren Arkadenbau, von dort in einen Garten und weiter auf einen großen Sport- und Spielplatz. Beherrschend in dem überdachten Spielplatz sind ein kreisförmiges eingelassenes Planschbecken und eine ebenfalls kreisförmig eingelassene Sandkiste, die zum Spiel mit Sand und Wasser einladen. Wir dachten dabei auch an eine symbolische Bedeutung, und die Erfahrung hat gezeigt, daß die Patienten sie wohl aufnehmen: Das Wasserbecken und die Sandkiste laden nicht nur zum Spielen ein, sie symbolisieren auch zwei Körperöffnungen mit ihren Funktionen, die Kinder und psychisch kranke Patienten so sehr beschäftigen: das mit Wasser gefüllte Becken regt die Vorstellung des Urinierens an, das mit Sand gefüllte die der Defäkation. Und die Kinder benutzen diese beiden runden Becken auch, um mit ihren Schwierigkeiten in diesen beiden problematischen Bereichen fertigzuwerden.

Während wir bei der Planung des kreisförmigen Wasserbeckens und Sandkastens die erwähnten Assoziationen im Sinn hatten – in dem Bewußtsein, daß jedes architektonische Gebilde als Erweiterung des Körpers und als repräsentativ für ihn oder für Teile von ihm betrachtet wird –, erlebten wir die Überraschung, daß viele Kinder in den Kreisen noch eine andere symbolische Bedeutung fanden, an die wir gar nicht gedacht hatten: sie sehen nährende Brüste in ihnen. Dieser Gedanke war uns nicht gekommen, weil wir zu rational gedacht hatten, obgleich wir durch unsere Beschäftigung mit den Patienten wußten, daß sie Gegenständen und deren Anordnung eine symbolische Bedeutung unterlegen. Da die beiden runden Becken in den Boden eingelassen waren anstatt hervorzuragen, kam es uns gar nicht in den Sinn, an Brüste zu denken. Aber für Kinder ist alles, was ihnen Lebensnahrung gibt – körperliche oder seelische Nahrung –, mit den nährenden Seiten der Mutter verbunden. Und da die Kinder so viel von diesen beiden kreisförmigen Gebilden hatten, wurden sie zu Symbolen für die mütterliche Brust. Es zeigt sich daran, daß man, sobald man etwas gebraucht, tiefere symbolische Bedeutung entdeckt, als noch so sorgfältige Planungen vorzusehen vermögen.

Wie jedes Kunstwerk können architektonische Formen, je künstlerischer sie gestaltet sind, eine vielfache symbolische Bedeutung tragen. Da Therapeuten aber keine Künstler sind, müssen wir die Künstler dazu bringen, das zu schaffen, was unseren Zielen am besten dient. Die neuesten Errungenschaften der Schule, den Bau für die Jugendlichen, den Umbau der Kirche, den klosterähnlichen Gang, den Brunnen und manches andere, verdanken wir Ike Colburn, der unsere und seine Vorstellungen in Schönheit und architektonische Formen umsetzte. Die bunten Glasfenster wie die gekachelten farbigen Treppenhäuser, von denen gleich die Rede sein wird, stammen von Harold Haydon und sind das Ergebnis einer Zusammenarbeit von vielen Jahren, während der wir viel darüber diskutiert haben, was für unsere Patienten Bedeutung hat. Sie sind auf der Grundlage unserer Vorstellungen entstanden, sind aber in erster Linie Ausdruck seines schöpferischen Genies.

Schon bevor wir die neuen Gebäude bekamen, trugen andere Künstler dazu bei, die Innenräume des Hauptgebäudes zu verschönern und zugleich symbolische Bedeutungen in künstlerischer Form zu vermitteln. In jedem einzelnen Fall diskutierten wir vorher darüber, was denen, die in diesen Gebäuden lebten und arbeiteten, etwas zu sagen hatte, welche symbolischen Gehalte wir uns von dem künstlerischen Werk erhofften. Während des Entwurfsstadiums versuchten wir dann abzuschätzen, welchen besonderen Sinn die Patienten aus den verschiedenen Darstellungen herauslesen würden. Das waren Hinweise, die die Künstler normalerweise nicht bekamen, aber sie empfanden sie als eine faszinierende Herausforderung an ihren schöpferischen Geist. Wir versuchten ihre Einfallskraft anzuregen, während wir zugleich sorgfältig darauf achteten, ihre künstlerische Phantasie nicht zu bevormunden. Die Wirkung war meist über Erwarten groß.

Seit dem Beginn der menschlichen Geschichte hat die Kunst symbolischen Sinn verkörpert und vermittelt. Eine Institution, die Geist und Gefühle beeinflussen will und auch die tiefsten Schichten unmittelbar erreichen möchte, wird sich daher der Kunst bedienen. Sie wird die Kunst der Patienten achten, die ausdrückt, was in ihnen vorgeht, und sie wird sich der großen Kunst bedienen, weil sie die Möglichkeit bietet, symbolische Bedeutungen zu verstehen, die unser Unbewußtes direkt ansprechen und uns weit mehr mitteilen, als der dargestellte Gegenstand selbst aussagen könnte. Deshalb kann das Symbol so viel wirksamer umfassende Eindrücke vermitteln, die wir sonst langsam herauskristallisieren müßten, indem wir viele Gegenstände einzeln deuten und diese Deutungen dann zusammensetzen würden, um einen Gesamteindruck zu erhalten. Aber selbst wenn wir das versuchen würden, könnten wir unseren Eindrücken nicht trauen.

Bühnenbildner wissen das sehr gut. Wenn wir die Bestandteile, aus denen sich das Bühnenbild zusammensetzt, einzeln betrachten müßten, um uns einen Eindruck zu bilden, könnten wir die Gesamtstimmung des Stückes nicht in uns aufnehmen. Ein guter Bühnenbildner muß imstande sein, diese Atmosphäre in dem Augenblick herzustellen, in dem sich der Vorhang hebt, und wenn ihm das gelungen ist, kommt sie sofort beim Publikum an – was sich meist in spontanem Applaus ausdrückt. In der gleichen Weise ergeben die verschiedenen Bestandteile der Schule zusammen mehr als ihre bloße Addition, sie vermitteln den Eindruck eines integrierten Ganzen, in dem die unterschiedlichen Einzelteile weder vollkommen zueinander passen noch passen sollen. Wenn alles vollkommen aufeinander abgestimmt wäre, gäbe es keinen Spielraum für eine individuelle Auswahl, für persönlich bedingte Eigenarten und Vorlieben oder für mögliche Wandlungen der Schule im Laufe der Zeit. Vollkommenheit wäre nicht nur den gestörten Patienten, sondern auch anderen unbehaglich; sie ist wunderschön anzusehen, aber man kann unmöglich tagein, tagaus mit ihr leben. Vollkommenheit ist zeitlos, und sie zu erlangen, liegt außerhalb der menschlichen Reichweite. Sie ist deshalb nicht geeignet als Hintergrund für die Launen des täglichen Lebens oder für die immer wieder neuen Vorlieben der Patienten, wenn sie sich allmählich eine eigene Ansicht über sich und die Welt bilden. Die Feststellung, daß alle Einzelheiten zusammengenommen einen wirkungsvolleren Eindruck ergeben als jede für sich allein, bedeutet, daß sie sich gegenseitig nicht stören, sondern alle nebeneinander bestehen können. Jede soll eine beruhigende und ermutigende Botschaft vermitteln, aber jede tut das auf eine andere Weise.

Uniformität wollten wir vermeiden: wir wollten dem Patienten das Gefühl geben, akzeptiert zu werden, und wir wollten ihm den Eindruck vermitteln, daß dies ein Ort der Hoffnung sei, an dem seine Bedürfnisse auf verschiedenen Wegen möglichst weitgehend befriedigt würden. Wir wollten dem künftigen Patienten zeigen, daß wir jedem auf individuelle Weise zu der Fähigkeit verhelfen wollten, ein gutes Leben zu führen. Dieses »gute Leben« sieht selbstverständlich für jeden wieder anders aus.

Das Projekt entwickelte sich im Laufe der Zeit immer weiter fort, und Patienten wie Mitarbeiter beteiligten sich daran. Wenn einmal einer etwas entdeckte, was er für wichtig hielt, sprachen wir darüber, ob wir es wirklich brauchten, welche Bedeutung es haben könnte, und wo wir es hinstellen könnten. Wenn jemand besonders heftig darauf aus war, daß wir einen bestimmten Gegenstand erwarben, dann bedeutete das meist, daß auch andere ihn für wichtig hielten. Manchmal machte eine Gruppe von Mitarbeitern, gelegentlich zusammen mit Patienten, einen Ausflug, um irgend etwas Besonderes zur Verschönerung eines bestimmten Ereignisses ausfindig zu machen, wie der Neueinrichtung eines Schlafraums, oder um die Stimmung vor Weihnachten, wenn alle von den Vorbereitungen erschöpft waren, neu zu beleben. Aber noch häufiger entdeckten wir rein zufällig Dinge, die die Schule anziehender machen konnten. Wir kauften sie, verstauten sie erst einmal irgendwo und machten uns keine Gedanken darüber, wie sie hineinpassen würden.

Die meisten psychiatrischen Krankenhäuser wissen es zu schätzen, wenn der Patient seine inneren Probleme mit Hilfe einer Beschäftigungs- oder Gestaltungstherapie symbolisch ausdrückt. Wenn aber die Patienten das, was sie gezeichnet, gemalt oder modelliert haben, in einem besonderen Raum aufbewahren müssen, dann wird die Kunst dem täglichen Leben ferngehalten. Dabei ist es genauso wichtig, daß der Patient sein Werk immer bei sich hat – etwa um sein Zimmer damit auszuschmücken oder um seinen Wohnbereich persönlicher zu gestalten –, wie es wichtig ist, daß einige Teile des Hauses von Patienten (wenn sie das wollen) ausgeschmückt werden. Solche Werke sind indessen nur potentielle Botschaften des Patienten an die anderen, er selbst muß solche Mitteilungen auch erhalten, wenn er von nur ichbezogener Erfahrung zu einer echten Interaktion gelangen will. Deshalb regen wir die Patienten dazu an, sich – abgesehen von den bunten Glasfenstern und den Wandgemälden in den Gemeinschaftsräumen – in ihren Zimmern mit Reproduktionen von Meisterwerken zu umgeben, die ihnen besonders gefallen.

Immer wenn irgendwo etwas umgebaut oder angebaut wurde, wenn Gemeinschaftsräume neu ausgeschmückt oder eingerichtet wurden, befragten wir sämtliche Patienten. In ihren eigenen Zimmern haben sie bei der Auswahl der Farbe der Wände, der Muster der Vorhänge und der Bettdecken, auch bei manchen Möbelstükken, wie Tischen und Stühlen, bei Beleuchtungskörpern usw. das letzte Wort. Wir legen den Patienten immer drei verschiedene Auswahlmöglichkeiten vor (Farbproben, Stoffe, Möbelstücke usw.), die den Mitarbeitern gefallen und die sie für geeignet halten. Die Patienten wählen, was sie am liebsten mögen, und wenn ihnen nichts davon gefällt, bieten wir ihnen etwas anderes an. Da wir ihnen nur eine begrenzte Auswahl zeigen, fühlen sie sich bei der Entscheidung nicht überfordert. Weil wir den Patienten nur Dinge anbieten, die uns selbst gefallen, freuen wir uns über jede Wahl, die sie treffen. Selbst Patienten, die an der Auswahl nicht aktiv teilnehmen, weil sie unter starken Depressionen oder negativem Verhalten leiden, freuen sich unter Umständen darüber, daß man sie überhaupt gefragt hat. Da nun jedes Jahr irgendein Teil des Gebäudes renoviert wird, niemals jedoch das ganze Gebäude, entsteht der Eindruck eines sich langsam, aber kontinuierlich entwickelnden Mikrokosmos; außerdem haben wir das Gefühl, daß jeder Patient an den Verbesserungen entscheidend mitgewirkt hat.

Der Einfluß der Schönheit ist für die Heilung des kranken Gemütes wichtig. Aber eine Gestaltung sollte nicht nur bewundert werden, man muß sie sich wirklich zu eigen machen. Eine Skulptur muß man berühren, man muß auf sie hinaufklettern, damit das, was durch sie ausgedrückt werden soll, nicht nur durch das Auge und durch den Geist, sondern auch durch die Unmittelbarkeit der Berührung und kinästhetischer Erfahrungen vermittelt wird, bei denen ein Körper zum anderen spricht. Die Lieblingsskulptur unserer Patienten ist eine überlebensgroße, liegende weibliche Figur im Garten. An ihr können die Patienten Gefühle, die mit der Mutter zu tun haben, ausleben, also ihre frühesten Erfahrungen. Die Tatsache, daß wir eine solche Figur angeschafft und ihr einen markanten Platz zugewiesen haben, drückt symbolisch aus, daß wir es gutheißen, wenn die Patienten sich mit diesen häufig konfliktgeladenen Gefühlen auseinandersetzen.

Zuerst hat der eine oder der andere Patient vielleicht Angst, dieser weiblichen Figur auch nur nahezukommen. Dann mißhandelt er sie unter Umständen – er tritt auf sie und stößt nach ihr –, bis er sich eines Tages in ihren Armen zusammenrollt, sich auf sie legt und schließlich zärtlich zu ihr ist, sie streichelt und abwäscht und abtrocknet. Die Häufigkeit und Intensität, mit der die Patienten diese Figur abschrubbten, waren für uns ebenso überraschend wie die Tatsache, daß sie Wasserbecken und Sandkiste als Brüste erlebten. Bei dem Plan, diese weibliche Figur aufzustellen, hatten wir an Liebe und Haß Mutterfiguren gegenüber gedacht. Obwohl wir uns alle bewußt waren, wie wichtig das Baden für das Kleinkind ist, und daß dies ein angenehmes oder destruktives Erlebnis sein kann, kam uns nicht in den Sinn, daß die Patienten diese Figur dazu benutzen würden, sich an ihr für Erfahrungen zu rächen, die mit dem Gebadet- und Gesäubertwerden zusammenhingen.

Die Patienten gaben der Figur den neutralen Namen »The Lady«, wahrscheinlich, weil sie an einer »Lady« ebenso leicht Gewalttätigkeit wie Zärtlichkeit loswerden konnten. Wäre sie »Mutter« genannt worden, hätten sie sich diese Freiheit vielleicht nicht erlaubt. Als Steinfigur fordert sie zu Mißhandlungen geradezu heraus und kann sie auch vertragen, was auch die beste Mutter aus Fleisch und Blut nicht kann. Es war faszinierend zu beobachten, wie manche Kinder nach einer langen Zeit heftiger Attacken durch Schrubben dazu übergingen, sie liebevoll und sanft zu umsorgen, oder wie ein anderes Kind, statt auf die Brüste zu treten und zu springen, später zufrieden den Kopf auf sie legte. Diese Mutter wurde niemals müde, wehrte sich nie, schlug nie zurück, wenn sich die Wut eines Kindes gegen sie entlud oder wenn es sie durch Kot beschmutzte. Soll ein Kind allerdings die Natur einer echten, wechselseitigen Beziehung lernen, dann braucht es eine Mutter, die auf das Kind reagiert, die vor einem Schlag zurückweicht. Aber für den Anfang und für eine gewisse Zeit kann eine Mutter aus Stein als ein nützliches Sicherheitsventil dienen, das Versuchshandlungen erlaubt, ohne in Panik zu geraten.

Zum Teil auch wegen ihrer Größe wurde diese Figur zu einem wichtigen Sozialisationsfaktor, was wir ebenfalls nicht erwartet hatten. Sie wurde zum Ort und vielleicht sogar zur Quelle wichtiger zwischenmenschlicher Erfahrungen. Kinder, die ihr Leben lang isoliert gewesen waren, begannen zum ersten Mal miteinander zu spielen, während sie auf der Figur herumkrabbelten. Es war uns nie in den Sinn gekommen, daß der nackte mütterliche Körper die Kinder so sehr dazu einladen würde, Kontakt miteinander aufzunehmen; wir hatten uns zu weit vom primitiven Leben entfernt. Wir hatten dieses Verhalten vorher nur bei jungen Tieren gesehen, die auf dem Körper ihrer Mutter herumkrabbelten. Wir wußten, daß Sozialisation – die Fähigkeit, Beziehungen zu anderen aufzunehmen – ihren Ursprung in der Beziehung des Kindes zu seiner Mutter hat, wenn es sich an und in ihren Körper schmiegt und bei ihr trinkt. Das Verhalten der Kinder zeigte, daß Erfahrungen mit anderen vielleicht viel unmittelbarer auf taktile und kinästhetische Erfahrungen mit dem Körper der Mutter zurückgehen, als man gemeinhin annimmt.

Wir waren stets auf der Suche nach weiteren Gestaltungen und fanden auch immer welche, die wir für unsere Bedürfnisse gebrauchen konnten: antike Möbelstücke, die zusammen mit modernen Möbeln die gewünschte Verschmelzung von Altem, Bewährtem mit anregendem Neuen zum Ausdruck bringen sollten.

Es dauerte viele Jahre, bis wir eine Skulptur fanden, welche die Art von Beziehung symbolisierte, die wir bei den Patienten wecken wollten. Eine Gruppe zweier Schwestern (von dem Bildhauer Joachim Karsch), in der die jüngere von der älteren umsorgt wird, bringt unsere Vorstellung von der Art menschlicher Beziehungen zum Ausdruck. Sie ist sehr anders im Charakter als die passiv empfangende, ruhende große (überlebensgroße) Mutterfigur. Die Schwesterngruppe drückt aus, daß wir als Kinder Kains diese unsere Erbschaft überwinden müssen, wenn wir ein gutes, richtiges Leben führen wollen. Jeder Patient, der gesund werden will, muß demnach den Zorn, der ihn in der Vergangenheit regierte, überwinden. Er muß lernen, im anderen Menschen nicht nur den Fremden zu sehen, als den er ihn immer empfand, sondern auch den Mitmenschen, der ihm aus seiner verzweifelten Isolation in eine menschliche Nähe mit anderen heraushelfen will. Die Patienten verstehen dieses Schwestern-Symbol sofort, wenn sie auch noch lange daran zweifeln, daß wir wirklich unseres Bruders Hüter sein können.

Die Skulptur steht in einem Wasserbecken, das sich in der Mitte eines kleinen viereckigen Hofs befindet. Hier spielt das Wasser eine zentrale Rolle – wie in vielen Klöstern. Das ständige Fließen und Sprudeln dieses Springbrunnens, die Melodie seines Steigens und Fallens sind nicht nur ein Symbol für den ruhigen Fluß menschlichen Lebens, sie erinnern uns auch daran, daß alles Leben in dem flüssigen Element seinen Ursprung hatte. Wer mit Freuds Schriften vertraut ist, kennt seine Gedanken über das »ozeanische« Gefühl, das er bis auf die frühesten Phasen des Ich-Gefühls zurückführte, also auf unsere grundlegenden Erfahrungen und unsere ersten Begegnungen mit dem Leben. Viele Menschen, die unter Einsamkeit und Verzweiflung leiden, finden Ruhe und Entspannung, wenn sie auf bewegtes Wasser blicken und seinem Rauschen zuhören. Deshalb stand das Wasser, Symbol für den Ursprung allen Lebens, mit dem die Kette der Entwicklung begann, genau im Zentrum der Orthogenic School. Das Wasser als nährendes Element in einem friedlichen, zur Meditation einladenden Hof und das Spiel eines Springbrunnens um ein Kunstwerk, das uns daran erinnert, daß wir unseres Bruders Hüter sind, bilden den passenden symbolischen Ausdruck unserer Bestrebungen.

Die symbolische Wirkung horizontaler Anlagen, wie der Gänge, ist sehr wichtig, genauso wichtig aber ist die Vertikale, so etwa das Auf und Ab von Treppen. In der Orthogenic School zum Beispiel gibt es eine Treppe, die von den Schlafräumen zum Speiseraum hinunterführt. Dieses Auf- und Absteigen ist psychologisch sogar noch wichtiger als das Durchschreiten eines Ganges, wegen des Vergnügens, das mit dem Erreichen eines höheren Standorts und eines besseren Ausblicks verbunden ist, und wegen der Angst vor dem Fallen oder Fallengelassen-Werden. Die Angst vor dem Fallen gehört zu den frühesten Ängsten, was sich auch an dem Bedürfnis des Kleinkindes zeigt, ganz fest gehalten zu werden, damit es nicht zu Boden fällt. Das Fallen war eine stete Gefahr für unsere Ahnen, die Primaten; das Junge mußte sich in den Pelz der Mutter krallen, damit es nicht vom Baum fiel und verlorenging oder verletzt und getötet wurde. Ich weiß nicht, ob diese alte Angst nicht noch immer in unseren Träumen und im Unbewußten gegenwärtig ist. Die meisten Menschen haben jedenfalls irgendwann einmal vom Fliegen oder vom Abstürzen geträumt, besonders davon, daß sie Treppen hinuntergefallen sind. Diese Ängste sind immer noch sehr lebendig in vielen psychotischen Menschen, in Menschen, die den sicheren Halt im Leben verloren haben. Es ist deshalb unbedingt erforderlich, die Treppenhäuser möglichst sicher anzulegen und sie andererseits auch mit Darstellungen auszuschmükken, die die richtige Atmosphäre vermitteln.

Bei der bildlichen Ausgestaltung der Treppenhäuser gingen wir davon aus, daß Treppen und Treppenhäuser außer ihrem offensichtlichen Zweck auch eine symbolische Bedeutung haben. In der christlichen Bildwelt erscheint die Treppe als Weg hinauf zum Himmel oder als Abstieg in die Hölle. Diese Bedeutung ist so tief in uns eingeprägt, daß wir uns unmöglich einen Abstieg zum Himmel und einen Aufstieg in die Hölle denken können. Was ein weiterer Grund dafür ist, unseren Patienten das Hinuntergehen möglichst angenehm zu machen, denn wir müssen ihnen helfen, sicher in ihre Vergangenheit und in das Chaos ihres Unbewußten hinabzusteigen, bevor sie sich wieder den Aufgaben der Gegenwart zuwenden können. Die Verwendung der Treppenhäuser als Symbol ist daher ein weiteres Mittel, auf Natur und Sinn des Aufenthaltes der Patienten in der Orthogenic School hinzuweisen.

Um dieses Treppenproblem ging es, als wir 1956 anfingen, mit Professor Harold Haydon zusammenzuarbeiten. Da wir eine Treppe hatten, die wir nicht mochten, versuchten wir es zuerst mit kleineren Verbesserungen, indem wir in das große Glasfenster bunte Glaswürfel in allen Farben einsetzten; das war bei Patienten und Mitarbeitern ein großer Erfolg und führte später zu den früher erwähnten, viel anspruchsvolleren bunten Glasfenstern im Korridor. Doch brachte auch das keine entscheidende Verbesserung des Treppenhauses als Ganzem. So kamen wir auf die Idee, die Wände zu kacheln. Da diese Wände leicht abwaschbar waren, konnte nun auch der Schmutz, der sich auf den häßlichen Wänden des Treppenhauses besonders anzusammeln schien, ferngehalten werden. Professor Haydon hatte wunderschöne Mosaiken und Wandgemälde für Kirchen und Synagogen geschaffen, und nachdem das Kacheln der Wände einmal beschlossen war, schien es ganz natürlich, ihn um seine Hilfe zu bitten. Das Ergebnis übertraf unsere Hoffnungen bei weitem. Wenn wir mit ihm darüber sprachen, warum wir lieber diese statt jener Figur wollten, und warum eine bestimmte Geschichte über einer anderen dargestellt werden sollte, erfuhren wir mehr über den symbolischen Gehalt der Wandgemälde, als wir für möglich gehalten hätten. Als wir dann über die graue Eintönigkeit der Treppen klagten, schlug er vor, sie in allen Regenbogenfarben anzumalen. Später konnten wir kaum noch begreifen, wie wir jemals mit den schmutziggrauen, monotonen Treppen hatten leben können.

Wir erfuhren bei dieser Gelegenheit zum erstenmal, daß ohne unsere psychologische Hilfestellung selbst der fähigste Künstler nicht in der Lage ist, den richtigen Rahmen für psychisch kranke Patienten zu schaffen, der auch einen symbolischen Charakter hat. Das Treppenhaus, bis dahin ein unansehnlicher Teil des Gebäudes, hatte sich zu einem seiner attraktivsten gewandelt. Wir machten dabei die Erfahrung, daß wir vor trostlosen Ecken keine Angst zu haben brauchten; wir sahen in ihnen vielmehr Herausforderungen an unsere Phantasie,

sie zu etwas ganz besonders Hübschem und Bedeutsamem zu machen. Seither haben sich mehrere solcher Stellen auf unerwartet reizvolle Art verwandelt, und sie zeigen den Gesamtcharakter der Schule oft mehr als manche von vornherein geplanten Besonderheiten. Für die Patienten war es sehr wichtig, eine solche fast »wunderbare« Entwicklung von deprimierender Öde zu lebendigen und bedeutungsstarken Quellen der Freude mitzuerleben. Wenn ein Patient während seines Aufenthaltes in einem psychiatrischen Krankenhaus nicht wenigstens einmal eine solche Verwandlung miterleben oder besser: an ihr teilnehmen darf, dann verpaßt er ein Erlebnis, das ihn in dem Glauben bestärken kann, auch in seinem Leben werde eine ähnliche Veränderung möglich sein.

Eines der Themen auf den Wandgemälden im Haupttreppenhaus mußte selbstverständlich Aufstieg oder Abstieg sein (übrigens wurde jede Kachel vom Künstler von Hand gemalt und dann erst eingesetzt). Es kam dabei nicht darauf an, eine Bewegung zum Himmel oder zur Hölle darzustellen, sondern zu zeigen, daß beides eine Bereicherung des Lebens bedeutet. Diese Bilder vermitteln also das Gefühl, daß es gut und wichtig ist, die höchsten wie die tiefsten Bereiche der Welt und damit auch des Geistes und der Seele, sowohl die rationalen als auch die emotionalen Bereiche, zu erforschen. Die höchsten Bereiche, unsere Planeten, werden durch den Himmel und die Sterne repräsentiert, die niedrigsten durch die Tiefen des Meeres. Zwischen beiden spielt sich das menschliche Leben ab, das reale und das symbolische; die Darstellungen spiegeln Mythologie und Wirklichkeit, die sich gegenseitig erhellen. Auch darin kommt wieder zum Ausdruck, daß die Kluft zwischen den irrationalen Gefühlen und ihrer rationalen Ordnung durchaus überbrückt werden kann.

Auf dem obersten Stock des Treppenhauses sind Kinder zu sehen, die durch Teleskope in den Weltenraum blicken, und schließlich ist sehr phantasievoll der Urwirbel dargestellt, aus dem sich Sonne und Planeten bildeten, die Entstehung unserer Welt. Am Fuße der Treppe ist das tiefe Meer mit seinen Tieren abgebildet, in dem alles Leben auf unserem Planeten begann, sowie ein anderes Beispiel wissenschaftlicher Forschung in Form einer Taucherkugel. Eine der vielen Deutungsmöglichkeiten dieser Bilderwelt könnte sein: unten befindet sich das Element des Wassers, in dem die Kette des Lebens beginnt, oben das Ur-Chaos. Zwischen beiden kann sich ein geordnetes Leben entfalten.

Mindestens eine weitere symbolische Bedeutung läßt sich hinzufügen: Ganz oben sind Kinder dargestellt, welche die Himmelskörper erforschen, besonders Sternschnuppen. Für das Kleinkind bedeuten die Himmelskörper die nährende Mutter, die Mutter Natur, wenn man so sagen will. Das erklärt auch, wie es zu der Bezeichnung

»Milchstraße« kommt und zu der Vorstellung der Antike, daß die Milchstraße und auch die Kometenschweife die Milch darstellen, die aus der Brust einer Göttin strömt. Unsere Kinder wissen wenig von Mythologie und Astronomie, aber sie sind in einem magischen Denken befangen, so daß diese Vorstellungen ihr Unbewußtes unmittelbar und ohne Umwege erreichen. Außerdem ist es wichtig für sie, daß wir sie dazu anhalten, Symbole zu betrachten, die ihnen sagen, daß selbst Sonne, Mond und Sterne ihnen zugetan sind. Auch zur Erforschung der Geheimnisse dieser Himmelskörper sollten wir sie anregen.

Am Fuße der Treppe sieht man Kinder, welche die tiefsten Tiefen des Meeres erforschen, die dunkle, feuchte Unterwelt. Die Gemälde bringen zum Ausdruck, daß man in diesem Haus nach allen Richtungen forschen darf, ja, daß wir das sogar begrüßen; daß die Kinder hier ihre persönlichen Höhen wie ihre dunkelsten Tiefen frei erkunden dürfen. Weder die höchsten noch die niedrigsten Bereiche unserer Erfahrung sollen vernachlässigt werden. Der Reichtum unserer Welt, unseres Lebens und unserer Persönlichkeit kann sich nicht entfalten, solange wir nicht mit beiden Bereichen gleichermaßen vertraut sind und frei von der Verfolgung durch ein überstrenges Über-Ich, wie auch frei davon, durch ein gesetzloses Es in das tiefste Chaos gestürzt zu werden.

Zwischen diesen beiden Extremen finden sich auf den Wandgemälden viele Stationen. Besonders hervorgehoben werden historische Begebenheiten, wahre und erfundene. Dabei liegt der Akzent (wie es bei jeder Psychoanalyse sein muß) auf dem, was die Vergangenheit für die Gegenwart bedeutet, und wie die Gegenwart von der Vergangenheit her verstanden werden kann. Da gibt es Darstellungen der Kindheit und der Vergangenheit Amerikas, in Gestalt von Tom Sawyer und Huck Finn, die auf ihrem Floß den Mississippi hinabtreiben, und in Gestalt der Sagen von Johnny Appleseed, von Paul Bunyan mit seinem blauen Ochsen, Casey Jones und John Henry. Daneben finden sich Darstellungen wirklicher, historischer Ereignisse: Die Puritaner in Plymouth, die Wanderung nach dem Westen, die amerikanischen Indianer mit ihren Büffeln. Sie alle haben ihren Platz in der Mythologie Amerikas und in der Phantasie der Amerikaner. Ganz tief unten auf dem Meeresgrund liegt eine Schatzkiste von Seeräubern. Dieses Bild soll zum Ausdruck bringen: Wir müssen in die tiefsten Tiefen tauchen und das Geheimnis dessen, was am tiefsten verborgen ist, lüften, dann werden wir einen Schatz an Reichtümern finden, der uns vor so langer Zeit geraubt wurde, daß wir nicht mehr wissen, woraus er bestand oder wieviel wir verloren, als wir ihn versinken und unserem Blick entgleiten ließen.

Das Thema der Wandbilder an einer anderen Treppe ist die mythische Bedeutung von Tieren im Sinne beschützender Wesen, was für die Anfänge der Zivilisation und die Empfindungen der frühen Kindheit kennzeichnend ist. Wie den alten Babyloniern und Assyrern, die in den Bildern mächtiger Tiere Sicherheit fanden, welche die Eingänge und großen Hallen ihrer Paläste beschützten und schmückten, so wird auch unseren Patienten das Gefühl der Freude und Sicherheit auf dieser Treppe vermittelt, die mit Tieren aus farbigen Ziegeln geschmückt ist. Einige dieser Tiere symbolisieren die unbewußten, verborgenen Triebe des Kindes, andere seine Beschützer; andere Tiere ermutigen, wie spielende Affen in den Bäumen und Tiere, die starke Beschützer sind, wie Löwen. Aber auch das warnende Bild des Vogels Strauß ist dabei, der seinen Kopf hilflos in den Sand steckt.

An den am besten sichtbaren Stellen dieses Treppenhauses befinden sich die Darstellungen zweier mythischer Tiere: das Einhorn, das bereitwillig seine phallische Kraft aufgibt, wenn es wahrer Liebe begegnet, und der Phönix, der Vogel, der sich aus der eigenen Asche selbst neugebiert und dadurch aus eigenem, freiem Willen seine vorige Existenz um einer neuen, besseren willen abstreift.

Sinnliche Wahrnehmungen: Sehen, Riechen, Fühlen

Schizophrene vertrauen oft viel mehr den Informationen, die sie durch die Nahsinne (Tasten, Riechen und kinästhetische Wahrnehmungen) erhalten als denen, die sie über die Fernsinne (Sehen und Hören) bekommen und auf die sich die anderen Menschen vorwiegend verlassen.

Gebäude haben meistens einen ganz bestimmten Geruch, dessen Charakter die Stimmung des Patienten beeinflussen kann und entscheidet, ob sie sich heiter oder niedergeschlagen fühlen. Unglücklicherweise haben die meisten psychiatrischen Krankenhäuser für den Patienten wie für jeden anderen einen »schlechten« Geruch. Wenn der Geruch auch nicht ausgesprochen widerlich ist, ist es zumindest ein »schaler« Geruch, auch wenn das Krankenhaus eine Klimaanlage hat. Riecht ein solches Krankenhaus »sauber«, was einige der besseren tun, dann ist es ein »kalter« Geruch; dabei sollte es »gut« und erfrischend sauber riechen. Der vorhandene Geruch kann auch nicht einfach überdeckt werden, indem man zum Beispiel »gute Düfte« künstlich versprüht – der Patient durchschaut die Taktik als einen Betrug. Solche Tarnmanöver haben keinen Erfolg, weil der Duft nicht echt ist, er verträgt sich nicht mit dem genius loci. Die Kombination von ursprünglich »schlechtem Geruch« und darüber gesprühten »guten Düften« verträgt sich absolut nicht und läuft darauf hinaus, daß der Patient den Eindruck bekommt, man verhalte sich unehrlich ihm gegenüber. Der für viele Krankenhäuser charakteristische antiseptische, saubere, strenge Geruch ist noch schlimmer, er ist weniger menschlich als alle anderen Gerüche, weil sein spezifischer Zweck der Kampf gegen Bakterien ist. Vielen Menschen ist dieser antiseptische Geruch unheimlich und unangenehmer als ein »ehrlicher« schlechter Geruch.

Als ich in die Orthogenic School kam, war die alte Fassade immer noch sehr reizvoll und gut erhalten. Aber noch bevor man das Gebäude betrat, bekam man eine düstere Vorahnung, von der man geradezu überwältigt wurde, wenn man die Eingangstür geöffnet hatte und einem der deprimierend widerliche Geruch entgegenschlug. Unerfahren wie ich war, glaubte ich, ein Großputz mit Schrubben und Neuanstrich würde das beheben. Aber es stellte sich heraus, daß es eine gewaltige Aufgabe war, den üblen Geruch auszutreiben, denn er hatte das Krankenhaus förmlich in Besitz genommen und sich in allen Ekken und Ritzen festgesetzt. Wände und Fußböden abzuwaschen und Holz- und Mauerwerk neu zu streichen, nützte gar nichts. Als nächstes warfen wir alle Vorhänge, Decken, Teppiche und alles Bettzeug hinaus, auch die Möbel gaben wir weg. Dann kamen weitere drastische Maßnahmen dazu. Zwar verminderte sich dadurch der widerwärtige Geruch, aber schließlich mußte ich doch einsehen, daß diese Methode zu kurzsichtig gewesen war. Ich war allem Äußerlichen mit geballter Kraft entgegengetreten, aber das genügte nicht, wo es um das Wesentliche ging. Diese radikalen Maßnahmen säuberten zwar die Luft, stellten aber nicht den »richtigen Geruch« her. Dieser konnte nur entstehen, wenn die Schule richtig geführt wurde, und dazu brauchten wir mehr Zeit.

Nach geraumer Zeit hatte die Orthogenic School dann endlich einen »warmen« und »freundlichen« Geruch. Die Voraussetzung dafür war, daß das Haus regelmäßig geputzt und immer wieder anders eingerichtet wurde, damit der gute Geruch nicht im Staub unterging. Dazu gehörte ein Hauch von Küchengeruch und ein frischer Luftzug von draußen, da nun ein beständiges Kommen und Gehen war; die wichtigsten Gerüche jedoch kommen von den Menschen, die in einem Hause leben. Wir gelangten zu der Überzeugung, daß beruhigende Gerüche von Körpern ausgehen, die sich wohl in ihrer Haut fühlen. Vielleicht kam es durch Einfühlung oder psychische Osmose seitens der Patienten – nach ein paar Jahren konnten jedenfalls alle älteren Mitarbeiter wie Hamlet es beim Betreten eines Raumes »riechen«, wenn irgendwas nicht stimmte. Es roch einfach nicht »richtig«, und daraufhin ließ sich häufig auch feststellen, was verkehrt gelaufen war. Worte und äußere Erscheinung können täuschen, aber wir können uns auf das verlassen, was sich richtig »anfühlt« und richtig »riecht«.

Ich bin ganz sicher, daß Wärme- und Kälteempfindungen das eben beschriebene Phänomen beeinflussen, ich konnte ihre spezifische Wirkung jedoch noch nicht genau analysieren. Nicht umsonst empfinden wir manche Menschen als »warm« oder als »kalt«, und ich habe es erlebt, daß seelisch kranke Patienten von einer bestimmten Person nicht nur sagten, »er macht mich frösteln«, sondern bei seinem Auftreten tatsächlich vor Kälte zitterten. In einem psychiatrischen Krankenhaus sollte es weder zu warm noch zu kalt sein, sondern gerade »richtig«. Mit Hilfe moderner Klimaanlagen und Thermostaten ist das relativ leicht zu erreichen, wesentlich leichter, als dem Haus den richtigen Geruch zu geben. Obwohl die Bedeutung sinnlicher Wahrnehmungen und Erfahrungen durch die Nahsinne für seelisch kranke Patienten kaum überschätzt werden kann, haben wir noch nicht einmal angefangen, danach zu fragen, wie man dieses Phänomen therapeutisch nutzbar machen könnte.

Etwas mehr weiß man über die Bedeutung kinästhetischer Erfahrungen für unser Wohlbefinden und unsere Sicherheit, und darüber, wie sehr auch unser inneres Gleichgewicht gestört ist, wenn unsere kinästhetischen Empfindungen unangenehm oder verwirrend sind, selbst wenn sie vielleicht erregend sind. Wir selbst können diese Erfahrung machen, wenn wir Achterbahn fahren, und jede Mutter weiß, wie unruhig ihr Baby wird, wenn es ihm beim Tragen nicht bequem ist, weil es entweder zu locker oder zu fest gehalten wird. Es ist äußerst wichtig für das Kind, daß es sicher gehalten wird und sein Gleichgewicht behält. Bauwerke vermitteln solche Gefühle in sehr starkem Maß, einige drücken uns nieder, andere streben mehr in die Höhe. Die Säulen der griechischen Antike vermitteln am stärksten das Gefühl wohlausgewogener Sicherheit, mehr als Säulen und Pfeiler anderer Kulturen, denn die Griechen wußten, welche besonderen Korrekturen nötig waren, um optische Täuschungen auszuschließen. Jeder reagiert wieder anders auf Säulen; mich laden sie zur Ruhe und zum Bleiben ein, während eine Reihe von Säulenbogen mich dazu anregt, ihnen entlangzugehen. Hoffentlich wird diesen Dingen in Zukunft mehr Beachtung geschenkt; vielleicht werden dann die alten, festungs- und gefängnisartigen Anstalten nicht bloß durch sogenannte »gute Krankenhäuser« ersetzt, sondern durch Bauten, die so angelegt sind, daß sie ein Gefühl der Sicherheit, Solidität und des inneren Behagens vermitteln.

Dem Tastsinn wird bereits große Beachtung geschenkt. Textilentwerfer wissen, daß verschiedene Gewebe und Materialien auch unseren Tastsinn unterschiedlich ansprechen, selbst wenn wir sie nur sehen. Kinder und psychisch Kranke, die ihren Fernsinnen viel weniger trauen als normale Erwachsene, müssen ihre Finger über das Material gleiten lassen, um es zu erfühlen. Tastempfindungen sind besonders wichtig für Menschen, die den Kontakt mit der Umwelt verloren haben und die Fähigkeit, Kontakt herzustellen, erst wieder erlangen müssen. Gebäude und Einrichtungen eines psychiatrischen Krankenhauses sollten deshalb den Tastsinn ansprechen und dem Patienten dadurch ein Gefühl der Sicherheit geben. Je mehr die baulichen Besonderheiten zum Berühren einladen und den Eindruck der Sicherheit vermitteln, um so eher kann man sich in dem Gebäude geborgen fühlen.

Ein Treppengeländer zum Beispiel, das sich gut anfaßt, das heißt, sich sowohl fest als auch angenehm anfühlt, hilft uns nicht nur beim Hinaufgehen, sondern gibt uns auch ein Gefühl der Sicherheit. Wenn an der gesamten Vorderfront eines Gebäudes Stufen entlanglaufen, mag jemand, der sich bloß für die äußere Fassade interessiert, das durchaus schön finden, denn viele Stufen verleihen einem Bauwerk ein imponierendes Aussehen, aber sie führen nicht in das Gebäude hinein, und der Eingang ist dann nicht genau erkennbar. Der psychisch kranke Patient braucht aber gerade eine klare Orientierung. Ein paar wenige Stufen mit dem richtigen Geländer, die ganz eindeutig zum Eingang führen, machen die Orientierung leichter. Wenn die Stufen leicht nach oben führen (was in jedem Fall beruhigender wirkt als eine abwärts führende Treppe), fordern sie zum Eintreten auf. Dazu kommt in der Orthogenic School noch eine kleine Säulenhalle, die einen günstigen ersten Eindruck vermittelt. Sicher gibt es noch viele andere Möglichkeiten, um einen solchen Eindruck zu erzielen, und nichts wäre tödlicher, als ein bestimmtes Vorbild sklavisch nachzuahmen. Wir haben eine Möglichkeit gefunden, das Problem zu lösen und dem Patienten schon beim Betreten des Krankenhauses das Gefühl zu vermitteln, daß er willkommen ist und zugleich bei uns in Sicherheit sein wird.

Ausstattung und Gestaltung des Hauses waren bestimmt von unserem persönlichen Geschmack, unseren Erfahrungen und unserer Überzeugung, daß wir den Patienten gegenüber ganz bestimmte Dinge zum Ausdruck bringen mußten. Andere Entwürfe und Einfälle können genauso gut zum Ziel führen. Es kommt immer auf die Absicht an, mit der etwas getan wird, darauf, daß Entscheidungen ernsthaft überlegt werden, und auf den Wunsch, Freude zu machen; das Haus muß ansprechend wirken und zugleich eine starke symbolische Aussagekraft haben.

Seelisch gestörte Patienten glauben, ihre Schwierigkeiten kämen von außen und nicht aus ihrer Psyche. Indem man für die bestmöglichen Daseinsbedingungen sorgt, zeigt man ihnen, welche Mühe man sich gemacht hat, um ihnen eine optimale physische und menschliche Umgebung zu verschaffen. Das macht es ihnen viel schwerer, darauf zu beharren, daß nicht sie selbst, sondern andere für ihre schwersten Probleme verantwortlich sind. Je erfreulicher, lebensfreundlicher und verständnisvoller ihre Umgebung ist, um so schwerer fällt es ihnen, sich der Einsicht zu verschließen, daß ihre Schwierigkeiten in ihnen selbst liegen – eine Erkenntnis, die eine wichtige Rolle dabei spielt, Menschen für eine Therapie zu gewinnen, deren Ziel es ist, ihre Persönlichkeit zu verändern.

8
Die stumme Botschaft: Symbolik der Situation

Abgesehen davon, daß schmückende Elemente hübsch und ansprechend sind und den Geist des Krankenhauses durch Symbole anschaulich machen, haben sie auch einen praktischen Wert. Jeder seelisch gestörte Patient ist nicht nur ängstlich, sondern auch innerlich durcheinander; nichts scheint zusammenzuhalten. Deshalb darf er sich im Krankenhaus nicht verloren fühlen. Er wird nicht daran glauben, daß er sich je im Leben zurechtfinden wird, wenn er nicht einmal im Krankenhaus den Weg findet. Wir alle orientieren uns an irgendwelchen Markierungen, die eine bestimmte Bedeutung für uns haben, und wir alle verirren uns leicht, wenn ein Gebäude oder eine Landschaft nicht klar gegliedert ist. Auffallende Schmuckelemente, die sich dem Gedächtnis leicht einprägen, machen es auch dem verwirrtesten Patienten möglich, sich zurechtzufinden. Wenn der Eingang zu seinem Zimmer dort ist, wo der Löwe sitzt, wird er nicht in die verkehrte Tür mit der Giraffe gehen.

Von Anfang an muß man sich bemühen, dem Patienten alles zu zeigen, ihm genau zu erklären, was wo ist und wie er sich am besten zurechtfinden kann. In der Orthogenic School wird jeder Patient, sobald er halbwegs mit seinem Zimmer vertraut ist, schon ein paar Stunden nach seiner Ankunft im ganzen Haus herumgeführt. Beim ersten Mal behält er wahrscheinlich nur ein paar Orientierungspunkte, aber allein die Tatsache, daß man ihm alles gezeigt hat, hat durchaus ihre Bedeutung für ihn. Die »Schule« will dem Patienten ja das Gefühl geben, er sei hier zu Hause, und ihm zeigen, daß er in der Lage ist zu begreifen, wie alles zusammenhängt. Um das wirklich zu erfassen, sind ein paar Rundgänge durch das ganze Haus natürlich nur ein Anfang. Der Patient muß das Gefühl haben, daß er alle Ecken und Ritzen nach Belieben erkunden darf, und man muß ihm helfen zu verstehen, wofür all die verschiedenen Räume benutzt werden. Zuerst wird man ihn bei seinen Wanderungen durch das Haus begleiten, aber später kann er dann auf eigene Faust darin umherstreifen. Es gibt Bereiche, in denen wir die Patienten nicht sehr gern sehen, obwohl sie auch diese Räume mindestens einmal kennengelernt haben sollen, wie zum Beispiel die Büros, in denen die Krankengeschichten aufbewahrt werden; die Patienten sollen wissen, wofür die Büros da sind und was in ihnen vorgeht.

Die Anstalt sollte eine Einheit bilden, die mehr als die Ansammlung ihrer Teile ist. Auf diese Weise kann der Patient sie als Ganzes erfassen. Wenn sie ihm das Abbild einer integrierten Existenz vermitteln soll, muß sie überschaubar sein. Sie sollte nicht zu groß sein, denn in einem Riesengebäude fühlt der Patient sich noch unbedeutender als sowieso schon, obwohl die geringe Größe eines Krankenhauses nicht auch seine Überschaubarkeit garantiert. Die Organisation des gesamten Krankenhauses muß durchsichtig sein, so daß alle, die damit zu tun haben, nicht nur die Leitenden, sondern Patienten und Pflegepersonal, Portier, Koch und Sekretärinnen, sie verstehen. Jeder, vor allem aber der Patient, muß wissen, wozu die einzelnen Teile – die alle ihm dienen – da sind, warum sie sich an bestimmten Stellen befinden und wie sie alle zusammengehören. Das ist deshalb so besonders wichtig, weil nicht vorauszusehen ist, welche Vorstellungen die Patienten mit den verschiedenen Orten verknüpfen. Für den einen bedeutete die Speisekammer neben der Küche den Inbegriff der Sicherheit, für einen anderen war es ein bestimmter Platz oder ein Fenstersitz über einer Heizung.

Die Patienten müssen nicht nur überallhin freien Zugang haben, sie müssen auch ein Gefühl dafür bekommen, wozu das Krankenhaus überhaupt da ist, dafür, daß es *ihre* Anstalt ist. Das Zusammenwirken ihrer verschiedenen Teile muß ein Symbol für ihre innere Integration und deren Vorzüge sein. Die Freiheit, in allen Räumen ein- und auszugehen, ist typisch für das Zusammenleben in einer Familie. Die Anstalt muß (um im Bilde zu bleiben) wie eine große Familie funktionieren, in der jeder geachtet wird und einen wichtigen Platz im alltäglichen Zusammenleben einnimmt. Aber das Vorbild soll nicht die Kleinfamilie sein mit der ganzen Intensität komplizierter Gefühlsbindungen oder dem Schrecken darüber, daß es sie nicht gibt. Vorbild soll die erweiterte Großfamilie sein, wo jeder zu einigen der anderen Familienmitglieder, aber nicht zu allen, enge Beziehungen hat, in der jeder seinen Platz hat und alle miteinander leben und sich gegenseitig helfen, ohne einander zu behindern.

Das Recht auf freien Zugang zeigt sich daran, daß die Türen offen sind, so wie Ohnmacht und Verbote durch Schloß und Riegel symbolisch werden. Das schlimmste Gefühl, das einem durch die Umgebung vermittelt werden kann, ist, eingepfercht zu sein – vom Eingeschlossensein nicht zu reden. Psychisch Kranke wissen, daß verschlossene Türen Beweis für die Angst des Pflegepersonals vor ihnen sind, ganz gleich, welche Erklärungen man ihnen sonst dafür gibt. Das Argument, daß verschlossene Türen und vergitterte Fenster die Patienten davor schützen sollen, sich zu verletzen, ist trügerisch. Diese Gefahr besteht nur, wenn man sie allein läßt, oder wenn sie in einer Umgebung leben müssen, in der es äußerlich, aber auch seitens der Menschen an Einfühlung für ihre Bedürfnisse fehlt.

Unpersönliche Einschränkungen ihrer Handlungsfreiheit wirken sich auf Menschen, die zum Selbstmord neigen, mehr als auf alle anderen ausgesprochen negativ aus. Sie überzeugen ihn nur noch stärker davon, daß das Leben sinnlos ist. Er braucht Bedingungen, die ihm die Überzeugung geben, daß das Leben sogar für ihn lebenswert ist, und daß er denen, die sich um ihn bemühen, sehr viel bedeutet. Er braucht ein Höchstmaß an menschlicher Obhut, um seinem Gefühl der Isolation entgegenzuwirken, nicht öde vergitterte Räume, sondern eine reizvolle Umgebung, damit seine depressive und verzweifelte Stimmung sich ändert.

Wenn es in einem psychiatrischen Krankenhaus eine »Sicherheitszelle« gibt, besteht die große Versuchung, dieses Mittel, für »Sicherheit« zu sorgen, auch zu benutzen. Der unannehmbare Gedanke, daß man den Patienten in einen so trostlosen Raum einschließt, nicht um ihn daran zu hindern, Schaden zu verursachen, sondern um ihn für den Ärger, den er verursacht, zu bestrafen, wird rationalisiert und verdrängt. Man bemüht sich sehr, die Behauptung aufrechtzuerhalten, daß solche Räume zum Besten des Patienten da seien, indem man sie »Isolationszellen« nennt oder Orte, an denen er sich »wieder fangen« kann. Bei dem aufsässigen Verhalten von seelisch oder geistig gestörten Patienten wird man, sofern es einen Raum gibt, in den man jemanden einschließen kann, diesen immer dazu benutzen, dem Personal das Leben leichter zu machen. Es ist eine unbestreitbare Tatsache, daß die Arbeit des Personals in psychiatrischen Krankenhäusern schwierig, anstrengend und nervenaufreibend ist – die Versuchung, sich Erleichterung zu verschaffen, ist also groß. Und doch gibt es einen alle anderen Erwägungen in den Schatten stellenden Grund, weshalb solche Möglichkeiten, sich dem Patienten und seinen Anforderungen zu entziehen, dem Personal eines psychiatrischen Krankenhauses nicht gestattet sein sollten. Kalte Packungen, Isolationszellen und Ähnliches entheben das Personal der Aufgabe, den Mord- oder Selbstmordneigungen der Patienten durch menschliches Eingreifen entgegenzuwirken, durch das einzige Mittel also, das schließlich zu einer dauernden Besserung führen kann. Auch wenn die Patienten nur selten mit ihrer Wut, ihrer Verzweiflung und ihrem Elend allein eingeschlossen werden, ist die Drohung, daß ihnen das passieren kann, immer gegenwärtig und ausgesprochen schädlich für sie. Psychiatrische Krankenhäuser, die im Gegenteil gerade darum bemüht sein sollten, die Angst des Patienten zu lindern, gebrauchen also Drohungen, die seine Angst noch erhöhen. Die sogenannten »Sicherheitszellen« haben eine symbolische Bedeutung, die über das ganze Dasein des Patienten einen Schatten wirft.

Ich habe die symbolische Bedeutung von Bauwerken, Einrichtung und anderen Gegenständen hervorgehoben. Aber bevor sie zu Symbolen werden, sind sie zunächst einmal konkrete Dinge: ein vergittertes Fenster, eine verschlossene Tür, ein großer Schlüsselbund. Einer der ersten Schritte bei der Neuorganisation der »Schule« war deshalb, alle Schlösser auszuwechseln, damit niemand mehr eingeschlossen werden konnte. Da Türen, die nach draußen führen, Schlösser haben müssen, um Fremde fernzuhalten, setzten wir neue Schlösser ein, so daß niemand von außen eintreten konnte, aber auch niemand am Verlassen des Hauses gehindert wurde. Und weil es selbst in einer sehr offenen Anstalt Orte gibt, die verschlossen, und Dinge, die eingeschlossen werden müssen, führten wir einen einzigen Schlüssel ein, der sowohl für die Türen, die nach draußen führten, paßte, als auch für die Büros, Aktenschränke, die verschließbaren Schränke in den Schlafräumen und für alle sonstigen Räume, die gesichert werden müssen. Die zweite große Neuerung war also, sämtliche verschiedenen Schlüssel abzuschaffen und alle Schlösser nach einem einzigen Schlüssel zu richten, der unauffällig in die Tasche gesteckt werden konnte. Den Patienten sollte das signalisieren: »Wir wollen nicht, daß ihr euch eingeschlossen fühlt, deshalb wollen wir nicht mit den Schlüsseln in der Hand herumgehen.«

Als ich in die Orthogenic School kam, trug jeder Mitarbeiter einen schweren Schlüsselbund für die verschiedensten Türen, Akten- und Wandschränke und was sonst noch alles mit sich herum. Man konnte den Rang eines Mitarbeiters an der Größe seines Schlüsselbundes ablesen, es bedeutete einen sichtbaren Aufstieg, wenn er einen neuen Schlüssel erhielt. Die Umstellung auf einen einzigen Schlüssel war eine einfache Angelegenheit, aber die Mitarbeiter verlangten, daß ein bestimmter Bereich nur für einige wenige mit einem besonderen Schlüssel zugänglich sein sollte. Meistens wurde auch eine plausible Erklärung dafür gegeben, aber im Grunde stand immer der Wunsch dahinter, daß aufgrund seiner besonderen Bedeutung nur ein paar Auserwählte Zugang zu diesem Bereich haben sollten. Im Laufe der Jahre tauchte die Frage der Schlüssel immer wieder unter diesem oder jenem Vorwand und mit sehr überzeugenden Argumenten auf: einer der Einheitsschlüssel war verlorengegangen, irgend etwas war verschwunden und wahrscheinlich gestohlen worden, Patienten und Personal sollten nicht in Versuchung geführt werden, Dinge an sich zu nehmen, die ihnen nicht gehörten. Einmal war das Portemonnaie einer Sekretärin gestohlen worden, ein anderes Mal das der Köchin – hatten sie also nicht ein Recht darauf, ihre Sachen wegzuschließen? Solche Bitten waren auf diese oder jene Art immer aufschlußreich, weil sie mit Statusproblemen verbunden waren: bestimmte Leute sollten einen neuen Schlüssel bekommen, andere nicht. Das bestätigte sich so oft, daß ich zu dem Schluß kam: überall, wo es viele Schlüssel gibt, herrscht eine komplizierte, auf Statussymbole gegründete Hierarchie und umgekehrt – solche Hierarchien können nur dann überwunden werden, wenn auch die vielen Schlüssel abgeschafft werden.

Selbstverständlich mußten wir dafür sorgen, daß die Mitarbeiter durch diese Neuerung nicht in Bedrängnis gerieten. Wenn Dinge verschwinden oder gestohlen werden, müssen sie dem Betroffenen voll ersetzt werden. Um jeder Kritik an einer scheinbar übertriebenen Freigebigkeit, die jedoch nichts anderes als ein gerechter Ausgleich war, zu begegnen, wurde über solche Ersatzleistungen sorgfältig Buch geführt. Sämtliche Schäden, die voll ersetzt worden waren, beliefen sich auf weniger als 0,0005 Prozent des Gesamtbudgets der »Schule«, wesentlich weniger als die Kosten für neue Schlösser. In dieser Summe waren sogar die Gelder enthalten, die den Mitarbeitern für Beschädigungen ihrer Kleidung und anderer Dinge durch die Patienten ausgezahlt wurden. Da es nur einen gemeinsamen Schlüssel gab, den viele Leute besaßen, waren die Mitarbeiter besonders vorsichtig, so daß vermutlich weniger Diebstähle passierten, als wenn es viele verschiedene Schlüssel gegeben hätte.

Schließlich machte es den Mitarbeitern nichts mehr aus, daß es nur einen Schlüssel gab. Der eine Schlüssel schloß sämtliche Türen und Schränke auf, allerdings mit einer Ausnahme: die Privatzimmer der Mitarbeiter hatten selbstverständlich einen eigenen Schlüssel, denn es geht ja nicht, daß Privaträume ohne Einladung von jedermann betreten werden können. Dadurch, daß es keine schweren Schlüsselbunde mehr gab, wurden die Patienten nicht mehr ständig daran erinnert, daß es Orte gab, die ihnen nicht offenstanden.

Schlüssel sind aber nicht nur Symbole dafür, daß manche Zugang zu bestimmten Dingen haben, andere nicht; sie haben auch den ganz realen Zweck, ein- oder auszuschließen. Da Schlüssel meist Türen öffnen, die in Wände eingelassen sind, paßt eine Zeile von Robert Frost hierher:

> Something there is that doesn't love a wall,
> That wants it down.
> (Es gibt etwas, das eine Wand nicht liebt,
> Das sie herausgerissen haben möchte.)

Bis in unsere Tage gaben uns Mauern, wirkliche oder symbolische, Sicherheit. Nirgends fühlte sich der Bürger stärker oder sicherer als in den Mauern seiner Stadt; ein Riß in der Mauer bedeutete Vernichtung oder Schlimmeres. Selbst Robert Frost erkennt, daß trotz des Wandels der Zeiten einige Mauern doch noch ihre Berechtigung haben. Er schreibt:

> Before I built a wall I'd ask to know
> what I was walling in or walling out...
> (Bevor ich eine Mauer baute, wollte ich wissen,
> was ich einmauern oder durch Mauern ausschließen wollte...)

Wenn der psychisch kranke Patient eine Anstalt betritt, ist er so verzweifelt, daß er entweder die Sicherheit sucht, die das Gefühl, völlig eingemauert zu sein, ihm gibt, oder er möchte, daß alle Mauern heruntergerissen werden, auch wenn er dadurch völlig ungesichert ist. Deshalb muß der Patient zuerst die Erfahrung machen, daß Mauern und verschlossene Türen in der Orthogenic School weder das eine noch das andere bedeuten. Der Patient muß lernen, daß einige Mauern dazu da sind, das, was darinnen ist, zu beschützen, und er muß lernen, wovor diese Mauern schützen. Der Patient kann das nicht einfach hinnehmen, deshalb wird er dazu ermutigt, das alles bei verschiedenen Gelegenheiten und zu verschiedenen Zeiten immer wieder selbst auszukundschaften.

Leider tut man immer so, als ob es für Patienten mit Mord- oder Selbstmordimpulsen gar keine andere Möglichkeit gebe als geschlossene Stationen. So schreibt M. S. Schwartz in seiner Arbeit über Milieu-Therapie:

»Einige Patienten nehmen es übel, als Gefangene behandelt zu werden, andere Patienten wiederum brauchen den Schutz, den verschlossene Türen bieten. Obwohl eine unverschlossene Tür das Vertrauen und den Respekt der Anstalt dem Patienten gegenüber zum Ausdruck bringen kann, belastet sie ihn unter Umständen auch mit einer Verantwortung, die er nicht tragen kann. Eine offene Tür könnte ihm beispielsweise Gelegenheit zur Flucht oder zum Selbstmord geben, eine Gelegenheit, die er ergreifen muß, weil er davon ausgeht, daß seine Betreuer wollen, daß er so etwas tut; er kann es in jedem Fall als eine Zurückweisung seiner Person seitens der Anstalt empfinden« (105).

Diese wissenschaftliche Arbeit kommt, wie fast alle ähnlich argumentierenden Arbeiten, zu dem Schluß, daß auf geschlossene Stationen nicht verzichtet werden kann. Sehr selten stellen derartige Berichte klar, daß es das Recht des Patienten ist, Selbstmord zu begehen, und daß niemand das Recht hat, ihn mit Gewalt daran zu hindern, es sei denn, man versucht, es ihm auszureden. In all diesen Auseinandersetzungen wird immer wieder die schwerwiegende Frage gestellt: Warum sollte man dem Patienten eine zu große Verantwortung aufbürden oder ihm Gelegenheit geben, die Absichten der Anstalt falsch zu interpretieren? Mißverständnisse gibt es nur, wo Zweifel möglich sind, wo die Dinge dem Patienten nicht richtig klargemacht worden sind. Es gibt durchaus Wege, dem Patienten über jeden Zweifel hinaus zu versichern, daß man auf keinen Fall will, daß er sich verletzt – und zwar bessere und wirksamere Wege als die, ihn einzuschließen. Abgesehen davon können psychiatrische Krankenhäuser trotz geschlossener Stationen und sogenannter höchster Sicherheitsmaßnahmen Selbstmorde nicht völlig verhindern. Selbstmorde kommen in psychiatrischen Anstalten nun einmal vor, und es ist sehr fraglich, ob geschlossene Stationen ihre Anzahl wesentlich vermindern.

In der Orthogenic School, in der es überhaupt keine geschlossenen Stationen gibt, haben wir viele Jahre lang mit zahlreichen selbstmordgefährdeten Patienten gearbeitet, die bereits mehrere schwere Selbstmordversuche hinter sich hatten. Es gab bei uns weder Selbstmorde noch Selbstmordversuche. Körperliche Angriffe auf Mitarbeiter gab es ab und zu, aber wenn einige davon auch ziemlich schmerzhaft waren, so hatte doch keiner bleibende Folgen. Das war zum Teil darauf zurückzuführen, daß die »Schule« keine Ähnlichkeit mit einem Gefängnis hatte, vor allem aber darauf, daß die Patienten niemals an unseren Absichten zweifelten. Auch taten wir alles, was in unseren Kräften stand, um einen Selbstmordversuch zu verhindern, indem wir uns selbst zwischen die Absicht und die Tat stellten, das heißt, wir paßten auf, daß nichts Schlimmes passieren konnte und dem Patienten keine zu große Verantwortung auferlegt wurde. Ob eine Anstalt es sich leisten kann, nie einen Patienten einzuschließen, hängt davon ab, ob man ihm klarmachen kann, wie sehr sein Wohlbefinden – was mehr ist als bloße Sicherheit – jedem am Herzen liegt. Dazu gehört beispielsweise, daß man manchmal eine ganze Nacht bei einem Patienten zubringt, seine Angriffe, wenn es sein muß, akzeptiert und ihm die Gewißheit gibt, daß im Ernstfall sein Wohlbefinden allem anderen vorgeht. Diese Erfahrung macht einen Selbstmord psychologisch offenbar fast unmöglich.

Nicht die strengsten Sicherheitsmaßnahmen, sondern die Erfahrung, daß wir anderen wichtig sind, hält uns auch in unseren verzweifeltsten Augenblicken am Leben. Oder, besser ausgedrückt, wenn man weiß, wie wichtig man denen ist, die eine große Rolle in unserem Leben spielen, dann ist gerade das die beste Sicherheit. Viele Selbstmordversuche, zweifellos auch viele wirkliche Selbstmorde, haben kein anderes Motiv als den Wunsch, herauszufinden, ob man einem anderen wirklich wichtig ist. Wenn man das bereits weiß, hat man keinen Grund, es herausfinden zu wollen.

Eine andere Begründung, mit der geschlossene Stationen gerechtfertigt werden sollen, ist die: der Patient müsse eingesperrt werden, damit er nicht flieht und sich außerhalb des Krankenhauses in zerstörerischer oder selbstzerstörerischer Weise verhält. »Flucht« jedoch ist dann sinnlos, wenn die Mitarbeiter bereit sind, mit dem Patienten zusammen »fortzulaufen«, um ihm das Ausreißen angenehmer und sicherer zu machen. Weil die Patienten wußten, daß wir sie entweder dazu bringen würden, nicht zu »fliehen«, oder mit ihnen gehen würden, machten einige die tollsten Fluchtpläne und trafen Fluchtvorbereitungen, obgleich unsere Türen ja immer unverschlossen sind. Aus demselben Grund, nämlich weil sie wußten, daß wir uns Sorgen um sie machten, entschlossen sie sich zurückzukommen. Einer unserer Ausreißer faßte das hinterher so zusammen: »Ich wußte ja nicht, daß euch so viel an mir liegt.« Das ist auch der Grund, weshalb er uns später, nachdem er als Patient unzählige Male fortgelaufen war, öfter und regelmäßiger besuchte als irgendein anderer ehemaliger Patient.

Eine offene Anstalt muß nicht notwendig Fluchtversuche begünstigen, im Gegenteil, das Gefühl, daß er den Mitarbeitern etwas bedeutet, schafft bei dem Patienten eine seelische Bindung. Dadurch ist er, ob er es weiß oder nicht, auch wenn er es leugnen sollte, wesentlich fester an die Anstalt gebunden als durch irgendwelche physischen Zwänge.

Wenn ein Patient neu zu uns kommt, wird ihm gesagt, daß die Schlösser an den Türen so konstruiert sind, daß niemand gegen unseren Willen hereinkommen, daß aber auch niemand eingeschlossen werden kann. Um ihm das zu demonstrieren, fordern wir ihn auf, es selbst auszuprobieren. Er soll begreifen, daß in diesem Hause er selbst entscheidet, ob er drinbleiben oder hinausgehen will, daß er jedoch vor Eindringlingen sicher ist. Das sind zunächst rein mechanische Tatsachen für ihn, bis er dann den Geist kennenlernt, der hinter allem steht.

Haben die Patienten einmal gemerkt, daß die Türen immer aufgehen, wenn man hinauswill, dann begreifen sie allmählich auch, daß andere Einrichtungen der »Schule«, die beengend wirken (und es auch sind), wie zum Beispiel Zäune, sie beschützen. Nun empfinden sie die Sicherheitsgitter (die nur an den Fenstern der oberen Stockwerke angebracht sind) nicht mehr als Gitter, die sie einsperren, sondern als Schutz vor dem Hinausfallen oder vor der Versuchung, sich hinunterzustürzen. Dank diesen Gittern können sie sorglos auf den Fensterbrettern sitzen, hinaussehen und es sich wohlsein lassen. Hochgelegene Orte, die vielen Menschen Angst einjagen, erscheinen einem Patienten plötzlich sicher, nur weil er bei uns wohnt. Wenn Sicherheitsgitter so aufgefaßt werden sollen, dann müssen sie natürlich ganz eindeutig zum Schutz der Person und nicht zum Schutz gegen zerbrochene Fensterscheiben da sein. Wenn wir einen Fensterschutz anbringen würden, dann bedeutete das für den Patienten, daß wir glauben, er würde sie kaputtmachen, was ihn gerade dazu provozieren würde. Deshalb muß das Gitter ganz normal außen angebracht werden, wo es vor Insekten und vor dem Hinausfallen schützt. Außerdem mildern Gitter wie Türen die stets vorhandene Angst vor Entführern, Räubern oder plötzlich auftauchenden Verwandten.

Ein weiteres Beispiel mag zeigen, wie selbst die alltäglichsten Dinge zu Trägern tieferer Bedeutung werden können. Es gibt unzählige Mittel und Wege, mit deren Hilfe die Patienten herausfinden, ob die

Anstalt in erster Linie so eingerichtet ist, daß das Personal es möglichst bequem hat, oder ob sie wirklich für sie da ist. Die guten Absichten des Personals müssen sich bewähren, wenn die Patienten von den Sicherheitsvorkehrungen der Anstalt freien Gebrauch machen, um sich davor zu schützen, von ihr betrogen zu werden.

Ein fast ständig schweigendes autistisches Mädchen verlor das Vertrauen darauf, daß es bei uns in Sicherheit war, weil eine ihrer Betreuerinnen bei uns ausscheiden wollte. Das Mädchen fühlte sich im Stich gelassen. Also betätigte es den Feuermelder, worauf in kürzester Zeit die Feuerwehr in der »Schule« war. Vielleicht hoffte das Mädchen, daß die Wasserschläuche die Flammen seines Zornes löschen würden, der es zu verzehren drohte, vielleicht war also tatsächlich das Bild des Feuers das Motiv seines Tuns gewesen. Wahrscheinlicher ist, daß es sich dafür, verlassen worden zu sein, durch etwas Zerstörerisches an uns rächen wollte. Da die Patientin aber auch erfahren hatte, daß unsere Absichten im großen ganzen positiv waren, stellte ihre Handlung einen Kompromiß zwischen Wut und Vertrauen dar. Um ihrer Wut Ausdruck zu verschaffen, benutzte sie eine Vorrichtung, die zur besonderen Sicherheit in Notfällen da war. Sie befand sich ja in einer Notlage, handelte also entsprechend. Alles hing nun davon ab, ob sie ihrer Wut wirklich Ausdruck geben konnte, ohne Gefahr zu laufen, deshalb abgelehnt zu werden.

Damit kommen wir zu einem weiteren wichtigen Faktor: Es kommt darauf an, daß die Anstalt auch bei der Umwelt das richtige Verständnis und einen gewissen Kooperationsgeist schafft, wenn sie ein ganzheitliches therapeutisches Milieu schaffen will. Die Ortspolizei, die Feuerwehr und die Menschen in der Nachbarschaft müssen mit den Methoden der Anstalt vertraut gemacht werden. Die Erfahrung zeigte, daß die Feuerwehrleute es nicht übelnahmen, wenn sie gelegentlich einem falschen Alarm seitens der Anstalt folgten. Man begriff, daß es für unsere Kinder wichtig war, ihre Sicherheit auf die Probe zu stellen, wenn sie sich von einer Gefahr bedroht fühlten. Die Feuerwehrleute kamen gern, wenn sie gerufen wurden, weil ihnen klar war, daß sie dazu beigetragen hatten, den Patienten das Gefühl der Sicherheit zu vermitteln, auch wenn es kein Feuer zu löschen gab.

Es kostet etwas Zeit und Mühe, bis man zu einem bereitwilligen und verständnisvollen Zusammenwirken gelangt, man muß erklären, worum es in einer solchen »Schule« geht und weshalb dort bestimmte Methoden angewendet werden. Aber es ging eigentlich ganz leicht – und das in Chicago, einer der größten Städte der Welt, die nicht gerade für ein nachbarschaftliches Zusammenwirken ihrer Bürger bekannt ist. Wir erwarteten nicht, daß uns die Feuerwehr oder die Polizei oder irgendeine andere öffentliche oder private Organisation zu Hilfe kam, nur weil das nun einmal ihre Pflicht ist. Wir machten ihnen ganz im Gegenteil klar, wie wichtig sie für uns als Partner bei einer gemeinsamen Aufgabe waren.

Daß das Mädchen die riesigen Feuerwehrwagen gewissermaßen unter seiner Herrschaft gehabt hatte, war schon eine Hilfe für sie, ebenso die Freundlichkeit der Feuerwehrleute. Was aber auf die Dauer wirklich zählte, war die Art, in der die Schule auf das Signal ihrer Verzweiflung reagierte. Da wir verstanden hatten, was dieser Tat zugrunde lag, signalisierte dieses Kind, das kaum sprechen konnte, von nun an Angst oder Zorn, indem es auf den Feuermelder sah. Es erinnerte sich dann daran, mit wieviel Verständnis wir auf seine brennende Angst reagiert hatten, und wir erinnerten uns daran, wie groß seine Verzweiflung gewesen war. Das Mädchen brauchte die Alarmanlage nicht mehr zu betätigen, das bloße Hinsehen genügte und brachte ihm die nötige Erleichterung. Selbst die am meisten regredierten und in der Isolation befangenen Patienten können also die Einrichtungen der »Schule« selbständig und geradezu schöpferisch zu ihrem eigenen Vorteil gebrauchen, was unseren therapeutischen Zielen entspricht. Außerdem machte es unsere Arbeit leichter, daß die Patientin den Feuermelder in Übereinstimmung mit ihren inneren Bedürfnissen betätigt hatte. Hätten wir darauf bestanden, daß die Anlage einzig und allein zu ihrem eigentlichen Zweck benutzt wird, wäre die therapeutische Arbeit ernsthaft gehemmt worden. Das Mädchen hätte gerade jenen Glauben verloren, den die »Schule« bei den Patienten erzeugen wollte: den Glauben, daß sie und alle Mitarbeiter nur für den Patienten da sind.

Symbole, die lügen, denen die Wirklichkeit nicht entspricht, sind schlimmer als eindeutige Lügen. Der seelisch gestörte Patient ist mehr als andere Menschen durch Symbole betrogen worden. Worte sind Symbole, und man kann immer wieder feststellen, daß der Patient das Gefühl hat, diese Symbole, die Worte, würden benützt, um ihn darüber hinwegzutäuschen, was man wirklich denkt und fühlt. Vielleicht haben ihm seine Eltern, als er klein war, gesagt, sie liebten ihn, und er hatte gleichzeitig das Gefühl, daß er ihnen im Wege war. Sein Gefühl war für ihn die Realität, die Worte, die Gefühle ausdrücken sollten, logen. Da er aber glauben wollte, was man ihm sagte, versuchte er, den Symbolen zu glauben, wurde aber unendlich enttäuscht, bis er schließlich anderen und auch sich selbst nicht mehr vertrauen konnte. Seine Fähigkeit, Lüge und Wahrheit zu unterscheiden, ist also wankend geworden, er wird unfähig, die Wirklichkeit zu bewältigen.

Wenn das so ist, warum werden dann überhaupt Symbole verwendet? Weil der seelisch gestörte Patient den Dingen, denen er begegnet, wie gesagt, immer symbolische Bedeutung zumißt. Wenn er aber dazu neigt, in allem nur *eine* Art von symbolischer Bedeutung, eine bedrohende, zu sehen, dann können wir nur versuchen, ihm diese negative

Auslegung so schwer wie möglich zu machen und ihn zu einer positiven Deutung dieser Symbole zu ermutigen. Positive Symbole heben die Hoffnung des Patienten, deshalb ist es um so wichtiger, daß er nicht durch die hinter ihnen stehende Wirklichkeit enttäuscht wird. Er ist in dieser Hinsicht so oft enttäuscht worden, daß er Angst hat, diese Wirklichkeit zu prüfen und zu erforschen. Sie hat sich allzu oft als zerstörerisch erwiesen.

Das Mädchen, das die Alarmanlage in Betrieb setzte, wollte die Wirklichkeit nicht prüfen. Hätte es herausfinden wollen, wie die Anlage funktioniert, dann hätte es das schon viel früher tun können. Das wäre so natürlich gewesen, wie wenn andere Kinder Gegenstände auseinandernehmen, um nachzusehen, wie sie funktionieren. Dieses Mädchen setzte sich aber nicht mit der Wirklichkeit auseinander, sondern nur mit seiner Vorstellungswelt. Als es den Feuermelder zog, hatte es bereits angefangen zu glauben, daß in der Orthogenic School die Symbole (genauer: unbestimmte Eindrücke) vielleicht wirklich Aufschluß darüber gaben, was wir uns dabei gedacht hatten, wenn wir die Gegenstände dem Gebrauch der Kinder überließen. Das Mädchen wollte nun wissen, ob es der symbolischen Bedeutung, den dieses Objekt für es hatte, vertrauen konnte; ob es den Sinn der Alarmanlage, Sicherheit zu gewähren, richtig verstanden hatte, oder ob es wieder einmal durch bloßes Wunschdenken dazu verleitet worden war, an Symbole zu glauben, die nichts bedeuteten. Entscheidend war deshalb, daß das Symbol der Sicherheit es nicht betrogen hatte. Deshalb blickte die Patientin später immer, wenn sie unglücklich war, auf dieses Symbol der Sicherheit; es gab ihr mehr Sicherheit als das Vorhandensein des Feuermelders an sich. Da wir ihr Signal verstanden und positiv darauf reagiert hatten, stellte ein Blick auf den Feuermelder ihren Glauben an unsere guten Absichten immer aufs neue her.

9
Wohnraum und Lebensraum: räumliche Botschaften

Die erste Begegnung mit einem Patienten (oder einem künftigen Mitarbeiter oder Verwandten eines Patienten) findet in einem Raum statt, der es uns erlaubt, dem anderen gegenüber Distanz zu wahren. Dadurch erwarten wir weder Vertrautheit noch zwingen wir sie dem anderen auf; er kann, wenn er möchte, »Distanz halten«. Dieser Wohnraum erleichtert es, Beziehungen mühelos nicht zu vertraulich werden zu lassen. Menschen können sich hier aber auch näherkommen. Der Raum regt keine Vertrautheit zwischen den Menschen an, obwohl er zu einer Vertrautheit zwischen einem Menschen und einigen Einrichtungsgegenständen einlädt.

In diesem ersten Raum, den der Besucher betritt, stehen ein paar ungewöhnliche Möbelstücke. Da gibt es einen alten geschnitzten hölzernen Thron. Neben ihm eine alte Wiege – alt, weil die modernen weder so stabil gebaut noch so bequem sind. Diese Wiege aus dem siebzehnten Jahrhundert ist so groß und stabil, daß sie ohne weiteres ein sechsjähriges Kind tragen und wiegen kann, sogar Teenagern ist es gelungen, sich in ihr zusammenzurollen. Sie verrät stillschweigend, für wie wichtig wir die ersten Erfahrungen des Kleinkindes auch für das weitere Leben halten. Als nächstes steht da ein riesiges viktorianisches Puppenhaus in schöner Ausführung und voll eingerichtet: kein modernes Puppenhaus ist so gut gebaut. Darüber hinaus gibt einem dieses alte Puppenhaus das Gefühl, daß viele Generationen von Kindern damit gespielt hätten, was sie ja auch getan haben. Es hat eine lange Geschichte, wie wir ja alle, so jung wir auch sein mögen, und das trägt zu seinem Reiz bei. Dann gibt es noch ein Seepferd, das von einem alten Karussell stammt und auf dem jedes Kind reiten kann, ein paar antike Spielsachen auf dem Kaminsims und einen Wandbehang, der ein Märchen erzählt.

Nicht nur Kinder erfreuen sich an diesen Gegenständen, setzen sich auf den Thron oder spielen mit dem Puppenhaus. Da der Raum für alle da ist, für Erwachsene wie für Kinder, gibt es in ihm auch Gegenstände, die ganz eindeutig für jeden gedacht sind; beispielsweise auf den kleinen Tischen ein oder zwei offene Schalen mit Süßigkeiten, aus denen man sich bedienen kann. Es gibt bequeme moderne Möbel – ein Sofa und einige Sessel verschiedener Größe zum Entspannen –, an den Wänden Bilder und Bücherborde voller Bücher. In diesem Raum trifft der Patient auch später seine Besucher.

Die Einrichtung des Raumes macht deutlich, daß die Bedürfnisse und Freuden des Kindes ebenso wichtig sind wie die der Erwachsenen; die beiden Sorten Möbel sowie ihre Verwendung stehen in keinem Widerspruch zueinander. Im Gegenteil, durch ihr Nebeneinander gewinnt jede für sich an Bedeutung. Das spüren die Kinder ebenso wie die Erwachsenen. Die symbolische Bedeutung einiger Gegenstände zeigt auch, daß Wirklichkeit und Phantasie keine Gegensätze zu sein brauchen, daß beide zu Recht einen Platz in unserem Leben haben. (Regierte der gleiche Geist nicht nur die Wohnräume, sondern auch das Leben von mehr Familien, dann gäbe es möglicherweise weniger Patienten, um die wir uns kümmern müßten.) Die Ausstattung des Raumes weist also auf einen besonderen Lebensstil hin, an dem Erwachsene und Kinder Geschmack finden können. Das ist eine der stummen Botschaften, auf die der psychisch Kranke (obwohl er das vielleicht nur ungern zugibt) mit viel größerer Bereitschaft reagiert als gesunde Erwachsene, die sich dagegen wehren, sich bewußt spontanen Reaktionen ihres Unbewußten zu überlassen. Der Raum deutet an, daß eine Kombination der Wirklichkeiten von Kindern und Erwachsenen nicht nur möglich, sondern für beide viel angenehmer und konstruktiver ist. Die Regale mit den Fachbüchern zeigen, daß die Probleme des Patienten hier von allen Mitarbeitern sehr ernsthaft studiert werden, und daß der Patient das gleiche auch selbst tun kann, wenn er möchte. Enthielte die psychiatrische Bibliothek Wissen, das dem Patienten vorenthalten und nur von den Fachleuten gelesen würde, dann wäre das Vorhandensein dieser Bücher ein Schwindel und würde auch als solcher von Mitarbeitern und Patienten erkannt.

Der kunstvoll geschnitzte Thron diente in der alten Kapelle als feierlicher Sitz des Universitätspräsidenten; wir übernahmen ihn und restaurierten ihn für einen mehr praktischen Gebrauch. Für die Mitarbeiter ist er jetzt Symbol für Möglichkeiten, daß Dinge einem neuen und besseren Dasein zurückgegeben werden können. Der neue Patient kennt seine Geschichte und seine Bedeutung nicht. Aber da wir sie kennen, betrachten wir das alte Stück mit dem Gefühl, daß etwas, das andere verkommen ließen, unsere Bemühungen und unsere Freude an solchen Unternehmungen besonders lohnt.

Für den Patienten hat der Thron allerdings eine andere Bedeutung. Dem Größenwahnsinnigen, der sich für einen Kaiser hält, und dem Kind, das König oder Königin spielt, geht es um das gleiche: sie versuchen, die eigenen Gefühle der Bedeutungslosigkeit zu leugnen. In der Phantasie vergrößern sie ihre Wichtigkeit, weil sie derart davon überzeugt sind, daß sie eigentlich wertlos sind. Und um diese Rolle zu genießen, möchte das Kind, daß wir der Bedeutung seiner Vorstellungen zustimmen und ihm auf irgendeine Art zeigen, daß es tatsächlich wie ein mächtiger Herrscher ist. Denn der Patient braucht, um sich von den Wahnvorstellungen zu befreien, die ihn von der Welt absondern, die Überzeugung, daß er keineswegs unwichtig ist, sondern für einige Menschen viel bedeutet; erst dann kann er allmählich etwas Würde empfinden. Wir müssen also eine Wirklichkeit konstruieren, die es ihm erleichtert, sich erfolgreicher vorzukommen als in der Wirklichkeit, in der er sich erniedrigt und unglücklich fühlt. Zunächst muß man ihm zeigen, daß seine Wahnvorstellungen wichtig sind. Die Möbel in diesem Raum können ein Anfang sein, ihm die Botschaft zu übermitteln.

Thron, Wiege, Puppenhaus und das Seepferd sind zwar reale Gegenstände, zeigen aber, welche Bedeutung den Wahnvorstellungen beigemessen wird: den größenwahnsinnigen, den narzißtischen, die in die früheste Periode menschlicher Entwicklung gehören, und den Wahnvorstellungen, bei denen sich einzelne Teile der Wirklichkeit zu phantastischen Gebilden zusammenschließen. (Was wir Seepferd nennen, ist im Grunde ein Phantasiegebilde; ein Tier, halb Pferd und halb Seeschlange.)

Freud hat darauf hingewiesen, daß der psychiatrische Patient einen Großteil seiner Lebensenergie mühevoll in die Anstrengung investieren muß, seine Wahnwelt vor der Wirklichkeit abzuschirmen (41). Eissler berichtet, in welchem Maße die Panik eines psychotischen Patienten beschwichtigt werden kann, wenn er spürt, daß der Therapeut seine Wahnvorstellungen ernst nimmt (33). Sobald jemand anderes bereit ist, das Weltbild des psychotischen Menschen zu teilen, kann er einen Teil seiner Energie sparen, die er als Schutz gegen die Wirklichkeit braucht. So wird er etwas von seiner Bedrängnis entlastet. Die Möbel zeigen dem Patienten, daß er hier Menschen finden kann, die gewillt sind, einen Raum so mit Gegenständen zu möblieren, daß ein spielerischer Umgang mit Wahnvorstellungen möglich wird, weil diese Menschen überzeugt sind, daß man solche Vorstellungen beachten muß. Natürlich nur in begrenztem Maße, denn der übrige Teil des Raumes ist völlig auf die Erfordernisse des täglichen Lebens eingestellt. Der psychotische Kranke ist nicht fähig, eine solche wohltuende Beziehung zwischen Phantasie und Wirklichkeit herzustellen, und hat daher jede Anstrengung in dieser Richtung aufgegeben; mit dem Ergebnis, daß die anderen in dem gleichen Maße sich seiner Phantasiewelt verschließen, wie er sich der äußeren Wirklichkeit versagt.

Die stumme Botschaft des Raumes will dem Patienten also zu verstehen geben, daß die »Schule« zwar solide verankert ist und normal und sicher in der realen Welt ihren Platz hat, aber trotzdem die psychologische Berechtigung von Wahnvorstellungen für diejenigen, die sie brauchen, nicht leugnet; derartige Vorstellungen haben ihren Stellenwert im Rahmen des Ganzen. Weiter vermittelt der Raum den Glauben, daß die innere Wirklichkeit von selbsterfüllenden Wunschvorstellungen dazu benutzt werden kann – und hier auch benutzt wird –, die äußere Realität der »normalen« Welt zu bereichern.

In der therapeutischen Arbeit mit psychisch Kranken spielt der Unterschied zwischen psychologischer Bedeutung und objektiver Wirklichkeit eine große Rolle. Wichtig ist auch die Aufgabe, die beiden Bereiche miteinander in Beziehung zu setzen. Wird diese Unterscheidung vernachlässigt, so führt das zu ernsthafter Verwirrung, wie einige Schriften von Laing und seinen Schülern beweisen (80, 81). Allzu oft wird einfach angenommen, daß die Wahnvorstellungen des psychisch Kranken keinen Sinn hätten. Um diesem Irrtum entgegenzuwirken, haben einige den Standpunkt vertreten, daß solche Wahnideen eine größere Wirklichkeit widerspiegelten, ja darstellten; daß sie höhere künftige Bewußtseinsgrade vorausahnen ließen. Innere Erfahrungen sind in der Tat wirklich genug, aber sie können ein Wissen über die äußere Wirklichkeit nur in dem Maße vermitteln, wie sie mit ihr in Einklang gebracht worden sind.

Daher muß die Therapie beim psychisch Kranken fest auf das Wissen gegründet sein, daß seine Wahnvorstellungen zwar für seine innere Wirklichkeit durchaus wichtig sind, aber doch einzig und allein über seine Psyche Auskunft geben und der äußeren Wirklichkeit nur in verschwommener Form und verzerrt entsprechen. Ein großer Teil der therapeutischen Arbeit befaßt sich daher auch mit eben jenen Aspekten der äußeren Vergangenheit des Patienten, die seine verzerrte Einstellung zur Wirklichkeit psychologisch motiviert haben.

Unser Wohnraum war nun nicht von vornherein zielstrebig in dieser Weise eingerichtet worden, um all diese Zwecke zu erfüllen. Das ergab sich im Laufe der Zeit, nachdem wir die verschiedensten Möglichkeiten ausprobiert hatten, bis er uns dann schließlich »richtig« erschien und uns gefiel. Wir wollten unsere therapeutischen Überzeugungen zum Ausdruck bringen und auch unser Verständnis für die Gefühle eines Patienten, der neu in der »Schule« eintrifft; und wir wollten beides miteinander vereinbaren. Wie so oft in unserer Arbeit – von der Anordnung der Gebäude und ihren architektonischen Einzelheiten bis zur Behandlung der Patienten – gingen wir von unseren theoretischen Überzeugungen aus, von dem, was dem Patienten unserer Ansicht nach ein gutes Gefühl vermitteln würde und was uns selbst ein gutes Gefühl gab. Wenn es dem Patienten dann tatsächlich gefiel, versuchten wir anschließend das Warum zu ergründen; gefiel es ihm nicht, dann gaben wir den Gegenständen einen anderen Standort. Es dauerte also eine ganze Reihe von Jahren, bis uns dieser Raum wie andere Räume der »Schule« völlig »richtig« erschien, zumindest für den Augenblick. Wenn sie uns nicht mehr richtig erschienen, war der Zeitpunkt gekommen, neu zu planen. Die Art und Weise, wie wir einen Raum benutzen, welche Gefühle wir ihm gegenüber haben, wie wir in Beziehung zu ihm treten, steht in direktem Zusammenhang mit unserer Persönlichkeit. Es überrascht daher nicht weiter, daß sich der Raum aus diesem Grund als guter Projektionstest erwies. Keines der psychisch kranken Kinder, die zum ersten Mal in die »Schule« kamen, hat zum Beispiel das Puppenhaus berührt. Ein Familienheim, das ihre eigene Familie repräsentierte, erweckte zu komplizierte Gefühle. Da sie aber noch nie einen Thron zum Draufsitzen, ein Seepferd zum Reiten oder eine Wiege, in die man kriechen konnte, hatten, schienen diese Gegenstände von ihren zurückliegenden Erfahrungen weniger berührt zu sein; sie wurden deshalb bereitwilliger, wenn auch zaghaft, ausgekundschaftet. »Normale« Kinder dagegen fühlen sich sofort spontan vom Puppenhaus angezogen, obwohl ältere Jungen den Thron bevorzugen. Die meisten »normalen« Menschen erkundigen sich übrigens nach dem Thron, möglicherweise, weil sie ein solches Möbelstück hier nicht erwarten.

Gegenstände können ebenso wie Worte lügen. Deshalb müssen psychotische Kranke allem auf den Grund gehen, alles genau in Augenschein nehmen, um sich mühsam eine eigene Meinung zu bilden. Damit sie das ohne Ablenkung durch uns tun können, überlassen wir sie immer einige Zeit sich selbst; sie sollen mit der Umgebung zuerst allein Bekanntschaft schließen, bevor sie uns kennenlernen. Wenn wir den Raum dann betreten, verhalten wir uns freundlich, aber reserviert; wir möchten dem Besucher die Initiative überlassen. Er soll auch selbst die Distanz zwischen sich und uns bestimmen. Es wäre aufdringlich, ohne Aufforderung zu einem verhältnismäßig Fremden zu treten, wenn er beispielsweise in einem Buch blättert, auf dem Thron oder dem Karussellpferd sitzt oder gar zusammengerollt in der Wiege liegt.

Aus unserer Arbeit mit den psychisch Kranken haben wir gelernt, wie wichtig es ist, die richtige physische und emotionale Distanz abzuschätzen, die man zu ihnen halten muß. Das hängt in erster Linie vom Grad und von der Art ihrer Unruhe ab und davon, ob sie physische Nähe wünschen oder fürchten. Manchmal sind wir für ihr Gefühl zu weit entfernt, um »Berührung« mit ihnen zu haben, oder aber sie fühlen uns beängstigend nahe. Sie müssen das Gefühl haben, daß wir die »richtige Distanz« halten können und ihnen nicht zu nahe treten, was indessen einmal Nähe, ein anderes Mal Ferne bedeuten kann.

Als wir weiter oben von Patienten mit zerstörerischen Neigungen sprachen, sagten wir, daß alles davon abhängt, ob die Pflegeanstalt ihnen ausreichend Sicherheit zurückgeben kann, damit sie sich nicht mehr explosiv oder destruktiv zu verhalten brauchen. Am besten geschieht das durch persönliche Beziehungen. Die schlechteste Methode sind Zwangsmaßnahmen. Bei solchen persönlichen Beziehungen spielt es eine große Rolle, daß man mit der Kontaktaufnahme im richtigen physischen Abstand beginnt, um den Patienten ein Gefühl der Sicherheit zu geben, ohne daß sie sich bedroht oder unterdrückt wähnen. Einfühlungsvermögen diktiert so gut wie automatisch den richtigen physischen Abstand.

Da der Patient mit destruktiven Tendenzen von negativen Gefühlen bestimmt ist und seine eigene innere Heftigkeit kennt, erwartet er von anderen, daß sie entweder vor ihm fliehen oder ihn angreifen. Wenn die anderen sich zu weit von ihm entfernt halten, deutet er das als Furcht vor seiner Gewalttätigkeit, und es empört ihn, daß man ihn für so unkontrolliert hält. Dadurch bleibt er isoliert, wenn er Hilfe braucht, und auch das verärgert ihn. Die Schwierigkeit, sich ihm in einem solchen Augenblick zu nähern, besteht darin, daß er die Annäherung wahrscheinlich als Angriffsvorbereitung oder als Bemühung, ihn zu bändigen, auslegt. Denn sosehr ein Patient auch wünschen mag, sich selbst unter Kontrolle zu halten – wenn andere versuchen, ihn zu zügeln, empfindet er das als Angriff. Häufig konnte ich einen solchen Patienten beruhigen, indem ich die anderen bat, zurückzutreten und ihn in Ruhe zu lassen, um ihm zunächst zu bedeuten, daß keinerlei Angriff beabsichtigt ist. Dies jedoch bringt ihn in eine Situation, in der er mit seinen destruktiven Tendenzen allein ist. Indem ich ihn dann bitte, etwas näher zu mir zu kommen, damit wir über alles etwas bequemer sprechen können, zeige ich ihm, daß ich weder Angst vor ihm habe, noch den Ausbruch als so schlimm erachte, daß ich mich in sicherer Entfernung halten müßte. Vor allem aber gebe ich ihm selbst die Kontrolle über sein Verhalten zurück. Viele gewalttätige Patienten, die drohten: »Bleiben Sie bloß, wo Sie sind«, hatten keine Schwierigkeiten, der Aufforderung zu folgen, den Abstand zwischen uns zu verkleinern. Die stillschweigende Folgerung, daß er sehr wohl fähig ist, sich in seinem Handeln zu beherrschen, ist beruhigend. Wenn er sich dann auf mich zubewegt, kommt es nicht nur auf den Ton an, in dem er gefragt wird: »Nun komm und sag, was los ist«, sondern auch darauf, daß genau die richtige Entfernung zwischen uns liegt. In anderen Fällen wieder kann man einen Angriff durch den einfachen Trick des Sichhinsetzens umgehen, wodurch man andeutet, daß niemand irgendwelche Gewalt beabsichtigt oder erwartet. Das sollte jedoch nicht zu weit vom Patienten entfernt geschehen, denn man darf nicht den Eindruck erwecken, als sei man entfernter; man soll nur kleiner wirken, so daß der Patient einen überragt. Danach muß im richtigen Moment die Aufforderung an ihn ergehen, sich ebenfalls zu setzen, damit man zusammen über die Situation spricht und beschließen kann, was nun geschehen soll. Da sich der Therapeut unter Kontrolle hat und weder durch Angst, Ärger noch Empörung aufgebracht ist, erzeugt er eine Atmosphäre, die es dem Patienten leichter macht, zu seiner Selbstbeherrschung zu finden.

Wie wichtig der richtige Abstand ist, sollte also klar sein, auch, daß Abstandhalten wesentlich ist, wenn man es mit potentiell Gewalttätigen zu tun hat. Jeder, der mit Menschen umgeht, muß erfahren haben, daß verschiedenartige emotionale Situationen unterschiedlichen Raum für die günstigsten Kontaktbedingungen verlangen. Es mußten jedoch erst Zoologen auf den Plan treten, um aus dem Verhalten der Tiere zu klären, was alles mit dem Problem zusammenhängt.

Hediger war der erste, der die Bedeutung von dem, was er »persönliche Distanz« und »kritische Distanz« bei Tieren nannte, beobachtete (62, 63). »Persönliche Distanz« bezieht sich auf den für das Tier angenehmen Abstand, den es zwischen sich und einen anderen legt; bei Menschen ändert sich das je nach Situation, wie zum Beispiel bei dem ersten Zusammentreffen von Mitarbeiter und Patient in unserem Wohnraum. Es gibt zwei »kritische Distanzen«. Wenn man sich einem Tier über eine bestimmte Grenze hinweg nähert, wird es zu sofortiger Flucht getrieben. Kommt man ihm noch näher, wird beim zweiten kritischen Abstand aus der Flucht ein plötzlicher Angriff. Jede Tierart hat ihre eigenen persönlichen und kritischen Distanzen; für alle Angehörigen einer Tierart gelten jedoch die gleichen Distanzen. Diese Verhaltensregel stimmt so zuverlässig, daß Hediger bei verschiedenen Großkatzenarten den gleichen Abstand für die kritische Reaktion der Flucht und des Angriffs auf den Zentimeter genau berechnen konnte. Ein solcher Angriff hat niemals den Charakter einer geplanten Offensive – es sei denn, die Großkatzen sind hungrig. Ein solcher Angriff hat stets den Charakter notvoller Verteidigung (63). Auch bei psychisch gestörten Patienten fehlt die Planung des Angriffs, und es wäre gut, wenn die Gesellschaft und alle, die mit ihnen unmittelbar zu tun haben, das wüßten und berücksichtigten.

Hediger beschreibt auch, wie Dompteure diesen Distanz-Faktor einsetzen, um Tieren ihre Kunststücke beizubringen. Indem sie sich dem Tier nähern, bringen sie es dazu, sich in den Hintergrund des Käfigs oder an das Manegengitter zurückzuziehen. Das brauchen sie nicht mit ihren Körpern zu tun; es genügt, einen Stuhl oder eine Peitsche näher an das Tier heranzubringen. Wenn sie sich dann noch weiter nähern, erreichen sie die zweite kritische Distanz und zwingen das Tier aus dem Rückzug zum defensiven Angriff. Wenn zum Beispiel ein Stuhl zwischen ihnen steht, wird das Tier auf ihn springen. Im selben Moment vergrößert der Dompteur durch plötzliches Zurückweichen oder Zurücknehmen der Peitsche die Distanz. Da sich das Tier somit nicht mehr in der kritischen Distanz für Flucht oder Angriff befindet, hält es inne und bleibt auf dem Stuhl stehen oder sitzen.

Es wäre schön, wenn beim Menschen auch alles so klar und folgerichtig vor sich ginge. Beim Menschen hängt es davon ab, welche

Gefühle er für die Person hegt, mit der er zusammentrifft, ob er sie in einem gewissen Abstand halten will; bei jäher Annäherung tritt er vielleicht zurück oder fühlt sich sogar herausgefordert, wenn der andere ihm »zu nahe tritt«. In dieser Beziehung existieren natürlich unendlich viele Variationen beim einzelnen und in Gruppen, Variationen, die auch für verschiedene soziale Klassen kennzeichnend sind. E. T. Hall geht auf die Unterschiede zwischen Nordamerikanern, Engländern, Deutschen, Japanern und Arabern ein (58). Viel hängt auch ab von der Stimmung des Augenblicks, dem Charakter der Beziehung zu dem anderen Menschen und von unzähligen anderen Faktoren. Innerhalb dieser Grenzen meint Hall, daß zusätzlich zu den beiden Distanzen (persönliche und kritische), die Hediger als für Tiere charakteristisch aufgestellt hat, die Erforschung der menschlichen Distanzen noch detailliertere Unterteilungen verlangt. Zum großen Schaden unserer therapeutischen Arbeit sind diese Ergebnisse bisher vernachlässigt worden; sie wären höchst nützlich, um den Abstand zwischen den Menschen zu regulieren, damit menschliche Kontaktnahme sich wirksamer gestalten ließe – vor allem zwischen psychisch Kranken und denen, die eine bestmögliche Beziehung mit ihnen herstellen und aufrechterhalten wollen. Diese Patienten sind noch viel empfindsamer für die Bedeutung von Distanz als normale Menschen. Der richtige Gebrauch eines solchen Wissens könnte ausschlaggebend dafür sein, ob man einem potentiell Gewalttätigen helfen kann, sich unter Kontrolle zu bekommen, oder ob man ihm das Gefühl gibt, er werde dazu gedrängt, sich zerstörerisch abzureagieren. Wenn ein Hüne von jemandem drohend angegangen wird, neigt er weniger zum Fortlaufen als ein kleiner Mensch. Die Schwierigkeit beim Menschen ist die, daß seine Reaktionen weniger damit zu tun haben, wie groß oder schwer er wirklich ist, als vielmehr damit, wie groß er sich selbst fühlt. Jedenfalls müssen wir für unsere Arbeit mit psychisch Kranken unbedingt lernen, wie wir uns ihnen zu nähern haben und wie wir unsere Distanz wahren können. Bei jedem einzelnen müssen wir wissen – wir haben es aus der Erfahrung mit ihm und anderen gelernt und verlassen uns darüber hinaus auf unsere spontane Einschätzung der Situation –, ob wir stehenbleiben und nur unsere Hand ausstrecken oder ob wir uns auf ihn zu bewegen sollen; ob wir uns langsam oder schnell bewegen sollen, aber niemals zu langsam oder zu schnell, denn beides spricht für unsere Angst vor ihm; zu schnell wird als Angriff gedeutet, während zu langsam als Zurückweichen ausgelegt wird. Wir müssen unsere Distanz regulieren, denn auf diese Weise können wir dem Patienten helfen, das Gefühl zu haben, daß er die Situation und damit sich selbst unter Kontrolle hat.

E. T. Hall zufolge beeinflussen – neben den kritischen – vier Distanztypen das Verhalten des Menschen. Hall nennt sie die intime, die persönliche, die soziale und die öffentliche Distanz. Der Mensch ist insofern höher entwickelt als andere Lebewesen, als wir für jede dieser vier Kategorien noch zwischen einer nahen und einer fernen Phase unterscheiden müssen. Die Fähigkeit des Menschen, in einigen dieser Phasen zu funktionieren, ist nur sehr schwach entwickelt. Das kann so weit gehen, daß er sie nicht lenken kann. Grund hierfür ist die Komplexität des Menschen, daß seine Gefühle gegenüber anderen Menschen sehr vielschichtig sind (das hängt ab von den Unberechenbarkeiten seiner Lebensgeschichte, von seiner sozialen und seiner emotionalen Entwicklung). Manche Menschen können beispielsweise mit dem großen Raum, der bei öffentlichen Versammlungen gegeben ist, nicht umgehen; sie fühlen sich unbehaglich und können sich nicht ausdrücken, wenn die Entfernung zu denjenigen, zu denen sie sprechen, zu groß wird. Die Unfähigkeit, mit der intimen Distanz fertigzuwerden, die für psychiatrische Patienten bezeichnend ist, ist ein viel ernsteres Problem. Wenn sie mit intimen Beziehungen fertigwerden könnten, die sich alle innerhalb dieser Distanz abspielen, dann wären sie nämlich nicht isoliert, sondern soziale Wesen, die sich wohl fühlen und in der großen Gemeinschaft der Menschen ihren Platz hätten. Für die größte Distanz, die *Fernphase der öffentlichen Distanz*, rechnet Hall ungefähr acht Meter und mehr. Bei Menschen, die so weit voneinander entfernt sind, gehen die feineren Schattierungen der Bedeutung, die durch die normale Lautstärke der Stimme vermittelt werden können, verloren. Dieser Abstand ist ungeeignet, andere in irgendeiner persönlichen Beziehung zu erreichen, mit Ausnahme jener kurzen emotionalen Botschaften, die sich in einem Schrei ausdrücken. Daher treten wir mit Patienten über eine solche Entfernung hinweg nur in Notfällen in Beziehung, wenn beispielsweise Rufe wie »Aufpassen«, »Schluß jetzt«, oder »Warte, ich komme« unsere Sorge um sie bezeugen können.

Bevor wir jemanden kennen, und besonders dann, wenn er vielleicht Angst hat vor dem, was wir mit ihm vorhaben, kann ihm die *Nahphase der öffentlichen Distanz* – ungefähr vier Meter und mehr – beruhigend erscheinen, weil wir ihn dann durch unsere physische Gegenwart nicht zu sehr einschüchtern können. Sollte er sich bedroht fühlen, hat er genügend Raum zur Verfügung, um auszuweichen oder in die Defensive zu gehen. Er kann ganz leicht den Kontakt aufnehmen oder abweisen, je nach Wunsch. Ohne zusätzliche Geräusche von außen ist dies ein Abstand, in dem die normale Stimme leicht verstanden werden kann, auch wenn wir ziemlich leise sprechen, denn wir sind fast automatisch sorgfältiger in unserer Ausdrucksweise, wählen unsere Worte genauer, und die Sätze sind etwas ausgewogener als üblich.

Der verhältnismäßig große Wohnraum in der Orthogenic School –

ungefähr sechs mal neun Meter – gibt uns die Möglichkeit, eine gewisse Distanz zu einem neuen Patienten einzuhalten, der sich vielleicht mit dem Thron beschäftigt, mit der Wiege, dem Seepferd oder womit auch immer. Man kann mit dem Patienten in Kontakt bleiben und ihm zugleich viel Raum lassen, das zu tun, worauf er Lust hat. Daß wir ihm zusehen bei dem, was er tut, und nicht dazwischentreten oder uns ihm aufdrängen, daß wir versuchen zu begreifen, was er uns durch sein Tun verrät, und geduldig warten, bis er uns in irgendeiner Weise einbezieht, das zeigt ihm unsere Achtung vor ihm und bedeutet ihm auch, daß wir sein Tun respektieren. Auf eben diese Weise kann man schließlich den Kontakt viel erfolgreicher herstellen als durch irgendein unmittelbares Handeln.

Das ist selbstverständlich alles nichts weiter, als was normale Höflichkeit und Takt ohnehin verlangen. Dennoch habe ich eine solche Rücksichtnahme nur selten in psychiatrischen Institutionen außerhalb der Behandlungsstunden erlebt. Besonders bei der ersten Bekanntschaft mit dem Patienten fühlen die meisten Anstalten sich veranlaßt, irgend etwas für ihn oder mit ihm zu tun. Sie zeigen wenig Respekt vor dem, was *er* tut – und geben ihm somit von Anfang an zu verstehen, daß er den Mitarbeitern als einzigartiges Individuum nicht viel Zeit wert ist. Wenn man ihm zum Beispiel mit Fragen zusetzt oder ihn bei Ankunft einem Test unterwirft, verlangt man vom Patienten, daß er etwas für die Anstalt tut, bevor noch die Anstalt etwas für ihn getan hat. Man kann sich einem Patienten auf viele Arten aufdrängen und ihn einschüchtern, und dazu gehört auch, ihm nicht genügend »Ellenbogen-Freiheit« zu geben. Indem man ihm den richtigen Umfang an Raum gewährt, der *seinem* Ermessen nach ihm und der Situation entspricht, zeigt man ihm Achtung und Einfühlungsvermögen in seine Bedürfnisse.

Die Anordnung der Sessel im Wohnraum gibt jedem Patienten oder Besucher die Möglichkeit, sich den Abstand zu wählen, den er braucht, um sich wohl zu fühlen. Je ein Sessel steht zu beiden Seiten des Kamins, ungefähr vier Meter voneinander entfernt, und ein paar andere Möbelstücke, wie der Schaukelstuhl, stehen weit von den anderen entfernt. Aber zwei weitere Sessel stehen dicht nebeneinander, nur durch einen kleinen Tisch getrennt: und außerdem gibt es noch einige Hocker, die man leicht überall hinstellen kann, je nach Situation.

Wir hatten bald gelernt, daß es niemand gern hat, sofort bedrängt zu werden, wenn er einem Fremden zum ersten Mal begegnet, zumal nicht, wenn es sich um jemanden handelt, der wichtig für einen werden könnte. Deshalb geben wir zunächst den Menschen, die fremd bei uns sind, viel Raum für sich und halten uns in der Nahphase der öffentlichen Distanz, von wo aus man den Menschen gut sehen kann, auch wenn er steht, und einen »Gesamteindruck« von ihm gewinnen kann. Wenn wir jemanden kennenlernen, haben wir alle das Bedürfnis, ihn »einzuschätzen«, was nur möglich ist, wenn man ihn in voller Größe beobachten kann. Müssen wir erst an ihm hinauf- oder zu ihm herunterschauen, um einen Eindruck zu bekommen, wirkt das unhöflich und aufdringlich, wenn nicht geradezu aggressiv. Man braucht mindestens einen Abstand von zweieinhalb Metern, um jemanden im ganzen zu sehen, und man braucht drei bis vier Meter, um ihn in der Bewegung zu beobachten, was wichtig ist für ein besseres Verständnis seiner Person. Damit jemand umhergehen kann, ohne an eine Wand zu stoßen oder sich in eine Ecke zu manövrieren, muß ein Raum länger als fünf Meter sein. In unserem Wohnraum ist das alles ohne Schwierigkeiten möglich. Und anders als in einem Büro, das den dort Arbeitenden gehört und das den Besucher verkrampft und seine Freiheit einengt, sind Raum und Einrichtung hier ganz eindeutig für den Besucher da. Hier hat er die Freiheit, alles nach Gutdünken zu benutzen, und die Möbel stehen so weit auseinander, daß er sich frei zwischen ihnen bewegen kann.

Wenn man sich eine Weile in einer gewissen Distanz hält, hat auch der andere die Möglichkeit, einen Gesamteindruck von einem selbst zu bekommen (der Prozeß ist ja wechselseitig), bevor er Ausdruck und Verhalten im einzelnen beobachtet. Nachdem er dann die Möglichkeit gehabt hat, das in Ruhe zu tun, und bevor die Atmosphäre steif und unbehaglich wird, muß die erste große Entscheidung getroffen werden: In welcher Entfernung vom Besucher soll man sich setzen, ist es ratsam, die »Distanz zu wahren« oder soll man sie zur *Fernphase der sozialen Distanz* verringern, die für uns Menschen zwischen zwei und drei Meter beträgt? Das wäre die normale Entfernung zwischen zwei Menschen, die sich an einem Schreibtisch gegenübersitzen.

Diese Entfernung ist zwar für die meisten geschäftlichen Besprechungen richtig, aber zu gering, wenn einer der Beteiligten nicht sicher ist, ob er dem anderen trauen kann. Es ist eine Entfernung, bei der wir nicht mehr ohne weiteres aufstehen können, wenn uns danach ist, und bei der es auch schwieriger ist, die Distanz vergrößern zu können, wenn das Thema der Diskussion uns unbehaglich wird. In einem größeren Raum können wir die Entfernung zwischen uns ohne Schwierigkeit vergrößern oder verringern, wenn wir das Gefühl haben, daß uns »mulmig« wird. Wird die Atmosphäre gespannt, können wir aber den Abstand nicht verändern, so fühlen wir uns in der Falle und von der Person hinter dem Schreibtisch in einem unerträglichen Abstand festgenagelt. Achtung für die Selbständigkeit und die Gefühle des anderen bedingt, daß wir ihm zuerst in einem Raum begegnen, in dem uns die Einrichtung keinen Vorteil ihm gegenüber verschafft und wo er sich jederzeit ohne weiteres setzen oder aufstehen oder sich völlig frei etwas entfernter niederlassen kann, wenn im Gespräch – oder, je nachdem, auch während der stillen Kontaktaufnahme – Veränderungen eintreten.

Vorhin sprach ich davon, daß der Wohnraum auch der Ort ist, an dem die Patienten später ihre Besucher treffen, und wir hatten mehrere Gründe, gerade diesen Raum dafür auszuwählen. Zunächst ist es der Ort, an dem sich die Patienten ursprünglich von all den anderen getrennt hatten. Soweit es den Ort betrifft, nehmen sie also die Beziehungen genau dort wieder auf, wo sie abgebrochen wurden, was diesen Beziehungen eine gewisse Kontinuität verleiht. Dazu kommt, daß es für nahe Verwandte, wie Eltern und Kinder, bei einem Wiedersehen nach längerer Zeit ganz natürlich ist, sich zu umarmen. Danach jedoch möchten sie sich gern genauer betrachten, feststellen, inwieweit sie sich verändert haben. Dazu müssen sie die Möglichkeit haben, etwas zurückzutreten, was wiederum genügend freien Raum voraussetzt. Bei den häufig sehr komplizierten Beziehungen zwischen einem psychisch kranken Patienten und seinen engsten Verwandten brauchen oder wollen einige von ihnen einen gewissen Abstand zu den anderen. Die Größe des Raumes und die verschiedenen Abstände zwischen den Sesseln geben nun dem Patienten jede Möglichkeit: er kann sich von seinen Besuchern weit weg oder auch dicht neben sie setzen. Gibt man den Patienten die Freiheit und die Möglichkeit, dann nutzen sie die Gelegenheiten, die ihnen Raum und Möblierung geben, recht klug. Wenn ein Kind beispielsweise seine Eltern wiedersieht, klettert es oft auf das Karussellpferd, denn »hoch zu Roß« fühlt es sich seinen Eltern gewachsen, die es sonst dominieren könnten. Andere erreichen das gleiche Resultat in noch höherem Grade, indem sie sich auf den Thron setzen, der wie jeder Thron von jeglichem Platz, auf dem man sonst sitzen kann, ziemlich weit entfernt ist. In dem Maße, in dem sich die innere Sicherheit des Patienten festigt, wagt er es dann, seinen Trotz offen zu zeigen. Solange er noch nicht soweit ist, sein Gegenüber herausfordern zu können, reagiert er wahrscheinlich auf die Begegnung ganz anders, drückt sich in eine Ecke und dreht allem den Rükken zu, oder er zieht sich auf irgendeine andere Weise zurück. Wenn er einmal gelernt hat, sich in der näheren Umgebung von Menschen zu halten und am Ende wohl zu fühlen, dann setzt er sich unter Umständen, wenn ihm danach zumute ist, ganz nah bei seinem Besucher nieder, neben ihm auf die Couch, die genau für eine solche Nähe dort steht. Manchmal versuchen Angehörige, den Patienten in eine größere Nähe zu drängen, als dem Patienten lieb ist, aber die meisten Patienten sind im Ausweichen geschickt genug; sie gehen zu einem Möbelstück wie dem Puppenhaus oder verschwinden unter dem Vorwand, etwas aus ihrem eigenen Zimmer zu holen, und setzen sich nach der Rückkehr dann so, daß sie der Nähe, in die man sie zwingen wollte, entzogen sind.

Unser Wohnraum erlaubt es jedem, dem neuen Patienten, dem Arzt und den Besuchern, den Abstand zu halten, den er zu wahren wünscht.

Nichts ist für einen Patienten unbehaglicher, als wenn ihn das Personal »herzlich willkommen« heißt. Die Absicht eines solchen Willkommens ist zwar, dem Patienten ein Gefühl der Wärme und des Behagens zu vermitteln, aber es bedrängt ihn, da er nicht die Möglichkeit hat zu entscheiden, ob er in diesen ersten Augenblicken einen so emotionalen Kontakt überhaupt will. Außerdem kann er sich persönlich von der Herzlichkeit gar nicht betroffen fühlen, denn man kennt ihn ja noch nicht, und ein solches Ritual überzeugt ihn lediglich davon, daß man ihn freundlich wie alle übrigen Neuankömmlinge aufnimmt. Und wie jede andere Art Serienbehandlung und Reglementierung gestörter Patienten zeigt auch diese Begrüßung, daß man mit den Patienten umgeht, ohne ihre Einzigartigkeit als Personen gebührend zu berücksichtigen. Etwas von dieser Angst kann ausgeglichen werden, wenn es der Leiter der Anstalt ist, der als erster den Patienten begrüßt. Ich machte es mir zur Aufgabe, der erste Vertreter der Anstalt zu sein, der die Patienten als Menschen begrüßte. Die Sekretärin öffnete ihnen gewöhnlich die Tür, half ihnen aus ihren Mänteln und geleitete sie in den Wohnraum, fragte, ob sie ihnen vielleicht eine Tasse Kaffee bringen dürfte, und bat sie, es sich bequem zu machen, der Direktor werde gleich kommen.

Ich fand es wichtig, diese erste, ausschlaggebende Begegnung nicht jemand anderem zu überlassen. Der Neuankömmling sollte sich sofort ein Bild vom »Chef« machen können, da dieser die Seele der Anstalt mehr als sonst jemand repräsentiert. Das Verhalten des Direktors sollte dem neuen Patienten vor Augen führen, daß diese Anstalt nur für den Patienten da ist.

Da die meisten unserer Patienten jung genug waren, um von Erwachsenen (meistens den Eltern) zu uns gebracht zu werden, stellte uns das vor einige Probleme. (Indessen gibt es die gleichen Probleme bei erwachsenen Patienten, die ja ebenfalls in Begleitung in einer Pflegeanstalt eintreffen.) Es gehören einige Geschicklichkeit und Takt dazu, diese Begleitpersonen daran zu hindern, statt des Patienten das Zentrum der Aufmerksamkeit einzunehmen, und man darf sie nicht dabei verletzen, denn auch für sie ist diese erste Begegnung äußerst schwierig. Aber es ist von größter Wichtigkeit, daß der Patient weiß, die Anstalt ist da, um *ihm* zu helfen, und nicht, um den Wünschen derer zu entsprechen, die ihn bringen und ihn offensichtlich in ihr unterbringen wollen. In den meisten Fällen begreifen es die begleitenden Erwachsenen auch sofort, wenn man ihnen klarmacht, daß der

Patient Gelegenheit haben sollte, sich zu äußern oder jede Äußerung zu verweigern, und daß niemand anderes es für ihn tun sollte. Häufig kann ihnen das durch eine entsprechende Geste leichter als durch Worte bedeutet werden, während man sich selbst dem Patienten zuwendet. Selbstverständlich haben diese Begleitpersonen ebenfalls ein Recht darauf, sich durch Gespräche mit dem Leiter ein Bild von der Anstalt zu machen. Aber dafür gibt es andere Zeiten und Gelegenheiten.

Da ihnen die Sekretärin gesagt hat, daß ich komme, wissen sie, daß ich der Direktor bin, wenn ich eintrete und wir behutsam unsere Beziehungen aufnehmen. Die optimale Distanz zum Patienten ist nie allzu schwer einzuschätzen, da die Bewegungen im Raum zwischen »Abstand halten« und »ins Gespräch kommen« typisch sind, obwohl der verbale Gehalt dieses Manövers bei jedem Gegenüber gänzlich anders ist. Einige Neuankömmlinge bewegen sich rasch, andere langsam: einige wollen die Initiative, andere umworben werden; aber in jedem Fall liegt die Aufgabe darin, ihnen zu helfen, sich freiwillig aus der öffentlichen in die soziale Distanz zu bewegen und in eine Wechselbeziehung zu treten. Wenn dieser Punkt erreicht ist, kann man den Patienten auffordern, zum weiteren Gespräch und Kennenlernen mit ins Büro zu kommen.

Um den Patienten dazu zu bringen, mußte ich manchmal den räumlichen Abstand zwischen uns zur persönlichen und sogar zur intimen Distanz reduzieren. Es gab zum Beispiel die besonders verschlossenen Patienten, die nicht die Kraft aufbringen konnten, sich aus einem Sessel zu erheben oder irgendeine andere Stellung, die sie eingenommen hatten, zu verändern, die aber gewillt waren, mit mir zu kommen, wenn ich ihnen meine Hand entgegenstreckte, die sie ergreifen oder zurückweisen konnten. Wenn ich meine Hand versuchsweise lange genug hinhielt, ohne zu drängen – und es dauerte manchmal sehr lange, bevor die Patienten überzeugt waren, daß ich sie wirklich nicht drängen wollte –, dann nahmen sie sie schließlich doch und kamen mit. Niemals wurde meine Hand zurückgewiesen, jedoch spürte ich manchmal, daß die Patienten nicht bereit dazu waren, mich kennenzulernen, und dann versuchte ich es erst gar nicht. Dann verlief diese gesamte erste Begegnung nur im Wohnraum. Beim zweiten Treffen waren solche Patienten dann jedesmal bereit, mit mir ins Büro zu kommen, denn die Tatsache, daß ich beim ersten Mal nicht darauf bestanden hatte, gab ihnen genügend Sicherheit, es jetzt zu riskieren. (Für die Verwandten des Patienten ist der Ortswechsel einfacher, aber auch sie fühlen sich wohler, wenn sie die Gelegenheit haben, mich in der unverbindlicheren öffentlichen Distanz zu betrachten, ehe sie in die soziale übergehen.)

Das Büro des Direktors, das ungefähr dreieinhalb mal fünf Meter groß ist, hat die für die entferntere »öffentliche« Begegnung notwendige Raumgröße nicht mehr. Die Größe genügt gerade für die größte »soziale Distanz« – zweieinhalb bis dreieinhalb Meter zwischen zwei Menschen –, aber für praktische Zwecke suggeriert sie die Nähe der »persönlichen« oder die Nah-Phase der »sozialen Distanz« (ca. ein bis eineinhalb Meter). In diesem Abstand kann man sein Gegenüber nicht mehr in voller Größe sehen, was ein weiterer Grund dafür ist, jemandem nicht – schon gar nicht einem Patienten – zum erstenmal hinter einem Schreibtisch sitzend zu begegnen. Der Schreibtisch verbirgt einen Teil des Körpers und behindert gewöhnlich auch die Sicht auf einen Teil des Körpers des anderen. Es ist ein Abstand, der zur Begegnung des Geistes geschaffen ist, nicht aber nah genug für die Begegnung von Körpern, die in die intime Sphäre gehört (die Fernphase der intimen Distanz beträgt ungefähr einen halben Meter), ein Abstand, in dem man wortwörtlich mit dem anderen »in Berührung« ist. Wenn man sich so nahe ist, kann man den anderen nicht nur sehen, sondern auch riechen, ja sogar seine Körperwärme spüren.

Natürlich verhindert kein Raum eine »intime« Distanz, und je kleiner der Raum, desto mehr lädt er zu dieser Möglichkeit ein. Aber der richtige Abstand kann durch Möblierung und Aufteilung des Raumes deutlich markiert werden. Setzt man sich hinter den Schreibtisch, nachdem man den Besucher aufgefordert hat, sich auf einem anderen Sessel niederzulassen, heißt das, dies ist kein Ort für enge persönliche Beziehungen. Selbst Sessel, die dicht nebeneinanderstehen, halten die in ihnen Sitzenden immerhin mindestens neunzig Zentimeter auseinander, also außerhalb der »berührenden« Distanz. Indem der Besucher unter den verschiedenen »strategisch« plazierten Sesseln wählt, kann er zumindest zwei Meter entfernt sitzen oder sich auch sehr viel näher, in einem Meter Entfernung, setzen. Beides sind gute Abstände für menschliche Beziehungen, wenn das Eis einmal gebrochen ist. Zwei Menschen können über diese Entfernung hinweg persönliche Dinge miteinander besprechen, ohne sich zu nahe zu kommen. Der weitere Abstand von ungefähr zwei Metern erleichtert es sogar, sehr persönliche Dinge in objektiver Weise zu diskutieren, er erlaubt es, über sehr wichtige Probleme zu sprechen, ohne sich dem anderen völlig auszuliefern. Es ist eine Distanz, an die wir in unserer Gesellschaft gewöhnt sind, denn diesen räumlichen Abstand pflegen Menschen zu halten, die eng und gut miteinander arbeiten.

Es ist auch der Abstand, bei dem man, wie vorhin erwähnt, nur einen Teil des Körpers des anderen sehen kann; diesen Teil allerdings gut und in allen Einzelheiten. Man ist nahe genug, um die Gesichtszüge aufzunehmen, die Bewegungen der Lippen und das Leuchten –

oder das Fehlen eines solchen – im Auge zu sehen – alles Dinge, die so viel darüber aussagen, mit welcher Anteilnahme der Mensch das, was er sagt oder nicht sagt, begleitet.

Künstler kennen das: ein Gemälde eines Menschen in voller Größe zeigt uns seine »öffentliche« Erscheinung; es zeigt, wie er gekleidet ist, oder einfach seine Körperhaltung. Das muß aus einer Entfernung von mindestens dreieinhalb bis vier Metern dargestellt werden. Will der Künstler den »inneren« Menschen in einem Porträt wiedergeben und mehr als seine äußere Erscheinung schildern, dann ist das eine ganz andere Situation. Der beste Abstand, ein Porträt zu studieren – das heißt, zu bestimmen, wie weit weg das Gesicht scheinen soll –, beträgt eineinhalb bis zweieinhalb Meter. Von einem Maler ausgedrückt:

»Ein Meter zwanzig bis zwei Meter vierzig ist der Abstand für das Porträt ... hier, im normalen Abstand gesellschaftlicher Vertrautheit und ungezwungener Unterhaltung, beginnt die Seele des Modells aufzuscheinen ... Näher als neunzig Zentimeter, in Tuchfühlung, tritt die Seele viel zu deutlich hervor, um irgendeine Art objektiver Beobachtung zuzulassen ... die Persönlichkeit des Modells wird zu stark. Der Einfluß des Modells auf den Maler ist zu mächtig, es stört die Unbefangenheit, die für den Künstler notwendig ist« (56).

Es wäre zu wünschen, daß alle, denen das Geschick geisteskranker Patienten anvertraut ist, dieses mit der Aufmerksamkeit des Künstlers erforschten und von ihnen lernten, wie die Seele der Patienten zu befreien sei; welches der richtige Abstand ist, um ihren Körper zu erreichen, ihren Geist zu berühren und ihnen zu ermöglichen, sie selbst zu sein und selbständig in Beziehung zu anderen zu treten.

10
Schlafräume: Leben in der Gruppe und persönliches Hoheitsgebiet

Kein anderer Raum in unserer Pflegeanstalt kann es an Wichtigkeit mit dem aufnehmen, in dem der Patient wohnen und schlafen wird. Denn wenn die Versprechen, die die äußere und innere Erscheinung der Anstalt, die damit verbundenen symbolischen Botschaften und die Erfahrungen des Patienten beim ersten Besuch nicht voll eingelöst werden durch den Raum, der für ihn bereitsteht, dann werden diese Versprechungen zu einem noch größeren Betrug als alle anderen Lügen, die er bereits vom Leben zu erwarten gelernt hat. Die schönsten Aufenthaltsräume, die behutsamste Distanz beim ersten Kontakt, luxuriös ausgestattete Behandlungsräume und größte Einfühlung des Therapeuten in die Bedürfnisse seines Patienten – all das wird als Heuchelei und Betrug empfunden, wenn nicht noch größere Sorgfalt auf den Ort aufgewendet wird, an dem sich der Großteil seines Lebens abspielt und der den Mittelpunkt seines Daseins bilden wird. Die Reintegration der Persönlichkeit des Patienten setzt voraus, daß sein Leben einen klar definierten Mittelpunkt hat, einen Kern, auf den er alle anderen Erfahrungen unmittelbar oder mittelbar beziehen kann, damit sie sich zusammenschließen und ihn nicht weiter verwirren oder zerreißen. Dafür müssen seine wichtigsten Erfahrungen in der Anstalt genau dort stattfinden, wo er wohnt, an dem Ort, der mehr als jeder andere sein eigenes Territorium ist. Wenn die Anstalt dafür sorgt, dann wird sie ihm auch die symbolische Botschaft zukommen lassen, daß er sich ein Lebenszentrum schaffen muß, und ihm helfen, das zu erreichen. Er ist stets dort am sichersten, wo er sich wirklich zu Hause fühlt, und kann das Erlebte dort besser verarbeiten.

In den meisten psychiatrischen Anstalten gehören indessen gerade die Orte, die man für die wichtigsten im Sinne der Integration des Patienten hält, entschieden nicht ihm. Der Behandlungsraum des Therapeuten oder die Werkräume für die Beschäftigungstherapie sind beispielsweise nur zeitweise für ihn da. Obwohl jeder Psychoanalytiker sehr wohl weiß, daß der Patient nicht gesunden wird, solange er nur versucht, das, was er während seiner Einzelbehandlung erfährt, als Ersatz für sein eigentliches Leben zu nehmen, ist diese Situation noch immer in den meisten Anstalten die Regel. Gewissenhafte Analytiker brechen daher die Behandlung eines Patienten ab, der nicht aufhört, diese Behandlungsstunde als wichtigste in seinem Leben zu betrachten, denn zur wirklichen Heilung muß das, was er lernt, auf das tatsächliche Zentrum seines Lebens angewandt werden. Einem psychisch Kranken, der selbst kein Zentrum in seinem Leben hat, muß auf jede nur mögliche Weise geholfen werden, sich selbst eines zu schaffen, und der beste Ort dafür ist derjenige, der ihm am meisten gehört. Als Hilfestellung hierzu muß die Anstalt die Bedeutung des eigenen Platzes des Patienten unterstreichen, der ihm und niemandem sonst gehört. Wenn aus wirtschaftlichen Gründen Sparmaßnahmen notwendig sind, dann sollten sie überall, nur nicht in den Wohnräumen der Patienten durchgeführt werden.

Sosehr das auch einzuleuchten scheint, dieses Denken hat noch keineswegs in die Praxis der Pflegeanstalten Eingang gefunden. Auch dort, wo ernsthafte Bemühungen zur Verbesserung der Verhältnisse unternommen werden, beginnen sie meist an jeder anderen Stelle, nur nicht bei den Wohnräumen der Patienten. Hier ein Beispiel, das in einem Forschungsbericht zur Förderung der Verbesserung psychiatrischer Krankenhäuser angeführt wird:

»Ein bedeutender Beitrag zur Verbesserung der äußeren Erscheinung wurde von dem medizinischen Leiter geleistet, dem es wichtig schien, anderen als Beispiel voranzugehen. Er veranlaßte die völlige Renovierung seines Büros und des Büros seiner Sekretärin auf eigene Kosten. Die Veränderung diente dem übrigen Personal als schlagendes Beispiel, daß er ernsthaft bemüht war, die äußeren wie die zur allgemeinen Atmosphäre gehörigen Aspekte im Sinne einer warmen, häuslichen Atmosphäre zu entwickeln« (54).

So bewundernswert es ist, für eigenes Geld Teile einer Pflegeanstalt zu renovieren – hätte es nicht Personal und Patienten mehr beeindruckt, wenn dieser Direktor einige der Wohn- und Schlafräume seiner Patienten verschönt hätte? Er hätte natürlich wohl nur einen kleinen Teil dieser Räume auf eigene Kosten renovieren können; aber hätte das nicht eine größere Sorge um die Patienten gezeigt und deutlich gemacht, für wen die Anstalt da ist? Inwieweit er sein Werk auch für sich selbst unternahm, kann offenbleiben, da man aus der Studie auch erfährt, sein »Büro sei in der Tat sehr schäbig« gewesen vor der Renovierung. Das Unternehmen mag wohltätige Folgen gezeitigt haben, spiegelt jedoch die alte und immer noch vorherrschende Einstellung, nach welcher die Räume des Direktors, von denen alles ausgeht, auch die erste Aufmerksamkeit verdienen. Ich hingegen bin überzeugt davon, daß Verbesserungen in der entgegengesetzten Richtung stattfinden sollten: der Lebensraum des Patienten muß zuerst und vor allem verbessert werden.

Alter und Geschlecht bedingen hinsichtlich der Möblierung der Räume einige Unterschiede, da jede Gruppe das erhalten muß, was für sie am vorteilhaftesten ist. Die Unterschiede liegen indessen nur in den Einzelheiten; die Prinzipien, welche die Überlegungen und Planung für das tägliche Leben des Patienten und die Einrichtungen, die er braucht, bestimmen, unterscheiden sich nicht. Ursprünglich nahm die

Orthogenic School nur Schulkinder auf, im Laufe der Zeit erweiterten wir jedoch den Kreis der Patienten; zunächst nahmen wir Kinder und Jugendliche zwischen fünf und achtzehn Jahren auf und während der letzten fünfzehn Jahre, über die ich schreibe, bis zum Alter von fünfundzwanzig. Erst glaubten wir, eine solche Erweiterung würde eine umfangreiche Umorganisation mit sich bringen. Zu unserem Erstaunen jedoch stellten wir sehr bald fest, daß dies nur in einem sehr geringen Umfang notwendig war. Ich kann zwar nicht aus persönlicher Erfahrung mit älteren Erwachsenen und mit alten Menschen sprechen, aber auch in diesem Falle meine ich, daß die Organisationsunterschiede, die die Arbeit mit ihnen erfordern würde, geringer sein würden, als allgemein angenommen wird. So erwarteten wir zum Beispiel, daß Jugendliche sich in Einzel- oder Zweierzimmern wohler fühlen würden als in Gemeinschaftsräumen. Wir probierten das also aus und fanden es absolut unbefriedigend. Es war für den Patienten zu einfach, sich in sein Privatzimmer zurückzuziehen. Viele Krisen in menschlichen Beziehungen kamen damit nicht zum Ausbruch. Die Folge war, daß sie nur mit großer Verzögerung oder überhaupt nicht gelöst wurden. Nicht einmal eine bessere Nachtruhe wurde auf diese Weise gewährleistet, denn viele Patienten fühlten sich verängstigt, wenn sie nachts allein waren. Der größte Nachteil jedoch war die unvermeidliche Vernachlässigung des einen oder anderen Patienten, denn soviel Personal ist niemals vorhanden, um jedem einzelnen seine eigene *tsukisoi* zu stellen. Wenn ein Mitarbeiter bei einem Patienten in dessen Zimmer war, war er im wahrsten Sinne des Wortes außer Reichweite und – im Grunde noch gefährlicher – außer Hörweite aller anderen.

Natürlich wollten die Patienten gern sämtliche Vorteile eines Einzelzimmers haben, ohne von denen ausgeschlossen zu werden, die das Gemeinschaftsleben bietet. Innerhalb eines Jahres wurde aber klar, daß die Jugendlichen in den Einzel- oder Doppelzimmern wesentlich geringere Fortschritte auf dem Weg zur Selbständigkeit gemacht hatten. Sie waren weniger in der Lage, Beziehungen zu anderen anzuknüpfen oder die Vorteile der Anstalt zu nützen, als die anderen, die weiterhin in kleinen Gruppen zusammenlebten. Man durfte es als untrügliches Zeichen dafür nehmen, daß die Patienten wußten, was für sie am besten war, wenn einige baten, wieder in einer Gruppe leben zu dürfen. Andere wieder luden einen Dritten in ihr Doppelzimmer ein, um so eine eigene kleine Gruppe zu bilden. Die Vorteile, in Einzel- oder Doppelzimmern zu leben, waren ihnen wohl klar. Da aber eine Gruppe die Privatsphäre soweit wie möglich innerhalb ihres Rahmens schützte und sie sich in der Gruppe niemals von der Welt so ausgeschlossen fühlten wie in ihren Privatzimmern, hatten sie erkannt, wieviel ihnen das Leben in der Gruppe gab. Im Endergebnis verbrachten die meisten Patienten der Einzel- und Doppelzimmer fast alle Tagesstunden, wenn sie nicht anderweitig beschäftigt waren, im Gemeinschaftsraum und gingen nur zum Schlafen in ihre eigenen Räume. Abends, vor dem Einschlafen, fühlten sie sich ein wenig benachteiligt, weil die Schwester, die nach ihnen sah, nicht in mehreren Zimmern zugleich sein konnte und sie sich daher beim Schlafen weniger beschützt vorkamen.

Deshalb sahen wir, als wir neue Schlafräume für Jugendliche planten, Gruppen von fünf oder sechs Patienten in Einzel- oder Doppelzimmern vor, die aber unmittelbar in einen größeren Wohnraum in ihrer Mitte einmündeten. Auf diese Weise hofften wir alle therapeutischen und menschlichen Werte des Gemeinschaftslebens zu erhalten und trotzdem für mehr private Atmosphäre sorgen zu können. (Auf den großen Wert des Gemeinschaftslebens für die therapeutischen Bedürfnisse der Patienten brauche ich hier nicht einzugehen, da dieser ausführlich in der umfangreichen Literatur über Gruppenarbeit behandelt wird [7, 93, 94].) Zu unserem Bedauern mußten wir jedoch feststellen, daß bei allen Bemühungen, keinen der Vorteile vom Gemeinschaftsleben aufzugeben, dennoch etwas sehr Wichtiges verlorenging. Und dies, obwohl die Patienten sehr bald nur wenig Zeit in ihren eigenen Zimmern verbrachten. Doppelzimmer boten viele Nachteile. Wenn zwei Patienten zusammenwohnen, ist jeder abhängiger vom und mehr angewiesen auf den anderen als in einer Gruppe, so daß jeder, wenn es zu Schwierigkeiten zwischen ihnen kommt, überempfindlich reagiert. Einer möchte vielleicht sein Herz ausschütten, und der andere will nicht belästigt werden; oder der eine lädt einen Dritten zu einem Zeitpunkt ein, der dem anderen nicht paßt. Wenn der zweite dann hinausgeht, beleidigt er die beiden anderen; und wenn der eine und sein Besucher allein sein wollen, bringt das den zweiten Bewohner in die Situation des unwillkommenen Eindringlings, und zwar im eigenen Zimmer.

Den Mitarbeitern bietet sich ein Einzel- oder Doppelzimmer nie als ein Raum dar, in dem er *mit* dem Patienten lebt. Ein Mitarbeiter sollte sich nicht als Besucher in einem Raum fühlen, in dem wichtige emotionale Entwicklungen stattfinden, denn er kann gefühlsmäßig nicht so leicht und eingehend in einem Zimmer aus sich herausgehen, das nicht auch sein Raum ist. Wenn es kein gemeinsamer Raum ist, wird die Verbindung zwischen Heilpädagogen und Patienten geschwächt. In bezug auf die Vertrautheit zwischen den Patienten war also wenig gewonnen durch die neue Ordnung. Das war insofern nicht unbedingt ein Nachteil, als die Patienten nicht immer von solcher Vertrautheit profitieren, aber häufig an den Folgen leiden. Trotzdem ging viel verloren. Die Qualität der Vertrautheit zwischen Mitarbeitern und Patienten litt – jene Beziehung, welche die wirksamste emotionale

Konstellation bildet für die Gesundung des Patienten. Das wurde dann derart offenbar, daß, während ich dies niederschreibe, geplant wird, aus den Zimmern Gemeinschafts-Schlafräume für sechs Personen oder etwas Ähnliches zu machen.

Ein Einzelzimmer bedeutet stets, daß man auf sich allein angewiesen ist, daß niemand da ist, der mit einem das Leben auf vertrauter Basis teilen möchte. Diese Erfahrungen müssen auch andere gemacht haben, die sich mit den Vorteilen beschäftigt haben, die kleine Gemeinschaften im Gegensatz zu Privatzimmern psychisch Kranken bieten, denn der Bericht der Weltgesundheitsorganisation über psychiatrische Einrichtungen empfiehlt kleine Schlafsäle für sechs bis acht Patienten als beste Lösung (2). Andere sind zu dem gleichen Schluß gekommen wie wir:

»Acht scheint die größte Zahl von Patienten in einer Gruppe zu sein, in der es dem einzelnen möglich ist, auf die Beziehung zu jedem Gruppenmitglied anzusprechen und Ton und Stimmung der übrigen Gruppe zu registrieren. Sind mehr als acht Menschen in einer Gruppe, gehen einige wahrscheinlich »aus dem Feld«. Aber es ist auch möglich, daß Gruppen zu klein sind. Setzen sie sich aus nur drei oder vier Patienten zusammen, besteht die Gefahr, daß sich heftige Affektsituationen zwischen den Gruppenmitgliedern bilden, daß außerdem unnötige Empfindlichkeit auf Verluste eintritt, sowie daß übermäßiger Gebrauch gemacht wird von einer bestimmten Konstellation von Beziehungen auf Kosten von anderen, die eine andersgeartete Ich-Struktur verlangen« (30).

Ich glaube, das trifft auf jede Altersgruppe zu. Wenn jedoch Patienten in Gruppen (oder auf Stationen, wie sie in psychiatrischen Krankenhäusern genannt werden) leben, dann muß die Zahl der Patienten auf einer Station klein gehalten werden und es müssen ihnen jederzeit Räume zur Verfügung stehen, in die sie sich zeitweilig allein zurückziehen können. Wollen sie das, dann brauchen sie, wie wir feststellten, mehr denn je einen Mitarbeiter, weil sie sich nur dann zurückziehen, wenn sie irgend etwas ernsthaft beunruhigt. Jede der beiden Möglichkeiten, kleine Gruppen oder Privatzimmer beziehungsweise Doppelzimmer, hat Vorteile und Gefahren, aber solange es nicht für jeden Patienten einen Mitarbeiter für die gesamte Zeit seines Wachseins am Tage gibt, scheint die Arbeit in kleinen Gruppen vorteilhafter.

Die optimale Größe einer Gruppe zu bestimmen, ist von höchster Wichtigkeit. Vier ist zu wenig für ein konstruktives Gemeinschaftsleben, während acht wohl das Maximum darstellt. Nach unserer Erfahrung waren Gruppen von sechs oder sieben am erfolgreichsten. Interessanterweise scheint dies durch die gesamte Geschichte der Menschheit hindurch die durchschnittliche Größe der Kernfamilie gewesen zu sein, zumindest, wenn sie Großeltern und unverheiratete erwachsene Mitglieder der Familie mit einschloß (82).

Der physische Raum, den eine Gruppe oder eine Station braucht, muß sorgfältig berechnet werden. Angesichts der Überfüllung in den meisten Krankenhäusern und der Tendenz zu immer mehr Wohnraum bei unserer Mittelklasse, könnte man meinen, je mehr Raum, desto besser. Weit gefehlt. Wie schon gesagt, wird psychiatrischen Patienten meistens nicht genug Wohnraum zugebilligt, und es scheint ganz allgemein kaum die Gefahr zu bestehen, daß sie nun zuviel davon erhalten. Bekämen sie das aber, so wäre es ebenfalls nicht wünschenswert. Die Absicht geht zwar dahin, die Selbständigkeit des Patienten zu entwickeln, aber zuviel des Guten hat oft die gegenteilige Wirkung: in zuviel Raum kann man sich verlieren. Wegen der bedrückenden Gefühle ihrer Bedeutungslosigkeit wirkt sich für die psychisch kranken Patienten ein zu großer Raum nachteilig aus; sie kommen sich in ihm noch kleiner als sonst vor. Wie so oft im Leben, ist der goldene Mittelweg der beste, um wahre Menschlichkeit zu entwickeln.

Leider sind bisher noch keine guten Forschungsergebnisse über den idealen Lebensraum für einen Menschen in den Vereinigten Staaten greifbar. Für französische Arbeitsgruppen sind Daten veröffentlicht, aber es ist durchaus möglich, daß bei der Raumzuteilung pro Person Unterschiede zwischen verschiedenen Kulturkreisen bestehen. In Frankreich galt ursprünglich ebenfalls die Annahme, ein Mensch fühle sich um so wohler, je mehr Raum er zur Verfügung hätte. Aber die Forschungsergebnisse widersprachen diesem einfachen Glauben, was bei näherem Nachdenken nicht so erstaunlich ist. Wenn Kinder in einer Situation aufwachsen, die ihnen immer nur öffentliche oder soziale Distanz bietet, können sie als Erwachsene bei den Erfahrungen und Gelegenheiten versagen, die den persönlichen oder intimen Raum voraussetzen; es ist möglich, daß sie sich weder von den Dingen noch von sich selbst berührt fühlen. Dafür fühlen sich Kinder, die unter Bedingungen groß werden, die nur die Nahphase der persönlichen Distanz zulassen, vielleicht später stets von anderen bedrängt, als ob sie nicht genügend Raum für sich hätten.

Als die französischen Forscher die Folgen von Überfüllung ermitteln wollten und davon ausgingen, wie viele Menschen in einer Wohneinheit lebten, kam kein nennenswertes Ergebnis zustande. Als sie sich aber die Frage stellten, wie viele Quadratmeter jedem in einer Wohnung zur Verfügung standen, entdeckten sie, daß sich die Symptome sozialer, persönlicher und sogar physischer Krankheit verdoppelten, wenn jedem Familienmitglied weniger als ungefähr zehn Quadratmeter zur Verfügung standen. Das entsprach den Erwartungen. Es stellte sich jedoch auch heraus, daß sich die Symptome – wenn auch nicht so kraß – erhöhten, sobald jedes Mitglied der Familie *mehr* als ungefähr vierzehn Quadratmeter zur Verfügung hatte (27). Vielleicht spielt die Frage des persönlichen Raumes eine größere Rolle beim Menschen, als wir bisher bereit sind zu glauben. Tiere stecken sich selten ein größeres Gebiet ab, als sie brauchen, zeigen aber wie der Mensch Schäden, wenn ihr normales Territorium reduziert wird. Wir alle wissen, daß der Mensch schwer darunter leidet, wenn er zuwenig Raum hat, aber es ist uns nicht gleichermaßen bewußt, daß zuviel Raum ebenfalls schädlich zu sein scheint.

Indessen hatte uns unsere Erfahrung in der Orthogenic School schon lange, bevor diese Forschungsergebnisse erschienen, genau das gleiche gelehrt. Als optimistische Amerikaner waren wir auch von der Annahme ausgegangen: Je mehr Raum, um so besser. Als wir unsere Arbeit in der Anstalt begannen, waren bis zu zwölf Kinder in einer Station zusammengedrängt gewesen, und das war grauenhaft. Also verringerten wir die Gruppen in jedem Schlafsaal radikal. Bald jedoch schienen die Kinder überall »herumzuschwirren«, schienen sich in dem Raum zu verlieren. Vorher waren sie sich gegenseitig auf die Zehen getreten, und nun schienen sie ständig »außer Reichweite« für die Mitarbeiter, die versuchten, kontinuierlichen Kontakt mit ihnen zu halten. Die Erfahrung zwang uns zu der Einsicht, daß es den Patienten wie unserer Arbeit am besten ging, wenn die Schlafsäle so groß waren, daß sie jedem Patienten ungefähr zehn bis zwölf Quadratmeter als privates Territorium zubilligten. (Diese Zahl schließt aber nicht den Raum ein, der auf den einzelnen Patienten in den verschiedenen Gemeinschaftsräumen, wie Halle, Speiseraum, Läden, Klassenzimmer, Aufenthaltsräume usw., entfällt.) Es gibt also unserer Erfahrung nach einen optimalen Raum oder Umkreis, in dem sich der Mensch am wohlsten fühlt, und wie die französische Studie ergeben hat, bewegt sich seine Größe in dem eher engen Rahmen zwischen nicht weniger als neun bis elf Quadratmetern und nicht viel mehr als fünfzehn.

Dieser Umfang an Lebensraum scheint für den westlichen Menschen am günstigsten. In anderen Kulturen liegen die Dinge anders. E. T. Hall weist darauf hin, wie eng sich die Araber beispielsweise in einem Bazar zusammendrängen, wo sie sich ständig gegenseitig ohne jedes Unbehagen stoßen und rempeln; für die Zimmer in ihren Häusern gilt hingegen: je weiträumiger, je besser. (Man sollte noch erwähnen, daß die Patienten unserer Anstalt außer ihren Schlafräumen noch viele andere Räume zu ihrer Verfügung haben.)

Vielleicht sind wir mit unseren häuslichen Schlafgewohnheiten zu weit gegangen, indem wir jedem sein eigenes Schlafzimmer gaben. Caudill und Weinstein stellen bei ihrem Bericht über japanische Schlafgewohnheiten fest, daß »man in Japan im allgemeinen in einer Zwei-Generationen-Gruppe schläft, einmal als Kind und später als

Eltern- und Großelternteil. Allein zu schlafen wird etwas mitleidig betrachtet, weil der Mensch dann einsam wäre. Diese Schlafgewohnheiten hängen nicht mit ›Überfüllung‹ im japanischen Haus zusammen, sie stellen eher eine freie Entscheidung dar« (27).

Vielleicht braucht es mehr als die gelegentliche »Pyjama-Party«, um die Einsamkeitsgefühle der Kinder aus der amerikanischen Mittelklasse zu bekämpfen. Ihr Vergnügen an diesen Partys und Unternehmungen wie Ferienlagern, wo sie im Zelt und anderen gedrängt vollen Quartieren zusammen schlafen, läßt vermuten, daß das Schlafen in einem Raum für manche Jugendliche ein starkes Bedürfnis erfüllt.

Aber selbst in einer gut funktionierenden Gruppe braucht jeder ein eigenes Territorium, einen klar abgegrenzten privaten Raum, ebenso wie jedes Gruppenleben einen Bereich voraussetzt, der allen Mitgliedern der Gruppe gehört. Wieder auf empirischem Wege fanden wir heraus, daß dieser »private« Bereich, der dem Patienten völlige »Ellbogenfreiheit« garantiert, mindestens fünf bis sieben Quadratmeter groß sein muß und somit nicht ganz die Hälfte des Raumes umfaßt, den jeder Mensch braucht, um bequem zu leben, ohne sich zu beengt oder verloren vorzukommen. Obwohl also unsere Patienten in Schlafräumen leben, hat jeder seinen eigenen Bereich, den niemand unaufgefordert betreten darf. Wenn sich ein Patient in diesen privaten Bereich zurückzieht, steht jeder andere im Schlafraum außerhalb der intimen und persönlichen Distanz. Was den Abstand angeht, so kann man sich auch innerhalb einer Station zurückziehen, wenn der Privatbereich von den Mitarbeitern respektiert wird. Es ist immer ein Zeichen großen Vertrauens, wenn ein Patient einen Mitarbeiter oder gar einen anderen Patienten auffordert, sein privates Hoheitsgebiet zu betreten und ihn sogar bittet, sich auf sein Bett zu setzen. Niemand darf sich diese Freiheit ohne Erlaubnis herausnehmen.

Gewöhnlich ist dieser private Bereich vom Bett des Patienten und seiner Kommode eingegrenzt. Die meisten Patienten markieren das Gebiet außerdem noch durch einen kleinen Läufer, während andere, die ängstlicher sind, noch besondere Grenzen bauen. So stellen viele Kinder ihre Stofftiere in einer Reihe auf, um ihren privaten Bereich abzustecken, damit die Tiere sie gegen Eindringlinge beschützen können. Ein junges Mädchen, für das Schuhe eine ganz besondere Bedeutung hatten, brauchte eine Schuhreihe um ihr Gebiet, um sich sicher darin zu fühlen. Es ist sehr interessant zu beobachten, daß jeder seine eigene Methode entwickelt, sein Gebiet zu schützen, und daß niemand sich »zu Hause« und sicher fühlt in der Anstalt, bevor er das nicht getan hat. Manche brauchen eine geraume Zeit, bis sie glauben, daß dieser Bereich tatsächlich ihnen ganz allein gehört. Erst dann fangen sie an, es in irgendeiner konkreten Weise abzugrenzen, und danach fühlen sie sich endlich soweit zu Hause, wie es ihnen bei ihrem

Krankheitszustand möglich ist. Dann verteidigen sie unter Umständen ihr Territorium ebenso wild wie Tiere das ihre. Natürlich hat auch die Anordnung der Möbel Einfluß auf diese Dinge. Hier geschieht vielleicht etwas Ähnliches wie das, was die Forschungen über die Territorialität von Tieren ergeben haben: Für Tiere verändern Bäume, Zäune, Ströme usw. den Umfang ihres Gebietes, das sie brauchen, um sich wohl und sicher zu fühlen. Die Anordnung der Möbel, die für die Patienten und von ihnen vorgenommen wird, dient gleichen Zwecken.

Häufig können sich Menschen wie Tiere nur von solcher Angst um ihren Bereich befreien, nachdem sie die Grenzen gesichert haben. Einige der Geschichten von Hediger über Tiere machen ganz unmittelbar deutlich, was das bedeutet. Ein Tiger, der zu Paarungszwecken in den Züricher Zoo gebracht wurde, blieb in einer Ecke des Käfigs, an allem gänzlich uninteressiert, bis »er zweieinhalb Monate nach seiner Ankunft seine ›Besitzergreifungsrunde‹ im Käfig machte; die Peripherie markierte er mit Urinspritzern genau so, wie ein Tiger in freier Wildbahn sein Territorium ›markiert‹. Am nächsten Tag war in dem Tier eine bemerkenswerte Veränderung vorgegangen, es fühlte sich zu Hause, und auch seine Haltung gegenüber der Tigerin erfuhr eine Veränderung, so daß diese als Ergebnis ein paar Monate später einen neuen kleinen Tiger in diese Welt setzte« (62).

Zwar grenzten unsere Patienten auf sehr verschiedene Weise ihr Gebiet ab, aber keiner fühlte sich »zu Hause« in der Anstalt, ehe er sich nicht sicher fühlte, wenn er sich absonderte; soviel scheinen Menschen mit ihren tierischen Ahnen gemeinsam zu haben. Der Patient fühlt sich so lange als Fremder, bis er nicht nur den Bereich um sein Bett herum zu seinem eigenen gemacht, sondern auch die Toilette und den Raum, in dem sie steht, zu einem freundlichen, vertrauten Ort gestaltet hat. (Wie die Anstalt bei diesem Vorgang durch äußere Einwirkungen helfen kann, wird im nächsten Kapitel beschrieben.)

Menschen scheinen ihren Bereich am zuverlässigsten zu sichern, wenn ihr Bett den Mittelpunkt bildet. Merkwürdigerweise wird das weniger dadurch erreicht, daß man in dem Bett schläft, sondern daß man auf ihm sitzt; Stühle kann jeder benutzen, aber nur dem einzelnen »gehört« das Bett, auf dem er sitzt. Immer wieder stellten wir fest, daß es die Patienten vorzogen, auf dem Bett zu sitzen und von diesem besonders sicheren Ort aus die Welt in sich aufzunehmen, wenn sie sich einmal sicher im Besitz ihres Bereichs und besonders ihres Bettes fühlen. Es war das Bett, von dem aus sie es häufig wagten, Dinge zu sagen, die sie sich nicht zu äußern getrauten, wenn sie nicht symbolisch von der Sicherheitszone ihres Territoriums und der Sicherheit, die ihnen ihr Bett gab, umgeben waren. Auch aus diesem

Grunde sind Einzelzimmer weniger befriedigend, denn: wie kann man das Tun und Treiben der Welt beobachten oder beeinflussen, wenn man ganz allein auf einem Bett in einem Einzelzimmer hockt?

Natürlich gehört einiges dazu, damit das Bett alle diese sicherheitsspendenden Bedeutungen für den Patienten erhält, und dabei muß die Anstalt Hilfe leisten. Einfach ein schönes Bett zu kaufen und es dem Patienten zum Gebrauch zuzuteilen, wird solche Resultate kaum zeitigen. Auch hängt es nicht davon ab, wie das Bett konstruiert oder ausgeschmückt ist, obwohl auch das wichtig ist. Möbel können für die Patienten nur in dem Maße eine besondere Bedeutung erhalten, in dem das Personal sie damit ausstattet. Wunderschöne Möbel können eiskalt wirken und alles andere als menschliche Wärme vermitteln.

Wir haben nicht jedem Patienten neue Möbel gegeben, aber wenn er lange genug in der Anstalt war, bekam er schließlich eine Art Mitspracherecht bei der Beschaffung neuer Möbel. Und selbst dann war seine Wahlmöglichkeit begrenzt, weil die Möbel zur übrigen Einrichtung des Gemeinschaftsraumes passen mußten. Wie schon gesagt, wählten die Patienten, die in einem Raum wohnten oder ihn benutzten, die Farben für die Wände und die Muster für die Vorhänge und Couchdecken aus. Bei der Wahl der Möbel konnten wir ihnen die gleiche Freiheit nicht zugestehen, obwohl wir nicht einfach kauften, was es in den Warenhäusern gab. Statt dessen entwarfen wir mit dem Designer, der die Aufgabe hatte, unsere Vorstellungen in Dinge umzusetzen, für jeden Raum verschiedene Möbel, die bequem und solide für die starke Beanspruchung waren, hübsch aussahen und dabei noch unsere Absichten vermittelten. Die Möbel sollten unsere Sorgfalt bei der Auswahl zeigen, unseren Versuch, uns in den Patienten einzufühlen.

Daher mußten die Möbel nach Maß gemacht werden. Gelegentlich fanden sich geeignete Einzelstücke im normalen Angebot, niemals aber Betten, Kommoden oder Schränke. Und wenn wir schon einmal einen Sessel oder eine Couch in einem Laden fanden, konnten wir nur die besten Ausführungen verwenden, weil sie sonst nach kürzester Frist kaum noch anzusehen waren. Die eigens entworfenen Möbel, die ein großes handwerkliches Können verlangten, waren zwar recht teuer, aber auf die Dauer doch wirtschaftlicher. Bei der starken Abnutzung und dem zeitweiligen, unvermeidbaren Mißbrauch, dem sie unterworfen waren, mußten wir sie wesentlich solider bauen lassen als alles, was es fertig zu kaufen gab, und das machte sie teurer. Selbst die besten und solidesten Möbel aus den Läden hielten kaum länger als vier oder fünf Jahre und sahen schon nach einem einzigen Jahr schäbig aus. Die speziell für uns entworfenen und konstruierten Möbel jedoch hielten ohne weiteres doppelt so lange und länger. In beträchtlichem

Maße war das sowohl ein Verdienst der Patienten, welche Dinge, die sie mögen, mit größerer Sorgfalt behandeln, als auch der Mitarbeiter, die ebenfalls dann sorgfältiger mit den Dingen umgehen, wenn sie an deren Planung mitgewirkt haben.

Um nur einen Beobachter zu zitieren: »Patienten zerstören selten Dinge, bei denen sie das sichere Gefühl haben, daß sie gut für sie sind, oder die ihnen wirklich Freude machen.« (54) Deshalb kamen wir immer wieder zu dem Schluß, daß das Beste – nicht nach jedermanns Geschmack, aber im Sinne von Patienten und Personal – sich als das Wirtschaftlichste erwies. (Nach all dem, was gesagt wurde, braucht wohl nicht darauf hingewiesen zu werden, daß wir die Einrichtung nicht besonders schützten, sondern damit rechneten, daß ein Möbelstück auch ab und zu einen harten Schlag vertragen mußte.) Da das Stück solide gebaut war, konnte es auch leicht repariert werden; manche Teile, wie Polsterungen oder Rohrgeflechte, mußten ohnehin regelmäßig alle paar Jahre ersetzt werden. Das wußte man im voraus, und die Möbelstücke waren denn auch so konstruiert, daß sie leicht repariert werden konnten.

Wenn das Personal nicht meint, daß diese Einrichtungsgegenstände die bequemsten und schönsten sind, die man bekommen kann, investieren sie keine positiven Gefühle in sie, und dann kann es auch der Patient nicht tun. Wenn das Personal in ihnen nicht etwas Besonderes sieht, das besondere Sorgfalt verdient, geht das auch auf den Patienten über. Man mag sich darüber wundern, warum beispielsweise das Reinigungspersonal nicht empfindlich darauf reagiert, daß die Patienten soviel besser eingerichtet sind, als sie es sich selbst leisten können; aber jemand, der ständig mit psychisch kranken Menschen zu tun hat, sieht sehr bald, wie verzweifelt unglücklich diese Patienten sind, und kann einfach nicht eifersüchtig auf Menschen sein, die in einer solchen Hölle leben. Um das zu erkennen, muß man allerdings Einfühlungsvermögen für die Patienten haben. Und dieses Einfühlungsvermögen zu wecken, bei allen, die in einer Anstalt arbeiten, gehört zu den wichtigsten Aufgaben derer, die verantwortlich für die Leitung sind.

Als wir damit anfingen, die Anstalt neu einzurichten, ließen wir für jeden Patienten eine Metallkiste anfertigen, ungefähr neunzig Zentimeter lang und fünfundvierzig Zentimeter breit, in die er seine wichtigsten Besitztümer einräumen, die er abschließen und sogar mit sich herumtragen konnte, wenn er wollte. Den Patienten gefiel das sehr; sie nannten die Kisten »Spielzeugkisten« und packten die unglaublichsten Dinge in sie hinein, Dinge, die für sie große persönliche Bedeutung hatten. Um diesen kostbaren Inhalt zu schützen, wollten sie ihre Kisten immer so nah wie möglich bei sich haben. Bald fanden sie die Kisten zu klein, und wir gaben ihnen doppelt so große, wodurch sie jedoch unhandlich wurden. Außerdem waren sie viel zu schwer, wenn sie – wie meistens – vollgestopft waren. Viele Patienten wähnten ihre Schatzkiste nur dann in Sicherheit, wenn sie auf ihr schliefen. Dies gab uns die nächste Idee: Von da an ließen wir die Betten so konstruieren, daß Platz für zwei große Schubladen darunter war, in denen die Patienten ihre Schätze aufbewahren konnten. Wenn sie auf diesen Schätzen schliefen, fühlten sie sich ihrer am sichersten. Aus diesem Grunde steht auch die Kommode mit den Schubladen immer gleich neben dem Bett des Patienten; von dort aus kann er leicht an sie heran. Auch die Borde, auf denen er manche seiner Besitztümer aufbewahrt, und der Schrank mit seinen Kleidern sind so angeordnet, daß er sie leicht von seinem Bett oder jedem anderen Ort im Schlafsaal übersehen kann. Er braucht also weder am Tage noch nachts, wenn er »zu Hause« ist, um die Sicherheit seiner Besitztümer Sorgen zu haben.

Wenn unser Heim unsere Burg ist, dann ist unser Bett der Ort, an dem wir uns am sichersten fühlen sollten. Manchmal bedauerte ich, daß die räumliche Begrenztheit uns nicht die Möglichkeit gab, den Patienten Betten zu geben, die »so groß wie ein Haus« sind, wie manche mittelalterlichen Bettgestelle es waren. Eine Annäherung daran kann aber durch die Form erreicht werden. Bequemlichkeit ist Gesetz Nummer eins, aber Bequemlichkeit allein ist nicht alles. Die Möbel für den Patienten müssen auch den erwähnten Symbolwerten entsprechen, oder sie strafen sie Lügen, da sein privater Bereich dort ist, wo sich der Patient am meisten zu Hause fühlt. Ich habe mich nicht sehr damit beschäftigt, wie Betten für erwachsene Patienten aussehen sollten, aber selbst unsere jungen Erwachsenen, die Zwanzigjährigen, waren begeistert, ein Bett vorzufinden, daß rein äußerlich den Eindruck erweckte, es sei bereit, einen müden Helden nach einem Tag voller Mühen und Plagen aufzunehmen.

So sind die Fuß- und Kopfenden der Betten für die Jungen in großen gotischen Bogen geschnitten und mit einem Wappen und einem Wappentier aus Metall dekoriert, die sich auf jeder Schublade der Kommode wiederholen, die zum Bett gehört. Jedes Bett hat eine andere Farbe und ein anderes Wappen mit Wappentier. Jeder Schlafraum steht unter einem bestimmten Motto. In dem einen sind es die Fahrten der Entdecker, am Fußende der Betten befinden sich alte Landkarten, am Kopfende alte Drucke von Weltumseglern. Wir können den Kindern ihre eigenen Entdeckungsreisen, die sie unternehmen müssen, um gesund zu werden, nicht bis in die hintersten Winkel ihrer Phantasie oder Träume vorzeichnen, aber wir können andeuten, daß solche Entdeckungsreisen notwendig sind und wir dafür sorgen werden, daß ihnen nichts dabei geschieht. So hat jedes Bett einen kleinen Leuchtturm zur Seite als Schutz gegen Gefahren. Selbst recht große Mädchen haben gern ihre Betten am Kopf- und Fußende leicht gepolstert und mit Blumen oder irgendeinem freundlichen Muster dekoriert. Die

Betten für die kleineren Mädchen ähneln mehr Betten für kleine Prinzessinnen aus dem Märchen. Und da keiner unserer Patienten jemals ein Bett oder eine Kommode wie diese gehabt hat, da die Einrichtung jedes Schlafraumes nur einmal vorhanden ist, und die Sorgfalt, die wir ihr angedeihen ließen, ganz offensichtlich ist, kommt auch die Hauptbotschaft bei den Patienten an – daß wir unser Bestes getan haben, um ihnen Freude zu machen, auch wenn dieses oder jenes Einzelstück nicht ganz den Geschmack des einzelnen getroffen hat. Gefällt es zufällig einem Patienten nicht, dann entschädigt ihn hoffentlich die Freiheit, eigene Einfälle anzubringen.

Beim Entwurf der Einrichtung ist es schließlich auch bei größerem Einfallsreichtum absolut unmöglich, vorher die Wahnvorstellungen eines unbekannten Patienten mit einzubeziehen. Wir können nur von den Erfahrungen der Vergangenheit und der Gegenwart ausgehen. Solange man aber überhaupt deutlich dazu auffordert, sich irgendeiner bestimmten Vorstellungswelt anheimzugeben, spielt es keine Rolle, um welche es sich genau handelt. Es kommt darauf an, daß der Patient einen Ausgangspunkt hat. Im übrigen bekamen wir die Idee, die Betten als Ritterburgen zu bauen, von einem Jungen, der jahrelang in voller Rüstung herumspazierte – und dem wir deshalb das Bett für einen Ritter gaben. Nachdem er einmal in dem Bett geschlafen hatte, war er fähig, mit uns in der normalen Welt zu leben. Und da viele der anderen Jungen dieses Bett so schön fanden, beschafften wir ähnliche auch für sie, was sie sehr erfreute.

Jedes Verteidigungssystem gleicht einer Rüstung, es ist als Schutz gedacht. Es schützt zwar, aber es verhindert auch jede Bewegungsfreiheit. Eine psychologische Rüstung verhindert Freiheit des Denkens und Fühlens, sorgt dafür aber für ein Mindestmaß an Sicherheitsgefühl, indem es das Individuum einkapselt.

Der Junge mit der Rüstung war als Dreijähriger, also auf dem Höhepunkt seiner Ödipusphase, von einem Auto überfahren worden. Es gab im Zusammenhang mit diesem Unfall genügend Einzelheiten, die sich dann zu der Wahnvorstellung auswuchsen, daß seine Mutter oder vielleicht auch beide Eltern ihn loswerden wollten und daher den Unfall geschehen ließen, wenn nicht gar herbeigeführt hätten. Im ersten Teil dieser Vorstellung lag etwas Wahrheit, im zweiten nur insofern, als auf ihn nicht genug aufgepaßt worden war, weshalb dieser Unfall geschehen konnte. Das Bein des Jungen war lange Zeit in Gips und behinderte seine Bewegungsfreiheit.

Wäre er schon vor diesem Unfall in Gips gewesen, sagte er sich, hätte er nicht auf die Straße und unter das Auto laufen können – also beschützte ihn dieser Panzer. Der Gips machte außerdem die Heilung möglich, was für ihn ein weiterer Beweis dafür war, welcher Schutz der Verband war. Um sich nun gegen das zu sichern, was er für böse

Absichten seiner Eltern hielt – und in weiterem Sinne der Familie und der ganzen Welt –, umgab er seinen ganzen Körper mit einem schweren und ihn fest einengenden Panzer. Als er bei uns ankam, benahm er sich, als sei er derart in einen starren, schweren Panzer eingezwängt, daß er seine Glieder nur in steifster und minimalster Weise bewegen konnte. Er konnte weder die Knie beugen noch die Füße drehen, obwohl er physisch recht kräftig war. Die Panzerung ging auf seinen Geist über, so daß er sich dort auf dem Niveau eines Schwachsinnigen bewegte und daher als hirngeschädigt und schwachsinnig galt. Nach vielen Jahren der Behandlung wurde aus ihm jedoch ein sehr heller Junge.

In den ersten paar Jahren bei uns konnte er sich weder physisch noch geistig oder emotional rühren. Unter der Wirkung der positiven Gefühle, die ihn jetzt umgaben, taute er gefühlsmäßig eine Winzigkeit auf, hatte aber Angst, daß auch seine Glieder plötzlich anfangen würden, sich zu bewegen. Ermutigt durch uns, konstruierte er sich in diesem Stadium die phantasievollsten Rüstungsgegenstände aus Pappe und anderem Material. (Interessant, aber nicht erstaunlich war, daß er sich in ihnen wesentlich freier bewegte als sonst, obwohl noch immer ganz steif.) Geschützt durch diesen Panzer, ließ er sich dazu bringen, in dessen Innerem seine Glieder zu bewegen, das heißt, soweit es der Panzer zuließ. Und langsam entdeckte er zu seiner Überraschung, daß er sich tatsächlich bewegen konnte, obwohl er zuvor überzeugt gewesen war, daß ihm das unmöglich wäre. Mit den ersten kleinen Bewegungen seines Körpers begann er sich auch geistig zu bewegen, aber nur, indem er alles über Ritter lernte, über ihre Zeit und ihr Leben. Er sammelte eine erstaunliche Menge von sehr detaillierter und genauer Information über Geschichten und Sagen von Rittern, die weit über das Wissen der meisten Historiker hinausging, die nicht gerade Spezialisten für diese Zeit sind. Zum Schluß brauchte der Junge das Gefühl, gepanzert zu sein, nur noch, wenn er schlief, also nicht in der Lage war, auf die Gefahren dieser Welt achtzugeben.

Ich erzähle die Geschichte dieses Jungen, um zu zeigen, wie in diesem Fall, ähnlich wie in vielen anderen, die Begrenzung seiner Wahnvorstellung auf das Bett und damit symbolisch auf Schlaf und Träume ein wichtiger Schritt war, um sein Leben am Tage zu befreien. Die Geschichte beleuchtet außerdem, welche entscheidende symbolische Rolle Architektur und Einrichtung bei der Heilung eines Autisten spielen können.

Ein anderer Junge verwandelte sein Bett in eine höchst komplizierte Maschine, die ihm half zu atmen und die sein Verdauungssystem förderte. Ein anderer machte einen ganzen Märchenwald aus seinem Bett, ein weiterer eine Zwergenstadt und ein dritter einen anderen Planeten. Einer schuf sich ein arabisches Reich und wandte sich auf seinem Gebetsteppich gen Mekka; und er tat das nicht etwa, weil er ein Moslem war. Im Gegenteil, er tat es, weil er Jude war, sich aber nicht imstande fühlte, gegen seine übermächtige Familie anzukämpfen. Er hoffte, die Araber würden sie besiegen, damit auch er eine Chance hätte zu siegen. Ein junges Mädchen, das einen totalen Zusammenbruch nur dadurch umgehen konnte, daß es sich mit Julia identifizierte, verwandelte seinen Bereich um das Bett symbolisch in Verona.

Der Grund, weshalb wir die Benutzung von Bett und unmittelbarer Umgebung zu Phantasiezwecken ermutigen, ist nicht etwa der, daß wir ein Leben in einer wahnhaften Traumwelt fördern wollten – ich habe immer wieder vor den Gefahren einer solchen Einstellung gewarnt. Aber es gibt einen Ort zum Träumen und einen anderen zum Leben in der Wirklichkeit; und das Bett ist der Ort zum Träumen. Wir versuchten vorsichtig, die Welt der Träume auf das Bett zu lenken, sie abzugrenzen gegen Phantasie, die uns jederzeit frei zur Verfügung stehen sollte, wenn wir uns ihr hingeben wollen. Während unserer wachen Stunden sollten wir uns und unsere Vorstellungswelt nüchtern in der Hand haben und sie jederzeit ausschalten können. Über Träume und Wahnvorstellungen hat man eine derartig bewußte Kontrolle nicht. Je weiter sich der Patient von dem Bereich seines Bettes entfernt, desto leichter kann er in die gemeinsame Wirklichkeit eintreten. Eine eigene Traumwelt zu haben, ist unser aller Privileg, und moderne Traumforschungen haben Freuds Überzeugung, daß unser Leben ohne Träume empfindlich verarmen würde, mit neuen wissenschaftlichen Erkenntnissen gestützt (60, 77). Träume aber sollten sich um unsere Schlafzeiten konzentrieren, die wir im Bett verbringen.

11
Speisesaal und Badezimmer: Trauma und Therapie

Viele schizophrene Menschen sind buchstäblich verwirrt hinsichtlich der Frage, wo bei ihrem Körper oben und unten ist und welches Ende des Verdauungskanals welche Funktion hat. In ihrem Geist sind die physiologischen Funktionen von Nahrungsaufnahme und Ausscheidung oft unentwirrbar verwoben. Wie wichtig alles ist, was etwas mit Essen zu tun hat, ist wiederholt unterstrichen worden; daher nur noch ein paar zusätzliche Bemerkungen über die Bedeutung der damit verbundenen Formen und Umstände.

Die erste Erfahrung im Leben des Kleinkindes ist, daß es stützend gehalten wird, die erste Erfahrung eines Patienten in unserer Anstalt ist, daß er sich mit seinem Bett und Wohnbereich anfreundet. Im Zusammenhang mit dieser ersten Lebenserfahrung – und Anstaltserfahrung – wird man ernährt. Die Art, in der es geschieht, prophezeit künftige Sicherheit oder Angst. Zu den bedeutsamsten Hinweisen für den Patienten über die Absichten der Anstalt gehört, ob er nicht nur gut, sondern liebevoll ernährt werden wird. Dieser Hinweis ist nicht nur symbolisch, sondern durchaus real. Essen ausschließlich zu festgesetzten Zeiten im Speisesaal zu verabreichen, ist keine empfehlenswerte Methode. Nur wenn schmackhaftes Essen jederzeit erhältlich ist, sind Hauptmahlzeiten zu festen Zeiten – was bei einer ziemlich großen Anzahl von Essensgästen unumgänglich ist – annehmbar, denn dann verpaßt man nichts, falls einem gerade überhaupt nicht nach Essen zumute ist oder nur nach einer Kleinigkeit. Wir hielten deshalb zu jeder Zeit und überall für jedermann erreichbar etwas zum Essen bereit, das man in relativer Abgeschiedenheit zu sich nehmen konnte, wann immer einem Patienten oder einem Mitarbeiter danach zumute war. In jedem Raum stand ein Kasten mit Keksen und Süßigkeiten, in den Räumen der Patienten wie in denen des Personals. Außerdem wurden Kleinigkeiten – belegte Brote, Früchte, Milch, Fruchtsäfte – den Patienten täglich dreimal zwischen den regulären Mahlzeiten gebracht: vormittags, nachmittags und vor dem Schlafengehen, und wenn es angebracht schien, auch öfter. Falls die Patienten das nicht mochten oder Appetit auf etwas anderes hatten, gab es außerdem neben jedem Schlafraum noch eine Kleinküche mit Vorräten für andere Gerichte. Bei den Hauptmahlzeiten waren die Patienten also nicht notwendigerweise hungrig, sie mußten nicht essen, was es gab; sie brauchten auch keine Angst zu haben, später hungrig zu werden, wenn sie während der Mahlzeit nicht soviel aßen. Zuerst waren die Tische im Speisesaal rechteckig, es gab für jeden Schlafraum einen und einen für das Personal, das um diese Zeit nicht mit den Patienten arbeitete. Aber wir fanden bald heraus, daß diese Tische für unsere Zwecke nicht geeignet waren. Unterhaltungen fanden eigentlich nur zwischen denen statt, die an den Kopfenden saßen, und zwar mit ihren nächsten Nachbarn. Der Grund war, daß diese drei Menschen nicht nur nebeneinander saßen, sondern sich auch ohne krampfhaftes Halsverdrehen (was Leute tun müssen, die nebeneinander sitzen) als Gegenüber sahen. Selbst wenn ein Mitarbeiter, der neben den Patienten saß, den Arm um die Schultern seines Nachbarn legte, so sprach dieser trotzdem lieber mit demjenigen, der ihm gegenüber saß, weil er diesen dabei ansehen konnte. (Eine Beobachtung, die durch eine Forschungsstudie erhärtet wurde, aus der hervorging, daß Menschen, die sich an einer Tischecke gegenübersitzen, doppelt so viel miteinander sprechen wie Menschen, die nebeneinandersitzen [108].) Deshalb ersetzten wir die rechteckigen Tische durch runde, was zu einer viel größeren Vielfalt der Beziehungen unter den am Tisch Sitzenden führte.

Unsere Tischplatten waren aus poliertem Rosenholz, wir benutzten also Tischdecken nur bei besonderen Gelegenheiten, am Geburtstag eines Patienten oder an Feiertagen, weil sich die Patienten offensichtlich wohler fühlten ohne diese Formalität (die sie aber ab und zu sehr schätzten). Bevor irgend jemand den Speisesaal betrat, war jeder Tisch sorgfältig für die genaue Zahl der Teilnehmer am Essen gedeckt. Obwohl zu jedem Gedeck ein Messer gehörte, ist niemals etwas Schlimmes damit passiert. Manchmal ließ ein verstörter Patient einen Teller fallen oder warf mit Bestecken um sich, aber niemals auf einen anderen Menschen und niemals ein Messer, meistens Löffel und seltener Gabeln. Anscheinend hielt unser Vertrauen in die Patienten, ausgedrückt durch die Tatsache, daß stets Messer zur Verfügung standen, selbst die unkontrolliertesten Patienten zurück. Zuweilen war es nötig, ein Messer vorübergehend zu entfernen, das geschah dann in der gleichen Weise wie bei dem vorhin erwähnten Springseil, aber nur, nachdem der Patient zu erkennen gegeben hatte, daß die Versuchung, das Messer in einem bestimmten Augenblick der Mahlzeit destruktiv zu benutzen, zu groß für ihn war. Und da die Patienten wußten, daß ihnen das Messer zurückgegeben wurde, sobald sie erklärten, wieder dafür bereit zu sein, gab es nie eine Weigerung, wenn das Messer entfernt wurde; und wie bei dem Springseil, händigte manchmal ein Patient spontan den Mitarbeitern ein Messer oder, seltener, eine Gabel aus, um sie vorübergehend nicht in Reichweite zu haben.

Kalte Platten, wie Brot und Butter, Salat usw., standen schon zu Beginn der Mahlzeit auf den Tischen. Alle warmen Speisen wurden erst aufgetragen, nachdem die Gruppe Platz genommen hatte. Jedem wurde so oft und so viel serviert, wie er wollte. Für jeden Gang wurden Teller und Bestecke gewechselt. Den Patienten wurde am Tisch einzeln von dem Mitarbeiter vorgelegt, der mit ihnen aß.

Wurden Speisen verschüttet oder fiel ein Teller oder ein Glas herunter, wurde selbstverständlich sofort alles aufgewischt oder aufgehoben, meistens eher von dem Mitarbeiter am Tisch als vom Küchenpersonal. Derartige feindselige Handlungen waren nicht gegen das Personal gerichtet, das auch mit der Frustration nichts zu tun hatte, die so ein Verhalten auslöste: wahrscheinlicher ist, daß der Mitarbeiter selbst der Anlaß war, weil er in dem Augenblick den Patienten an jemanden aus seiner Vergangenheit erinnerte. Deswegen konnte die Situation zwischen Patient und Mitarbeiter nur durch das gutwillige Übernehmen des Aufräumens wieder in Ordnung gebracht werden, denn es ist ziemlich schwierig, seinen Zorn auf einen Menschen durchzuhalten, der in positiver Einstellung die Unordnung forträumt, die man selbst verursacht hat. Außerdem ist das Fallenlassen eines Tellers mit Essen ein ebenso starker Ausdruck für Gefühle, wie es Worte wären: es zeigte an, wie verstört jemand in diesem Augenblick ist und wie unfähig, sich in der Gewalt zu haben. Ein Patient würde wahrscheinlich kaum einem Therapeuten Glauben schenken, der ihn aufforderte, die Gründe für diesen Ausbruch zu erzählen, und es jemand anderem überließe, die Folgen zu tragen. Man ist wesentlich glaubwürdiger, wenn man, bevor man dem Patienten versichert, daß man ihm nicht böse ist, weil er sich hat gehenlassen, durch eine Tat beweist, daß die Gefühle des Mitarbeiters dem Ausbruch gegenüber positiv sind.

Teller und Gläser aus unzerbrechlichem Material, wie Plastik, bedeuten dem Patienten stillschweigend, man erwartet, er könnte sie kaputtmachen. Diese stillschweigende Voraussetzung ärgert ihn unbewußt derart, daß er versucht ist, mit diesen Dingen umherzuwerfen. Die Anstalt erwartet das ja offenbar. Aber mehr als die Zerbrechlichkeit vermittelt die Qualität – schönes Porzellan, schöne Gläser – den Gedanken, daß derjenige, der das Geschirr ausgesucht hat, nicht nur die Mahlzeiten zu einer angenehmen Angelegenheit machen wollte, sondern auch nicht damit rechnet, daß so schöne Dinge absichtlich kaputtgemacht werden könnten. Wenn man den Patienten Dinge zum Gebrauch in die Hand gibt, die sie schön finden, schützen sie sie auch (allerdings nur innerhalb der Grenzen, die sie sich selbst zu setzen imstande sind). Diese Grenzen sind stets wirksamer, häufig zwingender, als Grenzen, die ihnen irgend jemand anderes auferlegen könnte.

Hilfreich ist auch, wenn die Patienten an der Zusammenstellung der Menüs beteiligt werden; sie wurden regelmäßig um Anregung gebeten, die auch übernommen wurde. Ebenso wählten die Patienten selbst das Geschirr aus, wenn neues angeschafft werden mußte oder sollte; sie suchten unter mehreren Mustern das Porzellan oder die Gläser aus, die ihnen am besten gefielen, und probierten die Stühle aus, auf denen sie am bequemsten beim Essen sitzen konnten. Dadurch fühlten sie sich mitverantwortlich für diese Dinge, wenn auch gelegentlich Gefühlsausbrüche solche Verantwortung in den Hintergrund drängten. Natürlich war für eine Reihe von Patienten das Geschirr, von dem sie aßen, ausgewählt, bevor sie in die Anstalt kamen. Aber innerhalb von ein paar Jahren, die für die Heilung der meisten Patienten ja notwendig sind, hatte sich gewöhnlich die Mehrheit an der Auswahl von irgendwelchen Dingen beteiligt, und ihre Sorgfalt und ihre Kritik gegenüber absichtlicher Zerstörung erwiesen sich als wesentlich wirksamere Bremse bei impulsiven Ausbrüchen als jede mögliche Erziehung durch die Mitarbeiter.

Wie bei Vorhängen und Bettdecken wurden in einer Versammlung aller Patienten und Mitarbeiter drei verschiedene Muster von Porzellan, Gläsern oder Bestecken zur Wahl und zum Ausprobieren vorgelegt. Es wurde abgestimmt, und das bevorzugte Muster wurde gekauft. Wenn ihnen keins der drei Muster gefiel, dann wurden ihnen drei neue vorgeführt, und wenn allen nur eins gefiel und niemandem die beiden anderen, kamen noch zwei neue hinzu, damit es auch eine wirkliche Wahl wurde. Da wir selbst die erste Wahl der Muster getroffen hatten und daher nichts darunter war, das wir für unpraktisch, ungeeignet oder unschön hielten, gab es für das Mitarbeiterteam dann keinen Grund, nicht das zu akzeptieren, wofür sich die Patienten entschieden. Es war erstaunlich, wie die Patienten nach einigem Schwanken eigentlich immer eine sehr gute Wahl trafen. Als ich ihnen beispielsweise einmal ein Geschirr zeigte, von dem einige Mitarbeiter und ich sehr angetan waren, wiesen sie darauf hin, daß die Teller zu flach waren und es sehr schwer wäre, von ihnen zu essen, ohne das Essen auf den Tisch zu verschütten, und das wollte doch keiner. Sie hatten völlig recht, und ich dankte ihnen, daß sie uns davor bewahrt hatten, eine dumme Entscheidung zu treffen. Niemals fiel die Wahl auf das, was Geschirrfabrikanten als Muster oder Qualitäten für Pflegeanstalten bezeichnet hätten. Entweder sah man der Robustheit des Geschirrs an, daß es für Verbraucher gedacht war, die nicht sorgsam damit umgehen würden, oder es war so langweilig, daß es niemandem gefallen konnte.

Funktionieren kann diese Methode nur, wenn die Dinge nicht bewacht oder ängstlich behütet werden. Die einzig richtige Einstellung ist: »Ihr sollt das Beste haben und das, was euch am meisten gefällt. Da es ausschließlich für euch da ist, wissen wir, daß alles, was ihr damit tut, einem wichtigen Bedürfnis von euch entspricht, das von uns akzeptiert werden muß. Außerdem sagt uns das, was ihr damit tut, Wichtiges über euch und eure Gefühle, die unendlich viel wichtiger sind als jeder wertvolle Gegenstand. Wir sind dazu da, diese Gefühle zu respektieren.«

Das ist selbstverständlich Theorie, die mit Vernunft in die Praxis umgesetzt werden muß. Schließlich benutzen wir keine antiken Teller oder sonstigen Kostbarkeiten zum Essen. Aber wenn ein hübscher Teller vier Dollar kostet im Vergleich zu einem dauerhafteren zu einem Dollar, stellen die Unkosten für Bruch kaum eine zusätzliche Belastung für das Budget dar, da Patienten und Mitarbeiter sehr viel sorgsamer mit dem hübschen umgehen.

(Da wir größere Mengen brauchen, kaufen wir, wie bei Anstalten üblich, direkt ab Fabrik. 1970 gaben wir für das, was wir für hübsches Geschirr hielten, aus: große Teller drei Dollar zehn; Tasse und Untertasse drei Dollar fünfzig und bunte Wassergläser, auf Wunsch von Mitarbeitern und Patienten mit dem Siegel der Universität versehen, zwei Dollar achtzig. Hätten wir das alles in kleiner Anzahl im Laden gekauft, wäre der Preis für das Einzelstück natürlich um ein Beträchtliches höher gewesen.)

Man könnte mit Recht einwenden, daß es vielen Erwachsenen und den meisten Kindern gar nicht darauf ankommt, wie sie essen, viele essen im Grunde gern recht formlos, ja sogar unappetitlich. Es soll jedoch niemand aus dem Gesagten schließen, daß wir den Patienten eine hübsche Umgebung und schönes Geschirr in der Erwartung boten, sie würden deshalb »ordentlich« essen. Für das, was wir ihnen boten, etwas »zu fordern«, hätte den Wert des Gebotenen zerstört. Wir essen zwar alle gern zuweilen formlos, vielleicht lieber als in offiziellerem Rahmen, aber trotzdem möchten wir spüren, daß andere sich Mühe geben, um uns die Mahlzeiten zu einem Vergnügen zu machen. Eine häufige Quelle von Unstimmigkeiten zwischen Müttern und Kindern ist das Gefühl der Mutter: »Ich habe mir so viel Mühe mit diesem Essen für euch gemacht, und ihr schlingt es einfach herunter.« Aber der Wert des Essens liegt für das Kind darin, daß es sieht, wieviel Sorgfalt die Mutter darauf verwendet hat, es ihm zuzubereiten, während es selbst frei damit machen kann, was es will. Wird das nicht so gehandhabt, ist es ein »Wie-du-mir-so-ich-dir«, und niemand empfindet Spaß daran. Da wir von den Patienten dafür, daß wir ihre Mahlzeiten hübsch gestalteten, weder eine Gegenleistung verlangten noch erwarteten, war das für sie eine zusätzliche konstruktive Erfahrung.

Erikson hat dargelegt, daß unsere Lebensaussichten weitgehend davon abhängen, ob uns unsere frühen Erfahrungen mit einem »Urvertrauen« ausgerüstet haben oder, im Gegenteil, mit tiefem, dauerhaftem Mißtrauen. Er weist darauf hin, wie entscheidend für dieses Vertrauen die Erfahrungen sind, wie man ernährt worden ist (35). Ausschlaggebend ist, ob das Kleinkind spürt, daß es sich vertrauensvoll auf die Absichten seiner Eltern verlassen kann und sich in sicherer Hut befindet. Niemand, der dieses Urvertrauen verspürt hat, wird je eine Pflegeanstalt brauchen, es sei denn, er leidet an einer organischen Schädigung seines zentralen Nervensystems. Und selbst wenn das passiert, hängt viel davon ab, in welchem Grade ein Vertrauen trotz allem wiederhergestellt werden kann. Erikson, der nur die frühen Entwicklungsstadien behandelt, betont leider nicht in gleichem Maße, daß Vertrauen auf Gegenseitigkeit beruht. Wenn Eltern nicht überzeugt sind, daß ihr Kind gut und liebenswert ist, wird das Kind nicht in der Lage sein, Vertrauen zu den Eltern zu entwickeln.

Zu Anfang seines Aufenthalts in einer Pflegeanstalt kann der psychisch kranke Patient niemandem wirklich trauen. Man kann zunächst nur hoffen, daß er während seiner Einführung in die Anstalt Erfahrungen macht, die ein vages Gefühl in ihm wecken, daß man den Leuten hier vielleicht doch trauen könnte. Aber selbst wenn er dieses Gefühl haben sollte, kann er noch nicht daran glauben. Gerade aus diesem Grunde muß die Anstalt ihrerseits möglichst sofort alles versuchen, die Entwicklung zum Vertrauenkönnen im Patienten einzuleiten. Hübsche Teller, beispielsweise, implizieren Vertrauen in den Patienten, unzerbrechliche verraten Mißtrauen. Und das Geschirr kennzeichnet Vertrauen unter den Umständen, unter denen Vertrauen seinen Ursprung haben sollte: beim Essen.

Dieses Vertrauen wird nicht verletzt, wenn ein Patient ein paar Schüsseln zerbricht, weil er sich nicht in der Gewalt hat; wer könnte ihn verurteilen, wenn er etwas tut, was er nicht verhindern kann? Das Zerbrechen von Geschirr wegen irgendeines unbezwingbaren Triebs oder aus dem Bedürfnis heraus, irgend etwas Nachdruck zu verleihen, ist nur dann ein »Schaden«, wenn es nicht konstruktiv verarbeitet wird. Bekämpft man das Geschehene, so bekämpft man den Patienten, der sich so ausdrückt und ein Bedürfnis befriedigt. Wird das Vorkommnis richtig akzeptiert, als Zeichen von großem Zorn oder von Verzweiflung, worauf man mit Einfühlung und Verständnis reagieren muß, dann kann aus so einem Zertrümmerungsvorfall viel gewonnen werden.

In unserer Anstalt wird wesentlich weniger zerbrochen als in irgendeinem Restaurant, in dem die gleiche Anzahl von Menschen ißt. Bei aller Sorgfalt gibt es mehr Scherben durch das Personal in Küche und Speisesaal als durch die Patienten, die aus Zorn oder Frustration oder aus Versehen Schaden anrichten. Verglichen mit den Honoraren der Psychiater kosten ein paar Behandlungsstunden ebensoviel oder mehr. Und es würde wahrscheinlich sehr viele Behandlungsstunden kosten, um den Gefühlen des Patienten entgegenzuwirken, der Anstalt gehe es mehr um das Verhindern von Sachschäden als um die emotionalen Konflikte, die in ihm toben, wenn er Amok läuft. Wenn Eltern in der Lage und gewillt sind, große Beträge für nicht lebensnotwendige Dinge auszugeben, während sie gleichzeitig dem Kind einfache Freuden verweigern, weil diese »zu teuer« sind, kann das Monate oder sogar Jahre an Behandlungen kosten, um den daraus entstehenden Schaden wiedergutzumachen.

Ich habe den Fall erlebt, daß eine Pflegeanstalt aus dringender Notwendigkeit heraus eine psychiatrische Behandlung übernahm, die Tausende von Dollars kostete, um einen Patienten davon zu überzeugen, daß er und seine Gefühle wichtiger und wertvoller waren, als er hatte annehmen müssen, weil seine engsten Verwandten sich weigerten, etwas für ihn auszugeben. In einem solchen Fall war die geringe Wertschätzung, die der Patient von sich selbst hatte, darauf gegründet, wie wenig die in seinem Leben wichtigen Menschen gewillt waren, sich und etwas für ihn einzusetzen. Wir kamen zu dem Ergebnis, daß ein ehrliches Akzeptieren einer Zerstörung – von anderen irrtümlicherweise als »mutwillig« bezeichnet –, die ein paar Dollar Schaden stiftet, dem Patienten beweist, daß er als Person akzeptiert ist und daß seine Gefühle wichtiger sind als »Anstandsregeln«. Es hatte jedenfalls beträchtlich mehr Wirkung als monatelange psychiatrische Therapie – unter der Bedingung, daß diese Einstellung nicht als schlauer Trick benutzt wird, sondern der inneren Überzeugung der Mitarbeiter entspricht: »Geschirr ist leicht zu ersetzen, emotionale Wunden zu heilen ist schwer.«

Wie oft hat man mich, wenn ich als psychiatrischer Berater an anderen therapeutischen Institutionen arbeitete, um Vorschläge gebeten, wie man die Kosten senken könnte, die als Jahressumme weniger betrugen als das, was man mir bereitwillig als Honorar zahlte, ganz zu schweigen von den Honoraren für die rund dreißig hochbezahlten Mitarbeiter, die an der Konferenz teilnahmen. Die betreffende Anstalt war also durchaus bereit, mehrere hundert Dollar auszugeben, um Möglichkeiten zu erkunden, ein Zehntel von dieser Summe an »Schäden« einzusparen. Und bei diesen Schäden handelte es sich fraglos nur um die Konsequenzen einer falschen Behandlung der Bedürfnisse der Patienten.

Es gibt einen jüdischen Brauch im Zusammenhang mit absichtlich zerbrochenem Geschirr. Bei Hochzeiten ist es Sitte, einen sehr schönen, kostbaren Becher oder Porzellanteller zu zerbrechen. Psychoanalytiker haben dies als eine symbolische Vorwegnahme bezeichnet, mit der das dargestellt wird, was bald stattfinden wird: ein höchst wertvoller Besitz, die Jungfernhaut, wird gebrochen. Die talmudische Erklärung geht dahin, daß es eine Erinnerung an die Zerstörung des Tempels in Jerusalem sein sollte, daß man selbst am glücklichsten Tag dieses Leid nicht vergessen sollte. Ich glaube, es symbolisiert auch etwas sehr viel Einfacheres, aber vielleicht viel Wichtigeres: das Zerbrechen von wertvollem Geschirr symbolisiert, daß in einer Ehe Dinge manchmal schiefgehen, daß man darauf vorbereitet sein muß und daß das Glück einer Ehe davon abhängt, ob der Partner fähig ist, lieber zerbrochenes Geschirr hinzunehmen als Gefühle zu verletzen. Ganz entschieden ist die Sitte ein Symbol dafür, daß man bereit sein muß, etwas sehr Wertvolles zu opfern, um die bösen Geister zu beschwichtigen oder zu bannen.

Wie einfach wäre es nun, wenn wir einen Patienten sofort nach seinem Eintritt in die »Schule« dazu auffordern könnten, irgend etwas Wertvolles zu zerbrechen, damit er die Bereitschaft der Anstalt erfährt, das Böse in ihm ebenso zu akzeptieren wie das Gute. Aber das ginge nicht. Der Patient würde glauben, daß Mitarbeiter einen Wilden in ihm sähen; er würde das Verlangte tun, aber er würde uns für diese Einstellung hassen. Der Schaden wäre groß, und nichts als Schaden entstünde.

Das Akzeptieren von Zerbrechen und Zerstören als gültigen Ausdruck echter Gefühle hat nur Sinn in der richtigen Situation und zum richtigen Zeitpunkt. Manche Patienten brauchten zwei Jahre, bis sie genügend Vertrauen zu uns hatten, um etwas kaputtzumachen, nur um herauszufinden, ob wir auf ihre Probe so reagierten, wie sie hofften oder wie sie fürchteten. Das kann man nicht beschleunigen, indem man ihnen ständig zu verstehen gibt: »Keine Angst, ihr werdet schon sehen, daß wir in Ordnung sind«, denn damit würde man ihre Autonomie verletzen und viel verlieren. Wie Freud so oft betonte, ist bei der psychoanalytischen Behandlung eine richtige Interpretation unwichtig, es sei denn, sie wird in genau dem richtigen Moment, im richtigen Zusammenhang und im richtigen Geiste gefunden. Und der richtige Zeitpunkt ist dann, wenn der Patient dazu bereit ist, und nicht vorher und am besten auch nicht viel später.

Das Badezimmer

Es ist allgemein bekannt, daß eine allzu strenge Reinlichkeitserziehung für die Persönlichkeitsentwicklung schädlich ist. Ausgesprochen vernichtend ist es, wenn Eltern den Körper und die Ausscheidungen des Kinderkörpers als widerlich empfinden. Dennoch sehen die meisten Toiletten und Badezimmer – zumal solche in Anstalten für psychisch Kranke – so aus, als ginge es einzig und allein um die Sauberkeit des Ortes. Anstatt gerade dort eine Atmosphäre für Entspannung und Wohlbehagen herzustellen, drücken diese Badezimmer in erster Linie den Widerwillen vor der Ausscheidung aus. Es wundert mich, daß ausgerechnet in den Praxisräumen vieler Psychoanalytiker jene gänzlich unpersönlichen, »hygienischen« Toiletten für Patienten zu finden sind, wie sie typisch sind für die Bürohäuser, in denen sie praktizieren.

Dabei investieren ihre Patienten ungezählte Stunden und sehr viel Geld, um sich über ihren Körper und seine Funktionen auszusprechen, und leiden darunter, daß sie ihren Körper und seine Exkremente als schmutzig empfinden.

Wie kann ein Patient in seinem tiefsten Innern glauben, daß es der Analytiker wirklich ehrlich meint, wenn er ihm sagt, er solle seine körperlichen Funktionen akzeptieren und genießen, und er dann dessen Toilette ebenso kalt und abstoßend vorfindet, wie es der rigorosen Reinlichkeitserziehung seiner Mutter entspricht? Solange Psychoanalytiker diese Probleme nicht ernst nehmen, steht es schlecht um die Zukunft der psychiatrischen Anstalten.

Der Mensch sichert sich die Grenzen seines Territoriums zwar nicht wie Hunde und Katzen und der erwähnte Tiger im Zoo dadurch, daß er sie durch Deponieren seiner Exkremente markiert. Aber viele Patienten fühlten sich tatsächlich erst wirklich wohl bei uns, nachdem es ihnen gelungen war, sich ihren eigenen Trieben gemäß zu entleeren, indem sie der Ausscheidung eine ganz persönliche Note gaben und sie nicht auf die konventionelle Weise betrieben, zu der sie erzogen worden waren.

Es ist eine wohlbekannte Tatsache der Psychoanalyse, daß der Patient nicht nur seine traumatischen Erlebnisse erzählen muß, er muß sie vielmehr, um sie ein für allemal zu bewältigen, emotional noch einmal mit einem ganz anderen Resultat durchleben. Das kann er während der Therapie tun, weil er dann durch die Gegenwart und den Beistand des Therapeuten beschützt ist. Daß der Patient das Geschehene geistig erfaßt, trägt nur wenig zur Neustrukturierung seiner Persönlichkeit bei, es kann sogar eine starke Verteidigung gegen eben diejenige Gefühlserfahrung sein, die allein korrigierend wirkt. Monatelange Bemühungen, derartige Erfahrungen im Behandlungszimmer wiederzuerleben, können unter Umständen sehr viel weniger ausrichten, als wenn der Patient ein entsprechendes Erlebnis in der Realität noch einmal hat, und zwar unter gänzlich anderen physischen und menschlichen Umständen und daher mit dem entsprechend anderen Resultat. Wenn wir Stunden damit zubringen, im richtigen Zeitpunkt den Patienten zu umsorgen oder nur seine Hand zu halten, während er auf der Toilette sitzt, ist das für ihn überzeugender als jegliche Bereitschaft, ihm zuzuhören, wenn er über seine Gefühle, Probleme und Ängste spricht. Als beispielsweise eine Mitarbeiterin einmal in die Toilettenschüssel stieg und einen hochintelligenten autistischen Jungen aufforderte, sie hinunterzuspülen (was der Patient auch mehrmals durch Ziehen versuchte), bewirkte das sowohl einen Wendepunkt in ihrer Beziehung zueinander als auch einen Wandel in der Einstellung des Patienten zur Welt, von der er sich nicht mehr nur verfolgt fühlte, sondern die er jetzt als möglicherweise ganz freundlich empfand. Der

Patient, der niemals gewagt hatte, auf einer Toilette zu sitzen oder die Wasserspülung zu benutzen, benutzte sie nun völlig normal.

Aus vielen Beispielen können wir belegen, daß eine korrigierende Erfahrung vor allem dann wirksam ist, wenn sie in genau der Situation gemacht wird, in der das Trauma ursprünglich entstand. Zwischen dem Patienten, der von einem Traum oder der Wahnvorstellung von einer Schlange spricht, die aus der Toilettenschüssel herauskommt und ihn angreift, während er sitzt, und dem Wiedererleben dieser Angst, während er sich in die Toilettenschüssel entleert, ist ein großer Unterschied. Dieses Mal fühlt er sich jedoch sicher gegen die Gefahr durch die Gegenwart und Hilfe eines Therapeuten, und zusammen können beide ein für allemal diese alte Schlange bannen, sie in die Urzeit verweisen, so daß sie nie wieder in der Gegenwart auftaucht.

Wir waren so absolut davon überzeugt, daß Badezimmer für die Milieu-Therapie eine wichtige Rolle spielen. Wir richteten sie sofort neu ein und gestalteten sie freundlich, damit sie zum integralen Teil des Privatbereichs des Patienten wurden und nicht mehr abgesondert oder versteckt waren. Die Gebäude, die wir übernahmen, hatten Badezimmer, wie sie für Anstalten typisch waren und die nur von den Fluren aus betreten werden konnten. Sämtliche Schlafräume und Badezimmer mußten umgebaut werden, denn die Badezimmer sollten nicht nur freundlicher werden, sondern auch unmittelbar von den Wohnräumen aus zugänglich sein.

Körper und Seele, Es und Ich sollten miteinander und nicht isoliert voneinander, sollten im Wissen voneinander leben. Aus diesem Grunde mußten die beiden Bereiche – derjenige, der dem Gemeinschaftsleben, und derjenige, der dem Körper dient – eine größere Einheit bilden – als Symbol für die Integration der beiden Funktionen einer wahrhaft integrierten Person, die der Patient im Laufe der ihm gemäßen Zeit herausarbeiten kann.

Ein Patient, der zum Beispiel wohlig in der Badewanne liegt, kann durch die offene Tür mithören, was in seinem Wohnraum vor sich geht und fühlt sich nicht vom Gemeinschaftsleben ausgeschlossen, während er sich auf die Pflege und Bedürfnisse seines Körpers konzentriert. Wenn ein Mitarbeiter ohne weiteres aus dem Wohnbereich der Patienten zu jemandem gehen kann, der im Bad oder auf der Toilette ist, um sich ihm kurz zu widmen, dann besagt das eindeutig und ohne Worte, daß das, was im Badezimmer geschieht, auf keinen Fall irgend etwas ist, was von den übrigen Dingen des Lebens abgesondert ist. Das ist deshalb so wichtig, weil die wesentliche Spaltung der Persönlichkeit zwischen Geist und Körper stattfindet. Aus dieser Spaltung leiten sich dann alle anderen ab, und diese Spaltung tritt entwicklungsmäßig viel früher ein als die Spaltung zwischen dem Bewußten und dem Unbewußten, dem Es und Ich, dem Ich und Über-

Ich, zwischen Begierden und Strafangst, ja, sogar vor derjenigen zwischen Gut und Böse. Der Urmythos unserer Kultur lehrt, daß wir aus dem Garten Eden ausgestoßen wurden, wo Einheit waltete, als diese Spaltung stattfand.

Es ist also sehr wichtig, daß ein Lebensraum mit Bedacht als integrale Einheit geplant ist. Wenn allerdings ein Mitarbeiter das Gefühl hat, daß das, was an dem einen Ort vor sich geht, nichts zu tun hat mit dem, was an dem anderen geschieht, dann hilft die beste Planung nichts. Wenn der Mitarbeiter meint: Jetzt, da du, der Patient, dein schönes, warmes Bad nimmst, lassen wir alles andere stehen und liegen und konzentrieren uns ganz auf deinen Körper, dann kann das nicht die Trennung zwischen Geist und Körper aufheben, selbst wenn es den Patienten davon überzeugt, daß sich der Mitarbeiter wirklich ganz der Pflege seines Körpers widmet. Es gibt dem Körper, was des Körpers ist, und ist eine wertvolle Erfahrung, aber es heilt nicht die Spaltung der Persönlichkeit. Und dies war trotz all unserer Bemühungen der Eindruck, den die Patienten hatten, bis die Badezimmer nicht nur als integrierter Teil des ganzen Lebens eingerichtet, sondern auch so benutzt wurden. Damit das Badezimmer als Teil des gesamten Lebensraumes akzeptiert wurde, mußte es so reizvoll ausgestattet werden, daß man es nicht nur benutzte, sondern sich auch gern darin aufhielt. Wie bei anderen Räumen, hing alles von der Einstellung der Mitarbeiter ab, und davon, was das Badezimmer letztlich für sie bedeutete.

Für eine gute therapeutische Wirkung müssen Badezimmer und Toiletten also nicht nur bequem und hübsch sein, was den Respekt vor dem Körper des Patienten in allen Situationen ausdrückt; die Badezimmer müssen auch für die Mitarbeiter bequem und angenehm angelegt sein. Ein Mitarbeiter, der sich bei einem Patienten im Bad oder in der Toilette aufhält, soll sich wohl fühlen. Wenn er nicht bequem sitzen oder sich strecken kann – wie sollte dann der Patient zu einer entspannten Einstellung zum eigenen Körper kommen?

Es hilft beispielsweise, wenn ein paar Spielsachen zur Verfügung stehen, mit denen man in der Badewanne spielen kann. Vielleicht glaubt man, das gelte nur für Kinder. Aber man übersieht leicht die regressive Natur eines gestörten Patienten, wenn man davon ausgeht, daß es für ihn besser sei, sich so früh wie möglich seinem Alter gemäß zu verhalten. Denn erst wenn der Patient jene emotionalen Erlebnisse gehabt hat, die ihm ursprünglich vorenthalten waren und deren Fehlen zu seinem regressiven Gemütszustand geführt haben, kann er sich wirklich seinem Alter entsprechend verhalten. Manche unserer Zwanzigjährigen profitieren mehr vom Spiel mit Spielzeug in der Badewanne oder sogar in der Toilettenschüssel als andere jüngere Patienten, nur weil ihre Reinlichkeitserziehung strenger und schädigender war.

Das normale Badezimmer in einer Anstalt kann entsetzlich streng und abweisend sein. Eine Möglichkeit, das kalte Weiß oder die monotonen, einfarbigen Kacheln zu vermeiden, bieten bunte Delfter oder spanische Kacheln. Wände, die damit dekoriert sind, und Böden aus Mosaikglas sind leicht zu säubern und sehen nicht so grauenhaft antiseptisch aus. Und wenn die Patienten dann selbst noch Wände und Toiletten nach Lust und Laune dekorieren, machen sie diesen Ort zu ihrem eigenen. Selbstverständlich müssen die Toiletten verschließbare Türen haben; fehlen diese, bedeutet das einen Mangel oder Verlust von Autonomie für den Patienten, da er dann keine Möglichkeit hat, mit seinem Körper und dessen Funktionen allein zu sein. Wenn sich der Patient auf der Toilette Gesellschaft leisten läßt, tut er das, weil er darum gebeten oder sie akzeptiert hat.

Was geschieht, wenn sich ein Patient einschließt und Selbstmord begeht? Das wird häufig gefragt. Wenn die Anstalt nach der Methode arbeitet, daß Selbstmord eine reale Möglichkeit darstellt und nicht nur eine Vorstellung, mit der man spielt, um zu sehen, was dahintersteckt, dann wird der Selbstmordkandidat immer die Möglichkeit finden, den Gedanken in die Tat umzusetzen. Die Frage bleibt aber, ob er nicht in der ihm gegebenen Möglichkeit, sich in der Toilette einzuschließen, den Wunsch der anderen sehen könnte, sich von ihm fernzuhalten – was genau die Vorstellung ist, die zu einem Selbstmordversuch führen könnte. Aber es gibt viele Wege für die Anstalt, dem Patienten klarzumachen, daß sie um diese Gefahr weiß und sich die Möglichkeit gesichert hat, den Patienten in jeder Notlage sofort zu erreichen. So haben wir verschließbare Türen, die so aufgehängt sind, daß ein normal beweglicher Mensch ohne Schwierigkeit unter ihnen hindurch oder über sie hinwegklettern kann. Es ist im Laufe der Jahre auch häufig geschehen, daß sich ein Patient einschloß und dann um Hilfe rief, oder lediglich Geräusche von sich gab, die unglücklich klangen – nur, um zu sehen, ob ein Mitarbeiter auch wirklich gewillt war, zu ihm über die Tür zu klettern –, was dann zu einer glücklichen Vereinigung führte. Wenn natürlich die Toilette so gebaut ist, daß ein Mitarbeiter große Mühe hätte, zu dem Patienten zu gelangen und ihm in seinen Ängsten beizustehen, heißt das, daß es die Mitarbeiter vermeiden wollen, sich mit den für den Patienten wichtigsten Funktionen seines Körpers zu befassen.

Ein Erlebnis, das nicht mit unserer »Schule« verbunden war, half mir zu begreifen, wie wichtig manche psychisch gestörten Menschen die Atmosphäre des Badezimmers empfinden. Eine junge Frau bat darum, mich kennenzulernen, als ich in einer anderen Stadt einen Vortrag hielt. Es stellte sich heraus, daß sie viele Jahre lang in einem berühmten Sanatorium Patientin war, geheilt wurde und jetzt zufrieden allein leben konnte. Es schien ihr sehr wichtig zu sein, daß ich sie in ihrer Wohnung besuchte. Was sie mir über sich selbst erzählte – die Ursprünge ihrer Krankheit, die psychischen Qualen, die sie durchmachen mußte, um zu sich selbst zu finden –, reizte mich, und so ging ich zu ihr, zumal sie ganz offensichtlich irgend etwas Wichtiges im Sinne hatte. Ihre Wohnung war geschmackvoll eingerichtet, aber nicht weiter ungewöhnlich. Nach einer Weile zeigte sie mir ihr Badezimmer. Sie hatte es selbst dekoriert, hatte an die Wände wirklich schöne Fresken gemalt, die eine Märchenwald-Atmosphäre schufen – vermutlich, weil Tiere dort in instinktmäßiger Freiheit leben. Was ich aber unbedingt sehen mußte, war ihre Toilette. Die Wand hinter dem Sitz und jede Einzelheit diente dazu, aus diesem Sitz einen regelrecht königlichen Thron zu machen. Sogar eine gemalte Krone schwebte in der richtigen Höhe an der Wand und schien auf den Kopf des Thronenden zu passen. Es stellte sich heraus, daß es die Toilette war, die ich unbedingt hatte sehen sollen. Sie wollte meine Reaktion sehen, wahrscheinlich um herauszufinden, ob ich glaubte, sie sei noch immer »verrückt«, weil sie für ihren Stuhlgang eine derartige Szenerie geschaffen hatte. Ich habe sie statt dessen dafür beglückwünscht, wie sie selbst in genialer Weise für das gesorgt hatte, was sie brauchte.

Ich konnte dabei nicht umhin, an ein Lied zu denken, das wir als Kinder sangen, wenn eines von uns die Toilette benutzte. Es drückte die spontanen Gefühle von Kindern aus, wenn sie ihren Ausscheidungen freien Lauf lassen, und hatte folgenden Wortlaut: »Herr (Vorname des Kindes) de Cohn – sitzt auf dem Thron – Von hinten kommt ein lauter Ton.«

Diese Reime schildern das Bedürfnis, die Gewalt über die eigenen Ausscheidungen zurückzubekommen, die man als Kind einbüßt, wenn die Herrscher dieser Welt (die Eltern) alle Gewalt ausüben. Nicht, daß Ausscheiden als königliches Vergnügen empfunden werden sollte, aber wenn es je traumatisch gewesen ist, wenn das Gefühl besteht, daß man die eigene Autonomie verloren hat, dann ist man, sobald einem in dieser Hinsicht die Selbstkontrolle zurückgegeben ist, wieder sein eigener Herr geworden. Wir haben unsere Toiletten niemals als Thron dekoriert, obwohl einige Patienten – und interessanterweise meistens solche, die altersmäßig erwachsen waren – der Sache ziemlich nahe kamen. Aber wir haben versucht, den Raum gefühlsmäßig ernst zu nehmen.

Die folgende kurze Schilderung eines Falles mag als Beispiel für die symbolische Bedeutung von Badezimmern dienen: Ein magersüchtiges junges Mädchen litt an schwerem Waschzwang. Sie verbrachte buchstäblich den ganzen Tag damit, zu duschen und sich derart zu schrubben, daß ihre Haut ganz wund war. Sie stopfte Unmengen von Toilettenpapier und Gesichtstüchern in die Toilette. Wochenlang räumte ihre Betreuerin die verstopfte Toilette aus, nachdem ihre Patientin sie benutzt hatte. Als die Patientin das eine Weile beobachtet hatte, sah sie allmählich ein, daß die Betreuerin keinen Abscheu vor dieser Aufgabe empfand, und begann zu spüren, daß sie auch keinen Abscheu vor dem Körper der Patientin hatte. Danach fing sie an, nicht nur das Badezimmer, sondern auch den Wohnbereich im Schlafraum mit ihren realen und symbolischen Exkrementen zu überschwemmen, wozu sie pro Tag durchschnittlich zwölf Kästen von Tüchern – 2400 Blatt – in kleine Fetzen zerriß.

Es waren überdeterminierte Symptome; sie hatten eine Menge mit übertriebenem Druck seitens der Eltern zu tun, alles schneller und besser als andere zu leisten, vor allem in der Schule. Sie war jahrelang die beste Schülerin gewesen. Die Symptome bedeuten im großen ganzen: um ihre Unabhängigkeit zu beweisen – was sie in der Wirklichkeit nicht wagte –, wollte sie ihren Stuhlgang einerseits unterdrücken und mit ihm andererseits jene beschmieren, die sie mit ihren Forderungen verfolgt hatten, als wollte sie ihnen zuschreien: »Hier ist alles, was ihr aus mir herausquetscht und wozu ihr mich zwingt!« Das aber gab ihr das Gefühl, völlig schmutzig zu sein, alles zu beschmutzen, was sie berührte. Bewußt konnte sie diesen Wunsch nicht akzeptieren, also leugnete sie ihn dadurch, daß sie ihren Stuhlgang unter unglaublichen Mengen von »sauberem« Material verbarg. Indem sie nicht zuließ, daß ihre Exkremente beseitigt wurden, bestätigte sie sich selbst; indem sie sie sauber und ordentlich verbarg, gehorchte sie den Forderungen der Eltern, die inzwischen Teil ihrer selbst geworden waren.

Wegen der dicken Schichten von Papier, die sie in die Toilettenschüssel legte, bevor sie sich entleerte, konnten ihre Exkremente nicht hinuntergespült werden; sie wurden also aufbewahrt. Andere, noch dickere Schichten von sauberem Papier bedeckten sie. Dennoch, obwohl sie die Exkremente mit sauberem Papier zugedeckt hatte, meinte sie, ständig davon beschmutzt und damit eine Gefahr für sich und andere zu sein. Ihr einziger Schutz dagegen waren unentwegtes Duschen, Einseifen und Schrubben. Sie war gezwungen, ihre Tage und Nächte im Badezimmer zu verbringen. Sie fing an, mit ihrer Betreuerin Beziehungen aufzunehmen, als diese sie etwas von der »Schmutzarbeit« entlastete, indem sie die Toilettenschüssel für sie mit Papier vollstopfte, und, nachdem die Patientin sich entleert hatte, die dicken Schichten Papier darüberlegte. Die Patientin fühlte sich daraufhin weniger beschmutzt und nahm von da an weniger Duschen, ihre Haut war weniger wund, und sie fühlte sich ein wenig besser. Der Vorgang hatte ihr zwei Dinge bewiesen: daß wir ihr *nach ihren eigenen Maßstäben* helfen wollten, und dazu in der Lage waren. Ihre Betreuerin konnte sie nicht dazu ermutigen, uns mit ihrem Stuhlgang zu beschmieren, das wäre der Patientin zu bedrohlich vorgekommen, zu unmittelbar regressiv. Als aber die Patientin nun ihre Betreuerin mit

Papier bedeckte, das inzwischen Fäkalien darstellte, konnte diese positiv reagieren.

Dadurch, daß wir die Patientin dazu anhielten, dieses Papier auszulegen, machten wir ihr begreiflich: Wir wollen wirklich, daß du mit uns lebst, und wir akzeptieren deine Symptome im doppelten Sinn. Wir baten sie nicht, alles hinunterzuspülen, das hätte die Toiletten nur noch mehr verstopft. Wenn sie eine verstopfte, konnte sie eine andere benutzen, es gab genug Toiletten, niemand litt darunter, wenn eine ausfiel – außer den Hausmeistern, und wenn es diese nicht schafften, riefen wir die Klempner, die eine Toilette nach der anderen wieder freimachten. Wäre das in ihrer Gegenwart geschehen, hätte sie geglaubt, wir wären gegen sie, deshalb geschah es hinter ihrem Rücken. Und weil ihre Betreuerin nicht nur immer für genügend Papier zum Zerreißen sorgte, sondern auch zum Ausdruck brachte, daß sie ihr gern behilflich war – sie sammelte sorgfältig das Papier ein und ließ es abends verschwinden, damit genug Platz für die neue Produktion am nächsten Tag gesichert war –, reagierte die Patientin zum erstenmal positiv auf einen anderen Menschen.

In diesem Fall hatte sich das Badezimmer für sie zur gesamten Welt erweitert; für diese Patientin war es die ganze Welt, da sie ihre gesamte Zeit damit verbrachte, sich zu beschmutzen (ausscheiden und die damit verbundenen zeitraubenden Rituale) und sich zu säubern (ihr Zwang zu ständigem Duschen). Eine solche Erweiterung der Badezimmer in die Wohn- und Lebensbereiche hinein stellt eine Möglichkeit dar, eine Einheit des Lebens zu schaffen, die sehr dazu beiträgt, eine Einheit der Persönlichkeit aufzubauen.

In solchen Fällen erzeugt der Einsatz von Symbolen für die Absichten der Anstalt einen Rahmen, der dem Patienten hilft, sich selbst symbolisch auszudrücken. Dieser Rahmen erleichtert es auch den Mitarbeitern, konstruktiv die primitivsten Verhaltensweisen zu akzeptieren und mit ihnen fertigzuwerden. Wenn all dies direkt und nicht symbolisch in die Tat umgesetzt würde, wäre es für die Patienten erniedrigend und für die Mitarbeiter kaum zu bewältigen.

Selbstverständlich sind Symbole ohne Wirkung, wenn sie von der Wirklichkeit widerlegt werden. Hilft man beispielsweise einem Kind im Badezimmer oder bei der Ausscheidung auf der Toilette und zieht sich dann angewidert zurück, wenn er ins Bett oder in die Hosen macht, dann empfindet es das als Betrug. Wenn daher ein Patient sein Bettzeug durchnäßt hat, und seine Betreuerin wartet erst auf das Hauspersonal, um die Laken zu wechseln, anstatt es selbst zu tun, hat das für den Patienten eine doppelt enttäuschende Bedeutung.

Es gibt Patienten, deren Ängste sie überhaupt an der Benutzung der Toilette hindern. Es gibt einige, die sich weigern, das Badezimmer zeitweilig oder überhaupt zu benutzen, und die sich nur in den Wohnbereichen entleeren. Für diesen Zweck gab es bei uns Mülleimer. Ein Patient, dessen Intelligenzquotient dem eines Genies entsprach, war schließlich überzeugt, daß wir außer seinem Scharfsinn (der immer respektiert worden war) auch seinen Körper akzeptierten, weil dessen Funktionen im Wohnbereich willkommen waren. Bis dahin hatte er nur als kluger Kopf existiert, nun durfte er sich erlauben, einen Körper zu haben. Vorher war er sicher gewesen, sein Körper sei verabscheuungswürdig und gehöre in die Kanalisation; er könne nur als Gehirn existieren und akzeptiert werden. Als sein Lebensbereich, der zuvor nur die Betätigung seines Geistes aufgenommen hatte, seinem Körper und dessen Funktionen die gleiche Wichtigkeit beimaß, konnte er damit anfangen, beides zu integrieren. Schließlich war es ihm auch möglich, den Gedanken fallenzulassen, daß die normale Benutzung von Badezimmer und Toilette bedeutete, sein Körper sei abstoßend und sein Geist würde hoffnungslos von ihm beschmutzt. Als dieser Wandel eintrat, begann die Spaltung seiner Persönlichkeit zu heilen.

Ähnliche Überlegungen gelten für verschiedene sexuelle Verhaltensweisen, zum Beispiel für das Onanieren. Reagiert der Betreuer mit Verlegenheit oder Widerwillen darauf, wenn der Patient offen onaniert – beispielsweise während er badet –, ist es nutzlos, ihm zu erklären, daß Onanieren ganz normal ist, um mit Sexualtrieben fertigzuwerden.

Für den Anfänger ist das häufig schwierig, aber die Mitarbeiter, die den Patienten mit ihren körperlichen Ängsten helfen wollen, lernen sehr bald, ihnen die richtigen Botschaften zukommen zu lassen.

12
Das Ich des Beobachters: Besuche vor der endgültigen Aufnahme

Einer der besonnensten und fähigsten Leiter einer psychiatrischen Anstalt, der viele wichtige Verbesserungen in seiner Anstalt eingeführt hat, gibt zu bedenken, daß »der neu aufgenommene Patient *desozialisiert* ist, und daß es eines der ersten Ziele der Anstalt für psychisch Kranke sein muß, diesen Bruch in den sozialen Beziehungen zu reparieren« (90). Leider sagt aber nicht einmal er, wie das in die Praxis umgesetzt werden könnte. Nirgends in der Fachliteratur oder sonstwo gibt es Analysen darüber, wie man den Patienten in die Anstalt einführen sollte, um eine weitere Desozialisation zu verhindern; eine Beschreibung der Praxis gibt es schon gar nicht.

Es genügt nicht, sich auf das Negative zu konzentrieren. Gleich zu Anfang muß die Anstalt versuchen, beim Patienten menschliches Verhalten aufzubauen und nicht nur, »desoziales« Verhalten zu verhindern. Bei der Klärung der theoretischen und praktischen Aspekte zur Förderung dieser »Humanisierung« muß als oberstes Prinzip gelten: eine Heilung ist nur möglich, wenn der Patient überzeugt wird, daß er ein autonomer Mensch ist. Er muß sich als jemand verstehen lernen, der einen wichtigen Platz in diesem besonderen Teil der Welt und in dieser Gesellschaft einnimmt, in der sich sein Leben im Augenblick abspielt. Alle Anstrengungen müssen daher beim Eintritt des Patienten in die Anstalt darauf gerichtet sein, ihm zu versichern, daß er in eine kleine Welt kommt, in der seine Selbstachtung jedem am Herzen liegt, und alles in diesem Sinne eingerichtet und organisiert ist. Er muß die Pflegeanstalt auch begreifen können, sie darf nicht verwirrend oder überwältigend wirken, sondern einfach und in jedem Fall so, daß er sich darin zurechtfinden kann.

Der künftige Patient muß nicht nur die Möglichkeit erhalten, sich selbst ein Bild von der Anstalt zu machen, sondern die Anstalt selbst muß alles, was in ihrer Macht steht, tun, um ihm diese Erkundung zu erleichtern. Sie darf also einen Patienten nicht einmal aufnehmen, ohne mit diesem eine Vorbesprechung gehabt zu haben. In unserer »Schule« fanden wir *einen* Besuch nicht als ausreichend, weil viele Patienten beim zweiten oder dritten Besuch anders reagierten, nachdem sie Zeit gehabt hatten, das zu »verdauen«, was sie beim ersten erlebt hatten. In dem Maße, in dem sie Vertrauen gewinnen, daß wir ihre Art, die Dinge zu sehen, verstehen und respektieren, vergeht ihnen die Selbsttäuschung, mit ihnen sei alles in Ordnung. (Manchmal ist die Dringlichkeit der Hilfe so groß, daß man die »Kennenlern-Zeit« nicht über die ganzen vier oder fünf Tage, die wir als am wirksamsten fanden, ausdehnen kann, obwohl der Einführungsprozeß eigentlich nicht beschleunigt werden sollte, aber mitunter ist das unvermeidlich.)

Die Aufgabe besteht in der Aufforderung an den Patienten, sich eine eigene Meinung von der Anstalt zu bilden. Man darf ihn dabei nicht drängen, nicht versuchen, ihn zu beeinflussen in bezug auf das, was er wissen sollte, noch darf man die Pflegeanstalt besser darstellen, als sie ist. Der Patient sollte sofort die Philosophie der Anstalt erkennen, die dahin geht, daß er nur auf der Grundlage seines eigenen Urteils handeln soll und nicht danach, was andere wünschen, wie er denken sollte; er soll erkennen, daß die Sicht des Patienten und dessen Entscheidungen den Mitarbeitern sehr wichtig sind, obwohl sie nicht unbedingt immer damit einverstanden sein oder danach handeln werden. Die Achtung vor der Autonomie des künftigen Patienten ist schon daran zu sehen, daß man ihn entscheiden läßt, was und wieviel er kennenlernen will, was er glaubt, wissen zu müssen, unabhängig davon, was der Mitarbeiterstab für wichtig hält vor der endgültigen Entscheidung des Patienten. Versucht man, dem Patienten »alles« zu zeigen, würde man ihn durch die Menge der Eindrücke überfordern.

In allen psychiatrischen Anstalten wird der Patient bei seiner Ankunft psychologisch untersucht. Ich glaube, es ist wesentlich wichtiger, wenn man ihm nahelegt, die Anstalt zu untersuchen. Der Patient bildet sich im übrigen sowieso sein eigenes Urteil. Für eine abwartende Haltung ist er viel zu ungeduldig; könnte er gelassen sein, brauchte er keine Behandlung in einer Pflegeanstalt. Und wenn man es ihm nicht ermöglicht, sein künftiges Domizil selbst zu erkunden, dann muß er sich auf vage Eindrücke verlassen und hat das Gefühl, er könne nur ein oberflächliches Bild bekommen. Und da das in der Tat so ist, macht es schon einen Unterschied, ob die Einstellung dahin geht, daß er als *Objekt* für Zwecke der Anstalt untersucht wird, oder ob er als *Subjekt* betrachtet wird, das jedes Recht hat, Anstalt und Mitarbeiter sorgfältig und kritisch zu begutachten. Werden Anstalt und Mitarbeiter von ihm ebenso kritisch abgeschätzt wie er durch sie (was ihm bewußt ist), dann steht von Anfang an fest, daß beide, Patienten wie Mitarbeiter, niemals nur Objekte, sondern stets Subjekte in ihren gegenseitigen Beziehungen sind.

Außerdem sollte ein psychiatrischer Patient von der Anstalt erwarten dürfen, daß sie alles tut, um seine Ängste zu lindern, und daß sie sie auf keinen Fall steigert, was aber durch eine Untersuchung geschieht (jeder hat irgendwie Angst vor Untersuchungen). Sagt man jemandem, er solle keine Angst haben, und erklärt ihm die Art der Untersuchung, dann zeigt man ihm nur die gute Absicht, die Angst zu lindern. Unglücklicherweise gelingt keine Linderung durch solche Erklärungen, und eine Linderung würde angesichts der Gemütsverfassung des Patienten sehr viel mehr ins Gewicht fallen als jede gute Absicht. Diese Bemühungen, den Patienten Dinge zu erklären, beweisen auch, daß den Mitarbeitern nicht ganz klar ist, was Angst wirklich lindern kann. Für den Patienten bedeutet die Untersuchung: Die Anstalt möchte unbedingt alles über ihn herausbekommen und muß das tun, bevor er selbst noch eine Möglichkeit hat herauszufinden, um was es sich eigentlich handelt.

Versichert man dem Patienten, daß alle diese Untersuchungen zu seinem Besten geschehen, so kann er das nicht glauben. Wenn er das wirklich glauben könnte, gäbe es keinen Grund, daß man ihn in eine Anstalt einweisen müßte. Die Mitteilung, daß er untersucht wird, damit die Mitarbeiter »ihm besser helfen können«, verlangt von ihm, sich den Anordnungen des »großen Bruders« zu fügen. Andererseits kann ihm die Möglichkeit, selbst alles in Frage zu stellen, eine erste Ahnung davon geben, daß er hier vielleicht in gewisser Hinsicht ebenso viele Rechte wie »sie« haben wird. Wenn also seinem Wunsch zu fragen und sich eine Meinung zu bilden, ebensoviel Gewicht gegeben wird wie »ihrem« Wunsch danach, dann könnte er erkennen, daß unter Umständen seine Bedürfnisse vorgehen. So jedoch gibt ihm die einseitige Untersuchung das Gefühl, daß die Anstalt ein Ort ist, wo »sie« alles tun und von ihm in den wichtigen Dingen, die ihn angehen, wenig Aktivität erwartet wird. Dabei sollte es eine der Hauptaufgaben einer Pflegeanstalt sein, den Patienten zu ermutigen, selbst »Dinge zu tun«, auch wenn das Tun in Nichtstun besteht. Von ihm jedoch zu erwarten, daß er Dinge tut, die er nicht tun will, ist nie von Nutzen. Etwas für ihn zu tun (die Mitarbeiter betrachten natürlich diese erste Untersuchung durchaus als etwas, was sie für ihn tun), ist nur dann gerechtfertigt, wenn er das selbst will. Aber auch wenn man versucht, die Einwilligung des Patienten für die Untersuchung einzuholen, zeigt sich die Verschiedenheit der Standpunkte. Die Untersuchung ist ein zentraler Aspekt der Einführung des Patienten in die Pflegeanstalt, weil sie den Bezugsrahmen schafft, in den er später alle anderen Erfahrungen einfügen wird.

In unserer »Schule« wissen wir immer schon eine ganze Menge über einen Patienten, bevor wir ihn gesehen haben, denn nur auf der Grundlage solcher Informationen ist die Auswahl für eine eventuelle Aufnahme möglich. Wir haben dann alles, was über die Krankengeschichte zu erfahren ist, bereits studiert, seine Lebensgeschichte, die Berichte früherer Untersuchungen und Heilversuche. Ganz so einseitig, wie es scheinen mag, ist dieser Vorteil nicht, denn wir veröffentlichen auch Berichte über unsere Arbeit, so daß der künftige Patient sich ebenfalls ein Urteil über uns bilden kann, wenn er dazu in der Lage ist. Immerhin hat es im Laufe der Jahre eine ganze Reihe von

Eigenanmeldungen gegeben, weil die Leute Bücher über die Orthogenic School gelesen hatten. Aber selbst wenn ein Antragsteller viel über unsere Anstalt gelesen hat, raten wir ihm, dem Eindruck daraus nicht zu trauen. Statt dessen sollte er sein Urteil auf die Eindrücke gründen, die er bei seinen Besuchen bei uns empfängt, ebenso wie wir (was wir ihm nicht notwendigerweise immer sagen, sondern nur auf eine unausgesprochene oder direkte Frage) unsere endgültige Entscheidung nicht auf die Informationen gründen, die wir vor der Begegnung mit dem Patienten hatten. Viel zu häufig entspricht der lebendige Mensch kaum dem Bild, das wir uns nach seiner Krankengeschichte gemacht hatten, während wir uns selten irrten in der Einschätzung eines Patienten in den Tagen, an denen er uns besuchte und beiläufig mit uns umging.

Kurz, jeder hat Bedenken, wenn man seine Gedanken lesen will oder wenn andere sie deuten wollen; jeder will Herr seines Geistes sein. Der Wahn, daß andere ihren Geist beherrschen könnten, ist unter psychisch gestörten Patienten weit verbreitet. Der Patient ist überzeugt, daß die psychiatrische Untersuchung vor allem dazu dient, der Anstalt die Möglichkeit in die Hand zu geben, ihn leichter zu durchschauen – ein weiterer Grund dafür, daß diese psychologische Untersuchung so lange aufgeschoben wird, bis der Patient in einem gewissen Maße an die wohlwollenden Absichten der Anstalt glaubt. Jeder bildet sich Urteile, denen er trauen kann, nur durch eigene Beobachtung, und erst dann kann er frei damit umgehen. Wir haben wiederholt festgestellt, daß der Patient, wenn wir uns hüteten, in ihn zu dringen und ihm statt dessen unser Interesse an praktischen Dingen zeigten, seine Befürchtungen verlor und optimistischere und realistischere Erwartungen der Anstalt gegenüber zu erkennen gab. So sagte zum Beispiel ein Patient, der bereits eine psychoanalytische Behandlung hinter sich hatte: »Ich dachte, Sie sind vor allem an meinen Träumen interessiert.« Er war erleichtert, daß es uns wichtiger war, die kleinen und größeren Probleme seines Lebens am günstigsten für ihn einzurichten. Schon beim ersten Besuch sollte die Anstalt ihm zeigen, daß ihr seine Autonomie am meisten bedeutet. Ein einfaches Mittel, ihm das zu beweisen, ist, daß man ihn fragt, welcher Tag und welche Zeit ihm für einen Besuch am besten passen würden, und sich dann nach ihm richtet. Häufig waren solche oder ähnliche Erfahrungen ausschlaggebend für den Entschluß des Patienten, sich der Anstalt anzuvertrauen.

Ein junges Mädchen mit Anorexia wurde uns von seinen Eltern in einem Zustand extremer Abmagerung gebracht: sie war zu diesem Zeitpunkt wegen Störung ihres Wasserhaushalts in ernster Lebensgefahr. Die Patientin wußte von dem Plan, sie bei uns einzuweisen, und wehrte sich heftig dagegen. Als sie ankam, forderte ich sie auf, alles zu erkunden, was sie an dem seltsamen Ort interessierte, an dem sie sich nun befand, und jede Frage zu stellen. Da sie ganz sicher war, ihr Schicksal sei sowieso schon beschlossen, tat sie nichts dergleichen. Das gehörte durchaus zu ihrem Zustand äußerster Erschöpfung. Als ich ihr sagte, daß sie nicht in die Anstalt zu kommen brauchte, wenn sie es nicht selbst wollte, glaubte sie mir kein Wort. Sie war viel zu schwach, um irgend etwas zu wollen.

Ich mußte also die Initiative ergreifen. Ich sagte ihr, daß sie, weil sie sich in Lebensgefahr befand, irgendeine Entscheidung treffen müßte. Wenn sie ein Glas mit irgendeiner Flüssigkeit zu sich nehmen würde, könnte sie den Raum und die Anstalt verlassen, aber sie müßte mit mir hierbleiben, bis sie das getan hätte. Trotz ihrer großen Schwäche konzentrierte sie ihre restlichen Kräfte darauf, mich und ihre Umgebung sorgfältig zu mustern. Ich meinerseits konzentrierte mein Denken auf sie, was sie sehr wohl merkte, obwohl ich mich weitgehend enthielt, in ihre Gedanken einzudringen, sieht man von einigen wenigen Bemerkungen ab. Ich wiederholte meine Aufforderung, jede Frage, die ihr in den Sinn käme, über die Anstalt oder über mich zu stellen.

In Anbetracht ihrer gefährlichen Schwäche sagte ich ihr, ich müßte darauf bestehen, daß sie den Raum nicht verließe, ohne zumindest ein Glas Flüssigkeit zu sich zu nehmen. Da sie weder darauf reagierte, noch die Frage beantwortete, welche Art Flüssigkeit sie am liebsten hätte, entschied ich, daß Milch am besten wäre, obwohl ich wußte, daß sie, wenn überhaupt, nur etwas ohne jeden Nährwert trank. Nach einer Weile brachte man ein Glas Milch, und ich sagte ihr erneut, daß sie gehen könne, sobald sie es getrunken hätte. Wieder betonte ich, wie sehr es mich freuen würde, wenn sie es tränke, versicherte ihr aber, daß ich es ihr nicht mit Gewalt eintrichtern würde. So saßen wir eine lange Zeit ruhig beieinander, aber doch intensiv miteinander beschäftigt. Später sagte sie mir, sie sei sicher gewesen, daß ich früher oder später die Geduld verlieren und sie entweder zum Trinken zwingen oder ihr erklären würde, daß sie nun Patientin bei uns werden müsse, weil sie nichts trinken würde. Schließlich fragte sie, ob sie wirklich, wenn sie das Glas Milch tränke, die Anstalt verlassen dürfe. Ich antwortete, daß ich ihr das schon zweimal gesagt hätte und nicht glaubte, daß ein drittes Mal irgend etwas ändern könnte; wenn sie mir nicht glaubte, wäre eine weitere Wiederholung nur langweilig.

Immerhin wußte ich nun, da sie gefragt hatte, daß sie jetzt in Erwägung zog, die Milch vielleicht doch zu trinken, aber ohne Hilfe konnte sie ihren Widerstand nicht überwinden. Ich hielt ihr also das Glas hin, und als mir eine kaum merkliche Bewegung zeigte, daß es ginge, wenn ich ihr das Glas an den Mund hielt, tat ich das, und sie trank es in einem Zug aus. Dann fragte sie: »Kann ich jetzt gehen?«, und ich antwortete: »Selbstverständlich.« Ich öffnete ihr die Tür, die ja wie alle unsere Türen unverschlossen war, sie stand auf, ging aus dem Zimmer und hinaus aus dem Gebäude. Als ich mich von ihr an der Tür nach draußen verabschiedete, riet ich ihr, noch einmal zu überlegen, ob sie zu uns kommen wollte. Wenn ihre Entscheidung negativ ausfiele, brauchte sie mir nichts zu sagen, aber es würde mich sehr freuen, wenn sie sich positiv entscheiden könnte. Darauf fragte sie: »Wenn ich nun herkäme – wie würden Sie mich dazu bekommen, daß ich esse?« – womit sie anzeigte, wie ernsthaft sie diese Möglichkeit in Betracht zog. Ich antwortete: »Ah, das bleibt mein Geheimnis. Um das herauszukriegen, müßtest du schon herkommen.« Am nächsten Morgen erklärte sie ihren Eltern, daß sie bereit war, zu uns zu kommen, und erschien am Nachmittag desselben Tages.

Ihr Entschluß basierte auf einem vagen Gefühl von Vertrauen, das sich aus einer Kombination mehrerer Erfahrungen zusammensetzte (natürlich spielte auch ihre verzweifelte Lage eine Rolle – sie wollte leben, war aber doch von einem inneren Zwang getrieben, sich durch Hungern aufzugeben).

Ich hatte offensichtlich gewollt, daß sie die Milch trank, sie aber nicht, wie sie befürchtet hatte, dazu gezwungen – denn künstliche Ernährung war ihr bekannt. Weil ich ihr genügend Zeit gelassen hatte, hatte ich sie davon überzeugt, daß ich meine Geduld nicht verlieren, sie nicht zum Trinken drängen oder in der Anstalt behalten würde. Als ich ihr dann, während sie noch zweifelte, ob ihre Eindrücke richtig waren, wirklich erlaubte hinauszugehen, war sie sicher, daß ich halten würde, was ich sagte, und daß ich es nicht gesagt hatte, um sie hereinzulegen.

Wie mein Bericht zeigt, habe ich ihre Autonomie nicht gänzlich respektiert, da ich ihr gesagt hatte, ich würde bei ihr bleiben, bis sie ein Glas Flüssigkeit getrunken hätte. Und ich wäre bei ihr geblieben, selbst wenn es den ganzen Nachmittag, Abend und die Nacht dazu gedauert hätte. Ich habe nicht darüber nachgedacht, was ich getan hätte, wenn wir wirklich bis zum nächsten Morgen hätten dasitzen müssen, weil ich sicher war, daß es so lange nicht dauern würde. Auch wenn ich ihr das nicht gesagt habe, muß sie meine Entschlossenheit dazu gespürt haben, als sie sich zum Trinken entschloß. Irgendwie muß ihr mein Verhalten klargemacht haben, daß die einzigen Übergriffe auf ihre Autonomie von mir aus nur dort stattfinden würden, wo ihr Leben oder Wohlergehen in Gefahr waren, und nicht um meiner Bequemlichkeit willen, was beispielsweise der Fall gewesen wäre, wenn ich unsere Begegnung zu einem bestimmten Zeitpunkt beendet hätte. Meine sonstige Rücksicht auf ihre Autonomie, unter die auch die wichtigste Frage fiel, ob sie unsere Patientin werden wollte, bewog sie zu dem Vertrauen, daß dies ein Ort sein könnte, an dem sie die notwendige Hilfe erhalten könnte, um ein selbständiger Mensch zu werden.

Fälle, in denen unsere Sorge um das Überleben von Patienten uns dazu zwangen, die üblichen Rituale des Kennenlernens aufzugeben, waren seltene Ausnahmen. Normalerweise besteht das Kennenlernen aus mehrstündigen Besuchen an vier oder fünf Tagen. (Während dieser Tage lebt der Patient zu Hause oder, wenn er von auswärts ist, in einem Hotel, unter Aufsicht, wenn nötig.) Die Besuche bei uns genügen dem Patienten, um sich eine Meinung zu bilden. Für uns genügt meistens weniger Zeit, um uns ein Bild zu machen. Bei der Aufnahme müssen wir indessen unsere eigene Autonomie ebenfalls ernst nehmen, denn wir können, wollen wir einem Patienten die seine zurückgeben, nicht plötzlich leichtfertig mit unserer eigenen umgehen. Beim ersten Besuch stellen wir klar, daß diese Besuche dem gegenseitigen Kennenlernen dienen sollen, und daß wir hoffen, der Patient werde sich nach dem, was er in den gemeinsam verlebten Stunden erfährt, entscheiden können, ob er zu uns kommen will oder nicht. Auch wir hätten zu entscheiden, ob wir angesichts seiner Persönlichkeit und seiner Probleme und unserer Persönlichkeiten mit ihm leben und arbeiten könnten, ob unsere Erfahrungen und unser Können uns dazu befähigen würden, ihm wirklich nützlich zu sein.

In unserer ersten Unterhaltung mit ihm fragen wir ihn – unabhängig davon, ob er gewillt oder in der Lage ist zu sprechen –, warum er wohl diesen Besuch bei uns macht. Wenn er überhaupt eine Antwort gibt, dann ist es gewöhnlich die, daß jemand anderes – Verwandte oder ein Psychiater – glaubt, daß er die Anstalt braucht, und ihm gesagt hat, das wäre für ihn die beste Lösung. Wir sagen ihm dann, daß man eine so weitreichende Entscheidung, ob man sich in eine Pflegeanstalt begeben solle oder nicht, nicht auf anderer Menschen Meinung gründen dürfe, und bitten den Patienten dann, seine eigene Ansicht darüber zu sagen, wobei wir auch erwähnen, daß uns Informationen über seine Krankheit vorliegen (würden wir diese Tatsache vorenthalten, fingen wir unsere Beziehungen zu ihm mit einer Lüge an). Wir fragen ihn, ob er glaube, daß wir uns nach der Meinung der anderen in unserem Urteil über ihn richten sollten, oder ob es nicht besser wäre, wir ließen uns von dem leiten, was er uns selbst zu sagen hätte. Bezeichnenderweise antwortet er dann meistens, daß diese anderen Menschen das ja doch besser wüßten als er. Würden wir diese Kapitulation hinnehmen, dann wäre das für ihn die Bestätigung, daß seine paranoiden Ängste gerechtfertigt seien, und wir würden außerdem zugeben, daß andere für sein Schicksal verantwortlich seien. Deshalb betonen wir, daß kein Spezialist einen Menschen besser kennen kann als dieser sich selbst. Bleibt der Patient bei seiner Ansicht, fügen wir hinzu, daß wir niemals glauben können, irgendein anderer könne besser beurteilen, was gut für uns ist, als wir selber. Da wir davon überzeugt seien, daß das für uns selbst gilt, müsse es auch für ihn gelten. Wir versuchen also, ihm zu zeigen, daß wir in allen tieferen menschlichen Belangen gleich sind.

Wenn wir das kategorisch behaupteten, sähe es der Patient als einen weiteren Trick an, um ihn zu beruhigen. Wenn wir aber von uns selbst ausgehen, dann kann er das mit sich vergleichen und sich überlegen, ob wir auch bei größeren Problemen ähnlich empfinden oder ob wir in gegensätzlichen Lagern stehen. Soweit wie möglich unterstreichen wir, daß auch wir eine große Entscheidung zu treffen haben, und daß diese Entscheidung von dem beeinflußt werden wird, was er zu allem sagen wird. Wir fragen ihn, welche Lebensumstände ihn seiner Meinung nach so weit gebracht haben, daß er den Aufenthalt in einer Anstalt in Erwägung ziehen muß, und wir fragen ihn, wer an seiner Lage schuld sei. Wenn man so weit gelangt ist, haben die meisten Patienten es aufgegeben zu behaupten, die anderen wüßten es besser. Manche können jetzt zugeben, daß sie so, wie die Dinge liegen, nicht weiterleben können, andere meinen, jemand anderes, häufig die Begleitperson, gehörte an ihrer Stelle in eine Pflegeanstalt.

Natürlich hängt der weitere Verlauf der Unterhaltung von den Antworten des Patienten auf unsere Fragen ab. In dieser ersten Begegnung jedoch versuchen wir ihn davon zu überzeugen, daß wir der Ansicht sind, in eine psychiatrische Anstalt kommen zu müssen, gehöre zu den schlimmsten Dingen, die einem passieren können. Hilfe zu suchen, ist für den Patienten ein furchtbares Trauma, ein schwerer Schlag für seine Selbstachtung. Jede andere Beschreibung wäre eine eklatante Lüge, und in einer so kritischen Situation kann nichts verhängnisvoller sein als die Vortäuschung falscher Tatsachen. Da der Patient verängstigt ist oder erschöpft oder furchtbar wütend (was er vielleicht hinter einer gespielten Gleichgültigkeit verbirgt), versuchen die Mitarbeiter der Anstalt vielleicht, ihm diese Heilmöglichkeit als großes Glück darzustellen. Wenn er davon überzeugt ist, daß die Welt aus den Fugen geraten ist, und wenn er meint, sie solle sich lieber schnell auf ihn einstellen, dann wird der Versuch, ihm die Vorteile der Anstalt für sein Wohlergehen zu beschreiben, ihn nur darin bestätigen, daß die Menschen hier wie anderswo die Welt nur mit ihren eigenen Augen sehen, ohne jede Rücksicht darauf, wie er sie empfindet. Und weil die erste Erfahrung die Grundlage für alles Spätere bildet, ist es äußerst wichtig, daß er gleich zu Anfang mit einer therapeutischen Einstellung empfangen wird. Entscheidend ist, daß er das Gefühl erhält, die Mitarbeiter bemühen sich mit allem Ernst, ihn zu verstehen und zu respektieren, und gehen von dem aus, wie *er*, der Patient, die Dinge sieht. Wenn man dem Patienten sagt, daß es zu den unglücklichsten Schicksalen gehört, in eine Pflegeanstalt zu müssen, weiß er, daß wir in jedem Fall seine eigenen Gefühle berücksichtigen. Was immer indessen seine Gefühle in dieser Hinsicht sein mögen, wir lassen ihn auch wissen, daß wir ihn gern in unserem Heim hätten, und daß wir gern mit ihm leben und ihm helfen würden.

Es wäre eine Dummheit für beide Teile, wenn man seine Vorstellung, er brauchte keine Pflegeanstalt, akzeptieren würde. Indem wir ihm aber die Gültigkeit seiner Gefühle bestätigen und ihm demonstrieren, daß wir sie respektieren und verstehen können, während wir uns gleichzeitig das Recht vorbehalten, so zu handeln, wie wir es für das Beste halten, allerdings ohne ihm unsere Ansichten aufzuzwingen, erreichen wir einen Standpunkt, der einige der wichtigsten Elemente jeder psychotherapeutischen Beziehung umfaßt: die Ansichten des Patienten als logische Konsequenz seiner Erfahrungen mit dem Leben zu berücksichtigen und zu begreifen, und diese Ansichten als Ausgangspunkt für unsere Beziehungen zu nehmen.

Es hat nicht viel Sinn, dem neuen oder künftigen Patienten zu erzählen, daß er durch seinen Aufenthalt in der Anstalt bald imstande sein wird, sein Leben erfolgreicher zu meistern. Psychiatrische Patienten, die Anstaltspflege brauchen, sind nicht fähig, zukunftsbezogen zu denken. Dies ist der Unterschied zwischen einem Patienten, der ambulant mit Psychoanalyse behandelt werden kann, und demjenigen, der Pflege in einer Anstalt braucht. Sich einer Psychoanalyse zu unterziehen, bedeutet, daß man zukunftsbezogen ist: Solange Hoffnung und Glaube an eine Besserung besteht, arbeitet man an seinem Verhalten oder, wenn nötig, kontrolliert es, so schwer das auch sein mag. Wäre der psychisch kranke Patient dazu in der Lage, könnte er ambulant behandelt werden.

Viele mitteilungsfähige Patienten stellen Fallen, indem sie fragen, ob man ihnen helfen kann und wird. Wenn man diese Fragen positiv beantwortet in der Hoffnung, sie zu beruhigen, geht man ihnen in die Falle. Derartige Antworten bestätigen nur die schlimmsten Befürchtungen des Patienten: daß jeder darauf aus ist, ihn zu etwas zu zwingen, das seiner Meinung nach für ihn schädlich ist. Denn wenn er nicht sicher wäre, daß sein Verhalten angesichts seiner Situation der einzige Ausweg ist, würde er sich anders verhalten. Deshalb besteht unsere Antwort auf diese »Fangfrage« in der Gegenfrage: warum er denn meine, daß er Hilfe brauche (wobei wir wissen, daß der Patient überzeugt ist, daß nicht *er*, sondern alle anderen unrecht haben). Auf diese Gegenfrage bekennt er auch meistens, er erwarte von der Anstalt, daß sie diejenigen zurechtweist, die eben nicht begreifen wollen, daß er völlig in Ordnung sei.

Das können wir dem Patienten allerdings zu seiner großen Enttäuschung nicht versprechen, aber wir erklären ihm, daß er, da wir das nun einmal nicht tun können, die Anstalt vielleicht aufsuchen könnte, um etwas Frieden zu finden und jene Menschen loszuwerden. Wir können ihm Ruhe für sich selbst zusichern, ohne daß er von anderen bedrängt wird, zu handeln oder sich anders zu verhalten. Und er wird uns das glauben, wenn wir uns nicht wie die anderen gegen ihn stellen und deren Ansicht teilen, daß er es sei, der »aus dem Rahmen« fällt und dazu gebracht werden muß, »sich anzupassen«.

Das kann natürlich in eine Sackgasse führen, dann nämlich, wenn der Patient fragt, warum wir denn überhaupt meinen, er solle zu uns kommen. Die einzige richtige Antwort darauf ist: wir sind der Ansicht, er brauche die Anstalt, um herauszufinden, wer und was er sein möchte, ohne von anderen in irgendeine Richtung gedrängt zu werden.

Das einzige, was ich bei diesen ersten Begegnungen versprach, war, daß das Leben in unserer Orthogenic School immerhin etwas, vielleicht sogar wesentlich angenehmer sei als in anderen Anstalten. Wenn später dann der Patient feststellt, daß ich ihm zuerst ein zu düsteres Bild gegeben hatte, indem ich die Schwierigkeiten übertrieben und die positiven Aspekte untertrieben hatte, dann ist das um so besser. Sollten wir aber Pech haben und der Patient empfindet all unseren Bemühungen zum Trotz die Dinge so schlimm, wie ich sie ihm geschildert hatte – was nie vorgekommen ist –, dann hatte ich zumindest nicht versucht, ihm etwas vorzumachen, und das spricht immer zugunsten einer Anstalt.

Ebenso ehrlich gehen wir mit den Verwandten um, die uns den Patienten bringen. Da wir vor allem mit jungen Menschen arbeiten, sind es meist die Eltern. Wir bedauern mit ihnen, daß so ein Schritt notwendig geworden ist. Wir stimmen ihnen zu, daß angesichts der Verfassung des Patienten eine Einweisung unvermeidbar erscheint, die zwar hoffentlich die übrige Familie entlasten werde, aber doch für sie sehr schlimm sei. Wir versprechen nichts, sagen nur, daß wir uns nach besten Kräften bemühen werden. Wir betonen, daß wir ihnen bei dem Ernst der Störungen, die eine Anstaltspflege notwendig machen, nur den Prozentsatz von Heilungen ähnlicher Fälle, aber nicht mehr sagen können. Wie dieser besondere Patient sich entwickeln wird, kann man unmöglich voraussehen. Wir lassen uns weder auf Erklärungen der Ursache für diesen Zustand noch auf Auskünfte darüber ein, was wir für den Patienten tun werden. Das sollte den Patienten allein angehen und hängt außerdem vom jeweiligen Augenblick ab. Wir machen keine Versprechungen hinsichtlich künftiger Besuche und geben keine anderen wie auch immer gearteten Zusagen; man muß uns eben vertrauen.

Während wir den Patienten kennenlernen, möchten wir auch die Eltern kennenlernen; daher wird jeder Elternteil gründlich durch einen unserer Mitarbeiter befragt, meistens durch einen psychiatrischen Sozialpädagogen, und für jeden Elternteil tut es ein anderer. Diese Interviews gehen gewöhnlich in vier oder mehr Sitzungen von zweistündiger Dauer vor sich. Sie ermöglichen, uns in den Rahmen »einzufühlen«, in dem der Patient gelebt hat; gleichzeitig bilden sich die

Eltern unwillkürlich ein Urteil über die Anstalt nach der Art der Befragung und den Einzelheiten, für die wir uns interessieren. Wenn wir den Patienten aufnehmen, versuchen wir die Eltern davon zu überzeugen, daß sie alles in ihrer Macht Stehende getan hätten und daß mit Schuldgefühlen wegen seiner Einweisung oder wegen ihres möglichen Beitrages zu seinem Zustand nichts gewonnen sei. Schuldgefühle zeugten zwar von ihrer Sorge um den Patienten und von ihrem Sinn für Moral, aber sie nützten weder dem Patienten noch ihnen selbst. Am konstruktivsten für alle Beteiligten ist es, wenn sich die Eltern jetzt ihr eigenes Leben aufbauen, das durch das Zusammenleben mit einem psychisch gestörten Menschen sehr gelitten haben muß. Je besser ihr Leben ist, um so besser ist das auch für den Patienten.

Wir raten den Eltern nicht, sich selbst in Behandlung zu begeben; teils, weil sie das häufig schon getan haben, teils, weil sie durch den Kontakt mit der Anstalt genügend Möglichkeit haben, um Rat und Hilfe zu bitten. Wenn sie darum bitten, versuchen wir, sie an den geeigneten Arzt weiterzuleiten. Beschließt der Patient, nicht zu uns zu kommen, oder entscheiden wir, daß wir ihn nicht aufnehmen wollen, dann geben wir (auf Anfrage) Ratschläge für die nächsten Schritte.

Anfänger in dieser Art Arbeit möchten es dem Patienten leichter machen und seine Angst beruhigen, indem sie ihm erzählen, wie gut er jederzeit in der Anstalt aufgehoben sein wird. Dieser gutgemeinte Trost hat jedoch keinerlei Wirkung, denn trotz seiner Gestörtheit weiß der Patient, daß das ein leeres Versprechen ist. Er erkennt sehr wohl, daß man Versprechen gibt, die nicht gehalten werden können, um unbewußte Ängste zu beruhigen. Versprechen wir dem Patienten, daß wir jederzeit für ihn da seien, stets gut für ihn sorgen werden, und daß alle seine Wünsche erfüllt würden, verpflichten wir uns zu Diensten, welche zweifellos die Fähigkeiten jedes Menschen übersteigen. Derartige Versprechen sind wahrscheinlich häufig der Ausdruck von unrealisierbaren Idealen eines Anfängers, aber der Patient interpretiert sie anders. Er glaubt entweder, daß sich die Mitarbeiter so um ihn bemühen, weil sie Angst vor ihm haben, oder daß sie einfach lügen, ihn in falsche Sicherheit einlullen wollen, die mit der Wirklichkeit nichts zu tun hat – und so kann er weder ihnen noch sonst jemandem trauen. Erfahrene Heilpädagogen unterstreichen lieber die wohlwollende Wirklichkeit, welche die Anstalt bieten kann und wird.

Wir wissen um die Hingabe der Mitarbeiter für das Wohlergehen der Patienten – innerhalb des menschlich Möglichen. Deshalb darf man dem Patienten wahrheitsgemäß sagen, daß man sich zwar bemüht, ihm stets zur Verfügung zu stehen, daß es jedoch auch Zeiten geben kann, wo das einfach nicht möglich sein wird, daß aber irgend jemand immer da sein wird. Ebensowenig kann man versprechen, daß ständig jemand zu Diensten des Patienten steht; man kann hingegen zusichern, daß sich im Notfall stets sofort jemand um den Patienten kümmert. Indem man die Grenzen der Dienste von Anstalt und Mitarbeitern offen zugibt, erhalten solche Versicherungen dann den Stempel der Wahrheit. Mitarbeiter, die sich wirklich unter beträchtlichem Einsatz physisch und psychisch für den Patienten verausgaben, brauchen ihre guten Dienste nicht von vornherein anzupreisen. Sie wissen, daß der Patient das ganz gewiß einmal feststellen wird. Taten sind eindrucksvoller als Worte, und die erste Tat besteht darin, die Gefühle und Fragen des Patienten zu respektieren, und nicht im Anpreisen künftiger guter Taten. Das ist ein weiterer Grund dafür, daß wir dem Patienten nicht sofort die ganze Anstalt zeigen, sondern geduldig warten, bis der Tag kommt, an dem er sich uns anvertraut, was gewöhnlich am Tage nach seinem letzten Besuch geschieht. Während seiner Besuche sieht er nur einen kleinen Teil der Anstalt, schon weil wir die privaten Bezirke unserer anderen Patienten schützen müssen. Auf diese Weise erfährt der künftige Patient, daß auch sein eigener Privatbereich einmal geschützt werden wird. Bei den ersten Begegnungen konzentrieren wir uns vielmehr darauf, daß sich der künftige Patient auch eine Meinung von uns selbst bilden kann. Erfahrene Mitarbeiter haben gelernt, daß man uns, wenn überhaupt, nicht auf der Basis dessen, was wir erzählen, akzeptiert, sondern auf der Basis dessen, wer wir sind, das heißt, aufgrund des Geistes, in dem wir uns und unsere Dienste dem Patienten anbieten.

Während der wenigen Besuchstage lernt der Patient eine Reihe von Mitarbeitern kennen und kann sich ein umfassendes Bild von ihnen machen, ehe er herausfinden muß, was sie für ihn tun können. Er lernt immer einen nach dem anderen kennen, möglichst nicht mehr als drei an jedem Tag, damit es nicht zuviel wird und er sich selbst nicht einer zu großen Prüfung ausgesetzt fühlt. Wir machen ihm auch klar, welche der Mitarbeiter unmittelbar mit ihm befaßt sein werden, was seine Entscheidung beeinflussen kann. Die beiden Mitarbeiter, die wir für die intensive Arbeit mit ihm vorgesehen haben, verbringen nach Möglichkeit jeden Tag einige Zeit mit ihm allein. Dabei legen wir ihm nahe, sie sich gut anzusehen. Er soll aber auch alle übrigen aufmerksam betrachten und viele Fragen stellen. Außerdem geben wir ihm natürlich von uns aus die Erklärungen, von denen wir meinen, daß sie für seine Entscheidung nützlich sein könnten.

An sich liegt der Zweck dieser Besuche darin, daß man ein paar Eindrücke voneinander bekommt, aber bereits nach dem zweiten Besuch versuchen fast alle Patienten herauszukriegen, was wir nun genau tun. Das Problem, das sich der Patient aussucht, um unsere Absichten zu testen, spiegelt meist sein eigenes Hauptproblem. Häufig ist es das Problem des Essens oder des Beschmutzens von sich selbst und uns.

Menschen, die in einer Anstalt für psychisch Kranke arbeiten, wissen, daß sie es hinnehmen müssen, wenn sich ein Patient beschmutzt, aber ihre wahre Haltung ist erst daran zu erkennen, wie sie reagieren, wenn der Patient sie selbst beschmutzt. Manchmal sieht es wirklich so aus, als hätte der Patient Freud studiert und wisse, daß die Einstellung zur Welt sich aus der Einstellung zum eigenen Körper herleitet, und daß das, was wir von unserem Körper halten, nur wiedergibt, was andere in der Vergangenheit von ihm gehalten haben. Da auch wir das wissen, können wir den Patienten unsere Absichten durch unsere Aufmerksamkeit für seinen Körper zu erkennen geben. Auf diese Weise gewannen wir das Vertrauen eines potentiellen Genies (Intelligenzquotient 180) und überzeugten ihn, daß er zu uns kommen mußte: Nachdem wir den gelehrten Erklärungen über Ursprung und Gang des Universums zugehört hatten, hielten wir ihm entgegen, daß es sich dabei um himmlische Körper handelt, daß wir jedoch schließlich nur unsere irdischen Körper hätten – und daß wir manchmal die himmlischen erforschten, nur weil wir Angst hätten, uns den irdischen zuzuwenden. Und wir setzten hinzu, daß sich unsere Anstalt vor allem um den irdischen Körper und seine Funktionen kümmere.

Ganz zum Schluß, wenn die Tage des Kennenlernens vorüber sind, fragen wir den Patienten, ob er zu uns kommen wolle, nachdem wir ihm nach besten Kräften erklärt haben, was ihn selbst und uns selbst erwartet. Auch wenn er vielleicht seinen Wunsch zu kommen bereits mitgeteilt hat, fragen wir ihn noch einmal, falls er es sich inzwischen anders überlegt hat. Selbst schweigende Patienten haben ihre eigenen Wege, uns klarzumachen, ob sie kommen wollen. Wenn man sie beispielsweise fragt, ob sie lieber bleiben oder gehen möchten, bleiben manche einfach sitzen oder leisten auf andere Weise der Aufforderung zu gehen Widerstand. Derartige Erfahrungen mit schweigenden Patienten habe ich mehrmals gemacht. Nachdem ich ihnen die Frage gestellt und Zeit zum Nachdenken und Reagieren gegeben hatte, sagte ich dann nach ungefähr zehn Minuten, daß ich aus ihrem Mangel an Reaktion nur schließen könne, sie wollten lieber gehen, und öffnete einladend die Tür. Ein Patient stand auf und schloß die Tür wieder sorgfältig, zwei andere schlugen sie mit großem Knall zu, und in allen drei Fällen setzte sich der Patient wieder hin mit einem Ausdruck ausgesprochener Befriedigung. Ein weiterer schweigender Patient saß während aller Besuche starr da, gleichsam militärisch stramm trotz aller unserer Anstrengungen, ihn zum Entspannen zu bewegen. Als wir ihn dann aber fragten, ob er mit uns leben oder lieber nach Hause zurück wollte, entspannte er sich urplötzlich, streckte sich auf einer Couch aus und schloß die Augen.

Andere demonstrierten ihre Wünsche etwas lebendiger. Eine schweigende, autistische Zwölfjährige, die bei mehreren Versuchen der Kontaktaufnahme geschwiegen hatte, fing wild an zu schreien, als ihr gesagt wurde, sie solle zu ihren wartenden Eltern zurückkehren; und als die Tür geöffnet wurde, rannte sie eher fort von ihnen als auf sie zu. Diese und ähnliche Verhaltensformen werden auch von Patienten, die sprechen können, geübt. Manchmal wenden sie sich dem inneren Bezirk der Anstalt zu oder laufen eine Treppe hinauf, die von der Stelle fortführt, an der sie hereinkamen. Alle diese Methoden zeigen an, daß sie mit uns leben wollen, ohne daß das ausgesprochen werden muß.

Wie bereits gesagt, versuchen wir es dem Patienten irgendwann im Laufe der Unterhaltungen klarzumachen, daß seine Aufnahme auch für uns eine gewichtige Entscheidung darstellt – wenn auch keinen solchen Lebenseinschnitt wie für ihn –, weil auch unser Leben durch seinen Eintritt in die Anstalt verändert werden wird. Seine Gegenwart als Patient bringt für uns weitreichende Konsequenzen und zusätzliche Verpflichtungen – wir können also nicht ohne weiteres darüber entscheiden. Es ist ganz erstaunlich, wie beruhigend es für viele Patienten ist, daß ihre Aufnahme offenbar eine schwierige Entscheidung für uns darstellt. Irgendwie scheint das die Kluft zwischen uns zu überbrücken, und es gibt dem Patienten ein Gefühl, daß er jemand Wichtiges ist und kein manipuliertes Objekt.

Im Laufe eines Vierteljahrhunderts haben sich nur zwei mögliche Patienten entschieden, nicht zu uns zu kommen, und in beiden Fällen fanden die Mitarbeiter, daß das für alle Beteiligten besser war. Es gab andere, allerdings nicht sehr zahlreiche Fälle, in denen wir fanden, daß der Patient nicht so unbedingt zu uns passen würde. Eine ganze Reihe indessen entschied fast sofort, daß sie bleiben wollten, und bei diesen haben wir uns nur dann sofort entschieden, wenn die Umstände ungewöhnlich waren und eine Aufnahme erforderten, denn wir meinen, für den Patienten wie für die Mitarbeiter steht zuviel auf dem Spiel, um Entscheidungen zu überstürzen.

Aus all dem sollte deutlich sein, daß wir uns auf keine gerichtliche oder unfreiwillige Einweisung einlassen. Ich glaube kaum, daß unsere Methoden wirksam wären, wenn jemand zu einer Einweisung gezwungen würde.

Selbstverständlich bedauern es manche Patienten später, daß sie sich zum Bleiben entschlossen haben, oder laufen in ganz seltenen Fällen auch einmal fort. Wenn die Dinge schwierig werden, was zwangsläufig ab und zu vorkommt, suchen manche natürlich den Weg des geringsten Widerstands. Wenn dann ein Patient fortläuft, tun wir alles uns Mögliche, damit er zurückkehrt; wir lassen ihn sogar von der Polizei zurückholen. Ist er wieder bei uns, heißen wir ihn herzlich willkommen; und nachdem der unmittelbare Druck, der sein Fortlaufen auslöste, nachgelassen hat, und er erlebt, daß ihn bei seiner Rückkehr statt Vorwürfen nur ein Willkommen erwartet, sprechen wir in Ruhe alles mit ihm durch. Dann wird dem Patienten klar, daß er immer wieder, wenn es ihm zuviel wird, fortlaufen kann, ohne daß es für ihn unangenehme Folgen hat, daß wir uns lediglich gemeinsam mit seinen Problemen auseinandersetzen. Nach dieser notwendigen Beruhigung entschließen sich die Ausreißer ausnahmslos zum weiteren Bleiben. Ein Jugendlicher hatte wochenlang einen ausgeklügelten Plan vorbereitet, um in den frühen Morgenstunden fortzulaufen; er fürchtete, wir könnten ihn vom Fortgehen abbringen, wenn wir seine Absichten wüßten. In der gleichen Nacht rief er uns noch an und fragte, ob wir ihn wieder aufnehmen würden. Ich antwortete ihm, daß wir ihn gern zurücknähmen, aber nur, wenn er wirklich zurückkehren wollte. Er kam zurück und blieb für weitere zwei Jahre, bis seine Behandlung erfolgreich abgeschlossen war.

Ich habe diese Aufnahme-Methoden so ausführlich behandelt, weil die Aufnahme in den meisten psychiatrischen Anstalten eine einseitige Entscheidung ist, die von der Anstalt ohne Beteiligung des Patienten getroffen wird. Wenn der Patient nicht weiß, wie sein künftiges Dasein aller Wahrscheinlichkeit nach aussehen wird, wenn man ihn nicht auffordert, die Entscheidung sorgfältig zu überdenken, und er keine Möglichkeit hat, die Menschen kennenzulernen, die am meisten mit ihm arbeiten werden, entscheidet er in Unkenntnis und Verzweiflung. Geht aber seine Entscheidung, sich einer Anstalt anzuvertrauen, nicht hauptsächlich von ihm selbst aus, dann wird seiner Autonomie von allem Anfang an die notwendige Achtung versagt.

13
Empfang des neuen Patienten: eine soziale Übergangszeit

Die Orthogenic School hat sich, ermutigt durch die Erfolge der ersten Jahre, zunehmend auf die schweren Störungen konzentriert, auf autistische Kinder, jugendliche Rauschgiftsüchtige und Selbstmordgefährdete. Diese Art Störungen erfordern länger andauernde Behandlung, und so wurde bei der begrenzten Patientenzahl der Wechsel zwischen Entlassungen und Neuzugängen weniger häufig. Selten waren es mehr als sechs neue Patienten im Jahr. Ein neuer Patient war daher ein großes Ereignis, besonders da das mit jeder Schlafraumgruppe befaßte Mitarbeiterteam sich nur auf ein paar wenige im Jahr einzustellen hatte. Da sie wußten, sie würden mit dem neuen Patienten eine lange Zeit zusammen leben und arbeiten, war es für sie äußerst wichtig zu wissen, wer er war und wie sich ihre Beziehungen vermutlich entwikkeln würden.

Die erste Wahl unter den möglichen Kandidaten traf der Direktor. Er tat das unter Berücksichtigung der Hauptanliegen der Anstalt: Forschung auf Gebieten, für die in bezug auf bestimmte psychiatrische Störungen nur wenig gesichertes Wissen vorhanden war; die Ausbildung auf solchen Gebieten zu fördern; und schließlich mußten die bereits in der Anstalt lebenden und arbeitenden Patienten und Mitarbeiter, ihre Persönlichkeiten, ihr Können, ihre Schwierigkeiten berücksichtigt werden. Bevor jedoch die erste Auswahl getroffen wurde, übten die Mitarbeiter ihre Mitbestimmungsrechte aus. Sie teilten dem Direktor mit, welche Art Patienten sie für ihre bestehende Gruppe für geeignet hielten. Wenn, wie meistens, mehrere Kandidaten zur Diskussion standen, gaben die Vorschläge der Mitarbeiter den Ausschlag für die Priorität unter den Kandidaten und auch für den Zeitpunkt für deren Besuch; das hing davon ab, wann nach Ansicht der Mitarbeiter sie selbst und die jeweilige Gruppe bereit waren, den Kandidaten zu empfangen.

Die Nachfrage nach Aufnahme in unserer Schule war stets derart groß, daß es sinnlos war, eine Warteliste aufzustellen, die praktisch zusicherte, daß irgendwann ein Platz definitiv erhältlich war. Anträge wurden geprüft und nur weiterverfolgt, wenn die Wahrscheinlichkeit eines freien Platzes in naher Zukunft bestand, und wenn, was am wichtigsten war, die Natur der Störung des Antragstellers nicht zu sehr mit den Bedürfnissen der bereits mit uns lebenden Patienten kollidierte.

Die Patienten wußten, daß jeder freie Platz wieder einen neuen Patienten bringen würde, und manchen fiel es schwer, mit der Ungewißheit zu leben, mit wem sie sich dann wohl auseinandersetzen müßten. Andere wieder brauchten eine gewisse Zeit, um einem fortgegangenen Freund nachzutrauern und sich als Gruppe neu zusammenzufinden, bevor sie dazu bereit waren, ein neues Mitglied aufzunehmen. Der Druck, einen freien Platz zu besetzen, war groß. Aber selbst wenn der Wunsch, denen zu helfen, die unsere Hilfe brauchten, dazukam, blieb ein freier Platz manchmal monatelang leer. Sobald indessen die Mitarbeiter das Gefühl hatten, daß sie und die Patienten bereit waren für ein neues Gruppenmitglied, wurde ein Kandidat zu einem Besuch eingeladen, und nach ein paar Tagen des Kennenlernens konnte dann entschieden werden, ob wir bereit waren, die gemeinsame Arbeit zu beginnen.

Vor dem ersten Besuch des Patienten studierten mindestens drei derjenigen Mitarbeiter, die am unmittelbarsten mit ihm zu tun haben würden, seine Vorgeschichte: die beiden Heilpädagogen der Gruppe und sein wahrscheinlicher Lehrer und auch die Sozialarbeiter, die dann mit seinen Eltern oder Verwandten sprechen würden. Alle übrigen Mitarbeiter konnten sich ebenfalls mit den erreichbaren Informationen vertraut machen, denn schließlich war keine Gewähr gegeben, daß die Einordnung in die vorgesehene Gruppe sich als die beste Lösung erweisen würde; vielleicht würde der Patient doch in eine andere Gruppe kommen, wo andere Mitarbeiter mit ihm arbeiten müßten. Alle Beteiligten mußten das Gefühl haben, daß sie dem neuen Patienten helfen könnten und aus diesem Gefühl genügend Befriedigung beziehen würden als Kompensation für den großen Einsatz an Zeit, Energie und Einfühlung, den sie aufzubringen hatten, um den Patienten so zu fördern, daß er eine intakte Persönlichkeit entwickeln konnte.

Jeden Wochentag trafen sämtliche Mitarbeiter zu einer Konferenz zusammen; außerdem gab es mindestens zweimal täglich, inklusive samstags und sonntags, die Möglichkeit, zwanglos alles zu besprechen. Es gab somit ausreichend Gelegenheit, sich über die Persönlichkeit des Besuchers, über seine Schwierigkeiten, über unsere Möglichkeiten, ihm zu helfen, und über unsere Reaktionen auf ihn zu unterhalten.

Bei der offiziellen Mitarbeiterkonferenz erzählten zuerst diejenigen, die mit ihm zusammengewesen waren, was sie objektiv beobachtet hatten, dann ihre Interpretation des Beobachteten und schließlich, was sie von seinem Eintritt in die Anstalt und der für ihn nötigen Pflege hielten. Am dritten Tag, manchmal erst am vierten oder fünften, waren wir für eine Entscheidung bereit; wir wußten auch, daß es unfair gewesen wäre, den Patienten länger im ungewissen zu lassen. Wenn dann die Zeit der Entscheidung kam, hatten wir uns als Team stundenlang darüber unterhalten, wie wir den Neuen und unsere Beziehungen zu ihm einschätzten. Diejenigen, die mit ihm zu arbeiten hätten, hatten mit ihm und untereinander diskutiert, ob und wie sie mit ihm arbeiten wollten; wie die Gruppe vermutlich auf ihn reagieren würde, und wie sie den anderen Patienten helfen würden, den neuen Patienten einzugliedern.

Wir hatten alle ein starkes Zusammengehörigkeitsgefühl in unserer Anstalt und wußten, daß wir, hatten wir uns einmal für einen Patienten entschieden, alle eine große Verpflichtung übernähmen, die für diejenigen, die direkt mit ihm arbeiteten, naturgemäß am größten war, größer noch als für den Direktor. Deshalb waren es dann auch diese direkten Bezugspersonen, die als erstes sagten, ob sie diesen Patienten anderen möglichen Kandidaten vorziehen würden, und ihre Motive und Gründe darlegten. Nachdem sie ihre Urteile abgegeben hatten, konnten die anderen ihre Wünsche, Befürchtungen, Hoffnungen oder ihr Zögern vorbringen, und es war die Aufgabe des Direktors, dafür zu sorgen, daß es so viele wie möglich taten. Die Entscheidung wurde unter anderem davon beeinflußt, ob wir von denen, die ihn bei uns unterbringen wollten, Zusammenarbeit oder Schwierigkeiten zu erwarten hätten, und welcher Art letztere sein würden; ebenso davon, wie lange die am stärksten betroffenen Mitarbeiter noch bei uns arbeiten würden.

Einige wenige unter uns gab es immer, die sich einer Meinungsäußerung enthielten, sei es, weil sie glaubten, kein Urteil zu haben, oder weil sie nur am Rande mit diesem Patienten befaßt sein würden und daher lieber denen die Entscheidung überlassen wollten, die die Hauptlast tragen würden. Um die jüngeren Mitarbeiter nicht zu beeinflussen, die noch nicht wußten, daß sie und ihre Meinung um so mehr respektiert wurden, je freier sie sich äußerten, wartete ich stets, bis ein jeder seine Ansicht geäußert hatte. Wenn ich fand, daß der Patient bei uns nicht die richtige Hilfe finden oder sein Kommen eine schwere und dauernde Belastung für die übrigen Patienten bedeuten würde oder aber seine Störung ebensogut anderswo behandelt werden könnte, dann sagte ich es. Ich hatte keine Hemmungen, meinen Einfluß auszuüben, wenn ich sicher war, wir sollten den Neuling nicht aufnehmen; ich begründete meine Entscheidung natürlich im einzelnen. Und nur drei- oder viermal passierte es in den siebenundzwanzig Jahren meiner Leitung, daß ich ein paar Mitarbeiter, die einen Patienten aufnehmen wollten, überstimmte.

Andererseits vermied ich es sorgfältig, unser Team zur Aufnahme eines Patienten zu überreden. Seine Aufnahme mußte ihre freie Entscheidung sein, besonders derer, die die Hauptverantwortung für seine Behandlung trugen. Bevor indessen die Frage zur Entscheidung reif war, versuchte ich alles, um im einzelnen die Schwierigkeiten darzustellen, die ich voraussah. Das geschah aus dem gleichen Grunde, aus dem ich dem Besucher nie ein allzu positives Bild der Anstalt gab.

Ging es dann besser als gedacht, war jeder glücklich, und wenn meine Warnungen zutrafen, waren wir wenigstens mit offenen Augen an die Probleme herangegangen. Der Patient wurde nur aufgenommen, wenn die unmittelbar mit ihm Arbeitenden ohne zu zögern für sein Kommen stimmten und alle übrigen Mitglieder unseres Teams entweder einverstanden oder ohne besondere Meinung waren. Hierzu eine Analogie: wenn diejenigen, die ein Kind adoptieren, nicht ganz sicher sind, daß sie dieses besondere Kind in diesem Augenblick ihres Lebens adoptieren wollen, wird die Adoption kein Glück bringen, und ebenso wenig Glück bringt sie, wenn andere Mitglieder der Familie dagegen sind. Ähnlich müssen die für einen Patienten Verantwortlichen ihn adoptieren wollen, sonst wird er nicht geheilt werden. Das wäre ein Fehlschlag, der für ihn möglicherweise katastrophale Folgen hätte, aber auch für die Mitarbeiter, deren Selbstachtung und künftige Sicherheit als Therapeuten geschädigt wären.

Wie bei jeder anderen Adoption bereiten sich diejenigen, die einen psychisch kranken Patienten »adoptieren« wollen, nicht nur auf die Aufgabe an sich und auf die wahrscheinliche Befriedigung daraus vor, sondern auch auf die schweren Belastungen, die angesichts der ernsten Krankheit auf sie zukommen werden. In all den Jahren ist jeder Neuankömmling mit einer Willkommensparty empfangen worden. Zur Vorbereitung seines Kommens gehörte also das Planen der Party. Man wählte für ihn und die übrigen Patienten Geschenke aus und bestimmte den Stil der Party, denn für den neuen Patienten ist alles zunächst schwierig. Es ist auch die erste Gelegenheit für die Hauptverantwortlichen, sich nicht nur geistig mit ihm zu beschäftigen, sondern wirklich etwas für ihn zu tun, nämlich die Geschenke zu kaufen, das Essen zusammenzustellen und alles, was sonst zu einer Party gehört, zu organisieren. Am wichtigsten ist die Wahl des besonderen Geschenkes, das ihn auf seinem Bett als Willkommensgruß erwarten sollte.

Im Hinblick auf das kindliche Alter der meisten unserer Patienten meinten seine zukünftigen Betreuer oft, ein Stofftier sei das Richtige unter anderen Möglichkeiten, die ihnen die Begegnungen mit dem Patienten bei seinen Besuchen nahelegen mochten. Sie mußten sich in seine Gefühle, Hoffnungen und Ängste bei seiner Ankunft hineinversetzen, um zu entscheiden, ob beispielsweise ein wildes Tier mit großer Kraft, ein Löwe oder ein Tiger, oder ein Hätschelobjekt, wie ein Teddybär oder ein Kätzchen, besser geeignet sei, das zu vermitteln, was sie dem Patienten sagen wollten. Ein Pferd oder lieber etwas Exotischeres? Eine Babypuppe oder eine erwachsenere? Vielleicht eine Decke, die als die sprichwörtliche »Sicherheitsdecke« dienen könnte? Vielleicht ein besonders hübsch geschnitzter Kasten, für den er allein den Schlüssel hätte? Vielleicht sollte der Kasten ein Willkommensgedicht von seinen Pflegern enthalten? Oder ein Buch mit geeigneten Gedichten? Oder wäre es falsch, jemand anderen für uns sprechen zu lassen? Wir wußten, wie wichtig es war, daß wir etwas aussuchten, das genau das ausdrückte, was wir dem Patienten zu verstehen geben wollten, und daher wendete man viel Zeit und Überlegungen auf, um das richtige Objekt auszuwählen. Die Verantwortlichen versuchten sich in seine Lage zu versetzen und dachten sich aus, was dieses besondere Geschenk für sie selbst in seiner Lage bedeuten würde. Durch diese Überlegungen kamen sie dem künftigen Patienten noch näher, was sich ihm mitteilen mußte, wenn das Unternehmen glücken sollte. Das Ausgewählte mußte ihnen selbst viel bedeuten – wie sonst konnte es dem Patienten etwas bedeuten?

Jemand, der sich nicht wirklich daran freuen kann, für jemand anderen, der eine wichtige Rolle in seinem Leben spielt, ein Geschenk auszusuchen, sollte es lieber aufgeben, eng mit Menschen zusammenzuarbeiten. Da aber alle Mitarbeiter Freude daran hatten, war ein ganz persönliches Vergnügen mit im Spiel, all diese Einzelheiten für den neuen Patienten vorzubereiten; ein wichtiges Gefühlserlebnis, das dem Geschenk Glanz verleihen konnte und es auch tat. Hätten sie nicht die Freiheit gehabt, selbst das Geeignete auszuwählen, hätte jemand anderes das Recht dazu gehabt, dann hätten sie die Pflege des Patienten von Anfang an nicht so unbedingt als ihre ureigene Aufgabe empfunden, sondern als von anderen bestimmt.

Es gab noch weitere Vorbereitungen. Sobald ein Patient die Anstalt verlassen hatte, mußten die Zurückgebliebenen entscheiden, ob sie ihren Schlafraum nun anders einrichten wollten. Das konnte ihnen nicht gänzlich überlassen bleiben, da es stets einige gab, die eine Veränderung um der Veränderung willen wollten, weil sie hofften, daß sie durch das Umstellen ihrer Möbel ihre persönlichen Probleme lösen könnten. Man mußte also die Motive für die Wünsche, umzuräumen, kennen. Die Entscheidungen mußten darüber hinaus auch unter Berücksichtigung dessen fallen, was die Mitarbeiter bereits über den neuen Patienten wußten, und wen sie als geeigneten Nachbarn für ihn erachteten. Waren indessen irgendwelche neuen Vorschläge brauchbar, war es immer vorzuziehen, den Patienten die Möglichkeit der Erfahrung einer Mitbeteiligung zu bieten.

Wie wichtig all dies war, wurde mir klar, als mich ein früherer Patient an einen Vorfall erinnerte, der damals fast zwanzig Jahre zurücklag. Er war in einer Gruppe gewesen, in der ein neuer Patient für den nächsten Tag erwartet wurde, und berichtete mir, daß ich, als ich in den Schlafsaal kam, mir das Bett betrachtete und dessen nähere Umgebung, die dem Neuen gehören würde, um zu sehen, ob alles in Ordnung und bereit war. Ein leerer Haken war noch über dem Bett, an dem der vorherige Bewohner ein Bild aufgehängt hatte. Ich fragte den Betreuer, was der neue Patient wohl von dem Haken halten würde, an dem nichts hing, welchen Grund dafür würde er annehmen? Was wäre, wenn er – bei seiner Angst, daß wir ihn gar nicht wollten oder ihn beseitigen wollten – zu dem Schluß käme, der Haken sei dort gelassen worden als Aufforderung, sich an ihm zu erhängen? Wie würde er sich fühlen, wenn er sich in seinem eigenen künftigen Bereich mit den Resten irgendeiner ihm unbekannten Person, die vor ihm da war, zufrieden geben müßte? Bei dieser Unterhaltung wurde dem Betreuer klar, daß er noch Schwierigkeiten hatte, das Fortgehen des früheren Patienten als Tatsache wirklich zu akzeptieren. Es war ihm nicht bewußt gewesen, wie schmerzlich es für ihn war, den früheren Patienten zu verlieren und einen neuen an dessen Platz zu sehen. Er hatte unbewußt gewünscht, daß irgend etwas von der Gegenwart dessen, der ihm so wichtig gewesen und der erst kurz zuvor abgereist war, bliebe. Er hatte geglaubt, gefühlsmäßig gut auf den neuen Patienten eingestellt zu sein, jetzt stellte er fest, daß er es nicht war. Als er davon sprach, erkannte auch er, daß der Neue nicht durch die Überreste einer Vergangenheit, die nicht die eigene war, belastet werden durfte, daß er die Chance eines echten Neubeginns bekommen mußte.

Dieser Vorfall war für den ehemaligen Patienten, der mich daran erinnerte, ein unvergeßliches Erlebnis. Es hatte ihm mehr als etwas sonst die Gewißheit gegeben, daß sein eigenes Kommen für die Anstalt nicht etwas Belangloses gewesen war. Bis dahin hatte er nicht gewußt, daß wir das Fortgehen eines Patienten und das Kommen eines anderen derart ernst nahmen. Und während wir also den Bereich um das Bett des neuen Patienten herum so herrichteten, daß er ganz dessen Territorium sein würde, fing der andere Patient endlich an, wirklich zu glauben, was er vorher immer angezweifelt hatte: daß nämlich sein eigener Bereich tatsächlich ihm gehörte und nicht nur widerwillig ihm überlassen war. So erwies sich jede neue Ankunft für die übrigen Mitglieder der Gruppe als eine Gelegenheit, das aufzuarbeiten, was sie selbst im Zusammenhang mit ihrem eigenen Kommen und ihrem Eigentum noch nicht gelöst hatten.

Es war immer schwierig, aber wichtig zu entscheiden, was man vor den Patienten bereden und was man allein mit einem Mitarbeiter besprechen sollte. Selbstverständlich hing viel davon ab, wie sicher sich ein Mitarbeiter fühlte, sowohl gegenüber dem Direktor als auch gegenüber den Patienten, ob er eine offene Diskussion begrüßte oder fürchtete. Je sicherer ein Mitarbeiter war, um so mehr zog er die offene Diskussion vor den Patienten in dem Gefühl vor, das würde ihr Vertrauen in ihn erhöhen, auch wenn er in der jeweiligen Sache einmal unrecht hatte. Zumindest konnte das zeigen, daß er es nicht nötig hatte vorzugeben, er sei ohne Fehl; ferner, daß er nicht versuchte, Dinge, die die Patienten am meisten angingen, mit einem Geheimnis zu umgeben. Die Patienten bildeten sich viele ihrer Meinungen über uns und über die Anstalt durch Beobachtungen unseres Verhaltens gegenüber anderen Patienten; und da sie dann weniger betroffen waren, vermochten sie unsere Handlungen eher als das zu erkennen, was sie wirklich waren. Sie bekamen auch ein besseres Verständnis für die Anstalt, wenn sie sahen, wie Mitarbeiter untereinander Meinungsverschiedenheiten austrugen. Meistens waren sie froh darüber, daß wir nicht versuchten, uns gegenseitig zu decken oder vorzugeben, wir hätten uns nicht geirrt, wenn wir das getan hatten. Aus all diesen Gründen wurden die Dinge, die die Patienten angingen, offen in ihrer Gegenwart besprochen, solange das möglich war, ohne einen Mitarbeiter zu verletzen. Alles Private eines Patienten oder Mitarbeiters wurde natürlich vertraulich behandelt. Man durfte beispielsweise nicht die Ängste eines Patienten, ihre Ursachen und die Frage ihrer Behandlung vor ihm oder anderen besprechen.

Patienten wie Mitarbeiter brauchten Zeit, um sich für die Ankunft des neuen Patienten vorzubereiten. Gewöhnlich unterrichtete der Direktor alle Patienten einen oder zwei Tage vor dem Ereignis davon und unterstrich, was das für alle Bewohner der Anstalt bedeutete. Die Tatsache, daß sämtliche Mitarbeiter bei dieser Ankündigung zugegen waren, bekräftigte die Wichtigkeit des Ereignisses. Die Patienten erfuhren ein paar Angaben zur Person: Name, Alter, wann er eintreffen und wer von den Mitarbeitern sich am meisten mit ihm beschäftigen würde. Wie immer bei wichtigen Ankündigungen wurden die Patienten aufgefordert, sich frei dazu zu äußern, ihre Befürchtungen vorzubringen oder Fragen zu stellen – mit der großen Ausnahme, daß wir selbstverständlich keine vertraulichen Informationen oder Einzelheiten über den neuen Patienten weitergeben durften, Angaben also, die nur er selbst machen sollte. Die Patienten wußten aus früherer Erfahrung, daß wir darauf bestanden, daß sie sich ihre Meinung über den Ankömmling erst dann bilden sollten, wenn sie ihn kennengelernt hatten. Dennoch gab es immer Fragen, die beantwortet werden konnten: Fragen nach dem Teil des Landes, aus dem er kam (schon weil wir immer Patienten hatten, die befürchteten, irgendwelche Verwandte könnten ihnen hierher nachfolgen, und diese Angst mußte ihnen genommen werden). Andere wollten wissen, ob er stumm war, was man ihnen, da sie es ohnehin bald feststellen würden, sofort sagen konnte. Wieder andere hatten Angst, er würde viel größer sein, und auch das konnte man beantworten.

Nur Patienten, die noch nicht mit dem Ethos der Anstalt vertraut waren – und davon gab es immer einige –, wollten Dinge wissen, die zur Diagnose gehörten: wo lagen seine Probleme, warum mußte er zu uns kommen, und anderes mehr. Solche Fragen haben wir zwar nicht beantwortet, erkannten jedoch, daß das Dinge waren, über die sie sich natürlich Gedanken machen mußten. Ein möglicher Weg, ihnen zu demonstrieren, daß es nicht statthaft war, über diese Dinge zu sprechen, war der Hinweis, daß die Ansichten der Mitarbeiter über *ihre* Probleme unter Umständen ganz anders wären als ihre eigenen Ansichten darüber. Wir erinnerten sie dadurch daran, wie gekränkt sie wären, sprächen wir über sie mit anderen. Wenn sie, was manchmal vorkam, dennoch auf Antworten drängten, gaben wir zu bedenken, wieviel besser es doch sei, sich ein eigenes Urteil über jemanden zu bilden und aufgrund eigener Beobachtungen festzustellen, wie er ist und was gut oder krank an ihm sei, und nicht von den Ansichten anderer auszugehen. Da jeder Mensch, eingeschlossen natürlich der psychisch Kranke, sehr wohl weiß, wie er sich anderen Menschen gegenüber zu verhalten hat – auch wenn er das aus Gründen, die seine Sache sind, bewußt nicht tut –, wäre es eine Anmaßung, jemandem zu sagen, was er von einem anderen zu halten hätte. Wir haben allerdings die Verpflichtung, den neuen Patienten davor zu schützen, daß sich jemand ihm gegenüber schlecht benimmt, da er genug damit zu tun hat, sich gegenüber den vielen Fremden zu behaupten. Und obwohl wir das Recht zur Kritik stets bejahten, auch das Recht, sich aktiv für den Neuen einzusetzen, waren wir nicht blind für die Motive der Gefühle, die dem Wunsch mancher älteren Patienten zugrunde lagen, sich ihm gegenüber in unstatthafter Weise zu benehmen.

Delikater war es, wenn die Patienten wissen wollten, wie sie sich zu diesem neuen Menschen in dessen Interesse verhalten sollten. Einige meinten dann, es wäre vielleicht besser, wenn sie sich eine Zeitlang von ihm fernhielten. Wir rieten ihnen, sich von ihren eigenen Instinkten leiten zu lassen und sich dabei in seine Lage zu versetzen. Schließlich waren sie alle einmal in dieser Situation gewesen und konnten von dem ausgehen, was sie damals als wohltuend und was sie als nicht gut empfunden hatten. Hierbei wie bei allen anderen geeigneten Gelegenheiten versuchten wir ihnen klarzumachen, wieviel wir alle gemeinsam hatten, und daß der neue Patient im Grunde auch nicht sehr viel anders als wir sein könnte.

Da sie im übrigen den Neuen noch nicht kannten, könnten sie auch nicht jetzt schon voraussagen, wie sie reagieren würden, ob sie sich ihm etwa fernhalten oder sofort auf ihn zugehen wollten. Im vorhinein zu entscheiden, wie man sich verhalten will, schadet unserem Menschentum, das voraussetzt, daß wir nicht aus vorgefaßten Meinungen handeln, auch nicht aus den löblichsten, wenn diesen nicht echte Gefühle unterliegen. Erst nachdem wir wissen, welche Gefühle wir für jemanden hegen, und nachdem wir gesehen haben, wie er sich uns gegenüber verhält, können wir entscheiden, wie wir uns selbst verhalten wollen.

In den überwiegenden Fällen wurden solche mehr persönlichen

Fragen nicht in der Versammlung aller Angehörigen der Anstalt aufgeworfen und diskutiert, sondern von den Patienten innerhalb kleiner Gruppen gestellt, wo es leichter war, sich zu verständigen, oder mit den Betreuern besprochen, die sie am besten kannten. Nachdem die Ankündigung des neuen Patienten erfolgt war und die allgemeinen Fragen beantwortet waren, zogen sich die verschiedenen Gruppen in ihre Bereiche zurück, um ihren Reaktionen freien Lauf zu lassen. Die Intensität der Reaktionen hing davon ab, wie sehr ihr Leben von dem Neuankömmling betroffen wurde. Nicht nur die beiden Betreuer, die mit der Gruppe arbeiteten, in der der neue Patient leben sollte, auch andere Mitarbeiter, wie zum Beispiel ihre Lehrer, erörterten mit der Gruppe das wichtige Ereignis und standen für Fragen zur Verfügung. Die Gegenwart all dieser Erwachsenen war als unausgesprochene Beruhigung gedacht; die Gruppenmitglieder sollten wissen, daß sie durch den neuen Patienten, der ja das Interesse und die Zeit der Mitarbeiter auch beansprucht, nun nicht weniger wichtig genommen würden.

Unterschwellige Eifersucht und Widerstand waren Tatsachen, mit denen man fertigwerden mußte. Durch die Ankündigung in der großen, allgemeinen Versammlung brachte der Direktor zum Ausdruck, daß ein neuer Mensch von denjenigen, die mit ihm zu leben hätten, vielleicht als aufgezwungen empfunden werden könnte. Wir sprachen auch aus, daß wir es zwar bedauerten, wenn ihnen unsere Arbeit manchmal Härten wie die Einweisung eines Fremden brachte, bei der sie keine Mitsprachemöglichkeit hätten, daß dies aber unvermeidlich sei, denn die Anstalt war dafür da, möglichst vielen Patienten zu helfen. Wir gaben ihnen zu verstehen, daß wir den gewissen Groll, den sie deshalb empfanden, nachfühlen konnten, daß wir jedoch hofften, sie würden diesen Groll lieber gegen die dafür Verantwortlichen, nämlich gegen den Direktor und die Mitarbeiter, richten und keinesfalls gegen den neuen Patienten, dessen Kommen nicht seine Schuld war und der viel weniger als wir in der Lage wäre, mit diesem Groll fertigzuwerden. Die Frage, warum wir ihnen das antaten, kam immer wieder, und ebenso unsere Antwort, daß – wir sagten ihnen sogar, daß wir es merkwürdig fänden, wenn sie anders reagierten – wir bei allem Verständnis für sie unserer Verpflichtung nicht untreu werden konnten, der ganzen Anzahl von Patienten zu helfen, für die wir ausgerüstet waren. Manchmal fragten wir auch einen besonders Gekränkten, wie er sich wohl die Reaktionen der anderen Patienten vorstellte, bei der Ankündigung seines eigenen Kommens, und das führte meist zu einer mehr nüchternen Einstellung.

All dies wurde in den Schlafräumen besprochen, zumal in dem, in den der neue Patient einziehen sollte. Hoffnungen und Befürchtungen wurden diskutiert und letztere nach Möglichkeit beschwichtigt.

Schließlich wußten die Patienten aus der Erfahrung ihrer eigenen Ankunft, daß die am meisten betroffenen Mitarbeiter den neuen Patienten bereits kannten. Dem Drängen, mehr über den Neuen zu erzählen, mußten die Mitarbeiter widerstehen, aber sie konzentrierten sich auf die Ängste ihrer Patienten, die nicht wirklich in dem Neuzugang, sondern in der eigenen gefühlsmäßigen Verfassung und in den eigenen Erfahrungen begründet waren.

Das Schwergewicht der Befürchtungen lag auf dem Gefühl des Verlassenwerdens, denn wie konnten diejenigen, die so eng mit ihnen zusammenarbeiteten, die mit ihrem Leben so tief verbunden waren, nun an einem neuen Menschen interessiert sein? Wie konnten sie sich jemandem widmen, den sie kaum kannten? Dieses Problem war für die Mitarbeiter schwer zu lösen, aber von größter Wichtigkeit. Im wesentlichen mußte die Antwort lauten, daß sie mit psychisch gestörten Patienten arbeiten, weil sie ihnen zur Heilung verhelfen wollten. Allerdings war ihr Engagement in dem Moment weniger auf den neuen Patienten selbst als auf die Hilfe, die sie ihm geben könnten, konzentriert. Und solange dieses Engagement auf dieser objektiven Stufe blieb, würde es dem neuen Patienten nichts nützen. Aber das war nun einmal der Ausgangspunkt, von dem die Mitarbeiter ausgingen, um zu persönlichen Beziehungen zu kommen, mit ihm als Person und nicht als Patienten, der Hilfe brauchte, und dem man helfen wollte.

Nachdem sich die Patienten ausgesprochen und sich an ihre eigene Ankunft erinnert hatten, sowie daran, wie sie sich gefühlt hatten und wie sie sich jetzt fühlten, war es taktisch klug, zu praktischen Dingen überzugehen. Wenn der Schlafraum noch nicht umgeräumt worden war, nachdem der vorige Patient seinen Platz verlassen hatte, war jetzt die Zeit dafür gekommen. Und selbst wenn schon umgeräumt worden war, konnte jetzt, da die Patienten einiges über den Neuen wußten, letzte Hand angelegt werden. Die Patienten konnten selbst etwas tun, was ihnen das Gefühl gab, daß doch nicht alles einfach geschah, ohne daß sie etwas dazu zu sagen hatten. Wir sahen es lieber, wenn sie etwas für sich selbst taten, als daß sie es dem Neuankömmling »nett« machten. Das war unsere Aufgabe, die sie nur schwer akzeptieren konnten, obwohl wir sie immer in ihrer Abwesenheit vornahmen. Ihnen blieb ohnehin noch viel zu tun. Einige fanden, sie verstauten ihre wertvollsten Besitztümer lieber erstmal, damit ihnen nichts passierte. Andere benutzten die Gelegenheit, um ihren persönlichen Bereich neu zu ordnen, ihn mehr zum Eigentum zu stempeln und gegen den Eindringling abzugrenzen, oder sie bereiteten sich in anderer Weise psychologisch auf die kommende Gefahr vor.

Etwas anderes gehört nicht so sehr zu der Vorbereitung auf den neuen Patienten, sondern zu dem, was sich kurz danach abspielt. Dann erschien manchmal ein Patient beunruhigt bei einem Mitarbeiter und fragte ihn, ob seine Reaktionen auf den Neuen auch richtig gewesen seien: »War das, was ich machte, o.k., oder hätte ich es nicht machen sollen?« Es ging meistens um einfache Dinge: ob er ein Spiel mit ihm ablehnen durfte oder die Antwort auf eine Frage verweigern, die er als zu persönlich empfand, oder um seine Kritik an dem Benehmen des Neuen. Wenn man mit diesem Patienten zusammen den Zweifeln auf den Grund ging, kam man meistens zu einer tiefergehenden Antwort. War das nicht möglich, sagten wir ihm, was wir in seiner Situation getan hätten, aber immer mit dem Vorbehalt, daß wir zwar ein anderes Handeln für besser gehalten hätten, er aber doch offensichtlich nicht, sonst hätte er sich ja nicht so verhalten, wie er es tat. Meist wiederholten wir ihm das, was er wirklich von uns hören wollte und was er aus eigener Erfahrung kannte: daß jeder Mensch einzigartig ist, und daß die eine Antwort nicht richtig und die andere nicht falsch ist, wenn sich zwei Menschen in der gleichen Situation verschieden verhalten; der Unterschied rührt ganz natürlich aus dem Unterschied zwischen den beiden Menschen her oder aus den Beziehungen zu einem anderen.

Anschließend mußte dann der Patient beruhigt werden hinsichtlich der Ängste, die seiner Frage überhaupt zugrunde gelegen hatten: Wollten wir, daß er seine eigenen Interessen zugunsten des Neuen zurückstellte? Oder waren wir noch genauso interessiert an ihm, wie wir es waren, bevor der Neue in unser Leben getreten war und unsere Aufmerksamkeit beansprucht hatte? Hier wie bei vielen anderen Gelegenheiten sagten wir dem Patienten, daß wir seine Hilfe für einen anderen sehr anerkennen würden, wenn sie echt und damit konstruktiv war, wenn sie also wirklich aus eigenem Antrieb kam; daß es aber schädlich sei, wenn er sie nur uns zu Gefallen ausübte, um ein Lob dafür zu erhalten oder aus anderen Gründen. Wir betonten, daß er sich hier bei uns befand, um sich selbst und nicht anderen zu helfen, und daß er bei seiner Selbsthilfe unsere ganze Unterstützung hätte.

So ergab sich aus der ersten Begegnung mit dem neuen Menschen, daß wir die Patienten fragen mußten, warum sie »nett« zu ihm sein *wollten*, da er ihnen in gewissem Maße die Zeit und Kraft der Mitarbeiter entziehen würde. Wenn wir das »Nett-Sein« beanstandeten, solange es nicht eindeutig ihr eigener Gewinn war, überzeugte sie das davon, daß ihre Interessen nicht denen des Neuen geopfert würden. Sie sollten ihm weder einen Gefallen tun noch ihn um einen Gefallen bitten; vor allem nicht, ehe sie eine ehrliche, schlichte Beziehung zu ihm entwickelt hatten.

Und unterdessen mußte der Neuankömmling seinen eigenen Übergangsritus bekommen. Das nach vielem Nachdenken ausgewählte Geschenk erwartete ihn auf seinem Bett. Er nahm es in Besitz wie auch das Bett selbst, nicht als Geschenk von der Anstalt oder von den

Mitarbeitern, die es ausgesucht hatten, sondern als etwas, das einfach zu seinem Empfang da war wie wir alle. Er nahm es an sich und ließ es auf sich wirken, bis er beschloß, was er davon zu halten hatte und wie er es – und uns – vielleicht verwenden würde.

III
Die Schaffung des therapeutischen Milieus

Bemühungen, mit inneren Schwierigkeiten fertig zu werden, dürften so alt wie die Menschheit sein. Die heutigen Gesellschaften ohne schriftliche Überlieferung verfügen über sehr ausgearbeitete Methoden, um seelische Störungen zu lindern. Medizinmännern gelingen manchmal eindrucksvolle »Heilungen«, und moderne Psychiater, die sich mit diesen Methoden beschäftigen, fanden interessante Parallelen zu ihren eigenen (76). Horaz gab zu bedenken, daß sich für den Menschen nur der Himmel und nicht seine Seele ändere, wenn er über die Meere fährt (Caelum mutaris, non anima, per mare currens), und die Tatsache, daß sich Horaz überhaupt zu dieser Feststellung veranlaßt sah, deutet darauf hin, daß zu seiner Zeit wie vorher und seither viele Menschen versucht haben, sich selbst durch Reisen in alle Himmelsrichtungen zu entfliehen. Manchen mag das auch geholfen haben.

Nur wenig von dem, was die Psychoanalyse in ein zusammenhängendes System brachte, war nicht schon seit Jahrhunderten in Einzelaspekten bekannt; aber durch die Psychoanalyse wurde ein systematisches Verständnis dieser bis dahin nur vage bekannten Aspekte vom Menschen möglich und vor allem eine Therapie für seelisch-geistige Störungen. Eine Veränderung der Umgebung (mit ungenügender Kenntnis der Gründe, aus denen die gewohnte Umgebung die Störung verursacht oder verschlimmert hatte, oder ohne genaue Vorstellung dessen, was die neue bieten sollte, um Linderung oder Heilung zu bringen) gehörte zu jenen bereits bekannten Einzelelementen. Ein solcher Wechsel der Umgebung muß, wenn auch aus purem Zufall, wohl immer einen gewissen Heilwert gehabt haben, und von dem Augenblick an, in dem man darüber nachzudenken begann, wie jemandem geholfen werden könnte, bedrückende Gefühle zu bewältigen, erkannte man in einem radikalen Wandel der Umgebung eine der wirksamsten Möglichkeiten. Hinzu kam, daß ja auch die Verwandten der gestörten Menschen durch seine Abwesenheit vorübergehende Erleichterung erfuhren. Im Mittelalter griffen viele, bedrückt von einem Gefühl von Sünde – das wir heute den Konflikt zwischen Ich-Wünschen und Über-Ich-Zwängen nennen würden –, zum Mittel der Wallfahrten, bei denen sie Erlösung suchten und auch fanden. Schon lange davor waren Reisen zu heiligen Orten eine feste Einrichtung. Die heilige Reliquie zu betrachten oder zu berühren, half an sich dem Pilger wenig, bewirkte aber durch den ihr innewohnenden Sinn sehr viel.

Wallfahrten schienen zu wirken durch die Kombination von der Flucht aus der gewohnten Umgebung und dem Erlebnis einer im

Augenblick wohltuenderen und anregenderen Welt. Es gab zahllose heilige Orte, zu denen man pilgern konnte, und Tausende waren immer unterwegs. Man verließ die gewohnte Umgebung mit ihren Anforderungen und ihrer Routine, entfloh den belastenden gefühlsmäßigen Bindungen zu den engsten Angehörigen, ging neue anregende Verbindungen ein, konzentrierte sich auf die inneren Stimmen und Gefühle in der religiösen Versenkung, und all das bewirkte eine Erneuerung des Geistes und verlieh der Rückkehr zu den Aufgaben des täglichen Lebens neuen Schwung. Wenn dann der Geist wieder schwach wurde, gab es immer wieder andere Orte, zu denen man wallfahrten konnte.

Wallfahrten trugen auch dazu bei, innere Spannungen abzubauen. Ein Über-Ich, das jemanden erbarmungslos züchtigte, wurde beruhigt, wenn dieser Mensch eine Zeitlang nach der strengeren Moral lebte, die von Pilgern erwartet wurde. Man konnte sich auf diese Weise von irgendeiner Sünde reinigen, deren man sich schuldig fühlte. Ähnliche andere Unternehmen – die Kreuzzüge – brachten Erleichterung sowohl für das Es wie für das Über-Ich. Ursprünglich sollten die Anforderungen des Über-Ichs befriedigt werden, aber die Verlockungen der Annehmlichkeiten des Ostens versprachen auch Es-Befriedigungen. Die Erfolge der Wallfahrten kamen also nicht nur durch die neue und andere Anregung aufgrund einer gewandelten Umgebung, sondern auch durch eine zeitweilige neue Balance der Persönlichkeit, da das Ich vom Über-Ich entlastet wurde und manchmal auch von dem Druck des Es und somit funktionsfähiger wurde. (Es wurden nicht nur ursprüngliche Spannungen beseitigt, auch das Über-Ich gab einige seiner libidinösen Energien an das Ich ab – da ein Handeln im Einklang mit religiösen Forderungen den Ansprüchen des Über-Ichs entspricht. Kaum verwunderlich also, daß der Pilger erhöhtes Wohlbefinden verspürte, da sein Ich plötzlich soviel stärker war.)

Eine andere altbewährte Methode, zu größerem Wohlbefinden zu kommen, würde man psychoanalytisch beschreiben als Kräftigung des Ichs durch zusätzliche Energie, indem dem Es (oder Körper) Befriedigungen im Sinne einer Ich(oder Über-Ich)-Forderung zugeführt werden: die Wiederherstellung der körperlichen Gesundheit durch Badekuren, die ebenfalls eine Veränderung der Umgebung brachten, die dieses Mal dem Körper und nicht der Seele dienten. Ob es Es- oder ob es Über-Ich-Forderungen sind, die nach Richtlinien, die dem Ich richtig scheinen, befriedigt werden – das Ergebnis ist das gleiche: das Ich wird gekräftigt für die Aufgaben des Lebens in dieser Welt.

Erst seit kurzem gelten in Amerika Badekuren als überholt und werden durch wissenschaftlichere Methoden wie Chemotherapie ersetzt. Trotzdem waren und sind Badekuren heilsam, ob die Störung nun rein psychologischer oder psychosomatischer Natur ist. Wissenschaftler, die diese Schwefel-, Radium- oder Thermalquellen geringschätzen, weil ihre chemischen Bestandteile unmöglich eine Krankheit heilen könnten, vergessen, daß das Leiden häufig mehr in der Seele des Patienten als in seinem Körper beheimatet ist. Die mehr pragmatischen europäischen Ärzte, die eher bereit sind, etwas zu akzeptieren, was die Verfassung eines Patienten bessert, auch wenn sie nicht die leiseste Ahnung haben, wie und warum das geschieht, benutzen das Mittel von Badekuren mit zum Teil sehr guten Ergebnissen. Der Patient empfindet ein subjektives Wohlbefinden, das ihm die mehr »wissenschaftlichen« Methoden nicht bieten können, wenn ein großer Teil der Krankheit gar nicht physisch begründet ist. Das »Brunnen-Trinken« kann für die Psyche sehr viel bedeuten, schon wegen der Aufmerksamkeit, die sich auf den Körper konzentriert, und solange wie »Wohlbefinden« oder »Linderung innerer Spannungen« nicht objektiv gemessen werden können, kann man die Badekuren nur auf subjektivster Basis verteidigen: der Patient fühlt sich einfach wohler.

Bezeichnenderweise wurde die Kur nicht von der ganzen Familie gemacht, sondern nur jeweils von einem Mitglied allein, das auf diese Weise dem emotionalen Ansturm von Partner, Kindern oder Eltern entfliehen und gleichzeitig seine ganze Aufmerksamkeit auf sich selbst und seinen Körper konzentrieren konnte ohne Rücksicht auf andere Verpflichtungen. Einmal in dem Bad angekommen, durfte jemand, dem man das ganze Jahr hindurch die Zeit für die primitivsten körperlichen Bedürfnisse kaum gegönnt hatte, plötzlich Stunden in heißen Schwefel-, Salz- oder Radiumbädern oder in Schlammpackungen verbringen – Anklänge an ein Wieder-Leben und Durcharbeiten in nur wenig sublimierter Form von alten verdrängten Wünschen, mit heißer Flüssigkeit oder einer weichen und lasterhaften Substanz zu spielen oder von ihr umgeben zu sein. Danach duscht man angenehm oder wird sanft abgerubbelt oder massiert. Und am Schluß all dieser Dienste an seinem Körper fühlt sich der Mensch unter Umständen wie ein zufriedener Säugling (ist man versucht zu sagen). Wie alles Leben im flüssigen Element begann und unser eigenes Leben vom Fruchtwasser umgeben war, scheint uns ein langes Bad in Thermalwasser zu beleben und zu entspannen, indem es uns verschwommene Erinnerungen an einen Zustand zurückbringt, in welchem wir noch nicht in eine isolierte Existenz gestoßen waren.

Zu den Kuren im Badeort gehört auch oft das Trinken von verdauungsfördernden Quellen, die den Kurgast dazu zwingen, seinen Ausscheidungsprozessen viel Aufmerksamkeit und Zeit zu widmen, die er jahrelang vielleicht vernachlässigt hat, weil ihm das seine Reinlichkeitserziehung verbot. Und unabhängig von den jeweilig verschriebenen Kurmitteln sind die Mahlzeiten im Kurort immer ausgezeichnet und gemütlich, meist von angenehmer Musik begleitet; dazu kommen genußreiche ziellose Spaziergänge in den Wäldern, wie man sie seit Kinderzeiten nicht mehr gemacht hat, und die Mittagsruhe sowie ein langer Nachtschlaf. Für die meisten, die in die Bäder gehen, ist das Leben dort das genaue Gegenteil von dem, was sie während des übrigen Jahres führen, und bis zu einem gewissen Grade ist es so frei von Anforderungen und so auf den Körper konzentriert, wie das Leben eines Kleinkindes. Psychoanalytisch ist es »ein Rückfall im Dienste des Ichs«, da es das Ich für die Aufgaben des Lebens kräftigt (und nicht schwächt), indem es den ganzen Menschen mit Es-Befriedigungen ausstattet (79).

Das Kurbad ist deshalb so anziehend, weil eine psychologische Störung als physische behandelt wird; daß man in seinen Beziehungen zur Umwelt in einer Sackgasse ist, wird körperlichen Ursachen zugeschrieben, und man wiegt uns in dem Glauben, daß die Schwierigkeiten im Körperlichen und nicht in der Psyche liegen. Während der Kur tritt an die Stelle unserer im Grunde puritanischen Vernachlässigung unserer animalischen Natur neue Aufmerksamkeit für den Körper. Der Wunsch nach derartiger »Heilung« ist noch immer weitverbreitet, wie durch die zahllosen Gesundheits- und Schönheitsfarmen demonstriert wird. Aber die Grundeinstellung hat sich nicht geändert. Darin liegt der entscheidende Mangel dieser Art von Therapie. Sie bietet vorübergehende Linderung, stellt vernachlässigte physiologische und psychologische Funktionen wieder her, indem sie grundlegende Bedürfnisse befriedigt und harte Anforderungen ausschaltet, aber sie führt nicht zu einer Besserung dessen, was die Krankheit überhaupt hervorbrachte, und so muß die Kur ständig wiederholt werden.

Während Freud die Psychoanalyse entwickelte, veranlaßten ihn seine Erfahrungen, eine besondere äußere und menschliche Situation zu erfinden: die analytische Situation. Abgeschlossenheit während der Analysestunde im Behandlungszimmer; keinerlei Stimulanz außer derjenigen, die aus der Innenschau des Patienten und der gedanklichen Vertiefung des Analytikers herrührt; Rückenlage auf der Couch ohne jede physische Anstrengung. Die Gewähr, nichts dürfe von außen die Konzentration auf psychische Vorgänge unterbrechen, zeigt Freuds Überzeugung, daß die Psychoanalyse einen einzigartigen Rahmen brauche. Die allgemeine Regel, daß der Therapeut jede Änderung an der Einrichtung des Ortes, an dem die Behandlung stattfindet, auch im Wartezimmer, vermeiden soll, gehört zu der Bemühung, von dem sehr besonderen Milieu, das die Psychoanalyse verlangt, die Außenwelt fernzuhalten.

Die psychoanalytische Umgebung garantiert Sicherheit, einschließlich den sehr wichtigen Schutz, daß das, was der Patient hier sagt oder tut, keinerlei schädliche Folgen im wirklichen Leben haben wird. Wenn seine Angaben falsch sind, wird niemand etwas davon erfahren, und er wird dafür nicht zur Rechenschaft gezogen; sind seine Wunschvorstellungen inakzeptabel für die Gesellschaft draußen, sind sie lasterhaft oder gar kriminell, führt die Tatsache, daß er sie äußert, zu keiner Kritik; seine Drohungen werden weder Furcht hervorrufen noch Vergeltung provozieren. Das Versprechen, daß alles, was er sagt, ein Geheimnis zwischen ihm und dem Therapeuten bleiben wird und der Therapeut jeden Kontakt mit der Familie, den Freunden oder dem Arbeitgeber des Patienten ablehnt (außer der Patient bittet darum, aber selbst dann würden viele Therapeuten es ohne zwingenden Anlaß ablehnen), trägt zusätzlich dazu bei, eine Situation zu schaffen, die ein Maximum an möglicher Sicherheit bietet. Sobald der Patient diese besondere Situation ausprobiert und sich überzeugt hat, daß er hier tatsächlich sicher ist, kann er davon ablassen, ständig sorgfältig nach möglichen Gefahren, die von der Außenwelt drohen, Ausschau zu halten, und er kann es sich leisten, die Waffen zu strecken. Es kann Jahre der Prüfung dauern, bis er voll an die Sicherheit der psychoanalytischen Situation glaubt, da sie seinen Ängsten und übrigen Erfahrungen zuwiderläuft. In dem Maße, in dem er Vertrauen faßt, kann er die pathologischen Verteidigungsbastionen aufgeben, die er zum Selbstschutz gegen wirkliche und eingebildete Gefahren errichtet hatte, und sich gänzlich auf die inneren Vorgänge in Geist und Seele konzentrieren.

Diese Sicherheit hängt zusammen mit dem Fehlen jeglicher Forderung nach altersgemäßem oder sozial angepaßtem Verhalten. Die Rückenlage, das Schweigen, das im wesentlichen nur von dem Patienten gebrochen wird, und der Versuch, die vernunftgemäße Kontrolle auszusetzen und sich seinen Vorstellungen zu überlassen, sind in dieser einzigartigen Situation notwendig und ihr angemessen. Die Methode leitet das Wiedererleben früher Traumata ein und bietet die dafür nötige Sicherheit. In dieser Umgebung wird das Wiedererleben von Erfahrungen in der Phantasie gefördert, die in der Wirklichkeit zu schmerzhaft und bedrohlich gewesen waren. Jetzt können die Erfahrungen in all ihren Verzweigtheiten durchgearbeitet werden, wenn auch nur in der Vorstellung. Ohne diesen Schutz des besonderen Rahmens wären sie immer noch überwältigend. Was jedoch die Psychoanalyse wirksam macht, ist nicht das Erinnern an die Vergangenheit, nicht einmal ihr Wiedererleben in der Vorstellung, noch das Aufdecken des Unbewußten, obwohl das erleichternde Bedingungen sind, sondern es ist die Neustrukturierung, die Integration der Persönlichkeit. Die psychoanalytische Situation fördert das, weil es keine Anforderungen von außen gibt, welche die notwendige Kraft von dieser schwierigen psychologischen Leistung abzweigen könnten.

All dies ist alltäglicher, als es scheinen mag. Wir alle wissen, daß wir uns, wenn wir uns konzentrieren wollen, an einen Ort zurückziehen, wo wir nicht durch Dinge gestört werden, die nichts mit unserem Vorhaben zu tun haben. Nun zweifelt niemand daran, daß biochemische Forschung nicht nur ein besonderes Laboratorium voraussetzt, sondern auch zielbewußte Konzentration auf das, was in einem häufig unglaublich winzigen Segment äußerlicher Realität vorgeht. Und die Erforschung der eigenen Seele verlangt die gleiche Vertiefung in eng umschriebene Phänomene des Geistes in einer Umgebung, die ebenso sorgfältig für den Zweck ausgestattet ist wie das chemische Labor für seine ganz anders geartete Forschung. So bedingt jedes menschliche Unterfangen, das mit ernsthaften Schwierigkeiten verbunden ist, eine besondere Umgebung und den Ausschluß aller ablenkenden Einflüsse von außen. Konzentration auf ein sehr kleines Segment der Wirklichkeit, das künstlich aus dem größeren Gewebe abgetrennt ist, in dem es normalerweise existiert, ist im Interesse von Ergebnissen notwendig, die für größere Gebiete der Erfahrung wichtig sind oder unmittelbare Folgen für sie haben.

Das Milieu, dem der Patient unterworfen wird, muß wahrhaft therapeutisch sein, damit es eine dauerhafte Lösung aus einer ernsten Sackgasse des Lebens herbeiführen kann. Es muß aufbauen auf der Basis eines klaren Verständnisses dessen, was die psychische Störung verursachte und auf welche besonderen emotionalen Bedürfnisse eingegangen werden muß.

Obwohl er nur von Kindern spricht, betonte E. Redl die Wichtigkeit, psychologische Probleme sofort in der Situation zu behandeln, in der sie auftauchen. Die Prinzipien für das, was er als »Lebensraum-Interview« bezeichnet, gelten aber für jede Altersklasse. Es ist eine wichtige Voraussetzung für das Verständnis des Unterschiedes zwischen den Methoden der Psychoanalyse und der Milieu-Therapie:

»Im Gegensatz zu einer Behandlung, die in ziemlicher Losgelöstheit vom ›Hier und Jetzt‹ in Johnnys Leben stattfindet, wie sie diese psychoanalytische Spieltherapie praktiziert, ist das Lebensraum-Interview eng mit der unmittelbaren Lebenssituation des Kindes verbunden im Zusammenhang mit den Problemen, auf die sich die Behandlung konzentriert. Meistens ist das ein Mensch, der von dem Kind als Teil seines ›natürlichen Habitats oder Lebensraums‹ angesehen wird und eine recht deutliche Rolle und Macht in seinem täglichen Leben darstellt, ganz im Gegensatz zu dem Therapeuten, zu dem man es für eine ›langfristige Behandlung‹ geschickt hat.

Einer der großen Vorteile der Lebensraum-Therapie ist gerade die Flexibilität im zeitlichen Ablauf, die sie uns gewährt. Wir brauchen nicht zu hoffen, daß das Kind von Freitagmittag bis zu seiner Behandlungsstunde am nächsten Mittwoch behält, was gerade geschehen ist. Oder man kann, wenn man den Vorfall beobachtet hat, der zu irgendeinem Durcheinander führte, sich sorgfältig überlegen, wie lange das

Kind braucht, um sich genügend abzuregen, bis es wieder ansprechbar und zu einer vernünftigen Kommunikation fähig ist, und man kann zu diesem wohlberechneten Zeitpunkt wieder besser Zugang zu ihm finden« (92).

Für Neurosen, Hysterie und verschiedene andere Charakterstörungen sollte man lieber ambulante Psychotherapie oder, besser noch, Psychoanalyse anwenden; sie ist indessen nicht gleichermaßen wirkungsvoll für einige der ganz tiefsitzenden psychiatrischen Störungen; Menschen, die unter diesen leiden, brauchen Krankenhausbehandlung. Zuweilen enden sogar schwere Störungen mit spontanem Abklingen, und es ist häufig gerade die rauhe und grausame Umgebung einer Anstalt für psychisch Kranke, die bei einigen wenigen Patienten so ein plötzliches Abklingen der Krankheit zur Folge haben kann. In dieser Umgebung gibt ihnen ihr masochistisches Bedürfnis nach schwerster Bestrafung für böse Absichten oder eingebildete böse Taten das Gefühl der Erlösung. (Ein Phänomen, das ähnlich der Wirkung mancher Wallfahrten ist, die dem Sünder große Härten auferlegten, auf daß er seine Sünden büße.) Ein Patient kann auf diese Weise sogar wieder fähig werden, für eine gewisse Zeit in die Gesellschaft zurückzukehren – beispielsweise, wenn er nicht mehr das Gefühl hat, er müsse sich selbst umbringen oder andere dazu provozieren, aber es sind nur die schlimmsten Zeichen seiner eigentlichen Störung beseitigt. Frei ist er davon nicht, und er ist um die Chance gebracht, ein Leben zu führen, das nicht von der Wahnvorstellung einer Schuld heimgesucht ist.

Leider befriedigen psychiatrische Krankenhäuser häufig, ohne es zu wollen, lediglich solche masochistischen Bedürfnisse, statt den Patienten von ihnen zu befreien, indem sie ihn durch die Beseitigung der Ursache heilen. »Strafe« kann tatsächlich zu zeitweiliger Erleichterung führen, wenn das Über-Ich meint, der Mensch sei für den Augenblick genügend gestraft. In Wirklichkeit aber verewigt die Strafe die Krankheit nicht nur, sie verschlimmert sie. Die Methoden gelten als heilsam, weil der Patient sich für kurze Zeit weniger verfolgt »fühlt«, während sie ihn in Wirklichkeit davon überzeugen, daß seine Wahnvorstellungen der Realität entsprechen, was ihm durch eben solche Bestrafung demonstriert wird. Er kann sich die Strafe ja nur erklären, wenn er sie als Bestätigung dafür empfindet, daß die Anstalt »weiß«, daß er es verdient, mißhandelt zu werden. Infolgedessen wirft ihn trotz der Erleichterung, die ihm durch das vorübergehende Abklingen der Verfolgung durch das Über-Ich zuteil wird, der ganze Vorgang nur noch tiefer in den Wahn zurück.

Als ich einmal die psychiatrische Klinik einer anderen Universität besuchte, wurde ich Zeuge eines ziemlich dramatischen Beispiels dafür, wie der Schutz, den psychiatrische Krankenhäuser bieten, ein

Abklingen der Psychose ohne jede Heilung bewirken können. Der Mann, der für alles Praktische auf dem Gelände der Klinik zuständig war, war ein geisteskranker Patient. Man hatte ihn vor Jahren völlig verwirrt in einer Großstadt aufgelesen und in die psychiatrische Klinik der Universität geschickt. Zuerst war er sehr unruhig, beruhigte sich aber bald und paßte sich ohne Schwierigkeiten in das Klinikleben ein, obwohl er sich meist abseits hielt und gärtnerte. Er hatte nie seine Identität wiedererlangt, kannte seinen Namen nicht, wußte nicht, woher er kam oder sonst etwas über die Zeit vor seiner Krankheit. Offenbar hatte er ausgezeichnete Kenntnisse im Gartenbau, wenn er auch nicht sagen konnte, woher er sie hatte. Also arbeitete er jeden Tag, auch an Samstagen und Sonntagen und an Feiertagen, wenn schon alle anderen fort waren, stillvergnügt an den Rasenflächen und Gartenanlagen und hatte sie im Laufe der Jahre eindrucksvoll verschönt. Dennoch blieb er ein psychisch kranker Patient, und jede Andeutung, er solle die Klinik verlassen und einen bezahlten Job anderswo suchen, warf ihn in schwere Angstzustände und Unruhe zurück. Alle Bemühungen in dieser Hinsicht sind vor Jahren schon aufgegeben worden. Er arbeitete unter einem Vorarbeiter, aber er war es, der auf seine ruhige Art verantwortlich für die meisten Verbesserungen war und die bezahlten Arbeiter lehrte, wie man ein guter Gärtner wird.

Kurz vor meiner Ankunft dort nahm sich ein junger Psychiater dieses netten alten Mannes an, dessen stille Art ihm gefiel. Der Psychiater begann regelmäßige Behandlungsstunden mit ihm und ermutigte ihn, ihm von seinen Träumen zu erzählen. In diesen Träumen tauchten bestimmte einmalige geographische Kennzeichen auf, die der Psychiater wiedererkannte, da er zufällig aus dem gleichen abgelegenen Ort kam, wo der Patient eine Zeitlang gelebt haben mußte. Er ging der Sache nach und erfuhr, daß kurz bevor man diesen Patienten in den Straßen der Großstadt aufgelesen hatte, ein Mann seines Alters verschwunden war und Hof, Frau und Kinder zurückgelassen hatte. Der Psychiater versuchte seinen Patienten davon zu überzeugen, daß er aus diesem Ort kam, aber jede Frage oder Bemerkung in bezug auf die Vergangenheit rief nur Unruhe in diesem hervor.

So arrangierte der Psychiater ein Überraschungserlebnis, von dem er hoffte, es würde den Schock des Erkennens auslösen und das Gedächtnis des Patienten wiederherstellen. Er brachte die Frau des Patienten in die Klinik, um sie ihm gegenüberzustellen. Zunächst blieb der Patient ruhig und behauptete, die Frau nie zuvor gesehen zu haben. Als sie aber darauf bestand, seine Frau zu sein und ihn bat, mit ihr zu seiner Familie zurückzukehren, sogar drohte, ihn dorthin zu bringen, wurde er plötzlich gewalttätig und griff sie und den Psychiater in gefährlicher Weise an. Mehrere Pfleger waren nötig, um ihn zu überwältigen, und er blieb so gewalttätig, daß er in die Zwangsjacke gesteckt werden mußte.

Als man mir die Geschichte erzählte, war er schon ein paar Tage in der Zwangsjacke gewesen. Man erlaubte mir, die Situation nach Gutdünken zu behandeln, und versprach, daß meine Anregungen ausgeführt würden. Ich bat den Chefarzt, den Stationsarzt und den Psychiater – die der Patient alle gut kannte –, mich bei dem Besuch in die Isolierzelle zu begleiten. Nachdem ich ihm meine Gegenwart erklärt hatte, versuchte ich, mit ihm über die Blumen zu sprechen, die ich so bewunderte, und sagte, man hätte mir erzählt, daß ihre Schönheit seinen Künsten zu verdanken sei. Es nützte nichts. Dann fragte ich ihn, ob er all die Menschen kannte, die mit mir bei ihm waren, und welche Autorität sie für ihn hätten. Das rief nur eine zornige Reaktion hervor. Sodann forderte ich sie auf, ihm mit all ihrer Autorität zu garantieren, daß er nie wieder jemanden aus seiner Vergangenheit treffen müßte und nie wieder in irgendeiner Weise an sie oder an seinen früheren Namen erinnert würde und daß man ihm erlaubte, den Rest seines Lebens friedlich in der Klinik zu verbringen und sich um die Anlagen zu kümmern. Alle versprachen es, und der Chefarzt sagte dem Patienten ganz spontan, er wüßte einfach nicht, wie er ohne seine Hilfe die Rasenflächen und Blumen weiterhin so schön erhalten könnte.

Daraufhin fragte nun der Patient, ob sie das auch ganz im Ernst versprächen, und alle versicherten es ihm so überzeugend wie möglich. Nun fragte ich ihn, ob er nicht fände, es sei allmählich Zeit, daß er an seine Arbeit zurückkehrte, die doch sehr unter seiner Abwesenheit litte. Er nickte, und ich bat, daß ihm die Zwangsjacke abgenommen würde. Nachdem das geschehen war, reckte und streckte er sich und meinte: »Ich geh jetzt mal lieber und sehe nach, was man inzwischen mit meinen Blumen angestellt hat.« Als ich ein paar Jahre später einen Psychiater dieser Klinik traf, erzählte er mir, daß der Mann noch immer friedlich die Blumen in den Gärten versorgte.

Nach dem Vorfall bei der Konfrontation mit der Ehefrau mußte der Psychiater sie überreden, die Regelung zu akzeptieren. Sie tat es, weil ihr klar war, daß die Gewalttätigkeit des Mannes eine echte Lebensgefahr für sie bedeutete. Aus Informationen von ihr und anderen Dorfbewohnern setzte sich dann die folgende Vorgeschichte des Patienten zusammen: Sein Vater war gestorben, als er noch klein war, und als Junge konnte nichts, was er tat, seine Mutter zufriedenstellen. Alles war verkehrt; sie verhöhnte seine Männlichkeit und hielt ihn für einen absoluten Trottel. Der Junge arbeitete sehr hart, viel zu hart für sein Alter, aber nie war es genug, und alles, was er für seine Mühen erntete, war Kritik, Hohn und weitere Anforderungen. Wenn seine Mutter ihn beschimpfte, fand er nur Frieden, indem er mit Blumen umging.

Seine Mutter arrangierte auch seine Heirat mit einer Frau, die ihn ganz genauso behandelte.

Das Ausreißen in einem klassischen Zustand von Amnesie aus dem fernen Dorf, das er nie zuvor verlassen hatte, war die erste und einzige Selbstbestätigung des Patienten. Die Klinik bot ihm nicht nur Schutz vor der unerträglichen Verfolgung durch seine Mutter und seine Frau, sondern auch echte Anerkennung seiner sehr aktiven Mitarbeit. Sie bot Sicherheit und außerdem Erholung von dem Ansturm äußerer Forderungen, die er in sein Über-Ich übernommen hatte, und gestattete so ein Abklingen seiner Psychose, aber sie heilte sie nicht. Zur Zeit der Konfrontation, die diesen Schutz gefährdete und ihn in eine gewalttätige Periode warf, war er in den Fünfzigern, also ein Mann, der eher psychologisch als den Jahren nach alt war. Innerhalb der Klinik hatte er ein beschütztes und produktives Leben geführt. Als er mit der Möglichkeit konfrontiert war, die Klinik verlassen und sich wieder allein in der Welt draußen halten zu müssen, erlebte er eine Rückkehr jener allumfassenden Feindseligkeit und Angst, die ihn dazu getrieben hatten, »seine Vergangenheit zu verlieren«, indem er von ihr fortgelaufen war. Es hätte große therapeutische Anstrengungen erfordert, ihn zu einem Wandel seiner Einstellung zu bewegen. Ohne den Wunsch danach kann aber keine Psychotherapie wirksam sein, und selbst mit dem Wunsch danach wäre der weitere Verlauf angesichts seines Alters und seiner begrenzten geistigen Möglichkeiten ungewiß gewesen. Es schien also am besten, die Dinge so zu belassen, wie sie waren, und die nicht unbegrenzten therapeutischen Möglichkeiten der Klinik auf hoffnungsvollere Fälle zu richten.

Denn bis der Patient fähig ist, allein zu bestehen, muß ein wahrhaft therapeutisches Milieu den Patienten gegen potentiell vernichtende Begegnungen mit Gestalten aus seiner Vergangenheit schützen, die zu seiner Unfähigkeit beigetragen haben, mit dem Leben fertigzuwerden. Deshalb haben wir es bei uns in der Orthogenic School den Verwandten, Freunden oder Außenstehenden nicht gestattet, in die Privatsphäre des Patienten einzudringen. Der Patient brauchte immer eine ganze Weile, bis er daran glaubte, daß diejenigen, die früher in seinem Leben eine so überwältigende und gefährliche Rolle gespielt hatten, nun in der Wirklichkeit ihre Macht über ihn verloren hatten, obwohl sie ihn in seiner Phantasie vielleicht noch immer bedrohten. Neue Patienten fragen sehr oft und mit großer Intensität, ob das auch wirklich so sei, und viele sind dann sehr erleichtert, wenn sie von anderen Patienten erfahren, daß wir unser Versprechen halten, und daß niemand außer den Mitarbeitern die Räume der Patienten betreten darf.

Gelegentlich haben wir Besuche erlaubt, wenn wir sie für begründet hielten. Wenn ein solches Eindringen eines Fremden bevorstand, erklärten wir den Patienten vorher, warum dieser Besuch stattfand und wer die Menschen waren. Dann konnte jeder Patient entscheiden, ob er sich dem Besuch aussetzen wollte oder nicht. Wenn nicht, wurde es so organisiert, daß er keinem der Besucher begegnete, entweder ließ man diese nicht in die Räume, in denen sich die Patienten aufhielten, die nicht gesehen werden wollten, oder man machte mit den Patienten während der Zeit des Besuchs einen Ausflug. Aber niemand, den ein Patient vor seiner Ankunft bei uns gekannt hatte, durfte einen anderen Raum als den großen Wohnraum betreten.

Besuche von Verwandten fanden in dem oben beschriebenen Wohnraum statt. Es war der einzige Ort in der »Schule«, an dem sich die Welt draußen und die der Patienten begegneten. Aber auch bei solchen Vorsichtsmaßnahmen mußten die Besuche behutsam gehandhabt werden, damit sie keine Bedrohung der Sicherheit der Patienten darstellten oder seines Gefühls, wirklich geschützt zu sein vor denen, die entweder ernsthaft sein Leben beeinträchtigt hatten oder ihn zu schmerzlich an den Menschen erinnerten, der er einmal gewesen war.

Hätte die Klinik dem Gärtner, der sein Gedächtnis verloren hatte, vorher mitgeteilt, daß seine Frau kommen würde, aber nur für einen kurzen Besuch, und daß weder sie noch sonst jemand seinem ständigen Verbleiben in der Klinik etwas anhaben könnte, wäre seine Reaktion vielleicht ganz anders gewesen. Statt vor dem Kontakt mit der Vergangenheit zurückzuschrecken, hätte er vielleicht einen Blick riskiert, um zu sehen, was für ein Mensch die Frau jetzt war, aus der Sicherheit heraus, daß sie keinen Einfluß mehr auf sein Leben haben könnte. Aus dieser Sicherheit heraus wäre er vielleicht im Laufe der Zeit bereit gewesen, darüber nachzudenken, wie sie und auch er sich gewandelt hätten, und ganz vielleicht hätte er eine Rückkehr in eine Umgebung erwogen, die in zwischenmenschlicher Hinsicht nun radikal eine andere geworden war.

Die Patienten müssen völlig darauf vertrauen können, daß die therapeutische Umgebung tatsächlich imstande ist, sie gegen alle Bedrohungen von außen und aus ihrer Vergangenheit zu schützen. Auch wenn beispielsweise die Möglichkeit eines Besuchs von Verwandten vorher mit ihnen besprochen worden ist und sie diesen Besuch selbst gewünscht haben mögen, bekommen doch manche große Bedenken, wenn es dann soweit ist. Es gibt für sie viele Arten zu prüfen, ob sie wirklich ganz sicher gegenüber diesen Menschen sind, die noch immer in ihrer Vorstellung Macht über sie haben. Einige wenige Male entstanden peinliche Situationen, wenn ein derartiges Ausprobieren in Beschimpfungen ausartete. Es geschah selten, wenn es aber passierte, mußten wir eingreifen und den Verwandten bitten zu gehen. Für den Patienten bedeutete es immer eine ausreichende Bürgschaft seiner Sicherheit, daß er tatsächlich die einst in seinem Leben Mächtigen fortschicken konnte, und ein zweites Mal passierte es dann nicht mehr.

Weil wir den Vorfall nicht nur erklären, sondern aus unserer Erfahrung heraus auch gleichzeitig versprechen konnten, daß das nicht wieder vorkommen würde, war es dem gekränkten Verwandten auch möglich, das Geschehene zu akzeptieren und sich von seiner Betroffenheit zu erholen.

Beim nächsten Besuch einige Monate später – um dem Patienten Zeit zu lassen zu verstehen, warum er sich gezwungen gesehen hatte, so zu handeln – war dann das Schlimmste, was geschehen konnte, daß der Patient dem Besucher nach kurzer Zeit schweigend den Rücken zukehrte und die Begegnung damit beendete, daß er zurück in seinen Schlafraum ging. Auch das passierte nie zweimal; es genügte immer, daß der Patient sich bewiesen hatte, wie sehr ihn die Anstalt schützte, außerdem, daß der Besucher sein Handeln nicht verhindern oder ihn dafür strafen konnte und daß sein Verhalten keine weiteren Folgen hatte. Bei späteren Besuchen verhielten sich die Patienten zwar stets positiver dem Besucher gegenüber, blieben jedoch stets auf der Hut (vgl. Kap. 9). Der Patient war dann seiner Sicherheit genügend gewiß und brauchte sie nicht mehr zu prüfen oder in aggressiver Form zu bekräftigen. Eine solche Erfahrung bringt den Patienten zu der Erkenntnis, wie sehr sich die Dinge gewandelt haben, und wenn er einmal die notwendige Sicherheit hat, sind Besuche von zu Hause nicht nur möglich, sondern auch nützlich. Sie aktivieren noch ungelöste psychologische Probleme und können den Antrieb zu ihrer Verarbeitung liefern.

Andererseits wäre die Vorstellung, die Anstalt wolle ihn loswerden, bevor er bereit dazu ist, sehr gefährlich für den Patienten. Gerade weil er soviel Sicherheit aus dem Wissen bezieht, daß er innerhalb der Anstalt geschützt ist, darf diese Sicherheit ihm nicht einfach entzogen werden; das hätte weitreichende Folgen. Wenn es der Anstalt gelingt, dem Patienten die Kraft zu dem Glauben zu geben, er könne jetzt allein bestehen, dann wird er, wie bereits gesagt, die angenehmste Umgebung verlassen. Wenn er nicht glaubt, daß er bestehen kann, sind selbst unerwünschte Bedingungen noch immer besser als die Gefahr, in die Verhältnisse zurückgestoßen zu werden, die er für die Ursache seines Bruches mit der Wirklichkeit hält. Es bestehen also ernste Risiken, wenn man einen Patienten zwingt, die Anstalt, in der er zu bleiben wünscht, zu verlassen.

Ein Beispiel für viele: Ein älterer Mann machte in einer staatlichen psychiatrischen Klinik nach Schock- und medikamentöser Behandlung eine ausgezeichnete Anpassungstherapie durch. Er hatte gute Einfälle für einen eigenen kleinen Handel, verkaufte Zeitungen und alles mögliche an die anderen Patienten. Die Klinik tat alles, um ihn zum Verlassen des Krankenhauses zu bewegen, das heißt, alles außer der Neustrukturierung seiner Persönlichkeit, die es ihm gestattet hätte, freiwillig wieder hinaus ins Leben gehen zu wollen. Ohne Erfolg. Schließlich sagte man ihm allen Bitten zum Trotz eines Tages, nun müsse er gehen. Nicht, daß ihn irgend jemand hatte loswerden wollen, nur schien es keinen Sinn mehr zu haben, daß er einen Platz im Krankenhaus behielt, der dringend für andere Patienten benötigt wurde. Er gab nach und beschloß, allein ins nächste Dorf zu gehen und von dort einen Bus nach Hause zu nehmen. Bei dem kurzen Gang dorthin sprang er von einer Brücke in den Fluß und ertrank. Wie im Falle des Gärtners war die Klinik die Umgebung gewesen, die ihm ausreichend Sicherheit geboten hatte, um in ihr bestehen zu können, aber als therapeutisches Milieu hatte sie versagt. Sie hatte ihm nicht zur Integration der Persönlichkeit verholfen; und darin liegt der Unterschied zwischen der allerbesten Pflege in einer geschlossenen Anstalt und einem wahrhaft therapeutischen Milieu.

Die Symptome des Patienten, so verzweifelnd sie für ihn selbst und so bestürzend oder gar gefährlich sie für seine Umgebung sein mögen, sind dennoch für den Augenblick seine wichtigste Leistung. Da sie es sind, gegen welche die Gesellschaft protestiert, und da sie das Leben für den Patienten und für diejenigen, die sich um ihn kümmern, schwer machen, sind die Bemühungen psychiatrischer Krankenhäuser bezeichnenderweise darauf gerichtet, das symptomatische Verhalten durch Medikamente oder »Verhaltens-Therapie« zu ändern. Der Versuch, den Patienten zum Aufgeben der Leistung zu bringen, die ihm seine Symptome sind, wird ganz richtig von ihm dahingehend gedeutet, daß die Anstalt ihn nach ihren Prinzipien formen will und nicht so, wie er es in einem anstrengenden und quälenden Prozeß des Sichselbst-Entdeckens vielleicht möchte.

Ken Keseys bittere Satire ›One Flew Over the Cuckoo's Nest‹ (deutsch: ›Einer flog über das Kuckucksnest‹, 74) übertreibt zwar gewaltig bei der Schilderung der unmenschlichen Behandlung der Patienten in den psychiatrischen Krankenhäusern, aber sie hat doch einen grundsätzlichen Wahrheitsgehalt, der auch für den Betrug gilt, der sich individuelle oder Gruppen-Psychotherapie nennt; und außerdem in bezug auf den gelegentlichen Mißbrauch von Schockbehandlung, die einen Patienten gefügig machen soll – angeblich in dessen eigenem Interesse. Selbst in den besten psychiatrischen Sanatorien liegen Abgründe zwischen der einfallsreichen und hingebungsvollen psychoanalytischen Behandlung des Patienten während seiner Sitzungen mit dem Psychoanalytiker und dem, was sich während des übrigen Aufenthalts des Patienten abspielt, wie es auch in einigen romanhaften, aber in tieferem Sinne lebenswahren Erzählungen geschildert wird (47, 53). Ein paar Behandlungsstunden beim Therapeuten sind eben nicht genug, und den Patienten ist das klar. Anna Freud zitierte ein schizophrenes junges Mädchen, das sich darüber beklagte, daß ihm die psychoanalytische Behandlung das nicht geben konnte, was es brauchte:

»Sie analysieren mich ganz falsch. Ich weiß, was Sie tun sollten, Sie sollten den ganzen Tag um mich sein, weil ich jemand ganz anderes bin, wenn ich hier bei Ihnen sitze, als wenn ich in der Schule oder bei meiner Pflegefamilie bin. Wie können Sie mich kennen, wenn Sie mich nicht in all diesen Situationen erleben? Es gibt nicht nur ein Ich von mir, es gibt drei« (39).

Aus diesem Grunde wollte das Mädchen in einer Anstalt leben, die sämtliche Aspekte seines Lebens umfassen und das der psychoanalytischen Theorie entsprechend tun würde. Zusammen mit einer psychoanalytischen Behandlung hätte ihr das geholfen. Der Psychoanalytiker allein konnte der Patientin nicht die Situation bieten, die ihr gestattet hätte, den äußersten Zerfall ihrer Persönlichkeit zu bewältigen; konnte ihr nicht eine Umgebung bieten, die in ihrer Ganzheit eine solche Integration hätte fördern können. Was ein Patient dieser Art also braucht, ist eine Anstalt mit einer einheitlichen therapeutischen Vorstellung, die sich auf die Psychoanalyse gründet. Die Orthogenic School versuchte das ebenso zu erreichen, wie zwei Jahrzehnte vor der Umorganisierung der Anstalt es Aichhorn in einem kurzlebigen Experiment mit »totalem« Behandlungsplan außerhalb von Wien (1) und Redl später (1947–1948) im Pioneer House tat (95, 96).

Im Grunde befinden sich die Patienten, wie die Beispiele des alten Gärtners und des alten Mannes, der von der Brücke sprang, beweisen, meistens ihrer eigenen Sicherheit wegen in einem psychiatrischen Krankenhaus, oder um andere vor ihrer Gewalttätigkeit und den Folgen ihres Zorns und ihrer Ängste zu schützen; sie leben dort nicht, damit ihnen wirklich geholfen wird, ihre Persönlichkeit neu zu strukturieren. Für letzteres sind die normalen psychiatrischen Institutionen auch kaum vorbereitet, wie wir gesehen haben. Das therapeutische Milieu sollte so angelegt sein, daß es nichts dem Zufall überläßt; es sollte durch sorgfältige Planung und Forschung eine gesunde Integration der Persönlichkeit bewirken, die auf einer dauerhaften Lösung der Konflikte oder der Beseitigung der Ursachen beruht, welche die Störung ursprünglich hervorgebracht hatten.

15
Versuche mit »totaler« Behandlung

Es ist eine alte Weisheit, daß körperliche und seelische Gesundheit eng miteinander verbunden sind; das therapeutische Milieu muß infolgedessen der Einheit von Seele und Körper dienen. Das eine ohne das andere zu behandeln oder beides getrennt wird die innere Aufsplitterung des psychiatrischen Patienten, dessen Seele und Körper sich meistens im Kriegszustand befinden, nicht heilen können. Selbst wenn das nicht der Fall ist, wird die Konzentration auf das eine und die Vernachlässigung des anderen immer nur die Spaltung, die eigentlich überbrückt werden soll, vergrößern.

Badekuren und psychoanalytische Milieus habe ich in diesen Einzelheiten nur beschrieben, um zu zeigen, daß alles, was für ein »totales« therapeutisches Milieu notwendig ist, bereits seit langem vorhanden ist; leider jedoch nur stückweise, und niemand hat diese Stücke zusammengesetzt. Milieutherapie entstand indessen nicht aus der Kombination der Lehren aus Kur und Wallfahrt mit denen der Psychoanalyse. Die Behandlung durch ein »totales« therapeutisches Milieu, zusammen mit psychoanalytischer Therapie, wie sie in der Orthogenic School praktiziert wird, ging aus von der psychoanalytischen Theorie und einer mehr oder weniger zufälligen Erfahrung, die ich mit einem autistischen Kind machte, das lange in meinem Haus gelebt hatte (siehe Einleitung).

Als mich die Universität von Chicago aufgrund dieser Erfahrungen mit dem autistischen Kind – der infantile Autismus war gerade um jene Zeit benannt und beschrieben (73) – aufforderte, die Leitung der Orthogenic School der Universität zu übernehmen, gab es diese Institution bereits seit mehreren Jahrzehnten. Sie hatte zuerst der Forschung und Erziehung von schwachsinnigen und hirngeschädigten Kindern gedient, sich später mit spastischen und epileptischen Kindern befaßt und Pionierarbeit geleistet bei der Entwicklung wirksamer Methoden für ihre Erziehung. Während der Jahre vor 1944 hatten die Erfolge der Anstalt als Forschungs- und Erziehungsinstitut immer mehr nachgelassen. Ein Universitätskomitee beschloß, daß sich die Anstalt in Zukunft auf die schwersten funktionellen Störungen der Kindheit, wie Kindheitsautismus, konzentrieren sollte, da diese nicht auf die damals üblichen Behandlungsmethoden ansprachen. Mich forderte man auf, die Anstalt für die neuen Aufgaben umzugestalten.

Als ich mir die Situation betrachtete und an die dringendsten praktischen Aufgaben ging, dachte ich über meine Erfahrung mit diesem autistischen Kind nach, das bei uns gelebt hatte – ein Problem, mit dem ich mich in der Zwischenzeit nur wenig beschäftigt hatte. Rückblickend erkannte ich ganz klar, daß das, was es am meisten für seine völlige Wiederherstellung gebraucht hätte, ein Rahmen gewesen wäre, der ganz speziell auf alle Erfordernisse für seine Behandlung eingestellt war. Er mußte alle Aspekte des Lebens dieses Kindes umfassen und so organisiert sein, daß sich diejenigen, die es betreuten, bei ihrer schweren Aufgabe abwechseln konnten; trotz langer Arbeitszeiten und äußerst harter Anforderungen wären diese Menschen dann noch in der Lage, ein eigenes Leben zu führen. Auch wenn mehr als zwei Menschen mit der Betreuung befaßt waren, mußten sie in den Ansichten über das, was für das Mädchen am besten war, völlig übereinstimmen und in der Lage sein, das auch in den verschiedensten Situationen unter Einsatz aller Möglichkeiten ihrer Persönlichkeit in die Praxis umzusetzen.

So etwas ist aber nur möglich, wenn eine konsequente und tiefe Hingabe an eine klar verstandene gemeinsame Behandlungsphilosophie alle individuellen Unterschiede überwindet. Wenn jeder einzelne Patient mehreren Personen anvertraut werden sollte, mußten alle diese Personen eng wie eine große Familie zusammenarbeiten, in der alle harmonisch miteinander lebten, zumindest soweit es die gemeinsame Aufgabe betraf.

Aus meiner Erfahrung wußte ich, daß in dem idealen therapeutischen Rahmen alle, die das Kind betreuten – Psychoanalytiker, Lehrer, Mitarbeiter, eingeschlossen Küchen- und Hauspersonal –, jederzeit in die Einheit des Lebens dieser therapeutischen Gemeinschaft völlig integriert sein müßten. Sie müßten alle der gemeinsamen Behandlungsphilosophie verpflichtet und auch bereit sein, die jeweils spezifischen Bedürfnisse des Kindes zu verstehen. Die Zeit, die sie mit den Patienten verbringen würden, wäre zwar begrenzter, und die Pflichten würden geteilt werden, aber sie müßten mit den Patienten ebenso eng zusammenleben wie wir damals mit dem autistischen Mädchen. Der Ort dafür müßte ebenso geschlossen und angenehm sein wie ein gemütlich eingerichtetes Zuhause, nur müßte es außerdem ein Rahmen sein, der Einrichtungen enthalten würde, die kein Privathaus bieten könnte: Räume für Erholungs- und Lernzwecke und individuelle Behandlungszimmer.

So weit, so gut. Aber wie konnte man das erreichen? Das hierarchische Prinzip der Krankenhäuser, in denen die Psychiater genau wußten, was für die Patienten gut war und wie die Dinge gehandhabt werden müßten, stand einem umfassenden Behandlungsplan im Wege. Die Psychoanalytikerin, die das kleine autistische Mädchen behandelt hatte, hatte wirklich mehr von Kinderpsychologie verstanden als wir, was wir, die Pflegeeltern, sehr schnell erkannten. Rückblickend indessen wurde mir klar, daß wir das zwar akzeptiert hatten, aber nicht ohne einen leichten Groll. Und als ich darüber sechs Jahre später auf einem anderen Kontinent nachdachte, stellte ich fest, daß wir zwar bereitwillig dem besser geschulten Verständnis der Analytikerin für das Unbewußte des Kindes unsere Achtung zollten, aber ihre Anregungen für das, was wir für das Kind tun sollten, doch nicht voll annahmen. Schließlich war es ja unser Haus, und wir mußten mit diesem kleinen Mädchen nicht nur fünfzig Minuten, sondern fast dreiundzwanzig Stunden täglich zusammenleben. Interessanterweise trägt eine Veröffentlichung über Behandlung im Krankenhaus (123) den Titel ›The other 23 Hours‹ (Die übrigen 23 Stunden), woraus hervorgeht, daß auch heute noch viele Therapeuten die Therapiestunde und den Rest des Lebens der Patienten als getrennte Komplexe nehmen, anstatt darauf zu dringen, daß sie ein integriertes Ganzes bilden, wenn das Kind die Ganzheit seiner Persönlichkeit erreichen soll. Wir hatten es also nicht gern, wenn man uns sagte, wie wir das Kind verstehen sollten, obwohl wir nicht daran zweifelten, daß die Analytikerin durch die Behandlung eine tiefere Kenntnis des Unbewußten des Mädchens gewonnen hatte. Aber wußten wir nicht viel besser, was alles dazu gehörte, mit ihm die übrigen Stunden seines Daseins zusammenzuleben, wußten wir nicht, wie es auf die Tagesereignisse reagierte? Die so höfliche Belehrung über das, was wir tun sollten, schuf also einen Groll, den das Kind, wie ich heute weiß, ganz sicher bemerkte. Was wir noch weniger begreifen konnten – teilweise weil wir uns unsere Gereiztheit nicht bewußt klarmachten –, war das Widerstreben der Analytikerin, uns ständig viele oder dringende Ratschläge zu geben. Vermutlich wollte sie uns nicht kränken. Ich gebe zu, daß das alles unsere therapeutische Bemühung und deren Wirksamkeit empfindlich einschränkte.

In anderen Institutionen, für Erwachsene wie für Kinder, hat man sich bemüht, psychoanalytische Erkenntnisse in die Praxis umzusetzen. Ebenfalls ohne Erfolg. Indem ich mich an die Gereiztheit darüber erinnerte, daß die Analytikerin am besten wüßte, was für das autistische Kind, das mit uns lebte, gut sei, war mein erster Gedanke, daß dies eine Konsequenz des normalerweise bestehenden Hierarchiedenkens war. Obwohl das gesamte Mitarbeiter-Team das ehrliche Bestreben hatte, gut zusammenzuarbeiten, mußte diese Hierarchie Groll und Minderwertigkeitsgefühle hervorbringen und sogar Angst um die eigene Position eines Mitarbeiters innerhalb des Betriebes. In der neuorganisierten Orthogenic School sollte es deshalb keine Hierarchie geben; in allem, was die Arbeit mit den Patienten anging, würde jeder gleich wichtig sein, und das gemeinsame psychologische Verständnis für die Bedürfnisse der Kinder würde die Basis für die Integration der Anstalt bilden. Jeder Mitarbeiter hatte zwar seine besonderen Fertigkeiten und Kenntnisse, aber sie durften an keine besonderen Vorrechte gebunden sein oder die Einheit des therapeutischen Rahmens stören. Dem psychisch Kranken wird die Reintegration seiner Persönlichkeit am ehesten erleichtert, wenn er den eigenen Verwicklungen, Unberechenbarkeiten und Lebenskrisen in einer Situation begegnen kann, die selbst frei von inneren Widersprüchen ist, die ihn nicht in verschiedene oder entgegengesetzte Richtungen zerrt. Außerdem müssen die Menschen, mit denen er umgeht, verstehen, wie wichtig seine pathologische Abwehr ist, und versuchen, seinen Bedürfnissen entgegenzukommen, ganz gleich, wie anders diese von ihren eigenen scheinen mögen. Die dafür erforderlichen institutionellen Veränderungen bildeten also den ersten Schritt bei der Umorganisation der Orthogenic School.

Die Theorie von der Gleichheit aller Mitarbeiter ist vielleicht richtig, aber sie funktionierte in der Praxis nicht. Innerhalb eines Jahres des Experimentierens mit einem fast gänzlich neuen Team, das sich der neuen Philosophie »totaler« Behandlungsplanung wirklich verpflichtet fühlte, wurde klar, daß dieses Gleichheitsideal ein künstlicher Weg zum Ziel war. Es gab eindeutig Unterschiede bei den Mitarbeitern in bezug auf die Intensität des Verständnisses für die Bedürfnisse eines Patienten und in bezug auf das, was zu ihrer Erfüllung am besten getan werden sollte. Sobald ein Patient zu uns kam, machten sich einige Mitarbeiter wichtiger für ihn als andere, und häufig wählte sich auch der Patient selbst den einen oder anderen Mitarbeiter als für ihn am wichtigsten aus. So schuf sich jeder in diesem Team, Patient wie Mitarbeiter, ungeachtet aller Theorie, seine eigenen Hierarchien, und wir mußten sie respektieren. Die Hierarchie des Patienten hatte wenig mit dem besonderen Können eines Mitarbeiters zu tun, ausschlaggebend dafür war, was für eine Art Mensch er war und wie tief und einfühlsam er sich diesem besonderen Patienten widmete.

Bald war erkennbar: weder die Tatsache, daß alle Mitarbeiter für die Patienten gleich wichtig waren, noch gemeinsame Philosophie in bezug auf die Behandlung, noch gemeinsame Auffassung von Psychologie und Pathologie – obwohl das alles wichtige Bestandteile sind – schafft die gewünschte integrierte und totale Behandlungsmethode, das Ideal, für das wir damals alle eintraten. Während wir zusammen daran arbeiteten, das Ideal zur Realität werden zu lassen, entdeckten wir, daß es nicht so sehr auf die zwar sehr wichtige Zusammenarbeit zum Nutzen des Patienten ankam, als vielmehr auf das gemeinsame *Erarbeiten* der Dinge, die zu der Integration führten, die wir beabsichtigten. Gemeinsame Hoffnungen und Befürchtungen, Erfolge und Fehlschläge banden uns mehr an unsere Arbeit als die Konzentration auf die jeweilige Bedeutung für den Patienten. Das gemeinsame Werk entstand aus dem, was wir alle einbrachten; die gemeinsame Erfahrung ließ unsere Arbeit und sogar das Leben so viel sinnvoller werden.

Als uns das klar wurde, nahmen die verschiedenen Bemühungen zur Schaffung einer integrierten Institution eine andere Rangordnung ein. In den Mitarbeiterkonferenzen ging es nun in erster Linie um das Verständnis, warum irgendein Mitarbeiter nicht fähig gewesen war, selbst zu einer Einsicht zu gelangen, sondern den Psychoanalytiker dafür brauchte. Wir wollten genau ergründen, warum jemand eine Situation auf die eine und jemand anderes die gleiche Situation auf eine andere Art handhabte. Dabei lernten wir viel über die innere Einstellung der Mitarbeiter zu sich selbst, zu den Patienten, dem Geist der Institution und zu den Herausforderungen, welche die Arbeit darstellte. Die Frage nach »recht haben« oder »unrecht haben« hatte weniger Gewicht als das Begreifen der Ursachen. Das Erregende war die Erkenntnis, daß sich das Wie und Warum der Behandlung eines Patienten und seiner Probleme aus der Persönlichkeit und den früheren Erfahrungen eines Mitarbeiters ergaben, ferner die Frage, wie die Nachwirkungen dieser früheren Erfahrungen zum Nutzen des Mitarbeiters selbst, des Patienten und – in diesem Zusammenhang am allerwichtigsten – zum Vorteil des »totalen« Behandlungssystems der »Schule« eingesetzt werden konnten.

Die unerwünschten Probleme ihrer eigenen Vergangenheit in der Beziehung zu einem Patienten zu begreifen und zu bewältigen, ermöglichte den Mitarbeitern ein ganz anderes, direkteres und intimeres Verständnis der Probleme des Patienten – und von sich selbst im Zusammenhang mit dem, was sie mit einem Patienten taten und für ihn empfanden. Ein Konsensus des gesamten Teams hinsichtlich dessen, was die richtige Methode war, um einem Patienten zu helfen, konnte leichter gefunden werden auf der Grundlage der Bemühungen der Mitarbeiter, sich selbst besser in ihrer Beziehung zum Patienten und zu ihrer Arbeit zu durchschauen und auch die Leistungen der Anstalt für den Patienten zu begreifen. Die Integration des Teams als solche brachte dabei ein wahrhaft therapeutisches Milieu hervor. Während uns diese Aufgabe beschäftigte, wurden ihre wohltätigen Wirkungen auf die Patienten, auf jeden von uns und auf die »Schule« im allgemeinen immer deutlicher. Wir erkannten, daß wir von einem zu statischen und nicht genügend lebendigen Konzept einer integrierten Institution ausgegangen waren.

Man kann unmöglich die Konzeption der Baulichkeiten, der Tätigkeiten von Mitarbeitern und Patienten (mit allen dazu gehörigen menschlichen Beziehungen) und die übrigen Aspekte des Betriebes einer solchen Gemeinschaft integrieren und erwarten, daß sie ewig integriert bleiben. Im Gegenteil, die Integration der gesamten Anstalt mußte ein lebendiger Prozeß beständigen Werdens sein, ein stets angestrebtes Ideal, das nie wirklich erreicht wurde, denn Lebendigsein, Lebendigkeit und die daraus resultierenden therapeutischen Erfolge entstehen aus dem Ernst der Bemühungen um dieses Ziel; sie entstehen nie, wenn das Ziel erreicht ist. Es stellte sich heraus, daß es für die Patienten, die an der Integration ihrer Persönlichkeiten arbeiteten, äußerst wichtig war, in einer Umgebung zu leben, die ständig um die eigene Integration rang. Wir versuchten nach diesem Konzept zu leben und zu arbeiten, und dieser Geist, der das gesamte Leben in der »Schule« durchdrang – und wichtiger war als ihre besonderen Einrichtungen oder unsere tatsächliche Arbeit für die Patienten –, half unseren Schutzbefohlenen, sich selbst zu helfen, und uns, ihnen dabei zur Seite zu stehen. Obwohl wir natürlich auch sehr hart an jeder Situation, an jedem Vorfall arbeiten mußten, jeden Tag und oft auch nachts, 365 Tage im Jahr.

Bei diesem Lernprozeß fiel es uns wie Schuppen von den Augen. Es war völlig klar, daß die Mitarbeiter auf das symptomatische Verhalten eines Patienten nicht mit ehrlicher Achtung eingehen konnten, solange ihre eigenen Probleme nicht ebenso respektiert wurden. Wie konnten sie die emotionalen Bedürfnisse eines Patienten mit größter Einfühlung behandeln, wenn ihre eigenen nicht ernsthaft berücksichtigt wurden?

Oft habe ich gewünscht, daß jeder Mitarbeiter, der zu uns kam, irgendwo eine Badekur gemacht hätte, denn das hätte ihn den Unterschied gelehrt zwischen dem, was man mit dem Kopf glaubt, und dem, was man durch den Körper erfährt. So leicht ist es nicht, beispielsweise die Gefühle eines Mitarbeiters bei dem eigenen Bad in der Wanne auszukundschaften, und es gab immer einige, die zunächst niemals ein Bad nahmen und nur duschten. Zu beobachten, wie ein Mitarbeiter einen Patienten badete, konnte zuweilen den Ausgangspunkt für derartige Unterhaltungen abgeben. Andere, noch harmlosere Mitarbeiter fragten, was denn ein Patient von so einem Bad überhaupt hätte. Wäre das Baden der Patienten für unsere Arbeit nicht so wichtig gewesen, dann hätte es komisch wirken können, einem langen Bericht zuzuhören darüber, wie genußreich und bedeutsam die Zeit in der Badewanne für die Patienten sei; wie wichtig es sei, ihnen das Gefühl zu vermitteln, der Zweck der Übung sei nicht, sie sauberzuhalten, sondern ihnen Entspannung und körperliches Wohlbefinden zu vermitteln – und dann den Mitarbeiter zu fragen, warum er sich das nicht selbst gönnte. Die Antwort war wie erwartet: Der Mitarbeiter brauchte so etwas nicht, er hatte nicht die Zeit dazu oder wichtigere Dinge zu tun. Wenn also der Wert dieser spezifischen Erfahrung in der Wanne sich auf einer so tiefen Stufe seiner Rangordnung befand – woher wußte er, daß sie für den Patienten so hoch einzuschätzen war? Es sei denn, natürlich, er glaubte, daß sich die Bedürfnisse des Patienten und die Quellen für sein körperliches Wohlbefinden radikal von den eigenen unterschieden. Aber eigentlich stellte diese Art Frage die

Grenze dessen dar, was man in dieser Hinsicht mit einem Mitarbeiter besprechen konnte.

Eine ganze Reihe von Mitarbeitern versuchte dann herauszufinden, wie entspannt sie sich selbst in einem Bad, das sie sonst nur den Patienten gaben, fühlen würden, und entdeckten dabei manches über ihre Hemmungen wie auch über den Genuß daran. Alle verstanden ihre eigene emotionale Haltung dem Problem gegenüber plötzlich viel besser, sie konnten nicht mehr naiv annehmen, sie könnten es dem Patienten angenehm gestalten, wenn sie selbst starke Vorbehalte dagegen hatten. Sobald die Mitarbeiter imstande waren, sich ähnlich genießerisch bei ihrem Bad zu entspannen, wie sie es von den Patienten erwarteten, konnten sie auch erfolgreicher die Gefühle ausdrücken, die das Baden zu einem wirklich konstruktiven Erlebnis für den Patienten werden ließen. Jeder verstand, wie viele Hindernisse bestanden zwischen der einfachen Feststellung, daß es zwischen uns und den Patienten keine großen Unterschiede gebe, und dem Glauben daran. Die wenigen, die nie ganz fähig waren, das Liegen in der Badewanne zu genießen, erkannten zumindest, daß sie es stellvertretend mitgenießen konnten, indem sie dem Patienten dazu verhalfen, und das war immerhin besser als gar kein Genuß.

Solche Dinge mit einem Mitarbeiter zu diskutieren, kann nur konstruktiv und akzeptabel für ihn sein, wenn er sicher ist, daß seine eigenen Gefühle und Taten, auch wenn sie etwas seltsam erscheinen mögen, ebenfalls mit größtem Respekt und mit Rücksichtnahme betrachtet werden. Ein derartiges Gespräch kann erst stattfinden, wenn diese Gewißheit besteht. Da das Sprechen über diese Dinge für den Erfolg der Arbeit wichtig ist, muß das Vertrauen in den Sinn der Anstalt (nicht nur seitens der Patienten, auch seitens der Mitarbeiter) so rasch wie möglich gesichert werden. Ein großer Teil der Anstrengungen des Direktors und der leitenden Mitarbeiter muß daher auf die Schaffung eines Geistes gerichtet sein, in dem solche Unterhaltungen möglich und fruchtbar sein können.

Eine Mitarbeiterin gab es, die allerdings sehr viel Zeit im Badezimmer verbrachte und meinte, sie müsse, was sie seit Kinderzeiten getan hatte, vier-, fünf- oder mehrmals am Tag duschen, weil sie sich immer schmutzig fühlte. Sie glaubte nicht, daß ihre Gefühle für den eigenen schmutzigen Körper die Gefühle des Patienten beeinflussen könnten, aber sie taten es. Es spiegelt wohl die Erziehung moderner junger Leute, die möglicherweise auf ihre Kleinkinder-Erlebnisse zurückgreifen, wenn nur wenige Mitarbeiter zu einem anderen bewußten Zweck als dem der Säuberung ein Bad nahmen oder duschten. In dem eben beschriebenen Fall war es verhältnismäßig einfach, der Mitarbeiterin klar zu machen, daß sie jahrelang von der Angst, ihr Körper könnte inakzeptabel sein, verfolgt gewesen war. Ihr tiefer Wunsch, daß keiner ihrer Patienten ähnliche Qualen durchmachen sollte, rettete den Patienten den Genuß, den sie ihnen mit ihrem Bad verschaffte. Daß sie den Patienten so wichtig war und ihnen helfen konnte, sich selbst zu helfen (auch eine positive Einstellung zu ihrem Körper zu bekommen), sowie die Achtung, die das übrige Team für sie hatte, ermöglichte es ihr schließlich, die Einstellung zum eigenen Körper zu wandeln; danach war sie dann auch imstande, Genuß an der Pflege ihres Körpers zu empfinden.

Wenn man es wiederholt selbst erlebt oder an Mitarbeitern beobachtet hat, glaubt man allmählich daran, daß bei jeglicher Herkunft und Einstellung Belastungen (das Gefühl, schmutzig zu sein und dauernd duschen zu müssen) zu Vorzügen werden können (die Entschlossenheit, dafür zu sorgen, daß den Patienten dieses Gefühl erspart bleibt), wenn sie begriffen werden können. Solche Dinge geben den Mitarbeitern den Mut, ihre heimlichen Gedanken oder emotionalen Schwierigkeiten offen zur Sprache zu bringen. Dabei wird deutlich, was für Welten die beiden Aussprüche trennen: »Du mußt etwas in *der richtigen Weise tun*« und »Du und der Patient, ihr seid so viel besser dran, wenn ihr es auf die Art tut, welche *die einzig richtige für dich* ist; und wenn wir uns Mühe geben, werden wir immer einen Weg finden, der *sowohl für dich wie für den Patienten der richtige ist.*«

Das ist möglich (es sei denn, jemand ist zu sehr gestört, geistig zu beschränkt oder emotional zu sehr blockiert; solche Menschen sollten nicht mit psychiatrischen Patienten arbeiten. Die Methoden der Auswahl für die Mitarbeiter müssen also die Patienten davor schützen, Personen mit derartigen Belastungen ausgeliefert zu werden). Aber leicht ist das nicht immer. Für manche Teilnehmer unserer Mitarbeiterkonferenzen lag der Reiz dieses Gedankenaustausches gerade in der Überlegung, wie man welche Sackgasse in welche positive Erfahrung umfunktionieren und damit zu einer konstruktiven Lösung gelangen könne. Ich hatte das überhaupt nicht für schwierig gehalten. Wenn es einigen Menschen möglich ist, selbst aus so furchtbaren Erlebnissen, wie in den Vernichtungslagern, Positives herauszukristallisieren, dann konnte es nicht schwierig sein, Belastungen bei Menschen guten Willens in Vorteile zu verwandeln, vorausgesetzt, man erwartet keine Vollkommenheit. Alles was der Patient zu seiner Heilung braucht, sind Mitarbeiter, die ihr Bestes für den Patienten leisten, nicht als oberflächliche Absichtserklärung, sondern als etwas, woran sie hart und gegen alle Schwierigkeiten arbeiten.

Wenn der Patient glaubt – und wenn ein Wandel im Verhalten des Mitarbeiters ihm das zeigt –, daß der Mitarbeiter hart daran arbeitet, ihn zu verstehen und es besser zu machen, dann bekommt der Patient auch das Gefühl, daß er dem Mitarbeiter tatsächlich wichtig und solcher Bemühungen auch wert ist. Meint er, er sei ihrer nicht wert, so spornt ihn das an zu dem Versuch, es zu werden. Der Patient wird imstande sein zu glauben, er habe tatsächlich sein volles Menschentum erreicht – zumindest in dieser einen Beziehung –, wenn er mittel- oder unmittelbar zu erkennen beginnt, daß sich der Mitarbeiter, weil er ihm wichtig ist, wandeln und das Leben mehr genießen und beispielsweise den eigenen Körper positiver betrachten kann. Da der Patient im Leben eines Mitarbeiters, an dem er hängt, eine so wichtige Entwicklung angeregt hat, wandelt er sich von jemandem, der nur passiver Empfänger von Diensten war, in jemanden, der auch Bedeutsames geben kann. Und das überzeugt ihn mehr als sonst etwas von seiner eigenen menschlichen Würde.

16
Die Organisation der Mitarbeiter und die Einheit

In den ›Brüdern Karamasow‹ schrieb Dostojewski: »Wahre Sicherheit findet man eher in Zusammengehörigkeit als in einzelner individueller Bemühung.« Um den Patienten eine solche wahre Sicherheit bieten zu können, müssen die Mitarbeiter sie erst einmal selbst besitzen; und wenn sie auch nicht jeder Betreuer immer wirklich haben kann, wird sie durch die soziale Solidarität in der Arbeit doch den Patienten und den Mitarbeitern gewährt.

Es war bereits die Rede davon, daß alle Teile einer psychiatrischen Anstalt zusammenhängen müssen, räumlich wie symbolisch, damit sich die Patienten leichter orientieren können, damit sie wieder selbst den Weg in ihrer Welt finden können und das Gefühl haben, dies sei die richtige Welt für sie. Das Leben innerhalb der Anstalt muß über eine äußere und innere Einheit verfügen, damit die Spaltungen und Widersprüche im Inneren des Patienten geheilt und die Unstimmigkeiten zwischen ihm und der Welt aufgelöst werden können. Aber dieser Zusammenhang schafft nur die Basis für die Sicherheit des Patienten, die entscheidenden Elemente sind die menschlichen Beziehungen, die uns sicher machen, und die Spaltung unserer inneren Welt wie auch die zwischen uns und anderen überwinden.

Einstellungen und Gefühle, die sich aus menschlichen Beziehungen ergeben, können den negativen Ansichten des Patienten über sich selbst entgegenwirken, was die idealste äußere Umgebung oder das beste Therapieprogramm allein nicht können. Die eifrigsten Bemühungen, sämtliche Betätigungen eines Patienten (und so sein Leben) zu integrieren, bleiben ohne Erfolg, wenn sie nicht die Integration der Mitarbeiter in bezug auf die Bedürfnisse des Patienten zur Grundlage haben und sie widerspiegeln.

Was bringen nun die Mitarbeiter in ihre Arbeit ein, um das zu ermöglichen? Und welche organisatorische Struktur einer Anstalt gestattet es, daß aus dieser Möglichkeit Realität wird? Diese beiden Fragen können nicht voneinander getrennt beantwortet werden. Weder die Fähigkeit der Mitarbeiter, die notwendige soziale Solidarität zu entwickeln, noch die Einheit der Anstalt können für sich allein bestehen, sondern nur gleichzeitig. Was die Arbeit dem Betreuer persönlich bedeuten kann, ist durch den Stil des Betriebes bedingt; dieser muß es gestatten, seine Möglichkeiten zu aktivieren, ebenso wie er die Möglichkeiten des Patienten diesem als neue Realität wieder zugänglich machen muß. Die Struktur des therapeutischen Milieus erleichtert beides. Einige der typischen Züge der Organisation eines therapeutischen Milieus kann man verdeutlichen, indem man es nicht mit den staatlichen psychiatrischen Krankenhäusern vergleicht, die nicht genug Geld, schlecht geschultes Personal und veraltete Gebäude haben, sondern mit den verhältnismäßig kleinen privaten Sanatorien, die über gut geschultes Personal und ausreichende finanzielle Mittel verfügen.

Die Literatur über diese psychiatrischen Krankenhäuser ist voller Klagen über den Mangel an Übereinstimmung zwischen den verschiedenen Abteilungen oder Einzelpersonen sogar bei entscheidenden Problemen, außerdem über das Fehlen jeglicher spontaner Zusammenarbeit, was eine ausgesprochen negative Wirkung auf die Patienten hat, die angeblich nicht merken, daß derartige Unstimmigkeiten überhaupt vorhanden sind (116). In besseren Anstalten bemüht man sich ernsthaft, Meinungsverschiedenheiten von den Patienten fernzuhalten, die weder von ihnen hören noch sie sehen. Aber spüren tun sie die Patienten trotzdem, meistens sofort bei ihrem Auftreten und häufig, noch bevor die Mitarbeiter sie selbst bemerken. Patienten reagieren auf das Unterbewußte, auf Veränderungen in der Bewegung oder im Tonfall, die dem Durchschnittsmenschen entgehen. Das kommt daher, weil sie in einer geradezu tödlichen Angst leben und alles, was diejenigen betrifft, die Gewalt über sie haben, scharf beobachten. Die Folgen von Unstimmigkeiten unter Mitarbeitern stellen eines der ganz ernsten Probleme für jeden dar, der mit der Arbeit in psychiatrischen Anstalten zu tun hat. Aber die Diskussion darüber führt niemals zu der logischen Schlußfolgerung, daß psychiatrische Institutionen eben eine völlig andere Organisationsform brauchen. Die Gründe für die Meinungsverschiedenheiten und die Wirkungen auf die Patienten werden zwar richtig erkannt, aber darüber, wie neue Institutionen für psychiatrische Patienten organisiert werden sollten, fällt kein Wort. W. Caudill zieht nach einem sorgfältigen Studium des Problems folgende Bilanz:

»Eine der entmutigendsten Behinderungen in psychiatrischen Krankenhäusern stellt die ungeheure Gleichgültigkeit und Unbeweglichkeit dar. Einer der Gründe für das Fehlschlagen von Verbesserungsversuchen besteht darin, daß sie meist als Zusätze zu einem umfassenden Programm innerhalb der bereits vorhandenen Struktur des Krankenhauses auftreten« (24).

Man setzt gemeinhin voraus, daß die Organisation einer psychiatrischen Anstalt die Aufteilung in verschiedene Abteilungen erfordert. Ist das der Fall, dann ist es unvermeidlich, daß auch das Leben des Patienten in verschiedene Abteilungen gespalten werden muß. Eine Hierarchie – beispielsweise: Direktor – Stationsarzt – behandelnder Psychiater – Psychologe – Sozialarbeiter – Beschäftigungstherapeut – Oberschwester – Stationsschwester – Pfleger – gilt als selbstverständlich. Dazu kommen noch die Verwaltungsabteilungen, die auf die anderen Einfluß ausüben, wie die Finanzabteilungen und Hausverwaltung und, nicht zu vergessen, die Studenten und ihre Doktorväter, die Forschungsabteilungen und dergleichen mehr. Die meisten dieser Gruppen müssen sich mit den Hierarchien nach oben und nach unten wie auch mit denen ihrer eigenen Gruppe auseinandersetzen. Und sowohl Mitarbeiter wie Patienten leiden unter der Vielfalt der Entscheidungskompetenzen, wenn mehrere Hierarchien, alle von den besten Absichten erfüllt, sich gegenseitig behindern, weil sie auf eigene Weise vorgehen sollen oder wollen.

Die Komplexität einer solchen Organisation ist aus der graphischen Darstellung (S. 253) zu ersehen, die Stanton und Schwartz zur Erläuterung der Struktur eines verhältnismäßig kleinen privaten Sanatoriums anfertigten, eines der besten, das sich zumindest über die Probleme einer derartig komplizierten Organisation im klaren ist (114). Je größer das Krankenhaus, um so starrer werden die Hierarchien und um so schwerfälliger wird der Betrieb.

Sporadisch bemüht man sich, einige dieser Mängel zu korrigieren, Unstimmigkeiten zu reduzieren und die Zusammenarbeit zu fördern. Aber man scheint nicht zu erkennen, was es für die Integration des Patienten bedeutet, in einer Umgebung zu leben, der es an Integration fehlt: die Anstalt erwartet von ihm, sich zu integrieren, obwohl sie sich selbst nicht integrieren kann. Auch in Hinsicht auf dieses Problem hat man sich um die Bedeutung positiver oder negativer symbolischer Wirkungen, die von der Anstalt ausgehen, keine Gedanken gemacht.

Die Aufspaltung in Abteilungen hat selbst in besseren psychiatrischen Krankenhäusern zur Folge, daß ein tiefes persönliches Engagement des Mitarbeiters bei der Beschäftigung mit dem Patienten fehlt. Dadurch ist es für den Mitarbeiter schier unmöglich, sich seinem Patienten gegenüber wirklich verpflichtet zu fühlen. Würde sich der Betreuer voll und ganz für den Patienten verantwortlich fühlen, würde er sich bald selbst zerrissen fühlen, wenn er beobachtet, in wie viele verschiedene Richtungen der Patient von den verschiedenen Abteilungen gezerrt wird, teils weil sie verschiedene Ansichten über seine Bedürfnisse haben, teils weil sie ihre spezifischen Aufgaben unbedingt ausüben wollen. Nur in seltenen Fällen kämpfen die Abteilungen wirklich wegen eines Patienten gegeneinander. Äußerlich werden Meinungsverschiedenheiten gewöhnlich freundschaftlich beigelegt, aber die Kämpfe gehen meistens um Dinge, die für die Mitarbeiter wichtig sind und nicht für die Patienten. Die Situation des Patienten kann mit der eines Kindes verglichen werden, dessen Eltern nebeneinander herleben und nicht die gleichen Ziele haben. Im allgemeinen verstehen sich solche Eltern äußerlich recht gut, wenn sie aber irgend

Formelle Bahnen der mündlichen Mitteilung klinischer Information

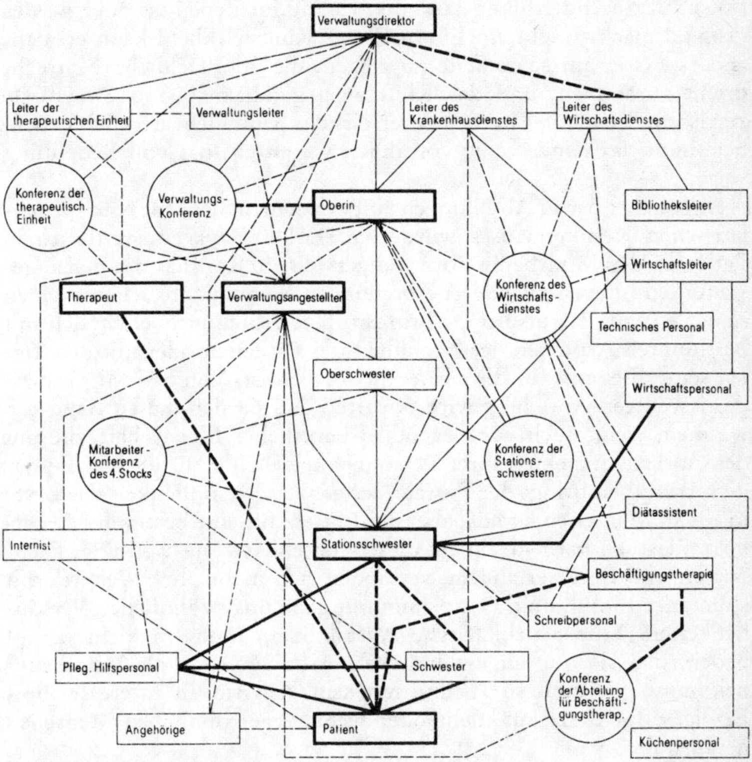

- - - - - Wöchentlicher Kontakt oder Kontakt ab und zu
——— Täglicher Kontakt
- - - - Eine Stunde täglich
——— Mehrere Stunden täglich

Quelle: A. H. Stanton und M. S. Schwartz: The Mental Hospital. A Study of Institutional Participation in Psychiatric Illness and Treatment. New York Basic Books, 1954, S. 40.

etwas, das ihnen wichtig ist, wirklich aufregt – ihr Verhältnis zueinander oder zum Kind –, treten die Meinungsunterschiede offen zutage. Und selbst wenn das nicht der Fall ist, können sie, da sie nicht im Einklang miteinander sind, dem Kind nicht die gleiche unbewußte Botschaft zusenden über das, was wichtig im Leben ist oder was es sinnvoll macht. Liebt ein Elternteil das Kind wirklich, kann er nicht anders, als es auf seine Seite zu ziehen; die oberflächliche Eintracht bricht zusammen, und das Kind wird gefühlsmäßig in zwei Teile zerrissen. Wenn die Eltern andererseits das Kind nicht wirklich lieben, bekommt das Kind wenig von ihnen vermittelt, das von Bedeutung wäre.

Angesichts der in Abteilungen aufgespaltenen Struktur eines psychiatrischen Krankenhauses würde ein starkes Engagement für einen Patienten den Mitarbeiter notwendigerweise in Konflikt mit den angestammten Interessen anderer Abteilungen, wenn nicht auch mit denen seiner eigenen Berufsgruppe bringen. Jede Abteilung befaßt sich mit bestimmten Aspekten der Krankheit des Patienten oder mit den Teilen seines Lebens, für die sie verantwortlich ist. Von den Mitgliedern der jeweiligen Abteilung wird erwartet, daß sie sich diesen Aspekten widmen, wenn auch vorwiegend in beruflicher Eigenschaft, die mit den übrigen Aspekten ihrer Persönlichkeit nichts zu tun hat. Bei jedem Bemühen bringt der Einsatz der ganzen Persönlichkeit das Beste in einem Menschen heraus, aber der Einsatz für eine bestimmte berufliche Leistung hat leider nicht diese wünschenswerte Wirkung. Fachwissen und Berufserfahrung verbinden sich nicht ohne weiteres mit spontaner Einfühlung. Das gelingt nur ganz ungewöhnlichen Persönlichkeiten. Eine psychiatrische Anstalt kann indessen nicht darauf bauen, daß sie nur ungewöhnliche Persönlichkeiten als Mitarbeiter bekommt. Sie muß so strukturiert sein, daß sie im Interesse ihres Erfolges das Beste aus mehr oder weniger gewöhnlichen Menschen herausholt.

Die gelernten Fähigkeiten dienen als Schutz dagegen, daß das Herz des Betreuers sich dem Patienten öffnet, daß er sich von Gefühlen hinreißen läßt. Geschäftig und routinemäßig zu arbeiten, ist eine Abwehr gegen die Aufnahme von Beziehungen zu den Patienten (24). Wer im psychiatrischen Bereich arbeitet, wird gewarnt, sich nicht persönlich zu engagieren. Man sagt ihm, daß nur die berufliche Einstellung wirksam gegen Gefühlsseligkeit schützt, die für den Betreuer ebenso schädlich wie für den Patienten wäre. Es stimmt schon, daß Menschen, die mit psychiatrischen Patienten arbeiteten, sich zu einer *folie à deux* mit ihnen hinreißen ließen, was für beide nicht gut war, oder daß sie ein Engagement versprachen, das sie nicht erfüllen konnten. Dann werden Hoffnungen, die man im Patienten geweckt hat, mit absolut vernichtender Wirkung enttäuscht. Im Interesse einer möglichst großen Hilfe muß das Engagement für den Patienten sowohl rational – also beruflich, auf bestes Wissen und die beste Ausbildung gegründet – als auch emotional sein. Da jedoch der Wert des Fachwissens so fest etabliert ist, wird es leicht zum Hauptinteresse.

Natürlich ist die Arbeit mit psychiatrischen Patienten äußerst aufreibend; daher wird die eigene Berufsgruppe zu einer Art Gesellschaft zum gegenseitigen Schutz, die ihre Mitglieder gegen die Anforderungen oder Kritik seitens aller übrigen Berufsgruppen verteidigt – und auch gegen die eigenen nagenden Gewissensbisse, man täte nicht genug für den Patienten. Wenn also die soziale Solidarität nicht die gesamte Anstalt umfaßt, möchte der einzelne Betreuer sich naturgemäß auf das stützen, was ihm die Professionalisierung an Unterstützung und Sicherheit bieten kann.

Hat man sich ganz allgemein dem Fachwissen verschrieben, wird es zu einer Kraft, die sich immerwährend forterhält und stärkt. Zwar schließen Fachwissen und Berufserfahrung der Mitglieder der einen Abteilung die Verpflichtung ein, mit allen übrigen Berufsgruppen im Interesse des Patienten zusammenzuarbeiten, aber es bleibt eine Zusammenarbeit und ist kein Verschmelzen aller Bemühungen. Man strebt nach größerer Kompetenz durch den besonderen Beitrag der eigenen Berufsgruppe und nicht nach höherer persönlicher Integration durch den Einsatz seiner gesamten Person für die Bedürfnisse des Patienten als eines menschlichen Wesens.

Das psychiatrische Krankenhaus möchte, daß seine Mitarbeiter in ihrer Arbeit zu einem höheren Grad von Leistung und zu einem höheren Grad an Berufsbewußtsein gelangen – mehr glaubt es nicht erwarten zu können. Das totale therapeutische Milieu andererseits erstrebt diese Ziele ebenfalls, arbeitet jedoch nach der Überzeugung, daß Integration unteilbar ist. Der Grad der Integration hängt davon ab, wie ernsthaft sich jene, die am engsten mit den Patienten zusammenarbeiten, um die eigene Integration bemühen. Diese sollte sich aus den Erfahrungen des Betreuers als Teil des Milieus und aus der Arbeit mit dem Patienten ergeben. Nur wenn diese Bemühungen charakteristisch für alle sind, die zu dem Milieu gehören, wird die Identifizierung des Patienten mit seinem engsten Betreuer schließlich zum nächsten Schritt führen, daß er das Ziel des Betreuers nach optimaler Integration zu seinem eigenen macht. Wenn die Identifizierung des Patienten sodann nicht dem Betreuer als Person, sondern dem Ziel optimaler persönlicher Integration gilt – die für jedes Individuum verschieden ist –, wird er wirklich imstande sein, das zu nutzen, was Betreuer und Milieu bieten.

Im Zusammenhang hiermit ist es aufschlußreich, die Initiative und Selbständigkeit jener, die am unmittelbarsten mit psychiatrischen Patienten in einem kleinen und eher teuren Privatsanatorium zusammenarbeiten, zu betrachten; die allgemeine Orientierung des Sanatoriums ist psychotherapeutisch, und der Psychiater, der die letzte Verantwortung trägt, ist ein Analytiker. W. Caudill ging der Frage nach, wer in den Konferenzen, in denen die meisten Entscheidungen (außer denen, die der Direktor selbst traf) fielen, Initiativen ergriff. Außer den Psychiatern nahmen an diesen hochwichtigen Konferenzen nur die Leiter der Berufsgruppen teil – die Oberschwester, die beiden Schwestern, die je eine Station leiteten, und die Gruppen-Betreuer, die sich um die allgemeinen Dinge und die Beschäftigungs-Therapie kümmerten. Diejenigen, die die meiste und vermutlich alle »Schmutz«-Arbeit taten (Hilfsschwestern, Pfleger) hatten keine Möglichkeit, direkt oder indirekt in diesen Konferenzen zu Wort zu kommen, und schon gar keine Möglichkeit, irgendwelche Entscheidungen zu beeinflussen. Diese Betreuer, mit denen die Patienten die meiste Zeit verbrachten und die damit den größten Teil des Lebens der Patienten beaufsichtigten, konnten bei keiner Entscheidung mitreden und hörten, wenn überhaupt, erst aus zweiter Hand von ihnen. Da sie nicht an den Konferenzen teilnahmen, fragte man sie nicht nach ihrer Meinung und erkundigte sich bei ihnen auch nicht nach den Patienten. Außerdem erhielten sie niemals Erklärungen über die Gründe für die gefällten Entscheidungen. Caudill fand, dies spiegele »den allgemeinen Konsensus in den Konferenzen in bezug darauf, welche Gruppe ›am meisten über den Patienten Bescheid weiß‹. Selbst die Oberschwestern, die an den Konferenzen teilnahmen, hatten das Gefühl, sie hätten ›wenig beizutragen‹ oder ›es würde ja doch nicht anerkannt‹, wenn sie von dem Verhalten der Patienten auf der Station berichteten« (24). In dieser Hinsicht bestand kaum ein Unterschied zwischen den Oberschwestern und den Gruppen-Betreuern.

Aus Caudills Studie geht hervor, daß weitaus die meisten Beziehungen zwischen den jüngeren und älteren psychiatrischen Kräften stattfanden. Im Durchschnitt nahmen zwei erfahrene Psychiater, fünf jüngere Psychiater, drei Oberschwestern und zwei Betreuer an diesen Mitarbeiterkonferenzen teil. Es ist auch ganz natürlich, daß die erfahrenen Psychiater es waren, die am häufigsten um Informationen baten; 68 Prozent aller Fragen gingen von ihnen aus. 43 Prozent der Informationen und Meinungen kamen dann von den jüngeren Psychiatern und ungefähr die gleiche Anzahl von den älteren, während von den Oberschwestern nur 10 Prozent und von den Betreuern 13 Prozent kamen. Die meisten Bitten um Ratschläge kamen von den jüngeren Psychiatern (57 Prozent), die wenigsten von den Oberschwestern und Betreuern (von jeder Gruppe 15 Prozent) und die übrigen von den erfahreneren Psychiatern. Was die Ratschläge in bezug auf das, was zu tun sei, anging, so stammten sie zu 79 Prozent von den älteren Psychiatern, zu 14 Prozent von den jüngeren, während die Betreuer

4 Prozent und die Oberschwestern 3 Prozent beisteuerten. Angesichts des geringfügigen Beitrages der Oberschwestern zu den Entscheidungen kann man sich vorstellen, wie sie wohl die in den Konferenzen vorgebrachten Ansichten und Anregungen an die untergeordneteren Schwestern, Studenten und Pfleger weitergaben, die mit den Patienten Tag und Nacht zu tun hatten.

Solange die Pflichten einer Schwester oder eines Pflegers wie in normalen Krankenhäusern darin bestehen, die Anordnungen der Ärzte auszuführen, hindert ihre Nichtteilnahme an den Entscheidungen ihr Engagement für die Arbeit nicht ernsthaft. Wenn man aber von ihnen Initiative in der Behandlung erwartet, wenn die Natur der Krankheit des Patienten ein Gefühl für seine Wichtigkeit als Person erfordert und nicht nur als ein Körper, der Pflege braucht, dann hat der Ausschluß von jedem positiven Beitrag zu den Entscheidungen schlimme Konsequenzen für die Möglichkeit des Betreuers, sich auch emotional für den Patienten zu engagieren.

Im allgemeinen ist psychiatrischen Sanatorien schon klar, daß die Bedürfnisse ihrer Patienten einen inneren Zusammenhalt der Anstalt erfordern, aber selbst sehr gute Sanatorien erkennen nicht, daß die Mitarbeiter im Interesse der Patienten diesen inneren Zusammenhalt der Anstalt ganz genauso brauchen wie die Patienten. Ich bin überzeugt, daß die verhältnismäßig guten Erfolge der Orthogenic School sogar bei sehr kranken Patienten weitgehend der Überzeugung zuzuschreiben sind, daß das, was für den Patienten gut ist, auch für die Mitarbeiter gut ist, wenn auch natürlich in anderer Weise. Der Heileffekt ist nicht so sehr der beruflichen Schulung und Begabung eines Mitarbeiters zuzuschreiben, sondern dem, was er tatsächlich mit dem Patienten tut.

Fant beklagt die Absurdität, daß das, was ein Mitarbeiter mit einem einzigen Patienten tut, als »Fall«-Arbeit angesehen wird; tut ein Psychiater das gleiche, dann ist das Psychotherapie; aber wenn die gleiche Arbeit von einer Krankenschwester verrichtet wird, dann nennt man das Pflege. Wenn jemand, der für die Arbeit mit einer Gruppe zuständig ist, das gleiche tut wie ein Psychiater mit einer Gruppe, dann nennt man das im ersten Fall Gruppenarbeit, im zweiten Gruppen-Therapie; ist der Psychiater auch Analytiker, dann wird daraus Gruppen-Psychoanalyse; wenn aber die gleiche Arbeit von der Krankenschwester getan wird, dann ist das immer noch Pflege (36). Solange die Definition der Betreuung der Patienten sich aus dem beruflichen Status des Betreuers, aus seiner Zugehörigkeit zu einer Berufsgruppe und nicht aus dem, was er leistet, herleitet, kann man sich kaum über den Mangel an Zusammenhang in der gemeinsamen Aufgabe der Heilung des Patienten wundern, der lediglich ersetzt wird durch den verkehrten Zusammenhalt der einzelnen Berufsgruppen.

Die Loyalität der eigenen Gruppe gegenüber, die den Zusammenhalt gewährleistet, verlangt also von jedem Mitglied der Gruppe, daß es seine Individualität unterdrückt zugunsten des Gruppenzusammenhalts. Die Hauptsorge, die das Denken in der Organisation von psychiatrischen Krankenhäusern beherrscht, ist somit: Wie können mehrere unterschiedliche berufliche Gruppen mit unterschiedlicher Schulung zu einer reibungslosen Zusammenarbeit kommen? Wäre die Organisation wirklich auf die Aufgabe des Heilens gegründet, würde es sofort klar werden, daß eine Hierarchie verschiedener Berufsgruppen, die jede in erster Linie entsprechend ihrer eng definierten beruflichen Kompetenz arbeitet, schon an sich ein falscher Leitgedanke ist. Das ist besonders schädlich, wenn das Bild, das eine Berufsgruppe von sich hat, nicht von dem ausgeht, was ein psychiatrischer Patient braucht, sondern von einer ganz anderen Rollenauffassung. Der Beruf des Pflegepersonals ist zum Beispiel auf die Pflege von körperlich kranken Menschen bezogen, nicht auf die Pflege der Psyche eines körperlich gesunden Menschen. In einer psychiatrischen Einrichtung muß daher jede Berufsgruppe über ihre eigentlichen beruflichen Aufgaben und Rollenauffassung hinausgehen. Die unbeteiligte Art, in der beispielsweise eine Schwester den Patienten wäscht oder füttert, in der sie sein Bett macht, ist für den körperlich Kranken nur ärgerlich oder unangenehm; den psychiatrischen Patienten hingegen macht eine derart unpersönliche Behandlung nur noch kränker. Es bestätigt ihn in seiner Krankheit, wenn er sieht, daß es einer Schwester bei ihrer routinemäßigen Arbeit wichtiger ist, das Telefon zu bedienen oder Tabellen zu schreiben, als auf seine psychologischen Bedürfnisse Rücksicht zu nehmen. Ihre Abscheu gegen etwas, das ein Patient tut, und ihre Ungeduld, wenn er ihre Aufmerksamkeit in häufig ungeschickter, provokativer oder abstoßender Weise auf sich ziehen will, hat die schlimmsten Auswirkungen auf den Patienten. Das kann nur sein Gefühl verstärken, niemand halte ihn einer guten Betreuung wert.

Ein psychiatrisches Krankenhaus, das gute Arbeit leisten will, muß also von jeder Berufsgruppe etwas mehr als das rein Berufliche verlangen. Schwestern oder Pfleger müssen neue psychotherapeutische Aufgaben zusätzlich zu den normalen beruflichen Verpflichtungen übernehmen. Das bedingt oft, daß die gewohnten Arbeitsweisen aufgegeben werden müssen. Ein typisches Beispiel dafür ist, daß Ärzte und Schwestern in vielen psychiatrischen Privatsanatorien keine Krankenhauskittel mehr tragen, sondern Straßenkleidung. Das scheint an sich eine ganz gute Idee, aber sie kann auch unter Umständen mehr Probleme schaffen als lösen. Die Schwester kann es leichter hinnehmen, wenn ein Patient das, was sie trägt, beschmutzt oder zerreißt, wenn es sich um einen leicht waschbaren weißen Kittel handelt, der sie wenig angeht, als wenn es ein hübsches Kleid ist, an dem sie hängt. Aber welche Art von Botschaft wird wohl dem Patienten vermittelt, wenn diejenigen, die ihn betreuen, nur noch Sachen tragen, an denen ihnen wenig liegt?

Wahrscheinlich ersetzen nur wenige psychiatrische Anstalten den Mitarbeitern allen Schaden, den Patienten an ihrer Kleidung anrichten. Die Folge ist, daß die Mitarbeiter mehr um ihre Kleidung besorgt sind als um die Krankenhauskittel. In der Orthogenic School war es eine feste Einrichtung, daß den Mitarbeitern jeglicher Schaden ersetzt wurde, aber in vielen Fällen mußten die Mitarbeiter erst dazu überredet werden, solche Entschädigungen auch anzunehmen.

Der psychologische Grund hierfür war wieder die Organisation der »Schule«. Je mehr ein Patient zur ganz persönlichen Aufgabe des Betreuers geworden war, um so mehr fand der Betreuer, es könnte irgendwie die Wichtigkeit ihrer Beziehungen mindern, wenn jemand anderes – auch wenn es die »Schule« war, der er so verbunden war – für das zahlen sollte, was der Patient ihm antat. Andererseits waren die Betreuer stets bereit, eine Entschädigung für einen Schaden anzunehmen, der von einem anderen Patienten (nicht ihren ganz persönlichen) angerichtet worden war. Sie meldeten ihn zwar meist nicht ausdrücklich an, aber die Entschädigung erschien ihnen fair, da sie nicht mit dem persönlichen Engagement kollidierte. Sobald das Engagement eines Mitarbeiters für einen Patienten so tief geworden war, daß es ihm ziemlich gleich war, was mit seiner Kleidung geschah – wenn es ihm mehr um die Bedeutung irgendeines Vorfalls für den Patienten ging und er bereit war, alles im Interesse des Wohlbefindens des Patienten und seiner Beziehung zu ihm zu akzeptieren –, passierte es auch kaum noch, daß seine Kleidung Schaden litt, außer durch ein Mißgeschick.

Es ist sehr wichtig, die Uniform aufzugeben, die den Rang dokumentiert, und es wirkt zunächst auch sehr demokratisch, jeden beim Vornamen zu nennen; aber all das hat nicht viel Sinn, solange die Rangabstufungen trotzdem aufrechterhalten werden. Der Arzt ist deswegen nicht weniger derjenige, der die Anordnungen trifft, und die Schwester nicht mehr als diejenige, die sie ausführt. Eines der Ziele der Organisation ist also, sämtliche Berufsgruppen – meist mit Ausnahme der Ärzte – dazu zu bewegen, etwas von ihren Vorrechten aufzugeben und zusätzliche Aufgaben zu akzeptieren, damit sie besser zusammenarbeiten können. Als objektive Idee ist das freilich unangreifbar, aber eine psychiatrische Einrichtung sollte von menschlicher Psychologie etwas mehr verstehen. Die Arbeit wird nicht anziehender, wenn von einem verlangt wird, Vorrechte aufzugeben und zusätzliche Pflichten zu übernehmen. Es ist aber etwas ganz anderes, und die Arbeit wird auch ungewöhnlich anziehender, wenn die Veränderung zur persönlichen Würde des einzelnen beiträgt.

Zum Beispiel wird sich die Schwester nicht als Psychotherapeutin fühlen – oder entsprechend handeln – können, wenn man ihr dabei nicht die Vorrechte einräumt, die normalerweise mit diesem Status zusammengehen. Dazu würde die Beteiligung an psychotherapeutischen Entscheidungen gehören. Im besten Falle bringt man ihr jedoch leider gewöhnlich in psychiatrischen Anstalten nur die Sprache und andere Äußerlichkeiten der Psychotherapie bei, aber nicht das Wesentliche, und den Pflegern werden noch nicht einmal diese Äußerlichkeiten vermittelt. Da die Schwester wenig oder gar keine Hilfe bei dem erhält, was das Wesen der Psychotherapie darstellt, konzentriert sie sich auf den Versuch, die Theorie zu lernen, die dann besonders grau ist, wenn man sie mit der Lebendigkeit einer guten psychotherapeutischen Praxis vergleicht.

Das sollte zwar nicht so sein, aber ich habe gelernt, daß in der therapeutischen Arbeit »Verständnis« gänzlich steril ist, wenn es ohne die Frage nach dem *Warum* erworben wird und, vor allem, ohne die Frage nach dem *Wie* der Übersetzung in die Praxis. Diagnose ohne Behandlungsplan ist im Grunde ohne jeden Nutzen. Unglücklicherweise geht aber die Ausbildung in psychiatrischen Krankenhäusern meistens so vor sich, und obwohl sie sich klinische Fortbildung nennt, bleibt sie reine Theorie. Sie versucht, auf der Basis von Diagnose, Pathologie, Lebenslauf und Psychologie das Verständnis für die momentanen Probleme der Patienten zu fördern; sie lehrt, welche Aufgaben erfüllt werden müssen, als ob das Wissen um das Erforderliche automatisch das Tun ermöglichen würde. Natürlich versuchen gewissenhafte Mitarbeiter, das zu tun, von dem sie wissen, daß es im Interesse des Patienten liegt. Tun sie aber wie geheißen, so wird ihr Handeln vom Verständnis eines anderen bestimmt (des Psychiaters). Ihr Handeln entspringt also weder ihrer individuellen Art, psychologische Probleme zu begreifen, noch aus ihrer ureigensten Weise, in eine Beziehung zum Patienten zu treten.

Es ist so, als wenn ein Psychiater, Sozialarbeiter, Lehrer oder wer auch immer einem Elternteil erklärt, daß es sein Kind lieben müsse und warum und ihm auch noch sagt, wie das zu machen sei. Als ob das helfen könnte. Wären die Eltern fähig, das Kind zu lieben, hätten sie das längst getan und auch gewußt, wie. Ein eher ungewöhnliches Beispiel dieses Phänomens lieferte die Vorgeschichte eines unserer Patienten. Wegen seiner schweren Störung war er bei einem berühmten Psychiater in Behandlung, der nicht weiterkam mit ihm (deshalb kam er zu uns). Die Mutter des Patienten war selbst zu gestört, um irgendeine Hilfe zu sein, also sagte der Psychiater dem Vater, er sollte sich mit dem Kind beschäftigen, da sich sonst niemand für das Kind zu interessieren schien. Der Vater fragte, wie er das am besten tun sollte. Man sagte ihm, daß es dem Kind schon viel bedeuten würde, wenn er täglich eine Stunde mit ihm verbrächte. Der auf seine Weise sehr gewissenhafte Vater fragte, was er mit dem Jungen denn während dieser Stunde anstellen sollte, und erhielt den Rat, einfach mit ihm zu spielen.

Diesen Rat nahm er ernst, aber da er ein sehr beschäftigter Mann war, dessen Tag mit vielen Dingen angefüllt war, die er meinte erledigen zu müssen, sah er keinen anderen Weg, als jeden Tag eine Stunde früher aufzustehen – und auch den Jungen dazu zu veranlassen –, damit sie beide eine Stunde zusammen spielen könnten, gewissermaßen vor Beginn des Tages. Verständlicherweise waren es Vater und Sohn bereits am dritten Tag gründlich leid, eine Stunde Schlaf einzubüßen. Der Vater war klug genug, die Sache am Ende der Woche aufzugeben, um nicht völlig frustriert eine äußerlich genußreiche Spielstunde weiter zu mimen.

Hätte der Psychiater den Vater erst einmal gefragt, welche der zahlreichen Verpflichtungen der Vater unter Umständen aufgeben könnte, um etwas Zeit für den Sohn zu haben, und was er gern mit ihm zusammen tun würde, wäre die Geschichte ganz anders verlaufen. Der Vater hätte vielleicht gesagt, daß er in der Woche keine Zeit hätte, und der unsinnige Versuch wäre niemals geschehen. So wie dieser Vater lebte, hätte er wahrscheinlich außerdem gesagt, er hätte den Jungen am liebsten mit auf den Golfplatz genommen. Das wäre zwar für den Jungen kein sonderliches Vergnügen gewesen, aber da Golf die liebste Freizeitbeschäftigung des Vaters war, hätte dessen Genuß daran dem Jungen vielleicht das Gefühl gegeben, es wäre auch seine Gesellschaft, die dem Vater Freude machte. Dann wäre an die Stelle einer Erfahrung, die für beide in einer Niederlage endete, immerhin etwas getreten, das beiden ein wenig gut getan hätte.

Es ist sehr vieles gut gemeint und sachlich richtig von dem, was man Schwestern und Pfleger lehrt – diejenigen also, die, um den Begriff von J. D. Noshpitz (88) zu gebrauchen, das Dasein des Patienten »umfassen«, sich nicht wie der Psychotherapeut ein paar Stunden in der Woche, sondern viele Stunden täglich mit ihm befassen – ebenso wie der erwähnte Rat des Psychiaters an den Vater des Patienten. Aber es wird gelehrt ohne gebührende Rücksicht auf die Gefühle des Menschen, der lernen soll. Selten beginnt die Schulung mit der Frage nach dem, was Schwestern oder Pfleger am liebsten mit dem Patienten tun würden und warum. Wenn noch therapeutische Aufgaben zu den Pflichten einer Schwester hinzukommen, wird sie kaum jemals von ihren Vorgesetzten gefragt, welche anderen Verpflichtungen ihrer Arbeit sie gern aufgeben würde. Sie selbst traut sich nicht, etwas von sich aus zu sagen. Sie könnte aber zumindest erwarten, daß man ihr eine solche Entlastung anböte. Da das nicht geschieht, macht sie auch von sich aus keine spontanen Bemerkungen über ihren Patienten und über das, was ihr Spaß macht und was sie leisten kann. Da ihre Arbeit außer Lob nichts eingebracht und zu keiner Veränderung ihres Status geführt hat, kann sie kaum Begeisterung aufbringen für die neuen Aufgaben, die ihr der Psychiater zusätzlich aufbürdet. Nur ganz selten habe ich es erlebt, daß eine Schwester von einigen ihrer anderen Pflichten entlastet wurde, wenn ihr eine neue therapeutische Verpflichtung angetragen wurde, aber es war nie sie selbst, die entscheiden konnte, welche der alten Pflichten sie aufgeben würde. Die Entscheidung trafen die Vorgesetzten. Da es sich dann häufig um Tätigkeiten handelte, die sie gern machte, sah sie sich in Zukunft vor und meldete sich nicht mehr freiwillig für zusätzliche Arbeiten.

Normalerweise erklärt der leitende Psychiater bei einem dringenden Fall, auf eine Frage eines Mitarbeiters oder aufgrund seiner Beobachtungen während seiner psychotherapeutischen Behandlung von Zeit zu Zeit, was der Patient braucht und warum. Das setzt stillschweigend voraus, daß jeder, der mit dem Patienten arbeitet, Schwestern oder Betreuer, das tun sollte, was therapeutisch notwendig ist. Selbst wenn die Gründe dafür ganz eindeutig erklärt worden sind, hebt das rationale Verstehen die emotionale Blockierung nicht auf. Tatsache ist, daß durch Zwang irgendwelche negativen Einstellungen nur noch erhöht werden. Der Betreuer tut seine Pflicht dann »entschlossen« mit knirschenden Zähnen. Und wenn gewissermaßen »sein Herz« nicht bei seinem Tun ist, sondern eher das Nichttun vorzieht, hat der Patient nichts davon.

Würde sich der Betreuer zu der Entgegnung aufraffen, seine normalen Aufgaben oder seine übrigen Verpflichtungen gegenüber anderen Patienten gestatteten ihm nicht, neue Aufgaben zu übernehmen, befände er sich bereits in der Defensive; er spürt dann, daß er angesichts der Bedürfnisse des betreffenden Patienten irgendeinen Weg finden müßte, um das Verlangte trotzdem tun zu können. Bei solchen Schuldgefühlen erweist sich die Loyalität zur eigenen Berufsgruppe dann als Vorteil. Die übrigen Mitglieder der Gruppe stimmen mit der Ansicht des Betreuers überein, daß die Forderung nach zusätzlicher Arbeit ungerecht war. Kommt ein derartiger Vorschlag von einem Mitglied einer anderen Berufsgruppe, sagen wir von einem Psychiater, zeigt die Berufsgruppe des Betreuers ihre Solidarität mit der Frage: »Wenn der Psychiater glaubt, der Patient brauche das, warum tut es dann nicht ein Kollege von ihm?« Was besagen soll: »Wenn sie keine Schuldgefühle haben, wenn sie nicht das tun, was der Patient ihrer Ansicht nach braucht, warum sollen wir dann Schuldgefühle entwickeln?«

Nach meiner Erfahrung können Betreuer nur dann mit Erfolg nach den Empfehlungen des Psychiaters handeln, wenn es diesem Psychiater gelungen ist, dem Betreuer verständlich zu machen, warum es für den Patienten wichtig war, daß dieser besondere Dienst an ihm gerade von dem einen besonderen Menschen, diesem bestimmten Betreuer, geleistet wurde. Nur die allerbesten Psychiater oder besser, nur diejenigen, die sehr sicher in sich selbst ruhen, bringen es fertig, überzeugend zu sagen: »Nur Sie und sonst niemand kann das in der Weise tun, die für den Patienten eine wirkliche Bedeutung hat.« Ein unsicherer Mensch hat es schwerer zuzugeben, daß er trotz größerem Wissen und höherem Ansehen in dieser besonderen Situation tatsächlich weniger tun kann als jemand anderes. Besteht jedoch eine echte soziale Solidarität unter den Mitarbeitern, in die der Psychiater voll und ganz einbezogen ist, fällt es ihm ziemlich leicht, die Arbeit des Betreuers angemessen zu würdigen. Und wenn das der Fall ist, kann der Betreuer gewöhnlich die Empfehlung des Psychiaters zu seiner eigenen machen, weil dieser sie auf eine Weise personalisiert hat, die dem Betreuer einleuchtet. Um kein zu positives Bild selbst von sehr guten psychiatrischen Einrichtungen zu geben, sollte man erwähnen, daß die Möglichkeiten – daß heißt eine Teilnahme an Mitarbeiterkonferenzen oder Aufsichtssitzungen –, die ein Betreuer hat, sich von einem Psychiater unterrichten zu lassen, ziemlich gering sind. Bei der therapeutischen Arbeit mit den Patienten (im Gegensatz zur Routinearbeit) entfallen die Aufgaben mit den höchsten Anforderungen auf Betreuer und Schwestern, die gegenüber dem Psychiater einen untergeordneten Rang haben. So etwas ist schwer hinzunehmen und nur dann zu ertragen, wenn man erkennt, daß man tatsächlich an Wissen und Können unterlegen ist. Und um nicht nur das höhere Gehalt, sondern auch die angenehmeren Arbeitsbedingungen und das höhere Ansehen zu rechtfertigen, darf der Psychiater nicht nur an seine größeren Fähigkeiten glauben, er muß sie auch zeigen. Das kann er einfach dadurch, daß er sein größeres Wissen über Psychologie und Pathologie, das ja nicht so leicht zu erwerben ist, hervorkehrt. Deshalb legt er auf diese Dinge den Akzent, wenn er Schwestern und Betreuer schult – auf Kosten der Dinge, die Betreuer und Schwestern ebenso gut tun könnten wie er, wenn man sie dazu anleiten würde. Die komplexe Hierarchie von psychiatrischen Krankenhäusern ruht auf dem Glauben an das überlegene Wissen der Hierarchiespitze; sie weiß – zumindest theoretisch –, wie den Patienten geholfen werden kann. Und nur dieser Glaube rechtfertigt für die oberen wie für die unteren die Machtstruktur. Aber er hindert die Mitarbeiter daran, auf den Gebieten, auf denen es möglich wäre, ebenso erfolgreich mit dem Patienten zu arbeiten wie der Psychiater. Die vorhandene Hierarchie bestimmt also, was die Betreuer in ihren verschiedenen Stellungen für die Patienten tun können, anstatt daß die Hierarchie von dem her bestimmt wird, was die Mitarbeiter für die Patienten tun könnten.

Man sollte daraus nicht auf eine machiavellistische Verschwörung schließen, die die Verwaltung zu ihrem persönlichen Vorteil angezettelt hat. Im Gegenteil, fast jeder ist im Grunde richtig und gut motiviert, aber auch jeder ist in dem System gefangen. Solange dieses System allgemein akzeptiert ist, werden Menschen als Schwestern, Betreuer und Pfleger angestellt, die in den meisten Fällen nicht über die geistigen und persönlichen Voraussetzungen verfügen, die unmittelbare psychotherapeutische Arbeit mit psychisch Kranken zu erlernen. Es wird ihnen nicht beigebracht; und falls man sie doch unterweist, sind sie den Erfordernissen der Aufgaben nicht gewachsen. Und das rechtfertigt wiederum das System. Diese Unbeweglichkeit des Systems bestimmt die Möglichkeiten einer Anstalt ebenso wie die Gebäude, die Einrichtung und die Vorschriften für den Ablauf des Betriebes, denen ich viel Raum in diesem Buch gegeben habe.

Macht korrumpiert, wenn sie nicht sorgfältig in Schranken gehalten wird. Die Macht, die Schwestern und Betreuer über den psychiatrischen Patienten haben, korrumpiert, wenn man ihnen erlaubt, sie auszuüben. Das gleiche gilt für den Direktor und den Psychiater. Wer immer die Leitung einer psychiatrischen Anstalt hat, muß sich entscheiden, ob er sich als Lehrer für die Mitarbeiter sehen will oder als derjenige, der die Anweisungen erteilt. Entscheidet man sich für das letztere, dann wissen die Mitarbeiter, daß sie das, was man ihnen sagt, ausführen müssen. Sie tun es, aber sie tun es widerwillig. Das Personal wiederum wird seine Macht über die Patienten ausüben, die das auch und ebenfalls widerwillig akzeptieren. Die Mitarbeiter werden also unmöglich selbstverantwortlich handeln lernen, und die Patienten werden unmöglich ihren passiven Widerstand aufgeben können. Anstatt demütige Hebammen zu sein (Freuds Bild des Psychoanalytikers), werden die Mitarbeiter versucht sein vorzugeben, sie seien diejenigen, die nicht nur das Kind auf die Welt bringen können, sondern auch bestimmen, wie es zu sein hat.

Die vielen und verschiedenartigen Bedürfnisse des psychisch Kranken erfordern, daß das Personal zahllose Aufgaben für ihn erfüllt. Soll der Patient nicht noch mehr verwirrt werden, müssen diese Aufgaben einheitlich orientiert sein. Daher halten fast alle Anstalten, die eine Einheitlichkeit anstreben, sämtliche Mitglieder jeder Berufsgruppe an, ihre Aufgaben auf möglichst gleiche Weise zu erfüllen. Leider kommt dadurch keine Einheitlichkeit zustande; das wahrscheinlichste Ergebnis ist Einförmigkeit, das heißt, viele verschiedene Menschen führen ähnliche Aufgaben aus, als seien sie alle gleiche Menschen.

Man begründet das damit, daß kein Patient eine Sonderbehandlung erfahren solle, alle sollten gleich behandelt werden. Manchmal hat man den Eindruck, daß in einigen dieser Anstalten die Eifersucht die größte Rolle spielt, als wäre sie das wichtigste Gefühl, auf das man Rücksicht nehmen müßte. Eifersucht ist ein mächtiges Gefühl, und viele Menschen leiden sehr darunter, aber die Angst, ein Patient könnte mehr bekommen als ein anderer, führt in der Praxis zu einer Situation, in der keiner der Patienten sehr viel Gutes erhält. Eifersucht wird vermieden auf Kosten dessen, was der Patient am dringendsten braucht: das Gefühl, er sei ein Mensch, der es wert ist, daß man ihm besondere Aufmerksamkeit schenkt. Die mögliche Eifersucht einiger Patienten wird zu einer bequemen Ausrede für die Mitarbeiter, weniger zu tun, als sie könnten. Gibt man dem einen Patienten sehr viel, erregt das nicht nur die Eifersucht der übrigen Patienten, sondern verursacht auch in den Mitarbeitern Gewissensbisse darüber, daß man den anderen Patienten etwas entzieht.

Der Patient jedoch durchschaut das alles. Er haßt es, wie eine Nummer behandelt zu werden; er mag es nicht, wenn jemand etwas in genau der gleichen Weise für ihn tut, in der es für alle anderen getan wird, als wäre nicht *er* ein anderer Mensch als die anderen Patienten. Er erkennt, daß der Mitarbeiter seiner Pflicht gemäß und nicht der Persönlichkeit des Patienten gemäß handelt. Der Patient mag es ebensowenig, wenn mehrere Mitarbeiter ihre Aufgaben alle auf die gleiche Weise ausführen, als wären *sie* keine verschiedenen Menschen. Es ist ihm auch klar, daß sie sich ihm dadurch als Personen entziehen. Er ist also einem Verhalten ausgesetzt, dem er entnehmen muß, daß es nicht im Interesse der Anstalt liegt, eine einzigartige Persönlichkeit zu haben. Von den gleichen Mitarbeitern wird ihm jedoch erzählt, er solle den Mut haben, sein eigener Herr zu sein, seine eigene einzigartige Persönlichkeit zu entwickeln. Je öfter sie das sagen, um so mehr erscheinen sie ihm als Lügner, da sie mit ihrer Arbeitsweise das, was sie predigen, verleugnen.

Auch die Patienten selbst tragen zuweilen zu der Einförmigkeit der Behandlung bei, indem sie dem einen Mitarbeiter vorhalten, der andere täte die Dinge anders. Denn da der Patient sich nicht selbst als Individuum sehen kann, sondern sich als »Ding« empfindet, will er ebenso mit anderen umgehen. »Jones macht das ganz anders als du« – dieser Vorwurf hat meiner Erfahrung nach einen sehr tiefen und sehr wichtigen Hintergrund. Die wirkliche und angstvolle Frage lautet: »Tust du es, weil es dir die Anstalt als Pflicht auferlegt hat, oder tust du es für mich, weil du das so möchtest? Trifft letzteres zu, dann könntest du es überhaupt nicht so tun wie Jones, denn zwei verschiedene Menschen können jemanden nicht auf genau die gleiche Art gern haben.« Wir sind zu dem Schluß gekommen, daß unsere Antwort – »Ich tue das auf meine Art, weil ich nicht nur jemand anderes als Jones bin, sondern weil ich eine andere Beziehung zu dir habe als er« – dem Patienten derart wichtig war, daß er es ausprobieren mußte, ob sie auch stimmte, indem er bat, für ihn etwas so zu tun, wie das Jones machte. Erst wenn wir diesem Drängen widerstanden, konnte er endlich glauben, daß man etwas für ihn persönlich tat und nicht, weil es verlangt wurde. Konnte er dann wirklich daran glauben, war die Reaktion meistens: »Ich bin so froh, daß du es auf deine Art tust.«

Trotzdem muß in der Anstalt im Interesse des Patienten eine gewisse Einheitlichkeit bei all den vielen verschiedenen Aufgaben bestehen. Zwei total verschiedene Theorien über die Schaffung einer solchen Einheitlichkeit werden verfochten. Der einen zufolge wird sie erreicht, indem man die gleichen Aufgaben auf so ähnliche Art wie nur möglich ausführt; die verschiedenen Pflichten werden den verschiedenen Berufsgruppen anvertraut, die sie jeweils mehr oder weniger einförmig nach ihrem »fachlichen« Können und Wissen ausführen. Darüber hinaus bittet man die verschiedenen Gruppen und einzelnen Mitarbeiter, ein wenig über ihre fachlichen Pflichten hinauszugehen und sich den Bedürfnissen der Patienten anzupassen und dabei lieber zusammen als gegeneinander zu arbeiten.

Man meint, der Patient erhielte die Klarheit aus der Tatsache, daß er weiß, was er von jeder einzelnen Berufsgruppe zu erwarten habe; Einheit durch die Anpassung der verschiedenen Gruppen aneinander und an die Anforderungen seitens der Anstalt auf der Grundlage der Kommunikation zwischen den Gruppen. Unglücklicherweise wirkt sich diese Kommunikation, die an sich ein Prozeß in zwei Richtungen ist, ganz verschieden aus, je nach der Richtung, in der sie sich bewegt. Im Idealfall berichten die niederen Chargen (Betreuer und Schwestern) den höheren Rängen über ihre Arbeit mit den Patienten; in der Praxis aber ist das selten der Fall. Die höheren Ränge (die Psychiater) berichten den niederen kaum über ihre Arbeit und wenn, dann nur in ziemlich knapper und allgemeiner Form. Ihre Kommunikation besteht offensichtlich aus »Empfehlungen«, die in Wirklichkeit nur höflich getarnte Befehle sind. In dem von unten nach oben fließenden Kommunikationsstrom wird Kritik kaum vorgebracht, in der entgegengesetzten Richtung gehört sie oft zur Tagesordnung. Anerkennung wird in besser geführten Häusern häufig von oben nach unten gezollt, würde aber als ungebührlich betrachtet, käme sie einmal von unten.

Die Status-Struktur der psychiatrischen Anstalten hindert wahre Kommunikation und Zusammenarbeit trotz aller Bemühungen, das starre berufliche Rollenverhalten zu lockern und alle Betreuer zu einer therapeutischen Behandlung der Patienten anzuleiten. Die Statusstruktur wird auf sehr wirksame Weise aufrechterhalten, und zwar weniger durch Zwangsvorschriften und Reglementierungen, sondern weil jeder seinen Platz in der Hierarchie kennt und an ihm festhält. Daran Äußerliches zu verbessern, ist ohne jeden Nutzen, solange Kritik, Anweisungen und Lob stets immer nur in eine Richtung fließen und jeder sich an seine Stelle hält. Der Patient weiß, daß diejenigen, die unmittelbar für ihn verantwortlich sind, zu den unteren Rängen gehören und daß ihn die obersten Ränge höchstens fünfzig Minuten ein paarmal in der Woche der Aufmerksamkeit für wert befinden. Seine Körperpflege, die so wichtig für die Bildung seiner Einstellung zu sich selbst ist, wird gänzlich den niederen Rängen anvertraut.

Der andere Weg zur Einheitlichkeit besteht darin, die gesamte Status-Struktur abzuschaffen; sie bei allem auszuschalten, was im Zusammenhang mit der Psychotherapie des Patienten steht, indem man alle anfallenden Aufgaben nur sehr wenigen und immer den gleichen Personen anvertraut. Jeder macht seine Arbeit auf die eigene Weise, wenn auch immer in etwa bezogen auf das, was die anderen tun. Wenn man den Patienten mit einer Atmosphäre der Einheitlichkeit umgeben und damit seinem Leben soviel Einheit wie möglich geben will, müssen die wenigen, die mit ihm arbeiten, sämtliche Aufgaben für ihn erfüllen. Wirkliche Berufserfahrung entwickelt man in einem psychiatrischen Krankenhaus nicht durch die besondere Aufgabe und seine Ausbildung, sondern durch die eigenen Ansichten des Mitarbeiters über das, was für den Patienten am besten ist.

Was nun den Patienten betrifft, so erhält dieser ein Gefühl von Einheitlichkeit durch die Person, die ihn betreut, durch die Einheit von deren Persönlichkeit und die einzigartige Beziehung, die zwischen ihnen besteht. Wenn sich ein solcher Mitarbeiter – wie in der Orthogenic School – mehreren Patienten widmet, besteht jene Mannigfaltigkeit innerhalb einer Einheit, die Kant als erste Voraussetzung für ein echtes Kunstwerk betrachtete. Die Mannigfaltigkeit ergibt sich aus den Unterschieden in den Beziehungen. Der gleiche Mensch hat verschiedene Beziehungen zu verschiedenen Personen, aber die Einheit, welche die Unterschiede zusammenhält, ist in der Persönlichkeit des Mitarbeiters gegeben. Musikalisch ausgedrückt: Milieutherapie ist den Variationen eines Themas vergleichbar, wobei das Thema sich aus dem Geist der Institution und der sozialen Solidarität der Mitarbeiter zusammensetzt und die Variationen gestaltet sind durch die Unterschiede in den Beziehungen des einzelnen zu einigen wenigen Patienten, je nach deren Persönlichkeiten und Bedürfnissen.

Obwohl sich die Einheit, die das zusammenhält, was verschiedene Betreuer für den Patienten tun, durch die Persönlichkeit der Mitarbeiter und ihre Beziehungen zu den Patienten ausdrückt, hat sie ihren Ursprung in erster Linie in dem Geist der Institution, einem Geist, den alle Mitarbeiter sich zu eigen gemacht haben. Sie beruht auf dem gemeinsamen Verständnis dieser Betreuer für den Patienten und seine Bedürfnisse sowie auf ihrer Zusammenarbeit, um zu eben diesem Verständnis zu gelangen – ein Streben, das sie und ihre Aufgaben enger verbindet als das Verständnis selbst. In unserer Schule wurde diese Bemühung um das Verständnis eines bestimmten Patienten häufig mit der Wahl seines Willkommensgeschenkes begonnen. Die Zusammenarbeit fängt damit an, daß jeder Betreuer dem anderen klarmachen möchte, warum er ein Geschenk für geeigneter als ein anderes hält. Im Vergleich zu dem, was in ihnen vorgeht, während sie ihre soziale Solidarität in bezug auf diesen Patienten entwickeln, hat die Einigung über das Geschenk eine unbedeutende Wirkung; sie stellt nur den Höhepunkt dessen dar, was auf dem Wege zu ihr erreicht worden ist.

Selbst die Einheit, die dadurch gegeben ist, daß die Handlungen der Betreuer meist aus einem Guß sind, würde nicht ausreichen, um innere Verwirrung vom Patienten abzuwenden, wenn zu viele Mitarbeiter in seinem Leben herumschwirren. Um derartigen Gefahren zu entgehen, kamen wir nach einigen Experimenten und Irrtümern zu dem Schluß, daß eine Person – der Hauptbetreuer des Patienten – zwar die größte Verantwortung hat für alles, was das Leben des Patienten berührt, daß ihm aber ein zweiter Betreuer zur Seite stehen müßte, der, wenn auch weniger wichtig für den Patienten, ebenfalls eine zentrale Bezugsperson für diesen sein würde. Zu diesen beiden Betreuern kam ein Lehrer. Diesen dreien, von denen einer ein beträchtliches Maß mehr an Verantwortung hatte, wurde das gesamte Dasein und Wohlergehen des Patienten anvertraut – von ferne unterstützt durch den Direktor und einige andere Mitarbeiter in der Hoffnung, daß sich der Patient bald auch ihnen anvertrauen würde. Erst nachdem ihm die Konzentration von nur drei Menschen auf ihn ermöglicht hatte, etwas Einheit in sein inneres Chaos zu bringen, wurden weitere Mitarbeiter hinzugezogen, beispielsweise jemand, der die Einzeltherapie übernahm. Solange der Patient noch akute Phasen von Verwirrtheit hatte, wurden auch die Einzelbehandlungen von seinem Hauptbetreuer durchgeführt, um seinem Leben soviel Einheit wie möglich zu geben.

Solche Arbeitsbedingungen verlangen so viel Zeit und innere Kraft, daß die Mitarbeiter sich auf die beruhigende Sicherheit verlassen können müssen, die ihnen die soziale Solidarität vermitteln kann. Ohne eine solche Unterstützung wäre es ihnen kaum möglich, sich unentwegt für den Patienten zu engagieren, ihre Bemühungen um Beziehungen zu ihm durchzuhalten trotz Ablehnung oder gar Beschimpfungen seinerseits. Seine störrische Weigerung, Beziehungen zu ihnen aufzunehmen, kann nur durch eine noch größere Entschlossenheit ihrerseits besiegt werden, nichts zuzulassen, was diese Beziehungen stören könnte. Da liegt einer der großen Unterschiede zwischen normalen menschlichen Beziehungen und denen zwischen einem Therapeuten und einem Patienten. Normalerweise gehen die Partner mehr oder weniger gleichzeitig Beziehungen miteinander ein, wenn auch immer Unterschiede in der Intensität vorhanden sein werden. In der therapeutischen Beziehung muß sich der Betreuer eine lange Zeit ehrlich und ohne Hoffnung auf Gegenliebe um den Patienten bemühen. Wenn sich der Patient, wie meist, der Beziehung verweigert, muß der

Betreuer sich trotzdem dem Patienten hingeben, sein Interesse an ihm noch intensivieren. Macht dann der Patient schließlich schüchterne Versuche zu einer Beziehungsaufnahme und geht er schließlich auf die Beziehung ein, werden dennoch stets große Ungleichheiten bestehen zwischen dem, was der Betreuer und dem, was der Patient in die Beziehung einbringt. Der Beitrag des Patienten wird minimal bleiben, bis er zu einer für seine Verhältnisse recht beträchtlichen Partnerschaft fähig ist. Kann er das, was man ihm entgegenbringt, einmal in gewissem Maße erwidern, dann hat er bereits eine Haupteigenschaft seelisch-geistiger Gesundheit erreicht, und wenn er zur Bildung echter menschlicher Beziehungen fähig ist, braucht er keine therapeutischen mehr.

Bei Dingen von tiefer psychologischer Bedeutung enthält der Beginn stets den Kern dessen, was sich später daraus entwickelt. Die Beziehung zwischen dem Heilpädagogen und seinem Patienten wird in gewissem Grade vorbestimmt durch das, was bei der ersten Begegnung zwischen ihnen geschieht. In der Orthogenic School lernte derjenige Betreuer, der dem Behandlungsplan zufolge am engsten mit dem Patienten arbeiten würde, den Neuankömmling sofort nach dem Direktor kennen. Er mußte sich dem Patienten sofort stellen. (Es gab Fälle, in denen der Betreuer nach der ersten Begegnung das Gefühl hatte, er würde nicht so gern mit diesem Patienten eng zusammenarbeiten. Dann wurde mit sämtlichen Mitarbeitern diese neue Situation besprochen; meist meldete sich dann ein anderer Betreuer, der bei den Besuchen des Patienten und auch später den Platz des ersten übernehmen wollte.)

Da der Betreuer darauf eingestellt war, daß er die Hauptstütze dieses Patienten sein würde, solange dieser bei uns war, war ihm der Neuankömmling höchst wichtig. Er kam daher dem Patienten mit aller Intensität entgegen, ganz gleich, wie beleidigend, gleichgültig oder ablehnend sich dieser ihm gegenüber verhielt. Nicht nur das: der Betreuer war sich außerdem bewußt, daß er einen ersten Bericht darüber erstatten müßte, was er von dem Patienten hielt, was er an ihm beobachtet hatte und wie er es interpretierte. Er mußte erklären, warum er die Art, in der er ihm begegnet war, für die beste hielt, ob er versucht hatte, ihn zu einer Reaktion zu verleiten oder seinen Wunsch nach Abstand und Isolierung respektiert hatte. Wenn dann die anderen ihre Reaktionen und Beobachtungen vorbrachten, mußte er entweder bei seiner Auffassung bleiben oder er mußte ihre Ansichten mit den seinigen verarbeiten. Dieser Prozeß der Meinungsbildung gewann ständig an Tiefe und Intensität. Wenn der Betreuer mit dem Patienten zusammen war ebenso wie zwischen den Zusammenkünften, wenn er über ihn und seine Beziehungen zu ihm nachdachte, investierte er mehr und mehr emotionale Kraft in ihn. Dabei wurden seine Beziehungen zu ihm als Mensch und als Therapeut immer tiefer. Er mußte als Mensch Beziehungen zu ihm haben, weil ihm klar war, daß er mit dem Patienten nicht nur in der begrenzten Behandlungssituation zu tun haben würde, sondern bei allen Kleinigkeiten seines Daseins; und nicht nur in den normalen alltäglichen Situationen, sondern auch in denen, die jene Anforderungen an ihn stellen würden, die die Milieutherapie verlangt.

Wenn der Patient ein Gefühl von einheitlicher Atmosphäre dadurch erhalten soll, daß alle wichtigen Leistungen für ihn von nur drei Personen erbracht werden, dann hängt alles von deren Engagement für die therapeutische Beziehung zu dem Patienten ab. Damit diese Beziehung spontan, also die eigene schöpferische Leistung des Betreuers sein kann, muß er das Gefühl haben, daß ihn niemand dabei beeinflußt. Das schließt nicht aus, daß er später alles, was er von anderen lernen kann, in diese Beziehung einbezieht, um sie zu bereichern und therapeutisch wirksamer zu gestalten – und sinnvoller für sich selbst. Sobald eine echte Beziehung zwischen einem unserer Mitarbeiter und seinem Patienten bestand, bemühte sich der Mitarbeiter um jede Hilfe, die diese Beziehung zum Erfolg bringen konnte; er war für alle Ratschläge dankbar, obwohl er sie natürlich keineswegs immer akzeptierte oder gar befolgte.

Der gelehrteste Vortrag über die Krankheit des Patienten, seine Probleme und Therapie oder über psychologische Einsichten, die zwar gelegentlich bestachen, nützten dem Betreuer oder seiner Beziehung zum Patienten nur wenig. Was so ein Betreuer brauchte, waren keine glanzvollen allgemeinen Erkenntnisse, sondern etwas, das nicht zu kompliziert war, um für diese Beziehung zum Patienten eingesetzt zu werden.

Wenn berühmte Fachleute zu einem Vortrag über wichtige Themen eingeladen waren, nahmen sie kaum jemals Bezug auf das, was die Mitarbeiter wirklich brauchten. Manche unter ihnen wußten als Psychoanalytiker zwar sehr gut, daß sie mit ihren Patienten nicht zu weit oder zu rasch vorgehen konnten, aber wenn sie vor den Mitarbeitern sprechen sollten und ihnen sogar gesagt worden war, was diese wissen wollten, gingen sie alle, da sie nicht mit der Vorstellung der sozialen Solidarität des Milieus vertraut waren, stets zu rasch und viel zu ausführlich vor. Damit verloren sie das Interesse der Mitarbeiter. Der Betreuer, der weniger an der Theorie interessiert war, sondern an der Arbeit mit seinem Patienten, dachte dann so angestrengt darüber nach, welche Einzelheit aus dem Ganzen er auf seine Arbeit anwenden könnte, daß er dem gelehrten Vortrag nicht mehr folgen konnte. Es gab indessen immer ein paar Mitarbeiter, die von der Theorie fasziniert waren, und ihnen machten solche Darstellungen große Freude, sie lernten aus ihnen sogar manches für sie Wichtige. Aber aus derartig offiziellen klinischen Vorträgen war wenig zu beziehen, das der Betreuer unmittelbar nutzen konnte; so anregend es sein mochte, die Auswirkung auf die alltäglichen Probleme war gering. Hingegen ist es ungeheuer therapeutisch, wenn auch nicht gerade aufregend, bei der Psychoanalyse immer wieder die kleinsten Einzelheiten mit dem Patienten durchzugehen.

Darin liegt übrigens eine zentrale Schwierigkeit, wenn man psychoanalytische Literatur liest, um psychoanalytische Behandlungen zu begreifen. Das wiederzugeben, woraus die Arbeit tatsächlich besteht, wäre unlesbar: das ewige Prüfen der gleichen Dinge in endlosen, verschiedenen Zusammenhängen, wozu lange Schweigepausen gehören, und das Regulieren der aufgerührten Emotionen, bis sich die Einzelstücke des Puzzles ordnen. Statt dessen zeigen die Veröffentlichungen, wie die Dinge aussehen, *nachdem* eine Ordnung der Einzelteile hergestellt ist – etwas, das fasziniert, aber gänzlich irreführend ist. Zu meiner Zeit war es noch leichter; damals durfte niemand, der nicht die eigene Lehranalyse hinter sich hatte, psychoanalytische Schriften lesen. Erst danach konnte er aus eigener Erfahrung und aus seinem eigenen harten Ringen wissen, wie eine derartige Kenntnis erworben wird und wie anders es war, als es in der Beschreibung scheint. Die Hauptverantwortung für einen psychisch gestörten Patienten zu tragen, ist eine ungeheure Aufgabe. Auch wenn es möglich ist, den Anforderungen zu entsprechen aufgrund der Intensität des eigenen Engagements, sowohl für die therapeutische Aufgabe als auch für die Person des Patienten, stellt diese Aufgabe den Betreuer vor ganz besondere Schwierigkeiten. Das Verhalten des Patienten macht es zeitweise ganz unmöglich, sich mit ihm voll und ganz als Mensch verbunden zu fühlen; in dem Fall muß der emotionale Einsatz des Mitarbeiters sofort von der menschlichen Beziehung auf die therapeutische Aufgabe verlagert werden. Wenn es der Patient aber überhaupt zuläßt, muß das Engagement möglichst bald wieder in die menschliche Beziehung zurückverlegt werden. All dies ist natürlich eine Frage der graduellen Intensität und des richtigen Zeitpunkts. Und als ob das alles nicht schwierig genug wäre, gehört noch die gesamte harte Arbeit dazu, die mit der Betreuung der täglichen Bedürfnisse des Patienten verbunden ist; die Auseinandersetzung mit seinen Klagen, Angriffen und seinem allgegenwärtigen Unglück. Diese Alltäglichkeiten rühren unbewältigte eigene Probleme im Betreuer auf, und damit diese ihn nicht bei seiner Arbeit behindern, braucht er viel Kraft, um sie zu bewältigen. Die Mitarbeiter erkennen sehr bald, daß sie unbedingt die Sicherheit und Solidarität, den inneren Zusammenhalt der Anstalt brauchen, wenn sie die eigene Person aufs Spiel setzen in ihrer Beziehung zum Patienten. Es ist bezeichnend, daß auch die Patienten das erkennen.

17
Gesunder Menschenverstand als Organisationsprinzip

Der notwendige Einsatz der eigenen inneren Gefühle und Einsichten des sehr persönlich verarbeiteten Wissens und des kritischen Scharfsinnes macht die Milieu-Therapie und das Heilen eines kranken Gemütes und Geistes mehr zur einer Kunst als zu einer Wissenschaft. Wenn es aber stimmt, was T. H. Huxley sagte, daß die »Wissenschaft nichts ist als organisierter gesunder Menschenverstand«, dann ist Milieu-Therapie allerdings wissenschaftlich, da die Vernunft das Leitprinzip ihrer organisatorischen Struktur sein muß.

Der gesunde Menschenverstand legt es nahe, daß nur Individuen, nicht Berufsgruppen zusammenarbeiten können. Wird das Wohlbefinden eines Menschen vielen Personen anvertraut, dann ist er nicht gut betreut, weil sich bei geteilter Verantwortung niemand wirklich verantwortlich fühlt. Wenn die letzte Verantwortung bei jemand anderem liegt, spürt man die eigene Verantwortung nicht sehr, und man hat wenig Autorität bei dem, was man tut. Außerdem fühlt man sich einer Arbeit nicht so tief verpflichtet, wenn man nicht das Gefühl hat, daß die Arbeit einem aus persönlichen Gründen wichtig ist. Vor allem jedoch: solange man nicht über wirkliche Selbständigkeit verfügt, kann man anderen auch nicht dazu verhelfen. Die Organisation eines therapeutischen Milieus darf also den gesunden Menschenverstand nicht nur spiegeln, sie muß ihn zur Grundlage haben. Das therapeutische Milieu, welches das richtige Gefühlsklima für die Herstellung von seelisch-geistiger Gesundheit vermitteln will, kann das in dem Grade erreichen, in dem es fähig ist, eine menschliche und soziale Umgebung aufzubauen, welche die soziale Solidarität des Mitarbeiterteams fördert.

Ein Unternehmen, das sich vor allem anderen auf soziale Solidarität stützt, wird zugleich von allen, die an ihm teilnehmen, ständig neu geschaffen. Ohne die Mitarbeit des Teams in dem gemeinsamen Unternehmen an der Orthogenic School wäre auch diese Darstellung unserer Arbeit nicht möglich gewesen, denn vieles baut auf meinen Erinnerungen (gestützt durch Krankengeschichten) an unsere gemeinsame Arbeit auf. Zahlreiche frühere Mitarbeiter gestatteten mir auch, von den Erinnerungen Gebrauch zu machen, die sie selbst irgendwann niedergeschrieben hatten, wodurch ich meine Eindrücke an ihren messen und überprüfen konnte.

Von dem bisher veröffentlichten Material halte ich die Arbeiten von B. Wright (131, 132), der mit allem, was unsere Schule betraf, sieben Jahre lang eng verbunden war, und von J. Henry (65, 66), der zwei

Jahre lang ihr offizieller Außenbeobachter gewesen war, für die wichtigsten. Henry kam von der sozialen Anthropologie her. Die Arbeit, die ihn zuerst bekannt machte, war seine bahnbrechende Studie über das Spiel der Kinder in schriftlosen Kulturen (67); sein Interesse am Verhalten des Kindes und an den Einflüssen auf das Kind hatte also schon eine lange Geschichte.

Da Henry von außen kam, um seine Studien bei uns zu machen, wollte er nicht in das Leben der »Schule« einbezogen werden. Er hoffte, auf diese Weise objektiv bleiben zu können, er wollte seine Beobachtungen und Schlußfolgerungen nicht durch persönliche Befangenheit trüben. Aber die Macht der Verführung durch ein »totales« therapeutisches Milieu ist so groß, daß selbst jemand, der sich geflissentlich um Distanz bemüht und ein geschulter, objektiver Beobachter ist, es doch nicht ganz vermeiden kann, sich in einem gewissen Maße persönlich zu engagieren. Immerhin gelang es Henry dank seiner Ausbildung, Schulung, Erfahrung und seines Willens, die selbstgesetzte Aufgabe wie geplant durchzuführen, sich aus der direkten Teilnahme herauszuhalten.

Bevor er zu uns kam, um das soziale Gefüge der Schule zu studieren, hatte er eine Studie über die Struktur eines psychiatrischen Krankenhauses (64) abgeschlossen und schien somit in einer guten Ausgangsposition, ein »totales« therapeutisches Milieu zu beurteilen. Henrys Studie über ein psychiatrisches Sanatorium war mir schon vor der Veröffentlichung aufgefallen. Seine sehr scharfen kritischen Schlußfolgerungen – viele von ihnen waren wohlbegründet und entsprachen voll und ganz meinen Gefühlen hinsichtlich dessen, was selbst an sehr guten privaten psychiatrischen Sanatorien verkehrt ist – legten es nahe, daß er der am besten geeignete Fachmann sein könnte, um über unser Unternehmen eine ebenso gründliche Beurteilung abzugeben.

Nach Beendigung seiner Forschungsarbeit bezeichnete Henry die Struktur der Orthogenic School als ein System »einfacher, undifferenzierter« Subordination (SU) im Gegensatz zu der »multiplen, differenzierten« Subordination (MD), die er als typisch für psychiatrische Krankenhäuser befand. Seine schematische Gegenüberstellung dieser beiden Systeme (65) folgt auf den Seiten 274 und 275. Da die Orthogenic School das Modell abgibt für das, was er das »einfache, undifferenzierte« System nennt, möchte ich zunächst Einwände gegen diese Bezeichnung und außerdem gegen manche seiner damit verbundenen Ansichten erheben. Trotzdem ist das, was er dazu sagt, überwiegend zutreffend. Aber das System war nicht etwas, das wir uns erst ausdachten und dann in die Praxis umsetzten. Ganz im Gegenteil: Gewisse therapeutische und menschliche Bedürfnisse der Patienten (im Bezugsrahmen der Psychoanalyse gesehen und begriffen) schienen be-

Im SU-System	Im MD-System
Die räumliche Anlage	
Das Wohnen ist um den Schlafsaal angeordnet	Das Wohnen ist aufgespalten und über die Gänge des Krankenhauses verteilt.
Die Erfüllung der Aufgaben	
Die fast vollständige Verantwortung für die Ausführung der Aufgaben liegt bei den Betreuern.	Die Verantwortung für die Aufgaben ist auf etliche Abteilungen und Personen verteilt.
Die Zeit des Betreuers ist größtenteils der Patientenbetreuung gewidmet; es gibt keine scharfe Trennung zwischen Arbeit und Freizeit.	Die Betreuer haben einen regulären 8-Stunden-Tag; ein scharfer Unterschied wird zwischen Arbeit und Freizeit gemacht.
Ein und dieselbe Person ist während aller Krankheitsphasen bei dem Patienten.	Verschiedene Personen begleiten den Patienten durch verschiedene Phasen seiner Krankheit.
Der Betreuer hat vollständige Selbständigkeit bei der Erfüllung seiner Aufgabe.	Der Betreuer hat keine Selbständigkeit bei der Erfüllung der Aufgabe.
Die Persönlichkeit des Betreuers	
Der breite Energiestrom, der aus inneren Notwendigkeiten entspringt, wird vom Betreuer akzeptiert und genutzt.	Innere Notwendigkeiten werden hinter Routine und frostiger professioneller Zuständigkeit verborgen.
Der Betreuer sucht in der Arbeit mit Patienten die Lösung seiner eigenen Probleme.	Es ist unerwünscht, daß der Betreuer in der Arbeit mit Patienten die Lösung seiner eigenen Probleme sucht.
Der Betreuer ist zutiefst mit dem Patienten befaßt.	Persönliches Engagement des Betreuers für den Patienten ist für das Funktionieren des Systems ein Hindernis.
In der Erfüllung seiner Aufgabe befriedigt der Betreuer elementare narzißtische Bedürfnisse.	Solche Suche nach Befriedigung ist nicht wünschenswert.*
Der Direktor	
Gesamtleiter im SU-System.	Abteilungschef im MD-System.
Die Macht des Direktors wird von seinem Team – infolge von dessen Autonomie – begrenzt.	Das Team ist untergeordnet.

* Nach den Angaben in dieser Kolumne ist es klar, daß der Betreuer in einem psychiatrischen Krankenhaus nach dem MD-System eine psychologische Abstraktion ist, die nirgendwo – außer als psychologische Abstraktion – existiert.

Im SU-System	Im MD-System
Er gestattet dem Team Autonomie.	Er regiert durch „Polizeientscheidung".
Seine Verantwortung ist — als Gesamtverantwortung für die Aufgabe — umfassend und schwer.	Seine Verantwortung erstreckt sich nur auf die Aufgabe der Abteilung.
Er ist in engem Kontakt mit allen Arbeiten.	Er tendiert — infolge der Aufgabendelegierung an ausführende Angestellte — zur Distanzierung selbst von den eigenen Abteilungsaufgaben.
Er ist außerordentlich von selbständigen Betreuern abhängig, da es sehr schwierig ist, ihre vielfältigen Fähigkeiten zu ersetzen.	Seine Abhängigkeit ist unterschiedlich: Leiter von Pflegestationen sind von den Pflegern und Pflegerinnen weniger abhängig als Leiter der psychiatrischen Abteilungen von den Psychiatern, da diese schwerer zu ersetzen sind als Pfleger.
Er kann die Verantwortung für die dienstliche Fortbildung nicht delegieren.	Er delegiert normalerweise die Verantwortung für die dienstliche Fortbildung, woraus sich eine Zunahme des sozialen Abstandes zwischen Betreuer und Chef der Abteilung ergibt.
Es gibt eine tiefe gegenseitige Beziehung zwischen Direktor und Betreuern.	Es gibt wenig persönliches Engagement des Direktors im Hinblick auf die Betreuer.
Es gibt eine Verminderung der *vertikalen* Distanz zwischen Direktor und Betreuern und ein Ethos der Gleichwertigkeit.	Die *vertikale* Distanz wird maximiert, „Gleichheit" bewußt im Sinne einer streßreduzierenden Technik betont. (Wirkliche Gleichheit gibt es im großen und ganzen nur auf ein und derselben Sprosse der Stufenleiter). Das „Sie-haben-ja-so-recht, großer Meister"-Syndrom blüht hier.
Die Patienten	
Die Trennung zwischen dem System der Patienten und dem der Betreuer verringert sich.	Die beiden Systeme bleiben streng getrennt.
Der Patient wird durch den Betreuer internalisiert.	Die Internalisierung des Patienten durch den Betreuer kommt nicht vor.
Die Geltung des Betreuers ist von seinem Engagement für den Patienten abhängig.	Die Geltung des Betreuers hängt von seiner relativen Loslösung vom Patienten ab.

sondere Einstellungen und Methoden zu erfordern; diese standen unmittelbar mit Tendenzen in Wechselwirkung, die vom Mitarbeiterteam ausgingen. Mit Rücksicht auf das, was wir für die Patienten erreichen wollten, mußten wir uns nach bestimmten Richtlinien organisieren. Diese Richtlinien waren uns durch unsere menschlichen und therapeutischen Überzeugungen geradezu aufgezwungen.

Henry hat unserem System die von mir beanstandete Bezeichnung gegeben, wahrscheinlich um die Struktur unserer Schule derjenigen deutlich gegenüberzustellen, die normalen psychiatrischen Krankenhäusern zugrunde liegt. Nachdem er sich auf die Hierarchie als hauptsächlichen Begriff zur Erläuterung der Struktur von Krankenhäusern konzentriert hatte, schien es nur vernünftig, sich auch auf die Natur der Hierarchie im »totalen« therapeutischen Milieu zu konzentrieren. Das gibt eine gute Basis für Vergleiche ab, ist aber bereits irreführend als Bezeichnung dessen, was in der Organisation der »Schule« Vorrang hat. Subordination steht sowohl der Selbständigkeit wie der sozialen Solidarität entgegen. Im therapeutischen Milieu ist es aber gerade von größter Wichtigkeit, daß die Kraft nicht nur in einer Richtung fließt. Die Betonung sollte also nicht auf der Hierarchie der Macht oder auf Machtverhältnissen liegen, sondern auf dem dynamischen Zusammenspiel persönlicher Beziehungen und emotionaler Kräfte, wie es den dynamischen Prämissen der Psychoanalyse entspricht.

Ich möchte klarstellen, daß, wie ich glaube, die Struktur eines »totalen« therapeutischen Milieus als Struktur sozialer Solidarität beschrieben werden müßte. Eine derartige Solidarität schließt die Möglichkeit nicht aus, daß der eine sich in gewisser Beziehung einem anderen unterordnet, wenn es ganz aus freiem Willen und im Interesse besonderer Aufgaben innerhalb des gemeinsamen Unternehmens geschieht. Wenn nötig, muß dann diese Unterordnung sofort durch eine andere Ordnung ersetzt werden, und derjenige, der sich in einer Situation einem anderen untergeordnet hat, wird in einem anderen Fall übergeordnet sein, einfach weil es der Sache im Augenblick besser dient. Welcher Mitarbeiter eine Entscheidung trifft, hängt ja nicht von irgendeinem Rang ab, sondern davon, wer mit der besonderen Situation gerade am meisten vertraut ist und sie am besten einschätzen kann. Am meisten kommt es in einem therapeutischen Milieu darauf an, daß jede Überlegenheit von der Tiefe und dem therapeutischen Wert des Engagements eines Betreuers für seine Patienten abhängt.

Soziale Solidarität bedeutet nicht und verlangt es auch nicht, daß es keinerlei Meinungsverschiedenheiten oder Auseinandersetzungen gäbe. Im Gegenteil fordert sie, da sie auf der Verpflichtung gegenüber dem Sinn der Einrichtung beruht, daß man sich gegen Kollegen wehrt, die – zu Recht oder Unrecht – nicht dem Ethos gemäß zu handeln scheinen. Handelt es sich bei solchen Auseinandersetzungen um ein wirksames therapeutisches Vorgehen der Anstalt, dann bedrohen sie die Solidarität keineswegs, sondern kräftigen sie. Offenes Austragen von Meinungsverschiedenheiten bindet die Mitarbeiter, während ein Vermeiden von Auseinandersetzungen das Vertrauen des Teams in die Anstalt langsam, aber sicher unterminieren würde.

Henry unterstrich mit seiner Bezeichnung der Organisation der »Schule« als »einfach« und »undifferenziert«, wie wichtig die Selbständigkeit jedes Mitarbeiters für den Erfolg des Ganzen ist. Er führte als Beispiel »die Heftigkeit« an, »mit der die Auseinandersetzungen zwischen (einem verhältnismäßig unerfahrenen) Betreuer und dem Direktor vor sich gingen«. Henry fuhr fort: »Daß man dem Direktor die Meinung sagt, geschieht gewöhnlich nicht in psychiatrischen Krankenhäusern, ganz zu schweigen von dem ausgesprochenen Widerstand gegen manche seiner Entscheidungen.« »Dies«, schrieb er, »ist ganz offensichtlich eine Funktion der selbständigen Stellung der Betreuer.« Die Bedeutung der Idee der Selbständigkeit, die den sozialen Abstand zwischen Betreuer und Direktor vermindert und dem Betreuer die größtmögliche Gelegenheit gibt, auf eigene Initiative zu handeln, könnte hier durch viele Beispiele illustriert werden.

Es ist häufig sogar notwendig, Meinungsverschiedenheiten mit den Betreuern zu provozieren, wenn sich Gelegenheiten dazu ergeben. Nur auf dem Wege solcher Auseinandersetzungen wird er sich seiner Selbständigkeit allmählich sicher. Oft bewies ein junger Betreuer, während er für seine Sache eintrat, daß er den Mut hatte, dem Direktor entgegenzutreten, und auch, daß er es nicht nötig hatte, auf seinem Standpunkt zu beharren, obwohl ihm das im Augenblick gar nicht klar gewesen sein mag. Vorher hatte er gedacht, er könne dadurch sicherer werden, daß er es dem Direktor recht machte, und hatte sich so nur in einer auf ganz bestimmte Weise festgelegten Rolle gesehen. Dadurch aber, daß er gegen den Direktor Partei nahm und erlebte, daß er trotzdem akzeptiert wurde, demonstrierte er sich selbst, daß seine Sicherheit nicht von dem guten Willen des Direktors abhing. Anfängern passierte es öfter, daß ihnen die Vorstellung, sie sollten die Verantwortung für einen Patienten übernehmen und selbständig handeln, unbehaglich war. Was der Anfänger nicht erkannte und was dennoch höchst wirksam war, war die Tatsache, daß er mit seiner Gegenwehr gegen die Erwartung der »Schule«, er verfüge über genügend Kraft, Wissen und Geschick, um in seiner Arbeit mit den Patienten selbständig zu werden, seine Selbständigkeit dort verteidigt hatte, wo er sie als bedroht empfand: in seiner Beziehung zum Leiter der »Schule«. Die Überzeugung des Direktors, daß ein Mitarbeiter selbst als Anfänger dem Patienten nicht als – ersetzbarer – Betreuer, sondern als Person wichtig sein könne, erhöht die Selbstachtung des Anfängers. Diese und andere Arten des Gedankenaustausches, mit dem sie für ihre Überzeugungen eintreten, sind für die Mitarbeiter Schritte zur eigenen Sicherheit und zur Sicherheit in ihrer Arbeit – also ein wichtiger Teil der gemeinsamen Bemühungen.

Gerade die Beobachtungen, die Henry auswählte, um die institutionelle Struktur des therapeutischen Milieus zu charakterisieren, beweisen, daß die »soziale Solidarität« als beschreibender Begriff besser paßt. Im therapeutischen Milieu ist einfach kein Platz für Unterwürfigkeit, im Gegenteil, sie darf für die Struktur der Organisation und den Betrieb nie zu einem Faktor werden. Henry schreibt: »Die Macht des Direktors wird von seinen Mitarbeitern durch ihre Autonomie in Grenzen gehalten«, und fährt fort: »Er gestattet dem Mitarbeiterteam Autonomie.« Äußerlich betrachtet stimmt das schon, weil der Direktor der Außenwelt gegenüber für die »Schule« verantwortlich ist und die Autonomie der Mitarbeiter auf seinen Willen zurückzugehen scheint; es ist aber trotzdem ziemlich irreführend, wenn man es auf die innere Struktur der Schule bezieht.

Autonomie, die »gestattet« ist, ist gar keine Autonomie. Weit davon entfernt, die Macht des Direktors zu begrenzen, war die Autonomie der Mitarbeiter vielmehr die wichtigste Kraftquelle für die »Schule« und den Direktor. Die Gegenüberstellung der beiden Systeme auf der Tafel geht weiter: »Er ist in großem Maße von der Selbständigkeit der Betreuer abhängig, weil er deren vielfältige Kenntnisse nicht ersetzen kann.« Der erste Teil des Satzes trifft zu, der zweite setzt einen verkehrten Akzent. Der Ersatz, die Ablösung von Mitarbeitern, wird nach Möglichkeit vermieden wegen der persönlichen Beziehungen, die sich zwischen den Mitarbeitern und besonders auch zwischen dem Direktor und den einzelnen Mitarbeitern entwickelt haben. Es ist die »tiefe gegenseitige Verbindung zwischen Direktor und Betreuern« – wie es ein paar Zeilen später heißt – in bezug auf die gemeinsame Aufgabe, aus der die wesentlichsten Kräfte in dem schwierigen Ringen um die Gesundung der Patienten bezogen werden. Durch diese Verbindung wird jeder wertvolle Mitarbeiter so gut wie unersetzbar; hinzu kommt noch das persönliche Engagement des Mitarbeiters für seine Patienten. Nicht die Schulung – so wertvoll sie ist – macht es schwer, einen Mitarbeiter zu ersetzen, sondern die menschlichen Beziehungen, die sich entwickelt haben.

Es gab jene, die zu Anfang versuchten, sich hauptsächlich auf den Direktor einzustellen, um dadurch Sicherheit zu finden. Das hätte sie statt selbständig eher abhängig (vom Direktor) gemacht. Die gegenseitige Beziehung mußte das Ergebnis ihrer Zusammenarbeit für die Patienten sein. Die Beziehungen eines Mitarbeiters zu seinen Patienten mußten die Grundlage für seinen Status unter den übrigen Mitarbeitern und für seine Sicherheit in der Arbeit und im Betrieb bilden – und nicht umgekehrt. Autonomie innerhalb der organisatorischen Struktur wurde durch die Art seiner Arbeit mit den Patienten und durch das erreicht, was diese für den Mitarbeiter bedeutete. Sicherheit als Persönlichkeit war die Folge, und eben das stellte den Beitrag des Mitarbeiters zum Erfolg der Arbeit der »Schule« dar.

Ohne diese Art von Statusgewinn wäre der Betreuer vom guten Willen der erfahrenen Mitarbeiter abhängig. Das würde es ihm nicht nur erschweren, wirkliche Selbständigkeit zu erreichen, sondern es würde eine Beziehung verhindern, die sich auf Gegenseitigkeit gründet und die unter Erwachsenen eine relative Gleichheit der Partner voraussetzt. Vor allem aber könnte ein Betreuer, der von anderen, Erfahreneren abhinge, nie die »völlige Selbständigkeit in der Ausführung seiner Aufgaben erlangen«. Weder könnte er in der Arbeit sein Bestes geben, noch könnte er für den Patienten ein Beispiel für den Wert der Selbständigkeit sein. Und da die Beziehung des Betreuers zum Patienten ganz allein von ihm geschaffen ist (obwohl alles, was er an der »Schule« lernt und erlebt, Anteil daran hat), kann sie ihm innerhalb der Anstalt echten Rang und wahre Sicherheit verleihen. Denn der »Status des Betreuers hängt von seinem Engagement für den Patienten ab« – keine offizielle Hierarchie, die auf dem Papier steht, hat etwas damit zu tun.

In bezug auf die Universität (zu der die »Schule« gehört) sind selbstverständlich Unterschiede im Rang und in den Gehältern vorhanden, aber der Status innerhalb der »Schule« ist nicht von den Werten der Außenwelt bestimmt, die von den Mitarbeitern deshalb nicht als relevant betrachtet wurden, weil sie auf so äußerlichen Dingen wie Prüfungen oder Veröffentlichungen beruhen. Innerhalb der »Schule« hing der Status nicht von dem Erfolg bei einem Patienten ab, weil dieser in manchen Fällen relativ leicht herbeigeführt werden kann, sondern von der Art und Tiefe des Engagements für die Patienten, zumal für die schwierigsten.

Die Autonomie jedes Mitarbeiters war für den Erfolg der »Schule« ganz wesentlich, und der Kampf darum mußte mit fast jedem neuen Betreuer aufgenommen werden, der seine Autonomie *nicht* entwikkeln wollte. Autonomie ist zwar eine der höchsten Leistungen des Individuums, aber sie legt dem Menschen auch die schwersten Belastungen auf, wenn ihre Verpflichtung ernst genommen wird. ›Escape from Freedom‹ (deutsch: ›Die Furcht vor der Freiheit‹, 46) ist nicht nur ein gesellschaftliches, sondern in hohem Maße auch ein persönliches Problem. Es ist sehr viel einfacher, jemand anderem das Entscheiden mit allen damit verbundenen Verantwortlichkeiten und Konsequenzen zu überlassen, selbst dann, wenn man gegenüber jeder Einbuße an Selbständigkeit empfindlich ist.

Dem Betreuer muß klar sein, daß es gute Gründe dafür gibt, Selbständigkeit zu üben, und daß die damit zusammenhängenden Risiken um so größer sind, je selbständiger er arbeitet. Zu meiner österreichischen Herkunft gehörte es, daß ich den Mitarbeitern von der höchsten Auszeichnung der alten österreichischen Monarchie erzählte, dem Maria-Theresia-Orden, der nur für eine bestimmte Leistung verliehen wurde: dafür, daß ein Soldat in Kriegszeiten gegen den ausdrücklichen Befehl seiner Vorgesetzten gehandelt hatte, weil er überzeugt war, daß er dadurch die Situation retten würde, und damit alle Folgen der Befehlsverweigerung riskierte, wenn er sich geirrt hatte. Stellte es sich heraus, daß der Soldat recht gehabt hatte, so erhielt er diesen Orden, mit dem eine Erhebung in den Stand des erblichen Adels verbunden war, unabhängig von seinem Rang oder gesellschaftlichen Hintergrund. Der Orden erhob seinen Träger über die ranghöchsten Offiziere. Der Sinn dieser Geschichte lag darin, den Betreuern vor Augen zu führen, wie wichtig es ist, sich nicht von den Empfehlungen derer, die »Autorität« haben, bestimmen zu lassen, wenn man sicher ist, daß man besser weiß, was im Augenblick erforderlich ist.

Normalerweise wird jeder, der an einer Aufgabe arbeitet, die er für wichtig hält, es unmöglich finden, nicht irgendwie autonom zu handeln. Wenn die Aufgabe keinen großen persönlichen Bezug hat, kann man leicht Instruktionen folgen oder die Dinge routinemäßig erledigen. Nur wenn der Betreuer seine Arbeit völlig autonom handhabt, kann der Patient das Gefühl haben, daß dem Betreuer das, was er mit ihm oder für ihn tut, wirklich wichtig ist. Wie aber kann der Betreuer das Gefühl haben, das, was er tut, sei wichtig, wenn er es auf Anordnung von jemand anderem tut? Das heißt nun nicht, daß der Betreuer im Verhalten oder in seinem Tun die Ansichten von anderen ignorieren sollte, die vielleicht mehr wissen als er. Im Gegenteil, je ernster das Vorhaben ist, um so mehr sucht man solche Ratschläge – nicht um sie buchstabengetreu zu befolgen, sondern um sie als weitere Möglichkeit in Betracht zu ziehen. Andere wieder sind sich ihrer Selbständigkeit so unsicher und fühlen sich durch die Anregung von jemand anderem derart bedroht, daß sie meinen, mit dem Kopf durch die Wand gehen zu müssen, um die Dinge nach eigenem Gutdünken zu tun. Jemand, der so unsicher ist, daß er die Patienten auch gegen ihr Interesse dazu mißbraucht, seine Unabhängigkeit unter Beweis zu stellen, darf auf keinen Fall mit psychiatrischen Patienten arbeiten.

Anfänger mußten wiederholt ermahnt werden, sich nicht wie Marionetten dirigieren zu lassen. Die alte römische Maxime wurde ihnen in Erinnerung gerufen: »Wenn zwei das Gleiche tun, ist es dennoch nicht das Gleiche« (118).

Dieses Prinzip mußte auf verschiedenste Weise, je nach der Person des Betreuers, gelehrt werden. Manchmal mußte man ihm sagen, daß er, wenn er sich einfach nach den Ratschlägen anderer richte – statt über den Wert von Vorschlägen nachzudenken und sich seine eigene Meinung zu bilden – und diese sich als verkehrt erwiesen, seine Beziehung durch solchen bloßen Gehorsam nur noch mehr belastet habe. Wenn er sich dann bei dem Patienten entschuldigen würde, wäre das für diesen nur ein Beweis, daß ihre Beziehung nicht echt sei und daß sie nicht von den eigenen Gefühlen und Überzeugungen des Betreuers ausginge. Die Belastung ihrer Beziehung wäre dann gleich eine doppelte: durch den Fehler selbst und durch das unfreiwillige Geständnis, die Beziehung sei so wenig wichtig, daß jemand anderes über sie bestimmen könne. Und außerdem würde es besagen, daß der Betreuer nur wenig auf den Patienten oder auf sich selbst gäbe, da er anderen die Entscheidungen überlassen habe.

Wenn in einer solchen Situation die Dinge schieflaufen, ist der Selbstachtung des Betreuers nicht gedient, wenn er sich selbst einzureden versuchte, daß er von sich aus diesen Fehler nicht begangen haben würde. Dann müßte er sich nämlich selbst fragen, warum er denn so dumm gewesen sei, den schlechten Rat von jemand anderem zu befolgen und nicht zu merken, daß er verkehrt war! Um sich die Achtung des Patienten zu bewahren, müßte der Betreuer bei der Versicherung bleiben, er habe aus eigenem Entschluß gehandelt, sonst könnte der Patient nie wissen, was nun der Betreuer in Zukunft von sich aus für ihn tut und was er nach den Entscheidungen anderer tut. Solche Lügen dem Patienten gegenüber haben immer böse Folgen.

Andererseits könnte der Betreuer, wenn alles gutgeht, nicht sehr stolz auf das Erreichte sein, denn das Verdienst fiele gerechterweise dann dem zu, der die kluge Entscheidung getroffen hätte. Indem er also unbesehen Ratschlägen folgt, kann der Betreuer, unabhängig vom Resultat, nichts gewinnen und der Patient nicht viel.

Wenn hingegen der Betreuer nach eigenem Urteil gehandelt hat, nachdem er sich Rat und Informationen, die ihm wichtig und erreichbar waren, eingeholt hat und alles gutgegangen ist, dann profitiert seine Beziehung zu dem Patienten, und darüber wächst seine Selbstachtung. Das braucht jeder Mensch und besonders jeder, der mit psychiatrischen Patienten arbeitet. Wenn sich hingegen die Entscheidung des Betreuers als irrig erwiesen hat, ist er gezwungen, nach den Ursachen des Fehlschlags zu forschen, nach dem Wo und Warum, und daraus eine ganze Menge zu lernen, viel mehr als aus dem verkehrten Ratschlag von jemand anderem.

Erklärungen wie diese bringen die Betreuer schließlich dazu, »völlige Verantwortung für die Ausführung ihrer Aufgabe« zu akzeptieren und »völlige Selbständigkeit« in der Arbeit mit den Patienten zu üben, eine Selbständigkeit, die durch die Notwendigkeit der Zusammenarbeit mit den anderen im Gesamtzusammenhang der Anstalt naturgemäß begrenzt ist.

Henry unterstreicht sehr richtig die Wichtigkeit des »tiefen Engagements für den Patienten« und auch, daß der Betreuer »possessiv« in bezug auf seinen Patienten eingestellt sei. Bevor der Betreuer sicher sein kann, daß dies nicht nur akzeptiert, sondern auch als erwünscht angesehen wird, muß er es ausprobieren und dazu auch ermutigt werden. Ein wichtiger Zug im Ethos des totalen therapeutischen Milieus besteht darin, daß der Betreuer im Bedarfsfall für seinen Patienten »kämpfen« soll, sogar gegen andere Mitarbeiter, ganz gleich, welchen Rang sie einnehmen. Er kann nicht das Gefühl haben, ein Patient sei wirklich »sein Patient«, wenn er es sich nicht selbst bewiesen hat, indem er im Interesse seines Patienten die gesamte Welt in die Schranken fordert.

Das trifft in einem solchen Maße zu, daß ich erfahrungsgemäß von dem Engagement eines Betreuers für einen Patienten nur überzeugt war, nachdem er bei irgendeiner Gelegenheit im Interesse seines Patienten oder seiner Beziehung zu ihm eine starke Gegenposition mir gegenüber eingenommen hatte. Zuweilen überschnitt sich das mit den Interessen eines anderen Patienten oder auch mit dem Betrieb der »Schule« insgesamt – in diesem Fall durfte der Betreuer nicht immer erreichen, was er für »seinen« Patienten wollte. Das Wichtige war indessen, daß sein Kampf für den Patienten als solcher sehr begrüßt wurde, auch wenn er nicht den Sieg davontrug. Wenn manchmal ein Mitarbeiter sich bei mir beklagte, daß ihm ein anderer Mitarbeiter mit dem, was für dessen Patienten am besten war, in die Quere kam, antwortete ich stets: »Wenn Sie nicht für Ihren Patienten kämpfen, wird er niemals Ihr Patient werden.« Das bedeutete, daß wir es als normal anzunehmen hatten, daß sich die Betreuer manchmal wegen ihrer Patienten stritten. Da die älteren Mitarbeiter es akzeptierten, wenn die Betreuer für ihre Patienten kämpften, schien es mir nur ein kleiner Preis zu sein, den ich zu zahlen hatte, daß man mir mehr als einmal die Tür meines Büros wütend vor der Nase zuknallte; schließlich hatte damit jemand im Interesse der Arbeit seine Selbständigkeit bekräftigt. Diese Art Kampf war natürlich nur dann angemessen und akzeptabel, wenn der Ausbruch der persönlichen Gefühle durch die bewußte Sorge um das Wohlergehen eines Patienten oder der Anstalt ausgelöst war.

Ab und zu war mehr als nur sorgfältige Planung vonnöten, um einen Betreuer dazu zu bewegen, aktiv zu werden in Richtung auf Selbständigkeit und Inbesitznahme »seines« Patienten – dazu mußte man im Betrieb umorganisieren. Situationen mußten geschaffen werden, um den Betreuer zu zwingen, all seine reichen inneren Kräfte zusammenzunehmen und in seinem und des Patienten Interesse selbständig zu handeln – was wesentlich mehr beinhaltete als Henrys Formulierung, der Direktor »gestatte« den Mitarbeitern Autonomie. Eine solche Situation beschreibt eine Mitarbeiterin in den Erinnerungen, die sie viele Jahre nach dem für sie entscheidenden Ereignis schrieb.

Als Einführung zu dem Vorfall zitiert sie Kierkegaard: »Es gibt viele Menschen, die wie Schulkinder ihre Schlußfolgerungen aus dem Leben ziehen; sie betrügen ihren Lehrer, indem sie die Antwort aus einem Buch abschreiben, ohne selbst gerechnet zu haben« (75). Das sei, meint sie, eine gute Beschreibung der meisten, vielleicht »aller, die an dieser ›Schule‹ zu arbeiten anfingen, in jedem Fall von mir. Diejenigen, die blieben und es schafften, waren auch diejenigen, die sich nicht mit diesem Mogeln und dem Bemogeltwerden zufrieden gaben. Was aus mir eine gute Mitarbeiterin und Therapeutin machte, war die Tatsache, daß sich der Direktor weigerte, beschwindelt zu werden und mir auch nicht gestattete, daß ich mich selber betrog. Das war es, was das Leben an der ›Schule‹ so interessant und erquickend, so schöpferisch und mühselig machte.«

Dann beschrieb sie den Wendepunkt in ihrer Laufbahn als Mitarbeiterin, der sie zwang, in ihrer Arbeit selbständig zu werden.

Sie sei »relativ leicht im Strom mitgeschwommen«. Als das dem Direktor auffiel, schlug er vor, daß ein schwer gestörter und schwieriger neuer Patient in die Gruppe eingeführt würde, für die sie mitverantwortlich war, und daß sie die Hauptverantwortung für diesen Patienten übernehmen sollte, dessen Leben in ernster Gefahr war. Man fand, daß im Augenblick einige Mitarbeiter, auch diese betreffende Mitarbeiterin, eine Gelegenheit nötig hatten, um zu beweisen, was sie unter den schwierigsten und ernstesten Umständen leisten könnten. Mit großer Unruhe nahm sie die Herausforderung an. Zu dem Akzeptieren der Hauptverantwortung für diesen schwierigen Patienten schreibt sie: »Ich war aus meinem etwas stumpfen Zustand aufgerüttelt, und es war eine Frage von Schwimmen oder Untergehen, von Leben oder Tod.« In Wirklichkeit war sie keineswegs stumpf gewesen, das schien ihr nur nachträglich so. Aber die Herausforderung, daß sie begreifen mußte, was es mit diesem Patienten auf sich hatte, war an sich derart erregend und fordernd, daß sie dadurch fähig wurde, ihre eigenen gefühlsmäßigen und geistigen Fähigkeiten zu mobilisieren, und sie wuchs dabei sowohl als Mitarbeiterin wie als Persönlichkeit.

Soziale Solidarität ist kein neuer Gedanke, und sie bezieht sich auch nicht nur auf die Behandlung psychiatrischer Patienten in Krankenhäusern und Anstalten. Man kann sich schwer irgendein Vorhaben vorstellen, bei dem viele Menschen irgendwie zusammenarbeiten, wobei sie keine Rolle spielen würde (99). Wenn das Ziel der gemeinsamen

Aufgabe die Wiederherstellung von geistig-seelischer Gesundheit ist, dann ist soziale Solidarität allerdings nicht nur wünschenswert und hilfreich, sie ist schlichte Notwendigkeit; sie garantiert praktisch das Höchstmaß an möglichem Erfolg, vorausgesetzt, die Betreuer verfügen über die notwendige Schulung und das notwendige Wissen.

Doch sind die Ziele von Einheit und sozialer Solidarität in den psychiatrischen Krankenhäusern äußerst schwer zu realisieren. Zusammenarbeit, selbst soziale Solidarität, ist wesentlich einfacher zu erreichen und durchzuhalten, wenn die tiefsten Gefühle eines Menschen nicht unentwegt durch die Arbeit erschüttert werden. Viele von Soziologen, Sozial-Anthropologen, Psychologen und Psychiatern veröffentlichte Arbeiten, die kritisieren, ziehen die verkehrten Methoden, nach denen psychiatrische Krankenhäuser betrieben werden, die in der menschlichen Natur begründeten Schwierigkeiten nicht genügend in Betracht. Das Verhalten der Patienten macht dadurch, daß es in uns die verwirrendsten Gefühle hervorruft, die Integration des Therapeuten selbst wie auch aller mit der gemeinsamen Aufgabe verbundenen Tätigkeiten äußerst schwer. Und dennoch ist diese Integration absolut notwendig für den Erfolg der Arbeit. Deshalb verlangt die Arbeit mit psychiatrischen Patienten emotional so viel, und deshalb kann sie sich auf die Integration sowohl des einzelnen Mitarbeiters als auch des gesamten Mitarbeiterteams so zerstörerisch auswirken.

Kein gesellschaftlicher Organismus verlangt von seinen Mitgliedern soviel Solidarität wie die Familie, die Kernfamilie oder die Großfamilie. Sie ist in heutiger Zeit besonders schwer zu erreichen, um so mehr, wenn man der Individualität eines jeden Mitglieds Beachtung schenkt. Solange die Rollen und Betätigungsbereiche jedes Familienmitglieds durch die Überlieferung festgelegt waren – so lange also, als eine Individuation jedes Mitgliedes weder als möglich noch als wünschbar oder wichtig galt –, wurde die soziale Solidarität der Familie einigermaßen gewahrt, was jedem Mitglied eine beträchtliche Einengung der Freiheit auferlegte. Diese Struktur galt als unbedingt notwendig und wurde als die richtige Ordnung der Dinge akzeptiert. Sobald man jedoch fand, daß es jedem Menschen erlaubt sein sollte, seine Persönlichkeit auf eigene Weise zu entwickeln – primär zur Person zu werden statt zu einem Stammes-, Familien- oder Kastenmitglied –, wuchsen die Spannungen innerhalb der Familie, und in extremen Fällen wurde der Familienverband unhaltbar.

So etwas geschieht nicht deshalb, weil die Mitglieder der Familie nicht mehr vernünftig zusammenleben wollten oder weil sie sich nicht mehr gegenseitig liebten. Die Intensität der Gefühle, die sich durch das enge Zusammenleben von Menschen entwickelt, die jeder nach der eigenen Selbständigkeit streben, macht im Gegenteil die soziale Solidarität innerhalb der Familie zu etwas, wonach man sich so sehnt und das so schwer zu erreichen ist, daß Verzweiflung ausbricht, wenn diese Solidarität nicht eintritt. Tolstoi sagte, daß alle glücklichen Familien einander ähnlich seien, während jede unglückliche Familie auf eigene Art und Weise unglücklich sei. Jede unglückliche Familie unterscheidet sich von den übrigen gerade in den sehr persönlichen Leiden jedes ihrer Mitglieder. Wenn soziale Solidarität in einer Familie vorherrscht, kann man über diese Familie kaum etwas anderes berichten, als daß ihre Mitglieder alle glücklich sind, daß sie zusammenleben, denn bei Problemen oder Schwierigkeiten treten diesen die Familienmitglieder als einheitliche Gruppe entgegen und denken nicht daran, sich selbst oder gegenseitig zu beschuldigen. Die verzweifelten Qualen der Menschen, die darunter leiden, daß sie nie eine derartige soziale Solidarität in ihren Familien kennengelernt haben, bilden daher auch den Hauptgegenstand der Psychiatrie.

Die größten psychologischen Schwierigkeiten haben stets ihren Ursprung in der Familie: Besitzgier und Eifersucht. Auf Besitzansprüche geht alles zurück, der Ödipuskonflikt, der die Eifersucht des Kindes auf einen Elternteil hervorruft, wie die Geschwisterrivalität. Da liegt das Paradoxon: Nur die soziale Solidarität gewährleistet Individualisierung, während persönliche Einzigartigkeit, die sich meist im Gegensatz zu anderen definiert, die Solidarität bedroht. Dagegen gibt es nur ein Heilmittel: Sicherheit. Wir fühlen uns sicher in dem Maße, in dem wir für diejenigen wichtig sind, die Bedeutung in unserem Leben haben.

Je selbständiger jeder Mitarbeiter ist und je mehr er sich um Erfolg bei den Patienten bemüht, um so mehr Eifersucht entwickelt sich innerhalb des Mitarbeiterstabes. In dem Grade, in dem sich die Mitglieder gegenseitig in ihrer Arbeit helfen, beziehen sie daraus Sicherheit. Im Idealfall sollte diese Sicherheit dem Maße der Eifersucht entsprechen, um diese zu neutralisieren. Um den Zusammenhalt eines therapeutischen Milieus zu wahren und seine soziale Solidarität gegen die Eifersüchteleien von Patienten und Mitarbeitern zu schützen, besteht daher eine der Hauptaufgaben der internen Organisation darin, allen Mitgliedern die erforderliche Sicherheit zu bieten. Das ist leichter gesagt als getan, aber es ist ein Problem, dem sich das totale therapeutische Milieu stellen und das es lösen muß.

Wenn eine einzige Person die Hauptverantwortung für die therapeutische Arbeit mit einem Patienten trägt, bringt das Einheit in die Welt des Patienten und fördert seine Integration. Wenn sich nur ganz wenige andere Personen mit all seinen sonstigen Bedürfnissen befassen, wird verhindert, daß sein Leben in zu viele (um nicht zu sagen, gegensätzliche) Teile zersplittert wird. Das kann aber nur dann wirksam sein, wenn alle, die mit ihm arbeiten, von den gleichen therapeutischen Überzeugungen durchdrungen sind und eng zusammenarbeiten – nicht nur als Betreuer und Therapeuten, auch als Menschen. Andererseits kann der Patient niemals daran glauben, daß die Anstalt bemüht ist, die Entwicklung der Persönlichkeit zu fördern, wenn die Verschiedenheit der betreffenden Persönlichkeiten durch Einförmigkeit in ihrer Arbeit verwischt wird.

Aber Betreuer sind sehr unterschiedliche Menschen, und die notwendige überaus enge Zusammenarbeit mit dem Patienten führt nicht nur zu Meinungsverschiedenheiten, sondern auch zu Eifersucht. Die meisten Institutionen behaupten, daß es bei ihnen keine Eifersucht unter den Mitarbeitern gäbe, das entspräche nicht der beruflichen Rollenauffassung. Mag sein, aber eine psychiatrische Anstalt, welche die Psychologie – soweit der Patient betroffen ist – ernst nimmt, muß gleiches für die Mitarbeiter leisten. In einem therapeutischen Milieu muß das, was die Mitarbeiter fühlen, die Grundlage von allem sein, was sie tun. Ohne die richtigen Einstellungen wäre ihr Tun ein leeres Gehäuse. Da sie aber an ihrer Arbeit und an deren Erfolg tief interessiert sind, wäre es nicht normal, wenn nicht auch unter den Mitarbeitern Eifersucht aufkommen würde.

In der Legende von König Salomons Urteil gibt es einen selten beachteten Aspekt, an den jeder Mitarbeiter stets denken sollte. In dieser Geschichte war die falsche Mutter bereit, an dem Kind festzuhalten auf die Gefahr hin, es zu zerreißen, während die richtige Mutter das Kind losließ, damit es nicht verletzt würde. Die Geschichte hat aber außer der offensichtlichen noch eine verborgene Moral: Die echte Mutter gibt das Kind nicht nur deshalb auf, um es vor dem Zerrissenwerden zu retten, sie gibt es auch auf, weil sie dann ebenfalls in Stücke zerrissen wäre. Durch ihre eigene Erfahrung des Zerrissenseins zwischen dem Wunsch, ihr Kind zu behalten, und dem Wunsch, daß es unverletzt bleiben möge, weiß sie, daß es unter keinen Umständen zwischen den streitenden Parteien zerrissen werden darf – auch wenn das für sie mit dem größten Verlust verbunden ist. Die falsche Mutter möchte das Kind ebenfalls und will auch gut für es sorgen – nicht um seinetwillen, sondern um ihrer selbst willen. Weil sie so von ihrem eigenen Bedürfnis nach dem Kind erfüllt ist, wird die falsche Mutter nicht durch innere Konflikte zerrissen; deshalb fehlt ihr die Einfühlung dafür, was es bedeutet, in entgegengesetzte Richtungen gezogen zu werden, und deshalb zerrt sie weiter an dem Kind.

In der Geschichte wird nicht gesagt, daß nicht beide Mütter wünschen sollten, das Kind zu haben und zu behalten. Sie warnt jedoch davor, daß eine derartige Eifersucht, wenn sie nicht durch eine umfassende Liebe für das Kind in Grenzen gehalten wird, das Kind zerreißen wird. Wenn nun diejenigen, die am engsten mit dem Patienten zusammenarbeiten, auf keinerlei Besitzanspruch pochten – wie könnte der Patient glauben, daß ihn diese Menschen wirklich haben wollen, daß er wichtig für sie ist?

Ein psychiatrischer Patient, der von seinen ursprünglichen Gefühlen bewegt ist und auf sie reagiert, wird mehr als ein normaler Mensch von dem beeindruckt, was Gefühle, gerade die Gefühle der Eifersucht, ihm vermitteln. Der Patient weiß das, sobald ein Betreuer ihm wichtig wird; er ist eifersüchtig auf alle anderen, die seiner Phantasie zufolge oder in Wirklichkeit von diesem Betreuer etwas empfangen könnten. Da die Eifersucht des Patienten häufig das erste Zeichen dafür ist, daß ihm an jemandem etwas liegt, kann er sich nicht vorstellen, daß es bei denen, die mit ihm arbeiten, anders sein sollte. Infolgedessen will er, daß die ihm wichtigen Personen aufeinander eifersüchtig sein sollen; er bildet sich aber auch häufig nur ein, daß mehr Eifersucht im Spiel ist, als der Sachlage entspricht.

Jedes Organisationssystem, auch das einheitlichste, birgt daher stets zerstörerische Kräfte. Wenn alles, was für einen Patienten getan wird, dadurch vereinheitlicht wird, daß man es nur ein paar wenigen Personen anvertraut, zwischen denen es weder Statusdenken noch in Hinsicht auf die Arbeit berufliche Rangunterschiede gibt – dann ist zwar immerhin beruflicher Eifersucht vorgebeugt, persönlicher hingegen nicht. Das große Verdienst der therapeutischen Milieus für Patienten wie für Mitarbeiter ist die Tatsache, daß alle Probleme auf einer geeigneten Ebene behandelt werden: der persönlichen. Theoretische oder berufliche Auseinandersetzungen lassen sich nicht dazu benutzen, persönliche Gegensätze zu bemänteln, und sind somit lösbar. Sobald persönliche Feindschaft hinter beruflichen oder theoretischen Auseinandersetzungen steckt, kann keine Lösung der beruflichen Streitfrage das Problem lösen, das nun durch das Weiterbestehen persönlicher Gegnerschaft genährt wird.

Die Versuchung, jemand anderen für etwas verantwortlich zu machen, das falsch gemacht worden ist, ist groß, und eine solche Fehlersuche ist für die soziale Solidarität äußerst schädlich. Wenn aber die persönlichen Fehler oder beruflichen Irrtümer als Teil unseres Menschentums akzeptiert und großzügig behandelt werden, trägt das viel dazu bei, die Eifersucht zu neutralisieren. Somit gehört es zur Aufgabe des Direktors, ein gegenseitiges Sich-Zuschieben der Schuld zu verhindern und zu zeigen, daß die Schuldfrage nicht weiterhilft. Was auch immer die unglückliche Situation sein mag – es ist stets der Patient, der aufgestört wird. Jemandem die Schuld zu geben (der sie vielleicht auch hat), wird den Patienten nicht sicherer machen. Da wir alle für die Organisation verantwortlich sind, haben wir auch alle in unterschiedlichem Maße zu dem beigetragen, was schiefgelaufen ist, und so müssen wir alle zusammen daran arbeiten, es wieder in Ordnung zu bringen. Das ist dann auch der Augenblick, um den Mitarbeitern das Beispiel der glücklichen Familie vor Augen zu führen. Eine glückliche Familie ist keine Verbindung, in der immer alles richtig ist; sie ist eine Familie, in der derjenige, der an etwas schuld ist, was nicht hätte passieren sollen, nicht angeklagt, sondern in seiner Niedergeschlagenheit gestützt wird. Wenn ein Mitarbeiter bedrückt ist und man ihn nicht aufrichtet – wie soll er dann seiner Aufgabe gerecht werden, niedergeschlagene Patienten aufzurichten?

Es fällt ziemlich schwer, Eifersuchtsgefühle aufrechtzuerhalten, wenn der Mensch, auf den man eifersüchtig ist, gleichzeitig der Mensch ist, der einem höchstwahrscheinlich aus der Patsche helfen wird. Hier erwies sich das System zweier Betreuer, die mit einer Gruppe von ungefähr sieben Patienten arbeiteten, als verdienstvoll. Natürlich wurden die beiden Betreuer eifersüchtig aufeinander, wenn sie sahen, daß ein Patient einen von ihnen vorzog. Wenn aber etwas Kritisches in der Gruppe vorfiel, für die sie ja beide gemeinsam verantwortlich waren, mußten sie sich aufeinander verlassen können, um die Dinge wieder in Ordnung zu bringen. Das bedeutete, daß der eine dort einspringen mußte, wo der andere etwas falsch gemacht hatte oder der Patient seine Zusammenarbeit mit dem anderen verweigert hatte. Dabei ist es weniger die Notwendigkeit, sich gegenseitig mit den Patienten zu helfen, als die Erfahrung, daß der andere seine Hilfe angeboten hat, welche die Eifersuchtsgefühle verringert.

Jeder der beiden Betreuer hatte ein paar Patienten, die ihm besonders wichtig waren, und jeder mußte sich auf den anderen verlassen können, wenn er Hilfe bei seinen Bemühungen brauchte. Eifersucht mag eine andere Politik diktieren, Eigeninteresse hingegen macht das Vertrauen notwendig, weil man den anderen einfach manchmal für seine eigenen Patienten braucht. Im ganzen hat schließlich doch immer das Eigeninteresse über die Eifersucht gesiegt, aber nur, weil die Eifersucht als etwas angenommen wurde, mit dem wir alle leben lernen müssen, nicht als etwas, das geleugnet oder unterdrückt werden müßte. Eine Mitarbeiterin berichtet:

»Meine Kollegin und ich waren gezwungen, bei den Patienten, für die wir verantwortlich waren, einen Mittelkurs zu halten, ›das Reich aufzuteilen‹. Das bedeutete, daß einer von uns sich immer mit einigen der Patienten der Gruppe befaßte und sich ihnen widmete, während der andere Betreuer sich auf die übrigen konzentrierte. Gelegentlich kam es vor, daß in einer Gruppe der eine Betreuer alle Patienten in Bann hielt und sein Kollege aufhörte, sich noch mit irgendeinem Patienten zu beschäftigen. Jener ging bald fort, weil er die Arbeit nicht lohnend fand; worauf der andere Betreuer dann nicht die Hilfe erhielt, die er in kritischen Situationen brauchte – und diese traten viel zu oft ein, als daß er ohne den Beistand des Kollegen mit ihnen fertig geworden wäre. Die einzige erfolgversprechende Art, die verschiedenen

Schwierigkeiten zu meistern, die immer auftraten – Eifersucht auf andere Mitarbeiter war nur eine davon –, bestand darin, daß jeder Betreuer seine besondere Stärke einsetzte. So konnte beispielsweise meine Kollegin besser als ich mit der gesamten Gruppe, sogar mit mehreren Gruppen zugleich umgehen und mehreren, wenn nicht allen Patienten wichtige therapeutische Erfahrungen bieten. Ich konnte dafür besser mit den einzelnen Patienten umgehen, wenn ich auch mit Hilfe meiner Kollegin im Laufe der Jahre gelernt habe, Gruppen therapeutisch geschickter zu behandeln. Sie wiederum erwarb sich dadurch, daß sie meine Arbeit beobachtete, mit mir über meine Arbeit sprach, größere Fähigkeiten im Umgang mit den einzelnen Patienten. Ein weiterer Unterschied zwischen uns bestand darin, daß sie besser mit den sehr aktiven, ausagierenden Patienten fertig wurde, ich mit den sehr in sich zurückgezogenen. Als Anfängerinnen waren wir aufeinander eifersüchtig gewesen; als wir zusammenarbeiten mußten, um unseren Patienten und uns gegenseitig zu helfen, versuchten wir uns in dem, was jeweils der andere besser konnte, und das trug zu unserer Weiterentwicklung als Menschen bei. Und das, was als sehr zwiespältige, wenn nicht offen eifersüchtige Beziehung begonnen hatte, entwickelte sich nach dem ersten Jahr der Zusammenarbeit zu einer ausgesprochen engen und ergiebigen Freundschaft, so daß wir heute – viele Jahre, nachdem wir aufgehört haben, in der ›Schule‹ zu arbeiten – noch immer eng befreundet sind.«

Leugnet man nämlich Eifersuchtsgefühle, führt das nur dazu, daß man bei demjenigen, auf den man eifersüchtig ist, nach Fehlern sucht. Wird jedoch Eifersucht als das, was sie ist, erkannt, kann man sie durchaus integrieren. Das ist unter anderem durch Identifikation möglich: Wenn man sich seine Eifersucht selbst eingesteht, ist es kein so schwieriger Schritt vom »Ich bin eifersüchtig darauf, daß er manches besser fertigbringt als ich« zum »Ich will es genausogut können wie er«. Wird dieser Wunsch dann noch gestützt durch die Überzeugung des Kollegen, daß das absolut machbar ist, nimmt es dem Neid den Stachel. Das Ethos der »Schule«, daß es eine Beleidigung für die Individualität ist, wenn man etwas genauso macht wie jemand anderer, half auch, der Eifersucht die Schärfe zu nehmen. Wenn mehrere Menschen die Dinge auf ähnliche Weise tun, können sie kaum umhin, sich ständig miteinander zu vergleichen, und das nährt die Eifersucht. Wenn man sich aber bewußt ist, daß zwei Menschen die gleichen Dinge verschieden handhaben, weil sie wesensverschieden sind, ist es sehr viel einfacher, das Tun des anderen zu betrachten, ohne von Eifersuchtsgefühlen geplagt zu werden.

Bei allen, die längere Zeit in der Orthogenic School arbeiteten, wurden die persönlichen Eifersüchte vor allem durch die Identifizierung mit dem Wertsystem und den Arbeitsmethoden der »Schule« neutralisiert. Die soziale Solidarität siegte also über die persönlichen Gegensätze. Und das selbst dann, wenn noch keine völlige Identifizierung mit der »Schule« vorlag, wie eine Mitarbeiterin berichtet:

»Immer wenn ich mit anderen Menschen zusammen war, die mit der Arbeit, die ich leistete, nichts zu tun hatten, fühlte ich mich isoliert. Ich hatte das Gefühl, sie konnten mein Leben unmöglich verstehen und wollten es meistens auch nicht, sosehr ich versuchte, es ihnen zu erklären; ich gab dann alle Erklärungsversuche auf. Vielleicht wegen der Intensität meiner Gefühle in bezug auf meine Arbeit reizten sie mich so, daß ich mir auf die Zunge beißen mußte. Ich wußte, jede Verteidigung würde mich bloßstellen und außerdem nichts nützen. Trotzdem hatte ich Mitleid mit ihnen; ich dachte, ihre Art Leben wäre weniger sinnvoll – jedenfalls wäre für mich ihr Leben weniger sinnvoll gewesen, wenn auch wahrscheinlich nicht für sie, denn sonst hätten sie ja etwas anderes getan. Es gab Zeiten, in denen ich mich ziemlich verzweifelt fragte, ob ich wohl jemals irgend jemanden außerhalb des Kreises von gegenwärtigen und früheren Kollegen finden würde, mit dem ich mich befreunden könnte und der in der Lage wäre, mein Engagement für das, was ich tat, zu begreifen.«

Das ging so weiter, bis der Prozeß der Identifizierung mit der »Schule« sich vollzogen hatte und deren Werte ihr nicht mehr ungewöhnlich, sondern ganz normal vorkamen und voll in ihre Persönlichkeit integriert werden konnten. Da »fand ich plötzlich Freunde außerhalb des Mitarbeiterteams, die nicht nur Verständnis für meine Arbeit an der »Schule« und das, was sie für mich bedeutete, zu haben, sondern dies alles auch anzuerkennen schienen.« Kurz darauf begegnete sie ihrem künftigen Mann und arbeitete nach ihrer Heirat noch einige Jahre weiter an der »Schule«. Sie fühlte sich nicht mehr als Außenseiter bei Menschen, die nicht zur »Schule« gehörten, und fand ihren eigenen Freundeskreis außerhalb.

Um einige bis dahin ungelöste Probleme ihres Lebens lösen und sich selbst finden zu können, hatte diese Mitarbeiterin sich einseitig auf unsere Institution hin orientieren müssen – diese war für sie Zwischenstation auf dem Weg zur vollen Selbständigkeit.

»Nach meiner Erfahrung waren die Mitarbeiter, die sich in der ›Schule‹ nicht bewährten, solche, die niemals – auch nicht hinter geschlossenen Türen oder im Dunkel der Nacht – imstande waren, vor sich selbst zuzugeben, daß ein Fehler bei ihnen selbst lag, wenn etwas zwischen ihnen und einem Patienten nicht in Ordnung war. Ich erinnere mich gut daran, wie ich selbst zum erstenmal diese notwendige Entscheidung traf. Ein neurotisches Mädchen in der Pubertät bemerkte bei der ersten Menstruation ein paar Blutstropfen in ihrer Wäsche und sagte: ›Oh, großartig, mein Wunsch ist erfüllt.‹ Worauf ich in, wie mir heute scheint, komischer Unschuld sagte: ›Mach dir nichts draus, das ist ganz normal.‹ Worauf sie furchtbar erregt wurde und mich tätlich angriff. Der Direktor versuchte mir zu helfen, den Vorfall zu begreifen, aber ich war verbiestert und entschlossen, die Schuld an dem Angriff ihr zuzuschieben, denn war nicht schließlich sie neurotisch? Er sagte mir, ich sollte aufhören, über die Schuldfrage nachzudenken und nur einen Augenblick annehmen, es sei nicht die Schuld der Patientin. Anstatt darüber nachzudenken, wer nun schuld sei, sollte ich mir überlegen, auf was für Gefühle hinsichtlich der Menstruation die Bemerkung der Patientin hinwies und welche Einstellung durch meine Antwort angedeutet war. Sagten ihr nicht meine Worte, sie solle sich nicht beunruhigen, daß ich fände, es gebe etwas, worüber man sich beunruhigen könne? Was ich ihr zur Beruhigung gesagt hatte, hatte sie – die so glücklich über ihre Menstruation gewesen war – verwirrt, und es hatte ihr nahegelegt, daß das, was ihr Freude machte, von anderen als eine Plage empfunden werden könnte. Es war eine längere Unterhaltung, aber sie überzeugte mich nicht recht. Der Direktor schien das zu spüren und machte ihr mit dem auf die Patientin bezogenen Satz: ›Nun, jedenfalls hat sie den Mut zu ihren Überzeugungen‹ ein Ende. Das hat mich in unerhörtem Maße erleuchtet, anders kann ich es gar nicht ausdrücken. Wenn die Patientin fähig war, den Mut zu ihren Überzeugungen zu haben, dann konnte ich das ganz gewiß ebenfalls. Außerdem fand ich es geradezu schokkierend, daß eine neurotische Patientin größere Fortschritte als ich dabei gemacht hatte, ihre Weiblichkeit in allen Aspekten anzunehmen. Da hatte sie ganz sicher den Mut zu ihren Überzeugungen – etwas, das mir auffallend fehlte. Bis dahin hatte es mich häufig geärgert, daß ich ständig im Interesse der Patienten Seelenforschung bei mir selbst betreiben sollte. Jetzt sah ich ein, was bis dahin nur ein Lippenbekenntnis gewesen war; daß nämlich auch ich einen Gewinn davon hatte, weil ich mehr als sie damit anfangen konnte.«

Die Betreuerin hatte der Patientin angesichts ihrer eigenen Einstellung gar nichts anderes sagen können und auch nicht sollen. Alles, was sie sonst hätte sagen können, wäre ihrem Verstand und nicht ihrer Einstellung zur eigenen Weiblichkeit entsprungen. Es war viel besser, daß sie ihren Gefühlen entsprechend reagiert und das später einer Prüfung unterzogen hatte, als eine »richtige« Antwort zu geben, die der Patientin nichts gesagt hätte. Vielleicht hätte eine solche »richtige« Antwort allerdings den tätlichen Angriff verhindert, obwohl man auch das nicht mit Sicherheit annehmen kann, denn die Patientin hätte wahrscheinlich auf die Leere der Antwort negativ reagiert. Da es aber eine ehrlich empfundene Bemerkung der Mitarbeiterin gewesen war, konnte die Patientin auch mit ehrlichen Gefühlen reagieren. Aus diesem Vorfall entstand dann eine Sackgasse, die eine positive Lösung gestattete, und zwar für beide, Patientin wie Mitarbeiterin.

Die Mitarbeiter mit größerer Erfahrung konnten sich der Verantwortung des Lehrens nicht entziehen. Und um wirksam zu sein, mußte dieses Lehren den Betreuern nicht nur intellektuell, sondern auch persönlich etwas geben. Sonst wäre eine Einstellung entstanden, die zwar geistig korrekt, gefühlsmäßig indessen Betrug gewesen wäre.

Mitarbeiter mit Erfahrung mußten jedem Mitarbeiter die Möglichkeit zu Selbstverantwortung bieten, die eine höhere Ebene des Selbstverständnisses im Verständnis des Patienten eröffnen sollte. Denn um den Patienten zu helfen, ihre psychologischen Schwierigkeiten zu lösen, mußten sie zuvor die ungelösten Probleme im eigenen Innern lösen. Die Selbstverantwortung der Mitarbeiter ist jedoch nicht auf ihre Arbeit mit den Patienten beschränkt; sie erstreckt sich auf alles, was sie an sich selbst durcharbeiten wollen. P. Blos (18) hat darauf hingewiesen, daß selbst nach der Adoleszenz die infantilen Konflikte nicht notwendigerweise aus unserem Leben entschwunden sind, aber sie sollten bis dahin ich-synton geworden, also in das Ich als Lebensaufgaben integriert sein, denen man sich stellen muß. Jeder Schritt auf die ich-syntone, ich-gemäße Bewältigung solcher Restbestände an Konflikten erhöht die Selbstachtung, und eine dauerhafte Stabilisierung der Selbstachtung gehört zu den größten Leistungen des Erwachsenseins.

Welche Rolle in der Gesellschaft man auch innehat, sie sollte einem helfen, die Selbstachtung zu stabilisieren. Mangel an Selbstachtung rührt aus einer Diskrepanz zwischen dem Wunschbild von sich selbst und der Wirklichkeit (69). B. Wright beschreibt (131) die Wunschvorstellung, die ein Betreuer von sich selbst hatte: er wollte jemand sein, der bereit und fähig wäre, »diesen armen Dingern zu helfen«, und das führte nur zu Handlungen, die absolut nicht nützlich für die Patienten waren. Die Selbstachtung dieses Betreuers hob sich, als er es aufgab, nach seinem Wunschdenken als guter Mensch zu handeln und dieses Wunschdenken statt dessen in der Wirklichkeit mit Substanz auffüllte. Ein Mensch, der sich seine Gefühlswelt lebendig erhalten will und über eine gesunde Selbstachtung verfügt, wird »eine lebenslange Anstrengung seines Ichs auf sich nehmen, um diese Übereinstimmung zwischen Wunschdenken und wirklichem Verhalten wiederherzustellen und Nichtübereinstimmungen durch vernünftige Interaktion mit seiner Umgebung zu beseitigen« (18).

Erikson hat dasselbe Konzept in allgemeinerer Form als zutreffend für alle Lebenstätigkeiten beschrieben, die die Selbstachtung mehr fördern als zerstören. Er benutzt dabei den Ausdruck »Generativität«, um die größeren Errungenschaften des Erwachsenseins zu bezeichnen. Mit diesem Ausdruck kennzeichnet er »die Verantwortung gegenüber jüngeren Kameraden«, die sich zu einem »Bewußtsein der Verantwortung für die nächste Generation« weiterentwickeln muß (35).

Psychiatrische Patienten – berücksichtigt man die vielen Möglichkeiten der Desintegration ihrer Persönlichkeit, ebenso die vielen Arten ihrer Regression – sind in diesem Sinn, was ihre psychologischen Bedürfnisse angeht, jüngere Teamangehörige, wie alt auch immer der Patient oder der Mitarbeiter in Wirklichkeit sein mag. Das Ziel der »Schule« für den Patienten ist es, schließlich in die Welt hinauszugehen und seinen rechtmäßigen Platz in ihr zu finden. Das Team hat die Aufgabe, diesen Prozeß vorwärtsbringen zu helfen; dies macht seine Arbeit der jener Menschen so ähnlich, die die jüngere Generation zur Reife hinführen.

Die wesentlichste Anforderung an ein erfolgreiches Erwachsensein ist in Eriksons Schema die Integrität; durch sie wird der reife Mensch ein geeignetes »Vorbild für die Identifikation«. Das Team muß wirklich als ein solches Vorbild, zum mindesten für seine Patienten, handeln. Die Identifikation mit der Institution (erleichtert dadurch, daß ihre Organisation nachdrücklich auf der Selbständigkeit des Teams in seiner Arbeit besteht und daß sie Gelegenheit zu höherer persönlicher Integration bietet) stellt für die Betreuer einen Schritt auf dem Weg zur Übernahme der vollen Verantwortung für die nächste Generation dar. Diese Verantwortung erfüllen sie, indem sie zu Menschen werden, die als Identifikationsobjekte geeignet sind. Ist diese Integrität, diese Ganzheit, dann erreicht, hat ein Mitarbeiter seine Ausbildung wirklich hinter sich.

Warum ist die Arbeit in einem therapeutischen Milieu nun in so hohem Maße dazu geeignet, Rückstände aus der eigenen Kindheit aufzuarbeiten und zu Selbständigkeit und Integrität zu gelangen? Das ist eine Frage, die nur im Zusammenhang mit der Persönlichkeit und der Entwicklung der Mitarbeiter während ihrer Arbeit in einer psychiatrischen Institution beantwortet werden kann.

IV
Mitarbeiter

18
Die Auswahl der Mitarbeiter – tiefer gesehen

Jeder, der in die Orthogenic School kommt, betritt sie durch zwei Türen. Die erste ist massiv und normalerweise nach außen verschlossen, so daß niemand, der nicht eingeladen ist, hereinkommen kann; wie alle anderen Türen der »Schule« ist sie indessen von innen nicht verschließbar, jeder kann durch sie hinausgehen. Ein kleiner Vorplatz trennt diese Tür von einer zweiten, die meistens offen ist und zum Eintreten einlädt; diese wird nur geschlossen, wenn es draußen sehr kalt oder sehr heiß ist. Sie hat kein Schloß, ist farbenfroh bemalt und mit vielen (ebenfalls farbigen) Reliefs von Kindern, Engeln und Blumen verziert.

Wenn ein neuer Mitarbeiter zu einer Vorbesprechung kommt, erhält er durch diese innere Tür seinen ersten Eindruck von der Atmosphäre der »Schule«. Einige ganz wenige nehmen auch die Überraschung über diese Tür zum Anlaß, um über die ersten spannungsvollen Augenblicke der Besprechung hinwegzukommen. In all den Jahren hat sich niemals ein Patient über die Tür geäußert, wenn er zum ersten Besuch in die »Schule« kam, oder während seiner ersten Zeit dort; aber die Menschen, die als mögliche Mitarbeiter in Betracht kommen, sind ja auch fester in der Wirklichkeit verankert als der Patient. Da es diesem nicht gegeben ist, offenen Mitteilungen zu trauen, sucht er nach der verborgenen Bedeutung und weiß nicht recht, was er von einer Tür halten soll, die so anders ist als alle anderen. Wäre der Patient sich der eigenen Gefühle genügend bewußt, und hätte er den Mut zu seinen Überzeugungen, dann würde er sagen: »Ihre Tür lügt.« Wäre er fähig, das zu sagen, würde das jedoch bedeuten, daß er sich selbst genug traut, um seine eigenen Reaktionen beurteilen zu können, und ebenso den anderen, um ihnen die Wahrheit zu sagen, wie er sie sieht. Da er das nicht tut, sagt er nichts.

Die Menschen hingegen, die an unserer »Schule« arbeiten möchten, trauen ihren Eindrücken und vertrauen der Anstalt genug (die verständliche Nervosität des Augenblicks hat nichts damit zu tun), um über etwas zu sprechen, das sie in angenehmer Weise verblüfft hat. Wenn sie nichts über die Tür sagen, bedeutet das in gewisser Weise, daß sie wie die Patienten an ihre Deutungen nicht zu glauben wagen. Auf ihre Art ist die Tür also bereits ein Test: Wird der mögliche neue Mitarbeiter offen auf etwas reagieren, das unerwartet und erfreulich ist, oder ist er zu gehemmt und fehlt ihm die Spontaneität, das zu tun? Ist er unfähig, auf unausgesprochene Mitteilungen zu reagieren, und ist ihm die äußere Umgebung, in der er arbeiten will, unwichtig?

Selbstverständlich haben wir die Tür dort nicht als Test angebracht; uns schien nur, daß sie den Hereinkommenden ein Gefühl vermittelte, das wir für richtig hielten.

Im Laufe der Jahre glichen sich unsere Methoden, neue Mitarbeiter auszuwählen, ziemlich denen an, nach denen wir vorgingen, um einen neuen Patienten kennenzulernen und zu entscheiden, ob wir mit ihm arbeiten wollten. Wahrscheinlich gibt es gar nicht so viele verschiedene Möglichkeiten, um herauszufinden, ob man eng mit einem anderen Menschen zusammen leben und arbeiten möchte. Immerhin werden alle, die daran glauben, daß zwischen psychisch Kranken und uns im wesentlichen keine Unterschiede bestehen – sondern nur in der Art und Weise, in der wir die Welt sehen und in ihr leben –, ganz sicher sein, daß der gleiche Weg, einen Menschen kennenzulernen, sowohl für die Kranken wie für die Gesunden gilt.

Zur Vorbereitung der Besprechung muß der Kandidat soviel wie möglich über die Arbeit der »Schule« und ihren Geist wissen, umgekehrt auch wir über seinen Hintergrund und seine Auffassungen vom Leben. Wir bitten ihn, sich vorher mit der »Schule« durch die Bücher vertraut zu machen, die über unser Unternehmen vorliegen. Wenn er auf dieser Grundlage glaubt, daß diese Art zu arbeiten und zu leben dem entspricht, wofür er sich in den nächsten Jahren einsetzen will, und daß die Schulung, die er erhalten, und die Erfahrungen, denen er ausgesetzt sein wird, seinen augenblicklichen Interessen am besten dienen werden, und wenn wir nach den Informationen, die er uns eingeschickt hat, meinen, daß er ein guter Therapeut für unsere Patienten werden könnte, dann bitten wir ihn, uns für ein paar Tage zu besuchen.

Ob wir ihn dazu einladen, hängt von dem Eindruck ab, den wir von der Echtheit seines Interesses für diese Art Arbeit haben und ebenso davon, ob er uns jung und flexibel genug erscheint, um neue Ansichten von sich selbst und dem Leben entwickeln zu können, dabei aber im großen und ganzen reif und verantwortungsvoll, um eine Aufgabe zu übernehmen, die höchste Anforderungen stellt. Seine Intelligenz, seine Fähigkeit zu lernen und Anforderungen zu entsprechen, geht meistens aus seinen College- und Schulzeugnissen hervor, die ausgezeichnet sein müssen. Die aufschlußreichsten Informationen über ihn beziehen wir jedoch aus dem Lebenslauf, den er für uns schreibt. Er soll uns berichten, welche Erfahrungen in der Vergangenheit ihn zu dem Menschen werden ließen, als den er sich empfindet, und weshalb besonders er sich für die Arbeit mit psychiatrischen Patienten interessiert. Wichtig ist zwar auch seine Fähigkeit zu psychologischer Einsicht, aber noch mehr interessieren uns seine Ehrlichkeit in der Einschätzung seiner selbst wie seiner Vergangenheit und seine Fähigkeit, Mängel in seinem Charakter, in seiner Persönlichkeit zuzugeben und zu erkennen, ohne sich dabei herunterzumachen.

Ebenso wie man den Patienten bei seiner Ankunft in den »Wohnraum« der »Schule« führt, so auch den künftigen Mitarbeiter, und aus ziemlich den gleichen Gründen: er soll in sich aufnehmen, was für ein Gefühl dieser Raum vermittelt. Man gibt ihm ausreichend Zeit, sich in aller Muße darin umzusehen und sich, falls das notwendig sein sollte, vor der Unterredung zu sammeln. Diese Atempause darf aber nicht zu lang ausfallen; er darf nicht das Gefühl bekommen, man ließe ihn warten oder wir seien nicht bereit für ihn. Denn er steht da, nervös in seiner Ungewißheit, ob das nun wirklich ein Ort für ihn ist, ob er hier überhaupt gern arbeiten möchte, wie er hineinpassen und wie er von dem Mitarbeiterstab und den Patienten empfangen werden wird. Er fragt sich, was das alles für ihn bedeuten wird. Hat er richtig daran getan, sich um eine Anstellung zu bewerben? Könnte diese Arbeit sein Leben verändern, und wenn, in welcher Weise? Alle diese Gedanken gehen ihm durch den Kopf – ob ihm dies bewußt ist oder nicht –, und er versucht die Antworten auf sie zu finden, indem er in diesem merkwürdig möblierten Raum herumwandert und in einem gewissen Maße dessen stumme, aber sehr deutliche Botschaft in sich aufnimmt. Diese Anfangserfahrung hilft ihm später, sich in einen Patienten hineinzufühlen, der den Raum zum ersten Mal betritt.

Für den möglichen neuen Mitarbeiter ist diese Erfahrung sehr wichtig. Er weiß später, daß psychiatrische Patienten die Welt schließlich nicht so sehr anders erleben als wir. Wenn sie der gleichen mißlichen Situation ausgesetzt werden – ängstlich auf etwas Unbekanntes zu warten, das weitreichende Folgen in ihrem Leben haben kann –, sind ihre Gefühle inhaltlich ähnlich, nur der Grad der Intensität ist verschieden. Und natürlich sind die äußeren Reaktionen des neuen Mitarbeiters mehr als die Reaktionen der Patienten durch die gesellschaftlichen Konventionen bestimmt. Der Bewerber mag das alles längst aus Büchern gelernt haben; er kann es vielleicht im Schlaf aufsagen: Psychiatrische Patienten und wir übrigen haben viel gemeinsam, und wir haben wahrscheinlich die gleichen Ängste – wir gehen nur anders mit ihnen um. Für die meisten Anwärter war es aber das erste Mal, daß sie die entsprechende Erfahrung auch persönlich machten. Ich kann mich an keinen einzigen Mitarbeiter erinnern, der gut in die Arbeit hineingewachsen war und der nicht bis zu einem gewissen Grade seine eigenen Gefühle wieder durchlebte, wenn er in diesem Raum mit einem neuen Patienten Bekanntschaft schloß. Früher oder später wird dem neuen Mitarbeiter auch klar, daß man ihm bei diesem ersten Besuch das nahezulegen versucht hat, was für den Erfolg seiner Arbeit am wichtigsten ist. Wir können und sollen uns zwar nicht immer in einer ähnlichen Situation wie der Patient befinden, aber wir können uns nur in das einfühlen, was in ihm vorgeht, wenn wir uns geistig voll selbst auf ihn projizieren und ihm auf dieser Basis helfen.

Bei der Vorbesprechung mit einem neuen Mitarbeiter war es vor allem wichtig, klarzustellen, warum er seine nächsten Lebensjahre mit gerade dieser Art Arbeit verbringen wollte. Das war entscheidend für Mitarbeiter, die unmittelbar mit den Patienten arbeiten würden, und auch für diejenigen, die sich in irgendeiner anderen Eigenschaft für die »Schule« einsetzen wollten. In den Jahren, in denen ich die »Schule« verantwortlich geleitet habe, führte ich selbst Besprechungen in allen Einzelheiten mit jedem, der sich um Arbeit bei uns bewarb, mit den Betreuern, Sekretärinnen, Hausmeistern, Köchinnen oder mit dem Hauspersonal.

In einem Betrieb, der die Hilfe für psychiatrische Patienten ernst nimmt, werden die Dienste ganz besonderer Menschen gebraucht – auch in der Küche oder im Haus. Man braucht Menschen, die fähig sind zu begreifen und es zu schätzen, daß ihre Position eine ganze Menge Geduld und auch Mehrarbeit von ihnen fordert, Arbeit, die in anderen Positionen vielleicht als überflüssig oder gar als erniedrigend gelten mag. So kann es beispielsweise konstruktiver sein, Patienten zu erlauben, eine Reihe von Fensterscheiben kaputt zu machen, ohne dazwischenzutreten, als sie daran zu hindern; das aber ist nur möglich, wenn der Hausmeister, der die Scherben forträumen und die neuen Scheiben einsetzen muß, imstande ist, dies mit Humor aufzunehmen, und wenn er sich vor allem bewußt ist, daß diese Mehrarbeit die Heilung der Patienten beschleunigen kann. Nur wenn er diesen Standpunkt nicht lediglich deshalb einnimmt, weil man ihm gesagt hat, das sei nun einmal notwendig, sondern weil er den Nutzen einsieht, wird er diese scheinbar sinnlose Zerstörung und unnötige Mehrarbeit für ihn nicht übelnehmen. Versteht er nicht, daß es besser ist, wenn sich die Zerstörungswut eines Patienten auf Gegenstände als gegen Menschen richtet, so wird er nicht nur dem Patienten wegen der Mehrarbeit böse sein, sondern auch der »Schule«, die das zugelassen hat. Ein Hausmeister, der eine bejahende Haltung den Patienten und Mitarbeitern gegenüber einnehmen soll, muß also sorgfältig nach dem Gesichtspunkt, ob er diese Einstellung entwickeln kann, ausgewählt werden. Man muß ihn ständig darin bestärken, indem man ihm erklärt, wie und warum so etwas den Patienten hilft. Wenn er nicht überzeugt ist, daß er an der Arbeit der »Schule« direkt beteiligt ist, daß er mithilft, die psychisch Kranken zu heilen, wird das eine verstandesmäßige Anpassung sein, die wenig Wirkung auf seine gefühlsmäßigen Reaktionen hat. Er muß auch das Gefühl haben, daß sein Beitrag von den Mitarbeitern anerkannt wird, und muß Mitarbeiter wie Patienten als Menschen betrachten, die in seinem Leben eine wichtige Rolle spielen und deren Anerkennung ihm in seiner Arbeit etwas bedeutet.

Ich habe in einer früheren Veröffentlichung schon einmal kurz über die Rolle unserer Hausmeister berichtet. Als ich erwähnte, daß es manchmal konstruktiver sei, einen Patienten zerstörerisch handeln zu lassen, schlossen daraus viele Leute, wir träten überhaupt dafür ein, die Patienten tun zu lassen, was sie wollten. Manche glaubten sogar, das an sich hätte schon einen wesentlichen Heileffekt. Andere wieder meinten, wir irrten uns, und es sei schädlich. Die meisten nahmen aber an, wir seien der Ansicht, daß allgemein das Zerstören von Gegenständen gut für die Patienten sei. Sie schlossen das zum Beispiel aus dem Bericht über einen Patienten, der viele Fensterscheiben kaputtgemacht hatte, ohne daß wir ihn daran hinderten. Ich hatte dieses Beispiel damals angeführt so, wie ich es jetzt tue, um zu zeigen, daß eine Anstalt wie die unsere besondere Dienste von ihren Hausmeistern verlangen können muß. Der Grund dafür, daß wir den Patienten so zerstörerisch handeln ließen, war die Möglichkeit, daß die Zerstörung sich als Wendepunkt in seinem Leben erweisen könnte, eine Verhaltensexplosion, die wir als Teil eines therapeutischen Planes aus guten Gründen akzeptierten. Das haben fast alle, die davon hörten, nicht eingesehen. Man kam allgemein zu dem Urteil, daß eine Anstalt, in der solches Verhalten »aus Prinzip« gestattet sei, nur nach dummen oder oberflächlichen Grundsätzen arbeite. Solch scheinbares Gewährenlassen ist jedoch ganz im Gegenteil das Ergebnis eines sorgfältig durchdachten Planes zu einem ganz bestimmten Zweck. Unsere Bemühung geht dahin, die besonderen Bedürfnisse von besonderen Menschen, von denen jeder einzelne etwas anderes braucht, zu begreifen und zu befriedigen.

Ein Hausmeister, der sich nur energisch daran machte, die Ordnung wiederherzustellen und Dutzende von Scheiben neu einzusetzen, ohne die Bedeutung seines Tuns zu begreifen, wäre ein Roboter, das heißt, genau das Gegenteil von der Art Persönlichkeit, die wir für die Hausmeisterarbeit brauchen. Das Bewußtsein der Wichtigkeit seiner Arbeit verleiht dem Menschen, der sie ausführt, seine Würde, und bei besonders schwierigen Anforderungen befähigt ihn dies allein, im Geiste der »Schule« zu arbeiten. Gewissermaßen symbolisch stellte die erste Vorbesprechung eine Verbindung zwischen dem künftigen Mitarbeiter und der »Schule« her. In dieser Unterredung mußte klargestellt werden, daß jeder, vom Direktor bis zu denen, die die sogenannten niedrigsten Aufgaben ausführten, bei dem gemeinsamen Unternehmen zusammenarbeiten mußten, das nur dann Erfolge zeitigen konnte, wenn jeder einzelne überzeugt von der Bedeutung seines Beitrages war.

Zu Beginn ihrer Arbeit bestand die einzige Anforderung, die man an Hausmeister – beispielsweise – stellen konnte, darin, daß sie sich bemühen mußten, keine offenen negativen Reaktionen zu zeigen. Mit ein paar Worten oder Vorträgen konnten wir ihnen so schnell nicht begreiflich machen, wie sie das Benehmen der Patienten verstehen und akzeptieren könnten; nur sie selbst waren im Laufe der Zeit imstande, die Fähigkeit dazu zu entwickeln. Psychisch gestörte Patienten haben dabei derart feine Antennen für die innere Einstellung von Mitarbeitern, daß sie kaum durch ein lediglich äußerliches Verhalten getäuscht werden können. Wir mußten uns also bei jedem neuen Mitarbeiter darauf verlassen können, daß er das, was er bei uns lernte, verinnerlichte und von sich aus zu einer echten positiven Einstellung zu dem fand, was wir vorhatten. Diese Einstellung mußte sein ganz persönlicher Beitrag sein. Aus diesem Grunde blieben auch unsere Angestellten meist viele Jahre; Personalwechsel war selten, und das ermöglichte es mir dann auch, genügend Zeit mit einem Anwärter zu verbringen, um seiner Einstellung auf den Grund zu gehen.

Manchmal hatten diese Vorbesprechungen gänzlich unerwartete und höchst erfreuliche Folgen. Weder ich noch die junge Dame, die sich eines Tages um eine Anstellung als Sekretärin bewarb, werden unsere erste Unterhaltung je vergessen. Sie wollte bei uns arbeiten, weil ihr die viel besser bezahlte Stellung in einer großen Firma zu wenig gab. An der Unterhaltung merkte ich, daß sie ein ungewöhnlich sensibler Mensch war, und sagte ihr, ich könne mir vorstellen, daß die unmittelbare Arbeit mit den Patienten sie noch mehr interessieren würde. Dann stellte es sich heraus, daß sie nicht nur – wie aus ihrem bei uns eingereichten Lebenslauf hervorging – ihr Lehrexamen in Musik, sondern auch in Psychologie gemacht hatte und daß sie in einer psychiatrischen Institution arbeiten wollte, um mehr über solche Patienten erfahren zu können. Sie hatte es nur vorher nicht gesagt, weil sie glaubte, das sähe nach krankhafter Neugier aus, was eine verkehrte Motivation für eine Arbeit bei uns gewesen wäre. Sie nahm also mein Angebot freudig, wenn auch etwas zaghaft an, und nachdem sie mit sehr schwierigen Patienten gearbeitet hatte, wurde sie bald zu einer unserer besten Therapeutinnen. Schließlich setzte sie ihr Universitätsstudium fort, promovierte und spezialisierte sich in ihrer Laufbahn mit großem Erfolg auf Patienten mit schweren Störungen.

Es gab jedoch natürlich auch Vorbesprechungen mit negativem Ausgang. Manchen, die sich um eine Anstellung als Therapeut bewarben, mußte man dann helfen, eine andere Tätigkeit anzunehmen, die ihren Interessen und Anlagen mehr entsprach. Ein junges Mädchen, das sich um therapeutische Arbeit bewarb, glaubte, sie sei deshalb so gut dafür geeignet, weil sie selbst einen psychischen Zusammenbruch gehabt hatte und geheilt worden war. Es gelang mir, sie zu überzeugen, daß diese Arbeit bei uns zu große emotionale Anforderungen an sie stellen und damit für sie gewisse Gefahren heraufbeschwören würde. Sie war dann damit einverstanden, als Schneiderin bei uns zu arbeiten, und so hatten wir etliche Jahre lang den Vorteil, daß uns eine sehr phantasievolle, wirklich kunstfertige Schneiderin sehr half – und das mit einer Arbeit, die ihr Befriedigung und Anerkennung verschaffte.

Wir betonten bei allen Bewerbern die großen Anforderungen und emotionalen Schwierigkeiten der Arbeit und sagten ihnen, was sie noch alles zu lernen hätten. Selbstverständlich gingen die Besprechungen mit denen, die unmittelbar mit den Patienten arbeiten wollten – Therapeuten, Lehrern und Heilpädagogen –, mehr in die Tiefe, und die weiteren Sondierungen waren gründlicher. Jedem Bewerber machte ich klar, daß die Arbeit in der Orthogenic School wahrscheinlich seine Einstellung zum Leben und zu sich selbst verändern werde; er müsse verstehen, daß er mit den Patienten nicht nur aus altruistischen Gründen, sondern auch für sich selbst arbeiten werde. Für manche war es ein Schlag, wenn ihre Motive nicht so ohne weiteres akzeptiert wurden, wie sie sie vorbrachten, sondern sehr genau geprüft wurden. So bereitwillig uns einige darin zustimmten, daß die Arbeit mit psychiatrischen Patienten ihre Ansichten – sogar ihre Persönlichkeit – wandeln könnte, so glaubte doch keiner von ihnen wirklich daran. Auch wenn sie meinten, sie sollten oder wollten sich wandeln, war für sie die Vorstellung, daß das ausgerechnet durch die Arbeit mit schwer gestörten Patienten geschehen sollte, völlig unannehmbar. Deshalb bestanden wir nicht auf diesem Punkt, denn sehr ähnlich wie die Patienten mußte der Mitarbeiter erst selbst herausfinden, was er akzeptieren und glauben konnte. Statt dessen erörterten wir mit dem Bewerber das, worauf er bei dieser Art Arbeit das meiste Gewicht legte. Noch stärker als bei künftigen Patienten unterstrichen wir, welche weitreichende Entscheidung es für ihn wie für uns bedeuten würde, wenn er zu uns käme und an dem gemeinsamen Werk mitarbeitete.

Vor allem gingen wir auf die Besonderheiten im Lebenslauf des Bewerbers und seiner Persönlichkeit ein. Wenn beispielsweise die Religion eines Bewerbers ihm viel zu bedeuten schien, warnten wir ihn aufgrund früherer Erfahrungen, daß sein Glaube wie bei anderen vor ihm durch die Arbeit ins Wanken geraten könnte. Dann lag es bei ihm, ob er das Gefühl hatte, sein Glaube könnte erschüttert werden oder nicht.

Der Wunsch, mit psychisch Kranken zu arbeiten, hat viele bewußte und viele unbewußte Gründe; manche von ihnen sind für die Arbeit konstruktiv und andere nicht. Ohne eine starke innere Motivation kann niemand psychisch kranken Patienten wirksam helfen. So sollten zum Beispiel während des Vietnamkrieges ein paar Kriegsdienstverweigerer aus Gewissensgründen ihre Dienstjahre bei uns zubringen. Kaum einer von ihnen war geeignet. Ihre Motivation war nicht, den Patienten zu helfen, sondern einer nicht gewollten, ihnen auferlegten Verpflichtung auszuweichen. Fragte man sie, was sie tun würden, wenn diese Dienstverpflichtung nicht bestünde, antworteten viele ganz ehrlich, daß sie dann etwas ganz anderes tun würden. Die meisten von ihnen – einige sehr widerstrebend – sahen ein, was es für einen psychisch kranken Patienten bedeute, wenn seine ganze Existenz einem Menschen anvertraut würde, der eigentlich lieber etwas anderes tun wollte. Wenn wir einmal bei diesem Punkt angelangt waren, entgegneten manche, daß in anderen psychiatrischen Krankenhäusern Leute auch aus anderen Gründen mit gestörten Patienten arbeiteten, zum Beispiel, um ordentlich Geld zu verdienen. Das gaben wir zu und rieten ihnen, an einem solchen Ort, wo man ihre Hilfe gern annähme, zu arbeiten, denn wir würden die Patienten nicht dem Kontakt mit Menschen aussetzen, die lieber etwas anderes tun würden, wenn sie die Wahl hätten.

Sehr wenige Bewerber gaben offen zu, daß ihr Motiv ein Bedürfnis war, über andere zu dominieren. Schwieriger war es mit Bewerbern, die meinten, daß sie, weil sie selbst so ausgeglichen wären, besonders geeignet seien, psychisch gestörten Patienten zu helfen. Die erfolgreichsten Betreuer waren hingegen diejenigen, die von Anfang an spürten, daß ihnen die Arbeit eine einzigartige Gelegenheit bot, einige ihrer eigenen Probleme zu lösen. Diese wußten, daß sie gezwungen sein würden, etwas in sich selbst durchzuarbeiten, um für ihre Patienten von größerem Nutzen zu sein. Der sicherste Hinweis auf die Eignung waren der tiefe Wunsch, persönliche Autonomie zu erreichen, und die Erkenntnis, daß dies möglich ist, indem man seine besonderen persönlichen Schwierigkeiten löst. Derjenige Mitarbeiter, der sich am ehrlichsten bemühte, sich selbst gebenüber wahrhaftig zu sein – herauszufinden, was das beinhaltet und es durch konstruktives Tun entschlossen in der Realität zu verwirklichen, war stets am besten geeignet, die gleiche Fähigkeit bei den Patienten zu entwickeln. Nicht nur verfügte er über ein großes Einfühlungsvermögen in das Bedürfnis des Patienten nach Selbständigkeit, sondern er wußte auch aus eigener Erfahrung, wie schwierig und wichtig das ist. Nur der Mitarbeiter, der den Mut hat, in sich selbst hineinzuschauen, hat das moralische Recht, das auch von einem Patienten zu erwarten.

Heute, wo es soviel dummes Gerede darüber gibt, daß man selbst schizophren sein müsse, um einen Schizophrenen verstehen und ihm helfen zu können, ist es notwendiger denn je, klarzustellen, daß die Absicht des Betreuers nicht dahin geht, sich zusammen mit dem Patienten einen Wahn zu zweit aufzubauen. Die Tatsache, daß manche Menschen glauben, dies helfe psychiatrischen Patienten, ist so erstaunlich nicht, da diese Menschen überzeugt sind, ihre Krankheit stelle gleichzeitig auch die Heilung dar. Solche Menschen übersehen, daß in allen psychiatrischen Krankenhäusern solche Kranke jahrelang miteinander leben, ohne ihren Zustand dadurch zu bessern.

Die Selbstverwirklichung muß beim Mitarbeiter auf dem Wege einer tiefen Hingabe an die therapeutische Aufgabe vor sich gehen, und dies auf rationaler, realistischer Grundlage. Er muß hart arbeiten, darf sich gefühlsmäßig nicht schonen und muß sich ständig einer sorgfältigen Prüfung unterziehen. Jeder Unerfahrene – und ebenso Menschen, die zwar Erfahrung mit psychisch Kranken gesammelt, aber nicht die wichtigste Lehre daraus gezogen haben – wird so erschüttert über die Krankheit der Patienten sein, daß er sie entweder leugnet (wie die, die behaupten, Geisteskrankheit sei eine höhere Form von geistiger Gesundheit) oder sich gegen sie (und damit gegen den Patienten) wehrt. Oder aber der Betreuer ist derart angezogen von der Merkwürdigkeit der Primärprozesse im Denken und im Verhalten des Patienten, daß er ihn ahnungslos in seiner pathologischen und somit zerstörerischen Abwehrhaltung bestärkt. Das ist ein entschiedener Irrtum. Die ganzen Bemühungen des Betreuers sollten dahin gehen, eine solche Abwehrhaltung unnötig werden zu lassen. Zu diesem Zweck muß er begreifen lernen, wie diese Abwehrhaltung beschaffen ist, welche Bedürfnisse sie befriedigt, und er muß Wege finden, diese Bedürfnisse in konstruktiver Weise zu befriedigen. Das erfordert eine intensive Einfühlung in die Bedürfnisse, Achtung vor dem Symptom und gleichzeitig das Wissen um seine Destruktivität. Wirklicher, echter Respekt vor dem, was zu Unfähigkeit führt, gehört zu den Dingen, die am schwersten zu lernen sind.

Der oft vom Anfänger, der besten Willens ist, begangene große Fehler besteht darin, daß er wünscht, der Patient solle seine Krankhaftigkeit aufgeben, damit sich zwischen ihnen eine positive Beziehung entwickeln könne. Das gibt es aber nur anders herum: Erst nachdem diese gute Beziehung zwischen Betreuer und Patienten entstanden ist und nachdem genügend Zeit für ihre heilsame Wirkung vorhanden gewesen ist, kann sich der Patient langsam von seiner Krankheit lösen.

Ob ein Mitarbeiter lernen kann, diese Art von Beziehung aufzubauen, kann – wie bei allem übrigen für die Arbeit Nötigen – nur die Erfahrung erweisen. Man braucht aber nicht sehr lange, um beurteilen zu können, ob er über die wichtigsten Voraussetzungen für die Arbeit verfügt: echte Achtung vor dem Patienten als einem Menschen, der durch das Leben schwer verletzt worden ist, Sensibilität für seine Bedürfnisse, Höflichkeit auch in schwierigen Situationen, die Fähigkeit, die eigenen Bedürfnisse und Ängste – die unweigerlich bei der Begegnung mit psychiatrischen Patienten heraufbeschworen werden – im Interesse des Patienten im Zaum zu halten. Diese Qualitäten kann man nicht durch Besprechungen feststellen, sondern nur durch das, was in der tatsächlichen Situation geschieht.

Ein Minimum von drei Werktagen – sieben bis acht Stunden täglich waren mit Patientenbesuchen ausgefüllt und viele zusätzliche Stunden durch Gespräche mit Mitarbeitern über diese Erfahrung – verrieten dann viel von der inneren Einstellung des Neuankömmlings gegenüber den Problemen, die seelische Krankheiten aufwerfen. Ein besonders harter, entscheidender Test war die Frage, was man tun müsse, um den Bedürfnissen der Patienten zu entsprechen. Manche fanden, sie würden dadurch zu »Dienstboten« degradiert. Wenn sie es so empfanden, war das mit Gewißheit nicht die Art Arbeit, in der sie ihre Selbstachtung aufrechterhalten (um nicht zu sagen, erhöhen) konnten, und ohne das konnte das Ergebnis nur ein Fehlschlag sein.

Manche versuchten, uns mit ihrem theoretischen Wissen oder anderen Fähigkeiten zu beeindrucken, standen gefühlsmäßig abseits und flüchteten in Abstraktionen, um mit der schwierigen Prüfung fertig zu werden, der sie unterworfen wurden. Diejenigen, die offen zugaben, wie anstrengend diese Erfahrungen waren, zeigten zumindest, daß sie nicht nur Gefühle hatten, sondern sich ihrer auch bewußt waren, und das sprach für ihren möglichen Erfolg. Natürlich hing viel davon ab, wie ernsthaft sie diese Arbeit auch wirklich tun wollten. Die langen Arbeitsstunden und das sehr bescheidene Gehalt trugen auch dazu bei, alle auszusondern, die sich nicht wirklich für ein solches Unternehmen berufen fühlten.

Während dieser Probezeit lernten einige Mitarbeiter den »Neuen« kennen. Da sie mit ihm leben und arbeiten würden müssen, war ihre Einstellung zu ihm wichtig. Ein Mitarbeiterstab, der keinen Anteil an der Auswahl seiner Kollegen hat, verfügt nicht über Autonomie und ist daher auch kaum in der Lage, diese bei den Patienten zu fördern. Aber nicht nur die Ansicht der Mitarbeiter wurde berücksichtigt, die Eindrücke der Patienten von dem Besucher wurden es ebenfalls. Selbstverständlich hatte man die Patienten vorher gefragt, ob sie etwas gegen den Besuch eines künftigen Mitarbeiters einzuwenden hätten. Meistens waren sie neugierig genug, ihn für eine Weile in ihrer Mitte aufzunehmen. Sobald sie Einwände äußerten, wurde der Besuch beendet. Meistens legten sich zwar nur wenige Patienten in ihren Ansichten fest, aber alle hatten doch ein paar sehr scharfe Beobachtungen gemacht: ob der Besucher zu zurückhaltend oder zu aufdringlich gewesen war, ob er Achtung für sie und ihre Besitztümer bewiesen hatte, ob er mehr mit sich selbst oder den anderen Mitarbeitern beschäftigt schien als mit ihnen; ob er sie dazu zwingen wollte, sich für ihn zu interessieren; ob er vorgefaßte Meinungen über psychiatrische Erkrankungen oder über psychiatrische Patienten hatte; ob er sie mit seinen Erfahrungen hatte beeindrucken wollen oder ihnen die Initiative überlassen hatte, mit ihm Beziehungen aufzunehmen oder nicht. Die Patienten trafen also zwar nicht die Entscheidung, aber sie beeinflußten sie doch, und das beeinflußte wiederum die Einstellung, die sie zu sich selbst hatten, zu ihrem Leben in der Institution. Mehr als ein Patient wandelte seine Ansicht über die »Schule«, nachdem er gesehen hatte, daß die negative Beurteilung durch die Patienten dazu führte, daß der mögliche künftige Mitarbeiter nicht eingestellt wurde.

Ein Beispiel zur Anschauung: Viele Jahre später erinnerte sich ein Patient daran, daß ein Besucher sich sehr aufregte, als er ihn bei einem Geschicklichkeitsspiel besiegte. Er fragte den Besucher, warum er so fassungslos wäre, es sei doch nur ein Spiel. Etwas zögernd hatte der Patient das dann einem Mitarbeiter berichtet, und in der folgenden Diskussion entdeckten wir, daß andere Patienten ebenfalls negativ von dem Besucher berührt waren. Als der Patient am nächsten Tag fragte, ob der Besucher wiederkäme, und man ihm sagte, daß das nicht der Fall wäre, glaubte er zum ersten Mal, daß die Institution wirklich für ihn da war.

Die Patienten hatten zwar allerhand Einfluß auf die Beurteilung, aber letztlich entschied das Team darüber, ob es den Bewerber als Kollegen haben wollte. War ihre Entscheidung negativ, wurde sie stets akzeptiert. War sie positiv, fühlten wir uns nicht an sie gebunden, wenn wir sehr starke Vorbehalte hatten. Wir fanden, daß wir kein Recht hatten, ihnen jemanden aufzuzwingen, aber wir fanden ebenso, daß niemand, der nicht unser volles Vertrauen besaß, mit den Patienten arbeiten sollte.

Es dauerte ohne weiteres ein halbes bis zu einem ganzen Jahr, bevor wir sicher waren, wie sich ein neuer Mitarbeiter bewähren würde. Während wir uns selten in unserer anfänglichen Beurteilung eines Patienten nach ein paar Tagen des Kennenlernens täuschten, traf das nicht in gleichem Maße auf unsere Einschätzung neuer Mitarbeiter zu. Nicht daß Neurotiker als Menschen soviel leichter zu beurteilen oder zu verstehen gewesen wären – doch hing bei einem Mitarbeiter alles davon ab, wie aufgabenorientiert er war, ein Kriterium, das auf den Patienten nicht anwendbar ist. So mochte ein Mitarbeiter einen sehr feinfühligen Eindruck gemacht haben und es auch sein und sich außerdem für alles sehr interessiert haben – aber es hätte ihn mehr das interessieren müssen, was er von dem Patienten lernen konnte, als das, was der Patient von ihm lernen konnte. Oder er war – bei allen seinen Qualitäten – jemand, der vielleicht fand, er, der sich so intensiv mit dem Unbewußten des Patienten befaßte und ihm sehr half, brauchte nicht auch noch die Abfälle aufzuwischen, die er und der Patient verursacht hatten. Manche ließen sich von der Eifersucht auf andere Mitarbeiter hinreißen oder hatten andere Gründe, ihre eigenen Probleme auszuagieren, statt im Interesse des Patienten – und damit der »Schule« – zu handeln.

Wo genau sich ein neuer Mitarbeiter zu Beginn seiner Verbindung mit der »Schule« befand, war nicht so wichtig wie die Frage, ob er im Laufe der Zeit seine Möglichkeiten entfalten konnte. Der letzte Prüfstein war seine Reaktion auf die extremen Anforderungen: gefühlsmäßig, geistig, in bezug auf seine Selbstkritik und vor allem auf die Geduld und die Ausdauer, die bei der Arbeit verlangt wurden. Ebenso wie gegenüber dem Patienten mußte ganz besonders die Achtung vor der Autonomie der Mitarbeiter von Anfang an vorhanden sein; auch für die Mitarbeiter ist das Resultat bereits im Anfang enthalten.

Jeder Versuch mit tiefenpsychologischer Therapie muß stets eine neue, anspruchsvolle Erfahrung für den Therapeuten sein, wenn auch für ihn in viel geringerem Maß als für den Patienten. Der Unterschied zwischen Therapeut und Patient ist somit ein gradueller und kein essentieller; was für den einen gut ist, muß es irgendwie auch für den anderen sein, und was für den einen wirkungsvoll ist, kann auch für den anderen nicht ohne Wirkung sein; und wenn unsere Erfahrung mit den Patienten für uns nicht sehr wichtig ist, wird sie es für diese noch weniger sein. Dieses Grundprinzip muß das gesamte Leben eines psychiatrischen Krankenhauses durchdringen. In seiner Forschungsarbeit kam Henry beim Vergleich unserer Orthogenic School mit anderen psychiatrischen Institutionen zu dem Schluß, der entscheidende Unterschied, der für alle anderen ausschlaggebend sei, bestehe darin, daß die Orthogenic School auf persönlichem Engagement beruhe, während die anderen Institutionen die professionelle Distanzierung zur Grundlage hätten (65, 66). Persönliche Hingabe und Verpflichtung kann ebenso eine berufliche Verpflichtung sein. Bei der ersten Begegnung von Mitarbeitern mit der Anstalt muß diese Verpflichtung bereits im Kern – als latente Kraft – vorhanden sein, um später, bei allen Schwankungen, immer mehr als reale Kraft durchbrechen zu können.

19
Sich dem Patienten öffnen

Nachdem es uns einmal gelungen war, ein »totales« therapeutisches Milieu zu schaffen, wurde sehr bald deutlich, daß bei einigen der am schwersten zu behandelnden funktionellen Störungen Besserung möglich war, wenn der Patient in einem solchen Rahmen lebte. Alles Denken und Planen in Hinsicht auf die Schaffung dieses Milieus war den Einsichten der Psychoanalyse entnommen; aber die individuelle psychoanalytische Therapie stellte doch nur eins unter vielen anderen Elementen dieses Milieus dar. Je mehr die Psychoanalyse in das »totale« Programm als nur einer seiner Aspekte integriert war, um so mehr näherte sich der Rahmen dem Ideal der Milieu-Therapie. Trotz dieser Erfahrungen bei uns erwarteten fast sämtliche anderen psychiatrischen Einrichtungen weiterhin, daß die entscheidende therapeutische Wirkung allein von der individuellen Therapie kommen könne. Aber je länger diese Theorie aufrechterhalten wird, desto größer wird die Spaltung zwischen privater Therapie und dem übrigen Leben des Patienten – ein Schisma, das kaum geeignet ist, die Spaltung in seiner Persönlichkeit zu heilen.

Die Vorstellung eines »totalen« therapeutischen Milieus ist auch heftig kritisiert worden. E. Goffman (49) und andere, die sich auf Studien zu deutschen Konzentrationslagern stützten, betonten die destruktiven Züge von »total« ausgeprägten Institutionen (insbesondere von Krankenhäusern für psychisch Kranke), ohne zu berücksichtigen, daß jeder institutionelle Rahmen, in dem derart weitreichende Wirkungen auf die Persönlichkeit möglich sind, dies sowohl im guten wie im bösen Sinne tun kann. Eine »totale« Institution hat wirklich einen starken Einfluß auf Persönlichkeit und Verhalten derer, die in ihr arbeiten. Das geht auch aus einem psychologischen Experiment von P. B. Zimbardo hervor (133), für das sich College-Studenten freiwillig zur Verfügung stellten. Es ging um das Gefängnis-Problem, und den Studenten wurden die Rollen von Gefängnisinsassen oder Wärtern zugeteilt, ohne daß sie die Rolle selbst wählen konnten. Innerhalb weniger Tage fingen die mit den Wärter-Rollen an, derart drastische Handlungen von Brutalität an ihren Kollegen, welche die Insassen spielten, zu begehen, daß diese bereits Zeichen schweren Persönlichkeitszerfalls zeigten und dauernder psychologischer Schaden daraus wahrscheinlich schien. Das Experiment, das eine Laufzeit von zwei Wochen haben sollte, mußte schon nach sechs Tagen abgebrochen werden.

Eine »totale« Institution hat also eine starke Wirkung sowohl auf die Mitarbeiter (in dem Experiment die Wächter) wie auf die Insassen (die Gefangenen). Wenn die »totale« Einrichtung auf Therapie ausgerichtet ist (unsere Orthogenic School) und nicht auf Einkerkerung (Konzentrationslager, Gefängnis, »geschlossene Anstalten«), wird diese starke Wirkung für die Mitarbeiter wie für die Patienten, die dort untergebracht sind, therapeutisch sein. Ich habe es erlebt, daß manche Patienten so gut wie sofort darauf ansprachen, was vor allem bei magersüchtigen Patienten auffiel, die bald begannen, wieder von selbst zu essen und zu trinken. Mitarbeiter wie Patienten sind in einem »totalen« therapeutischen Milieu dessen integrierendem Einfluß vom Augenblick ihres Eintritts an ausgesetzt. Viel länger dauerte es, bis man an manchen Mitarbeitern eine Veränderung wahrnehmen konnte; aber dabei muß man berücksichtigen, daß die Anforderungen an sie sehr groß sind, im Unterschied zu den minimalen, die an die Patienten gestellt werden. Von Anfang an erwartete man von neuen Mitarbeitern mehr als von neuen Patienten, und sie selbst erwarteten mehr von sich selbst als vorher. Der neue Mitarbeiter beginnt seine Arbeit von einer relativ hohen Integrationsstufe aus, während der Patient mit der tiefsten anfängt; von ihr aus weiterzugehen, ist einfacher, zumal es nur einen Weg gibt – den nach oben.

Szurek (122) stellt fest:

»Eine kurze Charakterisierung des ›nichtkontrollierenden‹ Zieles des therapeutischen Milieus kann ungefähr folgendermaßen lauten: Ziel jedes Mitarbeiters ... ist es, dem Kind zu helfen, die innere konfliktbedingte Störung zu mindern, wie immer sich diese bei dem Tun manifestiert, das sich auf den einzelnen Mitarbeiter bezieht. Es wird als gegeben vorausgesetzt, daß die aus der symptomatischen Bindung freigesetzte Kraft – nachdem das Kind einige Schritte auf die Verminderung seiner inneren Störung hin geleistet hat – es allmählich möglich macht, daß das Kind lernen kann und sich weniger destruktiv verhalten wird.«

Nach einer langen Liste dessen, was die Mitarbeiter für die Patienten tun müssen, fährt Szurek fort:

»Das bedeutet, daß die Befriedigung der Mitarbeiter aus ihrem eigenen praktischen Beitrag zu der Leistung des Kindes entspringt, seinen inneren Aufruhr zu vermindern, und ferner aus ihrer eigenen wachsenden fachlichen Entwicklung und Kompetenz ... All dies verlangt jene Art organisatorischer Zusammenarbeit mit anderen Mitarbeitern, die man als Integration des gesamten Mitarbeiterstabs im Hinblick auf ein klar umrissenes Ziel bezeichnen könnte.«

Das ist alles sehr wahr und zutreffend. Jedoch liegt der Akzent in Wirklichkeit ganz wesentlich auf dem, was die Patienten brauchen – als wäre das theoretisch so schwer zu erkennen oder so schwer in die Praxis umzusetzen. Ich glaube, daß das Hauptproblem bei der Milieu-Therapie darin liegt, wie man ein Milieu schaffen kann, in dem sich die Mitarbeiter nicht gegen die emotionalen Verheerungen wehren müssen, welche die Patienten und ihre Bedürfnisse bei ihnen anrichten.

August Aichhorn, der erste, der (für kurze Zeit mit Erfolg) eine »totale« therapeutische Behandlung auf psychoanalytischer Basis versuchte, erkannte, daß der therapeutische Geist »aus dem Personal kommen muß ... Es genügt nicht, zu begreifen, was das Kind sagt oder tut; der Betreuer muß fähig sein, sich in die Situation ›hineinzuleben‹, damit diese Erfahrungen zu seinen eigenen werden« (1). Wie absolut wahr ist das, aber es fragt sich, wie der Betreuer das leisten kann, ohne dabei emotional zu sehr mitgenommen zu werden, und wie er das erleben kann, was der Patient erlebt, ohne – wie der Patient – an seiner Person Schaden zu nehmen.

Wir brauchen alle Schutzmaßnahmen, wenn unsere Integration bedroht ist. Das Primitivverhalten psychisch kranker Patienten ist für alle bedrohlich, die diese Erfahrung wirklich zu teilen wagen. Deshalb können es sich die Mitarbeiter nur leisten, die Erfahrung der Patienten in all ihrem Entsetzen, ihrer Feindseligkeit und Abhängigkeit mitzuleben, wenn sie sich ausreichend gesichert wissen und gewiß sind, daß sie in der Lage sind, sich zu reintegrieren. Man bekommt es mit der Angst, wenn man sich in den Strudel des Zorns, der Angst und Verzweiflung eines Patienten hineinziehen läßt; man fürchtet um den eigenen Verstand; man fängt vielleicht sogar an, sich zu fragen, welche ihrer Wahnideen überhaupt wahnhaft und welche unter Umständen ganz vernünftig sind.

Die »natürlichste« Schutzmaßnahme dagegen ist eine fast automatische Reaktion der verstärkten Abwehr gegen die Wirkung derartiger Erfahrungen; man verschließt sein Herz, wenn nicht sogar seinen Verstand vor denen, die uns anscheinend mit der Gewalt ihrer Gefühle zu überwältigen drohen. Indem ein Betreuer das aber tut, verdirbt er sich seine beste Möglichkeit, dem Patienten zu seelisch-geistiger Gesundheit zu verhelfen. Es braucht Mut und Entschlossenheit, sich nicht hinter Schutzmanövern zu verschanzen, sondern sich genau den Gefahren zu stellen, die man am liebsten umgehen würde. Öffnet man sich, so aktiviert das automatisch instinktive Triebe, die denen des Patienten parallel laufen, und es ruft dabei durch Assoziation andere unbewußte Spannungen wach, die normalerweise von uns unter bewußter Kontrolle gehalten oder unbewußt verdrängt werden. Wenn wir also mit Einfühlung auf das, was in dem neurotischen Menschen geschieht, antworten und versuchen, es aufgrund unserer eigenen inneren Erfahrungen zu begreifen, dann kommen verdrängte Inhalte wieder in uns zum Vorschein; und diese Gedanken, Wünsche und Ängste, die unserem Bewußtsein ferngehalten worden sind, drohen dann, das Ich zu überschwemmen. Wenn wir uns also wirklich dem Geist eines neurotischen Menschen öffnen, erfährt unser Ego ein solches äußerstes Ansteigen von Triebkräften als Gefahr für sich selbst und – unabhängig von allen anderen von außen kommenden drohenden Folgen – als eine Gefahr, die zerstört und deren Organisation niedergerungen werden muß (126).

Es ist somit nur natürlich, wenn der intelligente, gebildete Mensch (nur er verfügt über die Hilfsquellen, ein guter Therapeut zu werden), den Drang verspürt, sich innerhalb seiner eigenen geistigen Schutzwälle zurückzuziehen angesichts der spannungsreichen Erfahrungen, die ihm seine ihm anvertrauten Patienten aufzwingen. Er entwickelt dann die Technik, den Patienten als Studienobjekt und nicht als Menschen wie sich selbst zu betrachten. Je mehr aber jemand in abstrakter Form über den Patienten »weiß«, um so weniger ist er in »Berührung« mit ihm als Menschen. Ein solcher Betreuer »erkennt« viel mehr an geistigen und emotionalen Mechanismen, die im Patienten arbeiten, aber er verliert ihn als Menschen aus den Augen. Und je mehr er sich darauf konzentriert, alles über die paranoide Persönlichkeit zu erforschen, desto weniger spricht er auf Mr. Jones in Fleisch und Blut an und um so weniger kann er sich in Mr. Jones' Überzeugung hineinversetzen, hilflos auf Gnade oder Ungnade denen ausgeliefert zu sein, die ihn für ihre unheilvollen Zwecke mißbrauchen. Mr. Jones ist sicher, daß alle außerhalb seiner Reichweite darauf aus sind, ihn zu vernichten. Betrachtet der Betreuer das indessen nur als Produkt seiner Einbildung (was es zwar auch ist, freilich nur bis zu einem gewissen Grade, weil noch in jeder Wahnvorstellung immer auch irgendeine psychologische Wahrheit tief eingebettet liegt) und nicht als Ausdruck der Hölle, in der Mr. Jones lebt, dann versagt er in dem Kampf gegen die panische Angst von Mr. Jones, durch seine Feinde erledigt zu werden. Je mehr man über die gestörte Persönlichkeit weiß, desto weniger akzeptiert man gefühlsmäßig, daß Mrs. Smith regungslos, nichts sehend und zu Unbeweglichkeit erstarrt bleiben muß, nur weil sie auf diese Weise den Lauf der Welt aufhalten und es verhindern kann, daß der nächste Augenblick über sie und die ihr wichtigen Menschen äußerste Vernichtung bringt. Gelten Mr. Jones und Mrs. Smith als verschrobene und verwirrte Patienten, so bestärkt sie das in ihrer Überzeugung, daß sie als Fälle und nicht als Personen behandelt werden, die in ihren Bedürfnissen, Wünschen und Ängsten ebenso einzigartig und wertvoll sind wie die Betreuer selbst.

Das wissenschaftliche Studium der menschlichen Psychologie kann leicht ein solches Ausmaß annehmen, daß es einen hindert, auf das zu achten, was man mit diesen leidenden Menschen gemeinsam hat, und ebensowenig auf die eigene Rolle in der Beziehung zu ihnen. Aus dieser Sicht können die Schriften von Laing, meine ich, am besten verstanden werden. Er schreibt: »Die herrschende Vorstellung von der Schizophrenie ist eine Zwangsjacke, die Psychiater und Patienten einengt« (81). Er hat offenbar seine Erfahrungen mit Psychiatern, die ihre Wissenschaft als Technik der Distanzierung vom Patienten einsetzen.

Laing sieht den Schizophrenen als einen Menschen mit einem ebenso wichtigen Weltverständnis wie dem unsrigen und einer möglicherweise noch scharfsichtigeren Erkenntnis einiger Aspekte. Außerdem ist Laing der Ansicht, daß nur jemand, der eine schizophrene Erfahrung gehabt hat oder ihr nahe gewesen ist, den schizophrenen Patienten wirklich begreifen könne. So jedenfalls verstehe ich Laings Satz, daß die Behandlung von Schizophrenen von Menschen geleistet werden müsse, »die dort gewesen und wieder zurückgekommen sind. Psychiatrisch würde das so erscheinen, als ob frühere Patienten künftigen Patienten helfen würden, verrückt zu werden« (80). Ich zweifle nicht daran, daß frühere Patienten dazu beitragen können, daß andere wahnsinnig werden; aber ich weiß auch, daß sie weniger imstande sind zu verstehen, was in anderen gestörten Menschen vorgeht, als ein psychoanalytisch geschulter Mensch, und daß sie sehr viel weniger imstande sind, ihnen bei der Heilung zu helfen. Tatsächlich können Menschen, die von einem psychiatrischen Leiden geheilt sind, eine größere und spontanere *Sympathie* mit dem Dilemma eines psychiatrischen Patienten aufbringen, aber, zumindest meiner Erfahrung nach, kaum die geringste *Einfühlung*. Sie haben nicht den genügenden Abstand von dem psychotischen Prozeß, um ihn anders zu sehen als das, was sie aus der eigenen Erfahrung kennen. Psychose ist jedoch die ganz persönliche Hölle eines Einzelmenschen und nur aus dessen eigener Erfahrung verständlich, wogegen der ehemalige Schizophrene alles mit seinen früheren Erfahrungen gleichsetzt. Wie gesagt, der schizophrene Mensch hat eine unheimliche Einsicht in die Probleme und Schwierigkeiten von anderen, solange sie in engem Zusammenhang mit dem stehen, was ihn selbst betrifft. Gehen sie ihn nichts mehr an, reagiert er viel weniger einfühlend als der normale, auch der psychiatrisch ungeschulte Mensch, auf das, was in anderen vor sich geht. Sonst würden sich ja psychiatrische Patienten gegenseitig heilen, denn schließlich verbringen sie in den psychiatrischen Krankenhäusern viel Zeit miteinander.

Im Gegensatz zu Laings Ansicht hat mich die Erfahrung gelehrt, daß die unmittelbare Therapie von Psychotikern Therapeuten voraussetzt, die ein sehr starkes Ich haben – so stark und gut integriert, daß trotz ihrer Ängste keine Gefahr besteht, daß ihr Ich durch ihre eigenen Primärprozesse oder durch den Kontakt mit den Patienten auch nur zeitweise überwältigt werden könnte. Der Anfänger, der neuen Erfahrungen ausgesetzt ist, für die er nur teilweise durch sein Studium oder gelegentliche Berührung mit psychiatrischen Patienten (etwas ganz anderes als das tägliche Leben und Arbeit mit Schizophrenen!) vorbereitet ist, fürchtet natürlich, sein Ich könne unter dem Ansturm des Primärverhaltens der Patienten geschwächt werden. Wenn ein Mitarbeiter in seiner Arbeit Erfolg haben soll, darf gar nicht die Möglichkeit bestehen, daß dies geschieht.

Eine der wichtigsten Eignungen für die unmittelbare Arbeit mit psychiatrischen Patienten in einem »totalen« therapeutischen Milieu ist, daß die Ich-Stärke des Therapeuten groß genug ist, daß sich sein Ich zu reintegrieren vermag, nachdem es Abwehrmaßnahmen im Interesse der Einfühlung in den Patienten aufgegeben hat. Auf diese Weise werden zunehmend bessere Formen, die Arbeit zu bewältigen, erreicht. Einer der Gründe für unsere Forderung, ein Mitarbeiter müsse vier Jahre an einer sehr guten Universität absolviert haben und einen ausgezeichneten akademischen Leistungsstand vorweisen, ist die Tatsache, daß dies ein Indikator für die Ich-Stärke darstellt. Damit ist auch ein kultureller Hintergrund gegeben, auf dem man während der Arbeit an der Institution aufbauen kann. Psychoanalyse ist ja unter anderem eine historische Rekonstruktion. Wenn der Betreuer in Geschichte bewandert ist – in der eigenen wie in der des Menschen –, so hilft das sehr. Literarische und künstlerische Schöpfungen sind Ausdruck unbewußter Prozesse, die durchgearbeitet und sublimiert worden sind. Wer an diesen herausragenden Beispielen von Sublimierung nicht interessiert ist, wird niemals den Patienten helfen können, ihr Denken in Primärprozessen und ihre instinktiven Triebe zu sublimieren. Jeder Mitarbeiter muß sich mit psychoanalytischer und psychiatrischer Literatur vertrautmachen. Das genügt jedoch nicht; er muß sich bemühen, Schriftsteller wie Shakespeare und Dostojewski – um nur diese beiden zu nennen – mit Verständnis zu lesen und Freude daran zu finden.

Jeder Bewerber wird einige Tage lang dem unmittelbaren Kontakt mit den Patienten ausgesetzt, damit wir eine genaue Vorstellung seiner Ich-Stärke bekommen. Manchmal haben wir diese auch überschätzt, und der Betreuer hatte dann, als es zu längeren Kontakten mit den neurotischen Patienten kam, nicht nur Angst, seine Integration könne Schaden nehmen, sondern befand sich in tatsächlicher Gefahr, daß es dazu kommen würde. Dann mußte er sofort – im eigenen und im Interesse der Patienten – befreit werden, wir mußten ihm behilflich sein, eine andere, für ihn weniger bedrohliche Beschäftigung zu finden. Da ein solcher Abbau der Integration bei einem grundsätzlich gesunden Ich auf besonderen traumatisierenden Erfahrungen beruht, ist es dann beruhigend zu beobachten, daß solche Menschen innerhalb weniger Tage nach Beendigung ihrer Arbeit mit den Patienten wieder voll integriert sind. Manche dieser Mitarbeiter meinten, sie seien zwar bereichert worden durch die Erfahrung, sie sei aber einfach über ihre Kräfte gegangen. Sie bedauerten das nicht, sie erkannten lediglich, daß sie nicht dafür geeignet waren. Einige wurden später Psychiater, und die Behandlung von Patienten, die weniger krank waren als unsere, bot ihnen innerhalb ihrer Privatpraxis genügend Schutz, um gute Arbeit zu leisten.

Bezeichnend ist, daß wir meistens keine guten Ergebnisse bei Mitarbeitern hatten, die kurz zuvor eine Psychoanalyse durchgemacht hatten. Diejenigen hingegen, die sich einer Psychoanalyse unterzogen, nachdem sie eine Weile an der »Schule« gearbeitet hatten und mehr über sich selbst wissen wollten, waren häufig unsere besten Betreuer. Mitarbeiter, die sich vor Antritt ihrer Arbeit in Behandlung begeben hatten, hatten die normalen Widrigkeiten des Lebens anscheinend als zu überwältigend für ihr Ich empfunden. Einige sonst recht fähige Collegeabsolventen, die an der »Schule« zu arbeiten versuchten, hatten es irgendwann einmal mit Rauschgift versucht, obwohl sie es nun nicht mehr nahmen. Es schien vernünftig, ihnen eine Chance zu geben, aber keiner bewährte sich wirklich. Das lag nicht an irgendwelchen erkennbaren Nachwirkungen der Rauschgifte, sondern an ihrem verhältnismäßigen Mangel an Ich-Stärke, also an der gleichen Schwäche, die sie dazu gebracht hatte, Rauschgift als Fluchtweg zu benutzen. Soweit ich orientiert bin, ist zwar niemand von ihnen zum Rauschgift zurückgekehrt oder hat andere psychologische Hindernisse zu überwinden gehabt, aber die Arbeit bei uns verlangte einfach zuviel von ihrem Ich, als daß sie sie wirklich erfolgreich hätten meistern können.

Kehren wir aber zu Laings These zurück: Wenn wir den Schizophrenen nicht als einen Menschen sehen können, der mehr oder weniger so ist wie wir, können wir ihm nicht nahe genug kommen, um ihn verstehen oder ihm helfen zu können. Das stimmt zwar. Nur bin ich sicher, daß es deswegen nicht nötig ist, anzunehmen, daß er mehr von der Welt versteht als wir. Gewiß weiß er mehr über *seine* Welt als wir. Auch mit dem vollständigsten psychiatrischen Wissen können wir nichts tun, als ihm dabei zu assistieren, in seine Welt eine größere Ordnung zu bringen. Man braucht aber selbst nicht einen Hauch von Schizophrenie zu haben, um psychotische Menschen zu begreifen und ihnen zu helfen; in uns allen sind dafür genügend primäres Denken und Fühlen vorhanden. Es ist nicht so, daß Schizophrene – wie Laing und andere glauben – mehr von der Welt, wie sie tatsächlich ist, wissen. Durch den Versuch, sie und ihre Absichten zu begreifen, können wir dennoch »von fast jedem Schizophrenen einen neuen Aspekt der Welt« kennenlernen (33).

Wenn wir uns nicht mehr so ängstlich gegen diese Tatsache sträuben, wird uns auch klar, daß wir mit dem psychiatrischen Patienten sehr viel gemeinsam haben, genug jedenfalls, um die Brücke über die Kluft zwischen uns zu schlagen. Der Unterschied zwischen Patient und Therapeut besteht darin, daß der Therapeut nach eigenem Willen über die Brücke hin- und zurückgehen kann. Er weiß in jedem Augenblick, wie weit er sich in die chaotische Welt jenseits der Kluft, die geistige Gesundheit von Geisteskrankheit trennt, sicher vorwagen darf, er weiß, wann er sich schnell von dem fremden Territorium in die gesunde Welt zurückziehen muß. Dem Patienten ist es durch seine Krankheit verwehrt, diese Brücke in freier Entscheidung zu überschreiten; deshalb müssen um so mehr wir es sein, die sich zu ihm, zu seiner Seite der Brücke begeben, damit die Begegnung möglich wird. Werden wir jedoch zu Gefangenen dieser besonderen Unterwelt der Krankheit, so werden wir nie in der Lage sein, den Patienten über die Brücke zurück in die Welt gesunden Lebens zu führen.

Im wesentlichen hat Laing recht, wenn er in einer sehr geglückten Formulierung das zusammenfaßt, was auch das Wesentliche der Milieu-Therapie bildet: »Psychotherapie muß ein hartnäckiger Versuch zweier Menschen bleiben, die Ganzheit des Menschseins durch die Beziehung zwischen ihnen wieder herzustellen.« In der Milieu-Therapie erstrecken sich diese Beziehungen auf das gesamte Leben des Patienten. Nur können wir vom Patienten nicht erwarten, daß er sich dieser Aufgabe unbeirrt widmet, im Gegenteil: Man muß auf seinen hartnäckigsten Widerstand dagegen vorbereitet sein. Und wir sind es, die in unseren Bemühungen, dem Patienten die Ganzheit wiederzugeben, hartnäckig sein müssen. Und wenn wir auch nicht die Ganzheit unserer Persönlichkeit wiederzuerlangen brauchen, da wir über sie bereits zu Beginn notwendig verfügen, müssen wir uns doch um einen höheren Grad der Ganzheit bemühen – beziehungsweise, wie ich es lieber nenne, der Integration –, und zwar durch das, was wir durch unsere Beziehungen zu den Patienten erfahren.

Die Schwierigkeiten, denen der Anfänger bei den Patienten begegnet, hindern ihn oft daran, seinen eigenen Beitrag zu erkennen. Die Patienten reagieren auf ihn negativ, weil sie ihrer eigenen Ängste und Bedürfnisse nicht Herr werden – und schon gar nicht der seinen. Die Patienten fühlen sich verletzt durch die unausgesprochene Einstellung des Betreuers, sie seien »verlorene Seelen«; der Anfänger hat sich selbst auf eine höhere Stufe gestellt. Selbst wo das zutrifft, wirkt solch eine Haltung immer und überall kränkend – um wieviel mehr auf hochempfindliche, gestörte Patienten. Man kann einem Betreuer begreiflich machen, wie seine Haltung die Ablehnung der Patienten provoziert hat – sie ähnelt derjenigen sogenannter wohlmeinender, unvoreingenommener Weißer gegenüber Schwarzen.

Häufig treffen wir auf ernsthaften Widerstand, wenn wir einem Betreuer zeigen wollen, wie seine Haltung zu einer mißlichen Situation beigetragen hat, aber das ist unvermeidlich. Das geschieht behutsam, Schritt für Schritt, mit Geduld und Achtung vor den Gefühlen des Betreuers; das wird ihm als Vorbild dienen, wenn er selbst einmal einem widerstrebenden Patienten beistehen soll, seinen Anteil an den Problemen seines Lebens zu erkennen, ganz gleich, wie schmerzhaft solche Erkenntnisse sind. Nur auf diese Weise kann der Betreuer

Hoffnung auf schließlichen Erfolg gewinnen. Wenn er nämlich zum Teil mitschuldig ist an dem, was schiefgelaufen ist, kann er ebenso zum Teil dazu beitragen, die Situation zu bessern.

Als Beispiel führe ich hier einen jungen Betreuer an, dem ich klarmachen mußte, in welcher Weise sein eigenes unbewußtes Vorurteil schädlich auf die Patienten wirkte. Da dieser Betreuer enttäuscht über sich selbst in seiner Einstellung zu den Patienten war, war es für ihn wichtig und nützlich zu wissen, daß auch die Patienten eine Niederlage erlitten hatten. Sie hatten den neuen Mitarbeiter mit Befürchtungen empfangen, aber auch mit einiger Hoffnung, daß sie diesmal eine andere Erfahrung mit Menschen machen würden und daß sie etwas davon haben würden, wenn sie mit ihm zusammen wären. Da sich die Dinge nun nicht so gut entwickelten, sahen die Patienten dies als eine weitere Demonstration dessen an, daß ihnen niemals etwas Gutes widerfahren würde, daß die Menschen immer von ihnen enttäuscht sein und finden würden, sie hätten keinen Wert.

Bis dahin war dem Betreuer nur die gänzliche Gleichgültigkeit der Patienten, ihre Ablehnung und ihr Widerwille gegen ihn oder ihre Schadenfreude über die Niederlage, die sie ihm bereiteten, bewußt geworden – oder welche Abwehrmanöver auch immer, die sie gebraucht hatten, um sich zu schützen und ihn zu prüfen. Dann, nachdem sie einmal sein Reservoir an guten Absichten, »diesen armen Seelen« zu helfen, abgenutzt hatten, konnten sie seine wahren Motive für die Arbeit mit psychiatrischen Patienten beurteilen.

Viele Anfänger waren, nachdem sie erkannt hatten, was wirklich geschehen war – im Gegensatz zu dem, was sie geglaubt hatten –, überrascht zu sehen, wie ähnlich die Gefühle von Betreuer und Patienten gewesen waren: Beiden Teilen hatte die Sorge um den anderen zu schaffen gemacht, nur hatte sie sich aufgrund der verschiedenen Positionen und Persönlichkeitsstrukturen sehr verschieden ausgedrückt. Der Betreuer hatte versucht, »netter« zu sein, als ihm wirklich angesichts seiner inneren Vorbehalte und Befürchtungen zumute war, und die Patienten hatten die Flucht nach vorn angetreten und waren so erregbar und schwierig wie nur möglich gewesen. Beide Teile hatten auf die Erfahrung miteinander gehofft, beide hatten eine Niederlage erlebt und waren tief enttäuscht über sich selbst, weil sie die Situation nicht besser gemeistert hatten. Aus Selbstschutz hatten beide nach einem Weg gesucht, dem anderen Teil die Schuld zuzuschieben; die Patienten fanden, der Betreuer sei nichts wert, und der Betreuer erklärte alles mit der seelischen Gestörtheit der Patienten.

Aus dieser Analyse müßte klar hervorgehen, wieviel Gemeinsames Betreuer und Patienten haben, aber das entgeht dem Anfänger noch. Er ist viel zu unsicher, hat zuviel Angst, diese Gleichsetzung zu akzeptieren. Diejenigen, die sich später zu den besten Betreuern entwikkelten, reagierten auf eine solche Erfahrung gewöhnlich mit großer Niedergeschlagenheit. Da wo sie gehofft hatten, Gutes zu bewirken, zeigte sich als Ergebnis, daß es den Patienten schlechter ging als vorher. Auf diese Erkenntnis antworteten sie vielleicht mit verzweifeltem Weinen oder einem stillen: »So empfinden also die Patienten, aber wer fragt nach meinen Gefühlen?« Diese Antwort kam durchaus erwartet, denn wer immer für den Betreuer die Anstalt repräsentiert, muß dafür sorgen, daß die Gefühle der Betreuer ebenso respektiert werden wie die der Patienten. Eigentlich sind die Gefühle des Betreuers (entsprechend der Ethik der Institution) sogar noch wichtiger, denn sie sind die einzigen Gefühle, an denen *er* arbeiten kann. Er mag niedergeschlagen bleiben oder sogar die Arbeit aufgeben, oder er kann seinen Mut zusammennehmen und den Kampf fortsetzen. Nur er selbst kann entscheiden, wie er reagieren will.

Eine Betreuerin faßte dieses Dilemma kurz und bündig zusammen, als einer ihrer Patienten anscheinend auch noch Überstunden beanspruchte, weil er unruhig war, sie aber bereits ihre Verabredung für ihren freien Abend getroffen hatte. Wir hatten über die Verzweiflung des Patienten gesprochen, der sich verlassen fühlte. Mit einem unterdrückten Schrei platzte die Betreuerin heraus: »Und meine Gefühle, zählen die überhaupt nicht?« Worauf ich ihr sagte, sie seien in der Tat am wichtigsten. Aber worin bestanden sie eigentlich? Jahre später schrieb sie:

»Damit war ich festgenagelt. Wollte ich wirklich nicht ein paar Stunden meiner kostbaren Freizeit drangeben, um einem meiner Patienten zu helfen? Zunächst war es eine Frage der Schuld, aber bald merkte ich, daß das niemandem etwas nützte. Es dauerte eine ganze Weile, aber schließlich kam ich soweit, es nicht länger auf die Patienten zu schieben und mich ehrlich zu fragen, was für eine Art Mensch ich sein wollte, um nach diesem Maßstab und nicht nach dem, was der Patient brauchte, meine Entscheidungen zu treffen; denn Entscheidungen, die ich mit Rücksicht auf den Patienten traf, führten zu guter Letzt immer dahin, daß dieser irgendwie dafür bezahlen mußte. Wollte ich der Mensch sein, der von neun bis fünf arbeitete und alle Wochenenden frei hatte? Wollte ich alles aufgeben, was ich an Erkenntnissen und als Persönlichkeit aus der Arbeit gelernt hatte? Natürlich nicht! Als ich dann anfing, meine Entscheidungen nicht auf der Basis dessen zu treffen, was der Patient brauchte, sondern sie danach ausrichtete, was für ein Mensch ich sein wollte, wurde alles soviel einfacher, obwohl die Arbeit weiter schwierig war. Aber sie wurde damit auch viel gewinnbringender für mich selbst.«

Das ist das Ende einer langen Entwicklung, aber bei der Milieu-Therapie muß von Anfang an klar sein, daß nichts deshalb getan wird, weil die Arbeit es erfordert. Das ist ein zu unpersönliches Prinzip. Der

Anfänger wird sich in dieser Frage gegen die Institution wehren. Weil soviel Arbeit in psychiatrischen (und anderen) Institutionen gemäß dem getan wird, was die Organisation vom Betreuer erwartet oder als »seine zu erfüllende Pflicht« von ihm verlangt, lassen diese Institutionen jene Menschen im Stich, denen sie eigentlich dienen sollten. Eine Mutter, die meint, sie müsse gewisse Dinge tun, um für das Kind zu sorgen, weil sie nun einmal Mutter ist, – obwohl sie lieber etwas ganz anderes mit ihrer Zeit anfangen würde –, beschwört eine Tragödie für ihr Kind herauf.

Manche Betreuer überleben die ersten schwierigen Monate in einem Gefühl von Schuld, einem Wunsch, »vergangene Sünden wiedergutzumachen«. Andere halten aus, nicht weil sie eine bestimmte Art Mensch vor sich selbst sein wollen, sondern weil sie auf die übrigen Mitarbeiter einen guten Eindruck machen wollen. Aber auch schlechte Gründe, da sie Gründe *sind*, müssen als Ausgangspunkt für eine höhere Integration mit Respekt behandelt werden, bei der die schalen Motivationen durch eine für Mitarbeiter und Patient gleichermaßen wirklich nützliche ersetzt werden: als erstes das Nötige zu tun, um die Persönlichkeit zu werden, die der Mitarbeiter zu werden wünscht, und später, um seine Selbstachtung als die Persönlichkeit und als der Therapeut, wie sie sein Selbstbild verlangt, zu erhalten.

Bei der Milieu-Therapie muß dem Betreuer klargemacht werden, daß seine Entscheidungen die eigenen sind, je nachdem, was er für notwendig hält; sollte sich das als Irrtum herausstellen, ist die gesamte Anstalt da, um die Dinge wieder in Ordnung zu bringen, so daß nie etwas sehr Schlimmes passieren kann. Wenn alles durchgesprochen ist, wenn der Betreuer einsieht, daß er sich geirrt hat, wird er sich wandeln. Wenn nicht, war er vielleicht doch im Recht, und beim nächsten Mal werden die Reaktionen der Patienten erweisen, wer recht hatte.

Eine Betreuerin erzählte mir, daß sie einmal eine Bemerkung von mir über ihre Haltung gegenüber einem Patienten so verstanden hatte: »Nun ja, wenn Sie die Art Mensch sein wollen, die einen psychiatrischen Patienten unterhalb der Gürtellinie schlägt, dann tun Sie es nur.« Damit war sie sich selbst gegenübergestellt; bis dahin hatte sie nur die Arbeit als Gegenüber gehabt. Das Resultat war, daß sich ihre Einstellung zu den Patienten, zur Anstalt und sich selbst gegenüber veränderte. Da sie die Freiheit hatte, sich so schlecht zu benehmen, wie *sie* wollte, konnte sie den Patienten die Freiheit geben, Gleiches zu tun. Infolgedessen hatten nun die Patienten keinerlei Grund mehr, sich derart schlecht aufzuführen, und sie hatte keinen Grund mehr, sich so zu verhalten, daß sie selbst das Gefühl hatte, sie schlüge die Patienten unterhalb der Gürtellinie.

Zweifellos gibt es auch Menschen, die eine solche Freiheit mißbrauchen und sich nur wenig Gedanken darüber machen würden, was die beste Art wäre, mit den Patienten umzugehen. Deshalb muß jeder Bewerber sorgfältig geprüft werden, nicht so sehr im Hinblick auf akademische Prüfungen, sondern als Person, bevor man ihn als Betreuer arbeiten läßt. Deshalb müssen wir diese Person als Individuum kennenlernen und bei der Arbeit mit den Patienten sehen, um danach ihre Reaktionen herauszulocken. Auch hier ist das Ende bereits im Anfang enthalten. Wenn diejenigen, die in das Team aufgenommen werden, nicht Menschen sind, die es sich einfach nicht leisten können, »psychiatrische Patienten unterhalb der Gürtellinie zu schlagen«, dann kann das therapeutische Milieu nicht erfolgreich sein.

Trotz größter Sorgfalt unterlaufen selbstverständlich auch Irrtümer. Ein Betreuer ließ sich beispielsweise durch das aufsässige Benehmen eines Patienten hinreißen und schlug ihn; ein anderer kratzte einen Patienten – nicht aus Versehen oder zufällig, sondern weil er sich so über ihn ärgerte. Sollte das therapeutische Milieu glaubhaft bleiben, mußte man in beiden Fällen den Mitarbeiter bitten, zu gehen. Die Patienten müssen glauben können, daß ihre legitimen Interessen nicht nur gegen Gefahren von außen, sondern vor allem gegen solche, die innerhalb der Anstalt entstehen mögen, geschützt werden. In jedem Fall hatte die Trennung des Betreuers von der Anstalt eine sofortige wohltätige Wirkung, sowohl auf den unmittelbar betroffenen Patienten wie auch auf viele andere.

Wir dürfen andererseits natürlich den Betreuer nicht in Situationen hineinschlittern lassen, in denen er gegen sich selbst kämpfen muß. Wenn er der Mensch werden soll, der er werden will – einer, der sich nicht durch Angst und Zorn oder Enttäuschungen hinreißen läßt –, braucht er Hilfe, um zu verstehen, was genau der Grund für seine Unfähigkeit gewesen ist, den eigenen Erwartungen zu entsprechen. Es verlangt beträchtliches Wissen um seine Persönlichkeit und Einfühlung in sie, wenn die Verbindung zwischen etwas, das er integrieren möchte, und dem, was für seinen Erfolg bei den Patienten notwendig ist, hergestellt werden soll. Die Grundlage hierfür waren das Studium des Lebenslaufes, den er bei seiner Bewerbung mit vorgelegt hatte – bei dem das, was er nicht über sich gesagt hatte, ebenso wichtig war, wie das, was er sagte –, die Unterhaltungen mit ihm während seiner Probetage und ebenso sein Verhalten bei der Arbeit und seine Beziehungen zu den übrigen Mitarbeitern. Aber das ist kaum mehr als ein Anfang für das wirklich Wichtige, die besondere Verbindung zwischen seiner Persönlichkeit und dem, was zwischen ihm und den Patienten geschieht. Direkt über dieses Thema kann man nur sprechen, wenn der Betreuer sich bereits in etwa darüber klar ist, daß irgend etwas in ihm ist, das er nicht gutheißen kann, und wenn das Problem so allgemein gehalten ist, daß sein privater Raum nicht angetastet wird, wenn man die Dinge offen bespricht.

Der eigentliche Inhalt derartiger Unterhaltungen wie auch anderer, die den Mitarbeitern in ihrer persönlichen und beruflichen Entwicklung helfen sollen, muß stets darauf abgestellt sein, diese Entwicklung und nicht nur die Interessen der Patienten zu fördern. Angenommen, die Schwierigkeit betrifft (was meist der Fall ist) die Beziehung zwischen ihm und einem bestimmten Patienten, mit dem er nicht so gut zu Rande kommt, wie er möchte. Da alles innerhalb einer besonderen Beziehung zwischen zwei Menschen geschieht, müssen beide Menschen jederzeit berücksichtigt werden.

Wird vom Betreuer etwas verlangt, was zu schwierig für ihn ist oder ihm bedrohlich erscheint, wird er es um des Selbstschutzes willen mißverstehen. Und wenn *sein* Bedürfnis nach Selbstschutz nicht als wichtiges Problem angesehen wird, wird er nie fähig sein, sich für das Schutzbedürfnis des Patienten zuständig zu fühlen. Er empfindet dann eher einen Groll darüber, daß er wegen des Patienten so gefährdet ist. Das erklärt auch, warum eine Schulung der Mitarbeiter, die sich darauf konzentriert, die Pathologie des Patienten intellektuell zu ergründen, häufig das Gegenteil von produktiv ist. Überwältigt von all den Problemen, die der Patient aufwirft, und ebenso von der Härte und Komplexität der Wirkkräfte bei der Arbeit, fühlt sich der Betreuer durch die Größe seiner Aufgabe überfordert und verschreckt. Wirklich, wenn mich jemand geradeheraus fragte, welche besonderen Maßnahmen in welcher Reihenfolge notwendig wären, um einen psychiatrischen Patienten – sogar wenn ich ihn gut kennen würde – zu heilen, so wüßte ich nicht, was ich antworten sollte, obwohl ich meine ganze berufliche Laufbahn eben dieser Aufgabe gewidmet habe. Die Frage wird sofort beantwortbar, wenn die Frage nicht dahin geht, wie man dem Patienten helfen soll, seine Persönlichkeit ganz allgemein neu zu strukturieren, sondern sich auf das richtet, was in einer gegebenen Situation im Interesse dieses Ziels erforderlich ist: wie man ihm also helfen kann, nach einem Alptraum wieder einzuschlafen oder ohne Angst auszuscheiden oder das Essen zu genießen – so schwierig jedes dieser Dinge für ihn sein mag. Es ist durchaus möglich, einem Betreuer verständlich zu machen, was zu einer speziellen Lage beigetragen hat und wie diese noch besser gestaltet werden könnte. Obwohl er vielleicht noch nicht in der Lage ist, einzusehen, worauf das alles hinausläuft, wird er doch Gewinn davon haben. Man muß ihn also dazu ermutigen, nicht an langfristige Resultate zu denken, sich nicht um die Zukunft zu sorgen und sich nur auf den jeweiligen Tag zu konzentrieren.

Immer wenn mich ein Betreuer beunruhigt fragte, wie denn das, was er tat, dem Patienten helfen würde, zitierte ich oft etwas, das, glaube ich, aus dem Talmud stammt. Ein weiser Rabbi wurde gefragt, was man tun solle, um erlöst zu werden, und seine Antwort lautete, daß jeder, der alle Gesetze des Herrn am Tage vor seinem Tode erfüllte, erlöst werden würde. Genau wie der Tag des Todes ungewiß ist, ist es auch der Tag, an dem ein psychiatrischer Patient zu angemessener Funktionsfähigkeit zurückfindet. Gerade weil dieser Tag so ungewiß ist, müssen wir unser Bestes für den Patienten und seine Bedürfnisse an dem Tag tun, den wir zur Verfügung haben. Geschieht das, dann werden sich die Tage zu seiner Heilung summieren, ebenso wie das rechte Leben am Tag vor unserem Tode sich notwendigerweise summiert zu einem ganzen, gut gelebten Leben.

Oft gab es Anfänger, die glaubten, sie könnten es sich sparen, sich Sorgen um ihre besonderen Beziehungen zu einem Patienten zu machen, weil ja, wie sie sagten, der Patient wisse, daß sie ihn »liebten« und nur positive Gefühle für ihn hätten. Diese Vorstellung, andere »wüßten« um unsere guten inneren Gefühle und reagierten auf sie, wird allzuoft als Entschuldigung dafür benutzt, daß man nicht diesen guten Gefühlen gemäß handelt. Niemals habe ich einen Mitarbeiter erlebt, der dann sagte: »Es spielt keine Rolle, wie ich gehandelt habe, weil der Patient ja weiß, wie ich zu ihm stehe«, wenn er sich auf eine Handlung bezog, die in seinen Augen fraglos positiv zu werten war. Behauptungen dieser Art werden nur dann aufgestellt, wenn der Betreuer irgendwie weiß, daß der Patient zu kurz gekommen ist – vielleicht aus guten Gründen, soweit es den Mitarbeiter betraf, wie vorübergehende Erschöpfung oder eine Beschäftigung mit anderen Dingen, die zu rechtfertigen war. Nach einer gewissen Zeit der Zugehörigkeit zu uns genügte es im allgemeinen, einen neuen Mitarbeiter auf diese seltsame Unstimmigkeit aufmerksam zu machen. Das Bild des Patienten, der unsere positiven Gefühle für ihn »kennt«, verwenden wir nur dann, wenn wir an der Richtigkeit unseres Handelns zweifeln. Ich pflegte dann daran zu erinnern, daß psychiatrische Patienten hochempfindlich auf unsere Gefühle reagieren, aber nur, sofern diese in ihren Bezugsrahmen passen – in dem niemals vorausgesetzt wird, daß andere aus den besten Absichten heraus handeln. Hätten sie eine so positive Ansicht vom Leben und von den Menschen, dann brauchten sie keine psychiatrische Behandlung. Dem Betreuer wird dann klar, daß der gestörte Patient uns mehr als jeder andere Mensch nur aufgrund unseres Handelns beurteilen kann, und daß, wenn er an unseren Absichten zweifelt, seine seelische Struktur und seine Erfahrungen aus der Vergangenheit nur eine negative Auslegung zulassen. Deshalb genügen die guten Absichten eben keineswegs; wir müssen nach ihnen handeln; nur auf diese Weise werden unsere positiven Handlungen über die negative Einstellung und alle Zweifel des Patienten siegen. Aber weil er nun einmal ein psychiatrischer Patient *ist*, wird dieser Sieg nicht früher oder später, sondern erst viel, viel später eintreten.

Eine der Möglichkeiten, einen Betreuer, der sich geschlagen fühlt, zu ermutigen, ist, daß man ihm wahrheitsgemäß berichtet, wie man die gleichen Erfahrungen durchgemacht hat. Nichts richtet die Selbstachtung, die gerade durch einen Fehlschlag erschüttert ist, sicherer wieder auf als von Menschen, die nun offensichtlich erfolgreich geworden sind, zu hören, daß sie ähnliche schlechte Erfahrungen gemacht haben. Hier wie immer hängt alles von dem Geist ab, in dem man solche Geschichten erzählt. Erzählt man sie mit der Genugtuung, daß andere auch nicht schneller gelernt haben als man selber, oder mit einer Haltung des »Wir alle mußten uns erst durchbeißen«, nützt das überhaupt nichts. Der Anfänger braucht keine Moralpredigt über die Schwierigkeiten, die damit verbunden sind, daß er den großen Anforderungen der Arbeit Genüge zu tun lernt, sondern Mitgefühl mit der Qual seiner Niederlage. Nur wenn die erfahreneren Kollegen dafür Einfühlung und Verständnis zeigen, wird der Anfänger allmählich lernen, eine ähnliche Einstellung zu den Patienten zu entwickeln.

Zu den Hauptaufgaben des Direktors gehört es dabei, daß er dafür sorgt, daß die erfahreneren Kollegen nicht ungeduldig mit dem Anfänger und über dessen Klagen werden. Die Reaktionen des noch Unerfahrenen auf die Eröffnung, andere Mitarbeiter hätten ähnliche Erfahrungen gemacht, ist stets: »Ihr mußtet das also früher auch durchmachen, und jetzt fühlt ihr euch großartig: gut für euch, ich aber fühle mich jetzt unglücklich.« Will man also jemandem wirklich helfen, geht es besser mit einer anderen Einstellung: »Schrecklich, daß wir dir jetzt nicht besser helfen können, obwohl wir das auch durchgemacht haben.« Keine Geschichte über vergangenes Versagen kann in diesem Moment die Brücke zwischen dem Erfahrenen und dem Unerfahreneren schlagen; das kann nur die Feststellung, daß man im Augenblick auch nicht viel bewirken könne. Das hilft dem Betreuer dazu, dasselbe für den Patienten zu leisten; bekanntlich braucht man im Unglück nicht die Gesellschaft dessen, was war, sondern dessen, was ist.

Wir taten also alles uns Mögliche, um dem neuen Mitarbeiter darin beizustehen, trotz aller Schwierigkeiten nicht aufzugeben oder sich gefühlsmäßig von seinen Patienten zu entfremden. Dennoch gab ab und zu ein Anfänger zu, daß er, sobald es ihm möglich war, eine Weile versuchte, »beiseite zu stehen und ängstlich zu beobachten, was sie taten«, während die Situation anders aussah, wenn er handeln mußte: »Ich stürzte mich hinein, ziemlich wie der sprichwörtliche Elefant im Porzellanladen, und erreichte gar nichts, außer daß ich die mutlosen Patienten unterdrückte und die anderen, die etwas mehr Kraft besaßen, zur Gegenwehr provozierte, womit ich alles schlimmer machte.«

Als der Betreuer seine Integration nicht mehr in jedem Augenblick starr verteidigen mußte, da ihm die »Schule« jederzeit helfen konnte, sich auf einer höheren Ebene zu integrieren, konnte er sich auch trotz der Gefahren, die das für ihn haben mochte, den inneren Gefühlen der Patienten öffnen. »Aber selbst dann konnte ich mich kaum beherrschen, und ich pflegte zu sagen, beruhigt euch, es wird schon alles gut werden. Eine Zeitlang fragte ich mich, warum diese Mahnung meistens zu mehr und nicht zu weniger Durcheinander führte. Bis sich eines Tages ein Patient zu mir umdrehte und fragte: ›Beruhigen? Wie können wir uns beruhigen, wenn Sie am aufgeregtesten von uns allen sind?‹« Glücklicherweise nahm der Betreuer diese Belehrung nicht als Trotz oder als Bedrohung seiner Autorität oder Selbstachtung und Integration, sondern als vernünftigen Ratschlag auf, zudem er es schließlich zugelassen hatte, daß die Patienten auf ihn und seine Gefühle einwirkten, konnte er das, was sie ihm boten, dazu nutzen, sein Ego in eben dem Augenblick zu stärken, in dem es durch sein eigenes inneres Chaos gefährdet war.

In diesem frühen Stadium seiner Entwicklung als Mitarbeiter überraschte den Betreuer noch ungeheuer, was er weniger als ein Jahr später für gewiß halten würde. »Seltsamerweise war für mich die größte Erfahrung nicht die Erkenntnis, daß ich keine Aussicht hatte, eine Gruppe von Patienten zu beruhigen, wenn ich selbst so aufgeregt war, sondern vielmehr das greifbare Erlebnis, daß ich ein wichtiger und einflußreicher Teil dieses Zusammenhanges war« (131). Im kritischen Moment hatte er sein vorübergehend geschwächtes und vielleicht bedrohtes Ich durch die narzißtischen Aspekte, die ihm die Patienten verschafften, stärken lassen, als sie ihm zu verstehen gaben, wie wichtig sein Gemütszustand für sie gewesen war. Man kann indessen offensichtlich narzißtische Bestätigung nicht durch Menschen erfahren, die man für geistig verwirrte oder für Untermenschen hält. Und dennoch schneiden sich viele Betreuer psychiatrischer Patienten durch eben diese Ansicht die Möglichkeit ab, Ich-Stärkung zu empfangen. Nur dann, wenn man den Patienten voll und ganz als Person empfindet, als jemanden, der zwar in tiefem Unglück und teilweisem Wahn befangen ist, der nicht mit dem Leben fertig wird, aber doch als Person genauso wichtig wie man selbst ist, kann die Arbeit mit ihm unsere eigene Integration kräftigen, nicht nur bedrohen. Es wäre dessenungeachtet natürlich töricht anzunehmen, die Patienten wären besser in der Lage, auf sich selbst und aufeinander aufzupassen, als dies die Mitarbeiter tun können. Hören wir aber auf das, was sie sagen oder was sie auf andere Weise ausdrücken, so wird unsere Energie vom Befangensein in unserer Unfähigkeit, etwas an uns selbst zu tun, zu dem Willen hingelenkt, etwas für die Patienten zu tun. Bekanntlich ist es eine höchst deprimierende und schwächende Erfahrung, wenn man eine kritische Situation mit dem Gefühl absoluter Hilflosigkeit durchmacht. Das erklärt auch, warum die Betreuer in psychiatrischen Anstalten häufig einen Patienten mit Medikamenten oder physisch ruhigstellen; denn in einem Notfall gar nichts zu tun, das ist schwer zu ertragen. Es mag die augenblickliche Situation retten, hilft uns als Betreuern aber wenig und ist für den Patienten schädlich.

Psychiatrische Patienten haben in besonderem Maße die Tendenz, sich in verzweifelter Lage zu fühlen, was eine Alarmatmosphäre um sie herum erzeugt. Die Mitarbeiter fragten sich dann meist sehr besorgt, was sie unternehmen könnten, und hielten sich sowohl in Notfällen wie bei Routinefragen immer wieder an mich oder an die Mitarbeiterkonferenzen. Die Aufmerksamkeit konzentrierte sich ganz auf das bestimmte Geschehen, weniger auf das Verständnis des Patienten, den es betraf. Ein Patient neigt beispielsweise zu gefährlicher körperlicher Aggressivität – was tut man da? Es muß eine Möglichkeit geben, ihm Einhalt zu gebieten oder ihn abzulenken. Jedes psychiatrische Krankenhaus versagt als therapeutische Einrichtung, wenn die Gewalttätigkeit des Patienten, und nicht der Patient selbst oder die innere Einstellung des Betreuers zu ihm, im Mittelpunkt der Erwägungen steht. Es läßt sich kaum entscheiden, welcher der beiden – Patient oder Betreuer – im Augenblick mehr Aufmerksamkeit braucht. Aber derart komplizierte Beurteilungen sind es nicht, die das Team meistens von denen haben will, die es unterrichten, wenn es darauf ankommt, wollen sie eine klare Anweisung, keine Belehrungen. Wenn aber die Anleitung des Betreuers von außerhalb und nicht aus ihm selbst kommt – wie soll er dann dem Patienten helfen, zu einem selbstverantwortlichen Menschen zu werden, worin die einzige dauerhafte Heilung dessen besteht, was der augenblicklichen Notsituation zugrunde liegt.

Innerhalb einer professionell eingestellten Gruppe werden komplizierte Hierarchien und der Oberbau der Institution in der trügerischen Hoffnung aufrechterhalten, daß sie kritische Situationen ausschalten. Die Mitarbeiter möchten sich gern an jemanden mit größerem Wissen, größerer Macht und höherem Status halten, der sie von der Verantwortung für den Patienten entlasten soll. Manchmal erscheint es als ausgesprochen hart, ihnen nicht sofortige Hilfe zu geben. Wenn man sie aber entlastet, hat das nur Augenblickswert, und sie kommen nie zu einer Autonomie. Der gesunde Menschenverstand – und auch das Gesetz – verlangen selbstverständlich, daß man sofort handelt, um die physische Sicherheit und Gesundheit eines jeden, Patient wie Mitarbeiter, zu gewährleisten. Das ist aber selten notwendig, wenn man sich statt dessen darauf konzentriert, die Notsituation und alles, was damit zusammenhängt, zu analysieren. Die einzelnen Stücke setzen sich wieder zusammen, und die Notsituation löst sich auf.

Es ist natürlich sehr schwierig, die komplizierte Art und Weise zu ergründen, in der neurotische Menschen die Welt sehen – zu erkennen, was hinter ihrem seltsamen Verhalten verborgen ist, das Entsetzen und die Angst zu spüren, die von Gleichgültigkeit oder offener Aggression überspielt wird. Schulung und Erfahrung, fachmännisches Geschick und »Einsichten« reichen da nicht aus. Verlangt wird etwas, das Freud so richtig als die Kunst erkannte, Zugang zu der gestörten Psyche zu finden. Dem Patienten wirklich dabei zu helfen, seine seelisch-geistige Gesundheit wiederzuerlangen, erfordert eine noch größere Kunst, die viel Wissen und Erfahrung voraussetzt. Doch so wichtig das alles ist – je größer die Notsituation, um so weniger nützt die formale Bildung. Wenn sofort etwas geschehen muß, dann dauert eine sorgfältige Analyse zu lange. Die Situation verlangt spontanes Erfassen durch Einfühlung.

Ist der Vorfall vorbei, kann der Fachmann sehr hilfreich sein, um die Gründe für das Entstehen des Notstandes zu erläutern: was dahinter lag; warum das, was man aus spontaner Erkenntnis tat, so gut einschlug oder warum es nicht zu den gewünschten Resultaten führte, sondern die Dinge verschlimmerte. Das ist nützliches Wissen, aber im Grunde nicht mehr als genau das. Tritt die nächste Alarmsituation ein, hat man keine Zeit, sich daran zu erinnern; dann steht nur das, was ins Unbewußte Eingang gefunden hat und durch einen Akt der Autonomie zum Teil der eigenen Persönlichkeit gemacht wurde, blitzartig zur Verfügung. Damit der Betreuer zu jeder Zeit mit dem Patienten umgehen kann, muß man ihm helfen, seine eigenen Hilfs- und Kraftquellen einzusetzen und nicht solche, die er vom Fachmann entliehen hat.

Wenn der Betreuer nicht auf die höhere Position des Psychiaters eifersüchtig und beeindruckt von dessen Wissen wäre, würde er sich nicht so eifrig darum bemühen, an diesem Wissen teilzuhaben. Sein Vernunftdenken führt ihn in Versuchung, zu glauben, daß er alles, was er begreift, ohne innere Vorbehalte auch tun könne. Würde er sich auf sich selbst konzentrieren und sich fragen, warum er nicht von selbst an dies oder das gedacht habe, dann käme er zu dem Schluß, daß es nicht Mangel an Wissen, sondern emotionale Schranken waren, die ihn daran hinderten, die Situation zu begreifen. Irgendwie neigen wir dazu, unser Unwissen oder einen Mangel an Fertigkeiten leichter hinzunehmen als den Verstand und das Wissen einzusetzen, über die wir verfügen. Aus diesem Grunde möchte man so dringend die Ansichten des Psychiaters haben: Es gestattet einem, über das hinwegzusehen, was uns in Wahrheit daran hindert, die Schulung, Erfahrung und Kenntnisse anzuwenden, die wir selbst haben.

Wenn man die gefühlsmäßigen Bedürfnisse eines anderen Menschen begreifen will, handelt es sich weder um komplizierte geistige Vorgänge, noch um eine Geheimwissenschaft. Es stimmt zwar, daß wir mit unseren Ängsten, Vorurteilen und Abwehrmanövern zuweilen die kompliziertesten intellektuellen Umwege machen müssen, um etwas zu begreifen, das in Wahrheit ganz offensichtlich ist. Der Psychiater weiß durch sein Studium der Psychoanalyse, daß der Betreuer imstande ist, nach eigenem Urteil zu handeln und sich in einer gegebenen Situation angemessen zu verhalten, wenn er einmal von dem, was ihn blind macht, erlöst ist. Wenn indessen der Psychiater als Lehrer vor seine Mitarbeiter tritt, verläßt er sich meistens auf zwei Methoden, die damit nichts zu tun haben: Er gibt Anregungen und Anweisungen, und er ergeht sich in theoretischen Erklärungen zur Pathologie des Patienten und vernachlässigt es, dem Betreuer dazu zu verhelfen, die Dinge von sich aus und klar zu betrachten.

20
Die Mitarbeiter: Zugehörigkeit zur Gemeinschaft

Eine besonders auffallende Eigenart der Orthogenic School ist ihre psychische und soziale Unteilbarkeit. Wenn ein Patient – vielleicht mitten in der Nacht – hilfesuchend zu einem Mitarbeiter stürzt, muß er wissen, wo dessen Zimmer liegt; und wie könnte er das, wenn er nicht schon bei anderen Gelegenheiten, nicht nur in Notfällen, dort gewesen ist.

Je mehr Mitarbeiter innerhalb der Institution wohnen, um so besser. Natürlich wird es immer einige geben, die das nicht wollen, aber je besser die Wohnungen sind, desto eher überlegen sie es sich, und desto mehr werden dort einziehen. Diese Fragen müssen behutsam behandelt werden, denn der Privatbereich der Mitarbeiter muß respektiert werden; man darf ihn nicht ungebührlich einengen. Aber ein wirklich um einen Patienten bemühter Mitarbeiter wird sich beruhigter fühlen, wenn er weiß, daß dieser im Notfall zu ihm kommen kann. Gerät der Patient in eine Krise, erfährt der Mitarbeiter das auch sofort. Viele der Patienten bekamen ein Gefühl des Beschütztseins und die Gewißheit, betreut zu werden, überhaupt erst, als wir ihnen gezeigt hatten, wo und wie die Mitarbeiter wohnen. Wohnt der Betreuer, auf den er angewiesen ist, weit entfernt oder in einem anderen Gebäude, so fällt es dem Patienten schwer zu glauben, dem Mitarbeiter liege etwas daran, ihm nahe zu sein. Jeder Versuch seitens des Mitarbeiters, dem Patienten das Gefühl einer Nähe zu geben, wird also durch das Wohnen auf Abstand unglaubwürdig. Wichtig ist auch, daß der Patient, wenn die Räume der Mitarbeiter trostlos und so gar nicht einladend sind, kaum daran glauben kann, daß Menschen, die so unpersönlich wohnen, fähig sind, ihn in ein persönliches Leben zurückzuführen, in dem man sich wohl fühlen kann.

Von verheirateten Mitarbeitern wird nicht erwartet, daß sie innerhalb der Anstalt wohnen, und das bringt Probleme in Zeiten, in denen es schwierig ist, unverheiratete Betreuer zu finden. In der Orthogenic School hat immer ungefähr die Hälfte aller geschulten Mitarbeiter in der »Schule« gewohnt. Sie waren der Belastung, in kritischen Situationen sofort zu handeln, naturgemäß stärker ausgesetzt, wenngleich man gelegentlich auch die anderen herbeirief. Fast alle, die in der »Schule« lebten, waren Heilpädagogen. Sie kümmerten sich um die Patienten in ähnlicher Weise, wie sich vernünftige Eltern um ihre Kinder kümmern, nur daß sie ihnen auch therapeutisch Tag und Nacht (also während der gesamten Existenz des Patienten in der »Schule«) bei allen kleinen oder großen Vorfällen zur Seite standen.

Eine Institution, die für einen großen Teil der Mitarbeiter ein Zuhause darstellt, insbesondere für diejenigen, die am engsten mit den Patienten befaßt sind, ist auch für die Patienten in weit stärkerem Maße eine Heimat. Man kann sich schwer vorstellen, daß es ein Patient jemals gefühlsmäßig akzeptiert, an einem Ort leben zu müssen, wo *sie* – die ihn betreuen – nicht im Traum leben würden. Ist es für die Mitarbeiter nicht wünschenswert, dort zu wohnen, wie sollte es dann für die Patienten so sein? Zwar würden es die Patienten vorziehen, wenn sämtliche Mitarbeiter in der Anstalt lebten, aber dadurch, daß wenigstens einige in der »Schule« wohnen, kommt die gute Absicht symbolisch zum Ausdruck. Denn wenn wenigstens einige Mitarbeiter in der gleichen Umgebung wie die Patienten wohnen möchten, scheint ihnen dies zu gewährleisten, daß der Ort auch für sie akzeptabel ist. Gleichzeitig zeigt die Tatsache, daß ungefähr die Hälfte der Mitarbeiter – zumal diejenigen mit längerer Erfahrung – nicht in der Anstalt wohnen, den Patienten, daß das Wohnen innerhalb der Anstalt auf die Dauer nicht die wünschenswerteste Lebensform ist.

Daß die Orthogenic School zur Universität gehört, hat für Patienten wie Mitarbeiter große Vorteile. Mitarbeiter mit abgeschlossener College-Ausbildung, aus denen sich erfahrungsgemäß die besten Heilpädagogen und Therapeuten entwickeln, können – wenn sie voll bei uns arbeiten und mehrere Jahre bleiben (vorausgesetzt, die Arbeit bei uns hat Vorrang) – ihre Studien beenden, wenn das auch kaum innerhalb einer festgesetzten Zeit möglich ist.

Jedoch ist das Wohnen in der Orthogenic School auch innerhalb einer Universitätsgemeinschaft für viele Mitarbeiter nur akzeptabel, wenn das mit einem Prestigewert und besonderen gefühlsmäßigen Befriedigungen verbunden ist – jenseits der verstärkten Bedeutung, die sie selbst dadurch für die Patienten bekommen haben. Diejenigen, die in der Anstalt leben, profitieren in einem besseren Kommunikationsfluß untereinander schon durch die Möglichkeit, sich gegenseitig gewissermaßen im Vorbeigehen mit Rat und Tat zur Seite zu stehen und nicht warten zu müssen, bis sie Rat oder Hilfe bei irgendeiner offizielleren Gelegenheit einholen können.

Zu den häufigsten – und berechtigten – Klagen der Betreuer in psychiatrischen Einrichtungen gehört, daß Betreuer mit größerem Prestige auch die angenehmsten Arbeitsstunden haben und die anderen die am wenigsten günstigen. Wo immer das der Fall ist, kann die Arbeitsmoral nicht sehr hoch sein. Zur Sicherung der Arbeitsmoral und des Wohlergehens der Patienten sollte ein Mitarbeiter mit größerer Erfahrung zu jeder Tageszeit für die Patienten wie für die Kollegen verfügbar sein. In einer kleineren Einrichtung, in der nicht so viele Menschen mit deutlich großer persönlicher Autorität zur Verfügung stehen, kann das gewisse Probleme mit sich bringen, aber für den unbedingt notwendigen individuellen Dienst am Patienten ist es nun einmal erforderlich. Krisen, schwierige Situationen können nicht geplant werden. In der Orthogenic School, einer kleinen Institution mit nur wenigen Personen, welche größere Erfahrung und Autorität besaßen, haben wir dieses Problem immer zu regeln verstanden. Andererseits ist das in vielen weitläufigen psychiatrischen Institutionen, die über sehr viel erfahrenes Personal verfügen, nicht unbedingt immer der Fall. Was den Schluß nahelegt, daß es weniger auf die Anzahl der Mitarbeiter ankommt als auf die gesunde Einstellung der Institution und darauf, ob auch nach ihr gelebt wird.

Wenn beispielsweise der Leiter der Institution nicht jederzeit (und das heißt, auch abends, an Wochenenden und Feiertagen) für die Mitarbeiter erreichbar ist, sobald diese Hilfe brauchen, dann verliert das Wohnen innerhalb der Anstalt jede Attraktivität, da es keine besonderen Vorteile für die Arbeit, sondern lediglich den Nachteil, daß man ständig in Notfällen aushelfen muß, mit sich bringt. Es geht indessen nicht nur darum, daß die »Kapazitäten« leichter erreichbar sind, sondern im gleichen Maße um das gute Gefühl, daß die Mitarbeiter einander in jeder schwierigen Situation beistehen können.

Wären die Wohnverhältnisse der Mitarbeiter nicht so gut wie die der Patienten, würde das mit Sicherheit zu ziemlichem Groll führen. Nur besteht diese Gefahr bei uns offenbar nirgends. Mit der Gleichheit der Qualität der Wohnräume und Badezimmer ist eine weitere Schranke zwischen Mitarbeitern und Patienten abgebaut. In der Orthogenic School kannten die Patienten die Wohnräume der Mitarbeiter, denn jeder der in der Anstalt lebenden Betreuer lud ab und zu die Patienten, mit denen er arbeitete, allein oder als Gruppe zu sich ein, wenn er »zu Hause« war. Es gab auch ein paarmal im Jahr Tage der »offenen Tür«, an denen jeder Patient, der Lust dazu hatte, alle Mitarbeiter besuchen konnte, die in der »Schule« lebten. Jeder möchte wissen, wie »der andere« wohnt – eine Neugier, die auf diese Weise in freundschaftlicher Form befriedigt wurde. Zwar gab es immer ein paar Patienten, die diese Möglichkeiten zu mißbrauchen und den Privatbereich der Mitarbeiter zu stören versuchten, aber mit Humor und gutem Zureden, daß wir ja alle unseren Privatbereich schützen müßten, gab es nie ernsthafte Schwierigkeiten, und innerhalb weniger Tage war in der Regel das Problem erledigt.

Meist brauchten die Mitarbeiter eine ganze Weile, bis sie in ihren Räumen in der »Schule« das Gefühl bekamen, dort wirklich zu Hause zu sein – ein Gefühl, das sich dann stets auf die ganze »Schule« erstreckte. Manche waren schon Tage nach ihrem Einzug völlig heimisch; andere mußten sich erst akklimatisieren. Diejenigen, die sich nach einem Jahr noch nicht eingelebt hatten, gingen meistens wieder und gaben dann auch diese Art Arbeit auf. Wenn Mitarbeiter die

»Schule« nicht als ihr Zuhause empfanden, war es ihnen auch kaum möglich, den Patienten ein Gefühl der Geborgenheit zu vermitteln, sie dazu zu bewegen, ihre Wohnräume diesem Gefühl anzupassen und ihnen den Eindruck zu geben, daß es sich dabei um ihr Eigenes handle. Die innere Reserve eines Mitarbeiters gegen das Wohnen in der »Schule« mußte sich unweigerlich auf die Patienten übertragen. (Zum Glück konnten die Patienten das Gefühl, dies sei ihr Zuhause, aber dann doch immer von einem anderen Mitarbeiter vermittelt bekommen, der sich selbst heimisch fühlte.)

Gefühlswelten liegen dazwischen, je nachdem, ob wir einen Ort nur als vorübergehenden Aufenthalt oder als unser Zuhause betrachten und ihn dementsprechend zu unserem eigenen machen, indem wir unsere Persönlichkeit in ihn als in einen Spiegel unserer selbst einfließen lassen. Es ist ja gar nicht wichtig, wie lange wir dort wohnen wollen. Manche Menschen bleiben jahrelang an einem Ort wohnen, und der Ort bleibt für sie ein Provisorium, während andere sich irgendwo völlig zu Hause fühlen können, obwohl sie dort nur verhältnismäßig kurze Zeit bleiben.

Sobald ein Mitarbeiter die »Schule« als sein Zuhause empfand und nicht nur als einen Ort, an dem er zufällig wohnte, gestaltete er seinen Wohnraum persönlich und nach seinem Geschmack. Dann befriedigten ihn die hübschen Möbel nicht mehr, die ihm die »Schule« zur Verfügung gestellt hatte; er fügte persönliche Dinge hinzu und machte den Raum zu etwas für ihn Wichtigem, zu einem Teil seiner selbst. Und während er das tat, gelang es ihm immer besser, aus den Quartieren der Patienten ein Heim für sie zu machen, und seine Einstellung wirkte über seine Räume hinaus weiter in die ganze Institution hinein. Dabei engagierte er sich mehr und mehr für alles, was um ihn herum vorging, und wollte, daß alles in dieser »Schule« diese angenehme, behagliche Wohnlichkeit ausstrahlte, die einen Ort zu einem Zuhause macht. Er bemühte sich selbst darum, rief auch nicht mehr die Hausmeister, um eine neue Birne einzuschrauben, sondern tat das selbst, sah zu, daß die Wohnräume der Patienten außer der Reihe einmal sauber gemacht wurden und besorgte auch das lieber selber, anstatt das Hauspersonal für diese Extraarbeit zu rufen. Plötzlich machte es ihm Spaß, kleinere Reparaturen sofort selbst auszuführen, die er vorher den Handwerkern überlassen hatte.

Ich sagte zuvor, daß unser Zuhause symbolisch unserem Körper entspricht; es ist das Gehäuse unseres innersten Wesens, unserer Seele. Es war hochinteressant zu beobachten, wie sehr sich, sobald ein Mitarbeiter seinen Raum neugestaltete und ihn seiner Persönlichkeit anpaßte, auch die Wohnräume seiner Patienten wandelten. Sie fingen dann an, nicht nur das widerzuspiegeln, was die Patienten von ihnen wünschten, sondern in kaum merkbarer Weise auch das, was Mitarbeiter und Patienten gemeinsam hatten. Erinnerungen an gemeinsame Unternehmungen tauchten an prominenter Stelle auf, entweder auf Initiative der Patienten oder des Mitarbeiters hin; die Bilder wurden gegen solche ausgewechselt, die vom Betreuer zusammen mit den Patienten ausgesucht worden waren. Allmählich nahmen die Räume der Patienten bestimmte Züge an, die dem entsprachen, was Patienten wie Betreuer als ihre angenehmste Umgebung empfanden. Das geschah mit einer solchen Regelmäßigkeit, daß ich, sobald ich eine größere Veränderung an der Einrichtung eines Schlafraumes feststellte, den betreffenden Mitarbeiter scherzhaft fragte, was er wohl gerade mit seinem Privatzimmer angestellt hätte; und immer zeigte sich, daß er sich, weil er seinen eigenen Wohnbereich neu eingerichtet hatte, gedrängt fühlte, den Patienten dabei behilflich zu sein, auch ihren Raum persönlicher und so zu gestalten, daß er ihre Eigenarten zum Ausdruck brachte.

Hierzu *ein* ziemlich extremes Beispiel. Eine Mitarbeiterin hatte, wie zufällig, ihren Raum diagonal geteilt in einen Nordbezirk, den sie mit Dingen möblierte, die sie selbst kaufte (ein elegantes Bett, einen Sessel, einen Tisch mit einer Onyxplatte und dergleichen mehr), und in einen Südbezirk; dieser blieb immer in restloser Unordnung. Bett und Lieblingssessel waren so placiert, daß man von dort aus nur den hübsch eingerichteten Teil sehen konnte. Nun traf es sich so, daß diese Mitarbeiterin aus dem tiefen Süden kam, dort geboren und aufgewachsen und ursprünglich nach Chicago in den Norden gekommen war, um ihrer Heimat zu entfliehen, die, wie sie meinte, ihre Persönlichkeit erstickte. Sie konzentrierte alle ihre Wirren und unbewältigten Schwierigkeiten im südlichen Bezirk ihres Zimmers, während sie im nördlichen Teil, in dem sie eigentlich wohnte, die Dinge ebenso gut ordnete, wie sie selbst in ihrer Arbeit eingeordnet war. Sie schien durch das unglaubliche Durcheinander in einem Teil ihres Raumes, der nicht in ihr Blickfeld fiel, völlig unberührt. Gelegentlich versuchte sie ganz bewußt, diesen Teil etwas aufzuräumen, aber diese Ordnung hielt nicht einmal einen ganzen Tag lang. Dann fing sie an, sich für Antiquitäten zu interessieren; sie kaufte ein paar wunderschöne Bruchstücke aus griechischen Ausgrabungen und einen sehr hübschen Kasten, in dem sie diese aufbewahrte, und diesen stellte sie in die Mitte ihres südlichen Bezirks. Anscheinend war ihr klar, daß es in ihrer Vergangenheit auch einige wertvolle Dinge gab, die es wert waren, ausgegraben und geliebt zu werden, und die ihr Leben bereichern konnten. Der Kasten stand in der Mitte ihres südlichen Bezirks, und seine unmittelbare Umgebung war in vollendetem Zustand gehalten, während der übrige Raumteil chaotisch blieb. Ganz allmählich, in einer Art schwankender Entwicklung, die sich über mehr als fünf Jahre erstreckte, ordnete sich der gesamte südliche Teil des Wohnraumes; nur die Teilung blieb. Beide Gebiete sahen jetzt, jedes auf seine Weise, sehr hübsch aus, aber der nördliche Teil hatte die Atmosphäre von Gelöstheit und Behaglichkeit, während der südliche etwas bemüht und unbewohnt wie ein kleines Museum wirkte. Schließlich gefiel ihr das Ganze nicht mehr, und sie räumte alles so um, daß jegliche Trennung in verschiedene Bezirke entfiel. Jetzt war es ein gut integrierter Raum, in dem alles zusammenhing, und der einen ausgezeichneten Geschmack und behagliche Wohnlichkeit ausstrahlte. Sechs Monate später entschloß sie sich, aus der »Schule« in eine eigene Wohnung in der Nähe zu ziehen, aber ihre Arbeit mit den Patienten wie bisher fortzusetzen.

Wie konnte eine solche Betreuerin sehr gestörten Patienten überhaupt wirksam helfen, wenn ihr eigener Wohnbezirk eine so ernste Spaltung ihrer Persönlichkeit verriet? Tatsache ist, daß sie auch, bevor sie zu uns kam, in ihrer Arbeit Hervorragendes geleistet hatte. Sie hatte ihr elterliches Haus in jungen Jahren, mit sechzehn, verlassen, um aufs College zu gehen. Immer war sie eine besonders gute Studentin gewesen und hatte sich selbst weitgehend mit Stipendien und Teilzeitarbeit durchgebracht. Als Mitarbeiterin war sie außerordentlich erfolgreich und hatte auch stets zusätzlich zu ihrer Arbeit mit den Patienten noch manche Verantwortung innerhalb der Organisation der »Schule« übernommen. In ihrem Privatraum hatte sie eine Spaltung ihrer Persönlichkeit ausagiert – einen inneren Konflikt, der sie sehr lange belastete. Aber da das »totale« Milieu auch sie stützte und die Natur der Arbeit – die ihr so wichtig war – es verlangte, konnte sie es sich erlauben, eine innere Spaltung so offen zum Ausdruck zu bringen, ohne daß dadurch die Integration ihrer Arbeit gefährdet war. Der Raum zerfiel, spaltete sich auf, sie aber tat es nicht. Es war keine leichte Aufgabe für sie, sich durch die Spaltung, die in den Erfahrungen ihrer Vergangenheit begründet war, durchzuarbeiten, aber das »totale« therapeutische Milieu ließ das zu und förderte gleichzeitig, daß sie Gleiches für die Patienten erreichte. Wo also liegt der Unterschied zwischen einer solchen Mitarbeiterin und einem Patienten? Nicht in den Spaltungen im Unterbewußtsein, sondern in der Kraft des Ichs, sie zu integrieren.

In mancher Weise ist es für die Betreuer, die in der »Schule« leben, leichter, sich dort zu Hause zu fühlen. Aber auch diejenigen, die niemals in der »Schule« gewohnt haben, mußten, um an ihr echte Wirkungen zu erzielen, einen ähnlichen Prozeß durchmachen. Nach ungefähr sechs Monaten stellten diese Mitarbeiter gewöhnlich fest, daß sie immer mehr Zeit in der »Schule« zubrachten, immer öfter dort auch während ihrer Freizeit und immer öfter zu jeder Tages- und Nachtzeit einfach kurz vorbeischauten. Zu Anfang erklärten sie diese Extrabesuche vor sich selbst mit irgendeiner Notwendigkeit in bezug auf ihre Arbeit – um dann aber noch Stunden danach nur so im Haus zu bleiben. Zweifellos wirkte die Arbeit und alles, was damit verbunden war, einschließlich der damit verbundenen Selbsterfahrung, so anziehend auf sie – sonst wären sie nicht so lange bei uns geblieben.

Man muß eben mit den gestörten Patienten zusammenleben, um erfolgreich wirken zu können. Und das braucht lange Zeit und ein unglaubliches Maß an Gefühlskräften. Man muß für geraume Zeit in das therapeutische Milieu eintauchen, damit es Teil des eigenen Lebens wird. Es dauert in der Regel zwei Jahre, bis ein Betreuer das Gefühl hat, er gehört zu dem Leben seiner Gruppe und der »Schule« dazu. Ist das eingetreten, kann er es sich auch leisten, erheblich weniger Zeit in der »Schule« zuzubringen, obwohl niemals eine Vierzig-Stundenwoche dabei herauskommen kann. Aber das kann es schließlich bei keiner Arbeit, die einem wirklich wichtig ist. Wenn das »totale« therapeutische Milieu einmal zum integrierten Teil eines Mitarbeiters geworden ist, kann er jederzeit Gebrauch davon machen, ohne weiter ständig physisch in ihm leben zu müssen. Und die Patienten spüren das: Sie wissen, welcher Mitarbeiter es sich leisten kann, außerhalb der »Schule« zu leben und dabei trotzdem einen bedeutenden Platz in ihrem Leben behält. Natürlich hätten sie gern mehr Anteil an seiner Zeit, aber nachdem er es geschafft hat, ein Teil des therapeutischen Milieus zu werden, ist der Betreuer, wenn er bei den Patienten ist, tatsächlich mit ihnen zusammen und arbeitet nicht nur für sie. Das ist es, was zählt. Ist dieser Punkt erreicht, findet es ein Mitarbeiter meist angenehmer, woanders zu wohnen, obgleich es nie sehr gut ist, wenn er zu weit entfernt von der »Schule« lebt. Die Teamangehörigen der Orthogenic School wohnten immer im Bereich der Ausstrahlung dieser Institution, das heißt, in ihrer unmittelbaren Umgebung. So blieben sie stets weiter Mitglieder der Gemeinschaft. Diejenigen, die weiter entfernt wohnten – fachärztliche Berater, Fachlehrer wie Tanzlehrer –, blieben im wesentlichen bei allem Können in ihrem Fach doch nur gelegentliche Besucher. Zur eigentlichen Aufgabe, der Wiedererlangung der geistig-seelischen Gesundheit der Patienten, trugen sie nur wenig bei, obwohl sie den Betreuern als Berater und Beistand eine Hilfe waren.

Recht spontan entwickelten sich »Traditionen«, die es dem Mitarbeiter erleichterten, die »Schule« als sein Zuhause zu empfinden. Diese Traditionen erhöhten seine Einfühlung in das, was den Patienten wohltat. So wurde es beispielsweise Sitte, einem neuen Mitarbeiter ein Willkommensgeschenk für den Einzug in sein Zimmer zu geben, eine Pflanze, Blumen, irgend etwas. Seine Freude darüber ließ ihn später bereitwillig das Willkommen eines neuen Patienten vorbereiten. Im übrigen arrangierten selbstverständlich alle im Hause lebenden Mitarbeiter ihre privaten Feste, wie Weihnachten und Geburtstage. Lebenslange Freundschaften bildeten sich, und es gab auch ein paar Eheschließungen. Die Freude an solchen Festen gehört untrennbar zum Leben in einer Anstalt, denn wenn die dort Tätigen nicht Nutzen von der Arbeit und Freude an ihr haben, kann das Leben dort den Patienten auch kaum Freude machen. Wer das Gefühl einer Belastung hat, wenn er Festlichkeiten für die Patienten vorbereitet, wird solche auch nicht mit den Kollegen genießen können. Bei einem so engen Zusammenleben wird die »liebevolle Fürsorge« für die Patienten automatisch auf die Beziehung der Mitarbeiter untereinander ausgedehnt. Tut man nämlich ständig nur etwas für andere, entsteht unweigerlich eine Art Groll, der durch Freuden, die man sich selbst macht – Festlichkeiten –, leichter wieder ausgeglichen werden kann.

Weihnachten ist ein gutes Beispiel: Je wichtiger ein Festtag ist, um so tiefere Gefühle rührt er auf. Weihnachten bringt stets Kindheitssehnsüchte, Erinnerungen an glückliche wie weniger glückliche Festtage zurück. Die »Weihnachtsdepression« ist ein bekanntes psychiatrisches Phänomen, das Ergebnis von geweckten und zerschlagenen Hoffnungen. Sich für andere einzusetzen, wie es die Betreuer in einer psychiatrischen Institution tun müssen, wenn die Patienten ein schönes Weihnachten haben sollen, lenkt die Gedanken von dem Gefühl ab, arbeiten zu müssen, während andere feiern; es läßt einen die Enttäuschung darüber vergessen oder unterdrücken, daß man selbst nicht mehr der Empfangende ist. Aber diese Gefühle sind damit nicht aus der Welt, sie werden nur noch akuter. Wenn alle Arbeit getan ist und nichts mehr bleibt, womit man sich geschäftig halten kann, fühlt man sich in noch schmerzlicherer Weise deprimiert. Daher wurde es in der Orthogenic School Sitte, daß die Betreuer ihr eigenes Weihnachtsfest in dem Augenblick hatten, in dem die Ablenkung durch die Aktivität vorbei war. Das war am späten Heiligen Abend, nachdem alle Vorbereitungen für die Weihnachtsmorgenfeier der Patienten beendet waren. Und wie Neulinge unter den Betreuern das Gefühl hätten haben können, dieses eigene Fest vorzubereiten sei nur eine zusätzliche Belastung, kümmerten sich die älteren Mitarbeiter darum und sorgten so dafür, daß dieses Fest gerade für die Neuen zu einer Überraschung wurde.

Bei ihrem ersten Weihnachtsfest in der »Schule« waren neue Mitarbeiter öfter eher niedergeschlagen und zeigten keine Neigung, sich zu beteiligen. Aber man hatte Erfahrungen mit den Patienten, die sich weigerten, an Ereignissen teilzunehmen, von denen sie eine Vertiefung ihrer Depressionen befürchteten. Wenn also ein neuer Mitarbeiter sich ähnlich verhielt, ging ein anderer – jemand, der mit ihm zusammenarbeitete oder ein Freund – zu ihm, aber nicht um ihn unbedingt mit hineinzuschleppen, sondern nur, um mit ihm zusammenzusein. Die erste Reaktion war stets die gleiche: Der widerstrebende Mitarbeiter wollte eigentlich keine Gesellschaft – schon gar nicht, daß jemand seinetwegen das Fest verließ. Aber der Mitarbeiter, geübt darin, zu Patienten durchzubrechen, wandte die gleiche Einfühlung bei dem einsamen Kollegen an. Und nur Einfühlung, die nicht professionell mit der Arbeit zu tun hat, sondern von Herzen kommt, hat bei Patienten – wie überhaupt – Erfolg. Allein schon die Tatsache, daß ein Mitarbeiter, der länger bei uns und hier heimisch war, soviel Zeit von seinen Freunden und ihrem Fest entfernt mit dem Einsamen verbrachte, verfehlte ihre Wirkung selten – wenn auch zuweilen ein zweiter oder dritter Mitarbeiter hinzukommen mußte, um den Zögernden zu überzeugen, daß man ihn wirklich dabei haben wollte, und die anderen ihr Zusammensein ohne ihn nicht wirklich genießen konnten. Diese Art Erfahrung ließ dann das Fest für manche neue Kollegen zum schönsten Weihnachten werden, das sie je erlebt hatten. Und in den nächsten Jahren konnten sie sich ganz anders an den Weihnachtsvorbereitungen beteiligen, nicht nur für die Patienten, auch für sich selbst und für ihre Kollegen.

Die Mitarbeiter mußten eine Gemeinschaft bilden. Das Gemeinschaftsleben ist für die Behandlung psychisch Kranker von größtem Gewicht, und so versucht man, es durch Gruppenkonferenzen zu fördern, um den Patienten Gelegenheit zu geben, sich sozusagen selbst zu organisieren. Das Ergebnis solcher »parlamentarischer« Aussprachen ist zweifelhaft; daß sie überhaupt zustande kommen, zeigt indessen das Bedürfnis der Patienten nach Gemeinschaft. Aber natürlich sind es nicht die Patienten, welche die Gemeinschaft gestalten und regieren können, sonst wären sie wohl kaum in der Anstalt. Nur die Mitarbeiter sind in der Lage, das Symbol, das Vorbild und das Gewebe einer Gemeinschaft zu schaffen, die allein den Patienten das entsprechende therapeutische Gemeinschaftserlebnis vermitteln kann.

Die Beziehungen zwischen den mit den Patienten arbeitenden Mitarbeitern und dem für die äußerlichen Notwendigkeiten zuständigen Personal geben ein gutes Beispiel für den Wert der fest eingerichteten Unteilbarkeit der Gemeinschaft. Um an der »Schule« die nötige enge Verbindung zu einem Zweck herzustellen, arbeiteten täglich freiwillig ein paar Betreuer mit einer Gruppe des übrigen Personals zusammen. Ein Heilpädagoge erklärte dann in seiner Freizeit dem Putzpersonal beispielsweise, was an diesem Tag besonders wichtig war: Er berichtete dabei von den Patienten, und das Putzpersonal erzählte von den Arbeiten, die es für morgen vorhatte. So lernten sie sich ganz individuell kennen und gewannen nicht nur Interesse an der Arbeit des anderen, sondern auch an manchen privaten Aspekten. Wenn sich nicht so etwas wie Freundschaft zwischen den einzelnen entwickelte, würde das Ganze nicht funktionieren, und wir würden einen anderen aus dem Team bitten, sich freiwillig zur Verfügung zu stellen. Aber wir konnten uns nicht allein auf unsere wenigen Verbindungsleute zur Gruppe der Nichtprofessionellen verlassen. Wenn die Betreuer, die mit den Patienten arbeiteten, nicht irgendeine persönliche Beziehung zu denen hatten, die ihren Wohnraum säuberten, und sich nicht ab und zu mit ihnen unterhielten, kam es zu keinem Gemeinschaftssinn. Kurz, jeder Mitarbeiter mußte etwas dazu beitragen, das Gefühl der gemeinsamen Aufgabe herzustellen und am Leben zu erhalten. Sonst litt die Arbeit darunter.

Auch die Küche wurde selbstverständlich einbezogen. Einige Betreuer arbeiteten zusammen in der Küche mit dem Personal, stellten die Mahlzeiten zusammen, erklärten, warum die Patienten gern dieses oder jenes hätten und ermutigten das Personal, eigene Anregungen vorzubringen. Einige der besten Mahlzeiten gingen auf Anregungen der Küche zurück und waren mit ziemlich viel Extraarbeit entstanden. Gleiches an ständiger Kommunikation geschah mit dem Personal in Wäscherei und Näherei. Auch die Beziehungen zum Büropersonal mußten sorgfältig gepflegt werden. All die Kleinigkeiten der zahllosen täglichen Bedürfnisse der Patienten und ihrer Befriedigung – Abfahrtszeiten für Busse zum Beispiel und alles, was an Notwendigkeiten und Nettigkeiten mit einem Ausflug zusammenhing – konnten nur so reibungslos arrangiert werden, weil derjenige, der sie vorbereitete, genau wußte, für wen und zu welchem Zweck die Unternehmungen geplant waren und sich selber freute, wenn alles klappte. Eine Zeitlang versuchte man auf Wunsch der Universität, das Bestellwesen, die gesamte Buchhaltung und Haushaltsführung durch die geeigneten Abteilungen der Universität zu erledigen. Das Zentralbüro war voll guten Willens und leistete gute Arbeit. Aber ohne die besondere persönliche Note, die daher kommt, daß man die Menschen kennt, für die etwas geschieht, waren die Ergebnisse niederschmetternd. Beispielsweise wurde Geld für einen weiten Ausflug freigegeben, aber damit waren so viele Komplikationen und unvorhergesehene Schwierigkeiten verbunden, daß der Ausflug niemandem etwas nützte. Diejenigen, die die Planungen in der Hand hatten, waren eben nicht persönlich engagiert. So dauerte es gar nicht lange, bis wieder die Mitarbeiter, welche mit den Patienten und der Arbeit der »Schule« vertraut waren, die Dinge in die Hand nahmen, da ohne Kenntnis der Gründe für manches, das Fremden seltsam erscheinen mußte, die Vorhaben nicht gelingen konnten.

Mindestens einmal im Monat fand eine offizielle Konferenz zwischen Betreuern und dem übrigen Personal unter Leitung des Direktors statt. Doch hätte sie nur wenig bewirkt, wenn nicht die meisten Gegenstände schon durch die täglichen persönlichen Kontakte grundsätzlich geregelt gewesen wären. Manchmal waren diese Konferenzen der Institution materiell nützlich. Als ich zum Beispiel die Blaupausen für die Pläne eines neuen Gebäudes erläuterte, wies mich ein Hausmeister auf einen schwerwiegenden Fehler hin, den das Team, der Architekt und auch ich übersehen hatten. Indessen dienten diese wie andere offizielle Konferenzen vorwiegend als Symbol für den Geist, den die gesamte Arbeit der »Schule« schuf und aufrechterhielt.

Ein Beispiel für die enge Zusammenarbeit, die entstand, bezieht sich auf einen mutistischen Patienten: Dieser weigerte sich nicht nur monatelang, auf die Toilette zu gehen (was nichts Besonderes war), sondern er hatte auch noch das Bedürfnis, die Toiletten so wirksam zu verstopfen, daß Überschwemmungen entstanden – die er selbst durch wiederholtes Ziehen herbeiführte – und außerdem viele Toiletten unbenutzbar wurden. Zuweilen mußten die Rohre tagelang hintereinander durch Handwerker gereinigt werden, und es verlangte keine geringe Geschicklichkeit, die Gegenstände wieder zu entfernen, die der Patient sich zusammengesucht hatte, um sie für seine Zwecke zu verwenden. Hätten die Hausmeister, die ständig den Unrat beseitigen mußten, und die Handwerker, welche – manchmal bis hin zu den städtischen Abflüssen – die Rohre reinigen mußten, kein persönliches Interesse an dem Patienten und seinem Verhalten gehabt, so hätte uns ihr Ärger früher oder später gezwungen, dem Patienten Einhalt zu gebieten. Aber jeden Morgen waren die Toiletten wieder in Ordnung. Die große Belohnung kam, als der bis dahin stumme Patient plötzlich nicht nur anfing, die Toilette zu benutzen, sondern auch noch zu sprechen begann. Jetzt flossen alle so lang aufgestauten Worte ebenso über, wie es vorher die Toiletten getan hatten. Und als dieser Patient auf einmal redete, da schien es allen, die so hart daran gearbeitet hatten, die Toiletten zu säubern, wie ein Wunder, als sei es ihre geduldige Arbeit gewesen, mit der sie den Patienten wieder in Fluß gebracht hätten. Und in gewisser Weise stimmte das ja auch.

Trotz aller Schwierigkeiten war dieser Durchbruch für die gesamte »Schule« ein großer Gewinn. Die anderen Patienten waren zwar böse gewesen, daß sie ständig in andere Gebäudeteile gehen mußten, um eine brauchbare Toilette zu finden, und man hatte ihnen helfen müssen, daß sie ihren Ärger nicht an dem »Missetäter« ausließen – doch sie konnten nicht umhin zu erkennen, daß die Anstalt so viel auf sich nahm, weil wir das Gefühl hatten, es würde dem Patienten schaden, sich den normalen Regeln anzupassen. Für etliche andere Patienten war das eine Erfahrung, die es ihnen ermöglichte, ihre eigenen Ängste und Hemmungen um den Vorgang des Stuhlgangs zur Sprache zu bringen, was sie sonst vielleicht nicht gewagt hätten. Daß wir das alles akzeptierten, bewies ihnen, daß wir Gleiches für ihre eigenen Wahnvorstellungen leisten würden. Manche Geschichte, die sie uns nun erzählen konnten, zeigte, daß diese Erfahrung auch bei ihnen die Schleusen geöffnet hatte, was das Ganze noch lohnender machte. Als alles vorbei war, war die Befriedigung einiger Patienten darüber, daß dieser Patient das zu tun gewagt hatte, viel eindrucksvoller als jeder Ärger, der während des Geschehens laut geworden war.

Es bedeutet dem Hauspersonal selbstverständlich sehr viel, wenn es erlebt, daß sich ein Patient aus einem stummen Geschöpf in einen Menschen verwandelt, der das, was sie für ihn die ganze Zeit getan haben, auch schätzen kann. Es ist nicht leicht, die Wäsche von jemandem zu waschen, der sich unentwegt beschmutzt, oder täglich zerrissene Kleidung zu flicken, einen Reißverschluß zehn- oder zwanzigmal einzusetzen, wenn er jedesmal sofort wieder herausgerissen wird; das geht nur, wenn man versteht, daß es gute und wichtige Gründe dafür gibt. Daß man für eine solche Arbeit bezahlt wird, hat nichts zu bedeuten. Wie sollte ein Zimmermädchen für einen ihr völlig Fremden das Bett sorgfältig machen oder ihm sein Essen aufmerksam servieren wollen, wenn sie weiter nichts von ihm weiß, als daß er ihr Arbeit verursacht? Nur wenn sie begreift, warum dieser neue Patient das Bedürfnis hat, sein Essen über den Tisch zu verschmieren, und warum er ein besonderes Menü bekommt, von dem das meiste oder alles wieder vergeudet wird, kann für sie das immerwährende Saubermachen zu einer sinnvollen Aufgabe werden. Für diejenigen, welche die Schlafräume der Patienten reinigen, ist das persönliche Engagement noch entscheidender. Wenn alle Habseligkeiten in der Gegend verstreut sind – wie meistens – werden die Dinge nur dann mit Sorgfalt aufgelesen und die Ordnung, die den Patienten lieb und vertraut ist, wiederhergestellt, wenn die Mädchen ein Interesse an den Patienten haben und wissen, daß sie ihnen durch diese Arbeit helfen, zu genesen.

Viele unserer Patienten hatten besondere Kopfkissen, Laken und Decken, auf die sie persönlichen Wert legten, und die Decke mußte ihnen zur Sicherung ihres Privatbezirks in ganz bestimmter Weise hingelegt werden, ebenso wie ihre Stofftiere einen bestimmten Ort hatten. Daß sie, wenn sie den Raum verließen, alles achtlos in einer Ecke zusammenwarfen, hat damit nichts zu tun. Die Patienten erwarten und brauchen eine ständige Versicherung, daß wir uns um ihre Dinge kümmern und sie in Ordnung bringen, so daß sie sie an Ort und Stelle vorfinden, wenn sie zurückkommen. Das betreffende Hausmädchen wird sich ganz anders um den Raum kümmern, wenn es eine persönliche Beziehung zu den Mitarbeitern hat, die mit der Gruppe arbeiten, für die es den Raum in Ordnung hält.

Nirgends in der Literatur über psychiatrische Krankenhäuser – außer in einigen Arbeiten, die sich auf die Orthogenic School beziehen –, wird erwähnt, wie sehr der Behandlungserfolg von der persönlichen Befriedigung abhängt, die sämtliche Mitarbeiter aus den Beweisen ihres eigenen Beitrags zur Wiederherstellung der seelisch-geistigen

Gesundheit der Patienten ziehen. Wenn frühere Patienten uns besuchten, konnten wir zu unserer Freude feststellen, daß sie immer sofort auch das Hauspersonal besuchen wollten, das sie in so guter Erinnerung hatten. Außerdem befanden sich nach vielen Jahren meist mehr Angehörige des Hauspersonals noch in der »Schule« als Mitarbeiter, die mit den Patienten zusammengearbeitet hatten. Das Hauspersonal hatte in den vielen Jahren zusammen mit der Institution immer tiefere Befriedigung an der Arbeit und an seinen der Heilung dienenden Aufgaben gefunden, deren Bedeutung ihm bewußt war.

Heutzutage besteht allgemein ein großer Wunsch nach mehr Gemeinschaftlichkeit des Lebens. Aber die meisten sogenannten Kommunen können ihre Mitglieder deshalb nicht halten, nur am Rande der Gesellschaft und häufig nur als ihre Parasiten leben, weil sie den Begriff »Gemeinschaftsleben« verhängnisvoll fehlinterpretieren. Zum größten Teil werden diese Kommunen gebildet, »um ein Gemeinschaftsleben zu führen«, und sie konzentrieren sich infolgedessen auf genau dies. Ich bin überzeugt, daß ein Gemeinschaftsleben nur gedeihen kann, wenn es ein Ziel außerhalb dieses Vorhabens gibt. Eine Gemeinschaft ist lebensfähig, wenn sie aus tiefer Hingabe an eine Aufgabe entsteht, die eine andere oder höhere als nur das Leben in der Gemeinschaft ist.

Spricht man von gemeinsamem Leben, verbindet man es gewöhnlich mit Erinnerungen an Stammesleben. Es stimmt schon, daß man in schriftlosen Gesellschaften ein sehr aktives gemeinschaftliches Leben finden kann. Die Ursprünge der Gesellschaft liegen indessen weitgehend in einem undurchdringlichen Nebel, und wir können nicht wissen, wie sich unsere Ahnen zu den Menschen entwickelt haben, die in Familien und sozialen Gruppen lebten. Aber man kann wohl davon ausgehen, daß das, was sie dazu brachte, sich zu Gruppen zusammenzufinden, Aufgaben waren – zuerst und vor allem das Überleben –, die ein Zusammenarbeiten erforderten, und nicht irgendein bewußter Wunsch nach solch einem Gemeinschaftsleben. Ganz zufällig ist es auch nicht, daß die Mitarbeiter in der Orthogenic School untereinander häufig spontan sagten, daß wir, um den ständigen Ansturm seitens der Patienten zu überleben, uns gegenseitig helfen und als Gruppe, als Gemeinschaft arbeiten müßten, wenn wir das, was wir für unsere Aufgabe hielten, wirksam erfüllen wollten: nicht die Patienten zu kontrollieren oder sie unseren vorgefaßten Ansichten anzupassen, sondern was sie »hergaben«, therapeutisch zu nutzen und zu akzeptieren, damit wir alle von den Erfahrungen eines jeden etwas lernen und gewinnen könnten.

Der israelische Kibbuz ist vielleicht das beste zeitgenössische Beispiel für ein Leben in Gemeinschaft. Er wurde nicht von Leuten gegründet, die sich vorgenommen hatten, ein Gemeinschaftsleben zu führen, wie einige Propagandisten der Kibbuzim heute behaupten. Die Geschichte des Kibbuz beweist, daß es die besonderen und unentrinnbaren Umweltgegebenheiten waren, die bei der Besiedlung Israels die einwandernden Juden zur Einrichtung lebenskräftiger Gemeinschaftssiedlungen führten (3, 15, 110). Wären diese Bedingungen nicht mehr gegeben, so bin ich überzeugt, daß der Kibbuz nicht überleben könnte, ganz gleich, ob manche der Angehörigen das Gemeinschaftsleben gern fortsetzen würden. Tatsache ist, daß die sehr ernsthaften Versuche, Kibbuzim in städtischer Umgebung zu gründen, sehr bald dazu führten, daß die Gemeinschaften auseinanderfielen.

In einer Anstalt für psychisch Kranke werden die Mitarbeiter besser arbeiten können und mehr Befriedigung aus ihren Aufgaben ziehen, je mehr sie fähig sind, eine Gemeinschaft zu einem Zweck herzustellen. Dafür brauchen nicht gleich alle als Mitglieder dieser Gemeinschaft miteinander zu wohnen, aber sie müssen während ihrer Arbeitsstunden als Gemeinschaft funktionieren, obwohl jeder seinen eigenen Privatbereich behalten muß. Damit ist Gemeinschaft in der Arbeit und Privatleben gleichzeitig gewährleistet, und nur so, meine ich, kann ein moderner westlicher Mensch einen Teil seines Lebens ohne Schaden an der Individualität, auf die wir alle Wert legen, in eine Gemeinschaft einbringen.

Die Fähigkeit der Mitarbeiter, eine Gemeinschaft zu bilden, wird dadurch erleichtert, daß fast alle – Betreuer, Lehrer, Psychologen, Psychotherapeuten – ihre Laufbahn als Betreuer angefangen haben. Als solche haben sie es gelernt, Teil einer Gemeinschaft zu werden und zu wissen, was es heißt, psychiatrischen Patienten zu helfen. Aus diesem Grunde komme ich in meinen Ausführungen über die Mitarbeiter auch immer wieder auf die Betreuer zurück. Jeder Mitarbeiter arbeitet – unabhängig von seiner sonstigen Funktion – bei vielen Gelegenheiten jährlich immer wieder als Betreuer. Bei den Festlichkeiten beispielsweise, wo jeder, der Direktor eingeschlossen, die Patienten bei den Mahlzeiten bedient, oder bei anderen Gelegenheiten, wo jeder nicht nur in der Theorie, sondern in der Praxis als Gleicher unter Gleichen mit den Patienten etwas zusammen tut. Aufgrund dieses gemeinsamen Hintergrunds und vieler gemeinsamer Erlebnisse können Mitarbeiter als Betreuer eine Gemeinschaft von Gleichgestellten bilden, ungeachtet der Unterschiedlichkeit ihres Niveaus an Schulung, Kenntnissen oder Erfahrung. Und die Patienten leben in dieser Gemeinschaft. Wenn alles gut geht, sollten die Patienten am Ende ihres Aufenthaltes in solch einer Gemeinschaft auch bereit und fähig sein, Mitglieder der größeren und sehr diffusen Gemeinschaft zu werden, die die Welt draußen ausmacht. Es wäre ein Irrtum, anzunehmen, sie könnten die Entwicklung vom bloßen Dasein in der Gemeinschaft, die das therapeutische Milieu bildet, zum Mitglied, zum Teil dieser

Gemeinschaft, so ohne weiteres vollziehen. Die Mitarbeiter, die das Rückgrat und das Muster des Gemeinschaftslebens in der Schule bilden, müssen natürlich gleichzeitig Mitglieder jener größeren Gemeinschaft – unserer gemeinsamen Welt – sein, während die Patienten gänzlich in dem therapeutischen Milieu leben müssen, bis sie in der Lage sind, sich an die größere Gemeinschaft des normalen täglichen Lebens anzuschließen.

21
Das totale Engagement der Mitarbeiter

Alle wichtigen Entscheidungen, die sich auf den Patienten beziehen, werden von denen getroffen, die am engsten mit ihm arbeiten. Wenn er einmal in der »Schule« lebt, werden diese Entscheidungen mit der gleichen Sorgfalt und Überlegung gehandhabt wie bei seiner Aufnahme in die Institution. In einer Notlage, wenn keine Zeit ist, ein Problem mit einem erfahreneren Mitarbeiter und dem für den Patienten zuständigen Therapeuten (in Einzelsitzungen) durchzusprechen, müssen die Mitarbeiter, die am nächsten Tag mit ihm zu tun haben, die Entscheidungen selber treffen. Alle übrigen Mitarbeiter werden hinterher, bei der nächsten Zusammenkunft, also spätestens einen Tag danach, unterrichtet.

Wann immer es die Zeit erlaubt, wird das ganze Team um seine Meinung zu wichtigen anstehenden Fragen gebeten: zum Beispiel, ob und wie lange der Patient Verwandtenbesuch empfangen solle oder nicht; ob die Zeit für ihn schon reif ist, sich selbständig aus der Anstalt hinauszuwagen, und für wie lange; ob er in eine andere Gruppe und damit auch zu anderen Betreuern umziehen sollte; und schließlich die weitreichendste Entscheidung von allen: ob die Zeit für seine Entlassung gekommen sei, und wie ihm geholfen werden könne, seine Zukunft vorzubereiten. Doch wird, nachdem jeder angehört ist und seine Gesichtspunkte beachtet worden sind, stets die Entscheidung derer die Oberhand behalten, die dem Patienten am nächsten gestanden haben – und er ihnen. Wenn diese nach einer so ausführlichen Diskussion nicht das entscheidende Wort hätten – wie sollten sie dann den Patienten darauf vorbereiten, allein einen Spaziergang zu machen, in der inneren Haltung, die dem Patienten zugleich das Gefühl der Sicherheit und den Wunsch, zurückzukommen, vermittelt.

Zu diesen größeren Entscheidungen gelangt man selbstverständlich nicht nach einer einzigen Sitzung und auch nicht auf der Basis eines Vortrages der Fakten, dem eine Abstimmung folgt. Das Erörtern der Gründe, die einen Mitarbeiter dazu bewegen, ein seiner Ansicht nach richtiges Vorgehen bei einem Patienten vorzuschlagen, ist auch bei allgemeiner Übereinstimmung eine längere Prozedur. Sie bietet die Gelegenheit, tieferes Verständnis für einen Patienten, aber auch Klarheit darüber zu gewinnen, was es ist, das uns motiviert, die eine Methode einer anderen vorzuziehen. Und nach einer ursprünglichen Meinungsverschiedenheit zu einem Konsensus zu gelangen, ist nicht nur für die Betroffenen, sondern auch für alle anderen, und für sie ganz besonders, nützlich, da sie durch die Beobachtung ihrer Kollegen dazu gelangen, ihre eigenen Motive besser zu begreifen.

Das darf natürlich nicht als Routine oder als einfache Technik ausgeübt werden, um den Mitarbeitern Kniffe zur Beschleunigung der Heilung des Patienten an die Hand zu geben. In diesem Falle würde es lediglich die Anwendung einer besonderen Methode bedeuten und nicht notwendigerweise dazu führen, jeden Patienten gemäß den Besonderheiten seiner augenblicklichen Situation zu behandeln. Alles, was ein Mitarbeiter sagt oder tut, muß äußerst ernst genommen werden; sonst würden diese Konferenzen zu einem rein utilitaristischen Gedankenaustausch ausarten.

Es fällt einem Betreuer beispielsweise leicht zu sagen, der Zeitpunkt für einen Besuch des Patienten bei seiner Familie sei aufgrund seiner Beziehungen zu ihr, seiner Pathologie und seines Verhaltens noch nicht gekommen. Es ist wesentlich schwerer, sich selbst zuzugeben, daß man den Patienten nicht so gern zu seiner Familie schickt, weil man das Gefühl hat, die eigenen Beziehungen zum Patienten seien noch zu gespannt. Da erhebt sich dann die Frage: Wird – falls der Besuch nicht stattfindet – der Patient Beziehungen zu dem Betreuer aufnehmen, zu denen er offensichtlich noch nicht bereit ist? Was fehlt denn in ihrer Beziehung? Oder, warum fürchtet der Betreuer, die Wirkung des Besuchs werde den Eltern des Patienten soviel Macht über diesen geben, daß dadurch die Beziehungen zwischen dem Patienten und ihm selbst gefährdet würden? Ist man an diesem Punkt angekommen, fällt es dem Mitarbeiter relativ leicht, zu erkennen, warum er so unsicher in bezug auf die Bindung des Patienten zu ihm selbst ist, ebenso, was man tun könnte, um sie zu festigen. Eine große emotionale und geistige Bemühung ist erforderlich, um zu erkennen, daß die eigenen Gefühle zur eigenen Familie – Hoffnungen und Enttäuschungen bei eigenen Verwandtenbesuchen – möglicherweise die Entscheidung über den Besuch des Patienten bei seiner Familie beeinflussen könnten. Besonders dem unerfahreneren Betreuer eröffnet sich eine ganz neue Welt, wenn er sieht, daß eine scheinbar so simple organisatorische Entscheidung vielleicht sehr tiefe Wurzeln in der eigenen Einstellung und Vergangenheit und in seinen ganz persönlichen Beziehungen zum Patienten haben kann.

Hat andererseits der Mitarbeiter zugunsten eines Besuchs entschieden, sehen die Vorbereitungen des Patienten dafür zunächst unproblematisch aus. Man ist sich im klaren darüber, daß sich der Patient trotz zwiespältiger Gefühle auf den Besuch freut; man braucht also nur noch den Übernachtungskoffer für ihn zu packen, eine reine Äußerlichkeit. Das glaubt jedenfalls der Anfänger, der annimmt, dieser technische Teil berühre ihn emotional wenig. Indessen ergab in einem Fall eine Unterhaltung über das, was ein Betreuer einem Patienten eingepackt hatte, daß er ihm für einen Tagesbesuch mit Übernachtung genügend Sachen für eine Woche oder länger mitgegeben hatte. In einem anderen Falle war so wenig in der Tasche, daß der Patient kaum einen Tag damit ausgekommen wäre. Als sich das herausstellte, konnte der erste Betreuer nicht mehr behaupten, daß nicht ambivalente Gefühle im Spiel gewesen waren, die ihn veranlaßt hatten, den Patienten viel länger aus dem Haus zu wünschen, während der zweite Betreuer nicht leicht leugnen konnte, daß er etwas Groll verspürte, weil der Patient ihn verlassen wollte, wenn auch nur für einen Tag.

So schwer einem Mitarbeiter das Zugeben von zwiespältigen Gründen oder auch negativen Gefühlen fällt, es ist immer noch leichter, als eine klare positive Bindung anzuerkennen. Viele Betreuer sind, zumal im Anfang ihrer Arbeit, viel eher bereit zu erforschen und auch zuzugeben, wo sie einen Patienten zu kurz kommen ließen, als zu ergründen, was in ihnen selbst dem Patienten geholfen hat. Sie berichten bereitwillig und mit offener Freude irgend etwas, das der Patient plötzlich konnte, aber sie zögern sehr, sich zu fragen, was sie gedacht, gefühlt oder gewünscht hatten, bevor er dazu fähig war. Der Patient hat es getan, und das ist wunderbar – warum noch darüber nachdenken? Warum sollten sie ihr Inneres nach außen kehren, wenn alles so gut gegangen ist? Bevor sie nicht die Ergebnisse ihrer positiven Einstellung erlebt haben, sind sie im Grunde nicht fähig zu akzeptieren, wie tief die Wirkung ihrer negativen Einstellung auf den Patienten sein kann.

Wir scheinen ja alle ungefähr auf gleiche Weise zu fühlen und zu reagieren. Wenn wir einen Fehler gemacht haben, bedauern wir es und versuchen, ihn beim nächsten Mal nicht zu machen. Aber das bindet uns deshalb nicht an den betroffenen Menschen. Wenn die Dinge, die wir tun, jedoch weitreichende positive Folgen haben, bedeutet das für alle Menschen guten Willens – und die, die einen solchen nicht haben, dürfen nicht mit psychisch kranken Patienten arbeiten – eine furchtbare Verpflichtung. Es bedeutet und beweist, daß die Betreuer den Patienten wirklich helfen können. Warum aber scheuen sie dann vor der Verantwortung zurück? Meiner Erfahrung nach wehrte sich jeder neue Mitarbeiter gegen die Erkenntnis, wie ungeheuer wichtig er einem Patienten werden könnte. Jeder fand es viel einfacher, Fehler zuzugeben (überzeugt, daß das nicht noch einmal passieren würde), als die Verpflichtung zu akzeptieren, die aus der Erkenntnis der eigenen Bedeutung für andere kommt. Wir können ganz gut mit dem Wissen leben, daß wir uns geirrt haben oder unaufmerksam gewesen sind, aber es ist nicht so einfach, einzusehen, daß es uns möglich ist, das Herz eines anderen zu brechen. Das Erkennen dieser Möglichkeit macht die Heilung eines Patienten zu dem sehr persönlichen, eigenen Vorhaben des Betreuers. Daß dieser ein entscheidendes Votum bei der Aufnahme der Patienten gehabt hat, war nur das Vorspiel. Ohne diese langfristige Verpflichtung anzuerkennen, kann aber eine wirkliche Beziehung niemals entstehen.

Ein Beispiel: Eine Mitarbeiterin hatte mehrere Monate lang sehr hart mit einem schwierigen Patienten gearbeitet, der, weitgehend dank dieser Bemühungen, beträchtliche Fortschritte gemacht hatte. Eine Kollegin half ihr an einem Tag, interessiert daran, wie man dem Ansturm der gewalttätigen Ausbrüche dieses Patienten überhaupt standhalten könne. Dem Patienten war gesagt worden, daß diese andere Mitarbeiterin nur zu Besuch da sei. Plötzlich kehrte er zu seinem ursprünglichen aggressiven Verhalten zurück und war völlig unerreichbar. Verzweifelt bat seine Betreuerin einen Mitarbeiter mit größerer Erfahrung um Rat. Da er weniger persönlich betroffen war, begriff er das Verhalten des Patienten sofort. Er spürte, daß der Patient trotz der gegenteiligen Versicherung fürchtete, dieser Besuch könnte den Platz seiner Betreuerin übernehmen. Als dieser Mitarbeiter das der Betreuerin erklärte und sie für die Furcht des Patienten Verständnis zeigte, war der Kontakt sofort wieder hergestellt.

Sosehr sich diese Betreuerin dem Patienten verbunden fühlte, hatte sie doch, wie sich aus späteren Unterhaltungen ergab, etwas Hemmungen, sich zu jeder Zeit einem Verhalten auszusetzen, das so schwer zu ertragen war. Unbewußt wollte sie sich nicht so gebunden fühlen, um mit ihm auf unabsehbare Zeit hinaus zu arbeiten, und um das zu verhindern, hatte sie es sich selbst nicht eingestanden, wie dringend wichtig sie für den Patienten geworden war. Dieser Vorfall gab ihr die Gewißheit, wieviel sie dem Patienten bedeutete und wie verzweifelt er in seiner Angst war, er könnte sie verlieren. Da sie nun besser erkannte, was sie bereits bei ihm erreicht hatte, beunruhigte es sie auch nicht mehr, ob sie die nötige Gefühlsstärke haben würde, weiterhin mit ihm zu arbeiten.

Bei jeder Mitarbeiterkonferenz kommt es darauf an, daß der Mitarbeiter, der die Ansichten von anderen mit mehr Erfahrung einholt, gefühlsmäßig überzeugt ist, diese Ansichten sind richtig, sonst wird er nie imstande sein, sie in sein tägliches Leben mit dem Patienten zu übernehmen. Was der Mitarbeiter *fühlt* bei dem, was er gelernt hat, ist wesentlich wichtiger für seine Arbeit, als was er jetzt *weiß*. Der Patient reagiert begreiflicherweise mehr auf den Ton, in dem etwas gesagt wird, oder auf die gefühlsmäßige Absicht, die dem unterliegt, was getan wird, als auf den offen zutage liegenden Inhalt.

Kein verstandesmäßiges Erfassen der Bedeutung, die ein langes und angenehmes Bad für einen Patienten hat, oder das Spielen mit ihm in der Badewanne oder sogar die Ermutigung, daß er seine Ausscheidungen in der Wanne leisten darf (was bei einem neurotischen Jungen dessen lebenslange Unfähigkeit durchbrach, seinen Darm ohne die Hilfe von Klistieren zu entleeren), hat Erfolg, wenn der betreffende Betreuer nicht seine eigenen Gefühle hinsichtlich des eigenen Körpers und der Ausscheidungen geprüft hatte. Der Patient weiß durch die unzähligen täglichen Gelegenheiten sehr wohl, welche Gefühle der

Mitarbeiter für ihn und seinen Körper hat: wie man ihn weckt, in welcher Weise man ihn ins Bett bringt, ihn füttert oder seine Hand hält, wenn er sich selbst oder andere verletzen will. Aber diese Gefühle werden erst wirklich offenbar, wenn der Betreuer physisch oder psychologisch angegriffen, geschlagen, gestoßen oder lächerlich gemacht wird, wenn der Patient ihn anlügt oder anspuckt; wie er reagiert, wenn der Patient mit seinem Stuhlgang sich selbst, die Möbel oder den Betreuer beschmiert.

Es ist absolut nutzlos – oder, schlimmer, von negativer Wirkung –, einem Betreuer zu sagen, er sollte fähig sein, solche Symptome genauso zu betrachten wie zum Beispiel einen Patienten, der immer der Beste auf dem Sportplatz sein muß oder ständig den Mitarbeitern gefallen und zu ihnen gehören will. Erst wenn ein Betreuer durch die Auseinandersetzung mit den Kollegen eine Reihe tiefer Einsichten in die eigenen unbewußten Motive hat, kann er wirklich ein guter Therapeut sein. Der Betreuer muß erkennen und auch intellektuell begreifen, daß der Patient seine eigene Sicht von den Dingen zum Ausdruck bringt, ganz gleich, wie seltsam oder erschreckend sein Verhalten sein mag, und er muß darüber hinaus auch über die Art von Einfühlung verfügen, die sich aus dem Bewußtsein der eigenen gefühlsmäßigen Motivationen herleitet.

Wenn der Betreuer diese Einsicht durch ähnliche Erfahrungen gewonnen hat, mag ihn das Verhalten des Patienten immer noch sehr beunruhigen, aber es wird ihn nicht mehr persönlich erschüttern.

Diese Art einfühlender Sensitivität kann man niemanden lehren. Die Mitarbeiter lernen sie nur durch die Erfahrung der eigenen Reaktionen. Wenn man angespuckt wird, ist es ganz »natürlich«, daß man angewidert ist, aber diese Reaktion sollte als wichtiger Hinweis auf die eigenen Gefühle verstanden und ernst genommen, aber nicht als »richtig« oder »falsch« gewertet werden. Nur dann können die Betreuer es akzeptieren, daß diese als Anzeichen innerer Einstellungen äußerst wichtig sind (obwohl sie nicht immer die beste oder richtige Art sein müssen, in der Menschen auf eine Situation oder einen anderen Menschen reagieren sollten).

Ein Betreuer muß begreifen, wie verstört und verängstigt ein Patient sein muß, um seinen Stuhlgang wochenlang zurückzuhalten. Er muß erkennen, wie das den Patienten zwingt, ständig an das Umgehen der Ausscheidung zu denken, etwas, das all seine Zeit und Energie in Anspruch nehmen muß. Wenn der Betreuer dann stundenlang die Hand des Patienten hält, während dieser auf der Toilette sitzt, wird die Einfühlung mit der panischen Angst des Patienten, der den Stuhlgang nicht loslassen kann aus Furcht, sich zu beschmutzen, zum beherrschenden Gefühl des Betreuers. Da ist dann einfach kein Raum mehr für Abscheu. Diese unmittelbare Einfühlung in die Angst vor dem Loslassen des Stuhlgangs ermöglichte es dem vorhin erwähnten Patienten dann auch, sich in der Badewanne zu entleeren.

Unaufgearbeitete Reste der eigenen Vergangenheit können ein großes Hindernis für die Arbeit mit psychiatrischen Patienten sein – aber auch von großem Vorteil. Sie sind ein Hindernis, wenn sie ausagiert werden, aber sie sind von Vorteil, wenn sie realitätsbewußt einbezogen werden. Von jemandem, der mit psychiatrischen Patienten arbeitet, erwartet man häufig, daß er es vermeidet, von den eigenen gefühlsmäßigen Problemen auszugehen. Da wir aber *alle* Gefühlsprobleme haben, ist das ganz unmöglich. Ohne diese eigenen Probleme könnte der Therapeut seine Arbeit gar nicht tun, sie sind für ihn der Hauptantrieb, psychiatrischen Patienten bei ihrem unglaublich schweren Weg zur Heilung zu helfen. *Ohne diese Quelle der Einfühlung in den Patienten* könnte psychotherapeutische Arbeit niemals Erfolg haben. Jeder, der mit psychisch kranken Patienten arbeiten will, muß über ein gewisses Einfühlungsvermögen verfügen. Und einer der wichtigsten Gründe für die Probezeit eines Betreuers war die Beantwortung der Frage nach seiner Fähigkeit zur Einfühlung. Einfühlung ist etwas ganz anderes als Mitgefühl. Auch Mitgefühl ist wichtig, aber nicht so sehr. Mit Mitleid sorgen wir uns *um* ihn, mit Einfühlung fühlen wir *mit* ihm. Wenn wir zum Beispiel glauben, er sei unglücklich, sind wir traurig, daß es ihm so schlecht geht. Bei der Einfühlung erleben wir immer wieder selber die Gefühle des anderen, das heißt, wir haben die *gleichen Gefühle wie er.* Ohne Mitleid oder Mitgefühl gibt es keine Einfühlung, um sich aber einfühlen zu können, muß man eine weitere Erfahrung machen: die Selbsterforschung, die uns aufgrund der eigenen Erlebnisse gestattet, wie der andere zu fühlen. Wenn wir in uns selbst nicht irgend etwas finden können, das dem, was im anderen vor sich geht, eng verwandt ist, können wir ihn nicht einfühlsam verstehen. Kohut (78) bringt dafür ein Beispiel:

»Wir sehen einen Menschen, der ungewöhnlich groß ist. Die ungewöhnliche Größe dieses Menschen ist ohne Zweifel eine wichtige Gegebenheit für unsere psychologische Einschätzung des Menschen – ohne Introspektion und Einfühlung indessen bleibt seine Größe nur ein physisches Attribut. Erst wenn wir uns selbst durch stellvertretende Introspektion an seine Stelle versetzen und seine ungewöhnliche Größe empfinden, als wäre sie die unsere, und so innere Erfahrungen wiederbeleben, in denen wir ungewöhnlich oder auffällig wirkten, erst dann fängt für uns die Bedeutung an, welche die ungewöhnliche Größe für diesen Menschen haben kann.«

Leider existiert im Englischen nur sehr wenig Literatur über Einfühlung. Gäbe es mehr Verständnis und Erkenntnis der bedeutenden Rolle, welche die Einfühlung in allen guten menschlichen Beziehungen spielt, würde die Verhaltensänderung bei den Psychologen nicht in so großer Gunst stehen wie im Augenblick. Jeden, der imstande ist, sich in jemanden einzufühlen, der das Objekt verhaltenstherapeutischer Manipulationen ist – eingeschlossen die innere Erfahrung, wie erniedrigend es ist, sich von jemandem, der behauptet zu wissen, wie »man« sich verhalten soll, bestechen zu lassen –, müßte der Gedanke abstoßen, einen anderen Menschen derart zu manipulieren. Die dominierenden Züge unserer Kultur und pragmatischer behavioristischer Geist zeigten sich an dieser Tendenz, nicht nur Dinge, sondern auch Personen so zu manipulieren, als wären sie Objekte, statt – im Gegenteil – die Menschen einfach zu begreifen und ihnen zu gestatten, die Dinge auf ihre eigene Weise zu bewältigen.

Im Deutschen gibt es hingegen eine beträchtliche philosophische und psychologische Literatur über das Problem der Einfühlung, und viele verschiedene Worte bezeichnen ihre verschiedenen Formen (104, 180). Übersetzt man entsprechend dem ursprünglichen griechischen Sinn das Wort »Sympathie«, gibt man es am besten als »Mitfühlen« wieder. Das englische »empathy« ist eine Übersetzung des deutschen Wortes »Einfühlung«.

Einfühlung ist nichts, das getan werden könnte »wegen« etwas, das heißt, um eines bestimmten Zweckes willen; im Grunde hindert nichts die Einfühlung mehr als zielbewußte Absichten. Um etwas erst einmal zu verstehen, muß man seine geistigen Kräfte mobilisieren, wissenschaftliche Theorie oder bewußte Erfahrungen, kurz: Verstehen ist ein rationaler Prozeß. Freud läßt sich nicht ausdrücklich über Einfühlung aus, er geht statt dessen auf das ein, was geschieht, wenn sie vorhanden ist. Er spricht dann von dem, was er »Sympathie des einen Unbewußten mit einem anderen« nennt, und macht darin deutlich, daß dies niemals ein rationaler Prozeß sein kann. Er weist im Gegenteil darauf hin, daß rationales Denken ein Hindernis dafür ist (42).

Etwas in jemand anderen hineinprojizieren ist etwas gänzlich anderes. *Etwas zu projizieren ist im wesentlichen auf die eigene Person bezogen, während Einfühlung, die zwar von den eigenen inneren Erfahrungen ausgeht, auf den anderen bezogen ist.* Beim Projizieren sieht man sich selbst im anderen, bei der Einfühlung fühlt man den anderen in sich selbst, nicht als Ganzheit wie bei der Introjektion. Man fühlt nur, wie der andere in diesem Augenblick fühlt, ohne daß man die Grenzen des Ichs überschreitet, die bestehen bleiben.

Jeder, der an der Orthogenic School arbeiten will, hat dafür innere Motivationen, die man am besten als Mitleid beschreiben kann. Er ist sich vielleicht nur des Mitleids für die unglücklichen Patienten bewußt, aber im Grunde hofft er auf Sympathie und Beachtung der eigenen Schwierigkeiten, die einen bedeutsamen Faktor bei seinem Wunsch zu helfen darstellen. Dieses Mitleid ist also der Antrieb für den Mitarbeiter, das Unglück der Patienten zu mindern, ihnen wohl zu tun. Das Mitleid jedoch hat Wurzeln, die außerhalb der Situation liegen, so gut gemeint es sein mag. Mitleid motiviert also dazu, für den Patienten etwas zu tun in dem Glauben, das werde gut für ihn sein, aber es kann auch sehr in die Irre führen. Sobald man wissenschaftlich an die Arbeit mit dem Patienten geht und genau begreift, welche psychologischen Probleme der Patient hat, gelangt man zu Entscheidungen, die von dem ausgehen, was er auf weite Sicht braucht, aber nicht von dem, was er im Augenblick braucht.

Wissenschaftliche Kenntnisse in Pathologie und Psychologie sind äußerst wertvoll, belehren uns jedoch nur über den Menschen im allgemeinen und nicht über den besonderen Menschen in einem bestimmten Augenblick seines Lebens, in einer ganz spezifischen Beziehung zu einer bestimmten Person.

So glaubte ein relativ neuer Betreuer, den Patienten eine Erleichterung von jeder Selbstbeherrschung zu verschaffen, als er sie dazu ermutigte, Wasser in der Gegend herumzuspritzen (im folgenden Kapitel ausführlicher beschrieben); er dachte sogar, die Patienten hätten ganz allgemein etwas davon, wenn sie ihrer Frustrierung freien Lauf lassen und ihre gewalttätigen Gefühle ausagieren könnten. Jedoch hatte er seine persönliche Beziehung zu ihnen in diesem Zeitpunkt nicht genügend berücksichtigt. Weil die Patienten dachten, der Betreuer hätte seine ich-stützende Rolle aufgegeben und die Fähigkeit, Zornesausbrüche zu beherrschen, vorübergehend verloren, wurden sie in zunehmendem Maße von ihren eigenen Ängsten überwältigt. Und weil der Betreuer aus Mitgefühl mit ihnen gehandelt und seine eigenen Gefühle in sie projiziert hatte, war er nicht imstande, sich ihnen gegenüber frei zu verhalten, als sich die Situation weiter zuspitzte. Er hatte sich von dem eigenen Wunsch hinreißen lassen, Zorn auszuagieren. Hätte er indessen Einfühlung in seine Patienten gehabt, wäre er fähig gewesen zu merken, an welchem Punkt der Entwicklung die Patienten anfingen Angst zu haben und Hilfe brauchten, um die Kontrolle über ihre Aggressionen wiederherzustellen; er hätte sich dann in ihre Furcht, von ihren Gefühlen überwältigt zu werden, »hineingefühlt«.

Nur Einfühlung ermöglicht uns ein solch unmittelbares Erkennen, zu dem sich in der therapeutischen Arbeit das Wissen gesellt. Die Entwicklung von Einfühlung aus Mitleid und Mitgefühl heraus gehört also zu den großen Aufgaben des therapeutischen Milieus. Dann kann der Betreuer nicht nur aus dem allgemeinen Wissen darüber, was zur Therapie gehört, auf den Patienten reagieren, sondern mit Mitgefühl für das, was der Patient in diesem besonderen Moment braucht.

Wir haben fast alle »Einfühlung« in die Trauer von jemandem, der einen geliebten Menschen verloren hat. Dennoch verstehen wir nicht wirklich alles, was in ihm vorgeht, während wir mit ihm fühlen. Das hängt davon ab, was der verlorene Mensch für ihn bedeutet hat, und von der Vielschichtigkeit ihrer Beziehungen. Völliges Verstehen eines anderen Menschen würde verlangen, daß wir all das verstehen, und doch würde eine derart intellektuelle Beschäftigung uns ernsthaft hindern, daß wir uns in den anderen Menschen »hineinfühlen« – was nur aus der eigenen Erfahrung möglich ist. Nur wenn wir selbst erfahren haben, was eine Trennung bedeutet, können wir empfinden, wie trostlos dem anderen die Welt in diesem Augenblick erscheint.

Mit folgender Geschichte beleuchtet Christine Olden (89) die Natur der Einfühlung. Kurz bevor sie die psychoanalytische Behandlung eines achtjährigen Jungen anfing, diktierte ihr dieser Junge eine Erklärung, die sie ihrer Haushälterin zeigen sollte – der er nur einmal zufällig begegnet war und die nichts von ihm wußte, außer daß er ein Patient war. Er verlangte, daß die Haushälterin hereingerufen wurde, um die Erklärung zu lesen, was sie schweigend tat. Die Erklärung begann: »Meine Mutter ist ein Schlappschwanz. Mein Vater ist ein Schlappschwanz. Meine Mutter ist häßlich und hat Falten. Christines (die Analytikerin) Haar ist gräßlich ...« usw. Als die Haushälterin alles gelesen hatte, fragte der Junge, nachdem er auf einen Kommentar gewartet hatte, der nicht erfolgte: »Eine ganz schöne Geschichte, nicht wahr?« Die Haushälterin antwortete: »Eine sehr traurige Geschichte.« Diese Antwort warf den kleinen Jungen völlig um, der die Geschichte als bitterböse empfunden hatte. Deshalb fragte er die Haushälterin, warum sie das eine traurige Geschichte nannte. »Weil man aus ihr sieht, wie wenig du dich selbst magst.« »Dem Erwachsenen nützt es nichts, das Kind, seine Herkunft, seine Ängste und letzten Erfahrungen zu kennen, wenn er nachempfinden will, wie das Kind in dieser oder jener Situation fühlt, wenn ihm die Fähigkeit zu echter Einfühlung fehlt ... [welche] fähig ist, die Abwehrmaßnahmen zu durchbrechen, hinter denen sich vielleicht die wahren Gefühle verbergen.«

In gewisser Weise ist Einfühlung ein schwankender Prozeß des Hin und Zurück; beim »Zurück« kehrt man in das eigene Denken und Fühlen zurück, und beim »Hin« kommt man wieder zu der eigenen Erwachsenenintegration dieser Prozesse und benutzt sie, um dem Kern der Erlebnisse des anderen in diesem Augenblick näherzukommen. Da diese Primärprozesse alle zurückgehen in die Zeit, bevor unsere Persönlichkeit voll entwickelt war und durch das Ich kontrolliert wurde, erfordert Einfühlung, daß »der Erwachsene [fähig sei], sich selbst zu gestatten, mit den Leiden seiner Kindheit zu leben und ein bestimmtes Maß an Versöhnung mit ihnen zu erreichen« (18).

Das ist alles Theorie. Das Problem ist, wie das therapeutische Milieu den Mitarbeitern helfen kann, ihre Kindheitsleiden zu integrieren und damit fähig zu werden, sich in jene ursprünglichen Grundgefühle einzufühlen, die unsere Welt während der Kindheit kennzeichneten, und die weiterhin unsere Möglichkeit behindern, mit dieser Welt fertig zu werden. Nur die Fähigkeit der Mitarbeiter, eine solche Integration für sich selbst zu erreichen, kann die Grundlage bilden, von der aus sie den Patienten helfen können, dasselbe zu tun.

In Übereinstimmung mit unserer Überzeugung von der Wichtigkeit persönlicher Beziehungen aufgrund von Einfühlung wählen Patient und Betreuer einander gegenseitig aus. Die Auswahl ist meistens unbewußt. Der Patient spürt etwas an dem Betreuer, das ihm das Gefühl gibt, dieser Mitarbeiter sei für ihn besser als ein anderer, und der Betreuer findet den Patienten besonders interessant und anziehend. Im Laufe der Arbeit stellt der Betreuer meistens fest, daß unbewußte Verdrängungen, die auf entscheidende und ungelöste Kindheitserlebnisse zurückgehen, auf komplementäre Erfahrungen bei dem Patienten ansprechen. Dana und ihre Betreuerin mögen als Beispiel dienen:

Dana, ein magersüchtiges Mädchen, hatte drei lange Aufenthalte in der psychiatrischen Station eines Universitätskrankenhauses hinter sich, die ihr das Leben retteten. Während der ersten beiden Aufenthalte hatte die freundliche und bereitwillige Einstellung einer Pflegerin – im Gegensatz zu der extremen Ablehnung, die sie von ihrer Mutter erfahren hatte – Dana sehr bald zu einer Zunahme an Gewicht und damit aus der Gefahrenzone herausgebracht. Jedoch war sie innerhalb weniger Monate nach ihrer Rückkehr in die Familie erneut gefährlich abgemagert und mußte wieder in die Klinik. Beim dritten Mal schien gar nichts mehr zu helfen; nichts konnte die Patientin dazu bewegen zu essen, und künstliche Ernährung besserte die Situation auch nicht. Außerdem wurde sie akut verwirrt, stand völlig erstarrt, unfähig sich zu bewegen, am Fenster und blickte zum Himmel hinauf.

Nach ihrer Überweisung in die Orthogenic School fing sie bald an zu essen und wurde in wenigen Monaten dick, was aber nichts an ihrer Starrheit änderte. Um sie zum Essen zu bringen, stellten wir ihr Bett ans Fenster, damit sie hinaussehen und den Himmel beobachten konnte, soviel sie wollte. Sonst kamen wir trotz aller Versuche nicht weiter mit ihr. Dann nahm sich eine neue Betreuerin ihrer an, und Dana schien auch eher bereit, diese Betreuerin um sich zu haben als andere vorher. Danas Verhalten anderen gegenüber wandelte sich nicht, aber, wie man später erfuhr, griff sie diese Betreuerin in bösartiger Weise an und schlug sie jedesmal, wenn sie mit ihr allein war. Es ist erstaunlich, wie es den beiden gelang, das so lange geheim zu halten.

Die inzwischen Dana sehr verbundene Betreuerin, die aber noch unsicher in ihrer Position innerhalb des Mitarbeiterstabs war und nicht recht wußte, was man in einer solchen Situation von ihr erwartete, behielt, ebenso wie Dana, diese Schläge für sich. Später gestand sie, daß sie Danas Tätlichkeiten auch deshalb geheim gehalten hatte, weil sie das Gefühl hatte, sie verdiene es nicht besser, da sie nicht wußte, wie sie diesem unglücklichen Mädchen besser helfen sollte. Vor allem aber fürchtete sie, daß man sie nicht mehr als Betreuerin für Dana geeignet halten würde, wenn sie ihr Unvermögen zugab. Die Beziehung zu Dana war der Betreuerin derart lebenswichtig geworden, daß sie sie unter allen Umständen schützen wollte und dafür fast täglich Schläge, schmerzhafte Kniffe, Fußtritte und andere Mißhandlungen in Kauf nahm. Interessanterweise gelang es Dana immer, sie zu schlagen oder zu treten, wenn es niemand sah, und sie außerdem an Stellen zu verletzen, welche die Betreuerin verbergen konnte, so daß die anderen nicht merkten, was vorging.

Schließlich, nach mehr als einem Jahr, ließ die Starre Danas nach, wenn auch nicht ihre Verwirrtheit. Alle übrigen Mitarbeiter meinten, bei Dana und ihrer Betreuerin langsame, aber gute Fortschritte festzustellen. Jedoch konnten die blauen Flecken nicht mehr verborgen bleiben, und die Erklärungen der Betreuerin, daß sie auf ihre Ungeschicklichkeit oder andere Zufälligkeiten zurückzuführen seien, wurden nicht mehr geglaubt.

Die Mitarbeiter weigerten sich in ihrer Sorge um das Wohlergehen der Betreuerin, solche Erklärungen zu akzeptieren, und errieten die Wahrheit. Zum Schluß gestand die Betreuerin endlich, daß sie es, weil sie sich für nicht genügend befähigt hielt, Dana zu helfen, akzeptiert hätte, von ihr gestraft zu werden. Und indem sie Dana auf sich herumschlagen ließ, war sie dann ja wenigstens von irgendeinem Nutzen für sie.

Die »Beichte« der Mitarbeiterin, daß sie es verdient habe, gestraft zu werden, führte ihre Kollegen zu dem Argument, daß ihr Versagen bei Dana keine ausreichende Erklärung sei, zumal sie ja mehr Erfolge mit Dana aufzuweisen hatte als irgend jemand anderes zuvor. Der Glaube der Betreuerin an die eigene Erklärung wurde aber erst dann etwas erschüttert, als ihr die anderen versicherten, daß *sie* bei aller Hingabe ihren Patienten (die Danas Betreuerin bekannt waren) niemals einen solchen Mißbrauch der Beziehungen erlauben würden, denn das wäre sowohl für die Patienten wie für sie selbst erniedrigend. Trotzdem blieb sie noch eine ganze Weile bei der Version, sie hätte keinen anderen Grund gehabt als ihre Verbundenheit zu Dana. Als man sie aber fragte, ob Dana oder ihre Beziehung zu ihr sie an irgend jemand anderen oder an eine ähnliche Beziehung erinnerte, wurde ihr verblüfft klar, daß ihre Beziehung zu Dana sie an ihre Beziehung zu ihrer nächst jüngeren Schwester erinnerte, obwohl sie nicht recht wußte, warum, denn diese Schwester hatte sie niemals angegriffen, sie war im Gegenteil stets sehr abhängig von ihr gewesen.

Kurz, es stellte sich nach mühsamen und langwierigen Forschungen heraus, daß diese Betreuerin als älteste von mehreren Schwestern von früh auf die »Mutter«-Rolle bei ihren jüngeren Geschwistern hatte spielen müssen. Ihre Mutter behauptete, aus Krankheitsgründen nicht dazu in der Lage zu sein, und während die Betreuerin das bewußt akzeptiert hatte, hatte sie es unbewußt niemals geglaubt und daher tiefen Groll gegen die Pflicht empfunden, die volle Verantwortung für ihre Schwestern zu übernehmen, was ihr eigenes Leben sehr beeinträchtigt hatte. Eines Nachmittags war sie, scheinbar grundlos (in Wirklichkeit verzweifelt über die zu große Last der Verantwortung) hinter der ältesten ihrer Schwestern in mörderischer Absicht mit einem Fleischmesser hergelaufen. Unbewußt war sie wütend über diese Schwester, die nicht nur bei den jüngeren nicht half, sondern auch dazu noch immer erwartete, daß sich die Betreuerin um sie kümmerte. Sie hatte diesen Vorfall in all den Jahren »vergessen« und nur noch in Erinnerung gehabt, wie sehr sie alle ihre Schwestern geliebt hatte, und Stolz darüber empfunden, daß sie ihnen eine so erfolgreiche Mutter gewesen war. Als sie der Schwester mit dem Messer nachgelaufen war, war sie derart »außer sich« gewesen, daß sie nicht wußte, was geschehen wäre, wenn ihr die Schwester nicht entwichen und ihr damit die Möglichkeit gegeben hätte, sich wieder zu fangen. Obwohl der gesamte Vorfall verdrängt gewesen war, hatte sie sich irgendwie weiterhin wie eine Mörderin gefühlt, die schwere Strafe verdiente.

Dana wiederum hatte, bevor sie dieser Betreuerin begegnete, ihre krankhafte Starre nicht aufgeben können, da jede Bewegung angesichts der inneren Wut, die sie verzehrte, auf einen Angriff hinausgelaufen wäre. Wie sich später herausstellte, hatte Dana irgendwie gespürt, daß sie es bei diesem Menschen wagen konnte, offen gewalttätig zu handeln, ohne Furcht, bei der Vergeltung vernichtet zu werden. Es begann damit, daß Dana der Betreuerin wie zufällig unter dem Tisch Fußtritte versetzte. Als die Betreuerin das akzeptierte – bewußt, weil sie erfreut war, daß Dana angefangen hatte, ihren Körper zu bewegen, und sie dabei zur Fortführung der Mißhandlung unbewußt ermutigend, um die eigene Schuld zu büßen –, wurde Dana immer bösartiger in ihren Angriffen. Voll wütendem Zorn gegen ihre Mutter hatte sie in der Betreuerin eine Mutterfigur gefunden, die bereit war, ihre Wut zu akzeptieren.

Jede hatte also in der anderen eine starke psychologische Einstellung oder eine Konstellation von Motiven gespürt, aus der sie beide für ein unbewußtes Bedürfnis Befriedigung beziehen konnten. Das Bedürfnis der Betreuerin, für das bestraft zu werden, was sie ihrer Schwester hatte antun wollen, wurde befriedigt, und ebenso Danas Bedürfnis, ihrer Wut freien Lauf zu lassen, so daß sie diese nicht mehr erstarrt zurückhalten mußte. Die Anziehung war somit auf komplementäre Bedürfnisse gegründet und weniger auf eine Identifizierung. Das trifft auf die meisten Fälle zu, in denen Patient und Betreuer einander spontan auswählen und nicht der Betreuer allein einen bestimmten Patienten bevorzugt.

Manche Wissenschaftler, die der Frage nachgehen, wie Mitarbeiter spontan sich Patienten auswählen – J. L. Rosen beispielsweise (100) –, führen zu leichtfertig die Identifikation als einzige Ursache an. Später hat Frau Rosen ihre Ergebnisse auf die Altersgruppe von Kindern ausgedehnt, mit denen Lehrer am liebsten arbeiten, und fand hier ebenfalls einen ursächlichen Identifikationsfaktor (101). Zweifellos stellt Identifizierung häufig die Basis für die Wahl des Objektes, aber solche Beziehungen bleiben statisch und begrenzend, wenn die Identifikation sich auf Eigenschaften bezieht, die man bereits hat. Vom Dynamischen her ist Identifikation nur als vorübergehende Phase akzeptabel. Im Interesse der eigenen Entwicklung haben die Jüngeren ohne Zweifel das Bedürfnis, sich mit geeigneten Erwachsenen zu identifizieren. Um aber zur Reife zu gelangen, müssen auch diese sich mit Eigenschaften identifizieren, die sie nicht besitzen, sondern erwerben möchten. Ganz anders ist es, wenn der reife Mensch, der führen sollte, sich mit dem unreifen identifiziert; das bannt den Unreifen in seiner Unreife, da er das, welches das Wesentliche der Bindung des reifen Menschen an ihn darstellt, nicht aufgeben kann. Die Ergebnisse von J. L. Rosen sind zwar richtig, aber die Identifikationen, die sie beschreibt, stellen die Wahl eines unreifen Objektes seitens der Erwachsenen dar, was narzißtisch angenehm, aber nicht geeignet für eine konstruktive Beziehung ist, denn statt Wachstum der Persönlichkeit zu fördern, zögert sie es hinaus oder verhindert es. Auch in der Erziehungsarbeit identifiziert sich der beste Lehrer, der sich zwar so verhält, daß sich die Schüler mit ihm identifizieren können, nicht mit den Schülern. Für die Therapie gilt das in noch größerem Maße, und Betreuer an der »Schule«, die sich mit Patienten identifizierten, wurden nie zu guten Therapeuten. Nur diejenigen konnten dem Patienten zu seiner Autonomie verhelfen, die darauf ausgerichtet waren, den Patienten mit etwas zu versehen, das in dessen Leben fehlte. Manchmal findet der Betreuer auch, daß ihm selbst eine Ich-Stärke fehlt, und er muß dann diesen Aspekt seiner Persönlichkeit erst entwickeln, um ihn dem Patienten weiterzuvermitteln. Eine Herausforderung, die der Betreuer braucht, um selbst reifer zu werden.

Andererseits kann der Patient sehr viel davon profitieren, wenn er sich mit der emotionalen Reife eines Mitarbeiters identifiziert. Aber wenn es auch für Patient wie Betreuer zuweilen notwendig und gut ist, die spontane gegenseitige Wahl auf der Grundlage unerfüllter Kindheitsbedürfnisse zu treffen, für die Beziehung ist es nicht gut, wenn sie auf dieser Ebene steckenbleibt. Geschah das bei uns, kam oft eine Art *folie à deux* heraus, wie es bei starken gegenseitigen Identifikationen häufig geschieht. Das sind Fälle von narzißtischer Auserwählung, denn wenn man das, was in einem selbst am stärksten entwickelt ist, mit einem anderen pflegen will, versucht man hauptsächlich, wie Narziß es tat, die Beziehung zum eigenen Bild und nicht zu dem anderen Menschen zu pflegen. Nur Beziehungen, die darauf aufgebaut werden, daß man sich gegenseitig ergänzen will in Aspekten, die in dem einen reif und in dem anderen weniger gut entwickelt sind, können zu größerer Reife führen. Beziehungen, die auf der Befriedigung kindlicher Wünsche oder neurotischer Bedürfnisse aufgebaut sind, bieten zwar Befreiung von Spannungen, führen aber nicht zu höherer Integration. Das Ethos des Wachstums ist es – das Gegenteil davon, Gleichheit aufrechtzuerhalten –, das im therapeutischen Milieu die Wahl des Objektes aufgrund neurotischer Identifizierungen bekämpft und jene Beziehungen fördert, die sich auf ergänzende Bedürfnisse gründen, ohne daß sie dort stehenbleiben.

Eine solche Beziehung mag eine Katharsis auslösen, wie Danas Mißhandlungen ihrer Betreuerin bei beiden, aber die Beziehung wirkt nicht therapeutisch. Immerhin ist die Wahl des Objekts nach komplementären neurotischen Bedürfnissen zumindest insofern dynamisch, als sie eine Befreiung von Spannungen und die Befriedigung von Bedürfnissen ermöglicht, die sonst unbefriedigt blieben, und auf diese Weise Verdrängungen, Fixierungen und Abwehrmechanismen weniger notwendig macht. Derartige komplementär ausgerichtete Partnerschaftswahlen können den Betroffenen unter Umständen gestatten, höhere Ebenen der Integration durch die erwähnte Linderung zu erreichen und damit Kraft für andere Bemühungen freizusetzen. Dann hängt alles davon ab, wie diese freie Kraft neu eingesetzt wird.

Gerade weil die Befriedigung komplementärer Bedürfnisse so lohnend sein kann, besteht die Gefahr, daß sich die Partner wie Dana und ihre Betreuerin auf sie fixieren. Vor einer solchen Fixierung kann den Betreuer nur das ständige Erforschen der Motive durch die Mitarbeiter bewahren. Ohne diese Motivprüfung würden Betreuer und Patient wahrscheinlich starre und unwandelbar geschlossene Beziehungssysteme entwickeln, die einen Fortschritt zu einer höheren Integration bei beiden Teilen verhindern würden. Und weil im »totalen« therapeutischen System sämtliche Beziehungen – Mitarbeiter zu Patienten, Patienten untereinander, Mitarbeiter untereinander in der Arbeit – einer unablässigen Beobachtung unterliegen, zwingt man potentiell geschlossene Systeme, zu offenen zu werden. Jeder Fall eines geschlossenen Systems von Beziehungen ist einmalig, aber Dana und ihre Betreuerin geben ein Beispiel ab unter vielen, wie sich solche geschlossenen Beziehungen auswirken können.

Erst als die Betreuerin gefragt wurde, warum sie die Angriffe geheimgehalten hatte, wenn sie doch glaubte, für Dana sei es gut, ihre

Wut gegen die Mutter auszuagieren, fing sie an, sich selbst ernsthaft nach ihren Motiven zu befragen. Wäre es nicht selbstverständlich gewesen, daß ein Betreuer eine so wichtige Entwicklung eines Patienten den anderen Mitarbeitern berichtet hätte? Ihre Antwort lautete, daß sie das nicht getan hätte, weil sie ratlos über den weiteren Verlauf gewesen war. Wäre das nicht eher ein noch stärkerer Grund gewesen, sich dafür Rat und Hilfe einzuholen? Wenn sie so unsicher gewesen war – was zutraf – hinsichtlich ihrer Arbeit mit Dana, wäre es um so natürlicher gewesen, wenn sie den anderen berichtet hätte, daß Dana in ihrer Gegenwart aus ihrer Starre auftaute und in einer Art Katharsis eine Mutterfigur angriff.

Es wurde der Betreuerin dann klar, daß sie diese Angriffe für sich behalten hatte, weil das Geheimnis, das nur die beiden miteinander teilten, für sie etwas sehr Kostbares war und viel von seiner Bedeutung verlieren würde, wenn andere darum wüßten. Von hier aus war es nur ein kleiner Schritt zu der Erkenntnis, daß sie Angst hatte, in dem Augenblick, in dem es bekannt würde, würden die Mitarbeiter mit mehr Erfahrung dazwischentreten und diese Angriffe beenden. Sie hatte also im Grunde nicht gewollt, daß die Angriffe aufhörten. War sie vielleicht eine solche Masochistin, daß sie einen Patienten dazu mißbrauchte, ihre masochistischen Bedürfnisse zu befriedigen? Die Betreuerin reagierte entrüstet auf diese Beschuldigung, die insofern übertrieben war, als sie schließlich Dana nicht einseitig dazu mißbraucht hatte, einigen ihrer eigenen unbewußten Bedürfnisse entgegenzukommen, sondern Dana die gleiche Möglichkeit dazu geboten hatte. Da sie indessen sehr gewissenhaft war, beunruhigte sie die Möglichkeit, daß sie vielleicht doch Dana zur Befriedigung der eigenen Bedürfnisse mißbraucht haben könnte. Deshalb bat sie nun um Hilfe, um die eigentlichen Zusammenhänge zu begreifen. Sie versicherte, daß sie keine Masochistin wäre, sie war ehrlich erfreut darüber gewesen, daß Dana aus der Starre zu etwas Leben erwacht wäre, und war eine Weile lang überzeugt, die Mißhandlungen machten ihr nichts aus, denn Dana tat ja auch andere Dinge mit ihr. Vielleicht aber gab es doch etwas in ihrer Vergangenheit, das ihr das Gefühl gab, sie verdiene eine Bestrafung, denn sie war ja sicher, daß Dana ausgezeichnete Gründe hatte, eine Mutterfigur zu schlagen. Und bei dieser Frage kam als ganz unerwartetes Ergebnis die Erinnerung an den Messer-Zwischenfall mit der Schwester heraus.

Positive Ergebnisse wie diese kommen recht häufig zustande, wenn man die Gründe für das Verhalten und die Einstellung der Betreuer prüft. An sich ist es fast unmöglich, die inneren Motive eines anderen Menschen zu kennen. Man kann aber sachliche Vermutungen anstellen, und wenn sie im allgemeinen bezüglich der psychologischen Konstellation und der gefühlsmäßigen Antriebe in die richtige Richtung zielen, können sie bei allen Irrtümern im einzelnen dem betreffenden Menschen dazu verhelfen, sich an das zu erinnern, was tatsächlich passiert ist.

Jedoch muß die Betreuerin mit dieser neuen Erkenntnis noch einmal zu der Frage zurückkehren, warum sie gewollt hatte, daß die Verletzungen durch die Patientin verborgen blieben. Solange ihr nicht klar gewesen war, daß sie sie als verdiente Strafe akzeptiert hatte, mag eine Begründung für das Geheimhalten vorgelegen haben, aber warum akzeptierte sie sie weiter und versuchte, sie zu vertuschen? Es war die alte Geschichte: sie akzeptierte die Bestrafung, weil sie verdient war, wenn das alles war, was sie für Dana tun konnte. Und sie behauptete, sie wäre eben zu unerfahren, um auf eine bessere Hilfestellung für das Mädchen selber zu kommen, und bat nun die Kollegen mit mehr Erfahrung um Rat.

So versuchten wir also, den Dingen so näher zu kommen, wie es immer am zweckmäßigsten gewesen war: mit Fragen. Was hatte sie für Gefühle gehabt, als sie versucht hatte, ihre Schwester zu verletzen? Eine dumme Frage – waren wir nicht bereits übereingekommen, daß sie die Strafe durch Dana akzeptiert hatte, weil sie so unglücklich über die damalige Situation war? Gut, aber was für Gefühle hatte Dana bei ihren Angriffen? Offenbar mußte es ihr gut tun, endlich einer Mutter zumindest stellvertretend das anzutun, was sie immer gewollt hatte. Wenn es gut sein sollte, durch Angriffe seinen Zorn auszuagieren, warum fand dann die Betreuerin, daß *sie* wegen ihres Angriffs auf die Schwester eine Strafe verdiente? Sie antwortete, daß jeder moralische Mensch so empfinden würde. Damit gab sie zu, daß Dana – so wichtig sie ihr war – kein moralischer Mensch war, sonst mußte Dana ebenso unglücklich darüber sein, daß sie einem grundsätzlich berechtigten Zorn so heftig freien Lauf ließ.

Es brauchte Monate, bis wir so weit gediehen waren. Nach jeder Frage, die dazu bestimmt war, daß die Betreuerin mehr über sich selbst herausfand, mußte man ihr viel Zeit und Gelegenheit lassen, das zu verarbeiten, was in ihr aufgerührt wurde. Manchmal muß eine Woche, manchmal ein Monat vergehen, bis ein nächster Schritt erfolgen kann. Während dessen bekommen für den betreffenden Mitarbeiter die täglichen Zusammenkünfte mit anderen Betreuern, bei denen es um deren Patienten und um andere Probleme geht, aufgrund dessen, was er inzwischen begriffen hat, eine ganz andere Bedeutung. Er nimmt an vielen Unterhaltungen teil oder ist zumindest dabei, wenn es um komplizierte psychologische Probleme geht, die nicht unmittelbar etwas mit dem zu tun haben, was ihn im Augenblick beschäftigt. Er versteht mehr von sich selbst und weiß es. Er versteht auch mehr von dem, was in anderen vor sich geht. Dies wieder macht es ihm viel schwerer, das zurückzudrängen, was ihm bewußt wird, und zu verhindern, daß es ständig sein bewußtes Denken beschäftigt. Die meisten Betreuer beginnen, wenn sie das hinter sich und das Problem lange genug hin und her bewegt haben, wieder dort, wo sie steckengeblieben waren. Tun sie das nicht, kann eine Frage im richtigen Zeitpunkt nach dem, was sich zwischen Patient und Betreuer in der Zwischenzeit entwickelt hat, seitdem sie ihre Entdeckungen über sich selbst gemacht haben, zum nächsten Schritt führen.

Danas Betreuerin hatte den entscheidenden Schritt getan, als sie begriff, daß der Grundfehler in ihrer Beziehung bis dahin ihre unbewußte Einstellung gewesen war, Dana sei irgendwie weniger menschlich als sie selbst. Sie hatte ein furchtbar schlechtes Gewissen gehabt wegen ihrer eigenen destruktiven Wünsche ihrer Schwester gegenüber. Aber sie war überzeugt gewesen, daß Dana sich bei ihren gegenwärtigen heftigen Handlungen ausgesprochen wohl fühlte. Das ist für jeden Betreuer ein großer Schock, wenn er gefühlsmäßig einem Patienten tief verbunden ist und nun erkennen muß, daß er in Wirklichkeit unbewußt eine ziemlich niedrige Meinung von ihm gehabt hat – ganz im Gegensatz zu dem, was er bewußt von seiner Beziehung zu dem Patienten hielt. So etwas veranlaßt ihn mehr als alles andere, seine Ansicht über den Patienten wie über sich selbst zu ändern. Bis dahin war diese Betreuerin sicher gewesen, es sei gut für Dana, sie stellvertretend für die Mutter zu schlagen. Da sie Dana auch zu einem Verständnis ihrer selbst verhelfen sollte, hatte sie sie häufig gefragt, warum sie das tat, und Danas Antwort akzeptiert, Dana wäre so voller Zorn, daß sie explodieren oder zu ihrer krankhaften Unbeweglichkeit zurückkehren würde, wenn sie nicht auf diese Weise ihre innere Gewalttätigkeit loswerden könnte. Bis dahin hatte sie Dana nie gefragt, was sie denn für Gefühle dabei hätte, wenn sie den ihr am nächsten stehenden Menschen, den sie am meisten liebte, so mißhandelte.

Erst nachdem ihr klar geworden war, daß sie Dana ein großes Unrecht zugefügt hatte, indem sie voraussetzte, Dana könne ohne jedes zwiespältige Gefühl ihre offenen Akte von Aggressionen genießen, erst dann konnte sie Dana sagen, daß sie selbst ein schlechtes Gewissen hatte, wenn sie jemandem wehtat, der ihr wichtig war – ganz gleich wie wütend sie war. Jetzt explodierte Dana wirklich. Bösartiger und heftiger denn je attackierte sie die Betreuerin und schrie dabei: »Du hast dich immer von mir schlagen lassen und hast mir damit gezeigt, daß du mich für ein wildes Tier hältst, was ich sowieso von mir denke«, und brach darauf schluchzend zusammen – zum erstenmal, seit sie denken konnte.

Trotz alledem können wir nicht sicher sein, ob Dana sich jemals aus ihrer krankhaften Starre hinausbegeben hätte, wenn sich die Dinge anders entwickelt hätten. Daß die Betreuerin ihre Gewalttätigkeit akzeptierte – aus persönlichen emotionalen Gründen die einzige Regung hinnehmend, die Dana damals für die Welt haben konnte –, war vermutlich für Dana sehr wichtig als Möglichkeit, ein wenig aufzutauen. Es hatte ihr bewiesen, wie wichtig sie der Betreuerin war, trotz deren, wie sie glaubte, niedrigen Meinung von ihr. Und indem sie alles geheimhielt, hatte ihr die Betreuerin ihre absolute Zuverlässigkeit, ihre Vertrauenswürdigkeit gezeigt. Vielleicht war es für Dana notwendig gewesen, daß die Betreuerin die Wildheit in ihr akzeptiert hatte, vielleicht hätte Dana sonst nie glauben können, daß irgend jemand sie auch als moralischen Menschen mit Schuldgefühlen über ihr Betragen akzeptieren könnte.

Nachdem die Betreuerin Dana davon überzeugt hatte, daß sie sie nicht für einen minderwertigen Menschen hielt oder glaubte, sie hätte andere Gefühle als sie, weihte Dana sie als unmittelbare Folge in ihr tiefstes Geheimnis ein: sie hatte im Krankenhaus immer bewegungslos am Fenster gestanden, weil sie den Himmel beobachten und die Veränderungen des Wetters begreifen wollte. Warum das so wichtig war, konnte sie nicht sagen. Aber in Zusammenhang mit diesem Interesse am Wetter hatte Dana allmählich ihre psychische Blockierung überwunden und wurde sogar physisch beweglich, rannte unzählige Male nach draußen, um den Himmel und die Wolken besser sehen zu können, als sie es von ihrem Fenster aus konnte, worauf sie sich bis dahin beschränkt hatte. Während der nächsten zwei Jahre häufte sie ein unglaubliches Wissen über das Wetter an. Während sie anderweitig beschäftigt war, konnte sie, ohne hinzusehen, sagen, in welche Richtung sich der Wind gedreht hatte und welche Geschwindigkeit er angenommen hatte. Scheinbar voll auf etwas anderes ausgerichtet, lief sie plötzlich fort, um die Wolkenformationen zu beobachten, weil sie sich verändert hatten. Aus den Veränderungen der Temperatur, Feuchtigkeit und anderem, die sie sofort »erkannte«, wenn sie stattfanden, konnte sie das Wetter genauer vorhersagen als das Chicagoer Wetteramt.

Derartige ungewöhnliche Leistungen sind dann die Grundlage für die Ansicht, Psychotiker erführen eine Erweiterung ihres Geistes. Sie entwickeln zuweilen in der Tat höchst erstaunliche Fähigkeiten. Nun erfährt der Kranke keineswegs eine Erweiterung seines Geistes dabei, sondern vollzieht eine minuziöse Konzentrierung auf etwas ganz Bestimmtes, wie es die Lösung des Rätsels von Danas verblüffenden Wettervorhersagen demonstriert.

In den nächsten Jahren versuchten wir, Danas Vergangenheit und ihren Beziehungen dazu auf den Grund zu gehen, und halfen ihr, sich selbst besser zu verstehen und mit der Welt und den Menschen umgehen zu lernen. Wiederholt mußten die Betreuerin und Dana auf die Vorfälle in der Frühzeit ihrer Beziehungen zurückkommen, wie es angefangen hatte, daß zunächst alles schief gegangen war, um zu merken, wie sie Dana dazu verführt hatte, das auszuagieren, was sie brauchte, anstatt es zu integrieren. Eines Tages, als die Betreuerin wieder davon anfing, brachen der alte Zorn und die Heftigkeit wieder in Dana aus, wenn auch diesmal nur in Worten. Aufgebracht sagte Dana: »Du bist immer noch dumm. Du weißt immer noch nicht, was das Wetter für mich bedeutet.« Die Betreuerin entschuldigte sich, daß sie so wenig über Dana begriff, und bat sie um Aufklärung. Dana ging zur Tafel und schrieb in großen Buchstaben: »We eat her«, und sagte dazu: »That's all there is to weather.«[1] Sie hatte gelernt, das Wetter vorauszusagen, um zu wissen, von wo und wie die endgültige Gefahr oraler Vernichtung kommen würde.

Danas Magersucht hatte sich von Anfang an aus ihrer Angst entwikkelt, sie würde wie Gretel aus dem Märchen von der Hexe, ihrer Mutter, aufgegessen werden. Eine Möglichkeit, dieser Gefahr zu begegnen, und außerdem kein ungewöhnliches Motiv für Anorexie, bestand darin, so wenig Körper wie möglich zu haben, so daß er unattraktiv sein würde (um in der Kindheit geschlagen zu werden und in der Jugend sexuell gebraucht zu werden). Diese Möglichkeit hatten wir die ganze Zeit schon in Betracht gezogen, ebenso daß ihre Korpulenz die Antwort auf die neu gewonnene Sicherheit gewesen war, als ihrem Gefühl nach in der »Schule« die Gefahr durch die Mutter nicht mehr bestand. Aber wir hatten uns geirrt, als wir annahmen, die Angst, die ihrer Magersucht zugrunde lag, existierte nicht mehr in der alten und ursprünglichen Form. Irgendwie hatten wir die beiden Symptome nicht miteinander in Verbindung gebracht, das alte der Anorexie und das neuere ihrer monomanischen Beschäftigung mit dem Wetter. Sie weihte uns erst in ihr Geheimnis ein, als sie endlich wirklich daran glaubte, daß sich die Betreuerin nicht nur um sie kümmerte, weil sie eine Patientin war, sondern daß die Betreuerin sie tatsächlich gern hatte und als Person respektierte.

Nachdem sie den Grund für ihre Besessenheit vom Wetter zugegeben hatte, war dieses Problem erledigt. Alle ihre Intelligenz, die auf die Entwicklung zum Wetterexperten konzentriert worden war, wurde nun frei für andere Interessen. Ihr Zorn gegen die Welt war abgeklungen, weil sie darauf vertraute, selber auch einmal ein gutes Leben haben zu können. Innerhalb eines Jahres hätte sie die »Schule« verlassen können, aber sie wollte lieber noch bleiben, um ihrer neu errungenen geistig-seelischen Gesundheit die Chance zu geben, sich zu festigen und sicherer zu sein; sie wollte noch eine Weile von dem profitieren, was ihr das therapeutische Milieu bot, bevor sie ein Jahr später ins College ging. Sie beschloß, Lehrerin zu werden, weil ihr der Gedanke

[1] Das englische »weather« (deutsch: Wetter) ergibt, in seine Bestandteile zerlegt, »we eat her«, das heißt also: »Wir fressen sie.«

gefiel, daß sie auf der Basis ihrer Erfahrungen besser als andere fähig sein würde, Kindern beizubringen, wie wichtig Worte sind, und zu wissen, was sie wirklich bedeuten. Zusammenfassend sagte sie: »Nicht in der verrückten Art, in der ich ›Wetter‹ aufgefaßt habe.«

Aus dieser kleinen Geschichte nimmt man vielleicht an, das Aufdecken der komplizierten Zusammenhänge in der gestörten Psyche verlange vollendete psychoanalytische Methoden und Kenntnisse. Die sind schon notwendig, aber wie die Geschichte zeigt, sind sie leichter zu haben als gesunder Menschenverstand. Das scheinbar völlig Unbegreifliche, wie Danas ständige Beschäftigung mit dem Wetter, ist auf die Unfähigkeit des Patienten zurückzuführen – aufgrund seiner Angst, der Tiefe seiner Verdrängungen und der Desorganisation seiner höheren geistigen Funktionen –, selbst die meist einfache und ursprüngliche Quelle der Symptome zu erkennen. Was er dann immer weiter um ihre Ursprünge herumkonstruiert, verbirgt ihm selbst und den anderen ihre Natur und macht sie um so verwirrender und komplizierter. Diese Konstruktionen sollen andere an der Entdeckung hindern, wie inakzeptabel die Bedeutungen der Symptome sind, sie sollen die gefürchteten vernichtenden Konsequenzen aufhalten, die eintreten würden, falls irgend jemand die wahre Natur der Symptome erkennen würde.

Was also ein Mitarbeiter am dringendsten lernen muß, ist das Reagieren auf die besondere Situation des Augenblicks. Während einer nächtlichen Mitarbeiterkonferenz kam beispielsweise jemand an und berichtete, daß ein Patient aufgewacht war und getröstet werden mußte. Der Betreuer, der ihm am nächsten stand, verließ die Konferenz, um zu ihm zu gehen. Als er eine halbe Stunde später zurückkam, unterbrach ich die Diskussion und fragte ihn, wie es mit dem Patienten gegangen sei. Als Antwort kam der Bericht über den Traum des Patienten, der ihn angeblich so erschreckt hatte, und die entsprechenden Deutungen. Ich fragte den Betreuer, warum er sich auf die Traum-Interpretationen eingelassen hatte. Was hätte er sonst tun sollen, war die erstaunte Gegenfrage. Um herauszubekommen, was es sonst vielleicht noch an Möglichkeiten gegeben hätte, fragte ich den Betreuer, wie er denn mit dem Patienten umgegangen sei. Der Patient hatte gesagt, er könne nicht wieder einschlafen, also hatte der Betreuer einen Stuhl ans Bett gezogen und den Traum mit ihm diskutiert.

Es war ein interessanter Traum, sehr aufschlußreich hinsichtlich des Patienten, und der Betreuer hatte dem Patienten einiges von dem Sinn des Traumes sehr klug gedeutet. Ich lobte ihn für sein scharfsinniges Verständnis des Traumes, fragte ihn aber: wenn er selbst mitten in der Nacht aufwachen würde und sich einsam und verlassen vorkäme, was ihn dann wohl am meisten beruhigen und trösten könne. Zuerst versuchte er zu sagen, daß er Hilfe brauchen würde, um den Traum zu verstehen. Als ich ihn aber fragte, was denn wirklich im Augenblick am beunruhigendsten gewesen wäre – das Gefühl von Angst und Einsamkeit oder der Traum –, war er sich seiner Sache nicht mehr so sicher. Aber seine Bemühungen, den Traum zu interpretieren, meinte er, seien Zeichen seiner Sorge gewesen. Das traf gewiß zu, und es hatte offenbar auch etwas genützt, denn er war wieder zurück und der Patient eingeschlafen. Konnten wir aber sicher sein, daß es die Deutung des Traumes war, die das bewirkt hatte? Wenn ein Baby schreit, weil es hungrig ist, braucht ihm die Mutter dann nur die Flasche zu geben? Würde eine gute Mutter es nicht außerdem beruhigen, indem sie es in den Arm nimmt und hin und her wiegt? Der Betreuer sah sofort ein, daß man beides tun mußte: Die Angst durch das Wiegen beruhigen und die Quelle der Angst mit der Flasche.

Jetzt erkannte der Betreuer auch, daß er bei dem Patienten vor allem an der möglichen Quelle des Kummers interessiert gewesen war und nicht an dem Kummer selbst. Und sicher wäre es, zumal der Patient selbst zu verstehen gegeben hatte, daß er sich einsam fühlte, ebenso gut oder noch beruhigender gewesen, wenn er ihn mit etwas zu essen getröstet oder ihn umarmt hätte. Warum aber, fragte der Betreuer, hat es dann dem Patienten geholfen, daß sie über den Traum gesprochen hatten, wenn doch das andere wichtiger gewesen wäre. Meine Antwort lautete, daß wir ja gar nicht wissen, ob es der Inhalt ihrer Unterhaltung gewesen war, der den Patienten beruhigt hatte, nicht vielleicht die Bereitwilligkeit seines Betreuers, nach den eigentlichen Arbeitsstunden noch bei ihm zu sein. Vielleicht wünschte und brauchte der Patient vor allem, daß der Betreuer eine Weile bei ihm saß. Vielleicht hatte er den Traum sogar erfunden (was jedem in einem halbwachen Stadium leichtfällt), um den Betreuer zu fesseln, damit er nicht gleich wieder fortginge. Der Patient wußte, daß der Betreuer bei der Mitarbeiterkonferenz war; vielleicht wollte er nur herausfinden, ob er dem Betreuer wichtiger war als diese Konferenz. Vielleicht ging das Gefühl der abgrundtiefen Einsamkeit auch auf die Angst zurück, die Konferenz könnte wichtiger sein als er. Wir konnten es unmöglich wissen.

Wenn er sich in der Situation des Patienten befunden hätte, fragte ich den Betreuer jetzt, was wäre ihm am liebsten gewesen. Er gab zu, daß ihm wahrscheinlich am liebsten jemand gewesen wäre, der ihm gefühlsmäßig nahe stand und als Versicherung, daß er gern bei ihm wäre, wenn er sich unglücklich fühlte, den Arm um ihn legte und es ihm sagte. Das war es eben; und wahrscheinlich wäre es auch tröstlicher gewesen, wenn er ihm etwas zu essen oder zu trinken geholt hätte und sie den Traum diskutiert hätten, während sie zusammen aßen. Dem Patienten das Gefühl zu geben, daß er jetzt in Sicherheit ist, bewirkt mehr als jede Trauminterpretation, denn zusammen kann man alle möglichen Gefahren, die im Dunkeln lauern, zurückschlagen.

So jedoch mußte beim Patienten die Frage unbeantwortet bleiben, ob die Bemühung des Betreuers und dessen Deutung des Traums auf die berufliche Pflicht, das Notwendige zu tun, zurückzuführen war, oder ob es sich um das Ergebnis einer starken Beziehung handelte, die jedes Gefühl von Einsamkeit oder Verlassenheit einfach negieren durfte. Hätte der Betreuer dem Patienten sofort durch sein Verhalten gezeigt, daß dessen Trennungsangst unbegründet war, wäre die langfristige Wirkung solch spontaner Beruhigung größer gewesen als die Beruhigung durch das rationale Analysieren der Angst. Da der Betreuer den Patienten sehr gern hatte, war es merkwürdig, daß ihm diese Einfühlung gefehlt hatte und er den Umweg über das rationale Begreifen des Traumes genommen hatte.

Schließlich kam heraus, daß der Betreuer zwar bereit gewesen war, sich im Augenblick geistig mit dem Patienten zu befassen, doch ein inneres Widerstreben gehabt hatte, sich ihm gefühlsmäßig zuzuwenden. Er war bereit gewesen, das Ich des Patienten, das von den Ängsten des Es überschwemmt war, zu unterstützen, indem er seine vernunftmäßige Kontrolle über das Unbewußte kräftigte. Aber er hatte nicht berücksichtigt, daß das Aufwachen des Patienten und seine Bitte um menschliche Nähe auch – wahrscheinlich in der Hauptsache – ein Schrei nach Wärme von einer Vaterfigur war. Wie die Dinge gelaufen sind, hatte der Betreuer den Patienten mit dem Gefühl zurückgelassen, daß er seinen Kummer nicht allein bewältigen konnte, während eine physische Zuwendung, als Gefühlsausdruck gemeint, dem Patienten vielleicht die Gewißheit vermittelt hätte, daß er allein aus der Sackgasse seiner Unsicherheit hinausgelangt sei, weil er dem Betreuer so wichtig war.

Dieser Vorfall kann die Mängel der rein intellektuellen Methode im Vergleich zu einer Methode beleuchten, die zunächst die Gesamtsituation berücksichtigt und dem Problem des Patienten nicht auf der Basis dessen, was der Therapeut weiß und kann, zu Leibe rückt, sondern von dem ausgeht, was der Patient im Augenblick am meisten braucht. Der Patient brauchte sein Unbewußtes nicht zu begreifen, er brauchte indessen das Gefühl, daß er sicher und fest in der »Schule« schlafen konnte, weil sie ihm in einer Notsituation die Kraft gab, von der er jederzeit Gebrauch machen und die er als eigene Kraft einsetzen konnte.

Damit war dem Betreuer ein tieferes Verständnis des Unterschiedes zwischen dem Aufdecken von unbewußten Inhalten und der unmittelbar Ich-stärkenden Methode eröffnet worden sowie für den jeweils richtigen Zeitpunkt und den richtigen Rahmen. Er bekam auch ein direktes Gefühl für die Bedeutung der sogenannten Gegenübertragung. Im weiteren Verlauf der Diskussion stellte sich außerdem heraus, daß der Betreuer sehr interessiert an dem gewesen war, was wir gerade besprachen, als er uns – sehr ungern – verließ. Seine Interpretation des Trauminhalts war also in gewisser Weise eine Art Bestrafung des Patienten gewesen.

Indem ich die Konferenz bei seiner Rückkehr unterbrochen und nach seinen Erlebnissen gefragt hatte, zeigte ich ihm meinerseits Anerkennung dafür, daß er sich dem Patienten gewidmet hatte, und daß es mir nichts ausmachte, das abzubrechen, was ich im Augenblick besprach, um mich der Situation zu widmen, die durch seine Rückkehr gegeben war. Dieses mein Tun würde es dem Betreuer später einmal leichter machen, mit einem Patienten spontaner und gefühlsmäßiger umzugehen. Als er die Konferenz verlassen hatte, war er nur am Rande betroffen gewesen, als er aber zurückkehrte, war er der Mittelpunkt des Interesses; jeder wollte ihm helfen zu verstehen, warum er so gehandelt hatte und was die Folgen für ihn wie für den Patienten sein würden.

Die Tiefe des Verstehens und der Einfühlung, die von der Milieu-Therapie verlangt werden, nährt sich nicht zur Hauptsache aus der Einsicht in das, was der Patient für eine Neustrukturierung seiner Persönlichkeit braucht – oder, wie im Falle extrem gestörter Menschen, für eine Strukturierung überhaupt –, sie ergeben sich aus der Erkenntnis dessen, was der betreffende Mitarbeiter, wäre er in der Situation des Patienten, für sich selbst gern von anderen hätte. Vielleicht gibt es ganz allgemein keinen besseren Prüfstein für die humanistischen Prinzipien der Milieu-Therapie als Kants kategorischen Imperativ: »Handle so, daß die Maxime deines Willens jederzeit zugleich als Prinzip einer allgemeinen Gesetzgebung gelten könne.«

In den meisten psychiatrischen Anstalten leben die Patienten nach einer Routine, vom Stundenplan der Einzel- oder Beschäftigungstherapie bis zur völligen Reglementierung von allem, was sie tun. Diese Reglementierung kommt, wie der relative Mangel an Sensibilität seitens der Mitarbeiter den Hoffnungen und Leiden der einzelnen Patienten gegenüber, und ihre Ansicht von den Kranken als irgendwie untermenschlich, im wesentlichen aus dem Bedürfnis des Mitarbeiterstabs, sich gegen den Ansturm der Gefühle zu verteidigen, den die Patienten in ihnen hervorrufen. Die Mitarbeiter errichten damit eine zwar durchsichtige, aber undurchdringliche Wand, die sie gefühlsmäßig von den Patienten trennt. Die Stationen der Schwestern in psychiatrischen Stationen sind geradezu Abbilder dieser Situation. Sie sind verglast, so daß diejenigen, die drinnen sind, sehen können, was draußen vorgeht, und umgekehrt – aber nur durch den distanziertesten aller Sinne, das Sehen. Den Patienten zeigt der Anblick der sprechenden Schwestern – am Telefon, mit den Ärzten, untereinander –, daß man sie als weniger wichtig empfindet. Das erhöht ihren Wahn, da sie fest glauben, man rede über sie, was ja auch häufig zutrifft. Krankengeschichten und Medizin können leicht in Schränke verschlossen werden, die Notwendigkeit für ein Glashaus besteht also nicht. Auf ihren Stationen haben die Schwestern wortwörtlich keinen Kontakt mit den Patienten, sie können weder hören noch fühlen, noch riechen, was dort vor sich geht. Sie kommen bezeichnenderweise nur heraus, wenn sie glauben, irgend etwas sei nicht in Ordnung, oder wenn man sie ruft. Patienten wirken auf das Personal und dieses auf die Patienten, und die räumliche Abtrennung der Schwesternstation drückt aus, daß sie einen kontinuierlichen Prozeß gegenseitiger Wechselwirkung nicht wünschen.

Vom Direktor bis zum letzten Angestellten des Personals gilt als Hauptregel der reibungslose Ablauf des Notwendigen, was naturgemäß den ständig wechselnden Bedürfnissen der Patienten widerspricht. Chaos ist natürlich auch keine Lösung, denn irgendeine Ordnung und Regelmäßigkeit ist ganz gewiß nötig als Gegengewicht zur inneren Desorganisation der Patienten. Aber eine wirklich menschliche Organisation kann nie im Leben »glatt« ablaufen.

Am besten versteht man die Prinzipien psychiatrischer Krankenhäuser, wenn man sie als Vorbeugemaßnahmen dagegen begreift, daß die Patienten auf die Mitarbeiter einwirken, sie gewissermaßen anstekken, weil das zu Unordnung führen könnte. Lieber soll der Patient sich am Betreuer ausagieren; die Mitarbeiter wissen schon, was sie zu tun haben, wenn ein Patient aggressiv wird, wohingegen sie unsicher sind, wie sie spontan nach innerem Gefühl auf dennoch therapeutische Weise reagieren sollten. Je nach den Grundsätzen der Institutionen wird der gewalttätige Patient entweder gebändigt (physisch, mit Medikamenten oder mit Worten) oder, selten, wird vom Mitarbeiter erwartet, es »einzustecken«. Psychologisch ist es ebenso vernichtend für den Patienten, wenn er wegen Spucken oder Schlagen gebändigt wird, wie wenn so etwas akzeptiert wird, als wäre nichts geschehen. Das Bändigen ist physisch unangenehmer, das Akzeptieren beweist dem Patienten, daß man ihn für so unwichtig einschätzt, daß seine Aktionen keine Reaktionen hervorrufen.

Ich gebe nicht vor zu wissen, was Jesus meinte, als er uns riet, die andere Wange hinzuhalten. Aber wenn es ihm nur darum ging, daß wir uns zur Zielscheibe der Aggressionen von anderen machen sollten, hätte er gesagt, daß wir von vornherein unsere Wange hinhalten sollten, während er nur sagte, wir sollten die andere hinhalten, nachdem der Angriff schon passiert ist. Sicher meinte er, wir sollten nicht zurückschlagen, das heißt, keinen Gegenangriff ausführen, auch wenn dieser als Bändigung eines gewalttätigen Patienten getarnt wäre, »zu dessen Bestem«, auf daß er sich nachher nicht »schuldig« fühlen muß.

Meiner Erfahrung nach scheint doch festzustehen, daß wir eine Reaktion wollen, wenn wir jemanden schlagen, und daß wir uns, wenn diese ausbleibt, in unserer Absicht, den anderen niederzuschlagen, besiegt fühlen. Die psychologische Konsequenz des Hinhaltens der anderen Wange ist für den Angreifenden entweder Demütigung oder Beleidigung, denn seine Gewalttätigkeit hatte entweder keine oder nicht die gewünschte Wirkung. Wenn ich das Neue Testament richtig gelesen habe, ist das auch der Sinn von Jesu Ratschlag: es zeigt dem Angreifer, wie völlig wirkungslos Aggression ist, denn sie besiegt mehr ihn – psychologisch – als den Angegriffenen. Dann wäre die Psychologie hinter dem Wort Jesu allerdings meistens mißverstanden worden. Dann will sie uns keineswegs lehren, daß wir zu weiteren Aggressionen einladen und diese akzeptieren sollten, weil die Letzten die Ersten sein werden, sondern sie rät uns, wie man den Angreifer am wirksamsten besiegen kann, und sagt uns, daß wir, auch wenn wir physisch verletzt werden, doch psychologisch die Sieger sind. Daher ist es durchaus möglich, daß man eine wichtige Lehre über Gewalttätigkeit erteilen mag, wenn man auf physische Attacken so reagiert, daß man zu ihrer Fortsetzung auffordert, dies aber in einer Weise tut, die für den Angreifer psychologisch vernichtend ist. Ist dieser nun unser Patient, dann ist das gewiß nicht der richtige Weg. Deshalb bin ich nicht der Ansicht, daß wir bei einem tätlichen Angriff die andere Wange hinhalten sollten, wenn unsere Absicht therapeutisch ist.

F. Redl schreibt: »Ich habe Leute kennengelernt, die verrückte junge Leute tatsächlich lieben und bereit sind, eine Menge dafür in Kauf zu nehmen. Aber sie können einfach nicht mehr als ein halbes Pfund Spucke am Tag auf ihrem Gesicht ertragen, Einstellung hin oder her« (94). Leider verrät er uns nicht, was sie so lange tun, bis die Grenze des für sie Tragbaren erreicht ist. Geben sie zunächst vor, es mache ihnen überhaupt nichts aus, und handeln dann plötzlich, als ob es ihnen doch sehr viel ausmachte? Oder macht es ihnen tatsächlich eine Weile lang gar nichts aus und nur später, und wenn, warum? Ist das, was der Patient recht deutlich symbolisch vermitteln will, nach dem halben Pfund anders?

Viele Fragen ergeben sich dabei: Wäre die Reaktion des Betreuers anders, wenn er meinte, der Patient gebe mit dem Spucken seinem Haß auf ihn und seiner Verachtung für ihn Ausdruck; oder ist der Betreuer dem Patienten so wichtig, daß er ausprobieren will, ob er ihn noch akzeptiert, selbst wenn er ausfallend wird; oder wird in einem solchen Augenblick der Betreuer identifiziert mit frühen Erfahrungen mit einer Mutter, die dem Patienten nie erlaubt hatte, sein Essen auszuspucken, und es ihm vielleicht sogar wieder mit Gewalt in den Mund gestopft hat. Wenn der Betreuer in der Lage ist, auf den Patienten gleichzeitig als Person wie als Therapeut zu reagieren – und nicht einfach versucht, das Benehmen des Patienten zu akzeptieren oder zu kontrollieren, was beides nicht therapeutisch ist –, wird er sich irgendein Urteil bilden über die Bedeutung des Verhaltens und von diesem in seiner Reaktion ausgehen. Auch wenn er sich dabei zuerst irrt in der Einschätzung der Bedeutung, wird eine persönliche Reaktion (im Gegensatz zu einer vorgeschriebenen) den Patienten meist dazu bringen, in einer Form auf sie anzusprechen, die eine Einschätzung ermöglicht, welche dem Sinn der Ausfälligkeit näherkommt.

Auf die Frage, wie man überhaupt positiv reagieren kann, nachdem man gerade als Zielscheibe einer Aggression gedient hat, weicht die schlichte Antwort, das sei die einzige therapeutische Haltung – die zwar prinzipiell zutrifft –, der Frage im Grunde aus. Wir kommen der Sache näher, wenn wir eine Parallele zu der guten Mutter ziehen, der es weiter nichts ausmacht, wenn das Kind alles von seinem hohen Kinderstuhl herunterwirft, unter Umständen sich selbst auch, weil ihr klar ist, daß die Welt ihm einfach zu kompliziert geworden ist. Ihr Kind braucht sie daher jetzt mehr als vorher, und das ist sein Recht, weil es sich offenbar auf sie als Mittler zwischen ihm und den Schwierigkeiten des Lebens verläßt. Die schlechte Mutter hingegen, die nicht begreift, um was es sich handelt, hält das ewige Herunterwerfen von Dingen für etwas, das gegen sie gerichtet ist, und kann es daher nur schwer in Ruhe hinnehmen.

Den Betreuern muß also vor allem folgende grundsätzliche Lehre vermittelt werden: alles, was ein Patient tut, kann leicht oder schwer hinzunehmen sein, je nach der Interpretation, die man ihm gibt. Begreift man wie die gute Mutter, daß der Patient einen dringend braucht, ist alles akzeptabel. Reagiert man wie die schlechte Mutter, fühlt man sich, anstatt zu verstehen, daß man etwas Wichtiges mitgeteilt bekommen hat, manipuliert und mißbraucht, und die Dinge können sich nur verschlimmern und damit enden, daß der Patient immer mehr leidet und der Mitarbeiter das unbehagliche Gefühl hat, er hätte versagt.

Ebenso muß den Mitarbeitern begreiflich gemacht werden, daß ein kritischer Punkt in jeder psychoanalytischen Therapie erreicht ist, wenn sich der Patient in der Phase negativer Übertragung befindet, wenn er nämlich seine eigenen negativen Gefühle auf den Therapeuten überträgt. Jeder Therapeut kann sich in der positiven Übertragung sonnen, solange der Patient ihn als wundervoll empfindet und für unfehlbar hält. Entscheidend ist jedoch, wie der Therapeut die Negativübertragung handhabt, wenn er dem Patienten als Summe und Quelle alles Bösen gilt, als der egoistischste und gemeinste Mensch der Welt.

Es ist relativ einfach zu begreifen, aber schwer zu akzeptieren, daß Gewalttätigkeit gegen einen Betreuer demonstrieren soll, wie wichtig er für das Leben des Patienten geworden ist. Das ist genau die Verantwortung, vor welcher der unerfahrene Betreuer zurückscheut, obwohl es eigentlich die größte Belohnung seiner Bemühungen ist, die er erwarten kann. Anscheinend macht niemand seinem Zorn gegen jemanden Luft, der ihm gleichgültig ist; aber in unserer Gesellschaft nimmt man es nur ungern hin, daß wir, ebenso wie wir unsere positiven Gefühle in einen Menschen investieren, wahrscheinlich das gleiche auch mit den negativen tun. Viel zu viele Menschen halten es für möglich, nur die ersteren und nicht die letzteren zu erhalten. Will man einem Patienten helfen, müssen die Mitarbeiter diese Lektion gut gelernt haben.

Wer das durchdacht hat, wird sich bei einem Patienten, der die Teller vom Tisch fegt, sagen: »Das Herunterwerfen ist uninteressant, das einzige, das zählt, ist seine Niedergeschlagenheit und meine Reaktion auf diese.« Wenn man so empfindet, wird die Tat des Hinunterwerfens tatsächlich uninteressant, und man konzentriert sich auf das Wesentliche, auf die eigene Reaktion. Dann kann der Mitarbeiter mit sich selbst und der Situation so umgehen, daß das, was nach einem destruktiven Akt aussah, sich zu einer konstruktiven Erfahrung wandelt. Damit wird alles einfacher. Unserer Überzeugung nach zählt allein, daß wir versuchen, was wir ausrichten.

Außerdem kann sich niemand wirklich einfühlen in die Verzweiflung, die dem gewalttätigen Verhalten von Patienten zugrunde liegt, wenn er sich darüber Sorgen macht, ob seine Kollegen ihn scheel ansehen, weil ein Patient, für den er verantwortlich ist, derart agiert, oder ob sie ihm gram sein werden, wenn sie ihre Mahlzeit unterbrechen müssen, um beim Aufräumen des Schadens zu helfen. Der zweite Gesichtspunkt scheidet aus, sobald sich alle Mitarbeiter den Grundsatz der Anstalt zu eigen gemacht haben: materiellen Besitz der »Schule« zu schützen, kann nachteilige Resultate haben wegen unserer Verpflichtung, innerhalb vernünftiger Grenzen keine Kosten zur Wiederherstellung der seelischen Gesundheit der Patienten zu scheuen.

Der Leiter einer psychiatrischen Institution ist es, der dafür zu sorgen hat, daß allen Mitarbeitern bewußt ist: wichtiger als zerbrochenes Geschirr sind die Gefühle der Patienten und auch die der Mitarbeiter (beispielsweise wenn Essen über ihre Kleidung geschüttet wird). Würde man nur die Gefühle der Patienten berücksichtigen, käme der betreffende Mitarbeiter kaum umhin, sich darüber zu ärgern, daß seine Gefühle so wenig zählen, und er wird schließlich seinen Groll den Patienten spüren lassen. Weder Mitarbeiter noch Patienten konnten daran glauben, daß es der Anstalt mit ihrer »Philosophie« ernst ist, wenn nur die Gefühle der einen respektiert und die der anderen vernachlässigt werden. Das Ethos muß unteilbar sein. Die Gefühle und Ansichten aller Beteiligten sind wichtig, der Unterschied ist nur der, daß vom Mitarbeiter selbstverständlich eine größere Selbstbeherrschung verlangt wird. Er muß es merken, was in ihm vorgeht, bevor seine Gefühle zu unbeherrschtem Verhalten ausbrechen, während der Patient oft seine Gefühle nicht kennt, bevor und während er sie ausagiert, und er braucht den Betreuer, um ihre Natur zu erkennen, bevor er anfangen kann, sie zu beherrschen. Nimmt man es nicht ernst, wenn ein Mitarbeiter sagt: »Ich möchte am liebsten einen Teller an die Wand knallen«, nur weil er es lediglich *gesagt* hat, wird dieser Mitarbeiter nicht so leicht Mitleid mit einem Patienten haben können, der das wirklich tut. Wenn man jedoch einem solchen Ausdruck der Gefühle des Mitarbeiters mit Aufmerksamkeit begegnet, herausfindet, was der Grund dafür ist, daß *ihm* danach zumute ist, und so etwas nicht als »unreif« oder nicht seinem Beruf gemäß abtut, ihm darüber hinaus zu einem Ansatzpunkt verhilft, darüber nachzudenken, wie er und die Anstalt einen solchen Ausbruch in Zukunft vermeiden können, dann wird er weiter konstruktiv mit den Situationen, wie sie sich ergeben, umgehen können.

Die Schwierigkeit ist, daß die Mitarbeiter in den meisten psychiatrischen Krankenhäusern nicht auf einen Patienten vorbereitet sind, der tiefe Gefühle in ihnen aufrührt, und nicht wissen, wie sie darauf reagieren sollen; das tut der Patient besonders dann, wenn sie sich ihm öffnen und sich nicht hinter ihrer »Berufsrolle« verschanzen. Es sind weniger die Handlungen und Gefühle des Patienten, gegen die sich die Mitarbeiter verschanzen, als vor allem gegen die eigenen. Wenn ich beispielsweise der Ansicht bin, daß die Dinge in einem bestimmten Augenblick und auf ganz bestimmte unwandelbare Weise getan werden sollen, dann schützt mich diese gerechtfertigte oder ungerechtfertigte Überzeugung dagegen, daß ich von dem, was ich anderen aufzwinge, indem ich sie einer gewissen Routine unterwerfe, selbst betroffen werde. Wenn ich andere als untermenschlich betrachte, kann ich nicht durch ihr Unbehagen erschüttert werden, wenn ich etwas meinem Dafürhalten nach Notwendiges tue. Das Nichteingehen des Betreuers auf das, was in den Patienten vorgeht, denen er bestimmte Lebensformen auferlegt, entspringt dem Glauben, daß er seine Aufgabe nicht erfüllen kann, wenn er nicht die Gefühle ausschaltet. Zudem ist er sicher, so zum Besten des Patienten handeln zu müssen. Wenn der psychiatrische Betreuer indessen den Patienten wirklich als Person erfahren würde, könnte er nicht in der gefühllosen Haltung oder bei dem uneinfühlsamen Verhalten bleiben. Er fürchtet den Abbau der eigenen Integration und handelt lieber seiner beruflichen Stellung gemäß objektiv als Psychologe oder Pädagoge. Nach wenigen Stunden Arbeit mit den Patienten waren diejenigen Mitarbeiter, die zur Probe neu in die Orthogenic School kamen und aus denen später erfolgreiche Betreuer wurden, immer völlig erschöpft. Andere schützten sich durch die »Berufsrolle« (»Es sind psychisch gestörte Patienten, was sie tun oder fühlen, berührt mich daher nicht persönlich«) und zeigten damit, daß sie nicht für uns geeignet waren. Aber wer es riskierte, dem Patienten und seinen Erlebnissen gegenüber offen zu sein, büßte sofort alle emotionale Energie ein. Keiner konnte es sich leisten, sich über einen gewissen Grad hinaus zu öffnen, solange er sich noch nicht sicher durch die »Schule« getragen fühlte, was mindestens ein paar Wochen dauerte. Viele Wochen und Monate lang brauchten die neuen Betreuer dann all ihre Kräfte, um der Arbeit standzuhalten; es kam vieles zusammen: Sie mußten sich mit sich selbst auseinandersetzen, erkennen, was die Patienten in ihnen aufrührten und welche Aspekte der eigenen Persönlichkeit sie ihnen zeigten, von denen sie keine Ahnung hatten und haben wollten. Das geschah nicht, weil sie die Pathologie der Patienten verstanden oder ihr primärhaftes Verhalten beobachteten, sondern weil sie es selbst erlebten. Deshalb sind fast alle psychiatrischen Krankenhäuser so organisiert, daß die Mitarbeiter davor geschützt werden, den Patienten zu erleben, seine Erfahrungen mit ihm zu teilen. In therapeutischen Behandlungen wird manchmal eine Ausnahme gemacht, aber in den Einzelbehandlungen wird das Verhalten des Patienten durch den äußeren Rahmen regiert, und der Therapeut weiß, es dauert nicht länger als vielleicht fünfzig (meist weniger) Minuten, und schützt sich trotzdem häufig noch durch die objektive Berufsrolle.

Das therapeutische Milieu muß daher den Betreuer stützen, damit er sich nicht hinter den schützenden Wall von Gefühllosigkeit zurückziehen muß, und es muß ihm gleichzeitig helfen, die eigene Persönlichkeit zu reintegrieren, und dies nicht nur auf dem Niveau, das vor der Arbeit bestand, sondern auf einem höheren. Dem Mitarbeiter stehen viele Wege dafür offen, die er alle nutzen muß. Er kann sich den Patienten öffnen und ihnen dadurch die Möglichkeit geben, ebenso auf ihn einzuwirken wie er auf sie. Hierzu die Erinnerungen eines früheren Mitarbeiters:

»Ich hatte die Arbeit aufgenommen mit den üblichen Vorstellungen, verständnisvoll und nett zu den Patienten zu sein. Ich wollte mich als guten Kerl sehen, der Wunderbares für diese armen verlorenen Seelen erreicht. Statt dessen war ich ungeduldig und verzweifelt, erfolglos und wurde wütend ... Ich erklärte mir das als Folge der Tatsache, daß die Patienten grundsätzlich anders als ich seien. Ich war seelisch gesund, ein Erwachsener, der sich um sie kümmerte. Im Grunde ging es bei diesen Bemühungen darum, mich selbst durch eine Kluft zwischen mir und ihnen zu schützen ... es war ihre Schuld, daß sie anders waren« (131).

Es ärgerte den Betreuer sehr, daß ihn das Benehmen der Patienten und seine Reaktionen daran hinderten, sich als eine Art Heiland zu sehen. Wenn es ein Mitarbeiter in einer psychiatrischen Anstalt braucht, sich so zu sehen, dann bedeutet die Frustrierung seines Wunsches und der Ärger darüber, daß er den Patienten gegenüber seine Gefühle zurückdrängt. Es ist der verzweifelte Versuch, seine Integration zu wahren, die allerdings bedroht ist – jedoch nicht durch die Patienten, sondern durch die Gefühle, die diese in ihm selbst wecken.

Gerade weil die Absichten des neuen Mitarbeiters immer so gut sind und trotzdem für die Patienten nichts ausrichten (es jedenfalls nicht so tun, daß er es merkt), schiebt der Betreuer die Schuld den Patienten zu, die offenbar so wenig ansprechbar sind, daß sie kaum weitere Bemühungen verdienen. Die meisten Anfänger beginnen mit guten Absichten und haben längst vergessen, wohin der derart gepflasterte Weg führt. Absichten allein retten den Tag nicht und schon gar nicht das Jahr, nur das beharrliche Durcharbeiten der Absichten tut das. Leider verläuft die Geschichte des normalen Mitarbeiters in einer psychiatrischen Anstalt so, daß er rasch enttäuscht ist über seine Unfähigkeit, die guten Absichten zum Tragen zu bringen, sich als Versager empfindet und sich vor den Patienten hinter der »Berufsrolle« versteckt.

Die Milieu-Therapie verlangt, daß man dem Anfänger gerade dann hilft, nicht aufzugeben, oder ihn wenigstens daran hindert, es zu tun, indem man ihm versichert, daß die guten Absichten eines Tages doch siegen werden. Eine Universalregel dafür, wie man Mitarbeitern bei ihren Problemen von Narzißmus und durch Mißerfolge schwer geschädigter Selbstachtung hilft, gibt es natürlich nicht. Aber in vielen Fällen genügt es schon, wenn man ihnen nahelegt, sich in andere Menschen zu versetzen, die viele Jahre hindurch in ihren Hoffnungen enttäuscht wurden und deshalb unfähig sind, jemandem zu glauben. Nachdem man den Betreuer an die traumatischen Erlebnisse seiner Patienten erinnert hat, fragt man ihn, wie *er* denn reagieren würde, wenn er mit dieser Vergangenheit fertig werden müßte und sich ihm jemand mit den allerbesten Absichten näherte. Oft meint dann ein Anfänger, er wäre glücklich über eine so sehr herbeigesehnte und erhoffte Erleichterung, und ist dann erstaunt, wenn man ihn darauf aufmerksam macht, daß er offenbar glaubt, der Patient habe nichts aus seinen Erfahrungen gelernt, wenn er immer noch naiv hoffnungsvoll an neue Erfahrungen heranginge. Das führt dann meist zu der Erkenntnis, daß es allerdings Monate braucht, bis der Patient an die Ehrlichkeit einer gänzlich anderen Beziehung zu glauben vermag.

Auch die Erinnerung daran, wie lange und wie oft sich eine Mutter um ihr Kind bemühen muß, bis es ihrer Liebe ganz sicher ist und auf Frustrationen nicht mehr mit einem Schreikrampf reagiert, ist ganz wirkungsvoll, denn dabei handelt es sich schließlich um eine der besten, eindeutigsten Beziehungen, die es unter Menschen überhaupt gibt.

Sollte nichts davon den Mitarbeiter überzeugen, daß die negative

Reaktion des Patienten natürlich ist, kann man Erfolg haben, wenn man ihn befragt, wie viele positive Dinge er bereits für den Patienten und seit wann getan hat, um all den bösen Erfahrungen entgegenzuwirken, die der Patient hinter sich hat. Der Betreuer sollte im Geiste die endlosen schlimmen Erfahrungen des Patienten in die eine Waagschale und die guten, die er dem Patienten hat vermitteln wollen, in die andere Waagschale legen und sich das Ungleichgewicht vorstellen.

Solche schlichten Appelle an den gesunden Menschenverstand sind wesentlich besser geeignet, die Einfühlung in die Situation des Patienten zu fördern, als die ausführlichen Erklärungen, die vom wissenschaftlichen Standpunkt aus durchaus zutreffend sein mögen, und die der Anfänger haben möchte. Aus mehreren Gründen möchte der Anfänger theoretische Erläuterungen über die Natur der psychiatrischen Störung eines Patienten bekommen, über ihre Ursprünge und die psychoanalytische Bedeutung der Symptome. Aus derartigen Informationen glaubt er den Patienten »verstehen« zu können. Fast alle, die sich für diese Art Arbeit interessieren, wollen in abstrakter Form alles über die Natur des Menschen wissen, das heißt, in einer Form, die sie nicht unmittelbar betrifft. Ob sie sich dessen nun bewußt sind oder nicht oder es nicht zugeben können – sie fürchten jedes Wissen, das sich nicht ausschließlich auf den Patienten bezieht, denn es könnte unermeßliche Folgen für sie selbst haben. Unbewußt indessen möchten sie auch mehr von sich selber wissen, sie wünschen es vielleicht sogar, sich selbst auf dem Wege über die Arbeit mit psychiatrischen Patienten zu finden, und gleichzeitig ist ihnen bewußt, daß das ihrem Glauben, sie wollten diesen unglücklichen Menschen helfen, Abbruch tun würde. Deshalb »beweist« ihnen das Studium der Patienten, das intensive Bemühen um wissenschaftliches Verstehen, daß sie das alles um der Patienten und nicht um ihrer selbst willen tun.

Darüber hinaus sind sie überzeugt, daß die Psychoanalyse eine Geheimwissenschaft ist, die sie sich aneignen wollen. Wenn der Psychoanalytiker nicht über geistige Mechanismen oder die gestörte Psyche des Patienten spricht, sondern nur von dem redet, was uns allen gemeinsam ist, fühlen sich Anfänger leicht betrogen und nicht ganz ernst genommen. Bis ihnen dann eines Tages klar wird, daß sie auf diese Art wichtigere Dinge lernen als aus den gelehrtesten Diskussionen. Dann, allerdings, sind sie keine Anfänger mehr.

Erfahrungen, die in uns unverarbeitete Probleme aufrühren, können uns in derartige Zustände von Desintegration versetzen, daß wir nicht mit ihnen fertig werden, wenn sie beim Patienten eintreten. Meistens verteidigen sich psychiatrische Betreuer damit, daß sie erklären, solche Erfahrungen seien für sie unwichtig und träten nur deshalb ein, weil der Patient seelisch krank sei – eine Ansicht, die ihre Abwehr gegen die Erkenntnis verstärkt, sie hätten die gleichen Probleme, denn das würde besagen, auch sie seien seelisch krank. Oder aber sie meinen, derartige Dinge dürften im Interesse des Patienten nicht mehr vorkommen, obwohl sie sich im Grunde um ihr eigenes Wohlergehen sorgen; sie können dann mit gutem Gewissen den Patienten physisch strafen, ihn durch Drohungen oder mit Beruhigungsmitteln bändigen. Diese und viele andere Abwehrmaßnahmen zahlreicher Mitarbeiter in den psychiatrischen Anstalten zeigen an, wie viele ungelöste innere Konflikte in uns allen vorhanden sind, sonst wäre eine Abwehrreaktion auf das Primitivverhalten der Patienten nicht so weit verbreitet.

Mitarbeiter mit Erfahrungen dürfen weder sich selbst noch anderen gestatten, sich hinter fachlichem Vokabular zu verstecken oder das Benehmen der Patienten als Ausdruck von Krankheit zu erklären. In Wirklichkeit zeigt kein Patient ein Verhalten im Sinne eines »Primärprozesses« oder beträgt sich »verrückt«. Er tut ganz konkrete Dinge: er spuckt, erbricht sich, er schlägt auf etwas oder auf jemanden ein, er stopft sich mit Essen voll, er kauert unbeweglich mit dem Rücken zur Welt in einer Ecke. Unsere Reaktion auf bestimmte Verhaltensweisen kann uns auf mögliche eigene Probleme aufmerksam machen. Warum ist es beispielsweise so erschreckend und erniedrigend, wenn uns jemand anspuckt, wenn man doch weiß, daß wir alle als Kleinkinder diejenigen angespuckt haben, die uns gefüttert haben? Warum ist in unserer Gesellschaft das Anspucken – früher wahrscheinlich ein Ausdruck von Liebe oder dem Gefühl, gut ernährt zu sein oder dafür, daß uns etwas nicht bekam – zu einer der schlimmsten Beleidigungen geworden? Warum reagieren wir so heftig darauf? Man kann leicht behaupten, daß das »primärprozeßhafte« Verhalten eines Patienten einen nicht weiter betrifft, aber es ist unmöglich, daß man nicht darauf reagiert, wenn er einen anspuckt, uns seinen Zorn oder seine Verzweiflung ins Gesicht schreit, oder wenn er absolut nicht ansprechbar ist trotz aller Versuche, ihn zu erreichen.

Einer unserer Mitarbeiter, der den Punkt erreicht hatte, von dem aus er seine Erfahrungen mit den Patienten einsetzen konnte zur Förderung der Integration beider, schrieb:

»Das Arbeiten mit den Patienten hatte auf mich eine tiefe Wirkung, eine Wirkung, der ich auf die Spur zu kommen versuchte. Ich wollte begreifen, was eigentlich in mir vorging. Vor allem beeindruckte mich die überwältigende Vielschichtigkeit meiner Erfahrungen als Betreuer, wenn ich mit dem Verstand oder mechanisch vorging; und daneben die vergleichsweise Schlichtheit des grundlegenden Gefühlsmoments. Dieses Moment war die Art meiner Gefühle für den Patienten, meine Neigung für ihn, mein gefühlsmäßiges Engagement für ihn.«

Dieser Betreuer brauchte noch ein paar weitere Jahre, um ganz zu begreifen, was wirklich vorging: daß Phasen seiner eigenen Kindheit, die, wie er es ausdrückte, »unerfüllt« geblieben waren, durch seine Erlebnisse mit den Patienten, bedrohlich aktiviert wurden.

Dieser gleiche Mitarbeiter erzählte von Gefühlen, die ihn bei den Geburtstagsfeiern für die Patienten überkamen. Im ersten Jahr seiner Tätigkeit bei uns hatte er an vielen solcher Feiern teilgenommen und stets versucht, sie so nett wie möglich für das Geburtstagskind zu machen. Aber an dem Tag der Feier wurde er immer, wenn sich der Augenblick näherte, daß der Geburtstagskuchen hereingebracht werden sollte, furchtbar ungeduldig, empfand eine derartige Spannung, daß er am liebsten geflohen wäre, um ihr zu entgehen. Nur sein Pflichtgefühl gegenüber dem Patienten zwang ihn, sich zusammenzunehmen:

»Wenn der Kuchen endlich hereingebracht wurde, befand ich mich in einem unbeschreiblichen Zustand. Wenn mir endlich ein Stück serviert war, stopfte ich es in mich hinein und wollte noch mehr, ob mir der Kuchen schmeckte oder nicht. Meistens waren mir diese Kuchen viel zu süß und klebrig, aber obgleich es Kuchen waren, die ich eigentlich gar nicht mochte und niemals von mir aus essen würde, stopfte ich auch den letzten Krümel in den Mund« (131).

Schließlich fragte er sich, ob er vielleicht auf jemanden eifersüchtig sein könnte, vielleicht sogar auf einen Patienten, der ihm sehr wichtig geworden war. Dabei fiel ihm etwas ein, das er seit langem vergessen hatte. Sein jüngerer Bruder, auf den er äußerst eifersüchtig gewesen war, hatte seinen Geburtstag fünf Tage nach seinem eigenen, und die Geburtstagsfeier des Bruders schien immer seine eigene auszulöschen. Der Geburtstag des Bruders wurde schließlich zum Symbol dafür, wie seine Ankunft, seine Geburt, die Vorzugsrolle dieses Mitarbeiters als erstes und einziges Kind aufgehoben hatte. All das war lange vergessen und verdrängt gewesen, weil es zu schmerzlich gewesen war, wie der Bruder ihn anscheinend in allem ersetzt und »entthront« und sogar die Herrlichkeit der eigenen Geburtstagsfeier gestohlen hatte.

Solange er die Eifersucht auf den Bruder und seine kindische Reaktion geleugnet hatte, hatten Geburtstage keine besonderen Gefühle in ihm hervorgerufen. Aber nachdem er einmal empfänglich geworden war für die Eifersucht, der die Patienten bei den Geburtstagen der anderen ausgeliefert waren, wurde er wieder erfaßt von der alten und ungelösten eigenen geschwisterlichen Eifersucht. Indem er diese Gefühle in kindischer Form jetzt wieder erlebte, wo er viel mehr als sein Bruder im Leben erreicht hatte, konnte er seine ungelösten Kindheitsprobleme begraben, da er es nicht nur wieder durchlebt, sondern durchgearbeitet hatte.

Das bedeutet selbstverständlich harte Arbeit, und da der Mitarbeiter niemals sicher sein kann, welche verdrängten frühen Probleme wieder aktiviert werden können, geht er an jede Begegnung mit den Patienten eine ganze Weile lang mit einiger Vorsicht heran. Eine Betreuerin berichtete:

»Die ersten Monate der Arbeit mit den Patienten waren wirklich entsetzlich. Das einzige, das mich hochhielt, war, daß mir der Direktor versicherte, ich würde eine gute Betreuerin werden, und er würde mir dabei helfen. Ich hatte die meiste Zeit furchtbare Angst wegen allem, was ich von den Patienten und von mir selbst noch nicht wußte. Mit der Zeit spürte ich Veränderungen an mir; ich fühlte mich sicherer. Ich fühlte, daß ich hier erfolgreicher war als bei irgendeiner anderen Arbeit, die ich je gemacht hatte, und ich hatte vorher auch Erfolge gehabt; aber die bedeuteten mir wenig im Vergleich dazu, wie wichtig es mir wurde, daß ich für die Patienten gewisse Dinge erreichen konnte, den verborgenen Sinn dessen, was sie taten, begriff und besser verstehen konnte, warum ich tat, was ich tat.

Zunächst ärgerte ich mich darüber, wie wahrscheinlich jeder andere Betreuer auch; ich hatte Angst, wenn ich gefragt wurde, was ich mir bei etwas, das ich getan hatte, gedacht hätte. Das brachte mich immer aus dem Gleichgewicht, bis ich mir angewöhnte, mir diese Frage selbst zu stellen. Was war es für eine Erleichterung, als ich herausfand, was mich antrieb, obwohl mir gar nicht immer gefiel, was ich entdeckte. Wenn ich es aber entdeckte, machte ich den gleichen Fehler nie noch einmal. Was für eine Erleuchtung war es, als mir nicht nur klar wurde, daß ich die gleichen Probleme wie einige der Patienten hatte, sondern daß ich damit selbst soviel besser fertig wurde; soviel besser, daß ich ihnen helfen konnte, ihre Probleme ebenfalls besser zu bewältigen.«

Sie beschrieb dann ein Erlebnis mit einer Patientin, die auf ihrem Schoß saß, und was passierte, als sie plötzlich merkte, daß ihr Rock feucht wurde:

»Ich hob das Mädchen vom Schoß, sprang auf und rief: ›Oh, Dorothy!‹ und wollte weiter sagen: ›Wie konntest du nur!‹, aber ich verschluckte es gerade noch rechtzeitig, weil mir einfiel, daß ich genau wie meine Mutter redete, und das wollte ich nicht. Als mir das klar wurde, kam mir alles plötzlich so komisch vor, daß ich laut herauslachte. Alle anderen Patienten kamen heran. Dorothy sah mich mit offenem Mund an – sie war ebenso überrascht über meine Reaktion wie ich. Jetzt war das Ganze nur noch lächerlich, ich brauchte nur den dummen Rock auszuwaschen, mehr nicht; warum regten sich die Leute nur derart auf über so etwas. Warum war meine unmittelbare Reaktion, bevor ich mich zusammenriß, so, als wäre etwas Schreckliches passiert? Danach sorgte ich dafür, daß ich bei der Arbeit Sachen trug, die leicht auszuwaschen waren, aber bei Dorothy war das nicht mehr nötig, denn sie machte das nicht wieder.«

Das Erlebnis war also derart befreiend gewesen, daß die Mitarbeiterin spontan losgelacht hatte, so beglückt, daß die Patienten spürten, etwas sehr Wichtiges und sehr Positives war geschehen. In diesem Augenblick erkannte die Betreuerin, wie sehr sie noch immer in Gefühlen befangen war, die aus ihren Kindheitsbeziehungen zur Mutter stammten, in einer inneren Bindung, die sie nicht wollte; und gleichzeitig wußte sie plötzlich, daß jetzt kein Grund mehr dafür bestand, sich entsprechend zu verhalten. Während sie die Rückstände der »schlechten Mutter« in sich selbst erkannte, vertrieb sie sie mit ihrem Gelächter und konnte damit zur »guten Mutter« werden. In einem einzigen Augenblick war ein potentiell desintegrierendes Erlebnis *(Ich bin jemand, auf den man uriniert, und ich muß mich dagegen wehren und den Angreifer strafen)* zu einer integrierenden Erfahrung geworden: *Ich brauche nicht mehr so zu handeln, wie es mir meine Mutter aufzwang, von jetzt an werde ich die Dinge auf meine eigene Art tun, und was mir andere antun (die Kritik meiner Mutter an mir, Dorothys Urinieren), betrifft mich nicht persönlich, denn jetzt bin ich meiner selbst sicherer geworden.* Da das regressive Verhalten der Patienten auf einmal zur Quelle einer integrierenden Erfahrung geworden war, verlor es den regressiven Stellenwert. Womit das regressive Verhalten nicht mehr notwendig war.

Außer einem schmutzigen Rock hätte dieser Vorfall nichts ergeben, wenn ihn die Betreuerin mit der beruflichen Einstellung »eingesteckt« hätte, daß diese arme Seele eben ihr regressives Benehmen ausagieren mußte. Nur Schlimmes wäre die Konsequenz gewesen, wenn die Betreuerin so negativ reagiert hätte, wie es ihr der erste Impuls eingab; als Reaktion für die Zurückweisung hätte die Patientin versucht, weiter auf ihr zu urinieren oder sich auf noch feindseligere Handlungen eingelassen oder sich von jedem sinnvollen Kontakt mit ihr zurückgezogen. Die Mitarbeiterin hatte es sich geleistet, spontan zu reagieren, obwohl das zu einer momentanen Regression geführt hatte – die »kritisierende Mutter« erwachte in ihr, aber zufällig merkte sie es rechtzeitig –, denn inzwischen war sie unbewußt doch sicher, daß sie es irgendwie schaffen würde, sich auf einer höheren Ebene zu reintegrieren. In diesem Falle geschah die Reintegration unmittelbar; manchmal dauert es länger, Wochen oder Monate. Wenn indessen das, was aufgerührt wird, nicht von neuem verdrängt wird, kann auch der längere Prozeß durchgehalten werden.

Die berufliche Entwicklung, die nur ein Aspekt unter vielen des Strebens der Betreuer nach eigener höherer Integration ist, kann zu einem Krebsgeschwür werden, wenn sie sich auf Kosten der Integration des ganzen Menschen vollzieht. Der Wunsch nach beruflichem Fortkommen, den viele Mitarbeiter in psychiatrischen Krankenhäusern haben, kann durchaus als Antrieb zur persönlichen Integration dienen, das Entscheidende ist nur, ob er in lediglich zufälligem Zusammenhang mit der tatsächlichen Arbeit steht oder ob er die unmittelbare Folge des Engagements für das Ethos des therapeutischen Milieus oder für bestimmte Patienten ist. Hier kommt es darauf an, daß die Anstalt von der Überzeugung ausgeht, sie müsse im Interesse der Integration der Patienten alles nur Mögliche tun, um eine solche Integration der Mitarbeiter zu fördern.

Der Unterschied zwischen persönlicher und beruflicher Weiterentwicklung wird am Beispiel der Betreuerin von Marcia anschaulich. Durch ihre Arbeit mit und für Marcia erwarb sie sich berufliche Kenntnisse und Methodik. Sie lernte zu begreifen, wie wichtig es beispielsweise für Marcia war, täglich den Fußboden 10 cm hoch mit Wasser zu überschwemmen, und auch, daß dies für Marcia der Versuch war, die Dinge in Ordnung zu bringen – sie mußte überschwemmen, weil ihr ganzes Leben lang Klistiere in sie geschwemmt worden waren.

Die Mitarbeiterin lernte beruflich und technisch eine Menge, während sie Marcia diese Überschwemmungen ermöglichte, und lernte darüber hinaus, nicht nur diese Überschwemmungen ohne Vorbehalte, mit positiven Gefühlen zu akzeptieren, sondern es auch hinzunehmen, daß sie selbst dabei durchnäßt wurde und ihre Kleidung darunter litt. Sie begriff also, kurz gesagt, das Gewicht, das dieses Spiel mit dem Wasser für ihre Patientin hatte. Als dann immer mehr psychologische Nebenaspekte zutage traten, gelang es ihr, das, was Marcia ausagierte, konstruktiv zu verwenden. Sie bezog daraus große Befriedigung für sich selbst und erwarb sich Achtung seitens der Mitarbeiter, als sie stetig hinzulernte, und konnte Marcia besser helfen, ihr inneres Gefühlschaos zu reduzieren.

So bedeutungsvoll all dies für die Betreuerin war, fand ihre eigene Integration doch anläßlich einer Erfahrung statt, die nur wenig verstandesmäßiges oder berufliches Wissen, hingegen moralisch sehr viel von ihr verlangte. Das stellte sich heraus, als die Hausmeister dagegen protestierten, ständig den Boden aufwischen zu müssen. Die Betreuerin bat mich, ein Wort bei den Hausmeistern einzulegen, was eine Weile lang Erfolg hatte, aber schließlich war Schluß damit, und ich konnte auch keine Arbeit verlangen, die widerwillig getan würde, denn Marcia wäre damit den negativen Reaktionen ausgesetzt gewesen, die den Schaden ja überhaupt bei ihr angerichtet hatten. Da Marcia eine Chance haben mußte, das zu tun, wozu es sie trieb, mußte etwas geschehen. Die Fußböden konnten nicht naß bleiben, das Wasser würde unter der Tür auf den Korridor durchsickern, und andere würden ausrutschen und sich verletzen. Die Betreuerin fragte, ob ich vielleicht von ihr erwartete, daß *sie* den Boden aufwischen sollte. Natürlich tat ich das nicht. Aber sie fand, daß Marcia alles, was sie inzwischen gewonnen hatte, verlieren würde, wenn man diese Wasserspiele einschränkte.

Es war eine Sackgasse. Niemand erwartete von der Betreuerin, daß sie das Aufwischen übernehmen sollte – außer sie selbst. Konnte sie es sich erlauben, eine andere Einstellung zu den Wasserspielen zu haben, sobald sich die Frage erhob, wer den Boden aufwischen würde? Die Frage für sie war, ob das Aufwischen des Bodens dem Bild, das sie von sich selbst als höchst verantwortungsvolle und moralische Person hatte, Abbruch tun würde. Mit dieser Fragestellung wurde deutlich, daß sie bis jetzt im Gegensatz zu ihrer Überzeugung keineswegs genug für die Patientin getan hatte, da sie die damit verbundenen Folgen nie hatte tragen müssen und davor zurückschreckte, sobald nur sie selbst übriggeblieben war, um diese unangenehme Arbeit zu tun. Sie erreichte eine höhere Integrationsstufe, als sie beschloß, das Aufwischen selbst zu tun, da Marcias Besserung wesentlich wichtiger war.

Damit ein Betreuer so enge Beziehungen zu seinem Patienten bekommt, daß er sich in dessen Interesse weiter integriert, muß er das Gefühl haben, daß er es mehr als jeder andere in der Hand hat, was dem Patienten und mit dem Patienten geschieht. Nur das macht einem den Patienten so wichtig, daß man willens ist, sämtliche damit verbundenen Risiken der Selbstintegration auf sich zu nehmen; ein Wagnis, das als ersten Schritt einen gewissen Abbau der Integration voraussetzt. Eine Reintegration durch und mit dem Patienten scheint indessen eine fast mirakulöse Wirkung zu haben. Im Grunde ist aber das, was bei diesem Prozeß im Spiel ist, ganz verständlich: die Integration des Mitarbeiters leitet häufig eine parallele Entwicklung im Patienten ein.

Als die Betreuerin auf diese Weise zu einer höheren Ebene der Integration fand, tat Marcia das gleiche; spontan reduzierte sie nur wenige Tage, nachdem ihre Betreuerin immer den Boden aufgewischt hatte, ihre Überschwemmungen auf das Waschbecken. Marcia tat das nicht bewußt, und natürlich sagte es ihr niemand. Sie benutzte das Waschbecken, ohne daß die Bedeutung des Spiels mit dem Wasser für sie irgendwie nachließ.

So etwas sollte in einem umfassenden therapeutischen Milieu die Regel sein. Natürlich führt es nicht immer zu positiven Ergebnissen, wenn man sich dem Patienten und dessen desintegrierender Wirkung aussetzt, es kann auch gefährlich sein. Das Milieu, das die Mitarbeiter zu derartigen Versuchen ermuntert, muß wachsen und bereit sein, Mitarbeiter und Patienten gegen mögliche schlimme Folgen zu schützen. Wir alle wollen es selbstverständlich vermeiden, wenn wir die Abwehr aufgeben, uns auf den schwierigen Prozeß der Integration des Primitivverhaltens einzulassen, das an die Oberfläche gekommen ist. Als ersten unbewußten Wunsch wollen wir das, was uns zur Verdrängung gezwungen hat, ausagieren, eine schwierige frühe Erfahrung ohne böse Folgen wiederholen. Wenn wir als Erwachsene in Sicherheit und mit Erfolg das ausleben könnten, was wir all die Jahre verdrängt hatten, wieviel einfacher und befriedigender wäre das als der Zwang, alles durch Sublimierung zu integrieren. Wieviel weniger Kraft würde das erfordern! Ein derartiges Ausagieren der Mitarbeiter – es wird genährt durch die allgegenwärtige Tendenz von psychisch kranken Patienten, offen, unmittelbar und radikal aufgrund ihrer primärhaften Triebe zu handeln – kann zuweilen leicht aufgehalten und zu einer Sublimierung geführt werden. Manchmal jedoch muß es sehr viel energischer gebremst werden, und es braucht auch dann noch eine Weile, bis eine Reintegration erreicht ist:

So berichtet ein Mitarbeiter über einen Vorfall, der drei Jahre zurücklag:

»Als ich mit einer Gruppe Patienten arbeitete, die sich schlecht beherrschen konnten, ermutigte ich sie in einem Augenblick der Enttäuschung über mich selbst, da ich unfähig war, ihr Ausagieren in konstruktivere Kanäle zu lenken, sich gegenseitig, mich, die Wände und Möbel mit Wasser zu überschütten, um ihrem Ärger Ausdruck zu geben. Ich glaubte dem, was man mir beigebracht hatte, entsprechend zu handeln: nämlich den Patienten die Freiheit zu geben, sich auszudrücken, und fand mich sehr klug, weil ich ihnen zu Wasser geraten hatte, was ja niemandem weh tun konnte. Zu meinem größten Entsetzen gerieten sie völlig außer Fassung und fingen an, die Möbel kaputt zu machen, schonten selbst ihre am meisten geliebten Besitztümer nicht. Einer der Patienten, der glücklicherweise im Augenblick vernünftiger war als ich, griff dann ein« (131).

Die Fähigkeit von psychiatrischen Patienten zu erkennen, wann die Dinge wirklich schieflaufen, und Hilfe zu suchen, zeigt sich in jedem psychiatrischen Krankenhaus, weil, wie bereits erwähnt, jeder Patient nach wie vor über einen großen Teil seiner Vernunft verfügt, insbesondere in bezug auf Phänomene, die mit seinen persönlichen Problemen, Ängsten oder Wahnvorstellungen nichts zu tun haben. Je mehr es einer Anstalt gelingt, ein umfassendes therapeutisches Milieu herzustellen, um so eher sind die Patienten in der Lage, selbständig zu handeln: zum Teil, weil dieses selbständige Handeln immer ermutigt wird, und dann, weil sie das sichere Gefühl haben, das Milieu ist da, um sie zu schützen, selbst wenn eines seiner Elemente – in diesem Fall der Mitarbeiter – sie im Stich läßt; und sie sind genügend an dem Milieu interessiert, um es selber schützen zu wollen. Dazu kommt, daß sie in dem erwähnten Fall spüren konnten, daß der Mitarbeiter durch irgend etwas motiviert war, das er irrtümlich als gut für die Patienten empfand. All dies gibt den Patienten die Gelegenheit, selbst die Initiative zu ergreifen, um das Äußerste zu verhindern. Der Bericht fährt fort:

»Als dem wüsten Chaos ein jähes Ende gemacht war und man mich fragte, was ich mir eigentlich gedacht hätte, war ich so erschüttert über das, was daraus geworden war, daß ich mich mit Tränen bei Bettelheim beklagte, ich hätte nur versucht, genau das zu tun, was ich aus seinen Büchern gelernt hatte – Kindern die Freiheit zu geben, sich auszudrücken. Damals war ich noch nicht fähig, die entscheidende Wichtigkeit oder auch nur die Bedeutung von echter Selbst-Regulierung (im Gegensatz zum chaotischen und destruktiven Ausagieren) zu erfassen, noch daß ich diese kümmerlich integrierten und daher verletzlichen Patienten mißbraucht hatte, für mich ein Gefühl auszuagieren, das ich selbst nicht ausagieren konnte.«

Das Problem war einfach, dieser Betreuer konnte den eigenen Ärger noch nicht integrieren, deshalb mußte er ihn unterdrückt halten. Als aber eine Situation bei den Patienten ihm geeignet oder es sogar erforderlich zu machen schien, Ärger in Aktionen umzusetzen, führte das nicht dazu, daß die Quelle des Ärgers entfernt oder auch nur durch positives Handeln neutralisiert wurde, es führte zu unkontrolliertem Verhalten. Er hatte also keineswegs den Patienten bei ihrem Ärger geholfen, sondern seine Unfähigkeit, den eigenen Ärger zu erkennen und ihn zu meistern, hatte ihre Ängste in einem unerträglichen Maße gesteigert. Meine Reaktion im Augenblick war, daß ich den Betreuer dafür lobte, daß er an Wasser als Medium zum Ausagieren destruktiver Neigungen gedacht hatte; das zeigte immerhin, daß sein Ich trotz des absoluten Chaos, in dem alles endete, in dem Grade am Werke war, daß er gewisse Dinge vermied. Diese Anerkennung ermöglichte ihm wiederum, widerstrebend zu akzeptieren, daß er entweder die Rolle des *agent provocateur* oder des Zauberlehrlings gespielt hatte, der die Geister, die er rief, nicht mehr los wurde, sie auf keinen Fall konstruktiv einsetzte, um eine Sublimierung zu erreichen. Er konnte darüber hinaus auch den Rat akzeptieren, doch etwas länger abzuwarten, bevor er Patienten zum Ausagieren ihres Zorns animierte. Mit der Zeit würde er schon lernen, ihm nur dann freien Lauf zu lassen, wenn er sicher sein konnte, daß das nicht zu unkontrolliertem Ausagieren, sondern zur Integration des Zorns führen würde.

Jeder, der sich die Arbeit mit psychiatrischen Patienten als Beruf wählt, weil sie ihn anzieht (im Gegensatz zu denen, die nur nach einem Lebensunterhalt suchen), tut das, weil er unbewußt hofft, auch für sich selbst dabei etwas zu gewinnen. Vielleicht um sich als guter Mensch zu beweisen oder um eine Schuld abzubüßen, aber auch dann besteht die Hoffnung, noch etwas mehr für sich selbst zu gewinnen, obwohl es ihm der moralische Maßstab vielleicht nicht erlaubt, das zuzugeben. Der Mensch kann eben im Grunde nur sein Bestes geben, wenn er eine bestimmte Arbeit aus einem persönlichen Bedürfnis heraus tut. Die Arbeit bekommt nur dann einen Sinn, wenn wir meinen, etwas ganz Besonderes für uns selbst daraus zu gewinnen. Von den erfahreneren Mitarbeitern wird daher im Interesse des therapeutischen Milieus in erster Linie verlangt, daß sie in der Lage sind, anderen zu demonstrieren, wieviel sie für sich selbst aus dieser Arbeit gewinnen, und ihnen damit helfen, das auch zu tun.

In dem Fall des Betreuers, dessen Wasser-Aktion fehlschlug, waren einige seiner Gründe ganz eindeutig. Er war ein überdurchschnittlich guter Student der Mathematik und Physik gewesen, er hatte wichtige Forschungsarbeit geleistet und dafür ein Stipendium bekommen, um für seinen Doktor zu arbeiten. Während jedoch seine Arbeit an sich befriedigende Fortschritte machte, wurde er unzufrieden, weil er näher an Menschen herankommen wollte. Und da er einen Kurs in Psychologie gemacht hatte und in etwa mit der Arbeit der Orthogenic School vertraut war, beschloß er, bei uns zu arbeiten als Möglichkeit, sein Ziel, mit Menschen zu tun zu haben, zu erreichen; es war der Gewinn, auf den er bewußt hoffte.

Aber da waren, wie wir sehen konnten, auch die unbewußten Hoffnungen im Spiel, daß das unkontrollierte Verhalten der Patienten ihm gestatten würde, seine eigene Abwehr gegen das Ausagieren unbewußter Triebe aufzugeben. Seine Tränen und die Entschuldigung, er habe nur getan, was man seiner Ansicht nach von ihm erwartete, kamen aus der gleichen Quelle: aus seinen enttäuschten Hoffnungen, die Arbeit würde ihm nicht nur erlauben, sondern von ihm verlangen, er solle sich »gehenlassen«. Das unkontrollierte Verhalten in dieser besonderen Situation entspräche dann den Forderungen seines Ichs und Über-Ichs. Seine innere Motivation war, seinem Ich und Über-Ich etwas überzuordnen, was dem Es gemäß war, nämlich die Situation, in der er arbeitete. Das kann ein konstruktiver Antrieb sein, wenn die Anstalt ihn richtig einsetzt, das heißt, wenn sie dem Betreuer hilft, die so freigesetzte Energie auf Sublimierung zu lenken.

Den Prozeß der Reintegration der Persönlichkeit zu fördern, ist somit die größte Pflicht der Mitarbeiter untereinander; meistens tun es die erfahreneren für die jüngeren, manchmal aber kann es sich auch umgekehrt ergeben. Es geht um die Gewähr, daß bei Gefährdung niemand durch eine Auflösung der Ich-Struktur untergeht. Angestrebt wird, daß so eine Auflösung möglichst ausgeglichen zusammen mit einer entsprechenden Neubildung der Ich-Struktur stattfindet.

Die Niedergeschlagenheit des Betreuers, seine Tränen, waren nicht so sehr darauf zurückzuführen, daß ihm die Dinge entglitten waren, als vielmehr auf die Erkenntnis, daß er trotz aller Anstrengung für sich selbst gar nichts gewonnen hatte; in seinem Fall hätte der Vorfall die Gelegenheit sein können, das, was er so lange und mühevoll unter Kontrolle gehalten hatte, offen und heftig auszuagieren. Er mußte erst lernen, daß es bessere Wege gibt, mit Zorn fertig zu werden, nämlich den Ursprung zu erkennen und alles richtig zu verarbeiten. Hätte man ihm das jedoch in dem Augenblick gesagt, hätte ihm das nur ein großes Gefühl von Unreife gegeben; meine Aufgabe lag im Gegenteil darin, daß ich ihn daran erinnerte, daß trotzdem größere Reife für ihn in Reichweite lag und auch aus dieser Niederlage etwas zu gewinnen war.

Man muß den Mitarbeitern helfen, das Gefühl zu bekommen, sie hätten für sich selbst etwas gewonnen, indem man ihnen jedesmal, wenn sie einen Irrtum begehen (was bei der Arbeit mit psychisch Kranken stets bedeutet, daß sie sich in irgendeiner Weise psychologisch verrannt haben), zeigt, daß sie daraus etwas Wichtiges über sich selbst und die Patienten lernen können. Die Tatsache, daß ein Fehler bei Betreuern wie Patienten zu dem Gefühl führt, psychologisch Schiffbruch erlitten zu haben, macht das Erforschen der Ursachen um so dringender und lohnender.

Es war äußerst wichtig, daß die doppelte Niederlage, die der Betreuer erlitten hatte – die Patienten hatten gelitten, und er konnte nicht mehr daran glauben, durch die Arbeit die eigenen Verdrängungen auszuagieren –, letztlich doch Positives für ihn ergab. Die erste positive Erfahrung war, daß er trotz des von ihm geschaffenen Chaos und der Kritik daran als Mensch ebenso akzeptiert wurde wie vorher. Er hatte, obwohl er sich nicht sofort darüber klar war, doch ein korrigierendes Gefühlserlebnis, weil er bis dahin, wenn er etwas falsch gemacht hatte, auf Ablehnung gestoßen war, und diesmal hatte der Fehler zu einer besonderen Bemühung aller geführt, ihm zu helfen, sich selbst besser zu verstehen.

Außerdem ist es auch für die Patienten immer ein großes Erlebnis, wenn sie merken, daß ein Mitarbeiter durch sie etwas Wichtiges über sich selbst erfahren hat. Das baut ihr Ich mehr auf als sonst etwas. Einfach, weil eine wirklich therapeutische Institution so viel für die Patienten tut, müssen sie auch spüren, daß sie ihrerseits ebenfalls etwas für die Mitarbeiter tun. Konkret verhelfen sie ihnen zu größerer Selbsterkenntnis. Häufig schleuderten die Patienten diese Tatsache den Mitarbeitern sogar entgegen: »Ihr seid hier, um an uns zu lernen.« Daraus sprach zunächst irgendein Ärger, denn so etwas wurde nur vorgebracht, wenn die Patienten fanden, der Betreuer versage in irgend etwas. Aber der Ärger verflog, und der dauerhafte Stolz der Patienten darauf, daß sie einen so wichtigen Beitrag leisteten, blieb. Denn wenn die Patienten nicht das Gefühl haben, einen wichtigen Beitrag zum Leben der »Schule« zu leisten, indem die Mitarbeiter durch ihre Arbeit mit ihnen zu sehr viel besseren Betreuern werden, entgeht ihnen einer der wichtigsten Faktoren in ihrem Gesundungsprozeß.

Eine harte Lektion, die jeder Mitarbeiter lernen muß, ist der Verzicht auf die kindlichen Vorstellungen, irgendein großes und einzigartiges Ereignis werde den Patienten heilen und seinen eigenen Wert beweisen. Solche Träume von Ruhm sind schwer aufzugeben. Es ist nicht leicht zu akzeptieren, daß die Geschehnisse, die uns ins Herz treffen, meistens so komplex sind, derart von Ambivalenzen durchsetzt, so viele verschiedene und weitreichende Verzweigungen beinhalten, daß es fast unmöglich ist, aus ihnen nur positive Bedeutung zu entnehmen. Große Ereignisse sind auffällig, man spricht von ihnen, jeder nimmt sie zur Kenntnis. Aber die einzelnen Elemente, aus denen sich menschliche Beziehungen zusammensetzen, kommen selten in den großen Ereignissen zur Geltung, sondern in den kleinen tagtäglichen Vorfällen. Wir müssen bei unserer Arbeit von dem Bild vom Ritter ohne Fehl und Tadel, der hinausreitet, um den Drachen Gemütskrankheit zu erlegen, Abschied nehmen und es hinnehmen, daß wir nichts als schlichte, arbeitende Betreuer sind. Wenn wir ein paar Unkräuter ausrupfen und ein paar kleine Blumen pflanzen, ergibt das noch lange nicht den wundervollen Rosengarten, den sich der Patient (und wir vielleicht auch) gewünscht hat. Wenn wir aber hart arbeiten, wird dort, wo vorher ein undurchdringliches Dickicht war, ein hübscher kleiner Garten entstehen, in dem es sich angenehm mit einem Freund spazieren läßt. Der Freund mag dann sagen: »Diesen Garten haben wir zusammen angelegt«, und wir können antworten: »Das Unkraut habe ich ausgerupft, aber die Blumen sind dein Werk; daß sie gewachsen sind, ist unser gemeinsames Werk.«

Durch Einfühlung kann ein Betreuer eine Selbstmordkrise abwenden oder sie sogar konstruktiv nutzen; er kann unter Umständen das, was eine zerstörerische Erfahrung gewesen wäre, in etwas verwandeln, das dem Patienten den Glauben an das Leben augenblicklich wiedergibt.

Allerdings kann ein Dazwischentreten in der Krise zwar ein Leben retten, aber es nicht immer lebenswert machen. Seltsamerweise haben wir alle Angst vor Katastrophen, sind gleichzeitig gebannt und verlangen nach »Höhepunkten« an Erlebnissen, die uns plötzlich auf eine höhere Ebene schwingen, weil sie so bemerkenswert unvergeßlich sind, daß man gern über sie spricht, und wir glauben dann, es seien diese Erlebnisse, die uns zu dem gemacht haben, was wir sind. Die Psychoanalyse im populären Sinn verstärkt diesen Glauben noch, indem sie die Folgen von traumatischen Erlebnissen betont. Aber es ist anders. Hartmann, Kris und Loewenstein (59) haben darauf hingewiesen, daß es nicht so sehr das traumatische Ereignis an sich ist, das entscheidend ist, sondern die Art und Weise, in der man Tag für Tag darauf reagiert. Die Psychoanalyse lehrt uns, daß die häufig vernachlässigten Kleinigkeiten des Lebens am aufschlußreichsten sind, und wie oft die gleiche Erfahrung wiederholt werden muß, bevor man sie meistern kann. Wir können uns natürlich alle anläßlich eines ungewöhnlichen Ereignisses große Mühe geben, aber nicht die Geburtstagsfeier oder den Zirkusbesuch (Ereignisse, an die man sich erinnert) bewirken die positive Einstellung eines Kindes zum Leben. Diese hat sich entwickelt aus der Art, in der es von seiner Mutter gehalten und gefüttert wurde, und durch die Gefühle, welche es dabei hatte.

In der Orthogenic School setzten die Anfänger auf solche besonderen Ereignisse, Geburtstage oder Ausflüge und verwandten auch viel Kräfte darauf. Diese Ereignisse sind nicht unwichtig und spielen in der Therapie auch eine Rolle, aber nur, wenn sie angenehme Zugaben zu dem sind, was sonst geschieht, zu den kleinen Tagesereignissen. Von den kleinen Dingen wird nicht viel gesprochen, aber sie summieren sich, und kein großes Ereignis ist bedeutungsvoller als die Art und Weise, in der einem Patienten jeden Morgen geholfen wird, den Tag zu beginnen.

Außerdem ist es auch vom Standpunkt der Therapie her nicht so wünschenswert, wenn der Patient deutlich spürt, daß er uns braucht, um mit einer großen Krise fertig zu werden. Wenn die Aufgabe der Anstalt darin besteht, dem Patienten zu helfen, selbständig zu werden, Selbstachtung zu entwickeln, ist es besonders wichtig, daß er seinen eigenen Beitrag erkennen kann, wenn er mit einer entscheidenden Schwierigkeit kämpft, unter möglichst minimaler Unterstützung seitens des Betreuers. Gäbe man dem Patienten das Gefühl, er brauchte seinen Betreuer zur Bewältigung jedes größeren Problems, hätte er lediglich die Abhängigkeit von seinen chaotischen Neigungen gegen eine Abhängigkeit von einem vernünftigen, hilfreichen und gutwilligen Menschen eingetauscht. Er könnte also niemals an seine Fähigkeit glauben, selbständig das Leben zu bewältigen. Eine der Enttäuschungen, die dem Anfänger nicht erspart werden, ist dann auch, daß er sich nicht mit seinen möglicherweise größten Verdiensten rühmen darf, sonst wären sie therapeutisch unwirksam.

Jede gute Mutter weiß intuitiv, daß sie dem Kind, das sie bei den ersten Schritten hält, entzückt sagen muß: »Das bist du alles ganz allein gelaufen.« Und wenn sie im Augenblick nicht genügend begeistert von seiner Leistung und ihrem Vergnügen daran ist, um zu vergessen, daß das Kind es nie ohne ihre Hand geschafft hätte, wird das Kind um eine der großen Erfahrungen betrogen, die es zur Selbständigkeit geführt hätten. Vernunftmäßig weiß die Mutter sehr wohl, daß sie es ist, die verantwortlich für die ersten Schritte des Kindes war, aber jedes Lob, das sie dafür beanspruchen würde, würde dem Kind Entscheidendes nehmen. Deshalb erzählt sie ohne nachzudenken stolz und glücklich: »Heute hat mein Kind die ersten Schritte allein gemacht.« Nur wenn sie gefragt wird: »Allein?«, antwortet sie vielleicht: »Nun ja, es hat sich an mir festgehalten.«

Damit der Betreuer sich wohl fühlen kann, wenn er den Patienten für eine Leistung lobt, die weitgehend ihm selbst zuzuschreiben ist, muß er seiner Wichtigkeit für den Patienten und die Kollegen gewiß sein. Wenn die Einfühlungskraft des Betreuers einmal zu einem natürlichen Teil seiner Persönlichkeit geworden ist, die er jederzeit in der Arbeit mit den Patienten einsetzen kann, werden ihm die plötzlichen oder auch allmählich wachsenden Leistungen und die neue Ich-Stärke des Patienten Freude machen. Nicht nur kann er sich teilweise dafür selbst beglückwünschen, da er um seinen Beitrag dazu weiß (ob von den Kollegen oder dem Patienten anerkannt oder nicht), er empfindet eine einfühlsame Freude daran, da er das zusätzliche emotionale Wohlbefinden des Patienten miterlebt. Wenn es soweit ist, ist der Betreuer auch fähig, andere anzuerkennen, die den Fortschritt des Patienten fördern. Das ist ihm und seinen Kollegen indessen nur dann möglich, wenn die Institution ein umfassendes therapeutisches Milieu bildet, dem alle angehören. Er kann auf das Lob für seinen Beitrag zu den Leistungen des Patienten nur dann verzichten, wenn er weiß, die Anerkennung für das, was er für den Patienten erreicht hat, ist trotzdem vorhanden, auch für die anderen, die ebenfalls an dem Erfolg beteiligt waren. Eine Institution, die in miteinander rivalisierende Abteilungen gespalten ist, wird *ipso facto* nie in der Lage sein, dem Patienten die Anerkennung zuteil werden zu lassen, da alle betroffenen Abteilungen Ansprüche auf Anerkennung stellen, um ihre Bedeutung und ihre Daseinsberechtigung zu dokumentieren. Und wenn nicht sämtliche Mitarbeiter gemeinsam in der Arbeit vereint sind, werden sie nicht so ohne weiteres dem Betreuer die Anerkennung geben, wenn er selbst die Leistung dem Patienten zuschreibt. Wie man es auch nimmt, nur ein umfassendes therapeutisches Milieu kann es sich leisten, dem Patienten das Gefühl zu vermitteln, alles von selbst (oder beinahe von selbst) erreicht zu haben, und das bleibt der wirksamste Weg zur Gesundung.

Der psychiatrische Patient, der meint, er könne überhaupt nichts richtig oder selbständig machen, braucht noch mehr als das Kind das Gefühl, er könne jetzt wichtige Dinge selbst tun. Das gilt sogar für den Größenwahnsinnigen, der jeden von seiner Überlegenheit überzeugen will, was zwar eine äußerst brauchbare Verteidigung gegen die Realität ist, aber nicht mehr als ein hauchdünner Schutz gegen seine innere Überzeugung, er sei nichts wert. Das therapeutische Milieu sollte so strukturiert sein, daß seine Erfahrungen ihn darin zu der Sicherheit – trotz aller Zweifel – bringen, er könne eine ganze Menge verrichten, viel mehr als er je für möglich hielt. Anläßlich relativ unbedeutender Leistungen ist es dem Patienten auch möglich, ohne Einbuße seiner Selbstachtung die Hilfe anzuerkennen, die er bekommt, vorausgesetzt, das wird nicht von ihm erwartet. Je mehr wir ihm zu verstehen geben, daß er zumindest den schwierigsten Teil aus eigenen Kräften geschafft hat, um so eher wird er sich frei genug fühlen, unseren Beistand dabei anzuerkennen. Das mag vielleicht auf den ersten Blick wie eine ziemliche Übertreibung oder Verzerrung wirken, aber es stimmt schon, daß der »Patient es alles allein« tat. Milieu-Therapie besteht darin, daß eine Umgebung hergestellt und gehalten wird, die dem Patienten genügend Sicherheit gibt, das in ihm schlummernde Vermögen zur Reife freizusetzen und zwischen seiner Psychose und realistischen Beziehungen zur Außenwelt einen Ausgleich zu schaffen. Gleichzeitig mit der Durcharbeitung und Bewältigung von Traumata aus der Vergangenheit sollte die Milieu-Therapie eine Entwicklung gestatten, wie sie ohne das Trauma vonstatten gegangen wäre. Ohne diesen inneren Trieb zur Entwicklung zu Reife und normaler Realitätsbewältigung könnte keine noch so liebevolle Betreuung seitens der Umgebung jene eindrucksvollen Wandlungen hervorbringen, die wir an unseren Patienten beobachten konnten.

Soll der Patient an seine eigenen Leistungen glauben, müssen wir die Rolle, die Freud der Psychoanalyse zuschrieb, akzeptieren und uns damit zufrieden geben: die Rolle der Hebamme, die dafür sorgt, daß das Kind, welches die Frau empfangen und in ihrem Körper genährt hat, diese Welt sicher betritt, ohne Schaden für Mutter und Kind während des oft schwierigen und schmerzhaften Vorgangs der Geburt. Wir sind in dem Sinne Hebammen, indem wir diesen neuen Menschen, der zu einer Ganzheit gefunden hat, nicht selbst herstellen; unser Stolz und unsere Befriedigung müssen aus unserer Hilfe bei seiner Geburt kommen.

Dies kann der Betreuer nur tun, wenn er nicht um Anerkennung kämpfen muß, wenn diese ihm bereitwillig von denen zuteil wird, an denen ihm am meisten liegt. Besonders die älteren Kollegen müssen bei dem Anfänger den Geburtshelfer spielen, ebenso wie es alle Mitarbeiter bei den Patienten tun. Auch hier dient die Einstellung der Mitarbeiter mit mehr Erfahrung zu den jüngeren und den Patienten als Vorbild, nach dem sich Anfänger richten.

Das therapeutische Milieu muß vor allem dafür sorgen, daß der Betreuer die Anerkennung seitens der Patienten nicht braucht, die ja nichts geben können, obwohl seine Hilfe für sie seine größte Befriedigung bildet. Aber die größte Erfüllung durch positive Resultate der Arbeit ersetzt nicht die Anerkennung seitens der Menschen, die man respektiert und die man für am besten geeignet hält, Verdienste zu beurteilen. Damit ist nicht Lob für Kleinigkeiten gemeint. Im übrigen neigt der Betreuer, gerade weil er weiß, daß seine größte Belohnung in der Leistung des Patienten liegt, sowieso aus eigenem Interesse zu dem Glauben, der Patient habe alles von selbst geleistet. Schließlich ist die Befriedigung einer Mutter über das Laufen des Kindes an ihrer Hand nicht mit der Freude zu vergleichen, die sie hat, wenn es tatsächlich allein laufen kann.

Der Betreuer, der die Bedeutung seiner eigenen Leistung kennt, wird immer erfüllt sein von den großartigen Dingen, die sein Patient getan hat, von ihnen und nicht von seinem eigenen Beitrag dazu wird er berichten. Er kann dem Patienten das für die erfolgreiche Therapie so notwendige Lob ausstellen, wenn er sicher ist, daß er nicht um das betrogen wird, was ihm gebührt. Diese Sicherheit ist etwas ganz anderes als die Demut des sich selbst in den Schatten stellenden Mitarbeiters, der so wenig von seiner Bedeutung hält, daß er keine Befriedigung aus ihr beziehen kann. In diesem Fall verliert auch der Patient.

Meiner Erfahrung nach entsteht selbst in einem gut integrierten Mitarbeiterstab Eifersucht, wenn man einen Betreuer vor den anderen lobt. Sind die Beziehungen zwischen dem Direktor und den Mitarbeitern die richtigen, gewinnt der Betreuer ohnehin mehr Zufriedenheit durch eine gelegentliche private anerkennende Bemerkung als durch eine Lobesrede. Ich habe es erlebt, wie ein älterer Mitarbeiter zu einem jüngeren, der ihm von den großartigen Dingen berichtet hatte, die sein Patient vollbracht hatte, sagte: »Ja, und das hat er alles ganz allein gemacht, und Sie haben nur dagesessen und zugeschaut.« Eine Lobesrede drückt im Grunde auch ein gewisses Erstaunen darüber aus, daß ein Betreuer zu etwas fähig war – als hätte man ihm dies nicht zugetraut. Die echte Freude an der Leistung wird hinter zuviel Worten verborgen.

Kurz, es muß möglich sein, Anerkennung zu vermitteln, ohne andere Mitarbeiter zu kränken, ohne einen unter ihnen zu sehr herauszuheben. Alles hängt von den Beziehungen der Mitarbeiter untereinander ab und davon, wie so eine Institution organisiert ist.

Aber es gibt noch einen anderen Grund dafür, daß ich auf die Bedeutung von Lob und Anerkennung in dieser Ausführlichkeit eingegangen bin. Wenn der Direktor das Lob zu sehr betont, muß der

Eindruck entstehen, der Betreuer tat etwas, um Anerkennung durch die Vorgesetzten zu erhalten und nicht so sehr für den Patienten, weil dieser Patient ja sein persönliches Projekt darstellt. Man kann nicht sein Bestes geben, um jemandem zu gefallen, man kann das nur zur eigenen Befriedigung. Hat man sein Bestes gegeben, ist es erfreulich, wenn man Lob dafür erntet. Ist das Lob aber überbetont, fragt man sich am Ende, für wen man eigentlich wirklich etwas hatte tun wollen.

23
Persönliche Entwicklung und berufliches Wachstum

Ein menschenfreundliches Milieu und die Summe der Erfahrungen, die den Patienten geboten werden – also die Prinzipien der Therapie – sind für ihre Heilung ausschlaggebend. Aber die beste Theorie nützt wenig, wenn sie nicht auf richtige Weise in die Praxis umgesetzt wird. Das können nur Einzelpersonen leisten, wenn ihnen auch die organisatorische Struktur der Institution behilflich (oder hinderlich) dabei sein kann. Ob die Institution ihre Ziele erreicht, hängt davon ab, ob sie die richtigen Mitarbeiter hat, die im richtigen organisatorischen Rahmen zusammenwirken.

Was motiviert die Mitglieder eines therapeutischen Milieus, die geistigen und persönlichen Eigenschaften für jene Verhaltensweisen zu entwickeln, die sie brauchen, um den Patienten zu helfen und zu Partnern im gemeinsamen Unternehmen zu werden? Was regt sie an, sich auf das noch schwierigere Unterfangen einzulassen, sich selbst zu jenen Menschen zu wandeln, die nicht nur diesen Anforderungen gerecht werden können, sondern diese Arbeit befriedigender finden als sonst irgend etwas anderes?

Die älteren Mitarbeiter, die sich die notwendigen Eigenschaften bereits durch frühere Erfahrungen und Entwicklung angeeignet haben, stehen im Augenblick nicht zur Diskussion, obwohl auch sie als Menschen und Betreuer sich weiterentwickeln. Da sie jedoch schon eine gewisse Reife erreicht haben, sind bei ihnen keine tiefgreifenden Wandlungen mehr notwendig. Als Menschen haben sie jene reife Integration erlangt, die Erikson als Generativität, als Bereitschaft, die Verantwortung für eine neue Generation zu übernehmen, Goldstein und Maslow als Selbstverwirklichung, Selbstaktualisierung und andere mit wieder anderen Termini bezeichnen. Als Therapeuten haben sie mit dem eigenen Unbewußten eine Vertrautheit gewonnen, die ihnen eine rasche Einfühlung in den Patienten erlaubt, während ihr Verhältnis zur Realität so stabil ist, daß sie nicht mehr zu fürchten haben, was durch eine enge Beziehung zu einem Patienten in ihnen wachgerufen werden kann. Sie wenden also bereits das in der Praxis an, wozu sich die jüngeren erst noch durchringen müssen. Sie können denen, die noch im Entwicklungsstadium sind, zur Seite stehen, denn sie sind bereits geworden, was sie sind; dieses Problem existiert nicht mehr für sie. Eine Psychoanalyse befähigt einen nicht notwendigerweise dazu, ein erfolgreicher Betreuer zu werden; manchmal hilft sie, aber manchmal hindert sie auch die Entwicklung in dieser Richtung. Gewöhnlich unterzieht sich jemand einer Psychoanalyse, weil er irgendwelche ernsthaften Schwierigkeiten im Leben hat. Wenn das Resultat positiv ist, wird er das, was ihm zu dem gewünschten Leben im Wege stand, bewältigt haben; höchstwahrscheinlich hilft sie ihm, das eigene Unbewußte besser zu begreifen, und gewährt ihm auch eine größere Bereitschaft, das der anderen verstehen zu wollen. Aber es besteht kein Grund anzunehmen, daß ihn die Psychoanalyse dazu befähigt, sich an einem Unternehmen zu beteiligen, das so hohe emotionale Anforderungen stellt. Für andere ist die therapeutische Gemeinschaft der beste Weg zu höherer Integration, obwohl auch sie von einer persönlichen Analyse profitieren können.

Ein ehemaliger Professor für soziale Gruppenarbeit und ein ehemaliger Ausbildungsleiter für das Pflegepersonal an einer Universitätsklinik mögen als Beispiel dienen. Sie waren in ihrem Beruf anerkannte Kapazitäten gewesen, aber als sie zu uns kamen, waren sie einfach Mitglieder unserer Gemeinschaft. Sie waren sich nicht klar darüber, warum sie sich bei uns so viel wohler fühlten, aber irgendwie waren die Dinge bei ihren früheren Tätigkeiten nicht so gelaufen, wie sie es gewollt hatten. In den Augen der Welt waren sie sehr erfolgreich gewesen, trotzdem hatten sie sich als Versager empfunden; weder in ihrem Privatleben noch im Beruf hatten sie gefunden, was sie suchten. Nach fünf oder mehr Jahren als Mitarbeiter bei uns kehrten sie, wie viele andere, zu ihren früheren Berufen zurück und hatten dort noch mehr Erfolge als zuvor. Um wirkliche Befriedigung in ihren eigentlichen Berufen zu finden, hatten sie anscheinend gewisse Probleme innerer Integration lösen müssen, die auch die persönliche Analyse nur unzureichend beseitigt hatte. Die Herausforderung, in unmittelbarem Kontakt mit psychiatrischen Patienten zu arbeiten und nicht in leitender Funktion (wie früher), hatte die Aufarbeitung von Rückständen aus der Kindheit ermöglicht, die eine Befriedigung in ihrem früheren Beruf verhindert hatten. Um sich selbst zu finden, brauchten sie die Zusammenarbeit mit anderen als Gleiche unter Gleichen in einer Situation, in der eine emotionale Interaktion unvermeidlich war. Nach dieser Phase erwiesen sich die früheren Berufe als voll befriedigend.

Während diese beiden Mitarbeiter in der Mitte ihrer Laufbahn in die Krise geraten waren, befanden sich die meisten Mitarbeiter in wesentlich jüngerem Alter in ähnlicher Verwirrung. Vielleicht ist das der Grund, weshalb sie die Arbeit mit psychiatrischen Patienten anzog; sie hatten das dumpfe Gefühl, daß sie, wenn sie den Patienten helfen könnten, die Antwort auf die Frage zu finden, was sie mit ihrem Leben anfangen sollten, das gleiche für sich selbst entscheiden könnten. Anderen zu helfen, um sich selbst zu helfen, ist – wenn man das Sich-selbst-Helfen ehrlich meint – gar kein schlechtes Motiv für therapeutische Arbeit.

Die meisten unserer Mitarbeiter waren beträchtlich jünger als Dante, als dieser den richtigen Weg aus der Dunkelheit suchte; sie waren Anfang zwanzig bis Anfang dreißig. Aber wie Dante brauchten sie es, mit Verständnis und Mitgefühl unter denen zu wandern, die verurteilt waren, in ihrer privaten Hölle zu leben, um dann den eigenen Weg in das höhere Reich der Klarheit zu finden. Vielleicht brauchten diese jungen Leute vor allem die Gewißheit ihrer Bedeutung für andere und die Erkenntnis, wieviel sie für andere zu tun imstande waren, um sich selbst und ihren Platz in der Welt zu finden einschließlich des gewählten Berufes.

Nicht jeder, der von dem Gedanken angezogen ist, psychiatrischen Patienten zu helfen, ist den Anforderungen, sich anderen zu widmen und sich selbst zu wandeln, gewachsen. Wer diese Art Arbeit tun will, ist meist ein Mensch guten Willens, und er scheitert oft an der starren Abwehrhaltung, die er nicht aufzugeben wagt. Obwohl wir alles versuchten, es zu verhindern, kamen doch auf einen Betreuer, der bereit und in der Lage war, seine Persönlichkeit durch die Erfahrungen bei der Arbeit neu zu strukturieren, zwei andere, die versagten und die »Schule« verlassen mußten, da sie den Forderungen nach der Weiterentwicklung ihrer Persönlichkeit nicht gewachsen waren.

Meistens lag es daran, daß der Mitarbeiter trotz bestem und echtem Willen, psychiatrischen Patienten zu helfen, abgestoßen oder von Angst überwältigt wurde. Er ging und gab dafür eine Reihe von Gründen an, die Rationalisierungen dafür waren, daß er nicht bereit war, die Gefährdung seiner inneren Integration zuzugeben. Zu solchen Vernunftgründen gehörten die Schwierigkeiten der Arbeit, die unbequemen Arbeitsstunden oder besser bezahlte Angebote von anderswo. Diese Behauptungen, die seinem bewußten Wunsch, psychiatrischen Patienten näherzukommen, zuwiderliefen, hinderten ihn auch an der Erkenntnis, daß er vom Benehmen der Patienten abgestoßen oder aus der Fassung gebracht wurde oder regelrecht Angst vor ihnen hatte. Solche Mitarbeiter waren nicht in der Lage, offen zuzugestehen, daß sie für ihre Integration fürchteten, oder daß sie angefangen hatten, die Patienten und die psychologischen Anforderungen der Arbeit zu hassen.

Charakteristisch für diese Haltung ist eine junge Frau, die wegen ihrer ungewöhnlichen Fähigkeiten ein Stipendium zur Ausbildung als Erzieherin für blinde Kinder bekommen hatte. Über ein Jahr lang hatte sie mit blinden Kindern in einer Anstalt gelebt, hatte dort mit den emotional am meisten gestörten gearbeitet und alle Erwartungen erfüllt. In einem ausführlichen Briefwechsel drückte sie ihren Wunsch aus, bei uns weiter ausgebildet zu werden. Als sie dann zu uns kam und wir sie auf die Schwierigkeit hinwiesen, mit diesen nichtintegrierten Kindern zu arbeiten, sagte sie voller Überzeugung, sie könne alles akzeptieren, und wiederholte, daß sie mit eben dieser Art Patienten, wie wir sie hatten, arbeiten wollte. Sie war eine gebildete und wohlerzogene junge Dame, die bisher ihr Leben und ihren Beruf problemlos bewältigt hatte. Zunächst reagierten die Kinder auch nicht schlecht auf sie, und ihre Arbeit schien vielversprechend.

Nach ungefähr sechs Wochen wurde sie von einem autistischen Mädchen gebissen. Sie nahm das mit einer gewissen spartanischen Haltung hin und widerstand all unseren Bemühungen, ihr bei der Analyse der eigenen Reaktion auf diesen Angriff behilflich zu sein. Als man ihr anbot, einen Tag auszuspannen, erklärte sie, sie wollte trotz des Schmerzes weiterarbeiten. Als sie beim nächsten Mal mit dem autistischen Kind zusammen war, lief das Kind fort, um dem Zorn zu entgehen, den es in der Betreuerin spürte. Unsere Bemühungen, der Betreuerin diese Zusammenhänge zu erklären, blieben erfolglos. Beim nächsten Zusammensein fügte sich das Kind selbst Verletzungen zu, biß sich selbst schlimmer, als sie die Betreuerin gebissen hatte. Im Interesse des Kindes und seiner Heilung konnte es offensichtlich nicht so weitergehen. Die Betreuerin konnte kaum mehr bestreiten, daß sich das Verhalten des Kindes ihr gegenüber, im Vergleich zu vorher und zu seinem Verhalten zu den beiden anderen Betreuerinnen, die mit dem Kind umgingen, verändert hatte. Sie schien zu spüren, daß sie im Gegensatz zu dem Bild, das sie von sich selbst hatte, als einem Menschen, der psychisch gestörte Kinder liebte und vor ihren Feindseligkeiten keine Angst hatte, von dem nicht integrierten Benehmen des Kindes abgestoßen war – eine Ablehnung, die sehr wohl dazu geführt haben mochte, daß das Kind sie gebissen hatte. Seit der Verletzung hatte sie außerdem Angst vor dem Kind. Sie konnte aber keineswegs akzeptieren, was jeder beobachten konnte: daß sie nämlich angefangen hatte, das Kind zu hassen. Das war vermutlich weniger auf die Verletzung selbst zurückzuführen als auf ihre eigene Reaktion auf die Handlung des Kindes, die nun ihr Selbstbild bedrohte. Von nun an wurde sie völlig starr und gefühllos in ihrer Arbeit, und eine andere Gruppe Kinder, die sie vor diesem Vorfall durchaus akzeptiert hatte, begann jetzt auch, sie abzulehnen, weil sie nicht mehr imstande war, spontan zu reagieren.

Zu diesem Zeitpunkt hätte die Betreuerin natürlich erkennen müssen, daß ihr Selbstbild, sie könnte psychisch gestörte Kinder, ganz gleich, wie sie sich verhielten, akzeptieren, der Realität nicht standhielt. Hätte sie ihre Arbeit fortsetzen wollen, hätte sie zugeben müssen, daß sie die Kinder manchmal ablehnte, sie als Reaktion auf ihre Angriffe fürchtete und vielleicht sogar haßte. Eine derartige Erkenntnis hätte ihr wahrscheinlich die eigene Feindseligkeit zum Bewußtsein gebracht, die sie bis dahin so gut beherrscht hatte, daß sie ihr verborgen bleiben konnte. Die Erkenntnis hätte sie vor die sofortige Aufgabe gestellt, in bestimmten Bereichen zu einer besseren Integration zu gelangen. Und ausgehend von dieser und anderen Erfahrungen hätten sich diese Bemühungen auch auf andere, noch nicht integrierte Aspekte ihrer Persönlichkeit erstrecken müssen.

Indessen fand nun die Betreuerin, die entweder nicht willens oder nicht fähig war, trotz aller Hilfe, die ihr die Kollegen anboten, einen solchen Prozeß der Integration durchzumachen, daß die Bezahlung der Arbeit nicht angemessen wäre. Um ihr zu zeigen, daß sie ihre wahren Gründe verbarg, bot man ihr eine Gehaltserhöhung an. Sie nahm das Angebot nicht an, verließ die »Schule« und hörte auf, mit psychisch gestörten Kindern zu arbeiten. Da sie ein Mensch mit einer gesunden normalen Persönlichkeit war und über eine ausgezeichnete Schulung und glänzende Fähigkeiten verfügte, sicherte sie sich eine Stellung als Lehrerin an einer Schule für normale Kinder, denn ihr war klar, daß ihr Grad an Integration für durchschnittliche Ansprüche völlig ausreichte.

Damit schützte sie sich vor weiterem Persönlichkeitszerfall, dem sie vielleicht nach fortgesetzten Erfahrungen mit neurotischen Kindern ausgesetzt gewesen wäre. Ein derartiger Zerfall der Persönlichkeit ist, darauf sei noch einmal hingewiesen, eine häufige Reaktion auf das nichtintegrierte Verhalten der Patienten und auf die Forderung des therapeutischen Milieus, diesem Verhalten nicht defensiv zu begegnen, sondern es in therapeutischer Absicht zu akzeptieren. Diese Art von Persönlichkeitszerfall ist kein pathologischer Vorgang, sondern eine vorübergehende und angemessene Reaktion auf den Drang, nicht nur den Aufgaben gerecht zu werden, sondern den Prinzipien des Milieus gemäß zu leben.

Andere, die bei uns anfangen und gewichtigere Gründe für den Wunsch haben, sich solchen Patienten zu widmen, geben sich mehr Mühe. Aber auch wenn sie fähig sind, das primitive Verhalten der Patienten zu akzeptieren, sind sie vielleicht zunächst nicht in der Lage, das, was es in ihnen selbst hervorruft, zu bewältigen. Die physischen, verbalen und sexuellen Attacken der Patienten wecken tiefe Ängste und Zweifel in diesen bis dahin sicheren und angepaßten jungen Erwachsenen, ihre Integration wird dadurch bedroht. Die Reaktion auf diese Herausforderung an ihre Wertmaßstäbe und Vorstellungen vom Leben hängt teilweise von dem ab, was ihre eigene Integration am meisten bedroht. Für die meisten ist es die Reaktivierung ursprünglicher primitiver Tendenzen in ihnen selber, deren Aktualisierung sie nun bei anderen beobachten. Der jeweilige Betreuer greift dann vielleicht auf Abwehrmaßnahmen zurück und versucht, die Patienten von dem Ausdruck unkontrollierten Verhaltens zurückzuhalten und sie zu zwingen, sich akzeptableren Verhaltensformen anzupassen. Wenn die Persönlichkeit des Betreuers oder seine therapeutischen Vorstellungen (die vom Ethos des Milieus sehr unterstützt werden) ihm verbieten, die Patienten zu etwas zu zwingen, versucht er meistens, seine Schutzmechanismen gegen die eigenen instinktiven Neigungen zu verstärken und seine Gefühle unter strenger Kontrolle zu halten.

Diese ganz normalen, angepaßten Menschen, die über genügend Ich-Stärke verfügten, um in der höheren Schule gut abzuschneiden und mit anderen Menschen zusammenzuarbeiten, scheinen früher oder später ernsthafte neurotische Verhaltensweisen zu entwickeln, nachdem sie eine Weile enger mit solchen nichtintegrierten Patienten zusammengelebt und gearbeitet haben. Manche werden feindselig oder nehmen sogar eine strafende Haltung gegenüber den Patienten ein und werden auch aggressiv und unhöflich den Kollegen gegenüber. Sie fühlen sich sehr unwohl in ihrer Haut und lehnen die Anstalt, ihren Geist und die übrigen Mitarbeiter ab, die von ihnen erwarten, daß sie das bedrohliche Benehmen der Patienten ohne unerwünschte Gegenreaktion hinnehmen. Andere Anfänger wehren sich, indem sie nichts empfinden oder sich in vieler Weise emotional zurückhalten. Wieder andere bemühen sich, stärkere Schutzmechanismen gegen die neuen und heftig aktivierten inneren Triebe zu errichten – beispielsweise durch Rationalisierungen.

Wenn ein Betreuer Erfolg bei der Neustrukturierung seiner Persönlichkeit haben soll, müssen alle übrigen Mitglieder des therapeutischen Milieus begreifen und akzeptieren, daß derartige Entwicklungen, die vollkommen neurotisch wirken, normale Reaktionen auf besonders schwierige Situationen darstellen, Reaktionen auf Notsituationen. Sie entstehen aus der Erkenntnis, daß sich die bis dahin für das normale Leben in der Welt völlig ausreichenden Schutzmechanismen und die innere Integration urplötzlich als ungenügend erweisen. Die Sache wird noch schlimmer dadurch, daß der Zusammenbruch dieser Integration durch eine Tätigkeit entstanden ist, die von dem erwachsenen Menschen frei als Beruf erwählt wurde, zu der er sich »berufen« fühlte. Die Arbeit mit solchen Patienten erfordert also offensichtlich eine unendlich höhere Stufe der Integration. Auch muß man sein eigenes Unbewußtes sehr gut kennen und akzeptieren, ebenso wie das der anderen Menschen. Enttäuschungen über sich selbst, manchmal auch Verzweiflung, gehören zu den Reaktionen auf die Erkenntnis, daß die scheinbar so geeigneten Abwehrmechanismen und das Niveau der Integration unter den sehr besonderen Arbeitsbedingungen, die schwer Gestörte verursachen, sich als nicht ausreichend erweisen.

Das ist dann der kritische Augenblick in der Entwicklung eines neuen Mitarbeiters. Er tritt, je nach Persönlichkeit, gewöhnlich nach mehr als sechs Monaten ein und eher selten erst nach zwei Jahren. Von diesem Augenblick an beginnt der erfolgreiche Mitarbeiter, der sich für die Arbeit wirklich eignet, seine alten und inzwischen neu errichteten Schutzmechanismen allmählich abzubauen. Er gelangt zu mehr

Toleranz gegenüber den ursprünglichen Impulsen in sich selbst; dadurch kann er den Ausdruck oder die Aktualisierung der gleichen Impulse beim Patienten akzeptieren und sich mit ihnen konstruktiv auseinandersetzen.

Von da an empfindet der Betreuer, der das Bedürfnis nach reifer persönlicher Integration hat und vage spürt, daß seine Arbeit eine ständige Herausforderung zu höherer Integration darstellt, alle Unannehmlichkeiten, die ihm die Patienten bereiten, als einen relativ niedrigen Preis für sehr beträchtliche Vorteile.

Es ist vielfach die Rede von der »Hingabe« dieser jungen Mitglieder des therapeutischen Milieus gewesen. Hingegeben an die Aufgabe sind sie ganz gewiß, aber nicht nur an die Patienten, die sie betreuen. Sie widmen sich ebenso der Aufgabe, die eigene Integration zu erreichen. Da sie nicht mehr eine Barriere emotionaler Distanz zwischen sich und den Problemen, die das Verhalten der Patienten für sie bringt, errichten müssen – und außerdem durch das Ethos des Milieus daran gehindert werden –, müssen sie Mittel und Wege finden, die Gefühle, die durch ihre Erfahrungen mit den Patienten wachgerufen werden, zu integrieren.

Während sie sich ursprünglich gegen das, was die Patienten in ihnen weckten, wehren mußten, werden solche Erfahrungen später als schwierige, aber durchaus erwünschte Herausforderung zur Lösung eigener Probleme hingenommen. Derartige Herausforderungen sucht man sich nicht aus, dagegen spricht der Selbstschutz. Persönlichkeitsintegration ist eine einfach zu schwierige Aufgabe, und das Bedürfnis nach Sublimierung stellt zu hohe Ansprüche, als daß irgend jemand sich nach derartigen Erfahrungen drängt. Wenn aber unvermeidbare Situationen im Laufe der Arbeit mit den Patienten auftreten, werden die Konsequenzen für die eigene Person nicht mehr geleugnet, und man bemüht sich, sich ehrlich mit ihnen auseinanderzusetzen.

Um hinter den komplizierten Verhaltensweisen des Patienten seine elementaren Bedürfnisse, Hoffnungen, Ängste und Verzweiflungen zu erkennen, ihre wahre Natur hinter dem äußeren Verhalten oder den Phantasien zu beurteilen, sind Wissen, Einsicht, Erfahrung und vor allem Fleiß erforderlich. Indessen bilden Erfahrungen, die uns allen gemeinsam sind, die Grundlage für diese Fähigkeiten. Um die Vielfalt der Schutzmechanismen bei den Patienten zu durchschauen, muß man sich selbst sehr gut kennen, und man muß die tatsächliche Einfachheit der eigenen Psychologie akzeptieren, obwohl wir mit raffinierten Konstruktionen diese Tatsache gern vor uns selbst vertuschen. Wir müssen uns unsere eigene Transparenz eingestehen. Jeder Betreuer muß sich zu dieser Erkenntnis durchringen. Während er sich als Mitarbeiter qualifiziert, erkennt er, daß es eigentlich auf die Grundgefühle und -erlebnisse im Leben der Patienten wie in seinem eigenen ankommt – dadurch bekommen er und sein Leben einfachere und klarere Konturen.

Eine Bewerberin gab in ihrem Lebenslauf an, sie komme aus einer glücklichen, eng verbundenen Familie, fügte ein Foto bei, auf dem sie in inniger Umarmung mit ihrer Mutter zu sehen war. Nachdem sie ein Jahr lang Mitarbeiterin unserer Institution war, sah sie ihre Familienbeziehung ganz anders. Als sie von einem Besuch zu Hause zurückkehrte, schrieb sie in ihr Tagebuch:

»Ich habe das Gefühl, daß ich von meinen Eltern niemals genug von irgend etwas bekommen habe. Das gilt für das Essen und auch für weniger sichtbare Notwendigkeiten wie die einfache Berücksichtigung meiner Wünsche. Mutter hatte mir einmal gesagt, daß ich ein gutes Baby gewesen sei, niemals geschrieen und gut gegessen habe. Ich weiß, daß ich ein sehr fettes Baby war, und aus irgendeinem Grunde fragte ich, als ich jetzt zu Hause war, ob ich genug zu essen bekommen hätte. Sie sagte, ja, fügte aber hinzu, daß sie Angst gehabt hätten, ich würde zu dick, und daß sie mich deshalb auf Diät gesetzt hätten ... Das paßt sehr gut zu meinen Gefühlen der Entbehrung. Ich kann mich daran erinnern, daß ich, als ich ungefähr sieben Jahre alt war, von den Geburtstagsfeiern anderer Kinder mir Essen aufhob, als hätte ich nie genug Süßigkeiten bekommen. Meine Mutter behauptete öfter, wie schädlich Süßigkeiten und Kuchen für die Zähne seien, und meine Zähne hatten ständig Löcher. Nachdem ich aber ein Jahr lang mit den Patienten gearbeitet und mit ihnen viele Süßigkeiten gegessen und zum erstenmal in meinem Leben viele Coca-Colas getrunken hatte, hatte ich überhaupt keine Löcher in den Zähnen.«

Nach zwei Jahren Mitarbeit in unserer Institution schrieb die gleiche Betreuerin:

»Wie jeder sehen kann, habe ich mich sogar in der relativ kurzen Zeit, in der ich hier gearbeitet habe, zu einem ruhigeren, sanfteren und friedlicheren Menschen gewandelt. Ich bin mir bewußt, daß ich mich auch sonst in vielen Hinsichten ändere. Allein die Tatsache, daß ich an Veränderungen in mir selbst glauben kann, ist für mich etwas Neues.«

Diese Veränderung war zum Teil darin begründet, daß sie den Patienten half, »ruhiger, sanfter, friedlicher« zu werden, und feststellte, daß derartige Wandlungen in einem Rahmen möglich waren, dem sie sich sehr zugehörig fühlte.

»Ich fühlte mich gefestigter; es ist sehr befriedigend für mich zu wissen, daß ich viele Jahre lang an einem festen Ort sein werde. Es ist, als hätte ich den Platz gefunden, den ich behalten kann, wenn ich mich bemühe; einen festen Platz und dabei einer, der mich (da bin ich ganz sicher) mit der Zeit noch mehr erfüllt ... Ich spüre auch an vielen konkreten Dingen diese Befriedigung. Als ich erkältet war und aus der Speisekammer eine ganze große Dose Saft nahm, wollte ich sie bezahlen. Man sagte mir, nein, die Bedürfnisse der Betreuer würden ebenso erfüllt wie die der Patienten; nur sagte man das auf andere Weise. Das gefiel mir. Auch daß ich jederzeit Essen aus den Schränken oder der Küche nehmen kann, wenn ich es möchte, sogar nachts. Manchmal stehe ich in der Speisekammer, und das reine Betrachten der Mengen von Nahrungsmitteln ist wunderbar. Ich habe weniger gegessen in letzter Zeit, aber ich habe das Gefühl, ich kann bekommen, was ich will und wann mir danach ist. Dieses Gefühl hat sich ausgedehnt auf anderes, denn jetzt kaufe ich mir Sachen, einen Rock oder Schokolade, die ich vorher immer haben wollte, aber nicht fähig war zu kaufen. Kurz gesagt: jetzt gehe ich mehr auf meine Bedürfnisse ein, ohne irgendeine halbäußerliche Kritik anzuwenden, wie: ich sollte nicht zuviel haben, wenn andere hungern.«

Durch ihre Arbeit erlangen die Mitarbeiter eine neue persönliche Würde. Wenn sie auch vielleicht zuweilen zweifeln, ob sie in dieser Welt willkommen sind oder eine Rolle spielen, so wissen sie doch sehr bald, daß zumindest eine menschliche Beziehung – die zum Patienten – von großer Bedeutung ist. Um den Veränderungsprozeß bei denen, die in unser therapeutisches Milieu hineinwachsen, besser zu verstehen, befaßten wir uns mit objektiven Forschungen zur Entwicklung des Betreuungspersonals. B. Wright (121, 132) und ich verfielen zu diesem Zweck auf einen Zeichnungs-Test. Zwei Anfänger, ein Mitarbeiter mit Erfahrung und ein Betreuer, der gerade anfing, in das therapeutische Milieu hineinzuwachsen, und hoffte, dieses Ziel zu erreichen, wurden gebeten, eine für sie typische Situation im Wohn-Schlafraum zu zeichnen.

Die Zeichnungen enthüllten naturgemäß viele Aspekte der Persönlichkeit und Einstellung gegenüber den Patienten, aber besonders wichtig waren der Grad der gefühlsmäßigen Nähe oder Ferne zwischen den Kindern und dem Betreuer, seine Vorstellungen von dem Charakter der Beziehungen zwischen ihm und den Kindern und von den Beziehungen der Kinder untereinander. Wenn diese Zeichnungen emotionale Distanz zwischen Betreuer und Kindern zeigen, deutet das auch etwas über die Natur der Schutzmechanismen des Betreuers an.

Zeichnung 1 (S. 399) stammt von einer erfahrenen und qualifizierten Mitarbeiterin. Die Kinder gehen frei miteinander und mit ihr um. Sie spielt mit einem Kind, während die anderen zufrieden beschäftigt sind; es sind lebhafte wie ruhige Spiele, je nachdem, was jedes Kind vorzieht. Sie spielt gerade »Backe, backe Kuchen«. Die Größe des Erwachsenen ist nicht betont. Kein Zeichen von abwehrender Distanz zwischen Betreuerin und Kindern, noch von irgendeiner Vorliebe ihrerseits hinsichtlich der Beschäftigung der Kinder. Das Bild zeigt weder leere noch überfüllte Flächen.

Zeichnung 2 (S. 399) zeigt einen Betreuer, der schon ein Jahr lang in

DRAWING 1

DRAWING 2

der Anstalt arbeitet und, obwohl er noch nicht voll ausgebildet ist, gute Ansätze zeigt. Drei Kinder spielen auf dieser Zeichnung miteinander. Ein weiteres hat sich auf sein Bett zurückgezogen und liest. Zwei Kinder und der Betreuer spielen an einem Tisch, aber ein Kind balanciert gefährlich auf dem Stuhl und könnte jeden Augenblick aus der Beziehung »herausfallen«. Im ganzen ist das Bild weniger gut durchkomponiert als Zeichnung 1. Die einzelnen Elemente schweben im Raum und sind im Grunde ohne Beziehung zueinander. Alle Gestalten sind relativ klein und von leerem, unausgefülltem Raum umgeben, als könnten sie jederzeit von diesem verschluckt werden. Die Figuren sind mit harten, unsicheren Strichen gezeichnet. Am Rande der Zeichnungen und innerhalb der Figuren sind Schattierungen angebracht.

Aus früheren Forschungsarbeiten über derartige Zeichnungen geht hervor, daß Schattierungen und Unsicherheit des Striches Angst und Zwiespältigkeit ausdrücken (22, 85, 87), was im Falle dieses Betreuers zutrifft, der Zeichnung 2 herstellte. Er hat noch immer Ängste und zwiespältige Gefühle den Kindern gegenüber, obwohl er sich um sie bemüht. Die Zeichnung drückt das auch aus, da er sich in Kontakt mit zwei Kindern darstellt. Ein besonderes Abwehrsystem ist nicht angedeutet. Wichtiger, im Vergleich zu den folgenden beiden Zeichnungen der Anfänger: dieser Betreuer sieht die Situation von innen heraus und ganz aus der Nähe: einige Kinder auf dieser Zeichnung haben weder Beziehungen zu ihm noch zu den anderen; sie üben verschiedene eigene Tätigkeiten aus, die nicht vom Betreuer angeordnet sind.

Ein gefährliches Anzeichen ist das offensichtliche Gefühl des Betreuers, daß die Kinder sich nur um ihn herum gruppieren können. Das wurde durch seine Selbstbeobachtung bestätigt. Er sagte, er fürchtete, daß Kinder, die untereinander oder zu anderen Betreuern Beziehungen hätten, für ihn auf ewig verloren wären. Die Kinder spürten seine Befürchtungen, die, wenn sie mit ihm zusammen waren, entweder direkt mit ihm etwas taten oder sich allein beschäftigten, während die gleichen Kinder bei anderen Betreuern sich selbständig als Gruppe untereinander beschäftigten.

Zeichnungen 3 und 4 (S. 401) sind typisch für neue und verhältnismäßig ungeschulte Mitarbeiter. Auf Zeichnung 3 liegen alle Kinder im Bett, und die Betreuerin ist von ihnen abgesetzt. Sie tut eher etwas für die Kinder als *mit* ihnen, und dies auf einer sehr erwachsenen geistigen Stufe: sie liest ihnen vor. Die körperliche Distanz zwischen Erwachsenem und Kind und zwischen Kind und Kind sind (repräsentativ für das Gefühlsmäßige) sehr groß. Wichtiger ist noch, daß die Betreuerin etwas anderes als die Kinder tut; während sie aktiv ist und liest, hören die Kinder passiv zu. Die ganze Szene ist gezeichnet

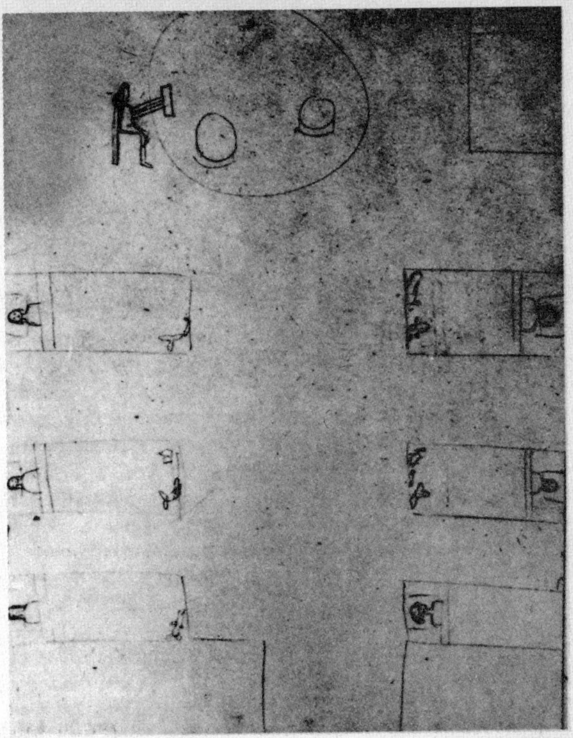

wie aus großem Abstand und von oben herab – möglicherweise sieht sich die Mitarbeiterin als Erwachsene in großem Abstand und hoch über den Kindern. Vielleicht ist es auch von Bedeutung, daß sie eine Szene am Ende des Tages zeichnete, kurz bevor sie die Kinder verlassen würde.

Die dieser Zeichnung zugrunde liegenden Abwehrmechanismen gegen emotionale Nähe sind, daß alles so hübsch und ordentlich ist, die körperliche Distanz und die Inaktivität der Kinder, Passivität und Flucht in die Intellektualität und die Phantasie (Geschichten vorlesen). Möglicherweise drückt die Zeichnung auch noch ein kompensatorisches Gefühl der Überlegenheit den Kindern gegenüber aus. Die Tatsache, daß alle Kinder dasselbe tun und gleich dargestellt sind, könnte die Unfähigkeit des Betreuers ausdrücken, sie als voneinander verschiedene Individuen zu sehen.

Zeichnung 4 unterscheidet sich von den anderen, weil der Betreuer selbst nicht zu sehen ist. Da er gebeten wurde, eine typische Situation im Schlafraum zu zeichnen, muß man annehmen, daß er sich im Schlafraum befindet und aus dem Fenster hinaus sieht. Sichtbar ist das Interesse am Spiel (kein Fehlen oder Ablehnen von lebendigen Beziehungen), aber nur bei den Kindern. Wie in Zeichnung 3 tun alle Kinder das Gleiche – dieses Mal spielen sie Ball. Auch hier keine individuellen Züge, keine Erkenntnis, daß verschiedenartige Kinder gern verschiedene Dinge tun. Sie werden nicht nur aus der Ferne beobachtet, sondern auch vom Betreuer getrennt. Er tut weder etwas für die Kinder noch mit ihnen zusammen.

Der Schutz dieses Betreuers besteht ebenfalls in der Distanz; aber da er sich gänzlich von der Situation ausschließt und eine Wand zwischen sich und die Kinder stellt, braucht er nicht – wie in Zeichnung 3 – sein Schutzsystem zu betonen. Er gestattet es sich zwar nicht, den Kindern körperlich oder gefühlsmäßig nahezukommen, aber er betrachtet die Kinder gelassener. Durch diese Distanz sichert er sich gegen unmittelbares persönliches Engagement ab und kann die Kinder als relativ frei handelnde Personen erleben. Die Zeichnung paßte zu allem, was man über diesen Mitarbeiter wußte, der sich ursprünglich lieber der psychologischen Forschung als der klinischen Arbeit widmen wollte und erst nach beträchtlichem inneren Ringen zu einem Therapeuten wurde.

Als die Mitarbeiter um die Zeichnung einer typischen Schlafraum-Situation gebeten wurden, sollten sie außerdem noch irgendeinen Menschen zeichnen, ganz gleich, was für einen. Eine Gruppe von Anfängern sollte das ungefähr sieben bis zwölf Wochen nach Beginn ihrer Arbeit tun und danach in Abständen von ungefähr sechs Monaten. Die Entwicklung während dieser entscheidenden ersten zwei Jahre wird an den Zeichnungen von insgesamt fünf Mitarbeitern anschaulich: zwei erwiesen sich als ungeeignet, einer wurde zu einem guten Betreuer, obwohl er die Endstufe der Ausbildung nie erreichte, und schließlich zwei, die die Ausbildung mit Erfolg abschlossen.

Zunächst die beiden Versager: Junes Zeichnungen (S. 404) sind bemerkenswert, weil sie sich gleichbleiben, nichts scheint sich im Laufe der Zeit an ihrer Vorstellung von der Schlafraumszene oder ihrem Ort in ihr geändert zu haben. In jeder Zeichnung sitzt sie und spielt ein Spiel.

In Zeichnung A sieht sich June als die Gestalt, die rechts am Mitteltisch sitzt; in Zeichnung B als die Figur ganz links am Kartentisch, und in Zeichnung C sitzt sie genau in der Mitte und blickt aus dem Bild heraus. Am meisten verspricht Zeichnung B: Sie scheint mit den drei Kindern am Tisch etwas zusammen zu tun. Aber auf Zeichnung A und C beschäftigt sie sich allein an einem Tisch. Ihre Zeichnungen von einem Menschen (von sich selbst) sind auch auffallend gleich, außer in der Größe. Die Abnahme in der Größe zwischen dem Zeitpunkt A und B deutet darauf hin, daß sie während jener sechs Monate etwas von ihrem Interesse an sich selbst aufgegeben hat. Daß dieses Interesse dann auf die Kinder überging, geht aus ihrer Zeichnung der Schlafraumsituation im Zeitpunkt B hervor, in dem sie mehr Kontakt zu ihnen zu haben scheint. Das ist die Art Wachstumsprozeß, der angestrebt wird, aber June hielt ihre Entwicklung in dieser Richtung nicht durch, wie sich an den Zeichnungen im Zeitpunkt C zeigt. Während ihre defensive Isolierung von den Kindern und ihre Konzentration auf sich selbst nachließen (Zeitpunkt B), war sie in diesem wichtigen Augenblick nicht stark genug, ihre Schutzmechanismen durch das Milieu abbauen zu lassen. Im Gegenteil, sie merkte, wie schwach ihr Panzer eigentlich war: anstatt nach höherer Integration zu streben, verstärkte sie ihre Abwehrhaltung. Im Zeitpunkt C war sie wieder zu ihrem Ausgangspunkt zurückgekehrt und verließ bald darauf die »Schule« aus eigenem Willen.

Georges (S. 405) schilderte ebenfalls eine Szene aus der Ferne in seiner ersten Schlafraum-Zeichnung. Alle seine Zeichnungen verraten den großen emotionalen Druck, dem er sich bei der Arbeit mit schwer gestörten Kindern aussetzen mußte. Bevor er in unsere »Schule« kam, war er ein ausgezeichneter Doktorand in klinischer Pathologie gewesen. In der Mitte des zweiten Jahres verließ er die Institution und nahm sein Studium wieder auf. Auf meine Anregung wechselte er zur Medical School über, wo er sich glänzend bewährte und schließlich mit Recht ein bekannter Forscher auf dem Gebiet der Psychiatrie wurde. Aber unter dem Druck des ständigen und engen Zusammenlebens mit pathologischen Kindern gelang ihm seine sonst so gute Inte-

A

B

C

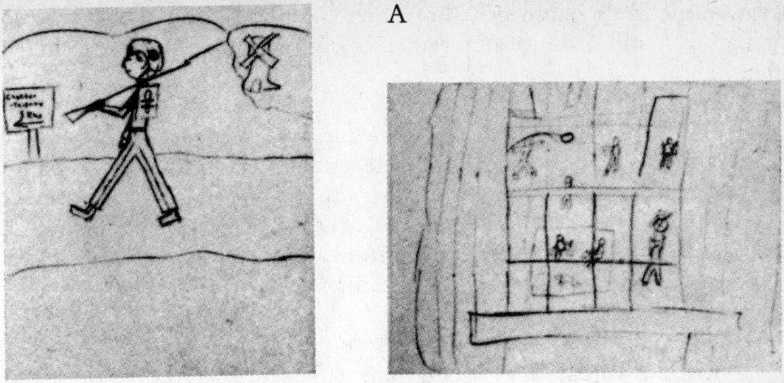

A

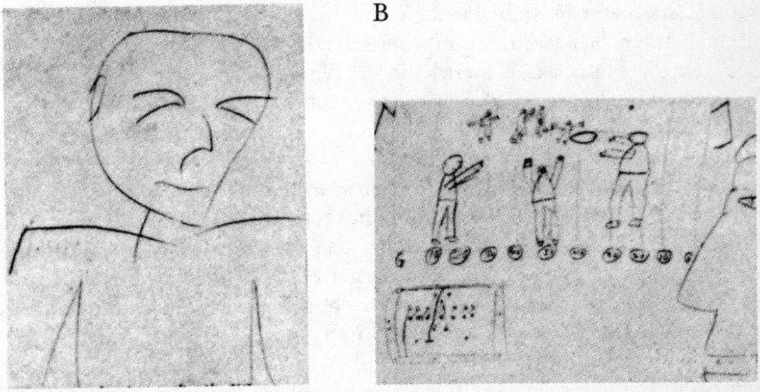

B

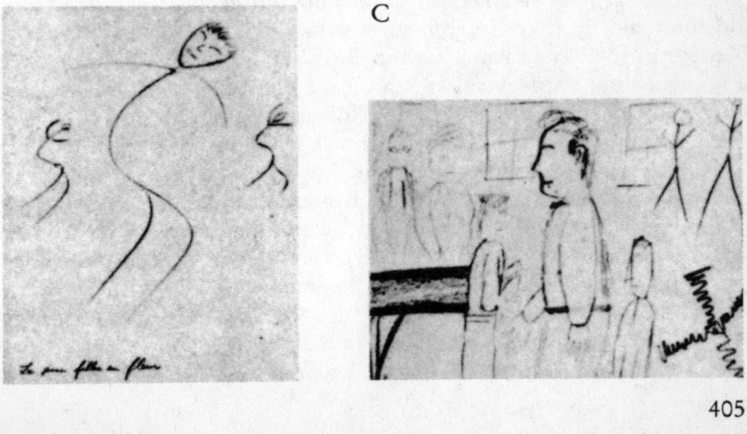

C

gration nicht, sie baute sich allmählich völlig ab. Die wachsende Desintegration und Exzentrizität seiner Zeichnungen spiegelt das ziemlich deutlich.

Morton zeichnete (S. 407) zuerst eine schablonenhaft sitzende Gestalt und als Schlafraumszene einen reinen Grundriß. Sechs Monate später ist seine menschliche Figur lebendiger und weniger stereotyp geworden, die Schlafraumszene zeigt ihn mit den Kindern, nicht nur einen Grundriß. Obwohl er noch nicht wirklich mit den Kindern zusammen ist, tut er doch etwas *für* sie. Besonders spannend ist der Wandel von der Zeichnung des Grundrisses zur Schilderung der miteinander beschäftigten Kinder.

Vielleicht erfolgte dieser Fortschritt zu rasch und überforderte seine Fähigkeit zur Integration. Wenigstens ist Morton sechs Monate später (Zeitpunkt C) wieder mehr auf Selbstschutz ausgerichtet. Er zeichnet zwar eine handelnde Figur, aber wieder klischeehaft. In der Schlafraumszene sieht er sich wieder unter den Kindern, aber in einer erniedrigenden Situation: sie mokieren sich über ihn. Im Zeitpunkt D spiegelt die Figur das Wesentliche der Veränderung wider, die in ihm vorging. Die Figur ist jünger, aktiver und optimistischer; er hat zu größerer Freiheit gefunden. Dem Kind gegenüber verhält er sich noch passiv, aber das Kind ist voller Leben.

Morton hatte eine Psychoanalyse durchgemacht, während er ein Jahr, bevor er zu uns kam, in einer anderen Anstalt für Kinder arbeitete. Kurz nach Zeitpunkt B merkte er, daß die Integration, die er durch die Analyse erreicht hatte, für normale Anforderungen ausreichte, nicht aber für die Arbeit mit neurotischen Kindern: er begann aufzugeben. Anders als die beiden erwähnten Versager verstärkte er weder seine Schutzmechanismen, noch ging er in dieser mißlichen Situation verloren. Statt dessen beschloß er, eine zweite Psychoanalyse durchzumachen. Dieser Entschluß, eine höhere Integration zu erreichen, und seine größere Fähigkeit, unbewußte Vorgänge zu akzeptieren, brachte bald positive Ergebnisse, wie man aus den Zeichnungen im Zeitpunkt D ersehen kann. Dennoch deutet das Bedürfnis nach zwei Psychoanalysen auf eine Ich-Schwäche, die ihn daran hinderte, im therapeutischen Milieu optimale Erfolge zu verzeichnen. Schließlich verließ er uns, um ein soziales Hilfswerk zu leiten.

Mary beginnt mit einer irgendwie aus der Balance geratenen, sehr kleinen Mädchenfigur (S. 409). Ihre Kinder sind Strichmännchen, und während sie sie verfolgt, haben sie nichts mit ihr zu tun. Sechs Monate später zeichnet Mary einen Mann (B). Ihre Kinderfiguren sind wilder geworden, aber sie befindet sich noch immer in einer ähnlichen Nicht-Beziehung zu ihnen.

Nach Ablauf eines Jahres (Zeitpunkt C) deutet sie zum ersten Mal die Identität des Mannes an, den sie zeichnet; es ist der Direktor, mit

A

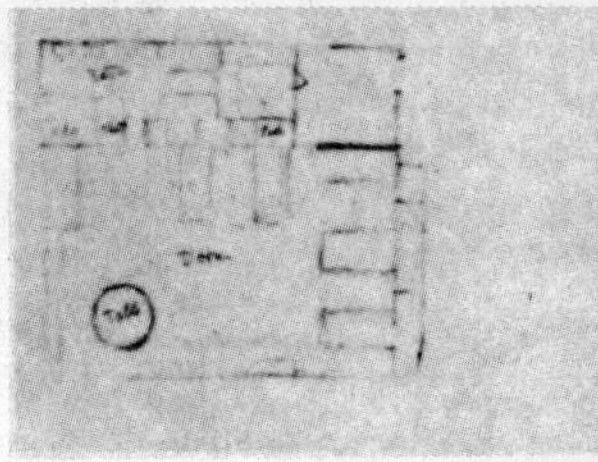

B

C

D

dem sie sich inzwischen sehr identifiziert hat. Ihre Zeichnung der typischen Schlafraumszene ist »aufgetaut«, aus den Strichmännchen sind echte Figuren mit Körpern geworden. Sie verfolgt die Kinder nicht mehr, sondern befindet sich unter ihnen und beschäftigt sich zumindest mit einem von ihnen.

In den letzten beiden Zeichnungen (Zeitpunkt D) kehrt sie zu sich selbst als Frau zurück. Die Gestalt ist größer, glücklicher und freier als die, welche sie achtzehn Monate vorher (Zeitpunkt A) zeichnete. Die Figuren ihrer Schlafraumszene sind ihr näher zugeordnet und detaillierter gezeichnet. Die Tatsache, daß sie sich selbst in Rückansicht darstellt, verrät, daß sie mit manchen Aspekten ihrer Selbsteinschätzung als Betreuerin nicht ganz fertig wird; aber indem sie dem Betrachter den Rücken zuwendet, wendet sie das Gesicht den Kindern zu. Ihre Entwicklung war noch keineswegs abgeschlossen, jedoch spiegelt die Folge der Zeichnungen die beträchtliche Wandlung in ihr, die unvermindert weiterging, trotz vielem Auf und Ab, bis sie, ihrer selbst und ihrer Arbeit sicher, ein erfahrenes Mitglied der »Schule« wurde.

Elisabeths erste Zeichnung (S. 411) eines Menschen ist, obwohl sehr hübsch, ziemlich egozentrisch (A). Ihr Interesse ist auf die Frau und nicht auf das Kind gerichtet. In der Schlafraumszene liegt der Akzent mehr auf den Möbeln als auf den Kindern.

Sechs Monate später (B) beginnen sich die Dinge zu ändern. In der Zeichnung der Person hat das Baby irgendwie mehr Substanz und ist der Frau sehr nahe. Das Bild ist aber so hübsch, daß es unecht wirkt. Die Schlafraumszene ist näher an den Beschauer herangerückt und lebendiger. Die Betreuerin tut etwas für die Kinder und steht nicht nur beobachtend daneben. Wichtiger noch ist, daß jetzt die Kinder mehr Bedeutung als die Möbel haben. Die Mitarbeiterin tut jedoch noch nichts *mit* den Kindern. Jedes Kind ist mit sich selbst oder mit einem anderen Kind beschäftigt.

Nach weiteren sechs Monaten (Zeitpunkt C) tritt das Täuschungselement deutlich zutage; das Bild könnte Aschenbrödel auf dem Ball darstellen. Aber in der Schlafraumszene zeichnet Elisabeth die Betreuerin in engem Kontakt mit dem Kind, sie füttert es, während es sie betrachtet. Im Unterschied zu den vorigen Zeichnungen der Schlafraumszene scheinen beide Figuren sich jetzt ihrer Beziehungen bewußt zu sein.

Schließlich, achtzehn Monate nach den ersten Zeichnungen (Zeitpunkt D), hat Elisabeth ihr Interesse gänzlich auf die Kinder übertragen. Die Person, die sie jetzt zeichnet, ist einer der Patienten, die sie betreut. Da sich erfahrungsgemäß die Betreuer eine Zeitlang in ihrer Arbeit mit den Kindern identifizieren, ist diese Entwicklung der Zeichnung sehr interessant. In der Schlafraumszene befindet sie sich

A

B

C

D

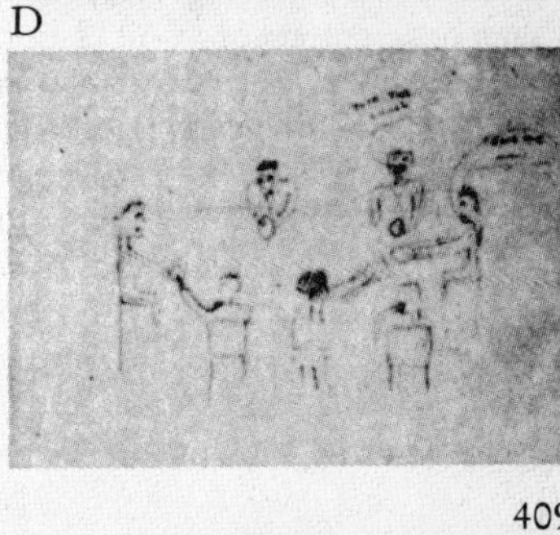

unter den Kindern. Alles spielt sich um die Betreuerin ab und vermittelt den Eindruck, daß sie und die Kinder sich ihrer gegenseitigen Beziehungen bewußt sind und daß etwas zwischen ihnen geschieht. Wie Mary entwickelte sich Elisabeth zu einer sehr wertvollen Mitarbeiterin.

Um die Wandlungsprozesse bei denen, die in das therapeutische Milieu hineinwuchsen, besser erkennen zu können, erarbeiteten Wright und ich eine Reihe anderer projektiver Tests. Zum Beispiel baten wir die Mitarbeiter, Fragen oder Probleme aufzuschreiben, die sie bei der nächsten Mitarbeiterkonferenz erörtert haben wollten.

Folgende drei Fragen wurden von einem Betreuer gestellt, der während seiner Arbeit an der Schule nicht sehr erfolgreich war. Trotz sehr guter akademischer Ausbildung konnte er sich nicht dazu bringen, sich in die Institution zu integrieren, sondern blieb ein meist nicht engagierter Außenseiter, obwohl er sich gewissenhaft um die Erfüllung seiner Aufgaben bemühte. Er verließ uns nach einem Jahr, und wäre er nicht freiwillig gegangen, hätten wir ihn darum bitten müssen. Nach ungefähr neun Monaten bei uns wollte er Folgendes wissen:

»Was bedeutet es für einen Patienten, wenn er geheilt ist? Oder anders ausgedrückt, was ist das therapeutische Ziel unserer Institution? Worin unterscheidet sie sich von anderen Methoden der Therapie, oder liegt der Unterschied in erster Linie in den Methoden?

Was sind die Dinge, auf die es beim Entwurf einer Therapie für einen einzelnen Patienten ankommt?

Welche wichtigen Prinzipien könnte ein Betreuer bei der Planung eines Programms für eine so heterogene Gruppe einsetzen wie die, mit der ich arbeite?«

Dieser Mitarbeiter sprach von der Arbeit in der Schule in rein theoretischen Begriffen und von den Patienten unpersönlich allgemein. Er wollte die Probleme, die ihm die Therapie stellte, mit einem gut durchdachten, theoretischen Konzept seiner Aufgabe bewältigen. Da war kein Raum für eine direkte Beziehung zum Handeln, zu den Gefühlen seiner Patienten oder den eigenen oder zu irgendeinem besonderen Problem. In einer der Realität seiner Arbeit am nächsten stehenden Frage bezeichnete er seine Gruppe als »heterogen«, aber er hatte dabei vor, seine Gruppe nach allgemeinen Planungsprinzipien und nicht als klar unterschiedene Einzelpersonen zu behandeln. Im Grunde beschäftigte sich der Betreuer vor allem mit sich selbst, mit seinem Wunsch, alles intellektuell zu erfassen. Schon bei der ersten Frage, die mit der Bedeutung der Heilung für die Patienten begann, verließ er sofort diese verhältnismäßig persönliche Basis und betonte, es ginge ihm nicht so sehr um den einzelnen Patienten, sondern um die therapeutischen Ziele der Institution (als könnte es überhaupt solche allgemeinen Ziele unabhängig von der besonderen Persönlichkeit und Lebensgeschichte des

A

B

C

D

einzelnen geben). Die weitere Ausführung dieser Frage führte sogar aus dem Arbeitsgebiet der Orthogenic School ganz hinaus zu einem allgemeinen Vergleich mit anderen therapeutischen Methoden.

Die Fragen waren durchaus typisch für die Einstellung dieses Mitarbeiters zu den Patienten. Er wollte ihnen gefühlsmäßig nahekommen, aber sobald er einen Schritt in dieser Richtung getan hatte, bekam er Angst und zog sich auf theoretische Überlegungen zu ihren »Problemen« zurück. Zusammen mit diesem Wunsch nach einem sorgfältig geplanten Programm deutet das auf zwanghafte Abwehr und Angst vor dem spontanen Zusammenleben mit den Patienten. Die Fragen zeigten, daß dieser Betreuer im Grunde keine Beziehungen zu den Patienten hatte, mit denen er arbeitete, daß er ihnen fernstand. Kein Wunsch nach unmittelbaren Beziehungen mit ihnen ließ sich herauslesen.

Die nächsten drei Fragen stellte eine Anfängerin, die erst seit drei Monaten in unserer Institution war und keinerlei Erfahrung auf diesem Arbeitsfeld hatte. Sie entwickelte sich später zu einer sehr geeigneten Mitarbeiterin.

»Wie kann ich mit dem Zorn, dem Groll und den daraus entstehenden Aggressionen der älteren Mädchen den jüngeren gegenüber fertig werden, wenn etwas passiert, bevor ich morgens bei ihnen bin?

Welches ist der wirkungsvollste Weg, ein Kind zu beruhigen, wenn es nach mir schreit wegen etwas, dem man nicht sofort abhelfen kann, außer daß man dafür sorgt, daß es nicht noch einmal vorkommt? Das Kind will nichts hören von einer ›Was-tun-wir-jetzt‹-Einstellung, sondern eher, was getan werden kann oder getan hätte werden müssen.

Was kann man bei offen angekündigtem oder verstecktem Trotz tun, wie Verzögerungstaktik einer Gruppe als Revanche dafür, daß sie selbst bei anderen Gelegenheiten hatte warten müssen?«

Diese Mitarbeiterin stellte Fragen, die in direktem Zusammenhang mit den Patienten standen. Sie differenzierte unter ihnen nach Einzelpersonen (älteren und jüngeren Mädchen) und sprach sowohl von Kindern als von einem einzelnen Kind. Sie wollte wissen, »was getan werden« könnte, und war in erster Linie an dem interessiert, was sie selbst tun könnte. Obwohl sie die eigenen Gefühle nicht erwähnte, erkannte sie die Bedeutung von Emotionen wie Ärger, Groll und Unmut. Sie schien den Wunsch zu verspüren, aktiver und wirksamer zu handeln; ihre erste Frage deutet auf Verantwortungsgefühl. In gewissem Grade enthält sie Gedanken von Allgegenwärtigkeit, aber auch den Wunsch, von der Schuld an Feindseligkeiten freigesprochen zu werden, die in ihrer Abwesenheit stattfinden. Andererseits zeigte die Frage, daß sie nur mit negativen Gefühlen beschäftigt war und bemüht war, sie einzudämmen. Den Wert, solche negativen Gefühle auszudrücken, hatte sie nicht erkannt, und sie empfand noch kein Bedürfnis nach einer engen emotionalen Beziehung zu den Patienten.

Die nächsten Fragen stellte eine Mitarbeiterin, die beträchtlich weiter in ihrer Entwicklung war, ihre Ausbildung jedoch noch nicht abgeschlossen hatte. (Zwei Jahre später erfüllte sie die notwendigen Forderungen und wurde eine vollwertige Mitarbeiterin):

»Die Schwierigkeit, die Patienten für so emotional wie Babys, für emotional gestört zu halten – ohne sie dabei zu erniedrigen.

Verführung – durch sie und durch mich. Was körperlicher Kontakt bedeutet. Ich glaube, ich wehre das zu sehr ab, um aus Mitarbeiterkonferenzen viel zu gewinnen – oder um realistisch darüber zu denken.

Schlagen – in jeder Beziehung. Was es für sie bedeutet, mich zu schlagen oder sich untereinander zu schlagen. Wieder glaube ich, daß dabei eine Menge in mir selbst im Spiel ist.

Reden – wann übernehme ich einfach ihre Sprechart und wann ist das gut? Offensichtlich eine meiner eigenen Schwierigkeiten?«

Diese Fragen drücken ein Gefühl von Verbundenheit und echtem Interesse aus. Diese Betreuerin fragte nach bestimmten Situationen und ihren eigenen Reaktionen darauf, nach ihren Gefühlen den Patienten gegenüber und was sie in ihr bewirken. Gleichzeitig zeigt ihre Identifizierung mit der Umwelt, daß sie sich schon in Gedanken mit den Patienten einig fühlt: wir »verführen« uns gegenseitig; sie schlagen sie, wie sie sich gegenseitig schlagen. Aber sie beginnt den Einfluß der Gefühle auf ihr Verhalten zu den Patienten zu erkennen, auch, daß sie in dieser Beziehung scheu ist. Die inhaltliche Vielschichtigkeit der Fragen, das Eingehen auf wesentliche Probleme, die Selbsterkenntnis und das intensive Interesse an den Patienten weisen auf die großen Möglichkeiten weiterer Entwicklung hin.

Zum Schluß noch zwei Fragen, die eine Mitarbeiterin mit Erfahrung stellte und die ihre Einstellung wie ihre Sorgen charakterisierten:

»Wenn sie mit ihrer Puppe spielt, stellt Mary das mutwillige, lebhafte und verschlagene Kind dar – mit anderen Worten, sich selbst. Ich soll dann die Rollen unfähiger Erwachsener übernehmen, die sie nie verstehen können, ihr Ausagieren verhindern oder ihr nicht helfen können. Das Spielen dieser Dinge mag für Mary weniger bedrohlich sein, aber mich ängstigt und beunruhigt es. Haben Sie irgendwelche Vorschläge, wie ich meine Gefühle handhaben kann und/oder was ich bei diesem Spiel tun kann?

Pat hat mich ›spielerisch‹ geschlagen. Das tut sie oft, um meine Aufmerksamkeit von den anderen abzulenken und auf sich zu ziehen, und wenn ich bei ihr bin, versucht sie mich zum Schlagen zu animieren. Ich habe mit ihr über ihre Eifersucht auf andere gesprochen – daß jeder solche Gefühle hat –, und daß ich sie gern habe. Ich habe auch auf ihren Vater hingewiesen und die Schläge, die er ihr verpaßte. Nichts hat irgendeinen Eindruck auf sie gemacht. Irgendwelche Ratschläge?«

Diese erfahrene Mitarbeiterin nannte die Patienten beim Namen und sprach im einzelnen und im allgemeinen von konkreten Aspekten ihrer Beziehungen zu diesen Kindern. Sie sorgte sich sowohl um das Verhalten und die Gefühle des Kindes wie um ihr eigenes Verhalten und ihre eigenen Gefühle. Bei den geschilderten Vorfällen zeigte sie Verständnis für die grundlegende Dynamik menschlicher Beziehungen, gleichzeitig spielte sie mit den Patienten und intervenierte auf konstruktive Art und Weise. Die eingehende Schilderung ist Beweis dafür, daß ihr Handeln sich auf sorgfältiges Nachdenken, Beobachtung und Einfühlung gründet.

Nach unseren Klassifizierungsmaßstäben waren sie und die vorher zitierte Mitarbeiterin Menschen, deren Anteilnahme auf einfühlsamem Verständnis der Vorgänge im Patienten basiert und auf einer kritischen Beurteilung der Vergangenheit (Schläge des Vaters) und der Gegenwart (Eifersucht) des Patienten. Gleichzeitig erkannte die Betreuerin die Natur und Wirkung der eigenen Gefühle (die Situation ängstigte sie). Während also das Wesentliche ihrer Teilnahme in der Einfühlung in den Patienten im Augenblick bestand, war es eine Einfühlung, die sich auf die Kenntnis von Aspekten und Motiven stützte, deren sich die Patienten selbst nicht bewußt waren. Was im Augenblick vorging, wurde als nur ein besonderer, aber sehr bezeichnender Ausdruck von Konsequenzen aus der Vergangenheit des Patienten und seiner allgemeinen Probleme erkannt. Therapeutische Teilnahme muß gleichzeitig die permanenten Probleme des Patienten erkennen und die Besonderheiten der Situation (das Mädchen handelte nur dann so, wenn die Aufmerksamkeit der Mitarbeiterin auf andere konzentriert war).

Für diese beiden qualifizierten Mitarbeiterinnen war so vieles selbstverständlich, daß sie es gar nicht mehr erwähnten. Die erste brachte ihre Hauptsorge vor, wie sie die Würde des Patienten trotz seines regressiven Verhaltens schützen könnte. Sie beschäftigte sich mit sich selbst, weil sie fest davon überzeugt war, daß es nur an ihr lag und daß sie die eigenen Einstellungen ändern konnte, nicht aber die des Patienten – das konnte er nur in Reaktion auf ihre Anregung. Aber sie wußte noch nicht, wie sie es anfangen sollte. Sie war mehr an ihren eigenen Mängeln als Therapeutin interessiert als an der Darstellung der Probleme der Patienten, da sie sicher war, sie würde mit diesen fertig werden, wenn sie sich selbst gefestigt hätte. Sie weiß, wozu sie in diesem Augenblick fähig ist, was sie lernen kann. Sie weiß ebenso, daß sie sich noch zu sehr gegen die Erkenntnis wehren muß, was bei Verführung im Spiel ist, und erklärt, sie könne noch nicht realistisch darüber nachdenken; und dies war die notwendige Einsicht, die sie dazu brachte, genau das zu tun: realistisch zu denken.

Die reifere der beiden, die erfahrenere, verläßt sich weitgehend auf

Fa. – Herr – Frau – Frl. Pieper

Verlag: DTV 15051 BS 236

Wohnung:	Anzahl	Titel:
	1	Bettelheim: ~~[illegible]~~
		~~[illegible]~~
Adorno	1	Minima moralia.
C.G. Jung	1	Der Mensch u. seine Symb.

Anzahlung: DM

direkt an Adresse	Datum		bestellt am
holt	senden	in Rechn.	rekl. am
fest	zur Ansicht	Fortsetzung	Bestell-Nr.

Bemerkungen: Gw

Termin- und Preisangaben unverbindlich

Druck: Verlag der Schillerbuchhandlung Köln

ihre Einfühlung, die sich hauptsächlich aus dem speist, was sie über den Patienten selbst weiß, sowie auf ihre Beziehung zu ihm und auf das, was sie aus ihrer Arbeit mit anderen Patienten und aus theoretischen Kenntnissen gelernt hat. Aufgrund dieser Einfühlung analysiert sie jederzeit, was im Patienten und in ihr selbst vor sich geht, was die Situation kennzeichnet und was Patient und Mitarbeiterin zu der Situation beitragen. Der Unterschied zwischen den beiden Betreuerinnen besteht darin, daß sich die erste auf ihre Gefühle den Patienten gegenüber konzentriert, während die zweite den Stellenwert dieser Gefühle erkannt hat, sich davon nicht beirren läßt, sondern sich statt dessen auf die Arbeit an sich selbst und an dem Patienten konzentriert.

Beobachter – Eindringling – teilnehmender Beobachter

Um die Entwicklung sämtlicher Mitarbeiter, von den Anfängern bis zu den hochqualifizierten, weiter zu beurteilen, benutzte Wright (131) die sogenannte »Q-Technik« von Stephenson (115), mit der er die Wandlungen der Wertmaßstäbe im Laufe der beruflichen Fortbildung eines Mitarbeiters erfassen konnte. Jeder Mitarbeiter wurde in verschiedenen Stadien seiner Entwicklung gebeten, sein Bild des idealen Mitarbeiters zu umreißen: Er sollte achtzig Eigenschaften in einer bestimmten Reihenfolge zusammenstellen; diese Reihe begann mit den für die therapeutische Behandlung von Patienten in stationärer Behandlung am meisten geeigneten Einstellungen und Verhaltensweisen und endete bei den ungünstigsten. Die achtzig Angaben dienten als Muster für vier typische Einstellungen zu den Patienten, die aufgrund von früheren Forschungen als die entscheidendsten und wichtigsten erkannt waren: 1. Beobachtung, 2. Aufdrängung, 3. Teilnahme und 4. teilnehmende Beobachtung. Die Angaben in dem Fragebogen betrafen fünf Bereiche: Essen, Körperpflege und physischer Kontakt, Sex, Selbstachtung der Patienten und Angst.

Aus den Ergebnissen ging dann hervor, daß sich der Betreuer, unabhängig von den Grundzügen seiner Persönlichkeit während seiner beruflichen Weiterentwicklung verändert: Sein anfängliches Verhalten ist durch zu großen Selbstschutz, Aufdringlichkeit oder reines Beobachten gekennzeichnet. Dann entwickelt er eine Anteilnahme, die durch seine persönlichen Bedürfnisse stark gefärbt ist und in einer einfühlenden Haltung gipfelt. Sie beruht auf Selbstprüfung und auf einer klugen Einschätzung der Möglichkeiten für einen Patienten, seine eigentlichen Schwierigkeiten in den spezifischen gegenwärtigen Situationen zu überwinden. Letztere Einstellung nannten wir »teilnehmende Beobachtung« und hoffen, dieser Begriff deutet klar an, daß therapeutische Einstellung und therapeutisches Handeln auf einfühlsames Verständnis der Vergangenheit des Patienten gegründet sind, auf seine gegenwärtigen Bedürfnisse, als auch auf die langfristigen, vernünftigen und realistischen therapeutischen Ziele – unabhängig davon, ob er sich ihrer bewußt ist. Die Einfühlung des teilnehmenden Beobachters leitet sich ab aus dem Verständnis der Vergangenheit des Patienten und ihrer Bedeutung und Wirkung, aus der Introspektion des Betreuers und aus der sorgfältigen Beobachtung alles dessen, was in und um den Patienten vorgeht.

Die Entwicklung schreitet nicht gleichmäßig oder gleichförmig voran. Ein Betreuer kann sich in einem Augenblick bei einer Tätigkeit mit einem bestimmten Patienten als reiner Beobachter verhalten und in einer anderen Situation oder bei einem anderen Patienten teilnehmen oder als Eindringling. Die Veränderung verläuft gewöhnlich in einer Richtung, aber nicht geradlinig, mit Höhen und Tiefen und Rückfällen in Haltungen, die nur vorübergehend aufgegeben waren: neurotische Erscheinungen treten auf, nachdem andere längst integriert sind, und zeitweilige Zusammenbrüche unter der Anspannung, die Integration noch nicht voll oder dauerhaft erreicht zu haben.

Die Ergebnisse stimmten mit den Erfahrungen der Betreuer, wie wir sie beobachtet hatten, überein. Der neue Mitarbeiter, der der Institution, den Kollegen und den Patienten fremd ist, fühlt sich kurze Zeit verwirrt und wird immer unsicherer. Die Aufgabe scheint ihm plötzlich viel schwieriger, und er hat das Gefühl, weniger darauf vorbereitet zu sein, als er gedacht hatte. Seit langem latente Kindheitsprobleme, die er bewältigt glaubte, werden wieder wach, und andere werden über jede Erwartung hinaus erschreckend intensiviert. Plötzlich ist sein Selbstbild als Erwachsener, der psychiatrischen Patienten helfen möchte, bedroht. Er fühlt sich der Situation nicht gewachsen. Er wird durch die Arbeit in eine Elternrolle gedrängt, und die daraus folgenden Gefühle sind meistens höchst überraschend und unerwartet erschreckend. Innerhalb weniger Tage oder höchstens nach ein paar Wochen neigt er dazu, auf folgende Arten zu reagieren:

– Er behält seine Abwehrhaltung gegen die bedrohliche Realität seiner neuen Arbeit bei und tritt dann zurück. Die typische und ehrliche Erklärung lautet: »Dem bin ich nicht gewachsen.«

– Er agiert gegen das Interesse der Patienten, ohne sich dessen bewußt zu sein: er bestraft und unterdrückt sie, oder er läßt sie sich gegenseitig verletzen. Das ist ein häufig unbewußter, aber erfolgreicher Weg, die Institution zu zwingen, ihn im Interesse der Patienten zu bitten zu gehen. Im Unbewußten geht es ihm darum, sich gegen die Gefahr persönlicher Desintegration zu schützen.

– Er versucht, der Herausforderung jener schwierigsten Aufgabe, der inneren Integration, gewachsen zu sein. Er stürzt sich in die Arbeit, hilft den Patienten, beschließt, es durchzuhalten und alles, was er zu bieten hat, in diese Aufgabe zu investieren. Meistens hilft er sich selbst, indem er den Patienten hilft, gewöhnlich ohne zu erkennen, daß das sein eigentliches Ziel ist.

Wenn der erste Schock vorbei ist und der Betreuer beschlossen hat, trotz aller Ängste und Nöte weiterzuarbeiten, beginnt für ihn gewöhnlich die kritischste Phase, die schließlich zum Erfolg führt. Seine unbewältigten Kindheitsprobleme werden durch die Arbeit aktiviert und immer stärker, er gerät in einen wachsenden Gefühlsaufruhr. Die Wirkung von all dem kann seine Arbeit mit den Patienten ernstlich gefährden. Selbstverständlich müssen gerade in dieser Zeit die erfahrenen Mitarbeiter den neuen unterstützen, sonst schafft er es nicht.

In diesem Stadium identifiziert sich der Betreuer vielleicht auch in neurotischer Weise mit einigen seiner Patienten oder mit einigen ihrer Symptome und schadet damit oft den Beziehungen zu den Kollegen, der Ethik der Institution und den Interessen der übrigen Patienten. Unbewußt neigt er dazu, die Motive der Patienten und ihr Verhalten nach den eigenen Bedürfnissen zu interpretieren. Dies spürt er vage, gleichzeitig möchte er ehrlich den Patienten helfen und befürchtet, die Grenzen seines eigenen Ichs dabei zu verlassen und in seiner Aufgabe zu versagen. Infolgedessen versucht er auf eine unsichere und defensive Art, sogenannte reife Verhaltensweisen aufrechtzuerhalten und den Abstand zwischen sich als »normalem« Erwachsenen und dem Patienten zu vergrößern. Womit der enge Kontakt ausgeschlossen ist, der ihn befriedigen und ihn wie den Patienten zu höherer Integration führen könnte.

In diesem Stadium treten häufig Projektionen auf, und der Betreuer bezieht eine gewisse nachempfundene neurotische Befriedigung aus dem Verhalten des Patienten – auf Kosten seiner tatsächlichen Bedürfnisse (und der Institution). Oft lädt er den Patienten auch auf subtile Weise geradezu ein zu asozialem Verhalten, was der Patient als Versuchung empfindet. Unbewußt steckt der Wunsch dahinter, den Patienten zu einem Verhalten zu veranlassen, das plötzlich heftig wieder auftretende Rückstände von Kindheitserlebnissen beim Betreuer befriedigen kann. Glücklicherweise können derartige Neigungen des Anfängers keinen ungünstigen Einfluß auf die Patienten haben, weil er ihnen noch nicht wichtig genug geworden ist. Und die entscheidende Verantwortung für die Patienten liegt immer noch bei den Mitarbeitern mit Erfahrung, die dafür sorgen, daß solche vorübergehenden Tendenzen, die mit oder an den Patienten ausagiert werden, unter Kontrolle bleiben und keine nachteiligen Wirkungen haben.

Während dieser Phase erlebt der Anfänger seine Verantwortung in erster Linie als fast unerträgliche Belastung, die ihm furchtbar schwer fällt und nur wenig, wenn überhaupt, Befriedigung gibt. Nicht einmal das Spielen mit den Patienten in eigentlich einfachen Situationen empfindet er als erfreulich. Seine ganze emotionale Kraft investiert er, um die immer stärker und dringender werdenden, weitgehend unbewußten Vorgänge in sich selbst zu verdrängen. Die immer schärfer wirkenden geistigen und neurotischen Abwehrmechanismen erschweren jede Handlung. Unter diesen Bedingungen kann er zeitweilig völlig erschöpft und mit sich und der Arbeit zutiefst unzufrieden sein.

Die typischen Methoden des Beobachters und Eindringlings werden dann in defensiver Weise angewendet. Die Rolle des *Beobachters* erlaubt es dem Betreuer, sich nur minimal zu engagieren und sich sein schwindendes emotionales Potential zu erhalten. Durch passives und abwartendes Verhalten hofft er seine bedrohte Integration zu bewahren. Er neigt dazu, sein Wissen – und nicht sein Tun – zu betonen; seine Passivität ist eine Abwehr gegen die Gefühle, die in gewissen Situationen mit den Patienten erweckt werden. Er leugnet die Wirkungen seiner Arbeit mit den Patienten auf ihn, indem er sie herunterspielt, nicht zur Kenntnis nimmt oder einfach nicht »sieht«. Ein weiteres typisches Abwehrverhalten ist die Aufmerksamkeit für Kleinigkeiten und Unwichtiges. Die Angst vor emotionalem Engagement erlaubt dem Betreuer nicht einmal, Situationen auszunutzen, die ihm Ersatzbefriedigung gewähren würden.

Qualifizierte Betreuer sind in bestimmten Situationen zuweilen auch Beobachter, aber nur vorübergehend und zu einem ganz anderen Zweck. Sie beobachten, um besser zu begreifen und um von der Beobachtung zu einer adäquaten Analyse zu gelangen. Sie beobachten also im Sinne einfühlsamen Verständnisses, um dem Patienten besser helfen zu können. Der defensive Beobachter hingegen will sich gegen menschliche Beziehungen abschirmen.

Der *Eindringling* andererseits verteidigt sich gegen seine Gefühle oder emotionales Engagement durch hektische Aktivität. Er führt in jede Situation einen Bezugsrahmen ein, der den besonderen und individuellen Bedürfnissen des Patienten in diesem Augenblick fremd ist, und schützt sich damit gegen seine eigenen emotionalen Probleme. Ein charakteristisches Beispiel ist der Betreuer, der die Patienten unbedingt zu Aktivitäten antreibt, mit Vorliebe zu solchen, die keine persönlichen Beziehungen zulassen. Sein Ideal ist, daß stets irgend etwas »los« ist, so haben die Patienten keine Zeit, ihn einzuschätzen, und er selbst muß nicht seine Handlungen und seine Motive analysieren. »Er schmeißt den Laden«: dadurch versucht er sich zu überzeugen, er habe sich jetzt und für immer in der Hand. Er versucht, wirklichen Kontakt zu vermeiden – die einzige Erfahrung, die ihm helfen würde, seine Schwierigkeiten zu integrieren –, indem er jene Phasen seiner Beziehung zu dem Patienten kontrolliert, die sein psychisches Gleichgewicht zu bedrohen scheinen.

Ganz anders gelagert ist dieses schützende oder konstruktive Eingreifen, das häufig notwendig und typisch für den geschickten Betreuer ist: er fordert zwar die Patienten zur Aktivität auf, aber nur in ihrem Interesse und innerhalb einer immer intensiveren, dynamischen Beziehung zu ihm und den anderen. Der erfahrene Betreuer greift nur in Übereinstimmung mit den besonderen Bedürfnissen des Patienten in einem bestimmten Augenblick ein, und nicht um die eigenen Ängste zu bekämpfen oder emotionalen Kontakt mit der Realität des Patienten zu meiden.

Anfänger, die bei den Rollen des Beobachters oder des Eindringlings stehenbleiben, lassen sich offensichtlich in zwei Gruppen einordnen: in diejenigen, deren Schutzmechanismen eher starr und intellektuell sind, und in diejenigen, die ausagieren, antriebs-motiviert, gefühlsbestimmt und irgendwie unausgeglichen sind. Paradoxerweise scheint eine höhere akademische Bildung, die zwar einem Anfänger für seine Weiterentwicklung eine bessere Ausgangsposition verschafft, die Tendenzen zu starrer intellektueller Abwehrhaltung zu verstärken. Dagegen scheint der impulsive und emotionale Anfänger sich viel rascher zu einem brauchbaren Betreuer zu entwickeln, wenn er die ersten sechs Monate überstanden hat und energisch an seiner eigenen Stabilisierung arbeitet. Vielleicht bilden die intellektuellen Neigungen der starren Gruppe einen widerstandsfähigeren Panzer gegen die emotionalen Auswirkungen der täglichen Arbeit mit psychiatrischen Patienten und ermöglichen sehr schwer abzubauende Rationalisierungen. Desintegration und gleichzeitige Reintegration von unaufgearbeiteten Kindheitserlebnissen gehen bei ihnen offenbar nur sehr langsam vor sich.

Die Überwindung dieser Phase ist der schwerste Schritt in der beruflichen Entwicklung des Betreuers. Erfolglose Mitarbeiter bleiben überwiegend Beobachter und Eindringlinge. Dabei beherrschen sie vielleicht die Technik ihrer Arbeit, aber nur mit dem Kopf, nicht mit dem Herzen. Was sie tun und sagen, scheint therapeutisch, ist aber nicht genügend wirksam, da sie sich dem Menschen im Patienten entziehen, während sie sich durchaus der »therapeutischen Aufgabe« hingeben. Sie machen den Patienten nicht zu »ihrem« Patienten. Sie sind nicht fähig, sich selbst aufs Spiel zu setzen, damit der Patient sein Leben gewinnt.

Die Entwicklung optimaler therapeutischer menschlicher Beziehungen ist auch bei erfolgreichen Betreuern selten eher als nach einem Jahr anfänglicher Schwierigkeiten möglich. Sie tritt ein, wenn immer größere Bereiche der Beziehungen zu den Patienten durch den Einfluß des gesamten therapeutischen Milieus sowie durch die Beratung der erfahrenen Betreuer zu Erfahrungen werden, die einige der Krankheitserlebnisse des Betreuers integrieren. Die daraus folgende größere

Unabhängigkeit von innerer Spannung ermöglicht ihm, in die Arbeit ganz allgemein mehr von sich selbst zu investieren, auch mehr von sich selbst einem bestimmten Patienten zu geben. So wird er zum »Teilnehmertyp«.

Der *Teilnehmer*: Je weiter die Integration des Betreuers voranschreitet, desto mehr kann er es sich erlauben, dem Verhalten des Patienten und seinen momentanen Bedürfnissen eine einfühlsame Teilnahme entgegenzubringen. Vor dieser Entwicklungsphase hatte er eine Barriere zwischen sich selbst als »normalem« Menschen und dem Patienten errichtet, um sein bedrohtes Selbstbild zu schützen. In dieser Phase der Teilnahme verwischen sich die »Ich-Grenzen« zwischen Betreuer und Patient. Jetzt hat er solch defensiven Selbstschutz nicht mehr nötig. Während vorher zwischen ihm und dem Patienten zuwenig »Sympathie des Unbewußten« vorhanden war, besteht jetzt nicht nur Sympathie ihres unbewußten Denkens, ihrer beider »Es«, sondern häufig auch eine gemeinsame Respektlosigkeit vor ihrem Über-Ich, vor den Maßstäben der Gesellschaft. Der Anfänger neigt dazu, die Patienten dazu zu bewegen oder zu zwingen, stellvertretend für ihn seine eigenen Kindheitsprobleme zu aktualisieren; für den Teilnehmer besteht die Gefahr darin, sie ganz unmittelbar selbst zu aktualisieren.

Die Konkurrenz zwischen Patienten und anderen Mitarbeitern tritt dann offen zutage und kann zu ernsthaften Konflikten unter den Mitarbeitern führen. In dieser Zeit werden häufig alle intellektuellen Ziele vorübergehend aufgegeben, im Gegensatz zu seiner früheren Haltung setzt sich der Betreuer über alle Belange hinweg, die nicht die unmittelbare Arbeit mit dem Patienten betreffen. Er geht vielleicht sogar so weit, daß er unverantwortliche Impulse zusammen mit den Patienten ausagiert, immer unter dem Vorwand, ihnen als »Kumpan« nahe zu sein. Unüberlegte Spontanreaktionen treten an die Stelle von gut durchdachten Handlungen, die aufgrund verständnisvoller Einfühlung den Bereichen von Es, Ich und Über-Ich gleichermaßen gerecht würden.

Dennoch liegt in dieser Entwicklung eine innere Logik. Wenn der Betreuer in den meisten Bereichen seiner Arbeit zum Teilnehmer geworden ist, führen der starke Einfluß der therapeutischen Umgebung und ihre Prinzipien fast unvermeidlich allmählich zur Integration seiner Kindheitsprobleme. Bis jetzt ist noch kein Betreuer auf dieser Stufe stehengeblieben, wenn es auch manchmal zwei Jahre dauern mag, bis er ein richtiger »Teilnehmer-Beobachter« und damit ein erfahrener Mitarbeiter geworden ist. In diesem Stadium verlassen sehr wenige die Institution; der Drang zu höherer Integration, die mit der Fortführung ihrer Arbeit verbunden ist, ist zu groß, das Ziel zu verlockend.

Während seine Erfahrungen als Teilnehmer Stufen zu höherer Integration werden, wird das eigene Bedürfnis des Betreuers nach Teilnahme immer geringer. Schließlich partizipiert er nur noch allein im Interesse des Patienten und nicht mehr im eigenen. Er wird wieder zum Erwachsenen, jetzt zum reifen Erwachsenen. Denn nicht die starre Fixierung auf ein leeres Selbstbild, sondern vertrauensvolle Flexibilität bewirken echte zwischenmenschliche Beziehungen. Jetzt fühlt sich der Betreuer sicher, daß er imstande sein wird, den Patienten zu helfen und die richtigen Dinge im richtigen Moment zu tun.

Der Betreuer wird also in dem Maße zum *Teilnehmer-Beobachter*, in dem er seine Kindheitsprobleme integriert. Dann kann er ein Erwachsener sein, der selbst den gestörtesten Patienten akzeptiert und mit Sympathie versteht. Er kann sich in das Verhalten und das Unbewußte des Patienten ohne Vorbehalt einfühlen, ohne die eigene erwachsene Integration zu verlieren. Dann wird er sich dem Patienten immer mehr zuwenden, diese Teilnahme aktiv einsetzen, um ihm zu höherer Integration zu verhelfen. Da er nicht mehr von den eigenen ungelösten Kindheitsrückständen ausgeht, braucht er seinen Status als »normaler« Erwachsener nicht mehr zu betonen, er ist zu einem erwachsenen Therapeuten geworden, der therapeutische Beziehungen zum Patienten unterhält. Wenn das endlich erreicht ist, werden manche Mitarbeiter unruhig und geben diesen Beruf sogar auf. Mit der endgültigen Integration haben sie eine wichtige Motivation für die Arbeit mit psychiatrischen Patienten verloren: das Bedürfnis, die eigenen emotionalen Probleme durch den Beruf zu lösen. Glücklicherweise wird bei den meisten die früher vordringliche neurotische Motivation durch den Wunsch nach der inneren Befriedigung ersetzt, die eine erfolgreiche Arbeit mit psychiatrischen Patienten bietet. Die Betreuer erwerben weitere Erfahrungen und entwickeln ihr Können, indem sie ihren Kollegen, die diese Stufe noch nicht erreicht haben, mit Rat und Einfühlungsvermögen beistehen.

Eine Menge verschiedener Erfahrungen und ganz sicher vier, fünf oder mehr Jahre harter Arbeit sind notwendig, bevor sich ein Anfänger zu einem erfahrenen Betreuer entwickeln kann. Für diese Entwicklung ist nichts wichtiger als die langen und häufig anstrengenden Stunden, in denen die Mitarbeiter gemeinsam versuchen, sich selbst und die Patienten zu begreifen, zu erforschen, was für sie und uns die treibende Kraft ist, und nach Wegen suchen, die Probleme für sie und uns zu klären.

Die persönliche Entwicklung stellt eine lange und gefährliche Reise für jeden Mitarbeiter dar, bei der sich manche übernehmen. Wenn der Betreuer bei dem Patienten ist, lassen ihm die Erfordernisse des Augenblicks wenig Zeit für eine Selbstanalyse. Die Beobachtung des Verhaltens des Patienten, das ständige Bemühen um eine Klärung und um eine momentan adäquate Reaktion nehmen ihn so in Anspruch, daß ihm nur flüchtige Erkenntnisse über sich selbst möglich sind. Was in solchen Augenblicken vom eigenen Unbewußten ins Bewußte dringt, kann manchmal auch einen tiefen Einblick in das eigene Selbst ermöglichen. Aber selbst dann läßt die augenblickliche Situation ihre Auswertung und Aufarbeitung nicht zu. Sie wird verzögert, bis der Druck von außen sich vermindert hat. Dennoch kann ein Betreuer psychiatrischen Patienten nicht erfolgreich helfen, wenn er nicht in der Lage ist, sich trotz aller mühevollen Schwierigkeiten um größere Selbsterkenntnis zu bemühen und auch Befriedigung daraus zu ziehen. Selbstverständlich kommt das plötzliche Verständnis nicht irgendwoher. Obwohl es wie eine Inspiration wirken mag, ist es immer das Resultat eines langen Kampfes um Klarheit. Die Einzelstücke des komplizierten psychologischen Puzzles, das jeder Mensch, und das heißt jeder Patient ist, setzen sich nicht urplötzlich nahtlos zusammen, wenn man nicht schon lange über ihren möglichen Zusammenhang nachgedacht hat.

Weiter jedoch kann die Selbstanalyse nicht gehen. Wie ein Psychoanalytiker (Bernfeld) scherzhaft meinte, liegt die Schwierigkeit der Selbstanalyse darin, daß die positive Gegenübertragung einfach zu überwältigend und irreführend ist. Selbst Freud konnte manche Dinge in den eigenen Träumen nicht deuten, weil er nicht wissen wollte, was sie ihm über sich selbst verrieten; dagegen erkannten die anderen ganz leicht ihren Sinn (34). Jeder Betreuer muß also in seiner Selbstanalyse durch seine Kollegen sowohl herausgefordert wie unterstützt werden. Das gilt für den unerfahrensten wie für den erfahrensten Mitarbeiter und muß auch für den Direktor gelten, dem gewisse Erkenntnisse über sich selbst, seine Mitarbeiter und Patienten nicht möglich wären, wenn er die Kritik durch andere nicht anregen und akzeptieren würde, und wenn er sich nicht sicher wäre, daß jede narzißtische Kränkung irgendwann entweder direkt durch die emotionale Unterstützung der Mitarbeiter oder indirekt durch den Erfolg der Institution kompensiert werden würde.

»Wenn eine Gruppe von Beratern der Orthogenic School sich zu ihrem Mitternachtsimbiß und Kaffee zusammenfindet, unterhalten wir uns meistens über die Kinder, die wir gerade sicher zu Bett gebracht haben, über alle komischen, ungewöhnlichen oder ärgerlichen Ereignisse, die am Tage vorgekommen sind. Wir reden miteinander, um uns zu entspannen, um besser zu verstehen, was am Tage vorgefallen ist, und um uns gegenseitig auf dem laufenden über das zu halten, was sonst in der Institution passiert. Während wir uns entspannen, nehmen wir auch die eigenen Probleme zunehmend wichtiger, unsere Gespräche werden persönlicher, während wir in uns selbst mit Hilfe der anderen nach möglichen Gründen für die Schwierigkeiten, denen wir am Tage begegnet sind, und nach ihren möglichen Lösungen suchen« (97).

Aus diesen Sätzen geht hervor, wie sehr gegenseitige Unterstützung und Beruhigung helfen können, die desintegrierenden Erfahrungen, die man mit den Patienten gehabt haben mag, zu bewältigen. Während die Betreuer sich entspannen, sind sie fähig, mutiger und ernster zu werden. Deshalb fangen die Unterhaltungen mit den »komischen« Dingen an und gehen über zu »ungewöhnlichen«, um unbewußt zu sondieren, ob man es wagen kann, die ärgerlichen Vorfälle zu besprechen. Die Entspannung in der Intimität mit den Kollegen, unter denen es immer verläßliche Freunde gibt, ihre emotionale Unterstützung animieren einen, über sich selbst nachzudenken und nicht nur die Erlebnisse mit den Patienten einer Prüfung zu unterziehen.

Kommunikation ist jedoch auf keinen Fall ausreichend. In der Literatur über die Mängel von psychiatrischen Krankenhäusern wird die nicht ausreichende Kommunikation oder ihr gänzliches Fehlen häufig beklagt; nur würde eine vollkommene Kommunikation (soweit diese überhaupt möglich wäre) noch immer nicht den Erfordernissen eines therapeutischen Milieus genügen. Das Bedürfnis jedes Mitarbeiters, zu wissen, was bei den Patienten und den übrigen Mitarbeitern vorgeht, mag zwar sehr groß sein, aber seine Wichtigkeit ist gering im Vergleich zu der Bedeutung und den positiven Wirkungen (für die Mitarbeiter sowie für die Patienten) der »Erforschung unserer selbst mit Hilfe der anderen«. Dieses entscheidende Bemühen liegt den vielen Diskussionen der Mitarbeiter zugrunde und verbreitet ganz selbstverständlich und mit Erfolg alles, was in der »Schule« geschieht.

Manche wichtige Information wird nicht weitergegeben, weil ein Betreuer zu den anderen Mitarbeitern keine Beziehung hat, die auf Vertrauen basiert, und daher noch nicht imstande ist, ihre Hilfe zu akzeptieren (und schon gar nicht zu suchen). Nicht daß er keine Informationen weitergeben *will*, aber er ist sich nicht sicher, ob er die gefühlsmäßige Unterstützung der anderen bekommen wird. Es geschieht deshalb meistens weder aus bösem Willen noch aus Nachlässigkeit, sondern ist Resultat einer Verdrängung, die der Betreuer nicht erkennt: entweder hat er alles »vergessen« oder ist überzeugt, es sei »nicht wichtig« oder »niemand wäre interessiert an dem, was ich zu sagen habe«.

Es wird dem Betreuer nicht helfen, wenn man ihn dafür rügt, daß er etwas Wichtiges nicht berichtet hat, und es wird ihm ebensowenig helfen, die Verdrängung zu bewältigen. Mitgefühl für seine mißliche Situation wird viel eher eine emotionale Grundlage schaffen, in der er die Hilfe von anderen akzeptieren und dadurch durchschauen kann, was er verdrängt hat oder was ihn dazu bewogen hat, es zu verdrängen. Häufig war die Hilfe, welche die Betreuer an der »Schule« durch das Verständnis für ihr »Vergessen« empfanden, die erste Erfahrung, die sie zu der Annahme ermutigte, man werde ihnen bei ihren Schwierigkeiten helfen und sie nicht einfach verurteilen. Es überzeugte sie davon, daß sie endlich an einem Ort waren, an dem sie als Menschen ebenso wichtig waren wie das, was sie taten.

Als zusätzliche Quelle für Information und stillschweigende Verständigung (und zwar sowohl als Mittel der Selbsterfahrung als auch für die Führung durch erfahrene Mitarbeiter) dienten die Berichte der Betreuer. Diese wurden manchmal von den Betreuern selbst geschrieben, aber meistens diktiert und dann übertragen. Jeder, der in regelmäßigem Kontakt zu den Patienten stand, sollte seine Beobachtungen und Erfahrungen mit den Patienten (meist aufgrund von Notizen) schriftlich fixieren und referieren, was sie seiner Ansicht nach über die Patienten als Personen aussagten. Das nannte man »anekdotische« Berichte, um ihren nichtoffiziellen Charakter zu betonen; und weil keine Vollständigkeit angestrebt werden konnte, wurden besonders relevante Ausschnitte ausgewählt.

Drei oder vier Mitarbeiter berichteten regelmäßig über einen Patienten: seine beiden Berater, sein Lehrer und die Person, die ihn in therapeutischer Einzelbehandlung betreute, auch andere, die irgend etwas beobachtet oder mit ihm erlebt hatten, das der Beachtung wert schien. Diese Berichte verrieten nicht nur, wie verschieden der gleiche Patient auf verschiedene Menschen wirkte, sondern auch, wie stereotyp oder vielfältig seine Beziehungen zu ihnen waren. Die Berichte brachten außerdem heraus, was der eine Betreuer im Unterschied zu einem anderen als erwähnenswert ansah. Was ein Betreuer für wichtig oder unwichtig bei einem Patienten hielt, verriet oft sehr viel über ihn selbst. Wieviel über einen Patienten berichtet wurde, war unterschiedlich, beabsichtigt war jedoch ein Minimum von zwei oder drei Stunden Diktat pro Woche. Jeder dieser Betreuer verbrachte demnach ungefähr hundert Stunden im Jahr mit solchen Berichten und sehr viel mehr Stunden mit dem Nachdenken über sie; alle Berichte wurden vom Direktor gelesen, was auch ihn viele Stunden wöchentlich kostete. Jeder, der an einem bestimmten Patienten interessiert war oder wissen wollte, wie ein Betreuer mit laufenden Vorfällen fertig wurde, konnte sich die entsprechenden Teile der Berichte ansehen.

Neben dem unmittelbar persönlichen Kontakt stellten diese Berichte die wichtigste Informationsquelle über die Patienten und die Betreuer dar. Viele Diskussionen und Lehrmaterial gingen auf sie zurück. Der Wert der anekdotischen Berichterstattung beruht im Gegensatz zu zusammenfassenden Berichten darin, daß keine Vollständigkeit beabsichtigt ist und daher die besonderen Interessen und die persönliche Note des Betreuers viel besser zur Geltung kommen. Wenn jemandem jedes literarische Talent fehlt, führen die Bemühungen, eine Geschichte in allen Einzelheiten zu berichten, zu leerer Aufzählung. Eine Anekdote kann mehr Informationen über den Patienten und den Betreuer enthalten – Tatsachen, deren sich der Betreuer vielleicht gar nicht bewußt war und die aus dem Bericht abgeleitet werden können.

Vielleicht war das Wertvollste an diesen Berichten, daß sie dem Betreuer praktisch regelmäßig einen gewissen Lernprozeß aufzwangen. Während er diktierte, mußte er den Tag mit den Patienten überdenken. Wie war es gegangen? Wem hatte er seine Aufmerksamkeit zugewendet, und an was konnte er sich kaum noch erinnern? Warum schien ihm die kleine Geschichte, die er ausgewählt hatte, wichtig genug für einen Bericht? Warum wollte er, daß andere sie erführen? Nur weil sie etwas über den Patienten enthüllte? Wenn das so war, was zeigte die Geschichte nun wirklich? Was dachte er rückblickend über das, was er getan oder gesagt hatte? Wie konnte er seine Motive erklären, wenn nicht anderen, so doch sich selber? Für welche Probleme brauchte er die Hilfe seiner Kollegen?

Das Diktieren dieser Berichte war harte Arbeit, und die Motivationen variierten je nach Betreuer. Bei Anfängern schrie manches aus ihnen nach Hilfe, die Vorfälle zu verstehen. Andere Berichte waren so etwas wie eine Vorführung dessen, was sie fabelhaft getan oder begriffen hätten. Aber innerhalb weniger Monate mußte auch ein Anfänger merken, wenn er regelmäßig berichtete, wieviel schärfer sein Erinnerungsvermögen und seine Beobachtungskraft geworden waren und wieviel größer seine Fähigkeit, bedeutungsvolle Vorfälle auszuwählen und ihren Sinn zu erfassen; wieviel besser er den Patienten verstand und sich selbst in seiner Beziehung zu ihm. Hätte man ihn nicht gezwungen, gewisse Dinge zu überdenken, die ihm im Augenblick unwichtig gewesen waren, wären sie und ihre Bedeutung ihm nie aufgefallen. Andere Dinge wiederum, die ihn aus der Fassung gebracht hatten, schienen jetzt unwesentlich, und er mußte sich darüber klarwerden, warum sie ihn so erschüttert hatten. Vor dem Diktiergerät zu sitzen und zu grübeln, war häufig die erste Erfahrung eines Betreuers, das Verhalten eines Patienten wie auch sein eigenes zu analysieren.

Während der Betreuer den Patienten vor Augen hatte – seine Art zu sprechen, seine ausdrucksvollen Bewegungen, die Art, sich durchzusetzen oder zurückzuziehen, seine zwanghaften Gewohnheiten, seine Versprecher – und in Muße, aber konzentriert über alles nachdachte, lernte er, Erscheinungen zu beachten und Vermutungen anzustellen, die ihm zuvor nicht wichtig waren. Er lernte, wie ein Mensch unbewußt sehr viel über sich selbst enthüllt. Und er konnte nicht umhin zu erkennen, daß auch er beim näheren Hinsehen vermutlich in mancher Weise viel von sich selbst verriet. Es mochte ihm nicht bewußt gewesen sein, während er seine Deutung des Patientenverhaltens und dessen unbewußte Motivationen zu erklären versuchte, aber mit dem Bericht über seine Rolle begann er zu erfassen, was in ihm selbst vorgegangen war.

Diese Berichte wurden vor den Patienten nicht geheim gehalten. Natürlich meinten die Patienten zunächst, dies sei nur eine weitere Form, sie auszuspionieren. Da die Betreuer mit ihrer Gruppe zusammen waren, bis jeder schlief, benutzten viele von den Betreuern diese Zeit, wenn alles ruhig war, über die Ereignisse des Tages nachzudenken, und machten sich Notizen für das spätere Diktat. Das war eines der vielen Mittel, die wir einsetzten, um den Patienten, die es interessierte, zu zeigen, wie die Mitarbeiter arbeiteten, während diejenigen, die das nicht interessierte, entweder nicht hinsahen, was der Mitarbeiter tat, oder es nach Belieben interpretieren konnten.

Wie über die anderen Aspekte der Arbeit, mit Ausnahme von allem, was den Privatbereich der Patienten anging, wurde über diese Berichte mit den Patienten, die mehr darüber wissen wollten, offen gesprochen. Manchmal wurden einem Patienten auf Anfrage auch Teile solcher Berichte gezeigt. Da die Patienten die Berichte über sich selbst gelegentlich sehen konnten, war keiner von ihnen daran interessiert, mehr als ein paar Seiten zu lesen: sie entdeckten rasch, daß darin nichts stand, was sie nicht kannten, wenn sie auch manche Details vergessen hatten. Alle Patienten waren über unser Interesse hocherfreut. Nachdem sie einmal beruhigt waren, daß es sich um nichts Böses handelte, interessierten sie die Berichte nicht mehr, kein einziger wollte sie ein zweites Mal sehen. Manche nahmen sie ziemlich ernst und wurden wütend, wenn irgendein Mitarbeiter von irgendeinem Vorfall nichts wußte. Hatte der betreffende Betreuer ihn nicht für wichtig genug gehalten, um einen Bericht darüber zu machen? Dies war einer der unzähligen Wege, auf denen die Patienten als Teil der therapeutischen Gemeinschaft Einfluß ausübten und den Ablauf der Arbeit verbesserten. In diesem Fall, indem sie dem Fluß der Kommunikation weiteren Antrieb gaben.

Psychologische Beobachtungen und Tiefenanalyse fangen gewöhnlich bei anderen Menschen an. Der Psychologiestudent insbesondere beschränkt sich zunächst auf den Versuch, die anderen zu verstehen, obwohl er im Grunde darauf aus ist, mehr über sich selbst zu erfahren, aber meistens noch Angst davor hat. Aber jede derartige Forschung hat Folgen für einen selber. Während sich ein Betreuer mehr für den Patienten und die Institution engagiert, wird das Nachdenken über das Verhalten des Patienten nicht mehr auf die Zeit beschränkt, in der er mit diesem zusammen ist oder über ihn berichtet. Es geht auch zwischendurch weiter, ebenso wie das Nachdenken über sich selbst. Aber niemals (außer der Zeit, die er vielleicht mit der eigenen Psychoanalyse verbringt) ist dieses Nachdenken so intensiv wie bei der Unterhaltung mit Kollegen – egal in welcher Form und in welchem Rahmen –, wenn er erfahrenere Mitarbeiter um Rat fragt, bei vereinbarten Terminen, bei Zufallsbegegnungen, beim gemeinsamen Planen von größeren Ereignissen oder offiziellen Konferenzen. Und bei diesen Zusammenkünften werden seine positive Selbsteinschätzung und sein Wunsch, richtig gehandelt zu haben (der einen dazu verführt, gewisse Phänomene zu übersehen und andere überzubetonen und so beim Bericht die Selbstanalyse zu verfälschen), durch die anderen kontrolliert und korrigiert.

In vieler Hinsicht sind die inoffiziellen Besprechungen die interessantesten, weil sie nie geplant sind, sondern sich nach Bedarf ergeben. Innerhalb weniger Tage nach der Umorganisation der Orthogenic School im Jahre 1944 fingen die Mitarbeiter an, sich jeden Abend nach der Arbeit noch zu später Stunde zusammenzusetzen, weil wir alle so erfüllt waren von dem, was am Tage vorgefallen war, daß wir einfach darüber reden mußten. So seltsam es klingen mag, diese späten Zusammenkünfte waren für uns die Höhepunkte des Tages. Weitgehend kam das daher, weil wir inzwischen die Spannungen und die Ängste des Tages los waren und dieses Beisammensein in einem Zeitpunkt eingeführt wurde, in dem wir noch nicht ganz sicher waren, ob unsere neuen Methoden auch funktionieren würden. Wenn wir dann spät abends zusammenkamen, wußten wir, daß sie zumindest für diesen einen Tag richtig gewesen waren, und so konnten wir auf ihn – auf alle Ängste, auf die Schwierigkeiten der Patienten – mit dem Gefühl zurückblicken, daß er uns nicht ganz überwältigt hatte. Wir konnten den Tag gewissermaßen zur Ruhe betten, während wir uns von den anderen neue Sicherheit holten. Und auf der Basis dessen, was an diesem

Tage geschehen war und was wir daraus gelernt hatten, planten wir den nächsten. Wenn wir dann in groben Umrissen wußten, was wir am nächsten Tag tun würden, konnten wir besser schlafen. Eine so intensive Reaktion auf das, was vorgefallen war, mag körperlich ermüdend nach einem langen und anstrengenden Tag scheinen, aber gefühlsmäßig verhalf sie uns zu neuen Kräften.

Irgend jemand stürmte beispielsweise in eine solche Zusammenkunft hinein, von den erstaunlichen Erlebnissen seines Tages so beeindruckt, daß er sie unbedingt sofort den anderen erzählen mußte. Während er noch dabei war, all die positiven Vorfälle zu berichten, schleppte sich jemand anderes herein und ließ sich völlig niedergeschlagen über alles, was schiefgegangen war, auf den nächsten Stuhl fallen. Da er sich nicht länger den Patienten gegenüber zusammenreißen mußte, konnte er sich endlich gehenlassen. Handelte es sich um eine Frau, brach sie meist bald in Tränen aus (nicht, daß Männern anders zumute war, sie konnten sich nur einfach nicht in dieser Weise gehenlassen): sie konnte das nicht noch einen Tag länger mitmachen, sie konnte die Abweisung durch die Patienten nicht ertragen, die ihr zu verstehen gaben, daß sie versagte. Nicht nur brauchte sie alle Unterstützung, die ihr die anderen geben konnten, sondern jeder *wollte* sie ihr unbedingt geben, auch der Betreuer, der von seinen herrlichen Tagesereignissen nicht mehr weitererzählen konnte. Denn er erinnerte sich nur zu gut an die Abende, an denen er sich genauso elend gefühlt hatte wie seine Kollegin jetzt. Weil die anderen, welche die gleiche Erfahrung durchgemacht hatten, alles ihnen Mögliche taten, um der Betreuerin zu helfen, das Vorgefallene in der richtigen Perspektive zu sehen, ihr zeigten, wie sie von denen, die einen guten Tag hinter sich hatten, gebraucht und geschätzt wurde, kam sie dann bald wieder heraus aus ihrer Niedergeschlagenheit und war bereit, all das anzuhören, was sich an Gutem ereignet hatte, während es bei ihrer Gruppe schlecht gelaufen war.

Die Identifizierung mit der Institution machte es dem Betreuer möglich, die eigenen schlechten Erfahrungen durch die Erfolge der anderen auszugleichen, durch die Erkenntnis getröstet zu werden, daß, wenn etwas schiefgegangen war (was jeden Tag geschah), wir alles in allem als therapeutische Gemeinschaft weder den Patienten noch uns selbst gegenüber versagt hatten, wenn es dem einen oder dem anderen auch manchmal schien, als hätten wir alles zugrunde gerichtet. Wenn wir das Gefühl hatten, daß unsere persönlichen Mängel und unsere unvermeidlichen Mißerfolge wirklich alles ruiniert hatten, dann spürten das die Patienten ebenfalls, was sie gerade überzeugte, wie wichtig sie für uns waren – eine Überzeugung, die eine heilsame Wirkung haben mußte.

Manchmal kam als nächstes nach der deprimierten Betreuerin ein anderer Betreuer dazu, der unbedingt von seinen Erlebnissen erzählen mußte und hören wollte, was man vorher berichtet hatte. Dann, nachdem die Erregung abgeklungen war, tauchten bei der zweiten oder dritten Wiederholung der Geschichte neue Aspekte auf; denn bei der ersten Erzählung war der Wunsch, die persönliche Interpretation zu vermitteln, so groß gewesen, daß jede Frage oder Meinung nur irritiert hätte. Nachdem die Aufregung vorbei war, wurden alle Unterbrechungen als Zeichen von Interesse nicht nur akzeptiert, sondern auch verlangt. Die psychologischen Phänomene, die während der Arbeit eines einzigen Tages auftreten, sind derart vielfältig und reich an Bedeutung, daß wir sie mehrere Male prüfen müssen, um sie geistig besser zu erfassen und die wachgerufenen Gefühle zu beherrschen. Wenn es dann klarer wurde, was bei den guten wie den negativen Erlebnissen alles im Spiel gewesen war, kamen einem Fragen in den Sinn, die sie in einem ganz anderen Licht erscheinen ließen. Aus den ungünstigsten Erfahrungen konnte der Betreuer vielleicht Wichtiges entnehmen, was er das nächste Mal mit dem Patienten machen könnte. Ihm war ein ausgezeichneter Grund gegeben, nicht nur die Arbeit weiterzuführen, sondern sich auf sie zu freuen, um einige der Vorschläge der Kollegen oder, noch besser, die Gedanken auszuprobieren, die ihm gekommen waren, als die anderen von ähnlichen Erfahrungen berichteten.

Jetzt bot der nächste Tag, der zuerst nur weitere Niederlagen zu versprechen schien, die Hoffnung auf gänzlich andere Erfahrungen mit den Patienten. Die Prinzipien der Schule verlangten, daß der niedergeschlagene Betreuer nicht die Konferenz verlassen durfte, bevor er wieder Mut gefaßt hatte. Wenn ihm das nicht möglich war, während er bei uns allen war, ging einer der Kollegen mit in sein Zimmer und blieb bei ihm, bis die Krise vorbei war. So hatte fast jedermann jeden Abend das Erlebnis, daß er entweder an der »Schule« gebraucht wurde – nicht nur im Interesse des Patienten, sondern wegen seines Beitrags für alle Mitarbeiter – oder daß er die Unterstützung unseres Institutes brauchte. Die Rollen wurden so häufig vertauscht, daß jeder ausreichende Erfahrungen mit beiden Möglichkeiten machte, und das galt auch für die erfahrensten Mitarbeiter.

Selbst das beste therapeutische Milieu kann wahrscheinlich nicht ein Vierteljahrhundert lang die gleiche Begeisterung aufrechterhalten, die im Anfang herrscht. Wenn ich nach den vielen Jahren zurückblicke, finde ich es erstaunlich, daß es der Orthogenic School immerhin fast zwei Jahrzehnte lang gelungen ist. Als die Dinge sich dann eingespielt hatten, ließ allmählich das Erstaunen darüber etwas nach, daß wir die Krisen des Tages erfolgreich überwunden hatten, und diese Zusammenkünfte wurden allmählich ohne jede Absicht geordneter. Es war alles nicht mehr so aufregend wie zu Anfang, oder vielleicht wurden die älteren Mitarbeiter eben nur noch älter. Jedoch auch am Ende meiner Verbindung mit der »Schule« blieben diese nächtlichen Zusammenkünfte der befriedigendste Teil des Tages – für die einen erregend, für andere mit Problemen beladen, bis sich die Dinge für sie geklärt hatten.

Aber auch sonst gab es genügend Gelegenheiten für die Mitarbeiter, sich nur so, ohne Anlaß zusammenzufinden. Die eine bot sich, wenn eine Gruppe von Betreuern die Zeit bei den Patienten beendete, beispielsweise die Lehrer um drei Uhr nachmittags, und an den Wochenend- und Feiertagen verabschiedeten sich auch diejenigen, welche die erste Hälfte des Tages bei den Patienten gewesen waren. Diese Situation war der abendlichen ähnlich, aber irgendwie nicht ganz so befriedigend. Es scheint ein Unterschied zu bestehen zwischen dem, was man empfindet, wenn der Tag wirklich vorbei ist, und den Gefühlen, die man hat, wenn man weiß, man muß sich noch um eine Reihe von Dingen kümmern. Auch bei diesen nachmittäglichen Zusammenkünften redete man von dem, was vorgefallen war, aber es ging niemals so in die Tiefe oder wurde so persönlich wie spät in der Nacht. Wenn es jedoch ungelöste Probleme gab, Dinge, die im Interesse der Patienten oder der eigenen Beruhigung in Ordnung gebracht werden mußten, dann waren diese Treffen eine Möglichkeit, das gemeinsam mit den Kollegen zu tun.

Bevor die Arbeit mit den Patienten begann, früh am Morgen und dann wieder vor drei Uhr nachmittags, mußte geplant werden, was jede Gruppe tun würde. Das war auch der gegebene Moment, sich nach den letzten Vorkommnissen bei den verschiedenen Patienten oder in der Institution überhaupt zu erkundigen. Und es war eine große emotionale Hilfe, sich wieder in dieses Milieu hineinzufinden, bevor man mit den Patienten selbst zusammentraf und die mühsame Arbeit mit ihnen begann. Es gab einem das Gefühl, daß man nicht allein stand, daß man sich jederzeit auf den Beistand der Kollegen verlassen konnte, wenn nötig körperlich, in jedem Fall und wichtiger: moralisch.

Es war beruhigend, den Kollegen zu sagen: »Viel Glück bei der Arbeit« in dem Wissen, daß wir alle uns abends wiedersehen würden, wenn der Tag vorbei war. Wenn auch jeder Betreuer noch so engagiert für seine Arbeit und die Patienten war und sich in vieler Hinsicht auf sie freute und von ihr fasziniert war, waren die Anforderungen an seine emotionalen Kräfte zweifellos immer groß. Die vielen erfreulichen und manchmal auch begeisternden Augenblicke waren stets begleitet von anderen, die seine Fähigkeiten, seine emotionalen Kräfte äußerst strapazierten. Deshalb bot die unausgesprochene Versicherung »Wir sind alle in einem Boot« soviel Unterstützung.

Es gab immer wieder besondere Anlässe, glückliche und weniger glückliche, an denen sich (mit Ausnahme derer, die sich gerade unmittelbar um die Patienten kümmerten), ohne vorherige Verabredung, fast sämtliche Mitarbeiter spontan zusammenfanden, um sich Ärger oder Freude mitzuteilen. Wenn ein Patient die Institution verlassen hatte, verbreitete sich stets ein Gefühl der Leere, ganz gleich, wie objektiv erfreulich sein Hinausgehen in die normale Welt war. Man verlor die nahen Beziehungen zu diesem Menschen, und das warf einen Schatten auf die Freude an unserer Leistung. In den seltenen Fällen, wenn ein Patient zwar gebessert, aber nicht in dem erhofften Maße, die »Schule« verließ und die Möglichkeiten, mehr für ihn zu tun, nicht mehr gegeben waren, grübelten wir gemeinsam über seine Zukunft nach. Wir spürten das Bedürfnis, die Reihen zu schließen, uns in einer Art Trauer zu trösten, in einem ersten Begreifen dieses Verlustes. Wie bei jedem anderen Fall von Trauer hatten wir das Bedürfnis, von vielen Ereignissen im Leben des Patienten zu sprechen, die für ihn und uns bedeutungsvoll gewesen waren.

So überlegten wir, wenn uns der Patient, geheilt oder nicht geheilt, verlassen hatte, ob er wohl die Botschaft verstanden hatte, die wir ihm zu vermitteln gesucht hatten durch das Abschiedsgeschenk, das wir ihm zur Erinnerung an unsere Zuneigung mitgegeben hatten. Beim Empfang oder Abschiednehmen von ihm wurde jedesmal eine Feier veranstaltet und ein Geschenk überreicht.

Auch glückliche Ereignisse wollten wir miteinander teilen. Nach jeder Feier – es mußten nicht unbedingt die großen Festtage des Jahres sein wie »Thanksgiving Day«, Allerheiligen, Weihnachten oder Ostern – bestand ebenfalls der Drang, sich nach dem Zusammensein mitzuteilen, was das Ereignis jedem bedeutet hatte, bevor man wieder seiner Wege ging. Wie hatte jener Patient auf das festliche Ereignis reagiert, was empfanden die Mitarbeiter, wie beherrschten andere ihre Gefühle beim Herannahen der Ferien? Wie konnte man eine solche Festlichkeit beim nächsten Mal noch besser gestalten? Das konnte zwar nicht sofort nach dem Ereignis geklärt werden, aber ein Anfang war möglich, bevor die Frische der Eindrücke verflogen war.

All dies unterscheidet sich nicht sehr davon, wie jede intakte Familie auf derartige Festlichkeiten reagiert. Nach dem »Thanksgiving-Essen« war die allgemein herrschende gute Stimmung der Höhepunkt des Festes. Weil die Gedanken sich gerade bei solchen Gelegenheiten auf die Patienten konzentrierten, auf die eigenen Gefühle für sie wie auf die ihrigen, trugen solche Ereignisse sehr zur Festigung des therapeutischen Milieus bei.

Diese Beschreibung bringt nicht voll zum Ausdruck, wie wir uns ständig um größere Klarheit über unsere Arbeit und uns selbst bemühten. Die Vielfalt der Bedingungen, unter denen wir mehr Verständnis erlangten, zwang die Mitarbeiter, sich in verschiedener Weise mit dem gleichen Problem auseinanderzusetzen. Die Schwierigkeiten bei einem Patienten, die Erklärung seines und des eigenen Verhaltens, konnten in der regulären Mitarbeiterkonferenz besprochen werden, an die sich eine entspanntere Unterhaltung beim Essen anschloß. Oder, weil es zweimal wöchentlich eine Konferenz nach dem Lunch gab, konnte ein Problem, das durch eine Zufallsbemerkung beim Essen aufgeworfen war, anschließend vertieft werden. In gänzlich anderer Stimmung konnten alle in den täglichen Konferenzen wachgerufenen Gefühle bei den abendlichen Zusammenkünften zur Ruhe kommen. Einmal wöchentlich fand die reguläre tägliche Mitarbeiterkonferenz spät abends statt. Wenn sie nach elf Uhr beendet war, blieben die meisten noch zu einem kleinen Abendbrot zusammen und danach noch häufig in kleinen Grüppchen, manchmal in anderen Zimmern, um in einer neuen Stimmung den Anregungen der Mitarbeiter nachzugehen.

Außerdem gab es drei- bis fünfmal wöchentlich um drei Uhr eine halbstündige Zusammenkunft aller Patienten und der meisten Mitarbeiter, um für die Patienten den Übergang vom morgendlichen Betreuungspersonal zu dem des Nachmittags und Abends zu erleichtern. Hier sprach meistens ein Mitarbeiter über irgend etwas, das gerade in der »Schule« oder außerhalb vorgefallen war, oder über irgend etwas Persönliches, das die anderen interessieren konnte. Manchmal indessen, wenn die gesamte Gemeinschaft beisammen war, leiteten auch die Patienten die Konferenz. Auch sie brachten manches zur Sprache: Fragen in bezug auf die Arbeit in der Institution und die Mitarbeiter. So erläuterte ich beispielsweise mehrere Monate im Jahr einmal wöchentlich den Patienten die Struktur und die Prinzipien der »Schule« und erfuhr dann, daß auch einige Mitarbeiter von diesen Gesprächen viel mehr über das therapeutische Milieu erfuhren als bei anderen, formelleren Treffen. Und häufig zwangen die von den Patienten aufgeworfenen Fragen oder Probleme die Mitarbeiter dazu, ihre Methoden neu zu überdenken.

Man kann also mit gutem Gewissen sagen, daß der größte Teil der Mitarbeiter unmittelbaren Kontakt mit mindestens einigen anderen Kollegen vier- oder fünfmal täglich hatte, ohne Berücksichtigung der Stunden, in denen eine Mitarbeitergruppe über ihre Patienten redete.

Solche zwanglosen Zusammenkünfte hätten nicht zu höherer Integration geführt, wenn das bewußt geplant gewesen wäre; in gewissem Grade war das der Zweck der eigentlichen Mitarbeiterkonferenzen. Alle eher zufälligen Zusammenkünfte waren an keinen besonderen Zweck gebunden und sollten den Gedankenaustausch und die persönliche Unterstützung durch den Kontakt mit den anderen erleichtern. Manchmal konnte die direkte Gegenüberstellung des Betreuers mit seinen eigenen Fähigkeiten und Leistungen sein Verhalten und seine Wertmaßstäbe wirkungsvoll beeinflussen. Aber das funktionierte nur, wenn die Konfrontation selten und in geeigneter Form stattfand.

Freud sagte, daß eine Interpretation, die psychologisch richtig sein mag, nur dann wirksam und sinnvoll sein kann, wenn sie im richtigen Augenblick in der richtigen Art und Weise, mit den richtigen Gefühlen, im richtigen Ton und in der exakt richtigen Formulierung, die in dem besonderen Fall vonnöten ist, gegeben wird. Soll daher eine Konfrontation Erfolg haben, müssen all diese Erfordernisse erfüllt sein; man muß genügend Zeit und Muße haben, um zu entscheiden, ob man sich ihr überhaupt wirklich stellen will.

Gewöhnlich brauchte ein neuer Mitarbeiter eine ganze Weile, bis ihm klar wurde, daß die vielen Konferenzen, an denen er teilnahm – und an denen Themen besprochen wurden, die ihn nur am Rande betrafen –, zusammengenommen allmählich seine Sicht von sich selbst, die Qualität seiner Arbeit und auch sein Leben veränderten. Es gab einige, die zunächst nicht einsahen, was sie davon hatten, wenn sie soviel Zeit damit verbrachten, sich das, was andere anging, anzuhören und nur ganz selten beteiligt zu sein. Sie konnten nicht erkennen, daß sie als Individuum und als Mitarbeiter immer tiefer mit dem Milieu vertraut und verbunden wurden, je mehr sie gewissermaßen stellvertretend an den Bemühungen ihrer Kollegen teilnahmen.

Im Anfang bekam man von einem Anfänger als Antwort auf die Frage, ob er von diesen Konferenzen etwas hätte, gewöhnlich ein ehrliches »Nicht viel«. Wenn er etwas Interessantes dabei lernte, war es meist theoretisch, da er noch nicht wußte, wie er es auf die eigene Arbeit oder gar auf sich selbst anwenden konnte. Er fand dann eher, die Konferenz habe ihm keine klaren Instruktionen vermitteln können, wie er sich in bestimmten Situationen zu verhalten habe. Wenn man ihm nicht sagte, wie er damit fertig würde, woher sollte er es dann wissen? Schließlich war er hierher gekommen, um zu lernen, wie man diese Art Arbeit tut, und nun sagte man ihm, er sollte sich auf die eigenen Kräfte verlassen. Wenn er diese hätte, brauchte er ja nicht wie ein Anfänger in die »Lehre« zu gehen.

Wenn der Betreuer über mehr Selbstsicherheit verfügte, erklärte er mit einiger Überlegenheit, wenn bei einer Konferenz beispielsweise Situationen wie die Reaktion auf einen Patienten mit einem Angsttraum erörtert wurden, er wisse bereits, daß der Betreuer den Patienten seinen Traum erzählen lassen sollte. Er wisse, welche latenten Aspekte hinter dem sichtbaren Inhalt des Traumes stecken. Er wollte damit Punkte sammeln und ausdrücken, daß er im gleichen Fall besser vorbereitet gewesen wäre. Dabei meinte er, er hätte die Situation viel besser gemeistert als diese unbeholfenen Dummköpfe und merkte nicht, daß es nicht um die Interpretation des Traumes durch den Betreuer gegangen war, sondern um die Gefühle, mit denen er an die Aufgabe heranging. Wenn man überhaupt vertraut ist mit der Psychoanalyse, ist es verhältnismäßig einfach, aus einem Traum den eigentlichen Inhalt herauszudestillieren. Das Problem des Betreuers bestand nicht darin, intellektuelle Spitzenleistungen in Traumdeutung zu bringen, sondern eine emotionale Beziehung zum Patienten aufzubauen, die therapeutisch sinnvoll und wirksam war.

Allmählich bringen diese Konferenzen den Anfänger davon ab, die Probleme seiner Arbeit allein durch intellektuelle Einsicht bewältigen zu wollen. Er erkennt mit der Zeit die Notwendigkeit der persönlichen Beziehungen, des persönlichen Engagements, das sich auf das richtet, was der Patient und die augenblickliche Situation erfordern. Die Konferenzen können das erreichen, weil sie dem einen akademisches Wissen bedeuten, dem anderen zu größerem Selbstverständnis verhelfen, einem dritten tiefe emotionale Hilfe und therapeutische Erfahrung und einem vierten eine Mischung aus alledem geben können. Für andere wieder mag das, was in den Konferenzen geschieht, nichts dergleichen sein, sondern nur etwas, das irgendwo im Geist aufbewahrt wird, vielleicht um später darauf zurückzukommen. Manche wehren sich auch unter Umständen gegen die Wirkung dieser Diskussionen, indem sie einfach während der Konferenz träumen. Tage später jedoch kann die Tatsache, daß man der Diskussion um eine bestimmte Beziehung zwischen Patient und Mitarbeiter träumend aus dem Weg gegangen war, der Ausgangspunkt für wichtige spontane Einsichten werden. Oder dem Betreuer fällt plötzlich der Inhalt der eigenen Träumerei ein, und er begreift, daß er eine Menge mit dem zu tun hatte, was sich zur gleichen Zeit in der Konferenz unter den Kollegen abgespielt hatte. In den ersten sechs Monaten aber bezieht der Anfänger überwiegend geistige Anregung aus den Konferenzen, erst im Laufe der Zeit beginnen sie für ihn ihre wichtigere Bedeutung zu bekommen.

Wesentlich für die Erreichung dieses Zieles für zumindest eine Reihe der Teilnehmer ist die Häufigkeit der Konferenzen, die Zahl der Teilnehmer und die Gewährleistung der Kontinuität ihrer Teilnahme.

Was die Häufigkeit betrifft, fanden wir, daß vier oder fünf Konferenzen in der Woche genügen. Außerdem werden sie, wenn weniger als sieben bis zehn Betreuer daran teilnehmen, leicht zu Institutionen individueller Beaufsichtigung, was nur durch zusätzlich Teilnehmende (die man vielleicht als lästige Beobachter empfindet) verhindert wird, oder sie werden den inoffiziellen nächtlichen Zusammenkünften ähnlich – und davon gibt es genug. Andererseits geht viel verloren, wenn die Teilnehmerzahl zwanzig übersteigt. Im Durchschnitt belief sich die Zahl der fachlich ausgebildeten Mitarbeiter auf ungefähr dreißig. Ungefähr sechs mußten ständig bei den Patienten sein, andere befanden sich in Urlaub oder waren aus sonstigen Gründen nicht da, so daß höchstens vierundzwanzig Betreuer an einer Konferenz teilnahmen, wozu noch das Büropersonal, fünf oder sechs Personen, kam. Mehrmals im Monat setzte sich auch das technische Personal (Köchinnen, Mädchen, Hausmeister), ungefähr zwanzig, mit den Fachkräften zusammen, um sich über die Arbeit an der Schule zu informieren und sich an den Entscheidungen zu beteiligen.

Nicht immer war die Teilnahme an den Diskussionen leicht. Eine Mitarbeiterin schrieb:

»Zuerst fürchtete ich die Mitarbeiterkonferenzen und inoffiziellen Diskussionen mehr als die Arbeit mit den Patienten, die zu dem Zeitpunkt ebenfalls eine Art Nervenprobe darstellte, weil ich das, was die Patienten zu brauchen schienen, offenbar nicht bieten konnte. Ich glaubte, nichts als Fehler zu machen, denn diese traten am Ende des Tages derart eklatant hervor, daß sie alles Positive, was ich auch getan haben mußte, überschatteten. Immerhin war ich, wenn ich bei den Patienten war, ganz zufrieden, auf meine unbekümmerte Art zu arbeiten, ohne das, was ich tat, ständig zu überprüfen. Aber bei den Mitarbeiterkonferenzen ist das unmöglich, zumindest war es das für mich. Im Anfang und noch eine ganze Weile ging mir diese ewige Seelenforschung im Interesse der Patienten auf die Nerven – das heißt, bis ich erkannte, daß auch ich davon profitierte und nicht in geringem Maße. Es fällt mir sehr schwer, niederzuschreiben, was die Konferenzen mir bedeuteten, denn eine Menge von dem, was ich mit den Patienten und für sie tun konnte, bezog sich direkt auf das, was diese Konferenzen mich über mich selbst als Individuum lehrten, als Mensch, der nicht anders als die Patienten ist, und in Hinsicht auf das, was ich für die Zukunft wollte und hoffte. Die Prinzipien der Konferenzen wirkten sich bei mir so aus, daß es mir unmöglich wurde, nicht mehr zu prüfen, was ich gerade tat – sowohl in Hinsicht auf mich selbst als auch in Hinsicht auf die Beziehung zu den Patienten. Viel mehr kann ich darüber nicht schreiben, weil ich das Gefühl habe, es wäre zu sehr wie im Beichtstuhl.«

Die Mitarbeiterin ist völlig im Recht; die wichtigen Einsichten, die man über sich selbst gewann, mußten stillschweigend begriffen und verborgen bleiben, während die Selbstüberprüfung deutlich gemacht werden mußte. Was die Mitarbeiter aus diesen Erkenntnissen über sich selbst machten, war ihre Privatangelegenheit; die private Sphäre mußte gewahrt bleiben, denn sonst wären die Konferenzen zu Treffen abgeglitten, die eher eine dramatische Katharsis als eine heilsame Wirkung ausgelöst hätten.

Es wäre sehr aufdringlich gewesen und hätte außerdem dem eisernen Bestehen der »Schule« auf Autonomie der Mitarbeiter widersprochen, wenn ein erfahrener Mitarbeiter die Probleme eines anderen zur Sprache gebracht hätte – es sei denn, sie wären auch die eigenen, und er hätte sich in der gleichen Situation wie der andere befunden. Gelegentlich merkte ein Mitarbeiter, daß er Hilfe bei einem Problem brauchte, das ihn persönlich und nicht seine Beziehung zum Patienten zu betreffen schien; zuerst ermutigte ihn die »Schule«, sich selbst zu helfen, erst wenn er der Sache nicht gewachsen war, wurde ihm persönliche Unterstützung angeboten. Denn die Zusammenkünfte der Mitarbeiter waren nicht der Ort, nach Hilfe bei persönlichen Problemen zu suchen, es sei denn, sie standen in Beziehung zu der Interaktion mit den Patienten. Wenn man dieses Prinzip nicht streng und gewissenhaft befolgt hätte, hätten sich die Konferenzen zu gefährlichen Gruppen-analytischen Sitzungen entwickeln können, bei denen jeder seine eigenen Ziele verfolgt hätte und man sich nicht um die Zusammenarbeit am gemeinsamen Ziel bemüht hätte.

Zweifellos war die Grenze zwischen dem, was die Arbeit und was den Betreuer persönlich betraf, zuweilen fließend. Es war die Aufgabe der älteren Mitarbeiter, dafür zu sorgen, daß sie nicht überschritten wurde. Dafür gab es viele Möglichkeiten, am einfachsten Bemerkungen wie: »Weiter kommen wir mit dieser Frage im Augenblick kaum«, oder: »Vielleicht denken Sie noch etwas darüber nach, und wir sprechen ein andermal weiter darüber.« Sehr beruhigend wirkten solche Bemerkungen, wie: »Versuchen Sie nicht, das alles auf einmal zu regeln. Machen Sie sich keine Sorgen. Eine ähnliche Situation wird bestimmt noch mal auftreten, und Sie werden sie das nächste Mal besser in der Hand haben.« Man konnte die Unterhaltung auch abbrechen, indem man darauf hinwies, daß »vielleicht andere Mitarbeiter noch die Gelegenheit haben müßten, das, was ihnen am Herzen liegt, zur Diskussion zu bringen«. Jeder erfahrene Mitarbeiter hatte seine eigene Methode, jemanden, der in der Klemme war, auf sanfte Weise wieder aus der Schußlinie zu bringen. Ich erzählte dann gern eine Anekdote, die eine mögliche Lösung für die persönliche Sackgasse des Mitarbeiters nahelegte, und beließ es dabei. Manchmal wollten jüngere Mitarbeiter in ihrer Unerfahrenheit oder aus dem verständlichen Wunsch, mehr über irgend etwas zu erfahren, auf einem Thema beharren. Dann mußte man ihnen etwa so Einhalt gebieten: »Das ist die Privatangelegenheit des Betreuers, und wenn Sie an seiner Stelle wären, hätten Sie es auch nicht gern, wenn andere sich für Ihre Privatangelegenheiten interessierten.«

Selbst ganz neue Mitarbeiter bekamen es bald heraus, welcher der älteren Kollegen über einen bestimmten Punkt hinaus nicht auf persönliche Dinge eingehen würde. Bei einigen gingen sie also mehr aus sich heraus in der Gewißheit, daß man sie davor schützen würde, sich selbst zu sehr zu entblößen. Bei anderen brachten sie nur solche Themen vor, die zwar wichtig waren, sie aber nicht in gefährliche Zonen führen würden. Manches, was in einem größeren Kreis angesprochen war, wurde später in kleinerem Kreise mit einem Freund oder einem älteren Mitarbeiter weiterverfolgt. Diese persönlicheren Diskussionen entzogen sich zwar der Kontrolle des Milieus, aber auch dabei sorgten die älteren Mitarbeiter dafür, daß man nicht über das hinausging, was der andere integrieren konnte.

Hier wie in sonstiger Hinsicht lag das Gewicht nicht auf der Natur oder der Tiefe der augenblicklichen Schwierigkeiten des Betreuers und auch nicht auf dem Ernst der neurotischen Fixierungen, die ans Tageslicht kommen könnten. Es kam viel eher auf die Kraft des Ichs an, seine Herrschaft wiederherzustellen, nachdem sie vorübergehend durch bloßgelegtes unbewußtes Material bedroht worden war. Dabei halfen die Erfordernisse der Arbeit selbst viel. Oft war ich erstaunt, wie ein Mitarbeiter, den ich im Augenblick gefährdet glaubte, sich sofort zusammenreißen konnte, wenn einer seiner Patienten ihn brauchte oder er dem Plan nach eine Gruppe übernehmen mußte. Wenn für den Mitarbeiter eine ziemlich belastende Diskussion stattgefunden hatte, bevor er sich seinen Patienten widmen sollte, schien er derart gestört, daß ich mich fragte, wie er den Erfordernissen seiner Aufgabe denn begegnen könnte. Aber in all meinen Jahren an der »Schule« kam es weniger als ein dutzendmal vor, daß ein Betreuer nicht völlig in der Lage war, seine vollständige Ich-Kontrolle im Notfall wiederherzustellen. Daß wir in der Auswahl der Mitarbeiter das Gewicht mehr auf Ich-Stärke als auf das Fehlen von pathologischen Zügen legten, machte sich ausgesprochen bezahlt.

Es gab noch weitere Zusammenkünfte von Mitarbeitern, die ebenfalls ihre Entwicklung förderten. Jüngere Mitarbeiter besprachen die eigenen und aktuelle Probleme mit einem erfahrenen Mitarbeiter, was für alle Institutionen charakteristisch ist, die sich ernsthaft bemühen, ihren Patienten die beste psychiatrische Hilfe zu gewährleisten. Solche Gespräche waren ein- bis zweimal in der Woche, selten öfter, anberaumt. Dabei entstanden wohl sehr wichtige Beziehungen, aber meistens von ganz bestimmter und begrenzter Art. In einem therapeutischen Milieu sieht das, was man normalerweise Beaufsichtigung nennt, ganz anders aus. Der Ausdruck »Beaufsichtigung« ist in der psychotherapeutischen Arbeit weitverbreitet, paßt aber nicht in die Wirklichkeit des therapeutischen Milieus, da er voraussetzt, daß der eine mehr weiß als der andere und den Kollegen daher bei der Arbeit anleiten kann; als käme in der Psychotherapie diese Anleitung nicht aus der inneren Überzeugung des einzelnen Betreuers und aus seiner ganz persönlichen Einschätzung der Situation und aus dem, was seine Beziehung zu einem Patienten verlangt. Solche Gespräche stellten also Lernprozesse dar, und es lag ihnen die Auffassung zugrunde, daß beide Partner voneinander lernten, wie es unvermeidlich ist, wenn sich zwei Personen etwas zu verstehen bemühen. Der eine Partner bringt einen größeren Vorrat an Erfahrungen und Wissen ein, dafür hat der andere ein spontaneres Gefühl für die Situation.

Die Voraussetzung ist also, daß beide Partner ein einmaliges Wissen in ihre Besprechungen mitbringen, daher wird keiner von ihnen als über- oder unterlegen empfunden. Zwei Köpfe leisten zuweilen mehr als einer, ohne daß damit gesagt ist, daß einer der beiden unbedingt klüger als der andere sein muß. Zwei verschiedene Standpunkte, die sich auf zwei verschiedene Personen mit verschiedener Vergangenheit und Erfahrung gründen, können eine gleiche Situation oder ein gleiches Problem beleuchten und häufig zu klareren Erkenntnissen führen.

Mitarbeiterkonferenzen

Das Folgende stammt aus einem einfachen Grunde nur aus den regulären Mitarbeiterkonferenzen, obwohl, wie gesagt, die inoffiziellen Zusammenkünfte der Mitarbeiter interessanter und sehr viel wirksamer und wertvoller waren. Aber die fünfmal in der Woche stattfindenden regulären Konferenzen wurden auf Band aufgenommen und abgeschrieben, damit die Mitarbeiter sie nach Belieben und in Muße noch einmal durchgehen konnten. Im Gegensatz dazu konnten die inoffiziellen Zusammenkünfte kaum abgeschrieben werden – es hätte ihrem spontanen Charakter widersprochen, der gerade ihr größter Vorzug war.

Zunächst als Hintergrund für diese Konferenzen etwas über die Art und Weise, in der ich sie leitete. Auch hier greife ich auf den Bericht einer Betreuerin zurück:

»Wenn die Leute hören, daß ich viele Jahre an der Orthogenic School gearbeitet habe, lautet die erste Frage gewöhnlich: ›Stimmt es, daß der Direktor so autoritär ist, wie er aussieht?‹ Meistens ist das nur eine rhetorische Frage, weil sie gar nicht an der Beantwortung interessiert sind; alles, was sie hören wollen, ist, daß er es ist. Wenn ich aber merke, es ist eine aufrichtige Frage, neige ich dazu, mit einem bedingten Ja zu antworten. Es gründet sich auf sein, wenn notwendig, autoritätsvolles Beharren auf Fragen. Dieses nicht zu erschütternde Beharren auf einer fragenden Haltung gehört zu den grundlegenden Prinzipien der ›Schule‹: nichts als gegeben oder nach äußerlichem Schein hinnehmen, und alles, ganz gleich, wer es tut, eingeschlossen der Direktor, als des Bedenkens und der Überprüfung wert ansehen, so nebensächlich oder unwichtig es scheinen mag.

Jeder lernt an dieser ›Schule‹, daß das Fragen bei einem selbst beginnen muß; ohne Erforschung der eigenen Handlungsmotive ist man gewöhnlich nicht so furchtbar interessiert an dem, was andere motiviert. Solange ich dort gearbeitet habe, war es sehr wichtig, daß ich mich in Kontakt zu mir selbst und im besonderen zu meinen Gefühlen befand, sonst wäre ich gewiß nicht in der Lage gewesen, den Patienten bei ihren emotionalen Problemen zu helfen.

In Kontakt mit meinen Gefühlen zu sein, war nichts, was über Nacht eintrat, sondern ein allmählicher Prozeß, der sich gleichzeitig mit einem wachsenden Engagement den Patienten gegenüber und einer emotionalen Bindung entwickelte. Selbstverständlich wühlte die Arbeit mit so sehr gestörten Mädchen (ich arbeitete mit einer Gruppe von Jugendlichen) eine Menge unbewältigter Gefühle und Konflikte in mir auf. Meistens waren diese Gefühle und Konflikte für mich eine ziemlich erschreckende Erkenntnis, denn ich hatte nichts von ihrer Existenz gewußt. Diese häufig unangenehmen Erkenntnisse bildeten die Quelle mancher Qual, aber was mich trotz oder manchmal auch wegen des Schmerzes darüber aufrechterhielt, war das Wissen, daß ich nicht nur mir selbst half, ein besserer, rücksichtsvollerer und ernsthafterer Mensch zu werden, sondern daß ich auch anderen half, zu einsichtigen, reifen und verantwortungsvollen Menschen zu werden. Das gewaltige Wachstum, das ich gleichermaßen in mir und in meinen Mädchen verspürte, bildete die Grundlage für eine sehr starke und wichtige Bindung zwischen uns. Daß die Mädchen die Veränderungen in mir während der ersten zwei Jahre sahen, war ein mächtiger Antrieb für sie: wenn ich den Lauf und die Richtung meines Lebens so verändern konnte, bestand auch für sie eine gewisse Hoffnung, das gleiche zu tun. Ebenso wie sich ein kleines Mädchen stark mit ihrer Mutter identifiziert, identifizierten meine Mädchen sich mit mir.

Ich glaube, der Wert des Fragens ist, daß es Türen öffnet, die sonst geschlossen geblieben wären. Offen und zugänglich zu sein für die vielfältigen Anhaltspunkte, die ein Patient liefert, ist bei dieser Arbeit von entscheidender Bedeutung. Das Problem, mit einem Patienten von seiner Warte aus zu verkehren und die Notwendigkeit, ihn seinem Bezugsrahmen gemäß zu begreifen, wurden auch viele Male in den Mitarbeiterkonferenzen erörtert.«

Der nun folgende Auszug aus den Aufzeichnungen einer regulären Konferenz dreht sich um dieses schwierige und wichtige Problem, den Patienten *seinem* Bezugsrahmen gemäß zu begreifen. Ein neuer Betreuer erkundigte sich nach Ralphs Zwang, alles zu berühren, der für Ralph, wie er meinte, eine Quelle großer Schwierigkeiten war.

B. B.:	Ist es eine Quelle von Schwierigkeiten oder was sonst?
Betreuer:	Nun, für ihn ist es auch ein Schutz.
B. B.:	Stimmt. Warum haben Sie dann gesagt, es ist eine Quelle von Schwierigkeiten?
Betreuer:	Weil es ihn daran hindert, anderes zu tun.
B. B.:	Richtig. Sagen wir, jemand öffnet einen Schirm, weil

	es gießt. Manchmal ist es schwer, ihn zu öffnen oder zu halten, und hindert einen daran, andere Dinge mit der Hand zu tun, die ihn hält; aber würden Sie den Schirm als eine Ursache von Schwierigkeiten bezeichnen? Wenn er das wäre, warum würden Sie ihn dann öffnen?
Betreuer:	Weil er das, so wie er die Welt sieht, braucht.
B. B.:	Genau. Würde man das eine Ursache von Schwierigkeiten nennen?
Betreuer:	Nun ja, es ist ein Schutz.
B. B.:	So ist es. Was ist also jetzt Ihre Einstellung zu seinem Berührungszwang?
Betreuer:	O. K., ihm die Schutzmechanismen zu lassen, die er braucht.
B. B.:	»O. K.« kann auf viele Weise und in ganz unterschiedlichem Ton gesagt werden. Angenommen, Sie hätten einem Ihrer Lehrer im College gesagt, Sie wollten Psychologie studieren, und er hätte gesagt: »Wahrscheinlich ist das O. K.«. Was hätten Sie aus dieser Antwort entnommen?
Betreuer:	Daß er es im Grunde für keine sehr gute Idee hielt.
B. B.:	Jetzt möchte ich also den emotionalen Gehalt wissen, den das »O. K.«, das Sie gerade geäußert haben, für Sie hat.
Betreuer:	Ich fürchte, der ist verschieden je nach dem Grad der Schwierigkeit, die das Symptom für mich darstellt.

Ich hatte gehofft, meine erste Frage ließe den Betreuer bereits erkennen, daß der Berührungszwang zwar tatsächlich eine Quelle von Schwierigkeiten darstellte, aber nicht für den Patienten, wie er meinte, sondern für den Betreuer. Hätte ich meine Frage anders formuliert – »Sagen Sie mir jetzt, für wen sind das Schwierigkeiten« –, hätte der Betreuer vermutlich sofort verstanden, daß es sich bei den Schwierigkeiten um seine eigenen und nicht um die des Patienten handelte. Gleichzeitig jedoch hätte er das Gefühl gehabt, diese Erkenntnis wäre ihm aufgezwungen worden, und das hätte ihn daran gehindert, von sich aus zu begreifen, daß das, was er als Schwierigkeit betrachtet hatte, in Wirklichkeit zu den Schutzmechanismen des Patienten gehörte. Der Betreuer verstand zwar nicht, was ich ihm zu vermitteln suchte, aber er lernte doch etwas Wichtiges, das er in diesem Augenblick aufnehmen konnte, etwas, das ihm unmittelbar nützlich war und es mittelbar auch für den Patienten sein würde.

Eigentlich hatte der Betreuer gewollt, daß ich ihm riete, wie man diese »Quelle von Schwierigkeiten« aus dem Wege räumen könnte, ohne ihn dabei einzubeziehen; und um ihm eben dies klarzumachen, hatte ich ganz direkt gefragt: »Was ist Ihre Einstellung?« Der Betreuer hatte bereits gelernt, daß er die Symptome des Patienten respektieren sollte, aber sein »O. K.« verriet, daß er ihnen keine positiven Gefühle entgegenbrachte, auch nicht der Tatsache, wie sehr der Patient diese Symptome brauchte und wie absolut ausgeliefert er sich ohne sie fühlen würde. Ich hatte das Beispiel mit dem Schirm benutzt, um deutlich zu machen, daß wir ohne ihn den Gewalten der Elemente ausgesetzt wären, und hoffte, in dem Betreuer die gewünschte Assoziation zu wecken; das geschah jedoch nicht. Als ich dann schließlich auf seine eigenen Erfahrungen als Psychologie-Student zurückgriff, war er in der Lage zu erkennen, daß er das Symptom des Patienten gefühlsmäßig nicht akzeptiert hatte, wenn er seinen Wert auch intellektuell erfaßte. Es wäre zu aufdringlich gewesen, ihn zu fragen, warum es ihm denn so schwerfiel, einen Berührungszwang positiv aufzunehmen, und es hätte das Thema vom Patienten auf den Betreuer verschoben. Alles was dieser Betreuer als Anfänger leisten konnte, war, allmählich ein Gefühl dafür zu entwickeln, wie wichtig dieses Symptom für den Patienten war und wie wenig er, der Betreuer, es akzeptieren konnte. Auf einer weniger persönlichen Ebene führte ich den Gedanken noch etwas weiter:

B. B.: Der Nicht-Therapeut ist derjenige, der will, daß der Patient die Symptome, die seinen einzigen Schutz darstellen, aufgibt. Wenn Sie Ralphs Berührungszwang als eine Schwierigkeit bezeichnen und er doch sein einziger Schutz im Leben ist, dann fürchtet er, Sie wollten im Grunde, daß er den Härten des Lebens ohne jeden Schutz ausgesetzt werde. Diese Forderung ist unerträglich. Jemand ist ein guter Therapeut, wenn er das symptomatische Verhalten des Patienten voll würdigt und schützt. Das ist der erste Schritt. Erst nachdem Sie die Berechtigung dieses Berührungszwanges voll und ganz anerkannt haben, und wenn Ralph das wirklich verstanden hat, dann kann er vielleicht bereit sein, Ihre Ansichten dazu in Betracht zu ziehen. Aber erst, nachdem Sie *seinen* Gedanken und Gefühlen die volle Anerkennung gezollt haben.

Eine andere Betreuerin beschreibt, wie sie das, was sie aus dieser Diskussion lernte, am nächsten Tag auf eine ihrer Patientinnen anwendete, mit der sie nicht weitergekommen war:

»Ich hörte ein Singen aus dem Badezimmer herausdringen, oder vielleicht sollte ich sagen, herausdröhnen. Wenn das früher geschah, war ich immer höchst besorgt gewesen, weil das eines von Bettys auffälligsten Symptomen ist, und zwar dasjenige, das ihre Eltern endlich zu der Erkenntnis gebracht hatte, irgend etwas mit ihr stimmte nicht. Sie ließ ihre Rock-and-Roll-Platten manchmal den ganzen Tag laufen und befand sich dabei in einem tranceartigen Zustand, unfähig zu essen, zu hören oder zu sprechen. Da ich wußte, wie schädlich diese Platten für sie waren, hatte ich versucht, sie davon abzubringen, sie zu spielen. Ich hatte gar keinen Zweifel, daß sie süchtig nach ihnen war, und dachte, ich müßte ihr dieses Gift entziehen, bevor ich sie persönlich erreichen könnte.

Unter der Wirkung der letzten Mitarbeiterkonferenz änderte ich meine Ansicht und ging ins Badezimmer und hörte dieser einen Platte zu. Als ich auf die Worte achtete, wurde mir klar, daß ich einen sehr großen Fehler begangen hatte. Der Sänger erzählt von einem Mädchen, das von zu Hause fortläuft, und der Chor erzählt von der Reaktion der Eltern auf die Ablehnung ihrer Tochter: sie sind völlig fassungslos, denn sie haben, wie sie sagen, ihr alles gegeben, was für Geld zu kaufen ist. Oberflächlich gesehen, ist das ziemlich genau die Geschichte von Bettys Leben, oder zumindest von einem Teil davon. Jetzt kam ich auf den Gedanken, daß höchstwahrscheinlich viele der Platten, die ich so hochmütig verdammt hatte, wichtige Botschaften und Anhaltspunkte für ihre verschiedenen Schwierigkeiten enthielten, die sie leichter durch diese Gesänge zum Ausdruck bringen konnte, weil solche Ausdrucksmöglichkeiten weniger direkt und weniger bedrohlich sind.

Zusammen mit der Erkenntnis meines ersten Fehlers kamen weitere Erkenntnisse. Da ich die gesamte Bedeutung dieser Platten nicht erfaßt hatte, war mir auch nicht klar gewesen, daß es eine Alternative gab, mit dieser Plattensammlung umzugehen. Diese bestand darin, mit Betty zusammen die Platten anzuhören, da das destruktive Element nicht in den Platten selbst, sondern in der Art lag, in der sie gebraucht wurden. Anstatt zu versuchen, dieses sehr wichtige ›Symptom‹ von Betty zu begreifen, hatte ich versucht, es loszuwerden. Ich hatte gedacht, der Grund für die Verdammung der Platten sei, Betty zu schützen. Angeregt durch die Konferenz, erkannte ich, daß ich versuchte, mich selbst zu schützen – schließlich wollte ich keine katatonische Patientin haben! Bis dahin hatte ich Betty meinen Bemühungen gegenüber, sie kennenzulernen, sehr ablehnend gefunden, weil ich es meinen Maßstäben entsprechend und nicht nach ihren Bedingungen versuchte. Im Grunde hatte sie mir mit ihrem Widerstand zu verstehen gegeben: ›Wenn du nicht an mir und an den Dingen (Platten-Sammlung) interessiert bist, die mir wichtig sind, warum soll ich dann irgendwas mit dir zu tun haben?‹«

Von da an reservierte sich diese Betreuerin regelmäßig eine bestimmte Zeit, in der sie mit Betty zusammen den Platten zuhörte; sie hinderte Betty, in ihren tranceartigen Zustand zu fallen, indem sie mit ihr über den Inhalt der Platten sprach. Bald schon begann Betty, sie zu korrigieren, sagte ihr, sie hätte viele von ihnen falsch verstanden, und erzählte ihr auf diese Weise mehr über die persönliche Bedeutung, welche die Lieder für sie hatten. Betty genoß es dermaßen, die Betreuerin zu korrigieren, daß sie schließlich die meiste Zeit damit verbrachten, sich über den Sinn dieser Platten zu unterhalten, und kaum noch Zeit zum Anhören blieb. Das heilte Betty nun keineswegs, aber für immer längere Zeitspannen war ein Kontakt hergestellt, und sie war nicht katatonisch in sich verschlossen.

Einer der Grundsätze, die ich jedem Betreuer empfahl, besagte, daß eine Situation sich in der Weise entwickelt, in der wir an sie herangehen; das Ende liegt also stets im Anfang. Eine Mitarbeiterin mit neunjähriger Erfahrung wendete dieses Prinzip an, um einer Betreuerin, die noch keine ganzen zwei Jahre bei uns arbeitete, zu größerem Verständnis einer Patientin zu verhelfen.

Laura, ein heranwachsendes Mädchen, war zwei Wochen lang entweder zu spät zu ihrer jüngeren Betreuerin gekommen oder ihr überhaupt aus dem Wege gegangen und hatte sich geweigert, Gründe dafür anzugeben. Die erfahrene Mitarbeiterin fragte Erica, die jüngere, nach dem letzten Zusammensein mit Laura:

Erica: Laura kam herein und setzte sich – sagte ungefähr zehn Minuten lang überhaupt nichts. Als sie schließlich etwas sagte, ging es darum, wie wütend sie auf Julie (ihre andere Betreuerin) war, und sie redete und redete über irgendwas, das Julie ihr am Tag vorher hatte besorgen wollen und dann doch vergessen hatte. Nach einem Erguß von ungefähr fünfzehn Minuten hörte sie plötzlich auf. Nach einer Weile fragte ich sie, über was sie nachdachte, und da stand sie auf und ging hinaus.

Mitarbeiterin: Warum glauben Sie, daß Laura *Ihnen* erzählt, wie wütend sie auf Julie ist?

Erica: Vielleicht hat sie Angst, es Julie zu zeigen.

Mitarbeiterin: Es könnte andere Möglichkeiten geben.

Erica: Ich weiß es einfach nicht.

Mitarbeiterin: Wie kam sie herein, und was empfanden Sie, als sie hereinkam?

Erica: Wie ich schon sagte, sie redete überhaupt nichts zu Anfang. O ja, aber vorher, jetzt erinnere ich mich, als sie hereinkam, sah sie sehr böse aus und setzte sich und drehte mir den Rücken zu, und ich weiß, daß ich den flüchtigen Gedanken hatte, damit wollte sie ausdrücken: »Ich scheiße auf dich.« Aber als sie dann so böse und überstürzt über ihre Wut auf Julie redete, vergaß ich diesen Gedanken. Jetzt, wo wir davon reden, fällt mir ein, daß es für mich wahrscheinlich angenehmer zu hören war, daß ihre Wut Julie und nicht mir galt.

Mitarbeiterin: Eben. Und ich glaube, daß Laura Sie richtig versteht – sie kommt herein und sagt, nicht in Worten, aber stärker und klarer im Ausdruck: »Ich scheiße auf dich«, und als sie begreift, daß Sie das nicht akzeptieren können, redet sie von ihrer Wut auf Julie, die Sie, wie sie wohl weiß, akzeptieren (zwischen Erica und Julie bestand ein starker Konkurrenzkampf). Das macht Laura aber nur noch wütender, und da Sie den wirklichen Grund ihrer Wut nicht akzeptieren können, hat sie keine andere Wahl, als hinauszugehen.

Aus dieser Unterredung erfuhr Erica, daß die Begegnung ganz anders abgelaufen wäre, wenn sie anders angefangen hätte; das Ende lag also im Anfang. Wieder war es die Einstellung der Betreuerin (in diesem Fall Ericas irreführende Deutung von Lauras Wut und ihre Bereitwilligkeit, die Wut auf Julie übertragen zu sehen), die von entscheidender Wichtigkeit war. Solange Lauras Gefühle für Erica ignoriert wurden, konnte sehr wenig Fortschritt, wenn überhaupt einer, erreicht werden.

Es wäre also nicht falsch, aus diesen und folgenden Beispielen zu schließen, daß die Erforschung der Gegenübertragung bei der Ausbildung des Personals eine sehr wichtige Rolle spielt. Aber das ist ein so überaus fachlicher Ausdruck, daß er leicht die Erkenntnis der einfachen gefühlsmäßigen Erfahrungen, die dabei im Spiel sind, verdeckt. Sehr viel von den Lehren der Psychopathologie und Psychotherapie konzentriert sich auf den Patienten: warum er zu dem Menschen wurde, der er jetzt ist, warum er seine pathologischen Abwehrmechanismen entwickelte, welches die pathogenen Einflüsse in seinem Leben waren, gegen welche Ängste er sich wehrt – als verriete dieses Wissen automatisch die Methoden, wie man am besten an den Patienten herankommt, ihm am besten helfen kann. Die nun folgenden Auszüge aus einer Konferenzaufzeichnung zeigen, wie eine Betreuerin, mit besten Absichten, hochintelligent und Anfängerin, die ein paar Jahre Erfahrung als Lehrerin hinter sich und einige Jahre eine Psychoanalyse durchgemacht hatte, irregeführt wurde, gerade weil sie soviel über Träume und ihre Interpretation aus der eigenen analytischen Erfahrung und aus ihrem Studium wußte:

Lena: Ich habe die Pfadfinder besucht (eine Gruppe von Jugendlichen) und mit ihnen gespielt, und als es Schlafenszeit wurde, sagte David: »Ich hatte einen unheimlichen Traum, den ich Ihnen erzählen möchte.« Er sprach im lautesten Ton, deshalb fragte ich ihn: »Willst du ihn mir wirklich erzählen?« Und als er ja sagte, meinte ich, wir sollten hinausgehen. Wenn es ein unheimlicher Traum war, sah ich nicht ein, warum jeder im Schlafsaal ihn hören und Angst bekommen sollte. Ich wußte nicht, was ich am besten tun sollte. Ich wußte nicht recht, ob er mir seinen Traum erzählen sollte. Er kennt mich nicht sehr gut, und ich kenne ihn nicht sehr gut. Also gingen wir nach draußen, und er sagte, er hätte jede Nacht diesen Traum von einem Riesen, der ihn jagt, und er läuft fort, und da ist ein Seil, auf das er klettern will, aber er kann nicht an das Seil heran, und das Seil verschwindet. Ich war ziemlich sicher, daß es sich um einen ödipalen Traum handelte, sein Vater als Riese, und vielleicht auch um einen Traum mit Kastrationsängsten, aber ich wußte nicht, was ich damit anfangen sollte. Also hörte ich zu und sagte nichts, weil ich nicht wußte, was ich sagen sollte. Dann wurde er sehr ängstlich und fragte: »Werden Sie das Alan erzählen?« (einer seiner Betreuer). Ich sagte: »Was soll ich denn tun?« Und er sagte: »Erzählen Sie's ihm.« Ich sagte: »Es ist schließlich dein Traum, und wenn du willst, daß ihn Alan kennt, solltest du ihn ihm selbst erzählen.« Dann sagte er: »Nein, sagen Sie's ihm.« Und ich sagte: »Gut, wenn du das willst, werde ich ihn ihm erzählen, geht in Ordnung.« Er betonte noch: »Werden Sie ihn ihm gleich jetzt erzählen?« Ich sagte: »Ich weiß nicht, ich sehe ihn nachher.« Aber ich war befangen in meiner eigenen Angst: ich wußte nicht, ob ich ihm hätte erlauben sollen, mir den Traum überhaupt zu erzählen. Als wir zurück in den Schlafsaal gingen, zerrte er geradezu an mir: »Erzählen Sie's ihm jetzt.« Ich hatte also das Gefühl, irgend etwas hätte ich falsch gemacht. Ich ging kurz darauf aus dem Schlafsaal und glaube, daß er äußerst aufgeregt war.

B. B.: Das ist ein sehr gutes Beispiel dafür, wie eine Betreuerin, die erst anfängt, nicht weiß, wie sie reagieren soll. Meiner Ansicht nach sollte man, wenn es nicht sehr gute Gründe dafür gibt, daß man gar nicht reagiert,

	und wenn man seiner Sache nicht ganz sicher ist, einfach so reagieren, wie man es bei seinen Freunden täte. Wenn einer Ihrer Freunde Ihnen sagen würde: »Ich hatte einen unheimlichen Traum, den ich dir erzählen möchte«, was wäre Ihre Reaktion?
Lena:	Vielleicht: »Warum willst du mir einen unheimlichen Traum erzählen?«
B. B.:	Nein, das glaube ich nicht.
Lena:	Ungefähr: »Was meinst du, könnte ich damit anfangen?« oder »Was kann ich tun?«
B. B.:	Sehen Sie, Sie haben schon ungeschickt begonnen – »Was meinst du, könnte ich damit anfangen?« David hat sie nicht gebeten, irgendwas zu tun. Alles, was er wollte, war – was?
Lena:	Mir einen unheimlichen Traum erzählen.
B. B.:	Und was haben Sie getan?
Lena:	Seine Frage beantwortet.
B. B.:	Ja. Aber was wird von Ihnen verlangt, damit diese Interaktion stattfindet? Was müssen Sie tun?
Lena:	Da sein.
B. B.:	Richtig, und was sonst noch?
Lena:	Zuhören.
B. B.:	Zuhören. Stimmt. Was ist Ihrer eigenen Erfahrung nach die erste Pflicht eines Psychoanalytikers?
Lena:	Zuzuhören.
B. B.:	Als er also sagte: »Ich möchte Ihnen einen unheimlichen Traum erzählen« – was wäre die natürliche Antwort?
Lena:	Zuzuhören.
B. B.:	Sicher. Aber weil es sich um David handelt, um einen Schizophrenen mit Selbstmordneigungen, fingen sofort alle Räder sich in Ihrem Kopf zu drehen an.
Lena:	Sie sagten, ich sollte so reagieren, wie ich es täte, wenn ein Freund mir einen unheimlichen Traum erzählen wollte.
B. B.:	Ja, und was würden Sie dann sagen? Wenn ich jetzt voller Eifer zu Ihnen sagen würde: »Ich möchte Ihnen etwas sehr Wichtiges erzählen«, und Sie sagten: »Wollen Sie es mir wirklich erzählen ...«
Lena:	Damit wäre es aus.
B. B.:	Eben. Und das gilt ganz besonders für David, der ständig nach jemandem sucht, der ihm zuhört, und aus dessen Geschichte wir wissen, daß seine Eltern ihm immer eine kalte Dusche verpaßten, wenn er zu aufdringlich und ungeduldig wurde.

Lena: Das habe ich auch getan.

B. B.: Wenn Sie das getan haben, müssen Sie einen guten Grund für eine solche Reaktion gehabt haben. Die Frage ist, welchen? Wie ich Ihnen schon oft sagte, Sie müssen wissen, wie man reagiert, sonst könnten Sie es nicht so lange ohne dieses Wissen durchgehalten haben. Denn wenn Sie einen Freund haben und bekommen wollen, ist der beste Weg, ganz gleich, was für einen Unsinn er von sich gibt, daß man ihm mit ganzer Aufmerksamkeit zuhört. Der arme Kerl ist geliefert, wenn man das nicht tut.

Leider sind viele junge Menschen so erfüllt von ihrem eigenen Mitteilungsbedürfnis und wollen nur für sich selbst etwas bekommen, daß sie dem anderen nichts geben können, obwohl er, wenn er das von ihnen bekommt, was er braucht, zufrieden wäre. Ich will damit nicht sagen, daß Sie sich mehr Freunde angeln wollen. Vielleicht haben Sie mehr, als Sie verkraften können. Aber Sie wollen sich David »schnappen«. Vielleicht sind seine ständigen Ansprüche und Forderungen nicht zu ertragen. Andererseits bin ich nicht sicher, ob sie nicht nachlassen würden, wenn er die richtige Art von Echo bekäme.

Gehen wir zurück zu der besonderen Situation. Er ist ungeduldig, Ihnen etwas zu erzählen, und Sie fragen ihn, ob er das wirklich auch will, bezweifeln also, daß er weiß, was er tut. Und dann sagen Sie: »Gut, du kannst mir den Traum erzählen, aber erst, wenn ich dafür einen sicheren Ort ausgesucht habe.« Und als ob Sie ihm noch mehr Ihr Bedürfnis nach emotionaler Distanz klarmachen wollen, sagen Sie: »Gehen wir hinaus.« Es würde beispielsweise Ihrem Freund nicht viel helfen, wenn Sie ihm sagten: »Ja, Johnny, ich höre dir gerne zu, aber es sind noch andere Leute hier, und ich muß erst wissen, ob deine Erzählung sie nicht langweilen oder beängstigen könnte.« Wenn Johnny überhaupt Charakter hat, wird er sich dann sagen, hol dich der Teufel. Psychoanalytisch ausgedrückt heißt das, wenn Ihnen jemand einen Traum erzählt, nachdem Sie eine gefühlsmäßige Distanz zwischen sich und dem Träumer oder dem Trauminhalt hergestellt haben, brauchten Sie überhaupt nicht zuzuhören. Denn sehen Sie, das ist das Gefährlichste, was wir tun können: die Kinder zum Narren halten. So ist es ihnen ihr ganzes Leben lang gegangen, irgend jemand gab immer vor zu helfen, der es nicht tat; irgendwer war immer pflichtbewußt interessiert, war aber in Wirklichkeit mit den eigenen Sorgen beschäftigt. Und wenn Sie das hier wiederholen, äußerliches Interesse vortäuschen, während Sie in Wirklichkeit mit Ihren eigenen Abwehrmechanismen beschäftigt sind ...

Lena: Ich überlege mir, was David getan hätte, wenn ich diese Distanz nicht ...

B. B.: Jetzt denken Sie wieder über David und nicht über sich selbst nach. Das Problem ist jetzt nicht, was David getan hätte, weil wir das nie erfahren werden. Aber wir können erfahren, warum Sie das Bedürfnis hatten, diese Distanz zwischen sich und ihn zu legen.

Lena: Ich weiß jetzt, daß er im Handumdrehen meine eigenen Ängste wachrufen kann.

B. B.: Richtig. Das ist also das wirkliche Problem. Warum kann er Ihre Ängste wachrufen?

Lena: Ich habe darüber nachgedacht, aber ich bin der Sache nicht nähergekommen, außer daß er ständig hinter mir her ist. Ich meine, er hört einfach nicht eine Sekunde mit dem Fragen und Fordern auf.

B. B.: Ich weiß nicht, ob uns diese Unterhaltung irgend etwas einbringt.

Mit der letzten Bemerkung wollte ich Lena einen leichten Abgang verschaffen. Wenn sie ihrer eigenen Angst nicht auf den Grund gehen wollte, brauchte sie nur eine Antwort zu unterlassen oder mir zuzustimmen, und damit wäre die Diskussion zu Ende gewesen. Mir genügte es, daß sie erkannt hatte, es war nicht David und sein Traum gewesen, der in die Sackgasse führte, sondern ihre Angst. Da ihr das nun bewußt war, hätte sie früher oder später – allein, in ihrer Psychoanalyse, in privaten Gesprächen mit einem erfahrenen Mitarbeiter oder indem sie das Thema später einmal wieder zur Sprache brachte – nach dem Ursprung und der Natur ihrer Angst forschen und sich überlegen können, was sie dagegen tun könnte. Aber sie wollte die Frage sofort weiterverfolgen.

Lena: Ich glaube, mir ist etwas entgangen.

B. B.: Was möchten Sie wissen?

Lena: Warum ich so ängstlich werde.

B. B.: Das ist die richtige Frage. Also, was macht Ihnen eine solche Angst? Das ist eine Frage, die mindestens einmal im Jahr auftaucht.

Lena: Einmal im Jahr? Siebenmal am Tag.

B. B.: Das spielt keine Rolle. Zurück zu unserem Beispiel. In welchem Ton haben Sie es gesagt? Wiederholen Sie es bitte.

Lena: Wenn du ihn mir erzählen willst, gut.

B. B.: Sie alle haben diese Unterhaltung gehört. Was sagen Lenas Ton und Reaktion über ihre Einstellung aus?

Alan: Blasiert, sonst nichts.

Mitarbeiter: Angst.

B. B.: Möglich, aber ich würde mich sehr unsicher fühlen, wenn ich es in dem Ton hören würde.

Mitarbeiter: Nicht gerade neugierig. Äußerst vorsichtig.

B. B.: Stimmt. Äußerst vorsichtig. Wann sind wir vorsichtig?

Lena: Wenn wir unsicher sind? Gefahr befürchten?

B. B.: Richtig. Wenn wir sicher sind, fürchten wir keine Gefahr. Es stimmt also, daß man sagen kann, wir sind vorsichtig, wenn wir unsicher sind, und ein weiterer Schritt ist, daß hinter der Unsicherheit die Angst vor der Gefahr liegt. Also, um welche Gefahr handelt es sich hier? Oder anders ausgedrückt, in welcher Hinsicht sind Sie unsicher?

Lena: Was ich tun sollte.

B. B.: Gut. Die Angst dreht sich um was?

Lena: Um mich.

B. B.: Eben. Die Angst gilt nicht David, sondern Ihnen selber. Ich denke, es ist jetzt ganz klar, daß es sich nicht, wie Sie ursprünglich glaubten, um eine Unsicherheit vor den Problemen von David selbst handelte, sondern um die Angst, die er in Ihnen wachgerufen hat, als Sie sich Sorgen darüber machten, ob es wohl für David richtig wäre, Ihnen seinen Traum zu erzählen, weil Sie sich nicht so gut kannten. Sie machten sich Sorgen, daß andere Angst bekommen könnten, wenn sie den Traum hören, was zutreffen mag, aber weitgehend eine Projektion Ihrer eigenen Angst ist. Da Ihnen die Vorstellung, dem Traum zuzuhören, Angst einflößte, erwarteten Sie ganz natürlich, daß er auch anderen Angst einflößen würde.

Wäre Ihnen das bewußt gewesen, hätten Sie David gesagt: »Schau her, mir ist das nicht recht, wenn du mir deinen Traum erzählst, und deshalb würde es dir auch nicht viel nützen. Warum erzählst du ihn nicht lieber jemandem, den du besser kennst? Alan, deinem

Betreuer, zum Beispiel?« Diese Möglichkeit zog David offenbar in Betracht, nachdem Sie Ihren Mangel an Interesse gezeigt hatten, denn er bat Sie, Alan davon zu erzählen. Oder Sie hätten ihm Ihre Freude darüber zeigen können, daß er Sie ins Vertrauen ziehen wollte, indem Sie ihm sagten, wieviel es Ihnen bedeutete, daß er Ihnen seinen Traum anvertrauen wollte. Sie hätten sich sogar mit einiger Selbstironie fragen können, was denn an Ihnen so Besonderes wäre, daß er den Traum lieber Ihnen als anderen, die er viel besser kannte, erzählte.

Hätten Sie das getan, hätten Sie vielleicht eine Antwort erhalten, die möglicherweise weniger schmeichelhaft, aber für Sie überraschend und lehrreich gewesen wäre. Weil sie wahrscheinlich gezeigt hätte, daß er tatsächlich gar nicht erwartete, daß Sie ihm bei seinen Träumen helfen würden. Bei seiner Angst – zumal in bezug auf alle weiblichen Wesen, die es in seinem Leben gab oder geben könnte, wegen der mörderischen Wut seiner Mutter auf ihn – hätte er vielleicht das Gefühl gehabt, er müßte Sie im Interesse seiner eigenen Sicherheit beruhigen.

Lena: Er hat also herausgekriegt, daß ich ebenso schlimm wie seine Mutter bin.

B. B.: Nein, wenn Sie die Dinge schlimmer machen, als sie sind, werden Sie ein trauriges Dasein hier fristen. Die Dinge sind schwierig genug, ohne daß wir sie mit der schlimmsten Deutung belasten. Die Tatsache allein, daß David überhaupt gewagt hat, an Sie heranzutreten, zeigt den Fortschritt, den er gemacht hat, da er nicht mehr sofort davon ausgeht, daß alle Mutterfiguren darauf aus sind, ihm etwas zu tun. Er gab Ihnen die Chance, sich zu bewähren, und versuchte herauszufinden, was für ein Mensch Sie sind. Warum, meinen Sie, wollte er Ihnen seinen Alptraum erzählen?

Lena: Vielleicht dachte er, ich bin als Psychologin daran interessiert.

B. B.: Sehr gut möglich. Er tat es aber nicht, um besonders nett zu Ihnen zu sein, sondern aus seiner Angst heraus, um Sie auf seine Seite zu bringen, gewissermaßen um Ihnen zu sagen: Sieh nur, wie schlimm ich dran bin, du brauchst keine Angst vor mir zu haben, ich bin nur ein hilfloses Etwas, das von Riesen verfolgt wird. Denn wenn Sie auch einiges von der Bedeutung des Traums richtig interpretiert haben, haben Sie der Botschaft, für die er den Traum benutzte, keine Aufmerksamkeit geschenkt. Es ist ja nicht nur der Traum und sein offensichtlicher oder latenter Inhalt, der wichtig ist. Für Ihre Beziehung zu David, für das Verständnis dessen, was im Augenblick vor sich geht, ist es viel wichtiger, *warum* der Traum *Ihnen* erzählt wurde. Wenn Sie das erkannt hätten, hätten Sie gesehen, wie wichtig Sie als Mensch sind – denn nach seiner gegenwärtigen Auffassung von der Welt hing alles davon ab, ob Sie ihn wie seine Mutter ängstigen oder ihn, so wie nur Sie es können, trösten würden. Er erzählte Ihnen den Traum also, um etwas ganz Bestimmtes von Ihnen zu erfahren.

Hätten Sie ehrlich gesagt, was in Ihnen vorgeht – was Sie nicht konnten, da Sie sich dessen nicht bewußt waren –, hätte er zumindest die Erfahrung gemacht, daß wir hier unsere Gefühle offenlegen, daß wir nicht vorgeben, wir täten etwas, um ihn oder die anderen vor der Angst zu schützen, und im Grunde nur darauf aus sind, uns selbst zu schützen. Deshalb müssen wir versuchen zu begreifen, was uns motiviert, damit wir nicht Dingen die Schuld zuschieben, die wenig oder nichts damit zu tun haben. Wenn wir es uns nicht leisten können zu erkennen, wann unsere eigene Angst unser Tun motiviert, dann müssen wir anderen wie David die Schuld zuschieben und glauben, er sei es, der uns Angst macht, als ob irgend jemand solche Gewalt über uns haben könnte.

Der Glaube, jemand anderes hätte Gewalt über uns, macht uns angst; wir wissen nicht, was er uns antun könnte, und sind gezwungen, uns gegen solche möglichen Belastungen zu verteidigen, indem wir uns von der Situation distanzieren. Wir können nicht umhin, uns über diejenigen zu ärgern, die eine derartige Gewalt über uns haben. Es ist ganz natürlich, daß wir anderen die Schuld an unseren Schwierigkeiten zuschieben wollen, denn dann brauchen wir uns nicht mehr verantwortlich für sie zu fühlen. Uns ist nicht klar, daß wir es dann so hinstellen, als hätten diese anderen Macht über uns, und daß uns das schwächt. Aus ihrer Angst heraus, aus ihrem Bedürfnis, uns zu prüfen, herauszufinden, wo unsere Schwächen liegen, haben Schizophrene eine unheimliche Fähigkeit, unsere Achillesferse zu entdecken, unsere besondere Verwundbarkeit. Als sie merkte, daß sie nicht fähig war, David zu helfen, empfand diese Betreuerin die Interaktion mit

David als Ausdruck seiner eigenen Macht, ihr Angst einzuflößen. Aber David war nur der zufällige Katalysator, der ihr das Gefühl zu Bewußtsein brachte, das in ihr selbst ruhte. Er konnte ihre Angst nicht hervorbringen; alles was er tun konnte, war, ihr Bewußtsein auf das zu lenken, was bis dahin unbewußt gewesen war.

Nichts kann dem Patienten irgend etwas nützen, wenn es nicht innerhalb einer persönlichen Beziehung geschieht. Einen Traum außerhalb einer Beziehung zu interpretieren, überzeugt den Patienten nur von dem überlegenen Wissen des Mitarbeiters; das läßt ihn sich minderwertig fühlen, weil jemand anderes mehr über ihn weiß als er selber. Eine Haltung wie »Wir wissen besser, was gut für dich ist, und verstehen besser, was in dir vorgeht« schadet der Selbstachtung des Patienten in hohem Maße und auch der Möglichkeit, daß er, wenn überhaupt, etwas anderes als eine Beziehung der Abhängigkeit eingehen kann.

Jeder Mitarbeiter muß eine »Ich-Du«-Beziehung schaffen, in der das, was zählt, nicht das ist, was vorgeht, sondern die Tatsache, daß etwas zwischen den beiden Partnern überhaupt vorgeht. Wenn ein Patient sagt: »Ich will Ihnen einen Traum erzählen«, dann geht es nicht um den Traum an sich, sondern darum, daß er ihn einem bestimmten Menschen in einem bestimmten Augenblick und in einer einmaligen Situation erzählen will. Anstatt diese offensichtliche Tatsache zu akzeptieren, war die Betreuerin im Zweifel, ob sie die geeignete Person sei, der er den Traum erzählen sollte, und ob es der geeignete Ort sei; sie zweifelte an ihm. Hätte sie offen (oder stillschweigend sich selbst) gefragt: »Warum gerade mir?«, hätte sie der Frage nicht ausweichen können: »Nun ja, vielleicht denkt er, ich bin die richtige Person«, was ihr geschmeichelt hätte trotz ihrer Besorgnis, ob das auch richtig sei. Wenn sie sich geschmeichelt gefühlt hätte, wäre sie nicht oder weniger ängstlich gewesen und hätte sich positiver zu jemandem gestellt, der soviel von ihr hielt. Dann wäre es viel einfacher für sie gewesen, eine Beziehung zu ihm herzustellen.

Dieser Interpretation zufolge sollte ihre Erfahrung mit David der Betreuerin helfen, die Vorkommnisse nicht kühl, abstrakt, distanziert zu betrachten als etwas, das eben geschieht, sondern immer als etwas sehr Persönliches, das zwischen zwei Menschen stattfindet, weil sie eben diese beiden ganz bestimmten Menschen sind. Diese Sicht kräftigt ihr Gefühl, daß sie eine Rolle spielt und eine Verantwortung trägt, und verschafft ihr somit die emotionalen Kräfte, die sie braucht, um mit der Situation fertig zu werden. Nur wenn sie die Situation als persönliche Interaktion betrachtet, kann sie glauben, daß sie etwas Wichtiges zu dem, was vorgeht, beitragen kann, denn sie ist zumindest zur Hälfte daran beteiligt. Das scheint zwar sehr klar, aber man muß es Anfängern viele Male nahelegen, bevor sie es lernen.

Jeder, den diese Art Arbeit anzieht, möchte etwas für die Patienten

tun. Es ist aber sehr schwer zu lernen, daß die wirksamste Methode zur Erreichung dieses Zieles darin besteht, etwas für sich selbst zu tun, und daß es dem produktiven Ziel eher zuwiderläuft, wenn man versucht, nur für den Patienten etwas zu tun.
Ein Beispiel:

Joan: (Eine Betreuerin, die gerade erst ein paar Monate in der Institution und daher noch eine ziemliche Anfängerin ist): Ich schubse Agnes herum, und das macht mir Sorgen.

B. B.: Ich würde niemals behaupten, daß Sie so was tun.

Joan: Aber ich tue es. Ich will, daß sie bestimmte Dinge tut, und dann stoßen wir immer irgendwie zusammen – mit anderen Worten, sie will sie nicht tun.

B. B.: Aus dem, was Sie sagen, kann niemand wissen, um was es sich handelt. Können Sie ein Beispiel für eine Situation geben, in der Sie glauben, sie herumzukommandieren?

Joan: Das Essen bei Tisch. Sie ißt noch immer nur mit den Händen. Gabeln und Messer und Löffel kennt sie einfach nicht. (Agnes war damals fünfzehn.)

B. B.: Wenn es Sie stört, daß sie das Besteck, das wir haben, nicht benutzt, warum sorgen Sie nicht dafür, daß man es nicht mehr neben ihren Teller legt? (Der Sinn meines so absichtsvollen Mißverständnisses war, die Betreuerin aus der Fassung zu bringen, ihre Aufmerksamkeit darauf zu richten, daß es sich nicht um das Nicht-Benutzen des Bestecks handelte, das sie betont hatte, sondern darum, daß Agnes lieber mit den Fingern aß. Das war es, was die Betreuerin ärgerte, und nicht das Nicht-Benutzen von Messer und Gabel.)

Joan: Sie würde sich schrecklich benachteiligt fühlen. (Das zeigte immerhin, daß die Betreuerin Benachteiligung erkannte, wenn jemand nicht das bekam, auf das die Betreuerin Wert legte. Sie sah nicht ein, daß sie eine viel schwerwiegendere Benachteiligung durchsetzen wollte: nämlich, daß Agnes das Essen mit den Fingern lassen sollte. Sie sah also Belohnung und Benachteiligung nur von ihren Wertmaßstäben her. Sie sah auch nicht, daß meine Anregung, wenn sie richtig durchgeführt wurde, Agnes das Gefühl geben würde, daß ihr Nichtbenutzen des Bestecks für uns akzeptabel war. Aber die Betreuerin hatte recht: wenn sie Agnes das Besteck wegnahm, hätte es für Agnes, die wußte, wie die Betreuerin eingestellt war, die Bedeutung, daß man ihr etwas nahm, und nicht, daß man ein höchst individuelles Verhalten akzeptierte.)

B. B.: Warum sollte sie sich benachteiligt fühlen, wenn sie diese Gegenstände gar nicht benutzt? Schließlich liegen sie nicht zur Dekoration auf dem Tisch. Sie werden hingelegt, damit diejenigen, die sie benutzen, das tun können. Für diejenigen, die das nicht tun, haben sie keine Bedeutung.

Joan: Ich glaube trotzdem, das hieße, sie herumzuschubsen.

B. B.: Wenn Sie das sagen, haben Sie sicher recht. Aber bisher haben Sie uns nur erzählt, daß sie mit den Händen ißt. Sie schubsen sie doch nicht herum!

Joan: Ich dachte, jeder hat verstanden, daß ich ihr ständig sage, sie soll ihre Hände nicht benutzen, und daß es Kämpfe deswegen gibt.

B. B.: Wenn Sie meinen, daß ihre Art zu essen etwas ist, das zu Konfrontationen führt, sollten Sie etwas an der Situation ändern.

Joan: Das ist es wohl, was ich nicht weiß, weil ich ja gar nicht weiß, warum sie kein Besteck benutzt.

B. B.: Vielleicht hätten wir damit diese Unterhaltung anfangen sollen. Aber sagen Sie: Wie ißt sie Apfelmus?

Edda: (die zweite Betreuerin von Agnes und die erfahrenere von beiden): So was ißt sie mit dem Löffel.

B. B.: Also gut, lassen Sie ihr den Löffel.

Inge: Ich weiß nicht, wie wichtig das ist, aber sie kann Stäbchen besser als irgendwer sonst benutzen. (Diese Betreuerin mit mehr Erfahrung wollte Joan darauf hinweisen, wie selektiv das Nichtbenutzen von Besteck bei Agnes war. Sie wollte Joan helfen, selbst zu erkennen, daß Agnes triftige Gründe haben mußte, um Messer und Gabel zu verweigern, da sie völlig bereit war, Stäbchen und Löffel zu gebrauchen. Agnes war nie von ihren Eltern akzeptiert worden. Diese waren lediglich daran interessiert, daß sie sich vom Kleinkind auf wie eine vollkommene Dame benahm. Ihre Eßmanieren stellten eine Gegenwehr dar gegen das unerträgliche Herumschubsen ohne Rücksicht auf ihre Gefühle.)

B. B.: Geben wir ihr also Stäbchen und Löffel.

Joan: Das gefällt ihr vielleicht, vielleicht findet sie es komisch. Aber ich hätte trotzdem noch das Gefühl, sie herumzukommandieren.

B. B.: Womit wir zum Ausgangspunkt zurückgekommen sind, was nur natürlich ist, denn wir sind in unseren Erkenntnissen noch nicht weitergekommen. Agnes verfügt über eine komplexe Reihe von Verhaltensweisen, auf die Sie sehr intensiv reagieren. Bevor ich nicht weiß, was das alles für Sie bedeutet, kann ich nichts dazu sagen. Etwas würde ich allerdings niemals tun, und zwar, nicht zu reagieren, wenn mich ein Verhalten irritiert.

Joan: Warum sollte sie sich meinetwegen ändern?

B. B.: Ich habe nicht gesagt, daß sie das tun sollte.

Joan: Was kann ich denn sonst dabei tun?

B. B.: Das ist eine sehr vernünftige Frage. Warum haben Sie das nicht sofort gefragt?

Joan: Wenn ich etwas tue, weil es mich ärgert, habe ich das Gefühl, sie herumzustoßen.

Dies weist übrigens auf eine Eigenschaft hin, die der Anfänger schon vor Beginn der Schulung besitzen muß: eine tiefe Verpflichtung, niemals andere herumzukommandieren. Deshalb konnte Joan vermeiden, etwas von sich selbst (Ärger) in die Patientin zu projizieren; sie wußte, es war ihr Problem und nicht das der Patientin. Obwohl sie fand, es sei nicht richtig, daß Agnes mit den Fingern aß, wußte sie, daß sie sie herumkommandieren würde, wenn sie sie zwang, Messer und Gabel zu benutzen. Joans Haltung zeigte also die Bereitschaft, die eigene Einstellung in Zweifel zu ziehen, und, was noch viel wichtiger ist, den wirklichen Wunsch, fair zu Agnes zu sein, auch wenn sie ihr Verhalten irritierend fand. Wenn Joan auch im tiefsten Grunde Agnes gern ihre eigenen Maßstäbe bezüglich der Eßmanieren aufgezwungen hätte, erlaubte ihr das ihr Gewissen nicht ohne Schuldgefühle.

B. B.: Das ist eine wichtige Beobachtung. Aber was hatte ich gesagt?

Joan: Wenn es etwas gibt, das Sie ärgert, würden Sie etwas unternehmen.

B. B.: Richtig. Obwohl Sie es waren, die fragte: »Was kann ich da machen?«, und ich habe lediglich von Herzen zugestimmt.

Joan: Also, wenn es etwas gäbe, das Sie irritierte, würden Sie etwas unternehmen?

B. B.: Ja.

Joan: Meinen Sie in bezug auf sich selber?

B. B.: Das kann es gewesen sein, was mir vorschwebte, aber

was mir vorschwebt, nützt Ihnen wenig, nur was Sie selbst meinen, ist von Wert.

Joan: Ich hatte auch schon daran gedacht.

B. B.: Warum haben Sie das nicht gesagt? Wenn ein Verhalten Sie irritiert ...

Joan: Kann man es nur ignorieren.

B. B.: Ich hatte befürchtet, daß Sie das glauben. Wenn das Verhalten eines Menschen mich ärgert, und es handelt sich nicht um eine therapeutische Beziehung, kann ich vielleicht beschließen, daß ich mit diesem Menschen nichts zu tun habe – was übrigens auch eine Tat ist – und ihn wie sein Verhalten ignorieren. Wenn wir aber eine therapeutische Beziehung eingegangen sind, dann ist diese normale Reaktion auf ein irritierendes Verhalten uns nicht mehr gestattet, auch nicht in Umständen, in denen wir gezwungen sind, mit dem uns irritierenden Menschen zusammenzuleben. Wenn mich ein Verhalten aber ärgert, wird die Beziehung sich immer weiter verschlechtern, je nach der Intensität der dadurch wachgerufenen Gefühle. Warum solange warten, bis die Situation unhaltbar geworden ist? Man soll lieber vorher etwas unternehmen.

Die nächste Entscheidung ist dann: Will ich etwas in bezug auf mich selbst tun, damit ich mich nicht mehr ärgere, oder will ich etwas in bezug auf den Menschen tun, der mich irritiert? Das ist eine wichtige Entscheidung, die wir öfter im Leben treffen müssen. Die nächste Frage lautet also: Unternehme ich etwas in Hinsicht auf meinen Ärger oder in Hinsicht auf das Verhalten, das meiner Reaktion zugrunde liegt?

Glauben Sie mir, diese Institution hätte nicht so lange bestanden, wenn ich nicht meistens beschlossen hätte, ich unternehme lieber etwas in Hinsicht auf meinen Ärger. Das Problem ist die Alternative, die Sie vorbrachten: Agnes ignorieren oder sie herumstoßen. Ersteres nützt nichts, denn wir können kaum die Symptome eines Patienten ignorieren, die seine einfachsten Möglichkeiten sind, uns etwas Wichtiges über sich mitzuteilen. Ignoriert man, was jemand tut, heißt das, ihn in beträchtlichem Maße nicht zu beachten. Ich brauche nicht von der zweiten Möglichkeit zu sprechen, Agnes herumzustoßen, denn Ihnen ist völlig bewußt, daß das verkehrt ist.

Etwas will ich aber noch zu Ihrem Vorschlag sagen,

Agnes' Eßmanieren zu ignorieren. Sie zu ignorieren, heißt, Ihren eigenen Ärger zu ignorieren, wozu Sie nicht fähig sein werden, bevor Sie sich nicht von seinen Ursachen befreit haben. Sie waren es, die davon sprach, Agnes herumzukommandieren. Das deutet darauf hin, daß Sie es erwogen haben müssen, ihrem Benehmen ein Ende zu setzen, anstatt eine Methode zu entwickeln, die Sie beide aus der Sackgasse hätte herausführen können: einen Weg entweder für Sie selbst oder für Agnes oder für Sie beide, der diesen Ärger beseitigen könnte.

Joan: Wahrscheinlich verstehe ich bei Essens- und Tischmanieren einfach keinen Spaß.

B. B.: Habe ich gesagt, Sie sollten Spaß verstehen?

Joan: Ihr Stäbchen zu geben oder ihr Besteck wegzunehmen, ist dasselbe. Mir kommt es immer noch vor wie Herumkommandieren, aber vielleicht stimmt das nicht.

B. B.: Vielleicht hängt es davon ab, mit welcher Einstellung Sie es tun. Ich machte diesen Vorschlag vor allem deshalb, weil Sie noch keine andere Methode versucht hatten.

Joan: Nein, das habe ich nicht. Ich weiß überhaupt nicht weiter. Ich kann einfach nichts dagegen tun. (Das wurde in einem ziemlich erregten Ton hervorgebracht.)

B. B.: Sie scheinen unglücklich, wenn Sie nur darüber nachdenken. Warum?

Joan: Vor der Konferenz dachte ich, ich wollte darüber sprechen. Jetzt ist mir plötzlich klargeworden, daß mir ihr Dickwerden Sorgen macht. Ich kann absolut nichts dagegen tun.

Joan hatte selbst Probleme mit ihrem Gewicht. Sie war nicht unbedingt dick, neigte aber dazu, zuviel zu essen. Während ihrer Kindheit und Jugend hatten ihre Eltern versucht, sie bei einer Diät zu halten, die sie grollend als Ablehnung ihres Körpers – und ihrer selbst – empfunden hatte. Von Anfang an war ganz deutlich gewesen, daß ihre Hilflosigkeit bezüglich der Tischmanieren von Agnes auf ihre eigenen Essensprobleme zurückgingen. Sie wollte ihre Essenswünsche gegen die Eltern durchsetzen, konnte es sich aber nie leisten. Ihre Bemerkung, daß sie beim Essen keinen Spaß verstehen könne, zeigte, wie sie sich allmählich darüber klar wurde, daß nicht das Benehmen von Agnes ihr Schwierigkeiten machte, sondern ihre eigene Befangenheit gegenüber dem Essen.

Die Erörterung über die Notwendigkeit, etwas bei sich selbst zu unternehmen, hatte einige Wirkung gehabt, Joan fing an, über sich nachzudenken. Zunächst versuchte sie abzulenken und versuchte, das

Problem auf die Frage »Besteck oder kein Besteck« zu reduzieren. Aber als sie auf ihre emotionale Reaktion aufmerksam gemacht wurde, wurde ihr klar, was sie wirklich aus der Fassung brachte: das Problem Fettleibigkeit. Joans »Ich kann überhaupt nichts dagegen tun«, das sich dem Anschein nach auf das Dickwerden von Agnes bezog, kam so heraus, daß man nicht wußte, ob es sich auf das Problem von Agnes oder auf Joans Reaktion bezog. Unbewußt bezog es sich vermutlich ebenso auf Joans eigenes Problem, zuviel zu essen.

Nachdem klar war, daß das, was Joan aufregte, ein Problem ihres eigenen Lebens war, hatte sie sich, wie die nächsten Bemerkungen zeigen, so weit befreit, daß sie sich über Sinn und Zweck des Symptoms von Agnes Gedanken machen konnte (die Berührungslust und die Sicherheit, die Agnes vielleicht aus dem Kontakt zur Nahrung bezog); Gedanken, die Joan wenig bedeutet hätten, wären sie von jemand anderem geäußert worden, die ihr aber eine gänzlich neue Art, psychologische Phänomene zu erleben, eröffneten, weil sie ihr selbst eingefallen waren.

B. B.: Sprechen wir nun darüber, ob sie dick wird oder ob sie mit den Fingern ißt?

Joan: Es scheint für mich dasselbe zu sein.

B. B.: Das Essen mit den Fingern macht niemanden dick.

Joan: Nein, aber ich glaube, sie ißt mit den Fingern, weil sie das Essen fühlen will, weil sie wissen will, was sie in der Hand hat, dann braucht sie sich keine Sorgen darum zu machen.

B. B.: Also sprechen wir nicht mehr von Tischmanieren?

Joan: Eigentlich nicht. Ich kann das so schlecht voneinander trennen, weil ich ganz wirr werde, wenn ich daran denke, wie Agnes ißt.

B. B.: Wir haben also drei mögliche Quellen für Ihre Irritation: Agnes' Tischmanieren, Ihre Besorgnis, sie herumzustoßen, und Ihre Reaktion auf ihr Dickerwerden. Was ärgert Sie nun, ihr Dickerwerden?

Joan: Ja, das Dickerwerden. Aber anstatt die drei Gründe getrennt zu sehen, finde ich, alles hat mit Essen zu tun.

B. B.: Stimmt. Fangen wir also mit dem an, mit dem Sie anfingen, daß sie Messer und Gabel nicht benutzt. Das kann in erster Linie Trotz den Eltern gegenüber sein, während das Essen mit den Fingern vielleicht etwas mit anderen Bedürfnissen oder Ängsten zu tun hat. Vielleicht sind viele psychologische Probleme Ursache dieses Symptoms.

Joan: Sie ist schon drei Jahre hier.

B. B.: Und?

Joan: Handelt sie immer noch aus Trotz den Eltern gegenüber?

B. B.: Wie lange ist es her, daß Sie nicht mehr mit Ihren Eltern leben?

Joan: O. K., mehr als drei Jahre.

B. B.: Wie kommt es, daß das, was Sie von ihnen denken, Sie noch soviel angeht?

Joan: Aber mein Trotz ist nicht mehr gegen sie gerichtet, sondern gegen etwas, das mich hier aufregt. (Sie spielte auf ihre Schwierigkeiten in den Beziehungen zu einigen älteren Mitarbeitern an, insbesondere auf den Genuß, mit dem sie mich zu Auseinandersetzungen provozierte. Sie wußte, daß sie die älteren Mitarbeiter provozierte, machte sich aber vor, diese Provokationsversuche hätten keine emotionalen Gründe, sondern wären objektiv gerechtfertigt.)

B. B.: Gut, Sie schaffen sich also Eltern, wo immer Sie sind.

Joan: Also Agnes bietet mir Trotz, und es hat nichts mit ihren Eltern zu tun. (Hier wehrte sie die Erkenntnis ab, daß ihr Genuß, ältere Mitarbeiter zu korrigieren, in dem Wunsch begründet war, sie hätte das bei ihren Eltern tun können. Sie versuchte zu erklären, daß das nichts mit ihrer Vergangenheit zu tun hätte, sondern nur mit den Personen der Mitarbeiter. Sie konnte diesen Glauben nur aufrechterhalten, wenn Agnes sich nicht mehr gegen die Eltern wehrte, sondern nur gegen Joan als Person.)

B. B.: Das glaube ich nicht. Irgendwas in Ihnen weckt ihr Bedürfnis, sich gegen die Eltern zu wehren, und das tut sie, aber das ist kaum gegen Sie gerichtet.

Joan: Wollen Sie mir sagen, daß ich gegen meine Eltern kämpfe oder daß ich mich gegen Sie wehre?

B. B.: Das ist leicht zu beantworten. Ich habe mich schon oft gefragt, wie lange Sie sich noch so verhalten müssen, denn während es Ihnen im Augenblick Spaß macht, haben Sie hinterher Schuldgefühle. Sonst wäre ja alles bei Ihnen in Ordnung. Ihre Herausforderung stört mich absolut nicht, weil sie mit mir als Person überhaupt nichts zu tun hat. Ich weiß, wie ich zu Ihnen eingestellt bin, und weiß daher, ich gebe Ihnen wenig Grund zum Trotz. Deshalb stört es mich oder meine Beziehung zu Ihnen gar nicht. Da Sie es aber hier zur Sprache gebracht haben – es ist etwas Kindisches in der Art, in der Sie mich herausfordern, das absolut nicht der Reife Ihres Urteils und Ihrer Haltung in allen anderen Situationen entspricht. Das allein zeigt, daß es auf Kindheitserlebnisse zurückgeht.

Joan: Dann muß ich mir eine bessere Art einfallen lassen. (Diese Bemerkung bewies, wie sicher sie bereits in dem therapeutischen Milieu geworden war. Sie wußte, niemand würde sie zwingen, ihre Trotzhaltung aufzugeben; das würde nur geschehen, wenn sie den Punkt erreicht hatte, an dem sie dazu bereit war und sie aufgeben wollte. Solange sie versuchte, ihr Bestes für die Patienten zu geben, würden ihre eigenen Überempfindlichkeiten akzeptiert werden als etwas, das sie brauchte. Die Mitarbeiter waren bereit, ihr Zeit zu lassen, auf eigene Weise an sich zu arbeiten, solange es sich nicht auf ihre Arbeit mit den Patienten auswirkte. Aber die Bemerkung zeigte gleichzeitig, daß sie wußte, sie mußte bessere Wege finden, ihre Bedürfnisse zu befriedigen.)

B. B.: Ja, Sie könnten mich beispielsweise auf eine mehr erwachsene Art herausfordern. Wenn Sie das täten, hätten Sie vielleicht ein viel besseres Gefühl dabei, oder es würde Sie nicht mehr reizen.

Joan: Vielleicht gäbe es dann keine Notwendigkeit mehr, Sie herauszufordern.

B. B.: Genau, aber das können nur Sie entscheiden.

Joan: Jetzt bin ich völlig verwirrt. Was mache ich nun mit Agnes?

B. B.: Die Verwirrung ist meine Schuld, weil ich die Diskussion absichtlich so geleitet habe, damit Sie einsehen, wieviel an Agnes und Ihnen gleich ist. Ich wollte Ihnen zeigen, daß die Ursache des Ärgers mehr in Ihnen selbst liegt als in dem, was Agnes tut.

Ich sagte das in der Hoffnung, daß Joan erkennen würde, wie sehr sie selbst davon betroffen war, daß Agnes bei allem, was mit Essen zu tun hatte, weiterhin gegen ihre Eltern kämpfte. Joan wollte zwar wirklich, daß Agnes manierlich am Tisch aß, unbewußt jedoch genoß sie Agnes' Trotz gegenüber der elterlichen Autorität. Solange dieser Zwiespalt zwischen ihren bewußten und unbewußten Wünschen weiter bestand, gab es keine Möglichkeit, das Problem, das mit ihrer und mit Agnes' Einstellung zu Tischmanieren zusammenhing, zu lösen.

Die Bemühung, der Betreuerin dies zu Bewußtsein zu bringen, mißlang, aber es stand weiteren Versuchen in dieser Hinsicht nichts im Wege. Wenn man nicht auf diesem Punkt bestand (und es wurde als legitim angesehen, daß die Betreuerin in diesem Zeitpunkt seine Tragweite nicht erkennen wollte), gab es immer die Möglichkeit, daß er ihr in einem anderen, günstigeren Moment wieder zu Bewußtsein kam. Solche Anspielungen auf den Zusammenhang zwischen Problemen des Betreuers und des Patienten müssen oft wiederholt werden, bis eine davon konstruktive Ergebnisse bringt. Nichts wäre der Entwicklung der Betreuerin schädlicher, als wenn man versuchte, ihr einen solchen Zusammenhang mit Gewalt aufzudrängen. Gelegentliche Andeutungen sind auf die Dauer wirkungsvoller. Eine gründliche »Aufklärung« verändert die Einstellung eines Betreuers nicht, belehrende Ratschläge helfen auch nicht – obwohl gerade das in den meisten psychiatrischen Institutionen praktiziert wird.

Joan:	Ich weiß, *ich* bin irritiert.
B. B.:	Ja, aber warum haben Sie von Agnes angefangen?
Joan:	Weil Sie mir damals, als ich mich über sie beklagte, sagten, ich hätte sie nicht gern.
B. B.:	Das habe ich nicht gesagt. Ich sagte, Sie hätten sie nicht gern genug auf die Art, die ihr am meisten helfen würde. Denn wenn das so wäre, hätten Sie damals nicht in dieser leichtfertigen Weise von ihr gesprochen.
Joan:	Aber so spreche ich auch von mir selber. Ich habe sie wirklich sehr gern.
B. B.:	Sie sollten vielleicht auch von sich selbst mit mehr Achtung sprechen.
Joan:	Dann muß ich also erst etwas von mir selbst verstehen.
B. B.:	Nicht unbedingt zuerst. Warum können Sie nicht zuerst Agnes verstehen und dann sich selbst, oder beide zugleich?
Joan:	Ich will sie nicht herumstoßen. Und doch habe ich das Gefühl, ich tue es, jedesmal, wenn ich irgendwas mit ihr mache.
B. B.:	Was soll das heißen:»Ich will sie nicht herumstoßen?«
Joan:	Daß ich sie *doch* herumstoße.
B. B.:	Vielleicht sind da zwei verschiedene Quellen vorhanden für Ihre Irritation: die Tischmanieren und Ihr Groll gegen das Herumstoßen von Kindern.
Joan:	Ja.
B. B.:	Wollen Sie über Agnes sprechen, oder über was sollen wir jetzt sprechen?
Joan:	Überhaupt nicht sprechen.

Und damit wandte sich die Konferenz anderen Betreuern und deren Patienten zu. Joans Wunsch, die Angelegenheit nicht weiter zu verfolgen, stand im Einklang mit ihrer Entschlossenheit, nicht zu akzeptieren, was dieser Fragenkomplex für ihre Entwicklung zum erwachsenen Menschen bedeutete. Mehr als ihre Antwort »Überhaupt nicht sprechen« zu akzeptieren, konnte ich im Augenblick nicht tun, um sie zu überzeugen, daß *sie* nicht herumgestoßen würde.

Aber als sie das nächste Mal mit Agnes aß, unterhielt sich Joan mit ihr, nicht über das Benutzen des Bestecks, sondern darüber, was sie beim Berühren der Nahrung empfand. Sie ging also einem Gedanken nach, der ihr während der Mitarbeiterkonferenz gekommen war und der ihr nicht von einem älteren Mitarbeiter nahegelegt worden war. Dies führte schließlich dazu, daß Agnes über ihre kannibalistischen Wünsche und ihre Angst vor Gift erzählen konnte, die in dem Symptom vereint waren: durch das Berühren des Essens versuchte sie zu ermitteln, ob es ungefährlich sei; gleichzeitig rief das Berühren kannibalistische Wünsche in ihr wach, für die sie bestraft zu werden fürchtete, beispielsweise durch Gift im Essen.

Ebenso wie die Patienten lernen müssen, daß sie alle notwendigen Kräfte, um gesund zu werden, in sich selbst besitzen, müssen auch die Mitarbeiter fähig werden zu begreifen, daß alles zum Verständnis des Patienten notwendige Wissen in ihnen selbst ruht. Ihre inneren Kräfte sind die einzig zuverlässige Richtschnur bei ihrem Umgang mit den Patienten. Wenn sie nicht von dem Wert dessen, was sie in sich haben, überzeugt sind, werden sie den Patienten nicht von dem Wert überzeugen können, den dieser in sich hat.

Durch die nun folgenden Ausschnitte aus den Abschriften der Konferenzbänder sollen zwei wichtige Prinzipien veranschaulicht werden, die wir sehr nützlich fanden. In immer variierter Form bildeten diese Prinzipien das Wesentliche vieler Auseinandersetzungen in den Konferenzen. Der erste Grundsatz, »Der Patient hat immer recht«, besagt, daß das Verhalten des Patienten, so unsinnig es uns scheinen mag, ihm selbst völlig richtig vorkommt. Der zweite Grundsatz besagt, daß man am ehesten die mögliche Bedeutung seines Verhaltens begreifen kann, wenn man von den eigenen inneren Erfahrungen ausgeht. Wir müssen uns fragen: Welche Bedingungen würden mich selbst dazu bringen, mich in genau solcher Weise zu verhalten, die beim Patienten irrational oder sonstwie abwegig scheint? Das verrät zwar kaum, was im Patienten vorgeht, genügt aber zunächst für ganz praktische Ziele; besonders dann, wenn dieses einfühlende Verständnis ergänzt wird durch gründliche Kenntnisse menschlichen Verhaltens, sei es durch Erfahrungen in der Kunst, Anthropologie, Psychopathologie oder Psychoanalyse. Die zur Diskussion stehende Episode illustriert auch, wie Intellektualisierung als Abwehr gegen ein unmittelbares emotionales Erleben eingesetzt wird. Durch reinen Zufall nahmen an dieser Konferenz ein Psychiater (Charles) und eine Medizinalassistentin der klinischen Psychologie und Doktorandin (Sophie) teil. Beide hatten die eigene Lehranalyse hinter sich und wollten Analytiker werden, waren aber nicht Mitarbeiter bei uns. Ähnliche Diskussionen fanden aber auch mit Betreuern statt, die eine ganz andere Ausbildung hatten.

Der Vorfall, auf den sich die erste Frage bezieht, betraf einen paranoiden schizophrenen Jugendlichen, John, der sein Selbstbild aufrechterhalten mußte als bester Ballspieler weit und breit, obgleich er in Wirklichkeit vielen anderen Patienten, mit denen er spielte, unterlegen war. Seine bevorzugte Methode, das Selbstbild zu retten, bestand darin, den Ball auf ein unerreichbares Dach zu werfen oder damit fortzulaufen oder das Spiel sonstwie zu unterbrechen, wenn es sich nicht zu seinen Gunsten entwickelte. Die anderen Spieler ärgerten sich dann und wollten ihn nicht mehr dabei haben. Das konnte er nicht akzeptieren, denn er mußte sich selbst als großen Athleten sehen. Also kanzelte er ihre Kritik an seinem Tun als Eifersucht ab, weil er soviel besser spiele als sie. Alan, der Betreuer der Gruppe, hatte ihm gesagt, er dürfe nicht weiterspielen, wenn er den Ball noch einmal aufs Dach werfe; dreimal war es bereits passiert. Darauf bekam John einen furchtbaren Wutanfall. Die anderen Patienten waren begreiflicherweise über Johns Benehmen ungehalten und fanden es nicht richtig, daß ihr Betreuer diesen Ausbruch gewalttätiger Wut ohne Vergeltung hinnahm. Bei der Mitarbeiterkonferenz des gleichen Abends, in der dieser Vorfall erörtert wurde, warf der Psychiater eine Frage auf:

Charles: Nach dem ganzen Aufruhr auf dem Spielfeld, als alle wieder ins Haus kamen, bat John Alan um einen Gefallen, und Alan gab sich Mühe, ihm diesen Gefallen zu erfüllen. Ich möchte gern wissen, wie das den Vorfall in Ordnung gebracht hat, und wenn, warum diese Lösung richtig war?

B. B.: Ich weiß nicht, ob es wirklich damit erledigt war, aber nehmen wir an, es war so. Was, meinen Sie, war das Gute an dieser Art Reaktion?

Charles: Es war offensichtlich, daß das Maß an Wut, die John auf dem Sportplatz empfand, der Situation nicht entsprach.

B. B.: Nach welchen Maßstäben?

Charles: Nach allgemeinen Maßstäben.

B. B.: Ich weiß nicht. Ich wünschte, ich könnte meiner Sache so sicher sein.

Charles: Vielleicht war das Ausmaß der Wut nicht unangemessen für John.

B. B.: Schieben wir es nicht auf John, weil er autistisch ist. Kommen wir lieber auf Ihre Feststellung zurück, daß ein gewisses Maß an Wut unangemessen sei. Könnten Sie das weiter ausführen?

Charles: Alles, was ich dazu sagen kann, ist, daß ich von niemandem erwartet hätte, mit dieser Intensität auf einen solchen Vorfall zu reagieren.

B. B.: Um was für einen Vorfall ging es?

Charles: Daß er die Bälle aufs Dach warf.

B. B.: Ja, schon. Die *Tatsachen* kennen wir.

Charles: Und daß er einen wahnsinnigen Wutanfall bekam, weil er es ungerecht fand, daß man ihn aus dem Spiel rausnehmen würde, wenn er das noch mal täte, und daß Alan diesen Wutanfall akzeptiert hat.

B. B.: Schön. Aber was unsere Diskussion in Gang gebracht hat, war, daß Sie das ein unangemessenes Maß an Wut oder Gefühlen nannten. Wenn man von einem unangemessenen Maß spricht, setzt man voraus, daß es ein angemessenes Maß gibt.

Charles: Vielleicht war »unangemessen« der verkehrte Ausdruck.

B. B.: Gut, suchen wir nach dem richtigen.

Charles: Unerwartet.

B. B.: Das stimmt. Was sagt uns das über uns selbst? Wenn jemand – statt den richtigen Ausdruck »unerwartet« zu benutzen – den verkehrten Ausdruck »unangemessen« verwendet …

Charles: Das heißt, man fällt ein Werturteil.

B. B.: Beides sind in gewisser Weise Werturteile, aber …

Charles: Aber beim einen entscheiden Sie, was korrekt, richtig oder verkehrt ist.

B. B.: Für?

Charles: Für einen anderen Menschen.

B. B.: Schön. Und im zweiten?

Charles: Was Sie mit dem zweiten sagen, ist, daß Sie nicht auf diese Art reagiert hätten.

B. B.: Vielleicht. Aber wie würden Sie unterscheiden zwischen jemandem, der weiß, was er erwarten kann, und jemandem, der nicht weiß, was er erwarten kann? Wie würden Sie den ersten und wie den zweiten bezeichnen?

Charles: Im Bilde und nicht im Bilde.

B. B.: Das stimmt. Oder schlau und weniger schlau. Als Sie also sagten: »Johns Verhalten ist unangemessen«, handelte es sich im Grunde darum, daß diese Art Verhalten für Sie unerwartet war. Was ist der Unterschied zwischen beiden Feststellungen?

Charles: Als ich sagte, es war unangemessen, nahm ich an, ich wüßte, was angemessen gewesen wäre – oder ich setzte voraus, ich wüßte, welche Gefühle John empfand.

B. B.: Ja, Sie nahmen an, Sie wüßten, welche Gefühle für John angemessen sind. Wenn Sie sagen, sein Verhalten »war für mich unerwartet«, was meinen Sie dann?

Charles: Daß ich nicht weiß, wie es sein sollte.

B. B.: Richtig. Sie sagten, es war unangemessen, weil Sie Ihren Mangel an Verstehen auf John abschieben und sich ihm nicht stellen wollten, während es Ihnen zum Verständnis verholfen hätte, wenn Sie diesen Mangel erkannt hätten. Wenn Sie nämlich sagen: »Das war für mich unerwartet« und Therapeut sein wollen, müssen Sie weitergehen und sich fragen: »Warum war das unerwartet? Was fehlt mir zum Verständnis anderer Menschen, daß ich das nicht erwartet habe?« Sie sehen also, wie die Behauptung, das Benehmen eines Menschen sei unangemessen oder verkehrt, das Ende des psychologischen Verstehens bedeutet. »Das ist für mich unerwartet« ist der Beginn psychologischen Interesses und psychologischer Forschung. Verstehen Sie?

Charles: Man bereitet sich auf weiteres Forschen vor.

B. B.: Stimmt. Deshalb ist die Diagnose so häufig der Ruin der Psychotherapie. Bei der Diagnose wertet und beurteilt man von vornherein eine Situation, und nachdem das geschehen ist, neigt man dazu, der Sache nicht weiter nachzugehen, weil keine weitere Forschung mehr notwendig ist.

Charles: Ich habe aber keine diagnostische Studie über John hergestellt.

B. B.: Keine Studie; aber indem Sie mit Überzeugung behaupteten, daß ein bestimmtes Verhalten unangemessen sei, haben Sie eine Diagnose gestellt. Eine diagnostische Studie besteht aus nichts anderem als aus vielen kleinen Diagnosen. Gute Psychotherapie indessen besteht – entgegen dem Bild, das die Öffentlichkeit aus Filmen und Romanen davon hat – aus der Fähigkeit des Therapeuten, ständig überrascht zu sein. Er muß es sein. Durch jeden Schritt entfernt sich der Patient von seinem bisherigen Standort, den man kennt, und der nächste Schritt ist unbekannt, bis er ihn macht. Verstehen Sie das?

Charles: Ja.

B. B.: Gut, dann zurück zu John. Wenn Sie sagen, seine Wut war der Situation nicht angemessen, ist weiter nichts zu sagen. Er ist eben nur ein Autist, und damit hat sich's. Wenn Sie andererseits sagen, daß dieses Ausmaß an Gefühlen unerwartet für Sie war, dann müssen Sie fragen: »Woher kommt es?« Was meinen Sie?

Charles: Ich weiß nicht, vielleicht müßte man ihn dazu besser kennen.

B. B.: Nein, das glaube ich nicht. Jetzt machen Sie den entgegengesetzten Fehler, und aus dem gleichen Grunde. In jedem Fall vermeiden Sie es, zu John Beziehungen aufzunehmen und durch ihn selbst die Wahrheit herauszufinden. Im ersten Fall sagen Sie, sein Benehmen ist unangemessen, und damit ist der Fall erledigt. Im zweiten Fall sagen Sie: »Ich kann nichts dazu sagen, weil ich mehr über den Patienten wissen müßte«, und das ist das Ende jeder spontanen Beziehung zu ihm. Was wissen Sie als Therapeut?

Kathy: Daß man wissen *kann*.

B. B.: Richtig. Aber wie?

Alan: Man kann wissen, mit seiner Hilfe.

B. B.: Ja und nein.

Charles: Weil er anders ist als man selbst.

Mitarbeiter: Ist John so anders als wir?

B. B.: Ja. Wenn Sie sagen, sein Verhalten ist unangemessen, sagen Sie gleichzeitig, daß etwas nicht stimmt mit ihm, das heißt, irgendwie glauben Sie, er ist anders als wir. Wenn Sie sagen: »Ich muß ihn besser kennen«, setzen Sie ebenfalls voraus, daß er ganz anders als Sie ist und daß Sie ihn deshalb besser kennenlernen müssen. In jedem Fall ist die Grundeinstellung die gleiche: John ist ein Tier einer anderen Gattung. Sicher kann uns ein größeres Wissen über einen anderen Menschen zu der Erkenntnis verhelfen, daß er nicht ganz so merkwürdig ist. Aber ich habe es selten erlebt, wenn eine Untersuchung mit der gleichen Einstellung beginnt wie der John gegenüber. Gewöhnlich führt ein solches »Mehr wissen über ihn« im Gegensatz zu dem »Ihn besser verstehen« zu der gleichen Distanzierung; sie endet in einer Häufung von Beweisen dafür, was für ein seltsamer Mensch er ist.

Wenn wir andererseits versuchen, uns selbst besser zu verstehen, finden wir manches in uns, das dem, was in dem anderen vorgeht, sehr ähnlich ist; was also wirklich nützt, ist eine Weiterführung des »Ihn besser verstehen«, indem man hinzufügt, »dadurch, daß ich mich selbst besser verstehe.« Wichtig ist, daß wir uns selbst besser auf dem Gebiet verstehen, wo John im Augenblick aus der Fassung gebracht wird.

Dies führt mich zu der wichtigsten Grundhaltung, die meiner Ansicht nach praktisch garantiert, daß man ein guter Therapeut ist: die Fähigkeit, sich selbst zu fragen »Wann würde ich so reagieren?« und eine ehrliche Antwort darauf zu finden. Diese Antwort liegt nur bei uns selbst; sie kann auch nicht aus einem noch so großen Verständnis für John gewonnen werden, und sie wird der beste Weg sein, ein Gefühl für das zu bekommen, was in John vorging – ohne welches wir überhaupt keine Möglichkeit haben zu entscheiden, wie wir auf ihn in dieser besonderen Situation reagieren sollen. Wenn Sie John und sein Benehmen betrachten und damit anfangen, sich selbst zu fragen: »Wann würde ich so reagieren?«, dann gehen Sie von der Überzeugung aus: »John und ich sind aus dem gleichen Holz.«

Und jetzt kommt die Frage: Wann würden *Sie* – keinen »Wutanfall« bekommen wie John, denn Sie sind schließlich ein gut erzogener Mensch mit Selbstbeherrschung –, aber wann würden *Sie* sich von einem solchen Maß an Gefühlen überwältigen lassen? Welche Art von Erlebnis wäre dafür nötig, was müßte jemand anderes Ihnen antun, um einen solchen Grad an Zorn in Ihnen zu erregen?

Charles: Wenn man sich ungerecht behandelt fühlt.

B. B.: Ja, aber es handelt sich nicht einfach um Ungerechtigkeit, Ungerechtigkeiten kommen bei uns allen vor. Was müßte jemand anderes, wie Alan, Ihnen antun (wobei Alan es wahrscheinlich Ihnen nicht antun könnte), um in Ihnen einen so unbeherrschten Zorn zu erregen?

Charles: Eine Abweisung.

B. B.: Eine Abweisung, natürlich. Durch wen?

Charles: Durch jemanden, den man liebt.

B. B.: Das ist es. Sie sehen also, es hat mit dem Ballspiel wenig zu tun. Sie würden keinen solchen Wutanfall bekommen, wenn irgend jemand zu Ihnen sagte: »Hör auf, den Ball aufs Dach zu werfen, sonst darfst du nicht mehr mitspielen.« Denn wenn derjenige, der Ihnen das sagte, unwichtig für Sie wäre, würden Sie sagen: »Gut, dann werfe ich den Ball eben nicht mehr aufs Dach, der Fall ist erledigt.« Sie finden vielleicht, daß der Kerl Sie etwas gemein behandelt, aber Sie würden keinen solchen Ausbruch von Gefühlen haben. Johns Gefühlsausbruch zeigt also, daß er die Zurechtweisung als wahnsinnige Ablehnung empfunden haben muß.

Alan: Könnte es sein, daß er sich herumkommandiert fühlte? Ich würde ebenso reagieren, wenn ich herumgestoßen würde.

B. B.: Eben. Deshalb wäre der Versuch, ihn zurechtzuweisen, ganz verkehrt. Wenn Sie nun auf dieser Basis meinten, daß John in dieser Situation sich von jemandem, den er mochte, sehr abgewiesen fühlte, könnten Sie objektiv recht oder unrecht haben. Nach *seinen* Erfahrungen hätte Alan angenommen, daß nur jemand, der herumkommandiert wird, so reagiert. Er käme also zu einer anderen Deutung als Charles. Das ist wichtig, um zu verstehen, wie Psychotherapie vor sich geht. Wenn Sie versuchen wollen, genau zu verstehen, was in John vorgeht, müssen Sie, wie Sie meinten, mehr über ihn wissen. Sie beide könnten sich bis zum jüngsten Tag darüber streiten, jeder könnte seine Position mit vielen Beweisen halten und untermauern. Betrachten wir es aber jetzt einmal anders. Angenommen, Charles, Sie würden aus Ihren Erfahrungen heraus sagen, Johns Benehmen kommt von dem Gefühl, daß Sie ihm furchtbar wichtig sind, er hat Sie sehr gern und fühlt sich von Ihnen abgewiesen. Wie würden Sie dann auf John reagieren?

Charles: Ihm zeigen, daß ich ihn *nicht* abweise.

B. B.: Richtig. Sie würden also äußerst tolerant reagieren. Und das tat Alan, indem er von seiner Voraussetzung ausging, daß Johns Zorn auf das Gefühl zurückzuführen war, herumgestoßen zu werden. Was ich Ihnen versuche klarzumachen, ist, daß die richtige Diagnose häufig völlig unwichtig ist für die richtige Behandlung.

Charles: Deshalb haben Jung-Patienten Jungsche Träume und Freud-Patienten Freudsche Träume.

B. B.: Sicher, und beide werden gesund, wenn ihr Therapeut ein guter Therapeut ist. Jetzt sehen Sie, wie man in die Irre geführt werden kann, wenn man bei der Therapie nur auf das Verstehen des Patienten setzt. Denn es gibt keine Möglichkeit, mit absoluter Sicherheit zu wissen, was in irgendeinem anderen Menschen wirklich vorgeht. Aber wir können immer die richtige Reaktion in uns selbst finden.

Alan: Ja, ich kann es jetzt verstehen und glaube, daß seine Reaktion sich gegen die Abweisung und nicht gegen das Herumkommandiertwerden richtete, denn er mußte es sofort ausprobieren: er bat mich um Punsch und wollte herausfinden, ob ich ihn abweisen würde.

B. B.: Ja, und deshalb meine ich, daß Charles die Gefühle von John in bezug auf seine oralen Wünsche richtig gedeutet hat. Aber Sie haben das Richtige getan, wenn auch vielleicht mit einer falschen Interpretation. Sie haben mehr Einfühlung in einen Menschen, der sich herumgestoßen fühlt, als in einen, der sich abgewiesen fühlt. Deshalb war Ihre Fehldeutung nützlicher, um Sie zum richtigen Handeln anzuleiten. Hätten Sie die korrekte Interpretation erreicht, hätten Sie sich vielleicht nicht als der Mensch, der Sie nun einmal sind, veranlaßt gefühlt, seinen Wutanfall anzunehmen.

Mitarbeiter: In der leisen Hoffnung, daß ich vielleicht etwas dazulerne: Ich habe darüber nachgedacht, daß man nicht versuchen sollte, klüger als der Patient zu sein. Es ist ungehörig, mehr über ihn wissen zu wollen, als er selbst weiß, es ist eine Abwehrhaltung, und wann immer wir uns defensiv verhalten, können wir nichts für ihn tun. Oder wir tun etwas Falsches aus unseren defensiven Bedürfnissen heraus.

B. B.: Das stimmt. Im Grunde geht das zurück auf die Prinzipien »Prüfe deine eigenen Gefühle« – »Wann würde ich so was tun und aus welchem Grunde?« – und »Der Patient hat immer recht.« Deshalb kann John niemals etwas Unangemessenes tun. Wenn wir aber den Vorfall betrachten, das Werfen des Balles aufs Dach, und nicht die Gefühle, gehen wir vom Wege ab. Denn es kommt auf Johns tiefes Gefühl des Abgewiesenseins an. Das kann durch jegliches äußere Geschehen hervorgebracht werden, und das Geschehen selbst spielt dabei gar keine Rolle. Und noch etwas: Wäre der Vorfall den Gefühlen angemessen gewesen, hätten wir nichts aus ihm gelernt. Wenn Alan zum Beispiel John bei dessen Wutanfall angeschrieen hätte, hätten wir gesagt, natürlich gerät jeder, den man anschreit, in Wut.

Sophie (die Psychologin) Ich möchte keine Frage stellen, aber ich möchte Ihnen erzählen, was mir in der letzten Woche passiert ist. Ida kam an und sagte: »Sie haben eine neue Brille auf.« Was nicht stimmte.

B. B.: Sie haben aber eine neue Brille, wenn sie das sagt.

Sophie: Ich sagte: »Nein, Ida, ich habe keine neue Brille. Ich bin eine Weile in den Ferien gewesen und habe mich ausgeruht.« Da lächelte sie und ging.

B. B.: Nun wollen wir das einmal untersuchen.

Sophie: Ich erzähle Ihnen nur meine Beobachtungen. Mir scheint, diese Kinder brauchen es, den Kontakt zu jemandem aufzunehmen, der länger fortgewesen ist.

B. B.: (zu Charles): Sehen Sie die Fehler?

Charles: Das ist eine ziemlich kühne These.

B. B.: Natürlich. Wir haben gerade davon gesprochen, daß der Patient immer recht hat, das bedeutet, wir müssen annehmen, er hat sehr gute Gründe zu sagen, was er sagt, und er weiß, was es bedeutet, auch wenn wir das nicht wissen. Wir können nicht mit Sicherheit wissen, *warum* er gerade tut, was er tut, aber am besten geht man davon aus, daß er es aus den gleichen Gründen tut, aus denen wir es tun würden.

Hier können wir beobachten, wie wir den Abwehrmechanismen freien Lauf lassen. Ida sagte: »Sie haben eine neue Brille auf.« Sophie weiß, daß das nicht stimmt und daß Ida es aus ihrem Bedürfnis heraus sagt, mit Sophie, die fortgewesen ist, Kontakt aufzunehmen. Wenn man das alles weiß, ist kein weiteres Vorsehen notwendig. Wenn Ida zu mir käme und das Gleiche sagen würde, würde ich auch – das heißt, wenn ich meinen Grips zusammen habe – sehr erstaunt sein und vielleicht sagen: »Wirklich?«

Mitarbeiter: Heißt das, das, was sie sagt, zu akzeptieren?

B. B.: Nicht ganz, denn da ich weiß, meine Brille ist nicht neu für mich, kann ich das noch nicht tun. Deshalb, je weniger ich sage, mit so wenigen Worten wie möglich, je weniger ich mich festlege, um so offener bleibt das Gespräch. Ich stelle mit diesem »Wirklich?« eine Frage.

Charles: Sie wollen dann, daß sie erklärt, warum sie das gesagt hat.

B. B.: Genau das. Da ich daran glaube, daß der Patient recht hat mit dem, was er sagt, und da ich noch nicht recht sehe, wieso er recht hat, muß ich das herausfinden. Aber im Grunde ist es ganz einfach. Ich will es versuchen. Wen greife ich heraus? Gibt es hier einen weiblichen Volontär? Gut, Bea. Sie haben eine neue Frisur?

Bea: Das haben mir tatsächlich die Kinder jeden Tag gesagt.

B. B.: Wunderbar. Welche Möglichkeiten gibt es?

Bea: Daß ich wirklich eine neue Frisur habe.

B. B.: Das ist entschieden eine Möglichkeit. Aber in Sophies Fall war es ausgeschlossen, weil sie wußte, es war nicht so. Was ist die andere Möglichkeit?

Bea: Daß sie mich immer anders sehen.

B. B.: Richtig. Was ist denn wichtiger für den Therapeuten, als daß der Patient ihn plötzlich anders sieht? Es ging also darum, daß Ida Sie plötzlich ganz anders sah.

Sophie: So habe ich es verstanden.

B. B.: Ja, aber was haben Sie damit angefangen?

Sophie: Ich habe ihr gesagt, warum ich glaubte, ihr anders vorzukommen: »Ich bin in den Ferien gewesen.« Ob das der wirkliche Grund war, weiß ich nicht.

B. B.: Ja, das haben Sie getan. Wenn Sie ihr aber das sagen, was Sie für ihr Motiv halten, was bedeutet das für Ida?

Sophie: Daß ich ihr gesagt habe, warum ich ihr anders vorkam.

B. B.: Gut, versuchen wir es: Kathy, warum legen Sie sich eine so verführerische Frisur zu?

Kathy: Weil ich verführerisch sein möchte.

B. B.: Das war Ihre unmittelbare Reaktion?

Kathy: Nein, meine unmittelbare Reaktion ...

B. B.: Sagen Sie es uns nicht. Ich hatte gehofft, meine Bemerkung wäre herausfordernd genug, um eine Trotzreaktion hervorzurufen, aber Sie sind zu höflich dazu, was ich anerkenne. Immerhin zeigt es, daß Sophie nicht die einzige ist, die Schwierigkeiten im Kontakt mit sich selbst hat. Wäre das Ihre Reaktion, Kay, wenn ich so was zu Ihnen sagte?

Kay: Ich würde wahrscheinlich höflich sagen: »Für wen halten Sie sich eigentlich?«

B. B.: Gut. Was wäre also Ihre hauptsächliche Reaktion, wenn man Sie fragt, warum Sie etwas tun?

Kay: Verärgerung.

B. B.: Natürlich. Und warum wollen Sie, Sophie, in Ida Ärger provozieren? Jeder, dem man erzählt, warum er etwas tut, reagiert mit Ärger. Manchmal kann es stimmen und manchmal nicht, aber das spielt keine Rolle. Ich habe meine Behauptung Kathy gegenüber so provozierend wie möglich vorgebracht, weil ich wollte, daß Sie, Sophie, merken, was es bedeutet, wenn man uns sagt, weshalb wir bestimmte Dinge tun. Man empfindet es als aufdringlich und aggressiv, worauf es nur eine normale Reaktion, nämlich Verärgerung, gibt. Die Reaktion, die Menschen haben, wenn sich jemand anmaßt, ihnen zu sagen, warum sie etwas tun, ist Kays spontanes »Für wen halten Sie sich eigentlich?«

Da Sie, Kathy, sich nicht erlaubt haben, offen auf eine Bemerkung zu reagieren, die nichts als Ärger hervorrufen kann, müssen Sie sich selbst fragen, warum und wieso nicht. Sehen Sie, wenn Alan John gesagt hätte: »Du ärgerst dich, weil du dich herumkommandiert fühlst«, oder wenn Charles John gesagt hätte: »Du bist wütend, weil du dich zurückgewiesen fühlst«, wäre aus dem Vorfall nichts Positives herausgekommen. Der Gedanke, das könnte der Grund für seinen Zorn sein, ist die Art Wissen, die man für sich behalten muß, auch wenn man davon ausgeht.

Diejenigen unter uns, die an früheren Unterhaltungen über Ida teilgenommen haben, wissen, was für ein enormer Wandel in bezug auf Brillen in ihr stattgefunden hat. Alle Brillen sehen daher jetzt für sie anders aus als vorher, und damit neu. Sophie, Sie hätten wirklich sehr interessante Antworten von Ida bekommen, wenn Sie sie dazu ermutigt hätten, ihre Bemerkung weiter auszuführen. Aber indem Sie einfach sagten: »Nein, meine Brille ist nicht neu«, haben Sie ihr gesagt: »Ida, ich weiß nicht, wovon du redest, denn es hat sich nichts geändert.« Ida ist im Grunde überhaupt nicht an Ihrer Brille interessiert und an deren sogenannter Realität, sie ist nur an der Veränderung interessiert, die in ihr selbst in bezug auf Brillen stattgefunden hat.

Ida war, obwohl sie ein kleines Mädchen war, ein wahrer Schrecken für alle gewesen, die Brillen trugen; sie riß sie herunter, zerbrach sie, während sie gleichzeitig verlangte, ebenfalls eine Brille zu haben, die sie auch zerbrach. Indem wir sie gewähren ließen – ihre Angriffe nicht abwehrten und ihr unzählige (billige) Brillen verschafften, die sie übrigens alle zerbrach –, gewannen wir ihr Vertrauen. Während Sophies Abwesenheit hatte sie uns in gewissem Grade Einblick gegeben, was ihr symptomatisches Verhalten bedeutete. Ihre Mutter war äußerst kurzsichtig gewesen, und Ida hatte versucht, sich gegen den vermeintlich destruktiven Zorn ihrer Mutter zu verteidigen, indem sie ihre Brille herunterriß und sie zerbrach. Von da her hatte sich ihr Zorn auf alle Brillenträger erstreckt, Brillen symbolisierten Macht, an der sie teilhaben wollte, daher ihr Verlangen nach Brillen. Aber wenn sie sie anprobierte und sie ihr keine neue Macht vermittelten, fühlte sie sich betrogen und zerbrach sie in der Hoffnung, die nächste Brille würde ihr diese Macht geben. Nachdem sie uns in das Geheimnis eingeweiht hatte und ihre Betreuerin sich zusammen mit Ida bemüht hatte, sie gegen die Gefahren von Brillenträgern zu schützen, brauchte sie die Macht nicht mehr, die in den Brillen lag, deshalb hatte sich ihre Einstellung zu Brillen gewandelt, und alle Brillen waren jetzt »neue« Brillen.

Sophie: Ich glaube, wenn ich geantwortet hätte, es stimmt, ich habe eine neue Brille, wäre das nicht sehr nützlich gewesen. Wenn ich geantwortet hätte, daß es ihre neue Einstellung zu Brillen wäre, hätte das wahrscheinlich ebensowenig genützt.

B. B.: O nein! Habe ich eine der beiden Antworten vorgeschlagen? Ich meinte bloß eine erstaunte Bemerkung, die sie vielleicht zum Sprechen gebracht hätte. Hätten Sie gefragt: »Wieso?«, hätte Ihnen Ida vielleicht erklärt, was genau anders an Ihrer Brille war, wie Ihre Brille vorher war und wie sie jetzt ist. Es würde mich überhaupt nicht überraschen, wenn sie geantwortet hätte: »Sie ist nicht so unheimlich.« Das wäre Ihnen wahrscheinlich merkwürdig vorgekommen, aber Sie hätten sofort begriffen, daß da ein Problem liegt. Scheinbar alltägliche Dinge – der Ball auf dem Dach, »Sie haben eine neue Brille« – bringen uns als Psychologen durcheinander. Eine Feststellung, daß Brillen nicht mehr gefährlich sind, hätte uns bestürzt. Müssen sich denn Patienten wirklich noch neurotischer verhalten, als sie es sind, um unser Interesse zu erwekken? Dies, meine Freunde, stellt einen der Gründe für neurotische Störungen dar. »Das ist eine neue Brille.« Wenn wir nicht das Problem hinter solchen Bemerkungen erkennen, muß der Patient eine neurotische Strategie anwenden. Er muß übertreiben und so lange übertreiben, bis wir endlich begreifen, daß da ein großes Problem im Spiel ist, aber durch solche Übertreibungen verliert er dann völlig den Kontakt zur Wirklichkeit.

Bei dieser Mitarbeiterkonferenz wurden die Teilnehmer mit einigen der Grundprinzipien der Milieutherapie konfrontiert. Außerdem wurde der Unterschied in der Lernfähigkeit der beiden jungen Therapeuten erhellt; beide befanden sich auf der gleichen Ausbildungsstufe, um Psychoanalytiker zu werden. Aber um nicht zu rasch zu schließen, daß Charles schnell und Sophie besonders schwerfällig lernt, muß man bedenken, daß Charles den Vorfall nur beobachtet hatte, während Sophie selbst im Mittelpunkt eines Geschehens stand. Sophie hätte deshalb viel mehr daraus lernen können, obwohl das für sie schwerer als für Charles war.

Für diejenigen, die nur beobachten, wie andere sich verirren, fällt ein Lernprozeß zwar viel leichter, aber diese Art Lernen dringt meistens nicht sehr in die Tiefe. Auf dieser Konferenz wurde auch deutlich, wie manche gut geschulten Mitarbeiter das Gefühl hatten, sie *müßten* immer Bescheid wissen; durch diese Erwartungen an sich selbst wurden sie daran gehindert, ihre Ignoranz in bezug auf die Bedeutung des Verhaltens eines anderen Menschen zuzugeben. Sie urteilten, anstatt nach den Ursachen zu forschen.

In ihrem Unterbewußtsein verstand Sophie, was ich versucht hatte Charles beizubringen, aber ihr gefühlsmäßiges Engagement, Therapeutin zu werden, machte das für sie nicht akzeptabel. Im Gegensatz zu dem, was ich mit Charles erörterte, mußte sie sich selbst beweisen, daß sie wußte, was eine passende Antwort auf Idas Bemerkung über die neue Brille war. Das erklärt, warum sie bei ihrer ersten Aussage betonte, daß sie keine Frage stellen, sondern nur eine interessante Beobachtung vorbringen wollte. Damit deutete sie an, sie hätte etwas Wichtiges über ein Kind zu berichten, ohne Bedürfnis, über den möglichen Sinn nachzugrübeln.

Wäre Sophie eine Mitarbeiterin von uns gewesen, hätte ich die Diskussion in eine andere Bahn gelenkt. Ich hätte auf ihr narzißtisches Bedürfnis hingewiesen, zu glauben, daß ihre Person und ihr Tun (ihre Ferien) der Patientin wichtiger seien als deren seelische Vorgänge. Dieses Gefühl der eigenen Wichtigkeit hatte sie ja ursprünglich von der richtigen Fährte abgebracht. Sie war überzeugt, daß ihre Abwesenheit Idas seltsame Bemerkung über die neue Brille angeregt hatte, und hatte keinerlei Bedürfnis, den möglichen Ursprung der Bemerkung in Ida zu suchen. Wäre Sophie eine Mitarbeiterin gewesen, hätte ich versucht, ihr nahezulegen, daß wir zwar für die Patienten sehr wichtig sind und alles, was wir tun, für die Patienten sehr große Bedeutung haben kann, daß wir aber auch nicht *so* wichtig sind, zumindest daß unsere wirkliche Person nicht so relevant ist. Eine andere Reaktion von Sophie hätte Ida viel geben können, denn Ida brauchte die Bestätigung, daß Brillen tatsächlich ihre Bedeutung für sie verändert hatten. Sie merkte eine Veränderung, war aber noch immer unsicher, ob sie tatsächlich »neu« waren, also nicht mehr gefährlich. Aber alles auf einmal konnte man Sophie nicht sagen, es wäre mehr gewesen, als sie während einer Konferenz hätte verkraften können. Und da diese beiden Fachkräfte (Charles und Sophie) in keine therapeutische Beziehung zu den Patienten treten würden – sechs Monate bis ein Jahr verbrachten die Hospitanten gewöhnlich bei uns, eine zu kurze Zeit im Vergleich zu dem Zeitaufwand, der wesentlich für eine therapeutische Beziehung ist –, konnte ich es mir leisten, mit ihnen eher grundsätzliche Prinzipien als Fragen zu besprechen, von denen die Patienten unmittelbar oder auf die Dauer profitieren würden.

In gewisser Weise hatten die Mitarbeiter mehr von dem kurzen Dialog zwischen Kathy (die ziemlich neu bei uns war), Kay (seit über einem Jahr an der »Schule«) und mir. Sophie wäre niemals eine erfolgreiche Mitarbeiterin geworden, weil ihre narzißtischen und intellektuellen Abwehrmechanismen zu stark waren. Aber schon ganz zu Anfang ihrer Mitarbeit in dem therapeutischen Milieu war Kathy bereit, sich zumindest sagen zu lassen, wenn nicht zu akzeptieren, daß sie mit ihrem praktischen Verhalten verführen wollte. Anstatt meine provozierende Bemerkung zurückzuweisen, war sie gewillt, versuchsweise zuzustimmen, und hoffte damit eine Klärung zu erleichtern. Es wäre sehr einfach für sie gewesen, wenn sie geantwortet hätte, sie hielte die Frisur nicht für verführerisch – das hätte ebenso objektiv gestimmt wie Sophies Antwort, die Brille sei nicht neu –, oder Verführung sei nicht der Zweck der Frisur, sie glaube nur, die Frisur stünde ihr gut; alles ganz höfliche Antworten auf einen völlig ungerechtfertigten Angriff. Aber statt die Richtigkeit des Angriffs zu leugnen, nahm sie mich ernst genug, um zuerst sich selbst zu fragen, ob nicht vielleicht doch eine Rechtfertigung für den Angriff vorläge, und um danach herauszufinden, warum ich das gesagt hätte. Sie entwickelte sich später zu einer höchst wertvollen Mitarbeiterin.

Kays Antwort zeigte Kathy, daß es ganz in Ordnung war, wenn man dem Direktor sagte, er solle sich zum Teufel scheren, vorausgesetzt, es war wirklich, was man meinte, und es würde in höflicher Form vorgebracht. Auch Sophie hatte versucht, den Grund für Idas Bemerkung zu finden, aber ihre narzißtische Einstellung hatte sie die eigene persönliche Wichtigkeit überbewerten lassen. Kathy hatte bei sich selbst mit den Fragen angefangen und ebenso Kay; keine hatte mir geantwortet, ich hätte unrecht, was ihnen leichtgefallen wäre, oder gesagt: »Was Sie auf den Gedanken bringt, diese Frisur sei verführerisch, muß in Ihnen selbst begründet sein.« Sie verwarfen das als zudringlich. Da sich weder Kathy noch Kay das Recht nahmen, mir gegenüber zudringlich zu sein, konnten sie auch mir zu verstehen geben, ich solle ihnen gegenüber nicht zudringlich sein.

Wieviel Kathy in den wenigen Minuten der Konferenz gelernt hatte, in denen ich mich an sie wandte, zeigte sich in ihrer Antwort, als ich mich nach der Konferenz bei ihr entschuldigte und sie fragte, welche Gründe ich, ihrer Ansicht nach, für ein so aggressives Verhalten gehabt hätte. »Wahrscheinlich hatten Sie das Gefühl, daß alles, was Sophie Ida geantwortet hatte – sie irre sich bei dem, was sie über die Brille gesagt hatte –, für Ida selbst viel erschütternder war als das Schlimmste, was Sie mir je über mich sagen könnten.« Kathys Argumentation stimmte. Ich hatte nach einer Bemerkung gesucht, die einen Mitarbeiter so tief treffen würde, daß er, wie Ida, jede weitere Unterhaltung abbrechen würde. Weil Kathy aber an Ida interessiert und der Mensch war, der sie war, verstand sie den Zweck der Provokation; ich konnte nicht sicher sein, ob alle übrigen Mitarbeiter das auch getan hatten. Sie mußten auf die Erklärung bis zur nächsten Konferenz warten, an der Sophie nicht mehr teilnahm; aber Kathy konnte ich nicht so lange herumraten lassen.

Die meisten Mitarbeiter finden es schwierig, mit Patienten umzugehen und ihr Verhalten zu begreifen, die sich nicht mit Worten ausdrücken können, obwohl die Prinzipien dabei die gleichen sind wie bei den verbal begabten und intellektuellen Patienten. Anfänger hatten stets mit dieser Schwierigkeit zu kämpfen.

Steve: Als Sie heute nachmittag hereinkamen, benahm sich der kleine Louis wie immer auf seine typische Weise, er sprang durch das Zimmer und klatschte in die Hände. Sie ließen uns alle in die Hände klatschen. Ich habe nicht ganz verstanden, warum Sie das taten, noch, was das für ihn bedeutete. (Louis, der zunächst ein stummes autistisches Kind gewesen war, hatte nach einem Jahr ein paar Worte gelernt, vor allem Ausrufe, die er sparsam und nur bei einigen wenigen auserwählten Personen gebrauchte. Steve, der zwar seinen Doktor in klinischer Psychologie gemacht hatte, war in der Orthogenic School noch ein Anfänger. Wäre er sicherer gewesen, daß die übrigen Mitarbeiter ihn akzeptierten und unterstützten, hätte er einfach gefragt: »Warum haben Sie uns in die Hände klatschen lassen?«, ohne vorzugeben, er hätte bereits eine Vorstellung, weshalb.)

B. B.: Was meinen Sie?

Steve: Mein Gefühl war, daß er in die Hände klatscht, um

Aufmerksamkeit auf sich zu ziehen. (Steve entzog sich der Frage nach den Gründen meines Verhaltens und begab sich auf ein Gleis, das ihm sicherer erschien: das Verhalten des Patienten. Es ist immer leichter, über einen Dritten zu sprechen, der nicht dabei ist, als über die unmittelbar Betroffenen.)

B. B.: Ich weiß nicht, ob die Mitarbeiter noch eine weitere Predigt über das »Aufmerksamkeit-auf-sich-Ziehen« ertragen können. Es ist ein Lieblingsthema von mir, ich muß also vorsichtig damit umgehen. Wir alle sind auf Aufmerksamkeit aus. Die Tatsache, daß jemand etwas tut, um die Aufmerksamkeit auf sich zu ziehen, verführt uns zu dem Glauben, nun verstünden wir sein Verhalten; in Wirklichkeit versuchen wir uns selbst davon zu überzeugen, daß wir uns über den möglichen Sinn seines Handelns keine Gedanken zu machen brauchen, da wir ja schon wissen, um was es sich handelt. Es geht nicht darum, daß einer die Aufmerksamkeit auf sich ziehen möchte und der andere nicht, weil wir das alle in vielen Situationen tun, sondern es geht darum, welche Aufmerksamkeit wir wünschen und wie wir uns bemühen, sie zu bekommen. In solchen allgemeinen Begriffen wie »Aufmerksamkeit auf sich ziehen« zu denken oder zu sprechen, hindert uns daran, nach der bestimmten Bedeutung zu suchen, die ein solches Verhalten für einen bestimmten Menschen hat. Bei nicht sprechenden Patienten müssen wir uns ganz besonders davor hüten, ihr Verhalten zu verallgemeinern, weil dieses Verhalten den einzigen Hinweis abgibt, um sie und das, was sie uns vermitteln wollen, zu verstehen.

Steve: Der Hauptgrund meiner Frage ist eigentlich, daß er es fast ständig tut. Warum dann einmal darauf reagieren, alle in die Hände klatschen lassen und es sonst ignorieren? Deshalb weiß ich nicht genau, was Sie damit beabsichtigt haben.

B. B.: Wir könnten schlecht wie er den ganzen Tag lang in die Hände klatschen, das würde uns buchstäblich umbringen.

Steve: Einverstanden. Aber warum dann nur einmal?

B. B.: Sie haben beim richtigen Punkt eingehakt. Ich habe es getan, und Sie nehmen an, daß ich einen Grund dafür hatte. Ich glaube, Sie haben mehr davon, wenn Sie versuchen, es selbst herauszubekommen, als wenn ich es Ihnen sage.

Steve: Ich habe darüber nachgedacht und keine Erklärung gefunden.

B. B.: Warum, glauben Sie, macht es Louis? Können wir wirklich sagen, er tut es, um die Aufmerksamkeit auf sich zu ziehen? Hält diese Feststellung einer Prüfung stand?

Steve: Ich stimme Ihnen bei, daß das nicht viel besagt: »Er tut es, um Aufmerksamkeit anzuziehen«, es ist zu vage. Vielleicht stellt das seine Art dar, Beziehungen zu Menschen zu haben.

B. B.: Möglich. Aber gehen wir zurück zu diesem »Die Aufmerksamkeit auf sich ziehen«. Was würden Sie tun, wenn Sie die Aufmerksamkeit von jemandem auf sich ziehen wollten?

Steve: Seinen Namen rufen.

B. B.: Ist das die einzige Möglichkeit, Aufmerksamkeit zu erhalten? Wie hat Susie in diesem Augenblick meine Aufmerksamkeit auf sich gelenkt? (Seine Bemerkung zeigte, daß er nicht erkannte, daß nichtverbale Kommunikation ebenso wirkungsvoll wie sprachliche sein kann. Da er offenbar nicht begriff, wie häufig wir alle ohne Sprache miteinander kommunizieren, versuchte ich ihn darauf hinzuweisen, daß wir das alle und mit Erfolg tun.)

Steve: Ich habe nicht bemerkt, was sie getan hat.

B. B.: Wahrscheinlich, weil Sie sich auf mich konzentriert hatten, was verständlich ist. Aber ein Psychologe sollte auch immer seine Augen für nichtverbale Kommunikation offenhalten. Fragen wir also Susie, was sie tat, da Sie es nicht gesehen haben.

Susie: Ich habe mich bewegt und etwas Bestimmtes getan.

B. B.: Richtig, aber die unter uns, die es nicht gesehen haben, wissen nicht, was Sie als »etwas Bestimmtes« bezeichnen.

Susie: Ich habe mir die Jacke umgelegt.

B. B.: Ja, aber bevor Sie das taten, machten Sie ein sehr ärgerliches Gesicht. Was für einen Schluß zog ich, meinen Sie, aus Susies Bemühung, meine Aufmerksamkeit zu bekommen – was nicht schwer war?

Steve: Daß die Temperatur des Raumes ihr nicht gefiel.

B. B.: Natürlich. Sie fror und war böse, daß der Raum so kalt war. Nun sind aber viele von uns ganz froh, daß die Klimaanlage den Raum an einem so heißen Tag abgekühlt hat, aber verschiedene Menschen empfinden verschieden. Außer ihre Jacke anzuziehen und ein böses Gesicht zu machen – was hätte Susie sonst noch tun können?

Steve: Sie hätte den Thermostaten anders einstellen können.

B. B.: Auch das. Was sonst?

Steve: Sie hätte rausgehen können.

B. B.: Stimmt ebenfalls. Was sonst?

Steve: Sie hätte jemand anderen bitten können, den Thermostaten anders einzustellen.

B. B.: Wir können also, wie Sie sehen, fast unbegrenzt so weitermachen, derart viele Möglichkeiten stehen uns offen. Und wenn Susie mit der ersten Methode keinen Erfolg gehabt hätte, was hätte sie dann gemacht?

Steve: Die zweite Möglichkeit ausprobiert.

B. B.: Wenn also jemand versucht, ein bestimmtes Ziel zu erreichen oder Aufmerksamkeit zu bekommen, und er bekommt nicht, was er will, würde er normalerweise etwas anderes versuchen, und dann wieder was anderes, bis es funktioniert. Erregt nun das Händeklatschen von Louis gewöhnlich Aufmerksamkeit?

Steve: Nein.

B. B.: Also, wenn er darauf aus wäre, Aufmerksamkeit zu bekommen, würde er zu anderen Mitteln greifen. So begrenzt auch seine Repertoire im Vergleich zu unserem ist, hat doch auch er andere Möglichkeiten. Er sagt »Hei«, stellt sich vor einen, zieht Leute am Ärmel oder zeigt einem was und sagt »Sieh mal«. Sein Händeklatschen, das also offenbar überhaupt keinen Erfolg hat, muß ihm demnach etwas anderes bedeuten. Wissen wir, warum er es tut?

Steve: Keine Ahnung.

B. B.: Angenommen, jemand macht ständig etwas und so lange Zeit hindurch, wie Louis in die Hände klatscht. Können Sie sich etwas Ähnliches vorstellen, das irgend jemand vor anderen tun könnte? Es ist schwer, sich so was vorzustellen, aber vielleicht können Sie es.

Steve: Sie meinen irgendeine Gewohnheit? Eine angewöhnte Geste?

B. B.: Ich bin nicht auf etwas Bestimmtes aus. Ich versuche nur, Sie zum eigenen Denken zu veranlassen. Mir fällt im Augenblick auch kein Beispiel ein. Ihnen, Jacqui? (Das ging an die Adresse einer langjährigen Mitarbeiterin, die mit ihrem Schmuck spielte.)

Jacqui: Ich kann mir in diesem Augenblick so was ganz gut vorstellen, weil ich es gerade selbst tue.

B. B.: Und was hat es damit auf sich?

Jacqui: Ich spiele oft mit irgend etwas in meinen Händen. Es ist ein Mittel, mich zu beherrschen, es hält mich zurück, wenn ich dazu neige, mit irgendeiner Bemerkung zu schnell vorzustoßen, die ich aber nicht machen will, um die Unterhaltung nicht zu unterbrechen.

B. B.: Ich bin ziemlich sicher, Louis scheut sich nicht, etwas zu unterbrechen, aber andererseits kann es durchaus sein, daß er in die Hände klatscht, um sein Unbehagen etwas zu beherrschen. Was immer es sein mag, wenn jemand sich so deutlich vor anderen Leuten betätigt wie durch Händeklatschen, und er bekommt keinerlei Reaktion von irgend jemand – als ob das, was er tut, keinen Menschen interessierte –, ist das furchtbar frustrierend und erniedrigend. Als ich sah, daß eben dies der Fall war, war ich sowohl erstaunt als ärgerlich über das, was meine Freundin Edda als ...

Edda: ... ausgemachte Schafsköpfe ...

B. B.: bezeichnet. Alle diese Schafsköpfe, die da herumsaßen, und keiner achtete auf das, was Louis so deutlich tat. Keiner fragte: »Warum tust du das?« Statt dessen wurde um ihn herum vollkommen ignoriert, daß er etwas offensichtlich Ärgerliches tat, das zumindest andere störte und ihm offensichtlich ebenso wichtig war. Ich wollte, daß die Anwesenden sich zumindest für ihn und was er tat interessierten, ihm Aufmerksamkeit zuwendeten, obwohl ich nicht glaubte, daß er es tat, um Aufmerksamkeit zu bekommen. Ich wollte ihnen und ihm auch zeigen, daß er schließlich nichts so Ungewöhnliches tat, sondern daß wir das alle tun können. Er kämpfte nicht gegen unsichtbare Riesen oder Spinnen, sondern tat etwas, was wir auch gelegentlich tun. Wir klatschen in die Hände, wenn irgendwas geschehen ist, das uns gefallen hat. Ich weiß nicht, warum Louis es tut, aber als Möglichkeit fiel mir ein, daß er vorgeben wollte, das, was um ihn vorgeht, geschieht nur, weil es ihm gefällt. Wir wissen, daß das nicht so ist, daß er sich völlig machtlos in seinem Leben fühlt, gänzlich besiegt. Das kann aber um so mehr Grund für ihn sein, sich selbst vorzumachen, es wäre nicht so und wir täten all die merkwürdigen Dinge, die wir tun, weil wir denken, er will, daß wir sie tun. Ich gebe zu, daß das ziemlich weit hergeholt klingt, aber es soll nur zeigen, daß es möglich ist, irgendeinen Sinn in seinem Händeklatschen zu finden. Wie dem auch sei, jedenfalls hat ihm unser Händeklatschen vielleicht gezeigt, daß wir einverstanden sind mit dem, was er tut, oder wenigstens interessiert daran, und daß wir das auch gelegentlich tun können.

Louis ist davon überzeugt, daß er verrückt ist. Das hat man ihm oft genug gesagt, bevor er hierher kam, und die Blicke, die er von den Leuten in der Straße oder am Strand bekommt, bestärken ihn in dieser Überzeugung, sosehr wir sie auch hier bekämpfen. Das heißt für ihn, daß er von anderen Leuten völlig verschieden ist, und also auch das, was er tut. Deshalb versuchte ich ihm zu zeigen – nicht mit Worten, denen er nicht traut, deshalb vermeidet er es, sie zu gebrauchen –, sondern durch unser Handeln: »Nein, so anders als wir bist du nicht, wir können alles tun, was du tust. Wir tun es zwar nicht mit deiner Ausdauer, aber das bedeutet nicht, daß es so ungewöhnlich ist, wie du denkst.« Das war zum Teil der Grund für meine Anregung.

Auf einer anderen Ebene könnte man das, was ich tat, ungefähr so ausdrücken: Wenn jemand nur französisch sprechen kann und jeder um ihn herum spricht nur englisch, ist keine Kommunikation möglich. Aber wenn einer in der Gruppe nur ein paar Worte französisch kann, auch wenn er sie schlecht ausspricht, und er versucht mit diesem Fremden in dessen Sprache zu sprechen, auch wenn das fürchterlich klingt, dann ist es in dieser Situation ein Zeichen guten Willens, ein Versuch, dem Fremden das Gefühl des Außenseiters zu nehmen. Wenn das für die Sprache gilt, gilt es auch für Gesten. Ist das eine Antwort auf Ihre Frage?

Steve: Ja.

B. B.: Vielleicht ist sie es, und vielleicht wirft sie viele weitere auf.

Steve: Sicher tut sie das. Was versucht er, mit diesem Händeklatschen zu sagen? Ich sehe jetzt ein, daß es seine Art ist, sich wohler zu fühlen.

Weil gerade Jacqui erzählte, warum sie immer wieder dieselben Gesten machte, konnte Steve es begreifen; vermutlich war er sich jedoch nicht dessen bewußt und dachte, er hätte die richtige Interpretation durch unsere Diskussion über Louis erfahren. Uns allen fällt es viel leichter, von uns untereinander als von den Patienten etwas zu lernen. Da Jacqui als langjährige und sehr respektierte Mitarbeiterin sich selbst als Beispiel anbot, war es einfacher für Steve, in sich oder auch in anderen manche eigentümlichen Gewohnheiten als Mittel zur Beherrschung von Unbehagen anzuerkennen. Hätte er versucht, eine solche Erkenntnis aus Louis' Verhalten zu entnehmen, wäre es wegen dem Nebengedanken schwieriger gewesen: »Vielleicht habe ich auch etwas Verrücktes in mir« – denn dieses Eingeständnis erfordert ein ziemliches Maß an innerer Sicherheit. Wenn ein Verhaltensmuster uns zuerst an uns selbst auffällt oder, noch besser, an jemandem, den wir anerkennen, und wenn wir es erst später an einem psychiatrischen Patienten wiedererkennen, wird es zu einer Eigenschaft, die ihn uns näherbringt. Dies kann übrigens als kleines Beispiel für ein wichtiges Grundprinzip dienen: Es ist äußerst schwer, wirkliches psychologisches Verständnis aus dem Studium psychiatrischer Patienten zu lernen, obwohl dies die praktisch überall benutzte Methode für die Schulung der Mitarbeiter ist; und es ist oft sehr schmerzlich, es durch sich selber zu lernen. Es ist zwar nicht einfach, es von anderen Mitarbeitern zu lernen, aber wohl das adäquateste Mittel: wenn sie bestimmte Züge in rudimentärer Form bei sich selbst enthüllen, die bei den Patienten in einer übertriebenen Form auftreten, ist es viel akzeptabler und weniger bedrohlich, Gleiches in sich selbst zu entdecken. Soviel ich auch versuchte, auf Parallelen zwischen meiner Psyche und derjenigen der Patienten hinzuweisen, der Leiter einer Institution ist weniger dazu geeignet, weil der Verdacht immer besteht, er tue das nur, um den Mitarbeiter zu veranlassen, Gleiches zu tun; das heißt, er tut es mehr im Interesse der Institution als im Interesse des Mitarbeiters.

B. B.: Wie wollen Sie Louis verständlich machen, daß Sie begreifen, er klatscht in die Hände, weil ihm das ein gewisses Maß an Sicherheit verschafft, wenn Sie nicht seine Kommunikationsmöglichkeiten dafür verwenden? Wir sind noch Jahre davon entfernt, bis er uns in Worten erzählen kann, was das Händeklatschen für ihn bedeutet, und vielleicht kommen wir niemals soweit, wenn wir ihm nicht zeigen, wie sehr wir uns bemühen, sein Verhalten von seiner Sicht her zu verstehen. Selbst ich kann mir nur von Fall zu Fall Methoden ausdenken, um einem Patienten zu vermitteln, daß wir uns auf seiner Wellenlänge befinden oder zumindest versuchen, auf seine Wellenlänge zu gelangen. Und ich muß auch in Betracht ziehen, wie die Mitarbeiter und die übrigen Patienten auf diese Methoden reagieren würden, ob sie bereit sind, mit mir zusammenzuarbeiten.

Alan: Etwas verstehe ich noch nicht ganz. Wenn ich an seiner Stelle wäre und täte, was er tut, in die Hände klatschen, und jeder das Gleiche zur gleichen Zeit täte, würde mich das rasend machen.

B. B.: Vielleicht. Bei Ihnen wäre das so, und jemand anders würde nicht wütend, sondern wäre erschrocken. Ich mußte die Möglichkeit einbeziehen, daß er durchdreht. Sie haben völlig recht. Aber weiter. Was, glauben Sie, geht in Louis vor? Glauben Sie, er liebt uns, seine Mitmenschen, die Menschheit? Macht er sich, wie manche von uns, Sorgen um den Frieden in der Welt? Sie schütteln den Kopf. Nein. Also was glauben Sie dann, was in diesem Zeitpunkt in ihm vorgeht?

Alan: Wahnvorstellungen.

B. B.: Was für welche?

Alan: Über sich selbst.

B. B.: Da wäre ich nicht so sicher.

Alan: Ich versuchte mir zu überlegen, welche Phantasievorstellungen ich hätte, wenn ich ständig in die Hände klatschte.

B. B.: Ausgezeichnet, vergessen Sie aber nicht Ihre sehr gute Bemerkung, es würde Sie rasend machen. Rasend auf wen?

Alan: Auf die anderen.

B. B.: Gut. Und auf wen ist er, meinen Sie, meistens wütend?

Alan: Auf jeden.

B. B.: Sie meinen ganz allgemein?

Alan: Ich meine, sein Haß ist auf nichts Bestimmtes gerichtet.

B. B.: Genau. Wenn er wüßte, auf wen er so wütend ist, wenn er es sich leisten könnte, es zu erkennen, wäre er mehr eine Person, das Leben wäre konkreter für ihn, und die Dinge wären greifbarer und nicht ein solcher Sumpf von Verzweiflung. Nehmen wir aber an, er sei sich der Ursache seiner Wut und tödlichen Angst bewußt: seine Mutter, sein Bruder. Was kann er da ausrichten, wo sie soviel Macht haben, daß sie ihn als menschliches Wesen zerstören konnten, ihn zu einem Nichts machten. Er schmort in seinem Zorn, er zerquetscht sie zwischen seinen klatschenden Händen. Das ist natürlich alles sehr unbestimmt und vage. Wenn ihn aber mein Handeln wütend macht, was wäre der Vorteil?

Alan: Daß Sie hier sind, daß er Ihnen etwas antun kann.

B. B.: Das stimmt. Sein Zorn ist jetzt von jemandem verursacht, der eine reale Person ist, also wenigstens von etwas Bestimmtem, das hier und jetzt passiert. Eine unbestimmte Wut, eine obskure und unbestimmte Angst sind viel vernichtender als eine konkrete Erfahrung in dieser Richtung. Wenn Sie auf die ganze Welt wütend sind, was können Sie schon tun? Vielleicht Ihre Frau schlagen, wenn Sie es zuläßt. (Alan hatte gerade geheiratet, eine ebenfalls anwesende Mitarbeiterin.) Und sagen Sie mir nicht, daß Ihnen das, zumindest für den Augenblick, wenn Sie diese Wut empfinden würden, keine Erleichterung verschaffte. Das soll nun bitte kein Rat zum Handeln sein, sondern nur ein Beispiel.

Alan: Aber Louis sah teuflisch böse aus und klatschte intensiver weiter als sonst.

B. B.: Vielleicht weil er jetzt wußte, wen er zwischen seinen Händen zerquetschte, und das war der Vorteil. Ehrlich gesagt, glaube ich, daß mein Eingreifen ganz verkehrt gewesen wäre, wenn er vor Schreck mit dem Klatschen aufgehört hätte; es wäre dann ein Schritt zur Verdrängung des Symptoms gewesen, bevor er oder wir verstanden hätten, was es bedeutete, und damit für unsere therapeutischen Bemühungen sehr gefährlich. Aber ich wollte ihm zeigen, daß sein Klatschen auch etwas mit uns hier zu tun hatte, und ihm sozusagen vermitteln: »Wenn du jetzt böse bist und uns umbringen willst, hast du gute Gründe dafür, und Gründe, die du kennen kannst.« Es ist so viel besser, auf etwas wütend zu sein, von dem wir wissen, daß wir darauf wütend sind, oder vor dem wir Angst haben, denn früher oder später kommen wir darauf, daß wir, weil es etwas Konkretes ist, auch etwas dagegen tun können.

Bill: Ich frage mich die ganze Zeit, was Don tat, während das passierte.

Alan: Ich habe ihn beobachtet, und er war ganz aufgeregt und sehr entzückt.

B. B.: Das fand ich auch. (Don ist ein Junge, der autistisch gewesen war und zu dessen Symptomen ein ständiges, aber ganz anderes Händeklatschen und ein Herumspringen im Zimmer gehörten. Vor ungefähr zwei Jahren hatte er dieses Klatschen zusammen mit den anderen autistischen Symptomen aufgegeben. Er war noch immer verwirrt, hatte aber die meiste Zeit guten Kontakt zu uns und hielt sich ganz gut, wenn auch mit großer Mühe.) Dieses Händeklatschen unsererseits überzeugte ihn davon, wie weit er sich von solchem »verrückten Benehmen« schon entfernt hatte. Er war sehr zufrieden mit sich und fühlte sich Louis sehr überlegen.

Alan: Man sah es ihm direkt an, wie er dachte: »Schaut euch diesen Verrückten an!«

Karen: Würde das auch erklären, warum Martha nach all diesen Jahren hier Angst hat?

B. B.: Genau. Solange es *irgendwelche* Leute waren, die ihr die Haut vom Körper zogen, konnten wir sie nicht ansprechen.

Karen: Es ist also ein Fortschritt.

B. B.: Sicher. In der klassischen Psychoanalyse sprechen wir davon, das Problem, die Neurose oder was es sonst ist, in die Behandlungssituation zu bekommen. Es wird analysierbar als Übertragungs-Neurose. Da unsere Patienten hier viel kränker sind und für andere so unansprechbar, müssen wir sie in eine Lebenssituation bekommen – im Gegensatz zur Übertragungssituation. Durch die Lebenssituation können wir sie am Ende dazu bringen, was sie quält dort hinein zu übertragen. Deshalb müssen wir ihnen, in Grenzen, eine Möglichkeit bieten, auf uns wütend zu werden oder sogar Angst vor uns zu haben. Wir tun das nicht, indem wir sie wütend *machen* oder sie provozieren – ich wollte Louis nicht provozieren. Im Gegenteil, ich zeigte ihm, daß es ganz ungefährlich ist, wütend auf uns zu sein, damit er sich uns gegenüber weniger fremd fühlen sollte. Eben dies wollte ich auch mit meinem wenig geschmackvollen Beispiel zeigen; es ist ungefährlicher für Alan, seine arme Frau zu schlagen, als einen Fremden zusammenzuschlagen, der vielleicht stärker ist als er oder mit einem Messer bewaffnet ist. Denn, sehen Sie, solange Martha Angst hatte, daß irgend jemand da draußen ihr die Haut abziehen wollte, nützten unsere beruhigenden Worte, »die Welt sei nicht so sehr daran interessiert, ihr die Haut abzuziehen«, überhaupt nicht. Wenn aber Patienten Angst haben, *wir* könnten ihnen das antun, dann können wir ihnen allmählich zeigen, wie wir wirklich sind und wie wenig unheimlich wir tatsächlich sind.

Karen: Also, neulich sagte Martha beispielsweise, daß Diana und Ann wie ihre Schwester aussehen. Das hat mich völlig aus der Fassung gebracht. Noch nie hat sie einen so zusammenhängenden Satz gesagt in so gutem Kontakt, eine ganz artikulierte Feststellung. Ich habe nichts dazu gesagt, aber meine gefühlsmäßige Reaktion war: »Das tun sie ja gar nicht. Du brauchst nicht auf sie so böse zu sein, denn sie sind nicht deine Schwester.«

B. B.: Das ist viel zu rational gedacht. Solche inneren Reaktionen kommen einem ganz natürlich, und Sie können sich gratulieren, daß Sie genügend Einfühlung in Martha hatten, um es nicht auszusprechen, denn es hätte nichts genützt. Sehen Sie, ihre wirkliche Schwester war so überwältigend und vernichtend, daß sie überhaupt nicht mit ihr fertig wurde.

Karen: Also Diana wird zu ihrer Schwester, und dann kann sie etwas gegen sie unternehmen. Und etwas ganz Ähnliches passierte mit Monica in bezug auf ihre Zwillingsschwester. Völlig aus dem Blauen heraus fand sie plötzlich, daß Pat wie ihre Zwillingsschwester sei, und jetzt haßt sie sie in rachsüchtigster Weise.

B. B.: Wie Sie wissen, gibt es da eine Vorgeschichte. Monica haßt und liebt Inge, ihre Betreuerin. Sie hat sie zu ihrer Mutter gemacht, die sie glaubt ermordet zu haben, weil sie sie stieß, während sie schwanger war; die Mutter starb während ihrer Schwangerschaft. Monica hat ihre Mutter so gehaßt, weil sie so sehr von ihr geliebt werden wollte und das Gefühl hatte, ihre Zwillingsschwester bekäme alle Liebe und sie keine. Wir kamen mit ihr überhaupt nicht voran, bis sie anfing, Inge zu lieben und zu hassen, wie sie es mit ihrer Mutter getan hatte. Nur wurde ihre Liebe jetzt nicht zurückgewiesen, und ihr Haß führte nicht zu so vernichtenden Resultaten. Ihr Haß beruhte nicht auf Gegenseitigkeit, noch wurde ihre Liebe ständig enttäuscht. Wir können solchen Patienten eben erst helfen, wenn sie in einigen von uns die Mitglieder ihrer eigenen Familie sehen oder zumindest diejenigen, die ihnen die größten Schwierigkeiten verursacht haben. Das gehört zu den schwersten Dingen, die wir lernen müssen, denn wenn sie es sich schließlich leisten können, auf uns so böse zu werden, sind unsere Gefühle verletzt. Wir denken dann an die ganze Arbeit, die wir für sie tun, wie fabelhaft wir zu ihnen sind, an unsere Picknicks und an die Kochereien draußen und drinnen, die wir für sie arrangiert haben, wie wir Dinge für sie erledigen, die ganze Nacht bei ihnen sitzen, alles für sie tun, viel mehr als irgendwer je für uns getan hat, und dann ...

Inge: ... erklärt Monica, ich wäre ihre gräßliche Mutter.

B. B.: So ist es. Aber nur so, indem Sie zu ihrer gräßlichen Mutter werden, können Sie ihr beweisen, daß Sie gar nicht so gräßlich sind. Das ist für den Anfänger sehr schwer zu lernen, daß nämlich Patienten dann die größten Chancen zu Fortschritten haben, wenn sie es sich leisten können, lieb und böse zu uns zu sein. Das Problem dieser Gefühlsäußerungen besteht für uns darin, daß sie unser Selbstbild zu zertrümmern drohen, und doch sind wir, wenn sie das tun, den Patienten nicht mehr von Nutzen. Unser Selbstbild muß so sicher sein, daß wir uns darüber freuen können, wenn wir endlich zu der gräßlichen Mutter werden. Dann können sie ausprobieren, wie gräßlich wir wirklich sind, und schließlich zu dem Schluß kommen, daß es selbst für sie in dieser Welt gute Ersatzmütter gibt.

Der nächste und letzte Auszug aus den Konferenzprotokollen befaßt sich wieder mit der Arbeit eines Anfängers. Was Milieu-Therapie bedeutet, kann lebendiger durch das werden, was der Anfänger durchmachen muß, um sich zu einem Mitarbeiter mit Erfahrung zu entwikkeln, als an den unzähligen Problemen, mit denen der erfahrenste Mitarbeiter täglich kämpft.

Aus der ersten Phase dieser Konferenz geht hervor, wie schwierig es selbst für einen sehr intelligenten und in anderen Situationen höchst scharfsinnigen Menschen sein kann, zu erkennen, was man anderen antut und was einem selbst angetan wird. Die junge Dame, die wir Eileen nennen wollen, hatte in Philosophie die besten Zeugnisse erworben, bevor sie zu uns kam. Innerhalb weniger Jahre, nachdem sie uns verlassen hatte, wurde sie als Professor der Philosophie an eine der großen Universitäten berufen. Wenn man den Betreuer genau das durchmachen läßt, was er den Patienten erfahren ließ, kann das für ihn, wenn schon nicht überwältigend, so doch höchst aufschlußreich sein; er muß dann einfach die gleichen Gefühle wie der Patient empfinden. Solche Erfahrungen bewegen ihn dazu, in Zukunft zuerst zu bedenken, welche Gefühle sein Verhalten im Patienten hervorruft, und sie zeigen ihm, wie ähnlich unser aller gefühlsmäßige Reaktionen sind.

Eileen: Marc fragt immer, wann etwas erfunden worden ist oder wer es erfunden hat, so in dem Stil, wer hat das Weiße Haus erfunden, und wann wurde es erfunden. Und ich frage dann: »Warum willst du das wissen?«, und alles, was er sagt, ist: »Ich bin nur neugierig.«
B. B.: Und warum wollen Sie wissen, weshalb Marc das tut?
Eileen: Weil es so oft vorkommt.
B. B.: Ja, aber warum wollen Sie das wissen?
Eileen: Weil es eine Frage ist, auf die ich niemals käme.
B. B.: Ist es nicht merkwürdig, daß Sie niemals auf eine solche Frage kommen würden? Zu fragen, wer das Weiße Haus erfunden hat?
Eileen: Schön, es ist schon eine ganz berechtigte Frage. Aber er will im Grunde gar nichts über das Weiße Haus wissen.
B. B.: Warum wollen Sie dann etwas über Marc wissen? Sind Sie nicht neugierig?
Eileen: Doch.
B. B.: Warum sollte Marc nicht neugierig sein?
Eileen: Weil ich nicht einfach »nur neugierig« bin.
B. B.: Vielleicht ist er das auch nicht.
Eileen: Das ist es ja eben. Ich bin sicher, er ist nicht »nur neugierig«, aber das ist nun mal seine ganze Erklärung, und wenn ich ihn frage, warum er das fragt, sagt er: »Ich weiß es nicht.« Ich überlege also, wie ich mehr über das erfahren könnte, was ihn wirklich interessiert.
B. B.: Was ist noch mit Marc? Weiter.
Eileen: Weiter mit was?
B. B.: Ich weiß es nicht.
Eileen: Ich weiß nicht recht, was ich sagen soll. Weil diese ständigen Fragereien den größten Teil unserer Unterhaltungen einnehmen. Weil er solche Dinge oft fragt.
B. B.: Ich glaube, es tut wenig zur Sache, wie oft er die Fragen stellt.
Eileen: Weil ich wissen will, was ihm wichtig ist.

B. B.: Warum wollen Sie das wissen? Stellen Sie mir eine Frage. Irgendeine simple Frage, die erste, die Ihnen in den Sinn kommt.

Eileen: Warum ist das Gras grün?

B. B.: »Warum wollen Sie das wissen?« Was ist Ihre Reaktion auf diese Antwort?

Eileen: Reden Sie kein dummes Zeug, antworten Sie mir.

B. B.: Das ist es. Die normale gefühlsmäßige Reaktion auf: »Warum willst du das wissen?« ist: »Zum Teufel mit dir.« Entweder Sie wissen, wer das Weiße Haus erfunden hat, oder Sie wissen es nicht. Beides sind durchaus zulässige Antworten. Aber Sie zogen es vor, ihn zu fragen: »Warum willst du das wissen?« Sie tun ihm etwas an, das Sie energisch ablehnen würden und sollten, wenn es Ihnen jemand antäte.

Eileen: Nun, ich habe Sie gefragt, warum ist das Gras grün.

B. B.: Warum versuchen Sie es nicht weiter?

Eileen: O. K. Warum sind Schafe schwarz und weiß und nicht rot, oder warum sind Schwäne weiß und manchmal schwarz, aber nicht rot?

B. B.: Ich weiß es wirklich nicht. Sie?

Eileen: Warum sind Wolken weiß?

B. B.: Ja, da gibt es ein paar Erklärungen. Soll ich ein Buch holen und wir suchen es zusammen raus?

Besucherin: (Diese Besucherin verbrachte probeweise ein paar Tage in der Institution, damit sie wie wir entscheiden könnten, ob sie bei uns als Mitarbeiterin anfangen sollte.) Gestern fragte er mich, wer »Großvater« erfunden hat, und ich sagte: »Das kann ich dir wirklich nicht sagen; es ist so ein altes Wort, und man hat es einfach schon vor sehr langer Zeit benutzt.« Und ich weiß nicht mehr, wer vorschlug, ein Lexikon zu benutzen – ich glaube, es war direkt bei Tisch –, und er sagte: »Gut, dann sehen wir es nach dem Essen im Lexikon nach.« Wir haben noch mehr darüber geredet, und er wußte, daß Großvater ein Vater vom Vater oder von der Mutter ist. Als wir es dann im Lexikon nachschlugen, stand da auch nur: »Vater des Vaters oder Vater der Mutter«. Das Lexikon hat ihm eigentlich nichts vermittelt, das er nicht schon wußte. Wahrscheinlich war er überhaupt nicht daran interessiert, wer »Großvater« erfunden hat.

B. B.: Ich glaube, er war sehr daran interessiert, wer Großvater erfunden hat. Wer hat Großvater denn erfunden? Das ist eine einfache Frage.

Besucherin:	Ich wüßte nicht, was ich antworten sollte.
B. B.:	Sie sind ein intelligentes Mädchen, gebrauchen Sie ihre Phantasie. Wer schafft einen Großvater?
Besucherin:	Die Tatsache, daß sein Sohn Kinder hat.
B. B.:	Nein, wer schafft den Großvater?
Besucherin:	Die Enkel.
B. B.:	Ja, aber da Sie seine Familiengeschichte nicht kennen, lassen Sie sich sagen, daß es in der Familie nur einen einzigen Enkel gibt, und das ist Marc. Es war also Marc, der seinen Großvater geschaffen hat. Wer hat das Weiße Haus erfunden, Eileen? Gut, wer hat dieses weiße Haus hier erfunden?
Eileen:	Sie ... die Kinder ... Sie meinen, dieses Haus hier?
B. B.:	Dieses weiße Haus.
Eileen:	Welches weiße Haus?
B. B.:	Also gut, welche Antwort würden Sie ihm geben?
Eileen:	Welches weiße Haus? Oder keine Antwort?
B. B.:	Ich weiß nicht, ob Sie ihm eine Antwort geben müssen. Aber es gibt doch viele weiße Häuser, nicht wahr?
Eileen:	Ja.
B. B.:	Was ist denn der Unterschied zwischen den vielen weißen Häusern und *dem* Weißen Haus?
Eileen:	Der Präsident wohnt in dem Weißen Haus.
B. B.:	Wer hat also das Weiße Haus erfunden?
Eileen:	Der Präsident?
B. B.:	In gewisser Weise, ja. Jedenfalls könnten Sie herausfinden, ob es um den Präsidenten im Weißen Haus geht. Sehen Sie, wenn Sie sagen: »Warum willst du das wissen?«, zeigt das Marc, daß Sie sich keinerlei Mühe geben, seine Frage zu durchdenken. Marc ist nicht hier, um unter Ihrer geistigen Trägheit zu leiden, wenn ich das so nennen darf. Selbst Sie, die nur zu Besuch bei uns sind, hätten Marc erzählen können, wenn Sie kurz nachgedacht hätten, wer den Großvater zwar nicht erfunden hat, aber wer ihn schafft. Wenn er fragt: »Wer hat das Weiße Haus erfunden?«, ist das eine durchaus intelligente Frage. Es gibt viele weiße Häuser, weshalb also reden die Leute von *dem* Weißen Haus? Was ist daran so Besonderes? Aber Sie haben recht, es stimmt, daß er seine Fragen nicht stellt, um klare Antworten zu bekommen, dafür ist er viel zu scharfsinnig. Weshalb fragt er also? Was ist der Sinn seiner Frage?

Eileen:	Um irgendwas rauszukriegen über ...
B. B.:	Um irgendwas rauszukriegen. Überstürzen Sie nichts, indem Sie sagen, über was; in Eile etwas fixieren zu wollen, führt uns vom Wege ab. Wenn ich eine Frage stelle, auf die ich die Antwort nicht weiß, ist es einfach: ich will irgendeine Information. Wenn ich aber frage: »Wer hat Großvater erfunden?« oder »Wer hat das Weiße Haus erfunden?« – Fragen, auf die ich die Antworten weiß –, was will ich herausbekommen?
Eileen:	Was der andere sagen wird.
B. B.:	Richtig. Wenn ich eine Frage stelle, auf die ich die Antwort nicht weiß, können Sie nicht sicher sein, ob ich auf eine Information aus bin oder ob ich nur an Ihrer Reaktion interessiert bin. Das bringt alles durcheinander. Wenn ich die Dinge nicht durcheinanderbringen will, was für Fragen stelle ich dann?
Eileen:	Solche, deren Antworten Sie kennen.
B. B.:	Und warum würde mir das zu größerer Klarheit verhelfen? Welche Gleichung ist leichter zu lösen: eine mit mehreren Unbekannten oder eine mit nur einer Unbekannten?
Eileen:	Mit einer. Aber meinen Sie die Klarheit für ihn oder mein Verständnis für das, was er will, indem ich unterscheiden kann, ob er einfach meine Reaktion oder die richtige Antwort auf seine Frage haben will?
B. B.:	Angenommen, ich stelle eine Frage, und die Antwort ist von großem Interesse für mich. Wenn ich die Antwort habe, auf was konzentriere ich mich dann?
Eileen:	Auf die Antwort.
B. B.:	Auf die Information. Wenn ich mich auf die Information konzentriere, bin ich dann auch imstande, die Absicht der Person, die mir geantwortet hat, zu erkennen?
Eileen:	Nein.
B. B.:	Wenn ich also an der Absicht der Person interessiert bin und nicht durch meine Konzentration auf die Information abgelenkt werden will, welche Fragen stelle ich dann?
Eileen:	Fragen, deren Antwort Sie nicht interessieren oder die Sie schon kennen.
B. B.:	Genau. Und eine, die nichts mit Marc oder Eileen oder mir oder mit sonstwem zu tun hat. Wenn Marc fragt: »Warum ist das Gras grün?« oder »Wer hat das Weiße Haus erfunden?«

Eileen: Will er meine Reaktion sehen.

B. B.: Richtig. Und an was mag er wohl interessiert sein?

Eileen: Ob ich das, was er mich fragt, ernst nehme?

B. B.: Ja. Ob Sie sich irgendwelche Mühe geben, ihm in seiner Not zu helfen.

Eileen: Weil der Patient, wenn Sie ihm zuhören, ihm Aufmerksamkeit schenken und ihn ernst nehmen, weiß, daß Sie sich für ihn interessieren, und dann werden auch andere Dinge dabei herauskommen.

B. B.: Und was passiert Marc, wenn er Sie fragt: »Wer hat das Weiße Haus erfunden?« Welche Anwort bekommt er?

Eileen: »Warum willst du das wissen?«

B. B.: Ja, und wenn er immer solche Antworten bekommt, was kann dann mit seinem Fragen passieren?

Eileen: Er könnte ganz damit aufhören.

B. B.: Eben. Jetzt kommt er in die Orthogenic School, und man kann nur hoffen, daß er anderen Leuten begegnet, die mehr Verständnis aufweisen werden als Sie beide. Was könnte passieren? Und was ist tatsächlich passiert?

Eileen: Er wird andere Arten von Fragen stellen.

B. B.: Nein, er wird genau diese Art Fragen wieder stellen. Wenn er aber Antworten wie: »Sehen wir im Lexikon nach« oder »Warum willst du das wissen« erhält, wird er bald wieder mit den Fragen aufhören, weil er herausbekommen hat, was er wissen wollte – daß Sie nicht an seinem Unglück interessiert sind. Kommen wir noch mal zu der Sache mit dem Großvater. Wenn man mit einem Philosophen spricht, ist es nicht gerade die schwierigste philosophische Frage, die er da aufwirft: »Wie kommt es, daß mich mein Großvater geschaffen hat, wenn ich selbst ihn geschaffen habe?«

Eileen: Einer braucht den anderen?

B. B.: Ja, aber auf der Ebene von Marcs Grübeleien ist es der Großvater, der eine so große Rolle in seinem Leben gespielt hat, daß das eine Vorstellung ist, die ihm kaum begreiflich wäre. Wenn er durch seine Geburt den Großvater tatsächlich schuf, und wenn gleichzeitig der Großvater in gewisser Weise ihn schuf, denn ohne ihn würde Marc ja nicht existieren, dann müßte, wenn der Großvater stirbt (was gerade passiert ist), auch der Enkel sterben. Was Marc im Grunde fragt, ist: »Bin ich am Leben?« oder »Wie kommt es, daß ich

	noch am Leben bin? Ich war ein Enkel, und jetzt habe ich keinen Großvater, wie kann ich ein Enkel ohne Großvater sein?« Der Enkel starb also, aber Marc ist noch am Leben.
Mitarbeiterin:	Hängt das nicht auch damit zusammen, daß er seinen Zorn sofort wieder auf sich selbst richtet? Er will so oft jemanden umbringen, aber er denkt dann, daß er umgebracht werden wird. Das ist sein ständiges Dilemma und der Grund, weshalb er sich nicht bewegen kann und so große Angst hat, uns wissen zu lassen, was er wirklich denkt.
B. B.:	Das stimmt. Das steckt hinter seinem ständigen Hin und Her bei allen Dingen, er will seine Not hinter scheinbar dummen Fragen verbergen, um herauszuspüren, was wir denken, was wir vorhaben. Meine Frage an Sie, Eileen, lautet also: Wenn Sie eine Frage gestellt bekommen, warum geben Sie ihm keine Antwort?
Eileen:	Nun ja, es hatte etwas mit der Einstellung zu tun, die ich zu Marc hatte.
B. B.:	Sehen Sie, und genau dieses Gefühl hatte er, und das ist auch genau das, was er mit seinen Fragen sowieso herauskriegen *wollte*. Und wenn sie guten Kontakt zu Marc haben, wird er nur selten solche Fragen stellen. Wenn er sie aber stellt, fragt er in Wirklichkeit: »Wie sind Ihre Gefühle für mich jetzt gerade?« Aber leider hat er eins aufs Dach bekommen. Denn wenn Sie ihm geantwortet hätten: »Ich weiß es eigentlich nicht, Marc«, und danach die Frage gestellt: »Weißt *du* es vielleicht?« – dann hätte er entweder ja oder nein gesagt. Und wenn er nein gesagt hätte, hätten Sie sagen können: »Gut, dann sitzen wir beide im gleichen Boot.« Die Welt der Angst, die hinter diesen Fragen steht, ist genau die Welt, in der Marc lebt, und wir müssen ihm dahin folgen, weil wir ihm nur dort helfen können. Vor allem haben Sie kein Recht, irgendeinem Kind als Antwort zu einer Frage eine Gegenfrage zu stellen, es sei denn, Sie haben sich ehrlich bemüht, herauszufinden, worauf seine Frage abzielt. Aber Ihre Einstellung zu seiner Frage nach dem Weißen Haus war: »Was für eine dumme Frage« oder »Was für eine alberne oder verrückte«. Und ich glaube, der Sinn seiner Frage war, ob Sie ihn für einen empfindsamen Menschen halten,

der mit furchtbar schwierigen Problemen kämpft, oder für jemanden, der Ihrer Aufmerksamkeit und Überlegungen nicht würdig ist und dem Sie daher einfach mit der Gegenfrage kommen: »Warum willst du das wissen?« Jetzt: Woher kommt denn der Gebrauch des Ausdrucks »Weißes Haus« als Symbol? Haben Sie darüber einmal nachgedacht?

Eileen: Weil der Präsident im Weißen Haus wohnt?

B. B.: Warum sollte das so sein? Sehen Sie, wenn Sie Marcs Frage so ernsthaft erwogen hätten, wie sie es verdient, wären Sie von allein damit weiter gekommen. In England gibt es das königliche Haus Windsor. Lange bevor es ein Weißes Haus gab, wie haben sich die Leute voneinander unterschieden?

Eileen: Daß sie aus bestimmten Häusern kamen.

B. B.: Richtig. Oder Mr. Jones von der Roten Farm an der Kreuzung. Warum auf diese Art? Weil die Leute bezeichnet wurden durch etwas, das ein Symbol für die Familie war. Und das Haus war ein Symbol für die Familie, weil es von längerer Dauer als die einzelnen Menschen ist.

Mitarbeiterin: Davon hat Marc heute mit mir gesprochen, ob ein Haus eine Familie macht.

B. B.: Deshalb hat er vom Weißen Haus gesprochen. Wer hat das Weiße Haus erfunden? Das heißt, wer hat die Familien geschaffen? Und wie? Es ist die gleiche Frage. Und er macht sich Sorgen darüber, weil für ihn in seiner Familie kein Platz ist. Also wieso ist er draußen in der leeren, kalten Welt, wenn andere, sogar seine Familie, ein weißes Haus haben? Er grübelt über diese Dinge nach auf jede erdenkliche Weise.

Die einzige Möglichkeit, mit diesen schwierigen und anstrengenden Patienten nicht die Geduld zu verlieren, besteht darin, sie in allem, was sie tun, ernst zu nehmen. Wenn Sie es genau betrachten, sind sie alle derart anstrengend, daß wir uns auf die wirkliche Bedeutung ihres ärgerlichen Verhaltens konzentrieren müssen, um uns nicht einfach notwendigerweise dadurch verärgern zu lassen. Wenn wir uns ihnen aber ehrlich widmen, entdecken wir, daß nicht nur sie, sondern auch wir auf unsere gebildetere Weise, alle elende Sünder sind, wie es uns die Bibel längst gesagt hat. Wie kann also Gott in seiner Gnade nicht mit uns allen verärgert sein? Weil er auf uns heruntersieht und sich sagt: »Himmel, ich habe sie erschaffen. Und also bin ich für sie verantwortlich!« Nur so kann er uns alle akzeptieren.

Wenn wir jedoch sie und alles, was sie tun, sehr ernst nehmen und darüber nachdenken, um was es sich bei all diesen ärgerlichen, verwirrenden, verrückten Dingen, die sie tun, wirklich handelt, hindert uns das, ungeduldig mit ihnen zu werden. Wir müssen versuchen, sie zu verstehen; und wenn wir das tun, dann können wir nicht anders, als sie annehmen und ihnen aus ihrem Elend heraushelfen wollen. Dadurch können wir uns selbst viel besser verstehen und akzeptieren.

Das war der Ausklang dieser Mitarbeiterkonferenz, und er soll auch der Ausklang meines Berichtes über die Milieu-Therapie sein.

Wir können uns den elendesten unter unseren Mitmenschen nicht mehr mit der Begründung widmen, dies sei der beste Weg, Gott zu dienen. Wenn wir uns ihnen aber widmen wollen, können wir es mit mehr Erfolg als alle vorangegangenen Generationen, denn wir wissen soviel mehr über die verborgenen Mechanismen der Seele. Wenn wir in dem Wunsche, ihnen zu helfen, in das Dunkel ihrer Seele eindringen, können wir nicht vermeiden, auch Licht in die versteckten Winkel unserer eigenen Seele zu bringen. Jede Generation muß den Kampf gegen das Dunkel ihrer Seele erneut aufnehmen, und die Milieu-Therapie ist gar keine schlechte Methode dazu; das gilt für die psychiatrischen Patienten wie für diejenigen unter uns, die es sich zur Aufgabe gemacht haben, als Helfer zu ihnen zu gehen. Wenn wir uns bemühen, einen Sinn zu finden in ihrem endlos sich wiederholenden Verhalten, ihrem ewigen Grübeln, in dem sie durch ihre Angst gefangen sind, dann – ich zitiere den Schluß von Thomas Manns ›Doktor Faustus‹, der letzten künstlerischen Darstellung dieses großen Mythos des Abendlandes – »wird aus letzter Hoffnungslosigkeit, ein Wunder, das über den Glauben geht, das Licht der Hoffnung tagen«.

Literaturverzeichnis

1. Aichhorn, A.: Wayward Youth. New York, Viking, 1939. Deutsch: Verwahrloste Jugend. Bern, Huber, 1951.
2. Baker, A., R. L. Davies und P. Sivadon: Psychiatric Services and Architecture. World Health Organization Public Papers, Nr. 1, Genf 1959.
3. Baratz, G.: A Village by the Jordan. London, Harville Press, 1954. Deutsch: Siedler am Jordan. Göttingen, Vandenhoeck & Ruprecht, 1963.
4. Bateson, G., D. D. Jackson, J. Haley und J. Weakland: Toward a Theory of Schizophrenia. In: Behavioral Science 1/1956. Deutsch: Schizophrenie und Familie. Frankfurt a. M., Suhrkamp, 1969.
5. Belknap, I.: Human Problems of a State Mental Hospital. New York, McGraw-Hill, 1956.
6. Bettelheim, B.: Milieu Therapy – Indications and Illustrations. In: The Psychoanalytic Review 36/1949.
7. – Love Is Not Enough – The Treatment of Emotionally Disturbed Children. Glencoe, Ill., The Free Press, 1950. Deutsch: Liebe allein genügt nicht. Stuttgart, Klett, 1970.
8. – Truants From Life. Glencoe/Ill., The Free Press, 1955. Deutsch: So können sie nicht leben. München, Deutscher Taschenbuch Verlag, 1985.
9. – Childhood Schizophrenia. In: The American Journal of Orthopsychiatry 26/1956.
10. – Psychiatric Consultation in Residential Treatment. The Director's View. In: The American Journal of Orthopsychiatry 28/1958.
11. – The Informed Heart. Glencoe/Ill., The Free Press, 1960. Deutsch: Aufstand gegen die Massen. München, Szczesny, 1966.
12. – Training the Child-Care Worker in a Residential Center. In: The American Journal of Orthopsychiatry 36/1966.
13. – The Empty Fortress. New York, The Free Press, 1967. Deutsch: Die Geburt des Selbst. München, Kindler, 1977.
14. – The Ultimate Limit. In: Midway 9/1968.
15. – The Children of the Dream. New York, Macmillan, 1969. Deutsch: Kinder der Zukunft. München, Deutscher Taschenbuch Verlag, 1980.
16. Bettelheim, B. und E. Sylvester: A Therapeutic Milieu. In: The American Journal of Orthopsychiatry 18/1948.
17. Bettelheim, B. und B. Wright: Staff Development in a Treatment Institution. In: The American Journal of Orthopsychiatry 25/1955.
18. Blos, P.: On Adolescence. New York, The Free Press, 1962. Deutsch: Adoleszenz, eine psychoanalytische Interpretation. Stuttgart, Klett, 1973.
19. Bowlby, J.: Maternal Care and Mental Health. Genf, World Health Organization, 1952. Deutsch: Mutterliebe und kindliche Entwicklung. München/Basel, Reinhardt, 1972.
20. – The Nature of the Child's Tie to His Mother. In: International Journal of Psychoanalysis 39/1958.

21. Braginsky, B. M., D. D. Braginsky und K. Ring: Methods of Madness, The Mental Hospital as a Last Resort. New York, Holt, Rinehart and Winston, 1969.
22. Buck, J. N.: The H-T-P Technique. In: Journal of Clinical Psychology, Monograph Supplement 5/1948.
23. Calhoun, J. B.: Population Density and Social Patterns. In: Scientific American 206/1962.
24. Caudill, W.: The Psychiatric Hospital as a Small Society. Boston, Harvard University Press, 1958.
25. – Around the Clock Patient Care in Japanese Psychiatric Hospitals: The Role of the Tsukisoi. In: American Sociological Review 26/1961.
26. Caudill, W. und H. Weinstein: Maternal Care and Infant Behavior in Japan and America. In: Psychiatry 32/1969.
27. Chombard de Lauwe, P.: Famille et Habitation. Paris, Information Sociales 2/1959.
28. Christian, J. J.: Factors in Mass Mortality of a Herd of Sika Deer. In: Chesapeake Science 6/1960.
29. Chu, F. D. und S. Trotter: The Mental Health Complex, Part I: Community Mental Health Centers; Part I of the Task Force Report on the National Institute of Mental Health. Washington, D. C., Center for Study of Responsive Law, 1972.
30. Cumming, J. und E. Cumming: Ego and Milieu. New York, Atherton Press, 1962. Deutsch: Ich und Milieu. Göttingen, Vandenhoeck und Ruprecht, 1979.
31. Deane, W. N.: The Reactions of a Non-Patient to a Stay in a Mental Hospital Ward. In: Psychiatry 24/1961.
32. de Tocqueville, A.: The Old Regime and the French Revolution. Garden City, N. Y., Doubleday, 1955.
33. Eissler, K. R.: Goethe. Detroit, Wayne State University Press, 1963. Deutsch: Goethe. München, Deutscher Taschenbuch Verlag, 1987.
34. Erikson, E.: The Dream Specimen of Psychoanalysis. In: Journal of the American Psychoanalytic Association 2/1954.
35. – Identity and the Life Cycle. New York, International Universities Press, 1959. Deutsch: Jugend und Krise. Die Psychodynamik im sozialen Wandel. München, Deutscher Taschenbuch Verlag, 1988.
36. Fant, R. S.: Use of Groups in Residential Treatment. In: Healing Through Living. Hrsg. von M. F. Mayer und A. Blum. Springfield, Ill., Charles C. Thomas, 1971.
37. Fenichel, O.: The Psychoanalytic Theory of Neurosis. New York, Norton, 1945. Deutsch: Psychoanalytische Neurosenlehre. Olten und Freiburg i. Br., Walter, 1974.
38. Foucault, M.: Madness and Civilization. New York, Random House, 1965. Deutsch: Wahnsinn und Gesellschaft. Frankfurt a. M., Suhrkamp, 1969.
39. Freud, A.: The Widening Scope of Indications for Psychoanalysis. In: Journal of the American Psychoanalytic Association 2/1954.
40. Freud, S.: Bruchstücke einer Hysterie-Analyse (1905 [1901]). In: Gesammelte Werke. Bd. 5. Frankfurt a. M., S. Fischer, 1968.

41. – Ratschläge für den Arzt bei der psychoanalytischen Behandlung (1912). In: Gesammelte Werke. Bd. 8. Frankfurt a. M., S. Fischer, 1969.
42. – Der Realitätsverlust bei Neurose und Psychose (1924). In: Gesammelte Werke. Bd. 13. Frankfurt a. M., S. Fischer, 1969.
43. – Das Unbehagen in der Kultur. In: Gesammelte Werke. Bd. 14. Frankfurt a. M., S. Fischer, 1968.
44. Freund, W.: Über den Hospitalismus der Säuglinge. In: Ergebnisse der Inneren Medizin und Kinderheilkunde 6/1910.
45. From Chaos to Order. A Collective View of the Residential Treatment of Children. Compiled by Members of the American Association of Children's Residential Centers. Child Welfare League of America, New York 1972.
46. Fromm, E.: Escape From Freedom. New York, Rinehard & Co., 1941. Deutsch: Die Furcht vor der Freiheit. In: Gesamtausgabe. Bd. 1. Stuttgart, Deutsche Verlags-Anstalt, 1981.
47. Gibson, W.: The Cobweb. New York, Knopf, 1954.
48. Glazer, N.: America's Race Paradox. In: Encounter 1967.
49. Goffman, E.: Asylums. Garden City/N. Y., Doubleday, 1961. Deutsch: Über die soziale Situation psychiatrischer Patienten und anderer Insassen. Frankfurt a. M., Suhrkamp, 1972.
50. Goldstein, K.: The Organism. New York, American Book Co., 1939.
51. – The Effect of Brain Damage on the Personality. In: Psychiatry 15/1952.
52. Goshen, C. E. (Hrsg.): Psychiatric Architecture. Washington, D. C., The American Psychiatric Association, 1959.
53. Green, H.: I Never Promised You a Rose Garden. New York, Holt, Rinehart and Winston, 1964. Deutsch: Ich hab dir nie einen Rosengarten versprochen. Stuttgart, Radius, 1973.
54. Greenblatt, M., R. H. York und E. L. Brown, in Zusammenarbeit mit R. W. Hyde: From Custodial to Therapeutic Patient Care in Mental Hospitals. New York, Russell Sage Foundation, 1955.
55. Levinson, D. J. und R. H. Williams (Hrsg.): The Patient and the Mental Hospital. Glencoe, Ill., The Free Press, 1957.
56. Grosser, Maurice: The Painter's Eye. New York, Rinehard & Co., 1951.
57. Gulick, H. und L. Urwick (Hrsg.): Papers on the Science of Administration. New York, Institute of Public Administration, 1937.
58. Hall, E. T.: The Hidden Dimension. New York, Doubleday, 1966.
59. Hartmann, H., E. Kris und R. Loewenstein: Comments on the Formation of Psychic Structure. In: The Psychoanalytic Study of the Child 2. New York, International Universities Press, 1946.
60. Hartmann, E.: The 90-Minute Sleep-Dream Cycle. In: Archive of General Psychiatry 18/1968.
61. Hasek, J.: Good Soldier Schweik. New York, Frederick Ungar, 1930. Deutsch: Die Abenteuer des braven Soldaten Schwejk. Reinbek, Rowohlt, 1961.
62. Hediger, H.: Freiheit und Gefangenschaft im Leben des Tieres. In: Ciba Zeitschrift 5, Nr. 54/1938.
63. – Studies of the Psychology and Behavior of Captive Animals in Zoos and Circuses. New York, Criterion Books, 1955.

64. Henry, J.: The Formal Social Structure of a Psychiatric Hospital. In: Psychiatry 17/1954.
65. – Types of Institutional Structure. In: Psychiatry 20/1957.
66. – The Culture for Emotionally Disturbed Children. In: The American Journal of Orthopsychiatry 27/1957.
67. Henry, J. und Z. Henry: Doll Play of Pilaga Indian Children. Research Monograph Nr. 4. New York, American Orthopsychiatric Association, 1944.
68. Hyde, R. W.: Experiencing the Patient's Day. New York, Putnam's Sons, 1955.
69. Jacobson, E.: Contributions to the Metapsychology of Cyclothymic Depression. In: Affective Disorders. Hrsg. von P. Greenacre. New York, International Universities Press, 1953.
70. Jahoda, M., P. Lazarsfeld und H. Zeisel: Marienthal. The Sociography of an Unemployed Community. Chicago, Aldine-Atherton, 1971.
71. Johnson, D. McI. und N. Dodds (Hrsg.): The Plea for the Silent. London, Christopher Johnson, 1957.
72. Jones, M.: The Therapeutic Community. New York, Basic Books, 1953.
73. Kanner, L.: Autistic Disturbance of Affective Contact. In: Nervous Child 2/1943.
74. Kesey, K.: One Flew Over the Cuckoo's Nest. New York, The Viking Press, 1962. Deutsch: Einer flog über das Kuckucksnest. Reinbek, Rowohlt, 1982.
75. Robert Bretall (Hrsg.): A Kierkegaard Anthology. Princeton, N. J., Princeton University Press, 1946.
76. Kiev, A. (Hrsg.): Magic Faith and Healing. Studies in Primitive Psychiatry Today. Glencoe, Ill., The Free Press, 1964.
77. Kleitman, N.: Basic Rest-Activity Cycle in Relation to Sleep and Wakefulness. In: A. Kales (Hrsg.): Sleep. Physiology and Pathology. Philadelphia/Lippincott, 1969.
78. Kohut, H.: Introspection, Empathy, and Psychoanalysis. In: Journal of the American Psychoanalytic Association 7/1959.
79. Kris, E.: Psychoanalytic Explorations in Art. New York, International Universities Press, 1952.
80. Laing, R. D.: The Politics of Experience. New York, Pantheon Books, 1967. Deutsch: Phänomenologie der Erfahrung. Frankfurt a. M., Suhrkamp 1969.
81. – Politics of the Family and Other Essays. New York, Pantheon Books, 1971. Deutsch: Die Politik der Familie. Köln, Kiepenheuer & Witsch, 1974.
82. Laslett, P.: The World We Have Lost. New York, Scribner's, 1965.
83. Lazarsfeld, P. und M. Jahoda: Die Arbeitslosen von Marienthal. Österreichische Wirtschaftspsychologische Forschungsstelle 1933.
84. Lessing, D.: The Fourgated City. New York, Knopf, 1971.
85. Levy, S.: Figure Drawing as a Projective Test. In: L. E. Abt und L. Bellak (Hrsg.): Projective Psychology. New York, Knopf, 1950.
86. Lifton, R. J.: Death in Life. Survivors of Hiroshima. New York, Random House, 1967.

87. Machover, K.: Personality Projections in the Drawing of the Human Figure. Springfield/Ill., Charles C. Thomas, 1949.
88. Noshpitz, J. D.: Notes on the Theory of Residential Treatment. In: Journal of the American Academy of Child Psychiatry I/1962.
89. Olden, C.: On Adult Empathy with Children. In: The Psychoanalytic Study of the Child 8/1953.
90. Osmond, H.: The Historical and Sociological Development of Mental Hospitals. In: C. E. Goshen (Hrsg.): Psychiatric Architecture. Washington 1959.
91. Pirandello, L.: Three Plays. New York, Dutton, 1922.
92. Redl, F.: Strategy and Techniques of the Life Space Interview. In: The American Journal of Orthopsychiatry 29/1959.
93. – The Concept of a Therapeutic Milieu. In: The American Journal of Orthopsychiatry 29/1959.
94. – When We Deal with Children. New York, The Free Press, 1966.
95. Redl, F. und D. Wineman: Children Who Hate. Glencoe/Ill., The Free Press, 1951. Deutsch: Kinder, die hassen. Freiburg, Lambertus Verlag, 1970.
96. – Controls from Within: Techniques for the Treatment of the Aggressive Child. Glencoe/Ill., The Free Press, 1952.
97. Riley, M. J.: Psychiatric Consultations in Residential Treatment. The Child Care Worker's View. In: The American Journal of Orthopsychiatry 28/1958.
98. Rockwell, D. A.: Some Observations on »Living In«. In: Psychiatry 34/1971.
99. Roethlisberger, F. J. und W. J. Dickson: Management and the Worker. Cambridge, Harvard University Press, 1939.
100. Rosen, J. L.: Personality Factors in the Reactions of Child-Care Workers to Emotionally Disturbed Children. In: Psychiatry 26/1963.
101. – Matching Teachers with Children. In: School Review 80/1972.
102. Rothman, D.: The Discovery of the Asylum. Boston, Little, Brown and Co., 1971.
103. Ryan, W. (Hrsg.): Distress in the City – Essays on the Design and Administration of Urban Mental Health Services. Cleveland/Ohio, The Press of Case Western Reserve University, 1969.
104. Scheler, M.: Zur Phänomenologie und Theorie der Sympathiegefühle. Halle 1913.
105. Schwartz, M. S.: What Is a Therapeutic Milieu? In: M. Greenblatt (Hrsg.): The Patient and the Mental Hospital. Glencoe/Ill., The Free Press, 1957.
106. Searles, H. F.: The Nonhuman Environment in Normal Development and in Schizophrenia. New York, International Universities Press, 1960. Deutsch: Der psychoanalytische Beitrag zur Schizophrenieforschung. München, Kindler, 1974.
107. Sechehaye, M. A.: Symbolic Realization. New York, International Universities Press, 1951. Deutsch: Die Symbolische Wunscherfüllung. Bern/Stuttgart, Huber, 1955.
108. Sommer, R.: The Distance for Comfortable Conversation. In: Sociometry 25/1962.

109. Sommer, R. und H. Ross: Social Interaction on a Geriatric Ward. In: International Journal of Social Psychology 4/1958.
110. Spiro, M. E.: Kibbutz. Venture in Utopia. Cambridge, Harvard University Press, 1956.
111. – The Children of the Kibbutz. Cambridge, Harvard University Press, 1958.
112. Spitz, R. A.: Hospitalism. In: The Psychoanalytic Study of the Child. Bd. 1. New York, International Universities Press, 1945.
113. – Anaclitic Depression. The Psychoanalytic Study of the Child. Bd. 2. New York, International Universities Press, 1946.
114. Stanton, A. H. und M. S. Schwartz: The Mental Hospital. A Study of Institutional Participation in Psychiatric Illness and Treatment. New York, Basic Books, 1954.
115. Stephenson, W.: Study of Behavior. Q-Technique and Its Methodology. Chicago, University of Chicago Press, 1953.
116. Stotland, E. und A. L. Kobler: Life and Death of a Mental Hospital. Seattle, University of Washington Press, 1965.
117. Sullivan, H. S.: Clinical Studies in Psychiatry. New York, Norton, 1956.
118. Syrus, Publilius: Roman Author, ca. 42 v. Chr.
119. Szasz, T. S.: The Myth of Mental Illness. New York, Hoeber-Harper, 1961. Deutsch: Geisteskrankheit, ein moderner Mythos? Olten und Freiburg i. Br., Walter, 1972.
120. Szurek, S. A.: Dynamies of Staff Interaction in Hospital Psychiatric Treatment of Children. In: The American Journal of Orthopsychiatry 17/1947.
121. – Training in Psychiatric Work with Children. Bd. 2. The Langley Porter Child Psychiatry Series. Palo Alto/Calif., Science and Behavior Books, 1967.
122. Szurek, S. A., I. N. Berlin und M. J. Boatman (Hrsg.): Inpatient Care for the Psychotic Child. Bd. 5. The Langley Porter Child Psychiatry Series. Palo Alto/Calif., Science and Behavior Books, 1971.
123. Trieschman, A. E., J. K. Wittaker und L. K. Brendo: The Other 23 Hours. Chicago, Aldine, 1969.
124. Tuke, S.: Description of the Retreat, an Institution near York for Insane Persons of the Society of Friends. York 1813.
125. United States Senate Ninety-second Congress. First Session v. 2. April 1971. S. 1106. Hearings on »Trends in Long-Term Care«, Special Committee on Aging.
126. Waelder, R.: The Principle of Multiple Function. In: Psychoanalytic Quarterly 5/1936.
127. Otto Wagner. Hrsg. von H. Geretsegger und M. Peintner. Salzburg, Residenz Verlag, 1964.
128. Ward, M. J.: The Snake Pit. New York, Random House, 1946. Deutsch: Die Schlangengrube. Zürich, Artemis Verlag, 1968.
129. Wohlstetter, A. und R. Wohlstetter: Third Worlds Abroad and at Home. In: The Public Interest. Nr. 14 (Winter), 1969.
130. Worringer, W.: Abstraction and Empathy. New York, International Universities Press, 1967. Deutsch: Abstraktion und Einfühlung. München, Piper, 1959.

131. Wright, B.: Attitudes Toward Emotional Involvement and Professional Development in Residential Child Care. Chicago, University of Chicago, Doctoral Dissertation, 1957.
132. – Psychiatric Consultation in Residential Treatment. The Psychologist's View. In: The American Journal of Orthopsychiatry 28/1958.
133. Zimbardo, P. G.: Hearings before Subcommittee on the Judiciary. House of Representatives, Washington, D. C., U. S. Government Printed Office, Serial Nr. 15, 1971.